rororo

rororo computer

Herausgegeben von Ludwig Moos

Den individuellen Charme einer Freihandzeichnung kann der Computer nicht ersetzen. Für Zeichnungen aber, deren Qualität in der Regelmäßigkeit der Linienführung, der Feinabstimmung der Farben, der Individualität von Mustern und Füllungen liegt, ist FreeHand ein leicht zu handhabendes und doch komplexes Programm, ideal zur einheitlichen Gestaltung eines Themas vom Signet bis zum Plakat.

Mit der neuen Version von FreeHand lassen sich nicht nur eigene Schriftzüge aus bestehenden Schriften entwickeln, sondern auch Laufschriften erzeugen. Perspektivische Zeichnungen sind überzeugend herzustellen, Objekte und Text können frei in alle Richtungen verzerrt werden. Aus einfachen Zeichenelementen lassen sich 3-D-Körper gestalten, mit den Live-Rastereffekten komfortable Transparenzen erzeugen oder interaktive Elemente mit dem Aktionswerkzeug.

Das Freigeben von Ebenen für Flash und das Anlegen von Grafikbibliotheken bieten eine direkte Anbindung an das beliebte Animationswerkzeug von Macromedia.

Dieses Handbuch vermittelt Schritt für Schritt alle wichtigen Funktionen, eingebunden in Beispiele für die kreative Kombination von Bildern, Zeichnungen und Text.

Andreas Pankalla beendete sein Studium für Produktgestaltung 1984 an der Fachhochschule Hildesheim/Holzminden. Seitdem ist er als freiberuflicher Designer und Grafiker tätig. 1990 machte er eine Ausbildung für Computergrafik. Er unterrichtet seitdem unterschiedliche Grafik- und CAD-Programme. In dieser Zeit sind unter anderem einige Software-Handbücher entstanden. Zuletzt veröffentlichte er mit Harald Donner und Christian Kuhnow zusammen *FreeHand: gewusst wie* (rororo computer 61240).

Andreas Pankalla

FreeHand MX

Lösungen für Anwender

Für Mac und PC

Rowohlt Taschenbuch Verlag

Originalausgabe
Veröffentlicht im
Rowohlt Taschenbuch Verlag,
Reinbek bei Hamburg, Mai 2004

Umschlaggestaltung Walter Werner
Layout und Typosystem der Buchserie
Anna Wagner / Guido Englich, Berlin
(Buchgestaltung durch den Autor)
Satz Stone Serif und Stone Sans PostScript,
QuarkXPress 4.04
Druck und Bindung Clausen & Bosse, Leck
Printed in Germany
ISBN 3 499 61246 1

Inhalt

Für den Anfang ...

Die Möglichkeiten des Programms

FreeHand ist ein Programm, um farbige und nichtfarbige Illustrationen zu erstellen. Für die Integration von Text werden viele Funktionen zur typografischen Bearbeitung angeboten, wobei Text auch als Zeichnung behandelt und verändert werden kann. Grafiken und Bilder, die in anderen Programmen erstellt wurden, können importiert werden.

Durch die Möglichkeit, mehrere Seiten anzulegen, bietet es sich an, die Gestaltung eines Themas von der Visitenkarte bis zum Plakat in einer Datei durchzuführen.

Das Endergebnis kann ein Ausdruck auf einem Laserdrucker oder die Ausgabe von Druckvorlagen für den Offsetdruck mit Vierfarbseparation auf einem Filmbelichter sein.

FreeHand-Illustrationen eignen sich gut für den Export, um sie in anderen Programmen zu positionieren, da im EPS-Format gespeichert werden kann.

Wer das erste Mal mit einem Zeichenprogramm arbeitet, sollte sich zunächst einen Überblick darüber verschaffen, welche Möglichkeiten angeboten werden. Beim ersten Durchblättern dieses Buches kann man sich auch anhand der Abbildungen, besonders im Farbteil, ein Bild davon machen, was das Programm leistet. Dies ist eine Voraussetzung für die sinnvolle Anwendung, da die Möglichkeiten und Grenzen der Umsetzung einer Idee deutlich werden.

FreeHand MX kann zwar auf einem Macintosh mit Betriebssystem 9 (bis Version 11.0) oder auf einem Windows-Rechner mit Windows 98 arbeiten, es wird seine Arbeit jedoch sehr langsam und unbefriedigend verrichten. Auch was den Funktionsumfang angeht, wird es nicht besonders zuverlässig arbeiten. Bei einfachen Arbeitsschritten, wie dem Löschen einzelner Textzeichen, wird das Programm ohne ersichtlichen Grund den gesamten Textblock löschen.
Erst ab Mac OS X oder Windows XP wird das Programm akzeptable Arbeitsgeschwindigkeiten zeigen und die Funktionalität wird dem entsprechen, was der Hersteller Macromedia anbietet.

Ab Version 11.0.1 arbeitet FreeHand MX nicht mehr unter Mac OS 9, sondern ausschließlich unter Mac OS X.

Die Arbeit mit FreeHand beruht im Wesentlichen darauf, Zeichenwege zu erstellen, sie zu verändern und ihnen Farben und Füllungen zuzuweisen; deshalb ist Praxis in der Handhabung der Werkzeuge wichtig, und es wird besonders intensiv darauf eingegangen.

Bedienfelder- und Menüübersicht

Fast alle Modifikationen funktionieren mit Paletten, die über der Arbeitsfläche geöffnet werden können; eine einschlägige Übersicht hilft zu lernen, wonach man suchen kann. Die anschließende Auflistung aller Menübefehle mit einer Kurzbeschreibung verschafft zudem einen Überblick über die Möglichkeiten des Programms und verweist auf die entsprechenden Stellen im Text.

Schreibweise der Befehle

Dort wird auf die Befehle hingewiesen, indem in Kursivschrift der Menü- und dann der Befehlsname genannt werden. Gegebenenfalls wird ein Untermenü oder eine Funktion angehängt, zum Beispiel: *FreeHand MX ➛ Einstellungen ➛ Neuaufbau.*

Viele Befehle lassen sich durch eine Tastenkombination erteilen. Die zu benutzenden Tasten werden durch die Symbole dargestellt, die sie auf der Tastatur haben.

Verwendete Symbole

[⌘] ➛ Befehls- und Strg-Taste
[⌥] ➛ Optionstaste (Wahl)
[⇧] ➛ Umschalttaste

Windows-Tastatur

[⌥] ➛ entspricht ➛ [Alt]

Unter Windows sind lediglich die Befehls- mit der Steuerungstaste und die Options- (Wahl)- mit der Alt-Taste auszutauschen. Der Einfachheit halber wird deshalb für die Befehls- und Steuerungstaste ein Gemeinschaftszeichen benutzt: [⌘].

Ein ⚠ - Symbol weist auf Probleme oder Ausnahmen hin.

Tipp

Das Wort **Tipp** steht für Anregungen, Vorschläge oder eben Tipps im Allgemeinen.

Starten des Programms

Auch ein Doppelklick auf das Symbol einer EPS-Datei öffnet das Programm (siehe auch Seite 20f.).

Das Betriebssystem, das für dieses Buch benutzt wurde, ist das Mac OS X in der Version 10.2.8 und 10.3.1. Mögliche Unterschiede zu niedrigeren Systemen werden nicht berücksichtigt, bzw. es wird darauf hingewiesen, um Missverständnisse zu vermeiden. Auf Unterschiede zu Windows-Systemen wird hingewiesen.

Wie jedes andere Programm hat FreeHand einen eigenen Ordner auf der Festplatte des Rechners. Der Hersteller hat im Zuge des neuen Betriebssystems die Programmstruktur verändert. In älteren Versionen des Programms konnte man im Programmordner noch alle Einzelkomponenten vorfinden. Das Programm wird mittlerweile als so genanntes Paket installiert. Die Einzelkomponenten sind nun nicht mehr so einfach aufzufinden. Voreinstellungsdateien findet man unter Mac OS X im Verzeichnis *Benutzer* ➛ *Library* ➛ *Application Support* ➛ *Macromedia*. Im Windows-Betriebssystem befinden sich diese Voreinstellungen im Windows-Ordner(siehe auch Seite 17 u. 71).

Öffnet man durch einen Doppelklick den Ordner, wird unter anderem das Programmsymbol sichtbar. Ein Doppelklick auf das Symbol (Icon) öffnet das Programm.

Programme können auf dem Macintosh aber auch immer durch einen Doppelklick auf ein Dokument-Icon einer mit dem jeweiligen Programm erstellten Datei gestartet werden.

Was passiert beim „Öffnen"?

Das Wort „Öffnen" bedeutet in der Computersprache „dem Rechner zugänglich machen".

Alle Programme und Dateien, so auch das Betriebssystem, sind zunächst auf einer Platte, das heißt der Festplatte oder Diskette, gespeichert. In diesem Zustand hat der Rechner keinen Zugriff darauf. Beim Arbeiten greift der

Rechner nur auf Daten zu, die in den Arbeitsspeicher geladen wurden, ein Speicher, der nur existiert, solange der Rechner eingeschaltet ist.

Das Erste, was beim Einschalten des Rechners in den Arbeitsspeicher geladen wird, ist der Inhalt des Systemordners, wie zum Beispiel das Betriebssystem, welches überhaupt ermöglicht, die Benutzeroberfläche auf dem Bildschirm zu sehen, die Maus zu bedienen und vieles mehr. Will man ein Programm benutzen, wird auch dieses in den Arbeitsspeicher geladen, indem es durch einen Doppelklick geöffnet wird. Um in einer Illustration zu arbeiten, muss auch diese geladen beziehungsweise geöffnet werden.

Durch einen Doppelklick auf das Symbol einer Illustration werden diese beiden Schritte automatisch nacheinander vollzogen: Zuerst wird das entsprechende Programm geöffnet, dann die Illustration.

Die Menüleiste, die die Befehle für den Schreibtisch und rechts das Finder-Symbol aufweist.

Wurde das Programm durch einen Doppelklick auf sein Icon geöffnet, hat sich die Menüleiste verändert und enthält jetzt die programmspezifischen Menüpunkte, hinter denen sich die Befehle verbergen.

Die Menüleiste nach dem Öffnen von FreeHand MX unter Mac OS X.

Solange der Rechner arbeitet, also keine neuen Befehle entgegennehmen kann, zeigt der Cursor der Maus eine kleine Uhr. Die Arbeit kann begonnen werden, sobald der Cursor einen Pfeil darstellt und die Menüleiste zu sehen ist. Das große Namensfenster des Programms verschwindet beim ersten Klick mit der Maus.

Die Illustration

Um mit dem Programm FreeHand arbeiten zu können, wird eine Datei (Illustration) benötigt, die zunächst eine Seite und eine Montagefläche zur Verfügung stellt. Die später zu druckende Arbeit kann sich aus drei verschiedenen Elementgruppen zusammensetzen.

Pfade

Diese mit den Zeichenwerkzeugen erstellten Elemente entstehen durch die Verbindung von Punkten. Ist der erste Punkt eines solchen Zeichenweges identisch mit dem letzten, ist das Element geschlossen, und es kann mit einer Farbe oder einem Muster gefüllt werden.

Pixel:
Abkürzung für Picture Element. Ein Pixel ist ein einzelner Punkt einer Bildschirmabbildung – die kleinste Einheit auf einem Bildschirm, die erkannt, bearbeitet und erzeugt werden kann. Normalerweise kommen beim Macintosh 72, bei Windows 96 Pixel auf einen Zoll.

Schrift

Text kann über die Tastatur eingegeben oder als Datei importiert werden. Er erscheint dann in einem Textblock und kann mit zahlreichen Textfunktionen oder als umgewandelte Zeichnung bearbeitet werden.

Bilder und Grafiken

Es können Bilder in den unterschiedlichen Grafikformaten, wie z. B. EPS, TIFF und PICT, importiert und teilweise bearbeitet werden. Viele Bildinformationen verhalten sich differenziert zu den in FreeHand nutzbaren Pfaden, da sie aus Pixeln bestehen.

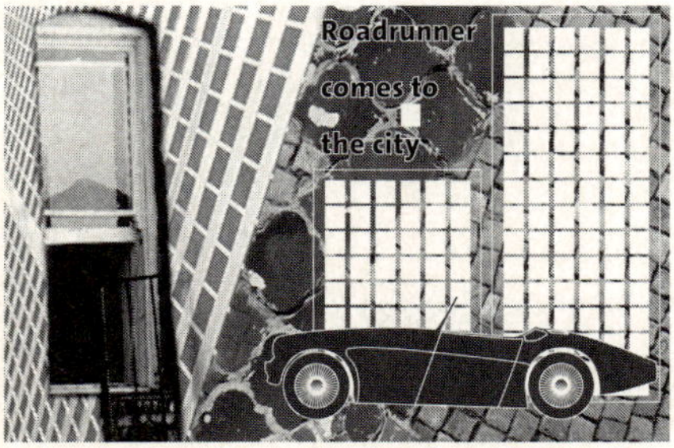

Eine neue Datei erstellen

Der Befehl *Datei* ➛ *Neu* oder [⌘]N öffnet das Illustrationsfenster einer Kopie der im *Free-Hand*-Vorgabenordner gespeicherten Datei *Defaults A4*. Diese Datei kann vom Benutzer nach eigenen Bedürfnissen eingerichtet werden, sodass jede neue Illustration von vornherein die Einstellungen aufweist, die der Benutzer festgelegt hat. Jede neue Datei hat zunächst keinen Namen *(Unbenannt-n)* und sollte unverzüglich gesichert werden (siehe Seite 16f. u. 71).

Die in der Abbildung der nächsten Seite sichtbaren Bedienfelder sind über das Menü *Fenster* zu erhalten, die Informationsleiste und die Lineale über das Menü *Ansicht.*

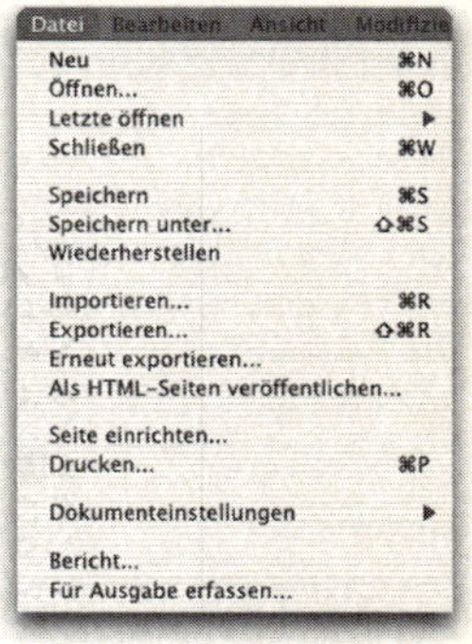

Zum Ändern der Datei *Defaults A4* siehe Seite 71.

Eine fertige Illustration, die nur aus offenen und geschlossenen Zeichenwegen besteht.

Elemente, die in der Stapelfolge über anderen liegen, verdecken diese.

Dieselbe Illustration in der Grobansicht. Die Füllungen sind nicht sichtbar.

Symbolleisten

Die Symbolleisten beinhalten FreeHand-Befehle und Textformatierungen.

Fadenkreuz des Nullpunktes

Der Nullpunkt jeder Seite liegt ursprünglich in der linken unteren Ecke des Blattes. Soll er versetzt werden, zieht man ihn aus dem Fadenkreuz und lässt ihn an der neuen Position los. Ein Doppelklick auf das Fadenkreuz bringt ihn in seine Ausgangsposition zurück (siehe Seite 88).

Die Lineale

Die Lineale zeigen das Einheitensystem, das für die Datei bestimmt wurde (siehe Seite 23f.).
Die Hilfslinien werden mit der Maus aus den Linealen gezogen oder numerisch positioniert.
Die Objektkoordinaten beziehen sich auf den für die jeweilige Seite festgelegten Nullpunkt.

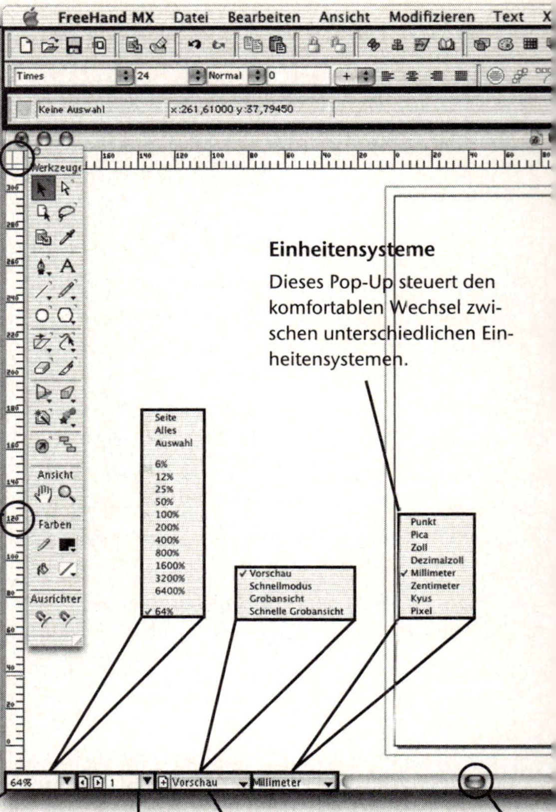

Einheitensysteme

Dieses Pop-Up steuert den komfortablen Wechsel zwischen unterschiedlichen Einheitensystemen.

Ansichtsfeld

Das Feld zeigt die aktuelle Ansichtsgröße.
Der Pfeil öffnet ein Pop-up-Menü, aus dem eine neue Größe ausgewählt werden kann.
Hier werden ebenso gespeicherte Ansichten angezeigt, die auch anwählbar sind.

Seitenwechsel

Bei Illustrationen mit mehreren Seiten ermöglicht das Klicken auf das jeweilige Symbol den Ansichtswechsel zur vorherigen beziehungsweise darauf folgenden Seite. Die Seite wird dann immer *ganz* auf dem Bildschirm dargestellt. Wird die Zahl im Eingabefeld geändert oder auf den Pfeil geklickt und die Maustaste gehalten, kann zu bestimmten Seiten gewechselt werden.

Vorschau / Grobansicht

Durch das Klicken auf den Pfeil kann zwischen beiden Modi gewechselt werden (auch ⌘K).
Die Grobansicht zeigt alle Elemente ohne Füllung als schwarzen Umriss von der Stärke einer Haarlinie. Verdeckte Elemente können leichter bearbeitet werden, und der Bildschirmaufbau wird beschleunigt.

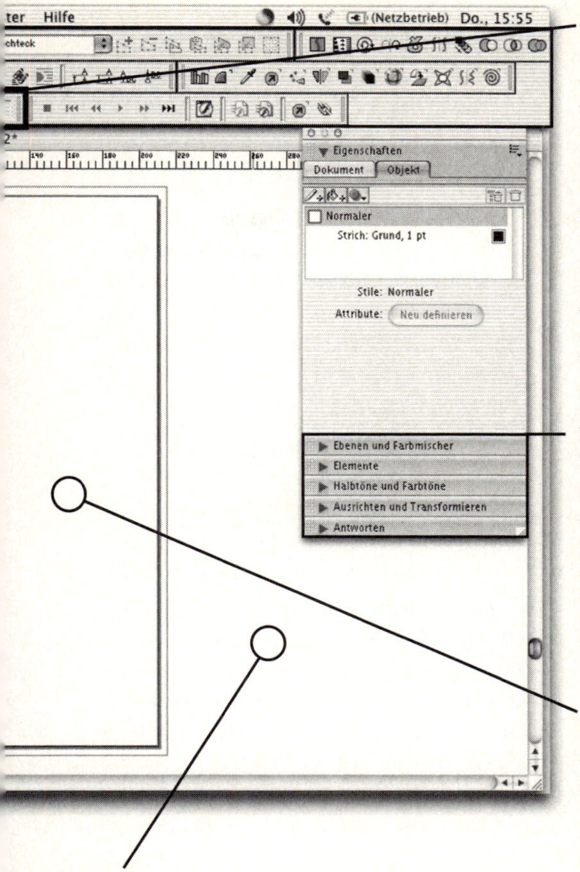

Informationsleiste

Die Informationsleiste gibt während der Ausführung von Befehlen mit den Werkzeugen Auskunft über die Koordinaten der Mausposition, Dreh- oder Spiegelachsenwinkel, Höhe und Breite eines Rechtecks, Anzahl der Ecken eines Sterns und vieles mehr. Es lohnt sich, während des Zeichnens ab und zu einen Blick darauf zu werfen.

Verkleinerte Bedienfelder

In der verkleinerten Form können die Bedienfelder an einem anderen Ort platziert werden als in aufgeklappter Form. Sie nehmen dadurch weniger Platz im Programmfenster in Anspruch.

Die Seite

Alle Elemente, die gedruckt werden sollen, müssen sich auf einer Seite befinden. Elemente, die sich auf der sie umgebenden Montagefläche befinden, werden nicht gedruckt.
Es können so viele Seiten unterschiedlicher Größe angelegt werden, wie auf der Montagefläche Platz finden.

Montagefläche

Sie hat eine Größe von 5639 × 5639 mm. Elemente können auf ihr abgelegt werden, gedruckt werden sie nur, wenn sie sich auf einem Blatt befinden.

Rollbalken

Der Bildausschnitt kann durch das Ziehen an den Rollbalkenfeldern, durch Klicken auf die Balken selbst (große Schritte) und durch Klicken auf die Pfeile verschoben werden.

Dynamischer Rollbalken

Wird im Dialog *Datei* ➛ *Einstellungen* ➛ *Allgemein* die Checkbox *Dynamischer Rollbalken* aktiviert, wird das Bild während des Ziehens am Rollbalkenfeld oder bei gedrückter ⌥-Taste aufgebaut.

Dateiname

Die Datei *Defaults A4* wird als Datei *Unbenannt-n* geöffnet und sollte zunächst gesichert werden (siehe Seite 16f. u. 71).

Die Illustration speichern

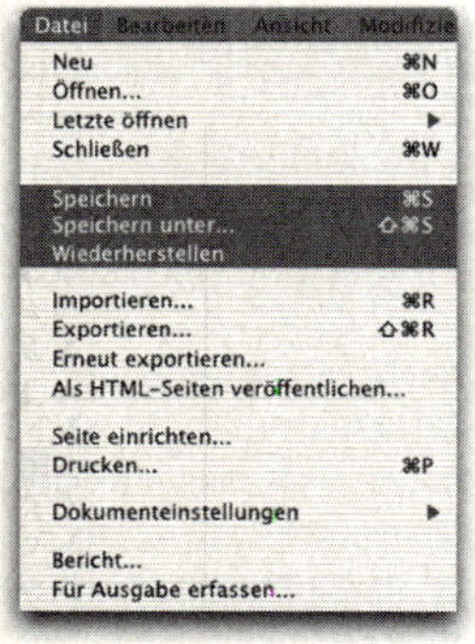

Wird eine neue Datei (Illustration) in FreeHand angelegt *(Datei ➛ Neu)*, steht in der Titelleiste zunächst *Unbenannt-n*. Jede neue Illustration, die während einer Arbeitssitzung erstellt wird, bekommt eine fortlaufende Nummer (*Unbenannt-1, -2, -3* usw.). Solange die Datei nicht gespeichert wird, hat sie weder einen Namen noch einen Platz auf einem Speichermedium (zum Beispiel Festplatte oder Diskette). Die unbenannte Datei existiert nur im Arbeitsspeicher, auch RAM genannt. Da der RAM ein temporär eingerichteter Speicherbereich ist, können dort keine Daten gesichert werden.

Der Befehl *Datei ➛ Speichern unter* oder ⌘⇧S könnte auch heißen *Speichern unter dem Namen ...*

In dem sich öffnenden Dialog sucht man zuerst den richtigen Ordner – er muss in dem Feld ganz oben stehen – und vergibt dann den Namen. Wird der Name *Unbenannt-1* beibehalten, läuft man sehr schnell Gefahr, diese Illustration durch eine alte, während einer anderen Arbeitssitzung erstellte zu überschreiben. Der Begriff „Überschreiben" bedeutet in der Computersprache immer, etwas Altes durch etwas Neues zu ersetzen, also zu löschen.

In einem Ordner können niemals zwei Dateien gleichen Namens sein. Vergibt man einen Namen, der schon existiert, wird nach dem Bestätigen mit *OK* eine Warnmeldung ausgegeben.

Sobald eine Illustration einen Namen hat, sollte sie so oft als möglich durch den Befehl ⌘S zwischengesichert werden (siehe Seite 18f.).

Wird die Frage mit *Ersetzen* beantwortet, wird die alte Fassung durch den aktuellen Stand ersetzt; antwortet man mit *Abbrechen*, erwartet der Rechner entweder einen anderen Namen oder einen anderen Ordner.

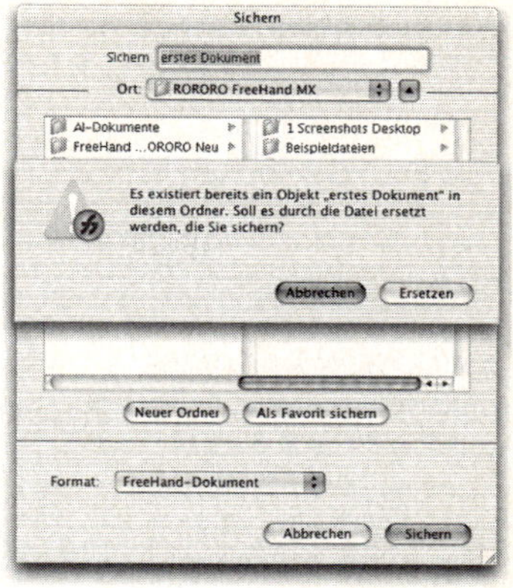

FreeHand-Vorlage

Wird im Dialog *Speichern unter* aus dem Pop-up-Menü *Format* die Option *FreeHand-Vorlage* ausgewählt, kann das Dokument als Musterdatei gespeichert werden.

Wird eine Vorlage geöffnet, erscheint beim ersten Zwischenspeichern der Dialog *Speichern unter,* und man ist gezwungen, einen Namen zu vergeben, da das Namensfeld leer ist.

Vorlagen erstellt man, wenn mehrere Dateien auf gleichen Einstellungen und Grundelementen basieren sollen. Die von FreeHand voreingestellte Standarddatei *Default A4* befindet sich unter Mac OS X in nebenstehend abgebildeter Verzeichnisstruktur im Ordner *Settings*. Unter Mac OS 9 befindet sich diese Verzeichnisstruktur im *Systemordner* ➤ *Application Support* und unter Windows im Windows-Ordner.

Mac OS X

Mac OS 9

Eine Illustration kopieren

Will man eine Kopie einer Illustration erstellen, die sich im gleichen Ordner befinden soll wie das Original, wird zuerst die Illustration unter dem gleichen Namen gespeichert oder mit [⌘]S zwischengesichert. Wird die Illustration unter einem anderen Namen gespeichert, bleibt der „alte" Zustand unter dem ersten Namen erhalten und es wird an der Kopie weitergearbeitet. Das ist sehr nützlich, wenn man vorhat, eine Variante eines Entwurfs, basierend auf der ersten, zu erstellen.

Um mehrere Gestaltungsvarianten zu erstellen, kann man die Basisillustration kopieren (unter anderem Namen speichern) und die Kopie verändern.

Zwischenspeichern

Datei ➤ *Speichern* (⌘S) schickt den neuesten Stand zur Platte, und dieser ist bei Bedarf mit dem Befehl *Datei* ➤ *Wiederherstellen* wieder abrufbar.

Es ist durchaus sinnvoll, eine Illustration gleich nachdem sie erstellt wurde zu speichern. Sobald sie einen Namen hat, kann sie jederzeit zwischengesichert werden, das heißt, der aktuelle Stand wird an die Platte geschickt und ist im Falle eines Absturzes gespeichert.

Grundsätzlich sollte das Zwischenspeichern mit der bequemen und in allen Macintosh-Programmen gleichen Tastenkombination (⌘S) zu einer lieben und ständigen Gewohnheit werden (ruhig alle fünf Minuten, während man nachdenkt, einen Kaffee holt, zum Telefon greift ...).

Oft zwischenspeichern!

Trotzdem muss fast jeder Lehrgeld bezahlen, weil der Rechner möglicherweise nach drei Stunden abstürzt, ohne dass man zwischengesichert hat, während die Druckerei doch schon längst auf die Filme wartet.

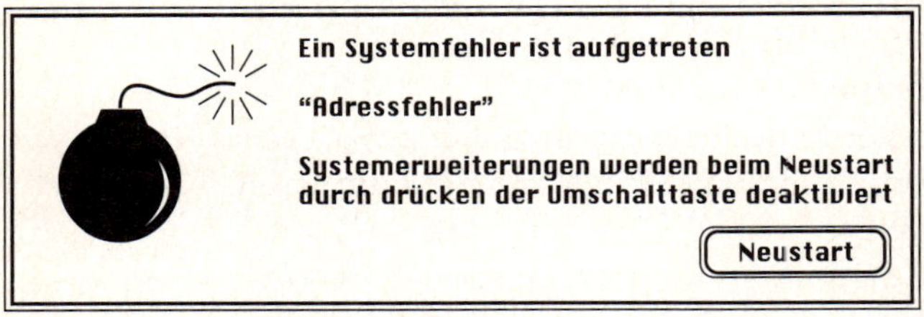

Das Betriebssystem Mac OS X soll zwar absturzsicher sein, das bedeutet jedoch nicht, dass FreeHand dadurch absturzsicher ist. Außerdem gibt es auch beim System X die Kernel Panic. Dieser Systemgau zieht alle laufenden Programme mit in die Tiefe.

Wiederherstellen

Das Zwischenspeichern kann aber auch bewusst als Arbeitsmittel eingesetzt werden, da der Befehl *Datei* ➛ *Wiederherstellen* es erlaubt, auf den letzten Stand, also den beim letzten ⌘S-Vorgang, zurückzugreifen.

Dieses Vorgehen ermöglicht es, Dinge auszuprobieren, die die Illustration grundlegend verändern könnten, sodass es sehr mühselig wäre, den alten Zustand wiederherzustellen.

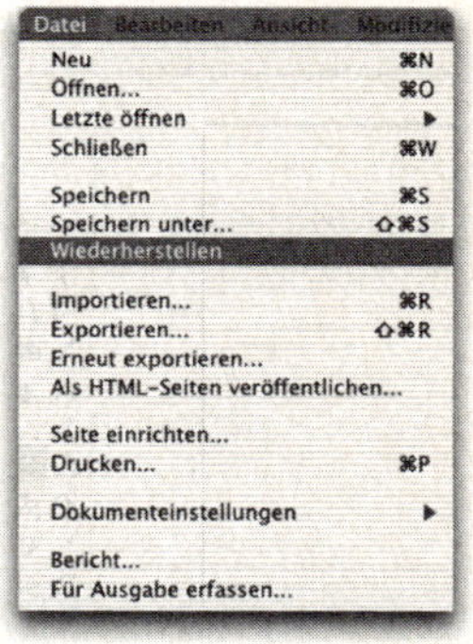

Arbeitsschritte rückgängig machen (⌘Z)

Der Befehl *Bearbeiten* ➛ *Widerrufen „Vorgang"* oder ⌘Z macht den letzten Arbeitsschritt rückgängig (auch das Verschieben von Hilfslinien gehört dazu). Es kann die Anzahl von Schritten widerrufen werden, die im Dialog *FreeHand MX* ➛ *Einstellungen* ➛ *Allgemein* eingetragen wurde. Zwar sind bis zu 99 Schritte möglich, eine so hohe Anzahl ist jedoch nicht sinnvoll, da das den Arbeitsspeicher enorm belasten würde.

Der Befehl *Bearbeiten* ➛ *Wiederholen „Vorgang"* oder ⌘Y annulliert den letzten Rückschritt.

Die Tastenkombination ⌘Y für das Wiederholen eines Vorganges kann wegen Tastaturübertragungsfehlern möglicherweise erst benutzt werden, wenn sie erneut im *Anpassen*-Dialog zugewiesen wurde.

Illustrationen öffnen

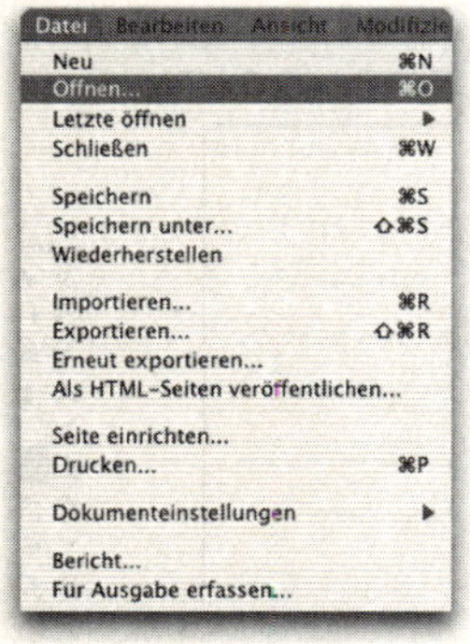

Öffnen bedeutet, etwas Bestehendes in den Arbeitsspeicher zu laden, sodass es bearbeitet werden kann.

Eine Datei kann immer nur dann geöffnet werden, wenn das Programm, in dem sie erstellt wurde, aktiv ist.

Durch einen Doppelklick auf das Symbol einer FreeHand-Illustration auf der Schreibtischebene wird das Programm geöffnet und danach die Illustration. Auch wenn das Programm schon läuft, ist es möglich, durch einen Doppelklick auf das Symbol eine Datei zu öffnen.

Ist FreeHand das aktuelle Programm (rechts oben in der Menüleiste ist das Symbol des Programms zu sehen), kann der Befehl *Datei ➛ Öffnen* oder ⌘O angewählt werden. Nach der Anwahl des Ordners, in dem die Illustration gespeichert ist, wird sie durch einen Doppelklick auf ihren Namen oder durch einen Klick auf *Öffnen* geöffnet.

Es ist möglich, mehrere Illustrationen gleichzeitig geöffnet zu haben. Die aktuelle Illustration ist immer die, deren Anfasserleiste deutlich dargestellt ist. Eine Illustration wird dann zur aktuellen, wenn man entweder in ihr Fenster klickt oder ihren Namen im Menü *Fenster* auswählt.

FreeHand-Dokument in EPS einbeziehen

Wurde eine Seite einer Illustration als EPS exportiert und dabei die Checkbox *FreeHand-Dokument in EPS einbeziehen* aktiviert oder wurde die Illustration als *Editierbares EPS* gesichert, wird mit dem Befehl *Öffnen* die komplette Illustration mit allen Seiten geöffnet. Bei deaktivierter Checkbox wird beim Öffnen des EPS (auch durch einen Doppelklick auf das Symbol möglich) eine Datei erstellt, in der das EPS positioniert ist (siehe auch Seite 463f.).

Illustrationen schließen und das Programm beenden

Das Schließen von Dateien und Programmen bedeutet, dass sie aus dem Arbeitsspeicher gelöscht werden und ihre Daten nur noch auf einem Speichermedium „ruhen“.

Eine Illustration schließen

Wie jedes Fenster auf der Schreibtischebene kann das Illustrationsfenster durch Klicken auf das Schließfeld links oben in der Titelleiste geschlossen werden. Das Schließen des Fensters schließt auch die Illustration. Der Befehl *Datei* ➛ *Schließen* oder ⌘W (Windows: *Datei* ➛ *Schließen* oder Strg F4) bewirkt dasselbe.

Ist vor dem Schließen nicht gesichert worden, erscheint eine Warnmeldung:

Die Option *Speichern* sichert die Illustration und schließt anschließend; die Antwort *Nicht speichern* bewirkt, dass die Illustration in der Fassung geschlossen wird, die sie beim letzten Speichern hatte; *Abbrechen* annulliert den Vorgang des Schließens.

Das Programm beenden

Das Programm kann durch den Befehl *Datei* ➛ *Beenden* oder ⌘Q (Windows: *Datei* ➛ *Beenden* oder Alt F4) beendet werden, auch wenn Illustrationen geöffnet sind. Die geöffneten Illustrationen werden sofort geschlossen, oder falls der letzte Stand noch nicht gesichert ist, erscheint die abgebildete Warnung. Man hat mit *Überprüfen* die Gelegenheit, alle geöffneten Illustrationen zu speichern.

Einrichten einer Illustration

Nachdem durch den Befehl *Datei* ➛ *Neu* das Illustrationsfenster geöffnet wurde, kann die Datei eingerichtet werden.

Einstellungen

Siehe Beschreibung ab Seite 46.

Der Befehl *FreeHand MX* ➛ *Einstellungen* oder ⇧⌘U öffnet einen Dialog, in dem Einstellungen für folgende Bereiche getroffen werden:

- Allgemein
- Objekt
- Text
- Dokument
- Importieren
- Exportieren
- Rechtschreibung
- Farben
- Bedienfelder
- Neuaufbau
- Akustische Signale

Bedienfeld Dokument

Einführung zum Gebrauch von Bedienfeldern siehe Seite 96.

Das Bedienfeld für die geöffnete Datei ist über den Befehl *Fenster* ➛ *Dokument* erreichbar und bietet einige wichtige Einstellungsmöglichkeiten:

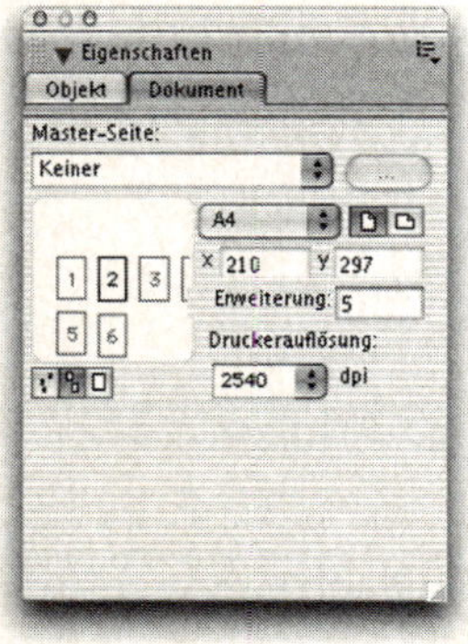

- Einstellung der Dateigröße
- Erweiterung (Druckerweiterung)
- Einstellen der Druckerauflösung in dpi
- Anordnung der Seiten auf der Montagefläche
- Blättern zwischen den Seiten

Pop-up-Menü Optionen

- Anlegen neuer Seiten
- Anlegen und Ändern von Master-Seiten

Die Einheiten befinden sich im unteren Teil des Dateifensters und stellen ein Pop-up-Menü dar, aus dem eine Einheit gewählt werden kann, die dann auf den Linealen, in den Dialogen, der Informationsleiste und den Paletten benutzt wird. Will man das eingestellte Einheitensystem bei einer Eingabe umgehen, muss die entsprechende Abkürzung eingegeben werden:

für Millimeter:	m nach der Zahl
für Zentimeter:	c nach der Zahl
für Punkt (Point):	p vor der Zahl
für Pica:	p nach der (ganzen) Zahl
für Zoll (Inch):	i nach der Zahl
für Pixel:	x nach der Zahl

1 Punkt	=	0 Pica 1	=	0,3528 Millimeter	oder
p1	=	0 P1	=	0,3528 m	
12 Punkt	=	1 Pica 0	=	4,3335 Millimeter	oder
p12	=	1 P 0	=	4,3335 m	

Der Wert *p34,5* wird in der Einheit Pica *2P10,5* geschrieben (24 Punkt plus 10,5 Punkt).

1 Zoll	= 72 Punkt	= 6 Pica 0	= 25,4 Millimeter
1i	= p72	= 6 P 0	= 25,4 m

Der Unterschied zwischen den Einstellungen Zoll und Dezimalzoll macht sich nur in der Einteilung des Lineals bemerkbar. Die Eingabe und die Werte sind für beide gleich.

Zoll

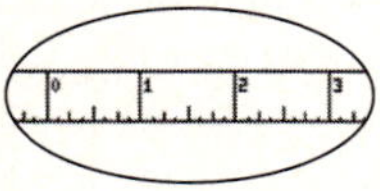

Dezimalzoll

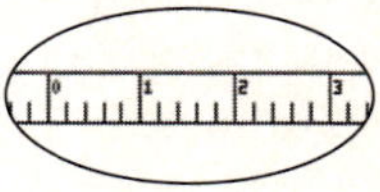

Seit FreeHand 9 ist es möglich, eigene Maßstäbe zu definieren. Ein Einsatzgebiet hierfür wäre zum Beispiel die Kartografie oder die Architektur. Die neu definierten Einheitensysteme, die auf den bestehenden Standardsystemen basieren, können dann als neuer Eintrag im Pop-up-Menü *Einheiten* erscheinen. Die Einstellung der neuen Einheiten geschieht dann wie zuvor durch Anwahl.

Maßeinheit

Das aktuelle Einheitensystem wird in der Informationsleiste angezeigt und durch einen Haken in dem Pop-up-Menü symbolisiert.

Genauigkeit der angezeigten oder einzutragenden Werte

Maße in mm:
$^{1}/_{100000}$ mm

Maße in Punkt:
$^{1}/_{10000}$ pt

Dreh-, Neigungswinkel, Winkel der Spiegelachse:
$^{1}/_{10}$ Grad

Skalierwert:
$^{1}/_{100}$ Prozent

Um ein neues Einheitensystem zu definieren, wählt man unter *Ansicht ➛ Seitenlineale ➛ Bearbeiten*.

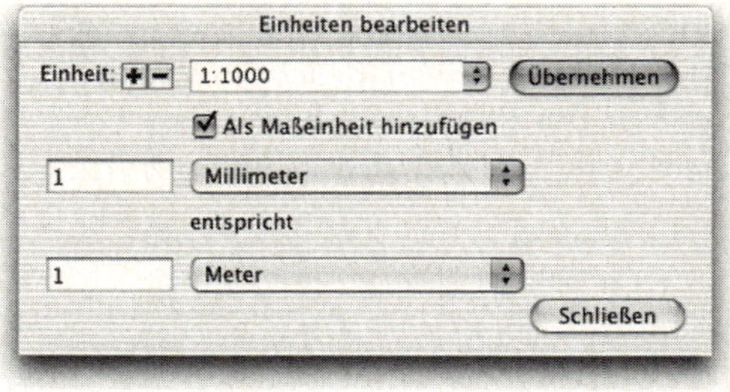

Im sich öffnenden Dialog kann durch Eingabe ein Name für das neue Einheitensystem eingegeben werden. Ein Klick auf das Plussymbol erreicht Gleiches, wobei jedoch der Name *Benutzerdefiniert „x“* vorgegeben wird. Der Name kann sofort überschrieben werden. Ein Klick auf das Minussymbol löscht das zurzeit ausgewählte Einheitensystem, jedoch nicht ohne Warnmeldung.

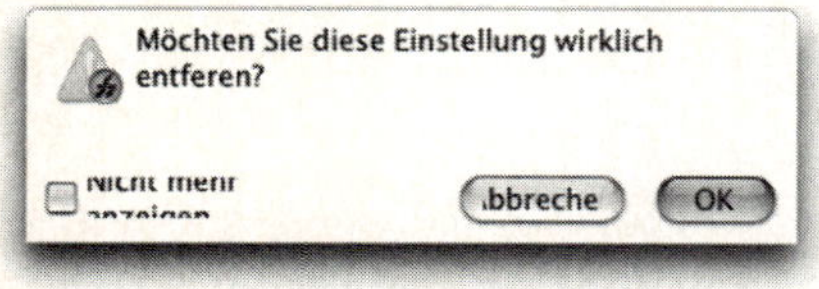

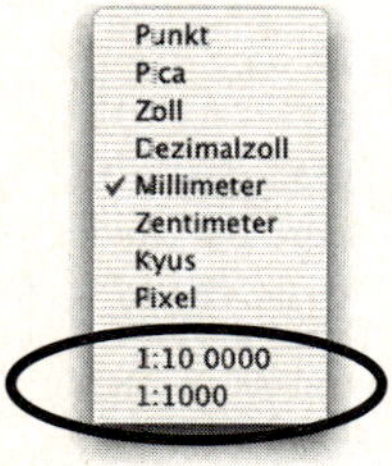

Die Checkbox *Als Maßeinheit hinzufügen* fügt dem Pop-up-Menü *Einheiten* das neue hinzu. In den darunter stehenden Pop-up-Menüs können Verhältnismäßigkeiten eingestellt werden, die auf bestehenden Einheitensystemen basieren.

Die neuen Einheitensysteme sind dokumentbezogen.

Raster

Für das Dokument ist ein Raster eingestellt. Wird es durch den Befehl *Ansicht ➛ Raster ➛ Anzeigen* eingeschaltet und sichtbar gemacht und wurde zusätzlich der Befehl *Ansicht ➛ Am Raster ausrichten* eingeschaltet, richtet sich der Cursor daran aus.

Es ist allerdings auch magnetisch, wenn es unsichtbar, *Ansicht ➛ Am Raster ausrichten* aber eingeschaltet ist.

Der Abstand der Rasterpunkte ist im Einstellfeld *Ansicht ➛ Raster ➛ Bearbeiten* einstellbar.

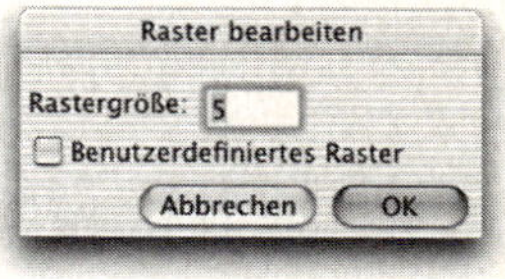

Sollen Objekte an genauen Rasterschnittpunkten anstatt an relativen Positionen ausgerichtet werden, muss die Option *Benutzerdefiniertes Raster* deaktiviert werden.

Am Raster können sowohl bestehende Objekte ausgerichtet werden, indem man sie durch Ziehen mit der Maus neu positioniert, als auch Objekte erstellt werden, deren Maße exakt der Rastereinheit entsprechen. Beim Erstellen von Elementen mit der Zeichenfeder können auch die Anfasser direkt am Raster ausgerichtet werden.

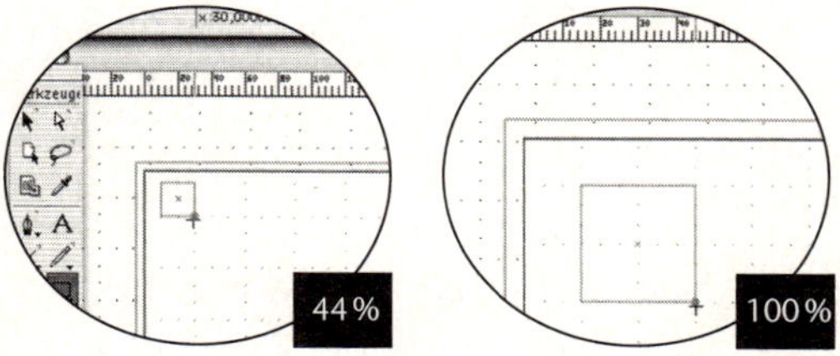

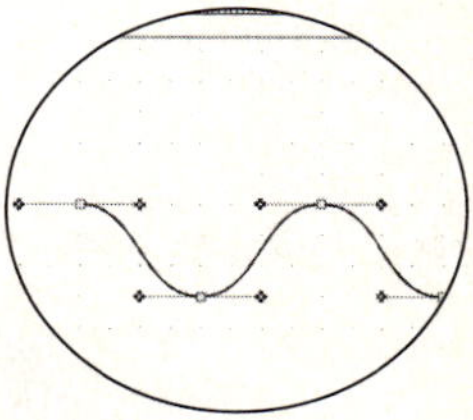

Die Darstellung des Rasters (5 mm), links bei 44 % Ansichtsgröße, rechts bei 100 %. Je größer die Ansicht, desto mehr Rasterpunkte werden dargestellt. Die Punkte dienen nur als Orientierungshilfe, der Cursor wird auch dort angezogen, wo keine Punkte dargestellt sind.

Sollen die Bögen einer Kurve alle gleich verlaufen, kann man die Anfasser am Raster ausrichten.

Der Darstellungswinkel beträgt normalerweise 0° und meint eine Zeichenachse in Richtung der x-Achse. Es kann mit dem Einstellfeld *Datei ➛ Dokumenteinstellungen ➛ Fester Winkel* ein neuer Winkel eingegeben werden, wobei positive Werte die Zeichenachse gegen den Uhrzeigersinn drehen.

Darstellungswinkel

Bestimmt die Zeichenachse.

Sollen mehrere Elemente verschoben werden, müssen die markierten Elemente zuerst mit der Maus „angefasst“ werden. Danach die [⇧]-Taste drücken und ziehen, da andernfalls die Markierung eines Elementes wieder aufgehoben wird.

Rechteck und Ellipse

Alle mit den Werkzeugen erzeugten Elemente werden beim Erstellen an der Zeichenachse ausgerichtet.

Andere Zeichenfunktionen

Elemente oder Punkte, die mit den anderen Zeichenfunktionen erstellt werden, können ausgehend von der Achse in 45°-Schritten ausgerichtet werden, wenn beim Zeichnen die [⇧]-Taste gedrückt wird.

Elemente verschieben

Wird beim Verschieben von Elementen oder Punkten die [⇧]-Taste gedrückt, beschränkt sich die Bewegung auf die Richtung der Zeichenachse beziehungsweise auf 45°-Schritte dazu.

Verwandlungsfunktionen

Auch die Dreh-, Spiegel- und Neigungsachsen können mit der [⇧]-Taste auf 45°-Schritte fixiert werden. Hier bezieht sich die Bewegung jedoch immer auf einen Ausgangswinkel von 0 Grad.

Die Achsen der Verwandlungsfunktionen gehen bei gedrückter [⇧]-Taste immer vom 0°-Winkel aus.

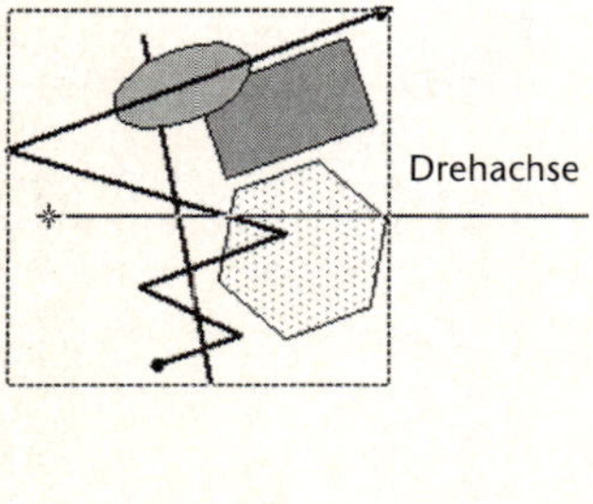

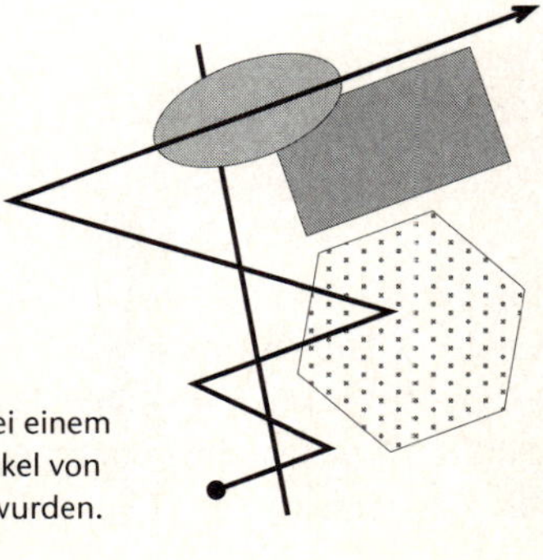

Elemente, die bei einem Darstellungswinkel von 20° gezeichnet wurden.

Die Eingabe der Druckerauflösung des endgültigen Ausgabegeräts im Bedienfeld *Dokument* ist bei der Anwendung folgender Funktionen von Bedeutung:

Druckerauflösung

Siehe auch die Kapitel über Dateiexport und Drucken (Seite 458, 492).

- *Ändern ➛ Zusammenfassen ➛ Mischung.* Alternativ hierzu kann auch das gleichnamige Xtra *Mischung* im Bedienfeld *Operationen (Fenster ➛ Symbolleisten ➛ Funktionen)* oder unter *Xtras ➛ Erstellen* benutzt werden.
  Werden Flächen mit Füllungen gemischt, berechnet das Programm die Anzahl der Stufen dieser Mischung nach der Druckerauflösung, um einen optimalen Übergang zwischen den Farbstufen zu erreichen.
- Wird ein Bitmap-Bild durch Ziehen an den Eckanfassern bei zusätzlich gedrückter ⌥-Taste skaliert, wird es dabei stufenweise in der Größe verändert. Die Stufen sind optimierte Größenverhältnisse, die im direkten Zusammenhang mit der im Bedienfeld *Dokument* eingestellten *Druckerauflösung* stehen.
- Das Trennen komplexer Pfade *(Datei ➛ Dokumenteinstellungen ➛ Ausgabeoptionen)* wird von der eingestellten Druckerauflösung beeinflusst.

Der Befehl *Mischung* wird ab Seite 384 beschrieben.

Eine Vereinigung zweier Flächen bei eingestellter Druckerauflösung von 300 dpi wird vom Programm mit 25 Stufen erstellt.

Wird die Druckerauflösung mit 1240 dpi oder mehr angegeben, errechnet FreeHand 256 Stufen.

Seiten anlegen und bearbeiten

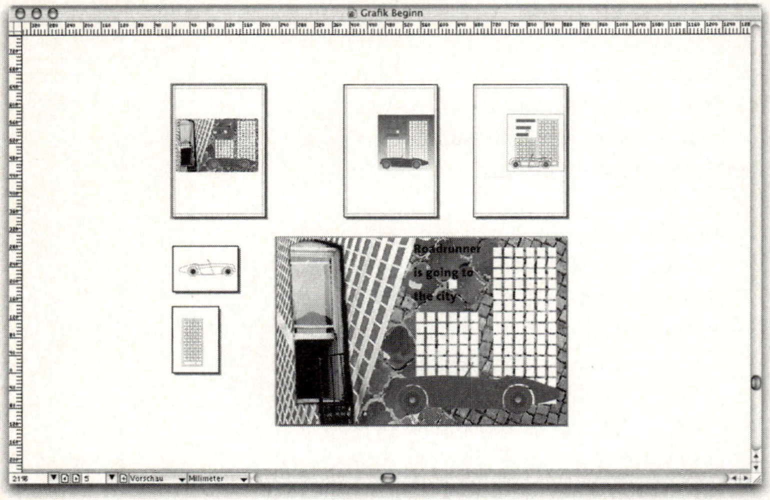

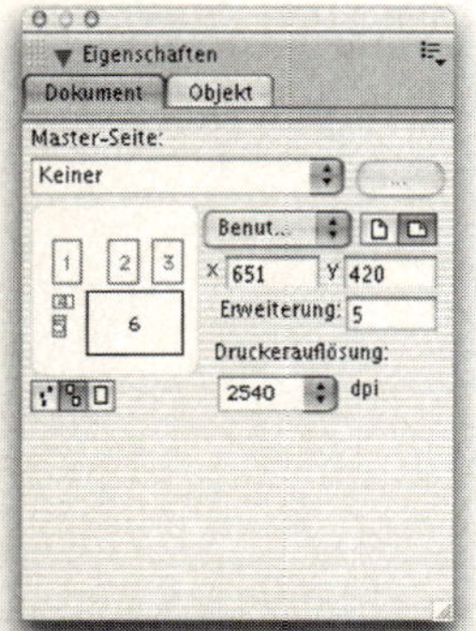

Im links gezeigten Bedienfeld *Dokument (Fenster ➛ Dokument)* lassen sich neue Seiten anlegen, vorhandene löschen oder samt Elementen duplizieren.

Aktuelle Seite

Die zu bearbeitende Seite kann im Bedienfeld *Dokument* oder im Illustrationsfenster angeklickt werden. Hier wird ihr Symbol dann schwarz umrandet dargestellt.

Blättern

Durch einen Doppelklick auf das Seitensymbol im Bedienfeld wird die entsprechende Seite zur aktuellen und gleichzeitig als ganze Seite auf dem Bildschirm dargestellt.

Durch das Klicken auf die Symbole links unten im Illustrationsfenster wird die jeweils nächste oder vorherige Seite vollständig dargestellt und wird zur aktuellen Seite.

Durch Anklicken der drei Symbole rechts vom Menü *Optionen* im Bedienfeld *Dokument* lässt sich die Darstellung der Seiten auf der Montagefläche vergrößern und verkleinern. Bei gedrückter Leertaste erscheint die Verschiebehand, mit der die Montagefläche im Fenster bewegt werden kann. Die aktuelle Seite wird stärker umrandet dargestellt.

Das Fenster der Montagefläche

Das erste Symbol stellt die gesamte Montagefläche (5639 × 5639 mm) dar. Die beiden anderen Symbole vergrößern die Darstellung, und die Seitenzahlen sind zu lesen.

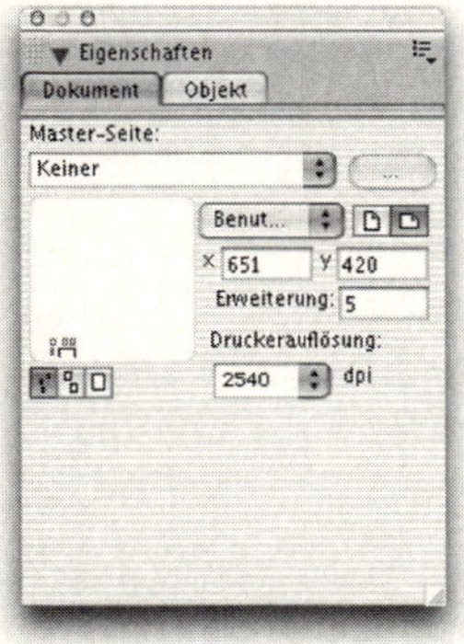

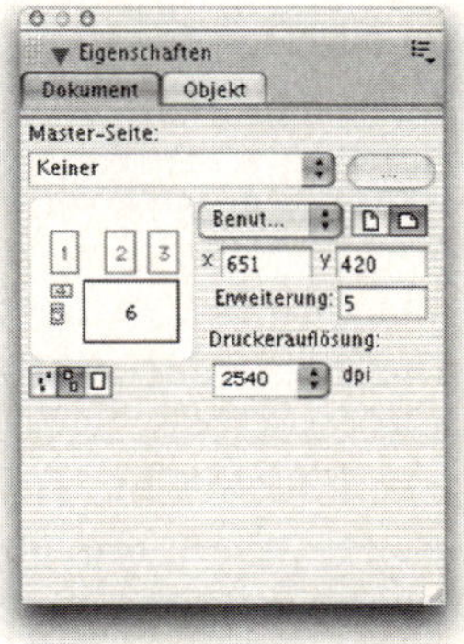

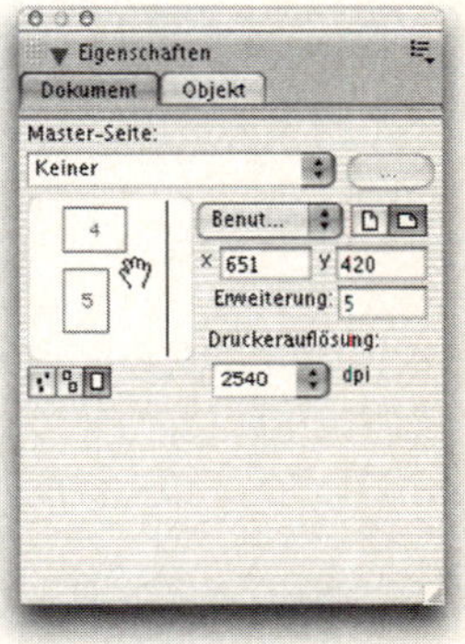

Seit FreeHand 9 kann alternativ zum Bedienfeld *Dokument* das neue Seiten-Werkzeug ( ) aus der Werkzeug-Symbolleiste zum Bearbeiten von Seiten benutzt werden.

Seiten-Werkzeug

Dieses Werkzeug erweist sich als sehr hilfreich, da es schnell und intuitiv Seiten verschieben, verändern, erstellen und duplizieren kann.

Neue Seiten erstellen

Anzahl und Größe

Bei der Anwahl des Pop-up-Menüs *Optionen ➛ Seiten hinzufügen* im Bedienfeld können im sich öffnenden Dialog Anzahl und Größe der neuen Seiten angegeben werden. Wählt man die Option *Benutzerdefiniert,* werden in die Felder *x* und *y* die Werte für Breite und Höhe der Seite eingetragen. Zusätzlich kann zwischen Hoch- und Querformat gewählt werden. Die neue Seite wird möglichst in der Nähe der aktuellen Seite eingefügt. Es kann jedoch auch passieren, dass sie in der oberen linken Ecke der Montagefläche platziert wird.

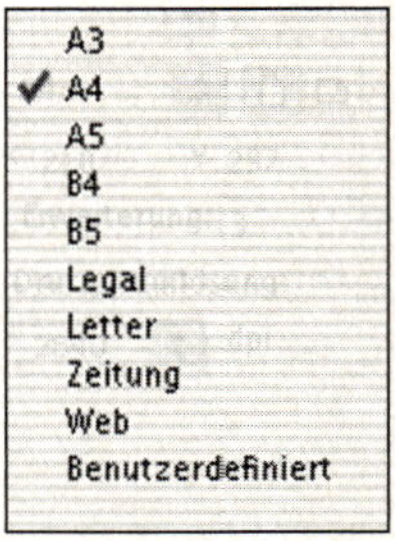

Auch mit dem Seiten-Werkzeug ( ) können neue Seiten auf der Montagefläche erstellt werden. Wenn man bei gedrückter ⌥-Taste doppelt auf die Montagefläche klickt, erscheint der gleiche *Seiten-hinzufügen*-Dialog wie zuvor, und Sie haben die Möglichkeit, eine oder mehrere Seiten in das Dokument einzufügen.

Benutzerdefinierte Seiten

Mit FreeHand MX können eigene Seitengrößen namentlich gespeichert werden. Es ist jedoch nicht möglich, Elemente darauf zu speichern, sodass sie als echte Musterseiten in

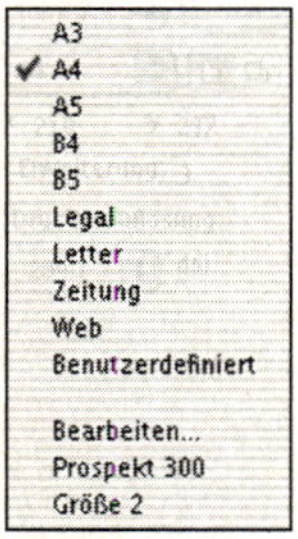

Illustrationen benutzt werden könnten. Trotzdem können diese Seiten eine große Hilfe bei der Erstellung komplexer Illustrationen darstellen.
Die Nutzungsmöglichkeit beschränkt sich jedoch auf das aktuelle Dokument. Sollen eigene Seitengrößen als Standard zur Verfügung stehen, müssen sie in einem Standarddokument (siehe Seite 71f.) eingerichtet werden.

Druckerweiterung
Siehe auch die Kapitel über Dateiexport und Drucken (Seite 458, 492).

Die Druckerweiterung bewirkt die Darstellung einer grauen Umrandung des Blattes im eingetragenen Abstand.

Sind auf der Seite Elemente, die im Anschnitt stehen, bei der fertig gedruckten Seite also angeschnitten sind, müssen diese aus drucktechnischen Gründen mindestens zirka 5 mm über den Blattrand ragen (je größer das Format, desto stärker der Überstand). In FreeHand können nur Elemente gedruckt werden, die sich auf einem Blatt beziehungsweise innerhalb der Druckerweiterung befinden.

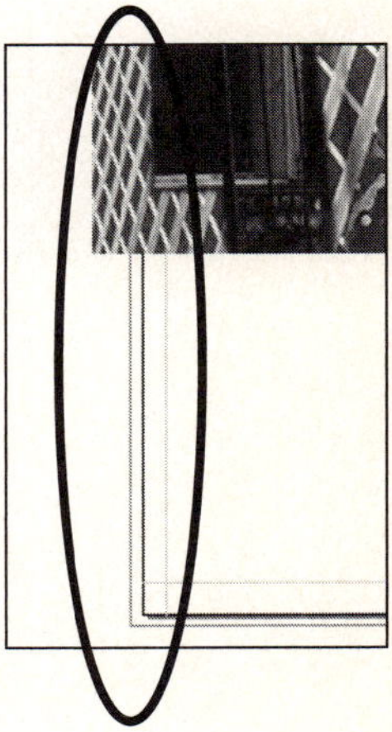

⚠ Bei Probeausdrucken auf dem LaserWriter kann die Druckerweiterung etwas lästig sein, da das Motiv nicht zentriert gedruckt wird. Die Druckfläche wird ausgehend vom linken unteren Rand der Druckerweiterung berechnet.

Seiten bearbeiten

Um die Größe und die Druckerweiterung einer Seite nachträglich zu ändern, muss ihr Symbol im Bedienfeld *Dokument* angeklickt und sie damit zur aktuellen Seite gemacht werden.

Mit dem Seiten-Werkzeug () kann die Seitengröße ebenfalls verändert werden.

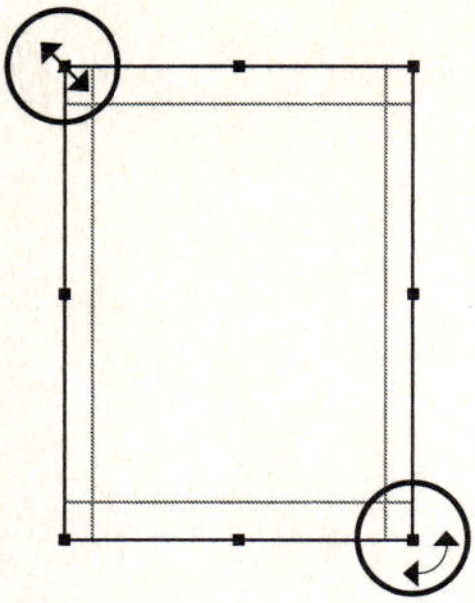

Dazu klickt man mit dem Werkzeug auf die Fläche der Seite. Es erscheinen Ziehpunkte an den Ecken und den Mitten der Seite. Wenn man nun die Seite mit dem Werkzeug an den Ziehpunkten anfasst, erscheint ein Doppelpfeil, und man kann die Seite bei gedrückter Maustaste verkleinern oder vergrößern. Bei gleichzeitig gedrückter [⇧]-Taste wird die Seite proportional verändert.

Wird der Cursor außerhalb der Seite gedrückt gehalten, wird er zum Rotier-Cursor, womit dann die Ausrichtung der Seite verändert werden kann.

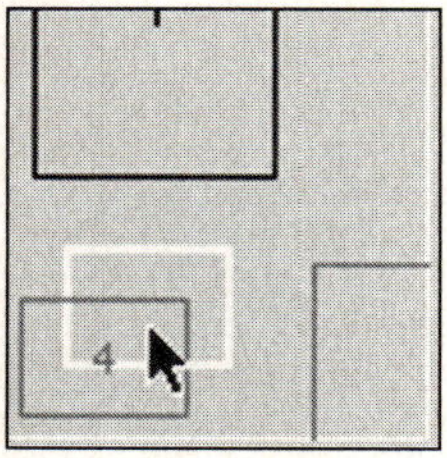

Anordnung der Seiten auf der Montagefläche

Die Symbole der Seiten können mit der Maus innerhalb des Feldes im Bedienfeld *Dokument* verschoben und angeordnet werden.

Auch bei diesem Vorgang kann das Seiten-Werkzeug ( ) benutzt werden. Dazu klickt man mit dem Werkzeug auf die Fläche der

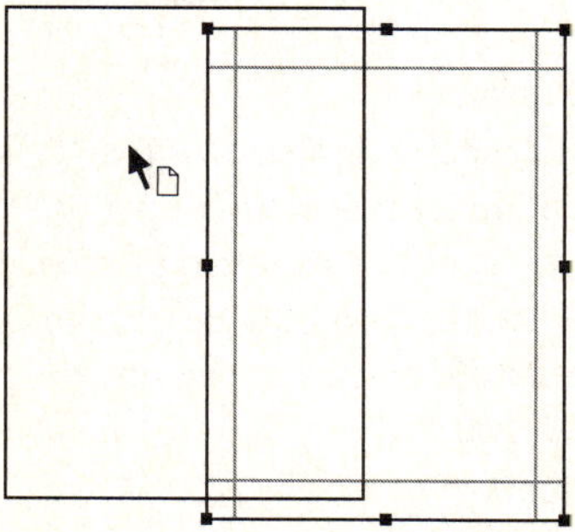

Seite und hält die Maustaste gedrückt. Nun zieht man die Seite an die gewünschte Stelle. Dabei muss man darauf achten, dass sich keine Seiten überschneiden.

Sollen die auf der Seite platzierten Objekte nicht mitverschoben werden, hält man beim Verschieben die [⌘]-Taste gedrückt.

Sollen mehrere Seiten zusammen verschoben werden, müssen sie zuvor bei gedrückter [⇧]-Taste ausgewählt werden.

Neue Seiten werden vom Programm auf den nächsten freien Platz gesetzt. Hierbei kommt es immer wieder zur Umnummerierung. Wird eine Seite über ein Element auf der Montagefläche geschoben, wird dieses ein Teil der Seite.

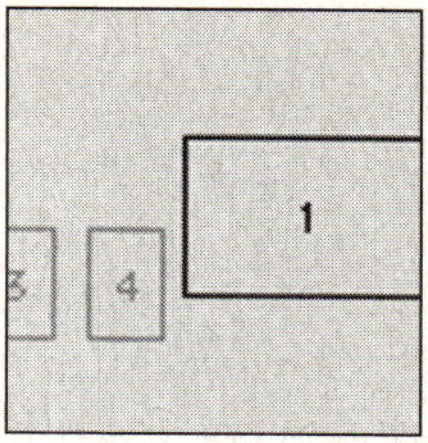

Seitennummern

Die Logik der Seitennummerierung ist nicht besonders einleuchtend, wie die Abbildungen zeigen. Man sollte sich auch davor hüten, eine Seite zu nah an eine andere heranzuschieben, da eventuell über den Blattrand der anderen Seite hinausragende Elemente zu Elementen der herangeschobenen Seite werden können und bei erneutem Verschieben mit dieser mitwandern.

Der Befehl *Bearbeiten* ➛ *Auswählen* ➛ *Alles markieren* oder [⌘]A markiert alle Elemente der aktuellen Seite. Um die Elemente aller Seiten zu markieren, wird der Befehl *Bearbeiten* ➛ *Auswählen* ➛ *Alles im Dokument* oder [⌘][⇧]A angewendet. Soll die Auswahl wieder aufgehoben werden, kann einfach auf eine leere Stelle der Illustration geklickt oder der Befehl *Bearbeiten* ➛ *Auswählen* ➛ *Nichts* benutzt werden.

Seiten verdoppeln

Mit dem Befehl *Duplizieren* des Pop-up-Menüs *Optionen* im Bedienfeld *Dokument* wird die aktuelle Seite (siehe Seite 28) mit allen darauf befindlichen Elementen dupliziert.

Alternativ hierzu kann wieder das Seiten-Werkzeug benutzt werden. Dazu geht man vor wie beim Verschieben der Seite, hält aber beim Verschieben zusätzlich die [⌥]-Taste gedrückt. Der Cursor des Seiten-Werkzeuges wechselt

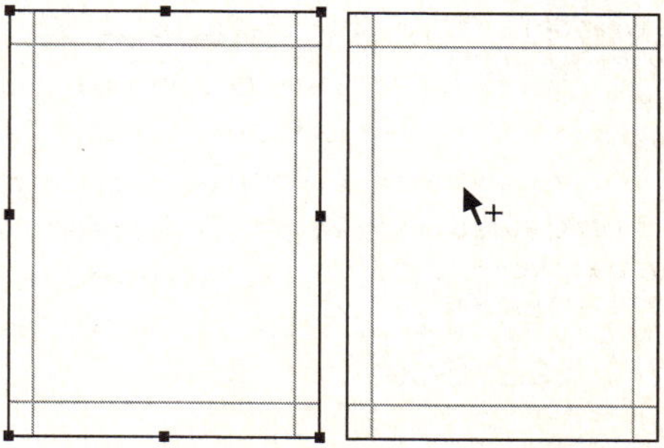

seine Darstellung. Er bekommt zusätzlich ein Plussymbol (🔍).

Mehrere Seiten duplizieren

Auch hier können gleich mehrere Seiten dupliziert werden, wenn sie zuvor bei gedrückter [⇧]-Taste ausgewählt wurden.

Seiten löschen

Die aktuelle Seite (siehe Seite 28) wird durch die Anwahl des Befehls *Löschen* im Pop-up-Menü des Bedienfeldes *Dokument* gelöscht.

Mit dem Seiten-Werkzeug geht das Löschen einer Seite denkbar einfach vor sich. Man wählt die zu löschende Seite mit dem Werkzeug aus und betätigt anschließend die Backspace- ([←]) oder [⌦]-Taste.

Mehrere Seiten löschen

Wie zuvor beim Verschieben oder Duplizieren, können gleich mehrere Seiten gelöscht werden, wenn sie bei gedrückter [⇧]-Taste ausgewählt werden.

Das Verhalten der Elemente beim Bearbeiten von Seiten

- Ein Element gehört dann eindeutig zu einer Seite, wenn es nicht über den Blattrand oder die Druckerweiterung hinaussteht. In diesem Fall wird es zusammen mit der Seite gelöscht, verschoben oder verdoppelt.
- Berührt ein Element eine andere Seite, gehört es zu beiden Seiten. Wird eine der Seiten gelöscht, bleibt das Element also erhalten, wird beim Verdoppeln dupliziert oder mit der Seite verschoben.
- Ein Element bleibt beim Löschen einer Seite auch dann erhalten, wenn es die Montagefläche berührt.

Ausgangssituation für die Abbildungen der nächsten Seite:

Auf einer Seite befinden sich zwei Gruppen.

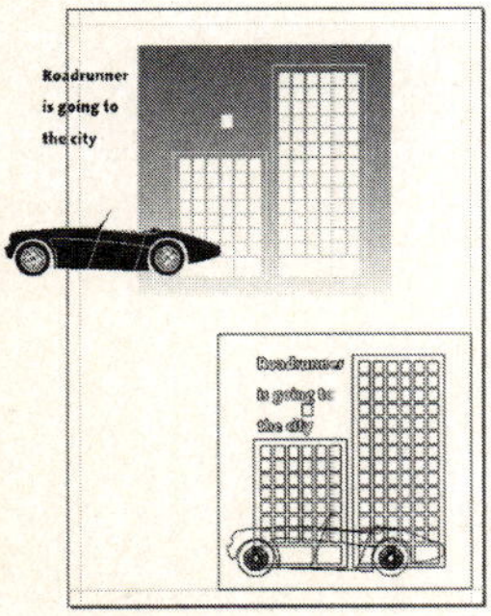

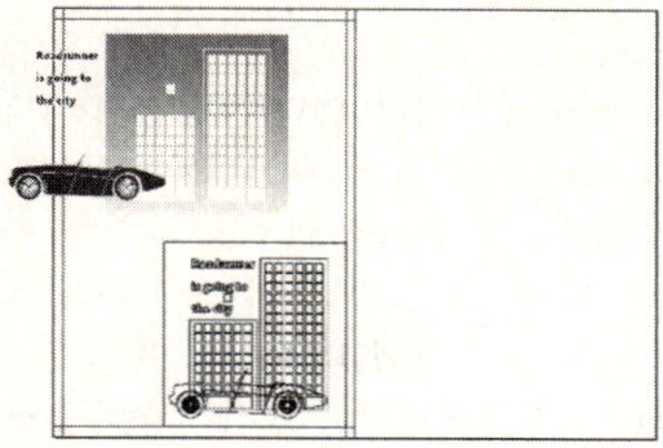

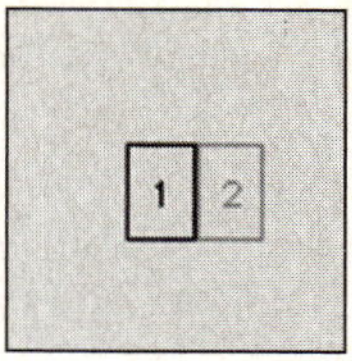

Nach dem Hinzufügen einer Seite wird Seite 2 gelöscht; nur das Element, das vollständig zu dieser Seite gehört, verschwindet.

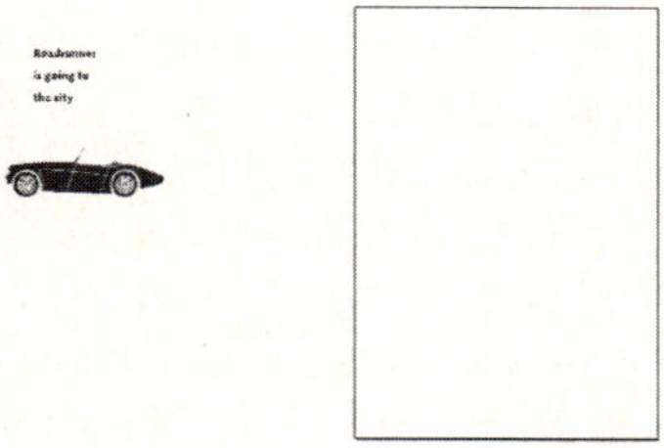

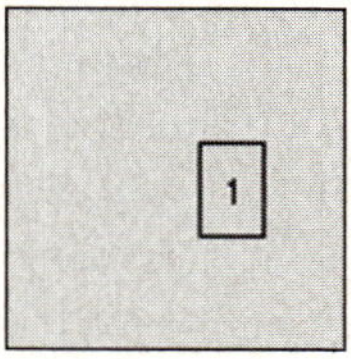

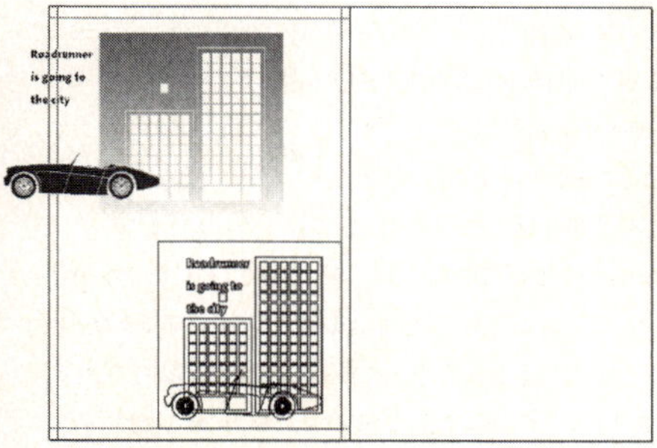

Wird eine Seite verschoben, wandern alle Elemente mit, die diese Seite berühren, außer der Vorgang wird bei gedrückter ⌘-Taste mit dem Seiten-Werkzeug vorgenommen.

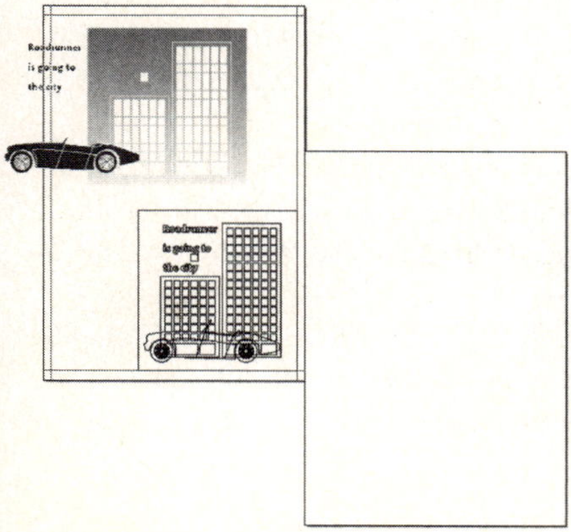

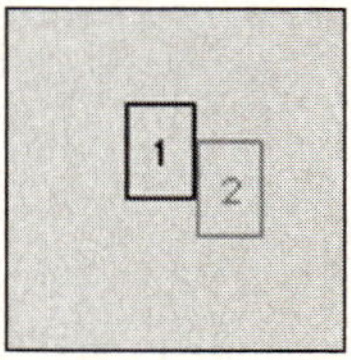

Master-Seiten

Master-Seiten sind Standard-, Vorlage- oder Musterseiten. Wie man sie auch immer bezeichnen möchte, sie können neben prinzipiellen Größeninformationen allerlei Zusatzinformationen beinhalten. Zum Beispiel grundsätzliche, auf allen zu erstellenden FreeHand-Dokumentseiten vorkommende Grafiken oder Bilder. Master-Seiten können einen Namen bekommen, damit man sie beim Einrichten bzw. Anlegen von Dokumentseiten einfacher auswählen kann. Das Benennen der Seiten wird dann wichtig, wenn man mehrere Seiten in einem Dokument angelegt hat. Master-Seiten können auch genauso wie *Farben*, *Stile* (früher: *Formate*), *Pinsel* und *Symbole* im- und exportiert werden. Das Anwenden von Master-Seiten geschieht entweder im Bedienfeld *Dokument*, mit dem Seiten-Werkzeug oder einfach per Drag & Drop aus dem Bedienfeld *Bibliothek* heraus.

Stile heißen jetzt Stile (Seite 314ff u. 439ff)

Neue Master-Seiten kann man entweder aus dem Bedienfeld *Dokument* oder dem Bedienfeld *Bibliothek* heraus erstellen. Kommen Master-Seiten zur Anwendung, werden die entsprechenden Dokumentseiten, die auf diesen Master-Seiten beruhen, als untergeordnete Seiten bezeichnet. Sie können jedoch ähnlich wie Instanzen freigegeben werden. Um eine neue *Master-Seite* zu erstellen, gehen Sie folgendermaßen vor:

untergeordnete Seiten

- Öffnen Sie das Bedienfeld *Dokument* oder das Bedienfeld *Bibliothek* und wählen Sie im Pop-up-Menü die Funktion *Neue Master-Seite* aus.
  Daraufhin öffnet sich ein neues FreeHand-Fenster, das als Master-Seiten-Fenster bezeichnet wird. In diesem Fenster kann die

Einrichtung der Seite vorgenommen werden. Hier können alle FreeHand-spezifischen Bearbeitungs- und Erstellungsmöglichkeiten angewendet werden, um die Master-Seite zu gestalten.

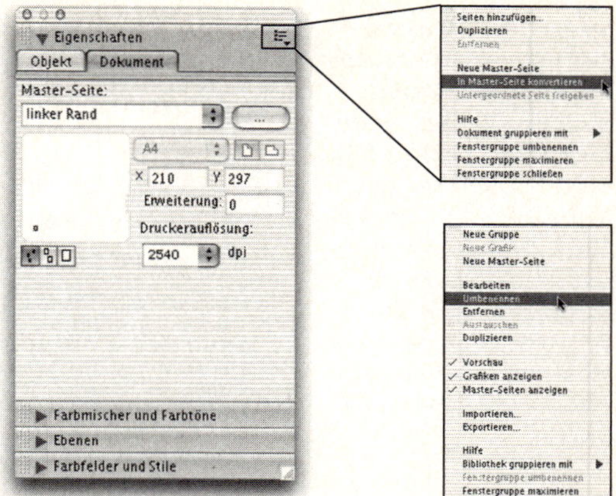

- Durch Betätigen des *Schließen*-Schalters im linken Eck des Fensters wird die Bearbeitung abgeschlossen. Alternativ hierzu kann auch der Befehl *Schließen* im Menü *Datei* oder ⌘W benutzt werden. Anschließend existiert ein Master-Seiten-Eintrag im Bedienfeld *Bibliothek* mit der Bezeichnung **Master-x** (**x** steht für eine Zahl aufsteigend von 01). Die *Master-Seite* kann nun im Bedienfeld *Dokument*, mit dem *Seiten-Werkzeug* oder per Drag & Drop benutzt werden, um Seiten neu zu erstellen oder zu verändern.

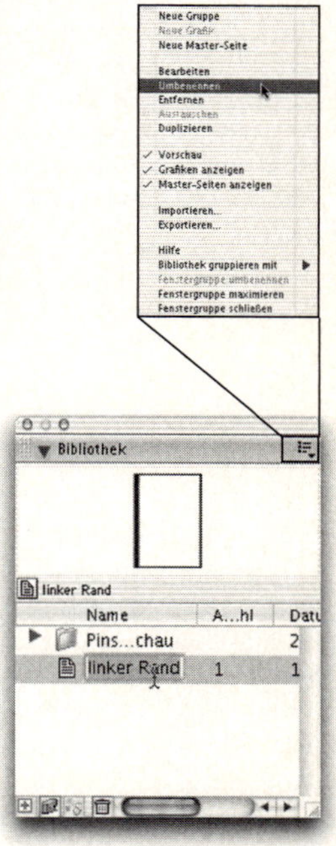

Die Objekte, die auf den Master-Seiten platziert wurden, können leider nur dort verändert werden. Objekte, die nicht vollständig auf den Master-Seiten platziert werden, werden auf den untergeordneten Seiten auch nicht vollständig zu sehen sein.

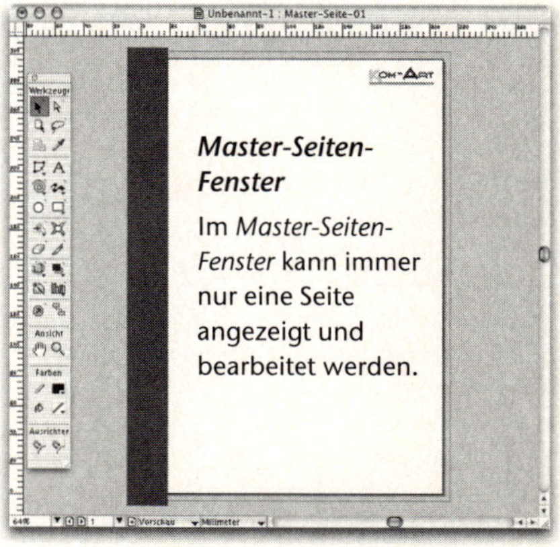

Master-Seiten-Fenster

Im *Master-Seiten-Fenster* kann immer nur eine Seite angezeigt und bearbeitet werden.

Ändern von Master-Seiten

Zum Ändern der Master-Seiten gehen Sie bitte folgendermaßen vor:

Master-Seiten können im Bedienfeld *Bibliothek* jederzeit umbenannt werden. Markieren Sie dazu die entsprechende Master-Seite in der Liste des Bedienfelds und wählen Sie im Pop-up-Menü den Befehl *Umbenennen*, oder klicken Sie die Master-Seite in der Liste des Bedienfeldes an, warten Sie einen Augenblick und überschreiben Sie dann dort den Eintrag.

- Öffnen Sie das Bedienfeld *Bibliothek* und wählen Sie die Master-Seite aus, die geändert werden soll. Sie können nun entweder auf das Vorschaufeld des Bedienfeldes oder den Namen der Master-Seite einen Doppelklick machen oder Sie wählen im Pop-up-Menü des Bedienfeldes *Bearbeiten* aus. In beiden Fällen öffnet sich das Master-Seiten-Fenster und die Seite kann bearbeitet werden. Nach Schließen des Fensters wird die Änderung automatisch auf bereits vorhandene untergeordnete Seiten angewendet.

Master-Seite

Wurde eine Master-Seite bereits einer Dokument-Seite zugeordnet, kann zum Verändern der Master-Seite auch die Schaltfläche *Bearbeiten* (…)im Bedienfeld *Dokument* benutzt werden.

Darstellung auf der *untergeordneten Seite*

Objekte, die auf der Master-Seite über die Seitenbegrenzung hinausgehen, werden nur bis zum definierten Erweiterungsbereich angezeigt und ausgedruckt.

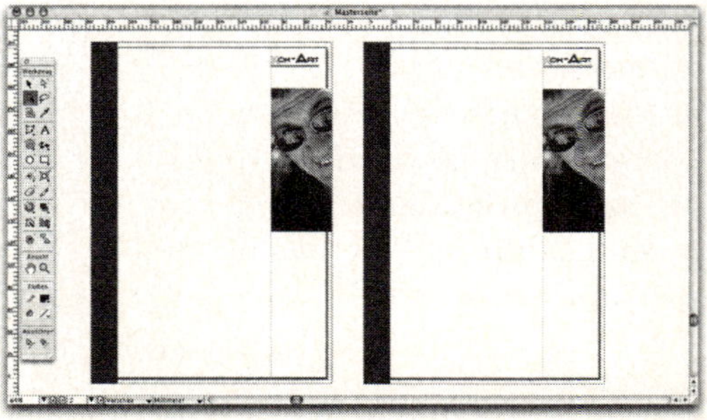

Erzeugen von untergeordneten Seiten

Untergeordnete Seiten sind Seiten, die eine Zuordnung zu einer *Master-Seite* besitzen. Das geschieht sehr einfach: Entweder über das Bedienfeld *Dokument* oder mit dem Seiten-Werkzeug.

- Öffnen Sie das Bedienfeld *Dokument* und wählen Sie im Pop-up-Menü *Seiten hinzufügen...* aus. Im Dialogfeld kann nun im unteren Bereich eine Master-Seite ausgewählt werden, die der neuen Seite zugrunde liegen soll. Nach Betätigen der Schaltfläche *OK* wird die neue Seite automatisch zur untergeordneten Seite.

Eine *Neue* Seite zur *untergeordneten Seite* machen

- Öffnen Sie das Bedienfeld *Dokument* und wählen Sie die Seite im Übersichtsfeld aus, die Sie ändern möchten. Im Pop-up-Menü *Master-Seite* kann nun eine existierende Master-Seite ausgewählt werden. Die ausgewählte Seite wird dann ebenfalls automatisch zur untergeordneten Seite.

Eine existierende Seite zur *untergeordneten Seite* machen

Alternativen:

- Öffnen Sie das Bedienfeld *Bibliothek* und ziehen Sie das Symbol der Master-Seite auf die zu ändernde Seite. Diese wird daraufhin sofort zur untergeordneten Seite.

- Machen Sie mit dem *Seiten-Werkzeug* und gedrückter ⌥-Taste einen Doppelklick auf die zu ändernde Seite. Der Dialog *Seite ändern* wird geöffnet. Wurden zuvor mit diesem Werkzeug mehrere Seiten ausgewählt, trifft die Änderung auf alle ausgewählten Seiten zu.

Ändern mit dem *Seiten-Werkzeug*

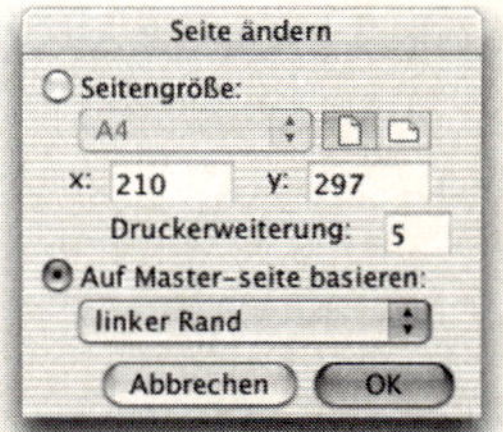

Untergeordnete Seiten freigeben

Eine *untergeordnete Seite* kann von der *Master-Seiten*-Zuordnung wieder befreit werden, indem sie freigegeben wird.

Eine *untergeordnete Seite freigeben.*

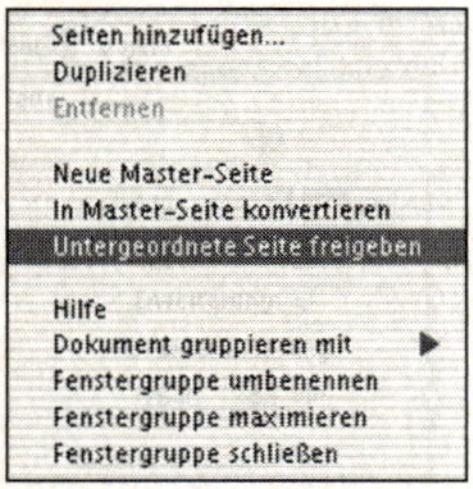

- Öffnen Sie das Bedienfeld *Dokument* und wählen Sie die Seite, die Sie ändern möchten, im Übersichtsfeld aus. Im Pop-up-Menü des Bedienfelds *Dokument* kann nun *Untergeordnete Seite freigeben* ausgewählt werden. Wurden zuvor mit dem *Seiten-Werkzeug* mehrere Seiten markiert, werden alle untergeordneten Seiten zu normalen Seiten. Befanden sich auf der ehemaligen Master-Seite Objekte, werden diese sofort auf der nun normalen Seite vollständig änderbar platziert. Jedoch sind alle Objekte erst einmal gruppiert. Mit *Gruppierung aufheben* werden sie wieder zu einzeln editierbaren Objekten.

Die aktuelle Seite kann nur dann freigegeben werden, wenn sie tatsächlich unter Verwendung einer Master-Seite erstellt wurde, andernfalls ist der Befehl *Untergeordnete Seite freigeben* nicht verfügbar.

In Master-Seite konvertieren

Dieser Befehl ist auswählbar, wenn eine Seite ausgewählt wurde, die nicht unter Verwendung einer Master-Seite erstellt wurde. Alle platzierten Elemente werden danach sofort zu Master-Seiten-Elementen und zeigen das gleiche Verhalten wie auf Master-Seiten erstellte Elemente.

Ausgabebereich (Druckbereich)

FreeHand MX ermöglicht es, in einem Dokument mit dem *Ausgabebereich-Werkzeug* einen Ausgabebereich festzulegen, der dann als Exportdatei gesichert oder auf einem Ausgabeblatt gedruckt werden kann. Der Ausgabebereich ist nicht auf eine Seite beschränkt und kann auch Bereiche außerhalb der Dokumentseite beinhalten. Beim Export ist darauf zu achten, dass die Option *Exportbereich* aktiviert wird, sonst hat die Funktion Ausgabebereich keine Auswirkung. Beim Drucken muss die Option *Druckbereich* aktiviert sein.
Die Größe des Ausgabebereichs kann nach Aufziehen anhand der Eckpunkte korrigiert werden. Die Auswahl des Ausgabebereichs besitzt eine permanente Existenz. Wechselt man nach Erstellen des Ausgabebereichs auf ein anderes Werkzeug, bleibt der definierte Ausgabebereich erhalten und wird durch eine rote gestrichelte Linie sichtbar gemacht.
Wechselt man zu irgendeinem Zeitpunkt erneut zum Ausgabebereich, werden die Ausgabebereichs-Anfasser des Bereiches sichtbar und ein Ändern ist wieder möglich.

Es können alle Dateiformate benutzt werden, die auf PostScript-Informationen basieren und bei denen sich die Option *Exportbereich* aktivieren lässt. Dazu gehören die Standard EPS-Formate *Macintosh EPS, DCS2 EPS, Generic EPS, MS-DOS EPS, PDF*, alle *Photoshop™ EPS*-Formate und das *QuarkXPress™ EPS*. Zusätzlich lässt sich auch das *Macromedia Flash (SWF)*-Format hierfür benutzen.
(Siehe auch Exportformate Seite 458ff)

Soll der Ausgabebereich auch drucktechnisch wirksam werden, muss im *Drucken*-Dialog-Bereich FreeHand die Option *Druckbereich* aktiviert werden.
(Siehe auch Seite 496)

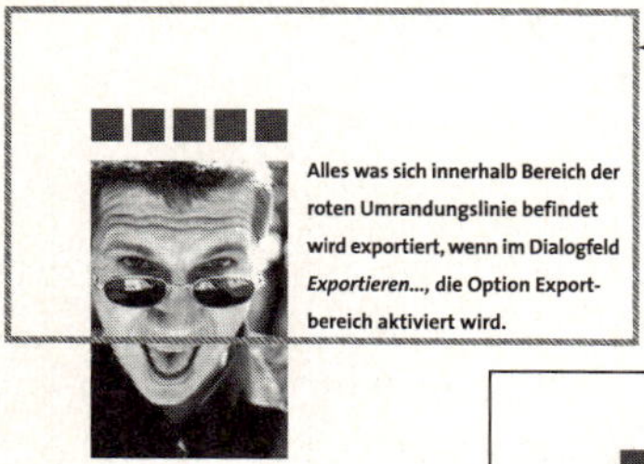

Der *Ausgabebereich* wird durch die rote Umrandungslinie gekennzeichnet.

Oben sieht man den definierten *Ausgabebereich*. Rechts ist das daraus resultierende EPS zu sehen.

Wird jedoch mit dem *Ausgabebereich-Werkzeug* leer geklickt, also auf eine Stelle, an der kein Ausgabebereich existiert, wird der existierende Bereich aufgehoben.

Ein *Ausgabebereich* kann folgendermaßen definiert werden:

- Wählen Sie in der Symbolleiste *Hauptmenü* oder in der *Werkzeugleiste* das Ausgabebereichssymbol.

- Die Maus wird zum Ausgabebereichs-Cursor. Mit diesem Werkzeug können Sie nun durch diagonales Ziehen bei gedrückter Maustaste den *Ausgabebereich* definieren.

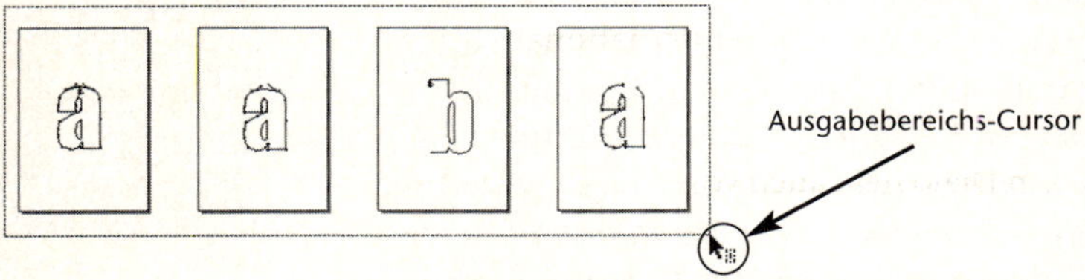

- Der *Ausgabebereich* kann jederzeit mit dem *Ausgabebereich-Werkzeug* anhand von Anfassern modifiziert werden. Sobald man das Werkzeug ausgewählt hat, erscheinen an der Ausgabebereichsbegrenzung Anfasser. Kommt man in den Bereich der Anfasser, ändert sich sofort das Aussehen des Werkzeugs. Es wird zum *Ändern-Werkzeug*.

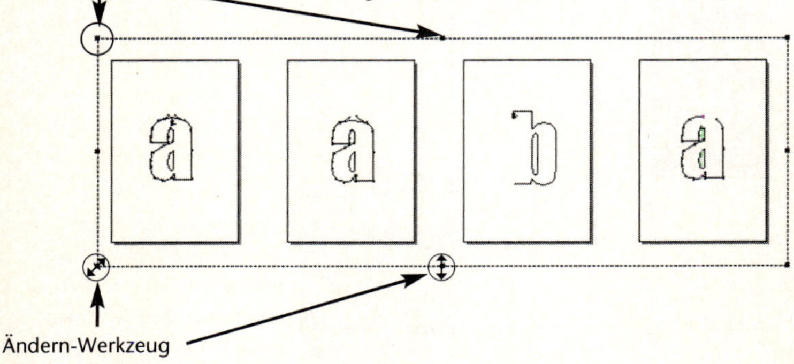

Dialogfeld Datei-Informationen

FreeHand kann durch eine zusätzliche Funktion Informationen, wie den Namen des Autors, das Erstellungsdatum, Copyright-Informationen usw. speichern, die so genannten Metadaten. Die Funktion ist im Xtra-Menü zu finden und heißt *Datei-Informationen*.

- Wählen Sie im Menü *Xtras* ➛ *Andere* ➛ *Datei-Info*. Das Dialogfeld öffnet sich.

Hier können nun Informationen bezüglich der Datei eingegeben werden. FreeHand verwendet zum Speichern der Informationen den IPTC-Protokollstandard (International Press Telecommunications Council). Die hier eingetragenen Informationen können außer in diesem Dialogfeld auch von entsprechenden Programmen sichtbar gemacht werden, womit z.B. Copyright-Verletzungen entgegengewirkt werden kann.

Metadaten sind Datei-Informationen, die unterschiedlichste Inhalte aufweisen können. Wichtige Bestandteile sind z.B. Copyright-Informationen oder Informationen bezüglich der Inhalte von Dokumenten.

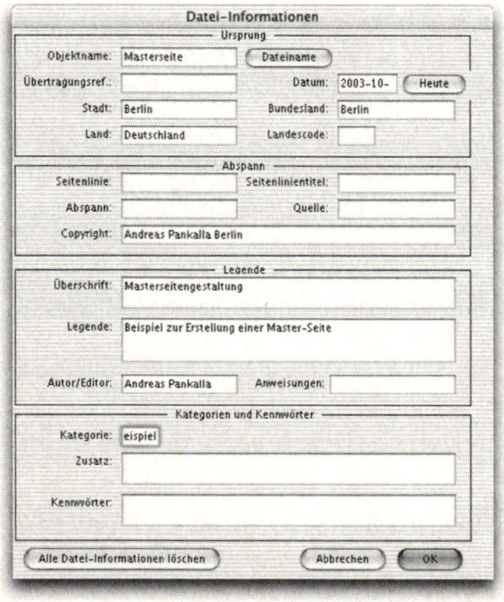

Anzeige nicht gespeicherter Dokumente

Wurde ein Dokument noch nicht oder seit der der letzten Änderung nicht mehr gesichert, zeigt FreeHand dies in der Fenstertitelleiste des Dokumentes durch einen kleinen Stern nach dem Dateinamen an.

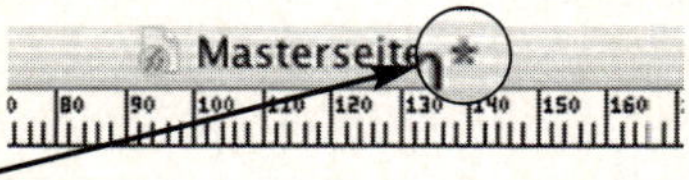

Nicht gesichert (*)

Allein die Tatsache, dass ein Punkt gesetzt, ein Objekt gelöscht oder einfach nur ein Textrahmen um einen Millimeter versetzt wurde, bewirkt, dass FreeHand den Unterschied in der Titelleiste des Dokumentfensters mit dem Stern als Namenszusatz kennzeichnet. Wird das Programm ohne darauf zu achten verlassen oder wird versucht, das Dokument ohne zu speichern zu schließen, wird FreeHand eine Mitteilung am Monitor anzeigen, durch die man zum Speichern aufgefordert wird.

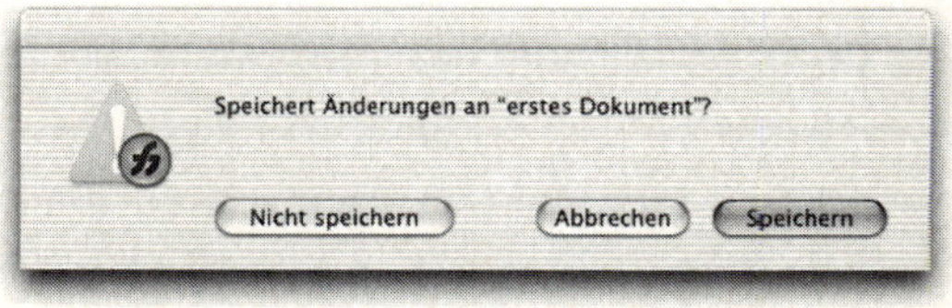

Ärgernisse und Mängel

Abschließend muss erwähnt werden, dass die Lokalisierung der Software auf den deutschsprachigen Raum teilweise mangelhaft vorgenommen wurde. So verschwinden einzelne Optionsfelder z.B. im Hintergrund des Dialogfeldes oder es fehlen teilweise ganze Optionsumrahmungen. Beschriftungen verschwinden im Nichts, wie etwa im Dialogfeld *Drucken* oder in Informations- und Warnfeldern.

Wenn Sie FreeHand MX von der Standard-Version 11.0 auf die Version 11.01 updaten möchten oder wenn Sie sich nach Oktober 2003 das Programm per Internetdownload gekauft haben, kommen einige einschneidende und sehr ärgerliche Änderungen auf Sie zu:

- FreeHand MX 11.01 ist auf Apple-Macintosh-Rechnern nur noch unter Mac OS X lauffähig. Der Updater versagt unter Mac OS 9 seinen Dienst.
- FreeHand MX 11.01 kann nur noch auf zwei Rechnern installiert werden. Der jetzt notwendige Prozess der Lizenzaktivierung lässt nur noch eine prozessorabhängige Installation plus eine Sicherheitsinstallation (Macromedia nennt sie mobile Installation) vornehmen. Macromedia schafft damit die Möglichkeit, auch auf einem mobilen Rechner arbeiten zu können, trotz bereits vorgenommener Installation des Programms auf einem Desktop-Rechner.
- Die Lizenzaktivierungen lassen sich, falls es notwendig wäre, z.B. wenn man sich einen neuen Computer kauft oder das System updaten oder neu installieren muss, auch wieder entfernen. Der Vorgang muss durchgeführt werden, bevor sich die Systemumgebung ändert.

Wurde auf FreeHand MX 11.01 aktualisiert, ist ein Arbeiten unter Mac OS 10.3 nicht möglich. Das Programm wurde daran noch nicht angepasst. Ein Update stand zum Zeitpunkt der Buchererstellung noch aus.

Einstellungen

Eine weitere Möglichkeit, Einstellungen für die Illustration zu treffen, ist der *Einstellungen*-Dialog.

Der Befehl *Freehand MX* ➛ *Einstellungen* (⌘U) ist auch dann anwählbar, wenn keine Illustration geöffnet ist.

Mac OS X
FreeHandMX ➛ *Einstellungen*

Mac OS 9
Bearbeiten ➛ *Einstellungen*

Windows 98/ME/2000/XP
Bearbeiten ➛ *Einstellungen*

Die Einstellungen im Dialog können nicht individuell für jede Illustration gespeichert werden, sondern gelten allgemein. Man könnte sie also Programmvorgaben nennen. Einige der Optionen beeinflussen die Geschwindigkeit oder belasten den Arbeitsspeicher. In der Beschreibung wird darauf hingewiesen.

Der Befehl öffnet den nebenstehenden Dialog, über dessen Spalte *Kategorie* (Macintosh) bzw. *Register* (Windows) zwischen verschiedenen Einstellungsfenstern gewählt werden kann.

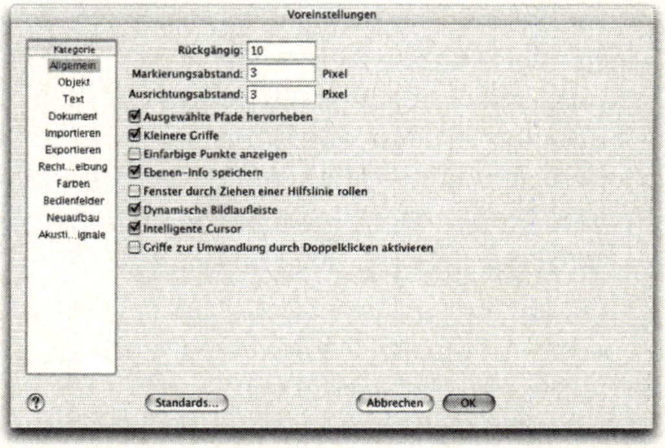

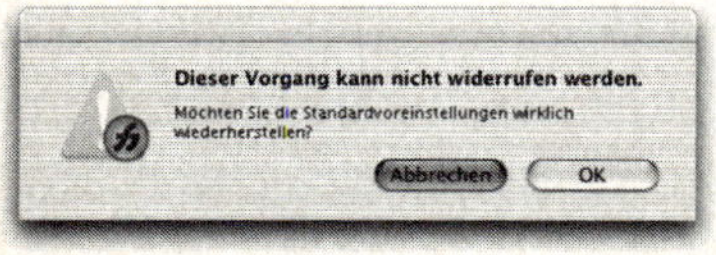

Wird auf die Schaltfläche *Standards...* geklickt, kann man zu programminternen Voreinstellungen zurückkehren, allerdings nicht ohne Warnmeldung.

Kategorie Allgemein

Die Tastenkombination ⌘Z macht den letzten Arbeitsschritt rückgängig (auch das Verschieben von Hilfslinien). Die hier eingetragene Anzahl von Rückschritten sollte einem erfahrungsmäßigen Wert entsprechen, da der Arbeitsspeicher umso stärker belastet wird, je mehr Schritte sich das Programm merken muss.

Widerrufen
(Windows: **Rückgängig**)

⌘Z macht den letzten Arbeitsschritt rückgängig, ⌘Y annulliert den letzten Rückschritt.

Markierungsabstand

Ein Wert zwischen null und fünf Bildschirmpixeln (Pixel siehe Seite 12) gibt den maximalen Abstand an, den der Cursor zu einem Objekt haben darf, welches markiert werden soll.

Ausrichtungsabstand

Ein Wert zwischen null und fünf Bildschirmpixeln bestimmt den Abstand, den ein Objekt oder Punkt von einer magnetischen Positionierhilfe maximal haben darf, um von ihr angezogen zu werden (siehe auch Seite 94).

Ausgewählte Pfade hervorheben

Wurde die Option *Ausgewählte Pfade hervorheben* eingeschaltet, werden Pfade in der Markierungsfarbe der Ebene dargestellt. Die farbige Markierung befindet sich auf der Mitte der Pfadkontur. Auch Punkte und Anfasser werden in dieser Farbe angezeigt.

Kleinere Griffe

Diese Checkbox sollte nur von guten Zeichnern benutzt werden. Es wird eine verkleinerte Darstellung von Pfadpunkten und Anfassern erreicht.

Einfarbige Punkte anzeigen

Pfadpunkte können in markiertem Zustand gefüllt oder ungefüllt dargestellt werden. Aktiviert man die Option, werden sie gefüllt dargestellt.

Ebenen-Info speichern

Bei aktiver Option werden gruppierte oder verbundene Zeichenwege beim Entgruppieren oder Trennen auf ihre ursprünglichen Ebenen zurückgeschickt. Werden Elemente über die Zwischenablage in eine andere Illustration kopiert, nehmen sie ihre Ebeneninformation mit. Gibt es in der neuen Illustration keine Ebene des Namens, so wird sie eingerichtet. Bei nicht aktiver Option bleiben die Elemente einer Gruppe nach deren Aufhebung auf der Ebene, auf der sich die Gruppe befunden hat. Elemente, die in eine andere Illustration kopiert werden, werden dort auf der aktuellen Zeichenebene eingefügt.

Fenster durch Ziehen einer Hilfslinie rollen

Das Bild läuft mit, wenn man versucht, eine Hilfslinie mit der Maus außerhalb des sichtbaren Bildausschnitts zu positionieren. Um die Hilfslinien zu löschen, müssen sie auf der Montagefläche abgelegt werden.

Bei nicht aktiver Option können Hilfslinien wieder auf das Lineal gelegt und damit gelöscht werden.

Dynamische Bildlaufleiste

Diese Option zu aktivieren hat nur einen Sinn, wenn in der Kategorie *Neuaufbau* auch die Option *Bei Bildlauf neu aufbauen* aktiv ist. Das Bild wird dann beim Ziehen an den Rollbalkenfeldern immer wieder neu aufgebaut.

Intelligente Cursor

Wurde diese Option aktiviert, bekommt der Cursor bei der Erstellung von neuen Elementen und beim Verändern von Objekten zusätzliche Orientierungssymbole.

Ziehpunkte zur Umwandlung durch Doppelklicken aktivieren

Objekte können in FreeHand MX auch per Doppelklicken gedreht und skaliert werden. Je nach Position des Cursors zum Objekt ist die eine oder andere Umwandlungsfunktion möglich. Steht der Cursor im Umwandlungsmodus, erkennbar an den speziellen Anfasspunkten außerhalb des Objektes, ist der Rotationsmodus aktiv. Platziert man ihn im Umwandlungsmodus auf den Eck- oder Mittenanfassern, wird das Objekt skaliert. Der Rotationspunkt kann mit der Maus versetzt werden. Diese Option ist im Allgemeinen sehr nervig, da der Doppelklick mit der Maus je nach Einstellung durchaus sehr schnell

Rotationscursor

Skalierencursor

ausgeführt werden kann. Eh man sich versieht, ist man im Umwandlungsmodus, obwohl man es gar nicht beabsichtigt hatte. Also, besser deaktivieren.

Objekt im Umwandlungsmodus

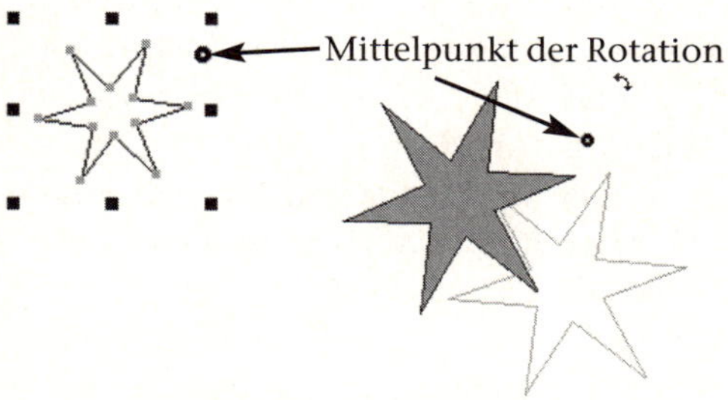

Wird der Mittelpunkt mit dem Pfeilcursor versetzt, kann das Objekt daraufhin um diesen Punkt gedreht werden.

Vergrößern durch rechte Maustaste (nur Windows)

Wird bei einer Mehrtastenmaus bei aktivierter Option die rechte Maustaste gedrückt, wird der Bereich vergrößert.

Kategorie Objekt

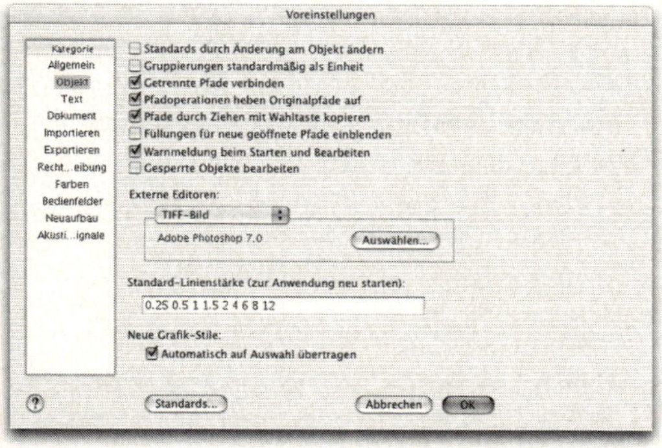

Standards durch Änderung am Objekt ändern

Windows:

Änderung am Objekt bewirkt Änderung der Standardattribute

Ist diese Option nicht aktiv, gelten für neu erstellte Objekte die Einstellungen für Füllung, Linieneigenschaften und Schriftmerkmale, die getroffen wurden, als kein Objekt markiert war. Bei aktiver Option wird die letzte Objektänderung zur Vorgabe für neu erstellte Objekte.

Gruppierungen standardmäßig als Einheit

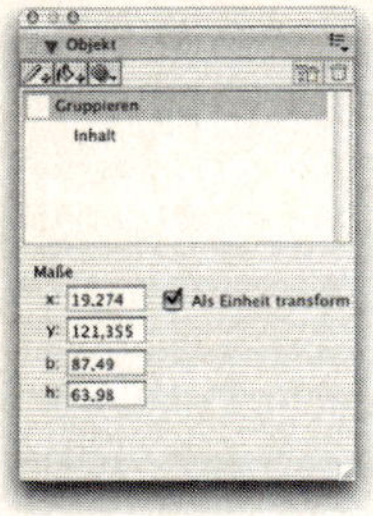

Ist die Option aktiv, wird beim Gruppieren von Objekten automatisch die Checkbox *Als Einheit zus.fassen* im Bedienfeld *Objekt* aktiviert. Die einheitliche Verwandlung einer Gruppe wirkt sich auf die Verzerrung der Striche und Füllungen und auf die Mitverwandlung des mit einem Zeichenweg verbundenen Textes aus. Bei der Aufhebung der Gruppierung geht die Einheitlichkeit wieder verloren.

Die Option hat keinen Einfluss auf das individuelle Bearbeiten von Gruppenelementen, die einzeln markiert werden können, wenn beim Klicken die ⌥-Taste gedrückt wird.

Getrennte Pfade verbinden

Diese Option bezieht sich auf den Befehl *Modifizieren* ➛ *Verbinden* oder ⌘J.

Wird der Befehl bei aktiver Option auf zwei offene Zeichenwege angewandt, wird eine Linie zwischen den beiden am nächsten liegenden Endpunkten gezogen. Liegen die beiden Endpunkte innerhalb des Anziehungsabstandes (Seite 47), verschmelzen sie zu einem Punkt.

Bei nicht aktiver Option müssen sich zwei

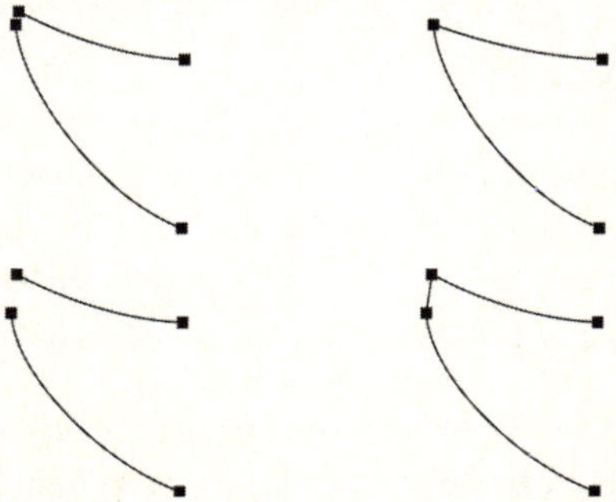

Zwei Endpunkte befinden sich innerhalb des Anziehungsabstandes.

Liegen keine Endpunkte innerhalb des Anziehungsabstandes, wird eine Verbindung zwischen den beiden Endpunkten gezogen, die sich am nächsten liegen.

Endpunkte innerhalb des Anziehungsabstandes befinden oder übereinander liegen, damit der Befehl ausgeführt werden kann.

Pfadoperationen heben Originalpfade auf

Bei der Anwendung der Befehle *Zuschneiden, Öffnung, Vereinigen* und *Strich erweitern* wird der originale Zeichenweg gelöscht, bei nicht aktiver Option bleibt er erhalten. Ist die Option aktiv, bleibt der Pfad trotzdem erhalten, wenn bei Anwahl der Befehle die ⇧-Taste gedrückt wird.

Pfade durch Ziehen mit Wahl-/Alt-Taste kopieren

Wird beim Verschieben eines Objektes die ⌥-Taste gedrückt gehalten, so wird das Objekt gleichzeitig kopiert. Neben dem Cursor wird ein Pluszeichen sichtbar. Da die ⌥-Taste auch dazu dient, ein zu verschiebendes oder mit den Verwandlungswerkzeugen bearbeitetes Objekt zu zeigen, muss die ⌥-Taste losgelassen werden, bevor der Vorgang beendet ist, um ein gleichzeitiges Kopieren zu verhindern.

Füllungen für neue geöffnete Pfade (einblenden)

⚠ Ausschließlich Pfade, die nach dem Einschalten der Option erstellt werden, können eine Füllung erhalten.

FreeHand generiert normalerweise für Pfade nur dann eine Füllung, wenn der Pfad geschlossen ist, das heißt, wenn Anfangs- und Endpunkt des Pfades identisch sind. Ist diese Option aktiviert, können auch Pfade, die nicht geschlossen sind, Füllungen bekommen.

Warnmeldung beim Starten und Bearbeiten

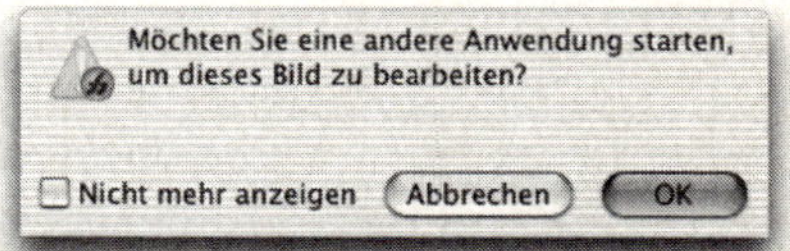

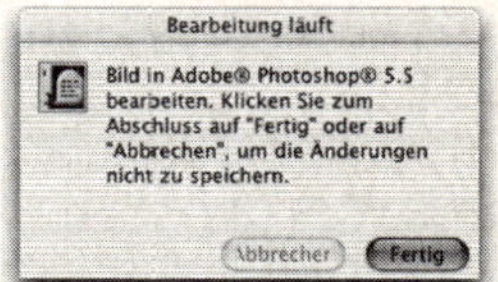

Wird auf ein Bild bei gedrückter ⌥-Taste ein Doppelklick ausgeführt, startet FreeHand das unter *Externe Editoren* eingetragene Programm, um eine Bearbeitung zu ermöglichen. Die Absicht muss bei eingeschalteter Option in einem Dialogfeld bestätigt werden. Um die Bearbeitung zu beenden, muss in einem zweiten Dialogfeld auf die Schaltfläche *Fertig* geklickt werden. Bei ausgeschalteter Option kommt keine Abfrage. In jedem Fall aber bleibt das Bearbeitungsprogramm im Hintergrund geöffnet.

Gesperrte Objekte bearbeiten

Gesperrten Objekten können bei eingeschalteter Option Strich- und Füllungsattribute zugewiesen werden. Text in gesperrten Textblöcken kann bearbeitet werden.

Externe Editoren

Wurden Pixeldateien in eine Illustration importiert, so ist es möglich, diese über einen Link (Verknüpfung) mit einem Bildbearbei-

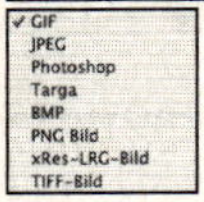

tungsprogramm aus FreeHand heraus zu bearbeiten. Es ist lediglich das entsprechende Format im Pop-up-Menü *Objekt* auszuwählen und das entsprechende Programm mit der Schaltfläche *Auswählen* 

auszusuchen.

Standard-Linienstärke (zur Anwendung neu starten)

Das Eingabefeld ermöglicht es, zu den von FreeHand vordefinierten Standard-Linienstärken, die im Bedienfeld Objekt *Strich* im Pop-up-Menü *Breite* bereitgestellt werden, weitere hinzuzufügen. Die einzelnen Eingabewerte müssen durch ein Leerzeichen voneinander getrennt sein. FreeHand muss nach Änderung des Eintrages neu gestartet werden, um die Werte zu aktualisieren.

Neue Grafik-Stile:

Automatisch auf Auswahl übertragen

Diese Rubrik regelt das Verhalten von Grafik- und Text-Stilen beim Definieren bzw. Zuweisen. Die erste Option zu aktivieren ist nur dann sinnvoll, wenn auch die zweite aktiv ist.

Automatisch auf Auswahl übertragen:

Ist diese Option aktiviert, werden neu definierte Stile sofort auf ausgewählte Objekte übertragen.

Bei nicht aktiver Option basiert ein neues Format immer auf den Einstellungen des Formates *Normal.*

Kategorie Text

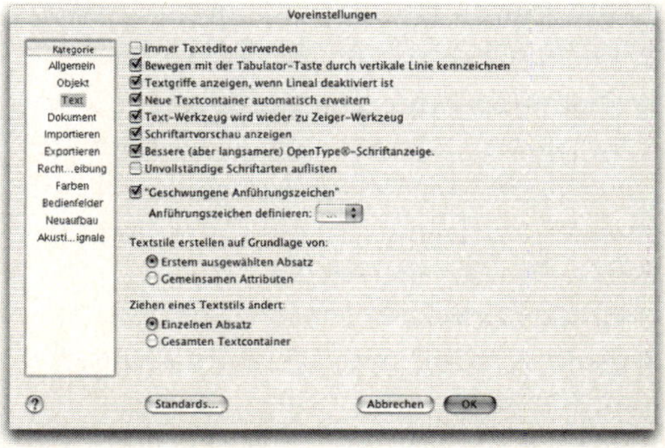

Texteditor immer verwenden

Windows:
Immer Texteditor verwenden

Ist diese Option nicht aktiv, kann der Text direkt in der Illustration bearbeitet werden. Bei Aktivierung dieser Option öffnet sich bei der Benutzung des Textwerkzeugs ein Fenster, in dem der gesamte Text eines Textbehälters oder von verbundenen Textbehältern dargestellt wird. Der Vorteil kann darin bestehen, dass bei sehr kleinem oder auch mit Zeichenwegen verbundenem Text dieser besser und ohne auf den Bildschirmaufbau warten zu müssen bearbeitet werden kann. Ist die Option nicht aktiv, öffnet sich der Texteditor auch, wenn beim Klicken mit dem Textwerkzeug die ⌥-Taste gedrückt wird.

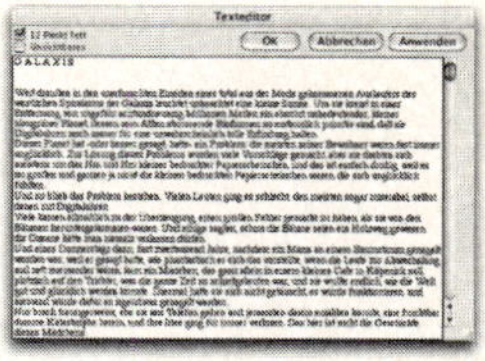

Bewegen mit der Tabulator-Taste durch vertikale Linie kennzeichnen

Das Setzen und Verschieben eines Tabs wird durch das Anzeigen einer vertikalen Linie erleichtert.

Textgriffe anzeigen, wenn Lineal deaktiviert ist

Wurde durch den Befehl *Ansicht* ➛ *Textlineale* das Einblenden der Lineale und Anfasser bei Aktivierung eines Textblocks mit dem Textwerkzeug ausgeschaltet, so werden bei Aktivierung dieser Vorgabe die Anfasser gezeigt, sobald ein Textblock mit der Zeigefunktion aktiviert wurde.

Neue Textcontainer automatisch erweitern

Wird mit der Textfunktion in die Illustration geklickt, um einen neuen Textbehälter zu erstellen, passt er sich automatisch der Zeilenbreite und der Länge des Textes an. Um einen Zeilenumbruch herbeizuführen, muss die Return-Taste (Eingabetaste) gedrückt werden. Diese Textbehälter weisen rechts/links und unten durchsichtige Mittenanfasser (automatische Anfasser) auf. Um den Behälter durch Ziehen zu verbreitern, muss der rechte Anfasser in einen normalen Anfasser umgewandelt werden. Das geschieht durch einen Doppelklick. Um seine vertikale Länge zu verändern, benutzt man dafür den unteren Mittenanfasser.

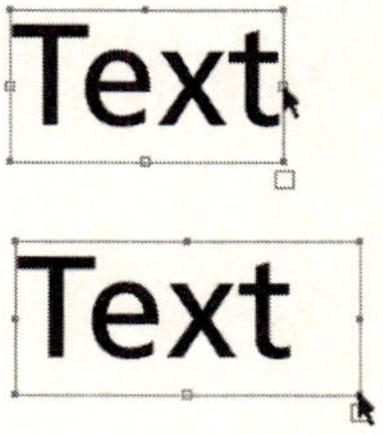

Text-Werkzeug wird wieder zu Zeiger-/Auswahl-Werkzeug

Eine sehr nützliche Option. Jeder FreeHand-User kennt es: Beim versehentlichen Abklicken außerhalb des Textbereiches wird ein neuer, leerer Textcontainer erzeugt. Bei eingeschalteter Option wird das vermieden. Beim Abklicken wird dann die Auswahl aufgehoben, oder man kann das Objekt *Textcontainer* bearbeiten.

Schriftartvorschau anzeigen

Schriftschnitte, die im Pop-up-Menü *Schriftart*, im Menü *Text*, im Bedienfeld *Objekt Text* oder in der Symbolleiste *Text* einzeln aufgeführt werden, zeigt Free-Hand in einem nebenstehenden Vorschaufeld in ihrem tatsächlichen Erscheinungsbild an. Wird eine Schriftverwaltung wie Extensis Suitcase oder Adobe TypeManager / Reunion Deluxe benutzt, die das Pop-up nach Familien ordnet, können die einzelnen Familienschnitte nicht in der Vorschau angezeigt werden.

Geschwungene Anführungszeichen (definieren)

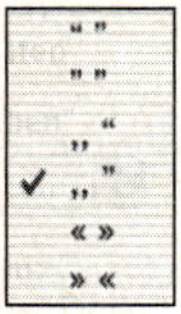

Mit dieser Checkbox und dem dazugehörenden Pop-up-Menü *Anführungszeichen definieren* kann man zwischen unterschiedlichen An- und Abführungen wählen. Zum Eingeben von geraden Apostrophen und Anführungszeichen, ohne diese Einstellung zu verändern, hält man die Strg/ctrl-Taste gedrückt und gibt das gewünschte Zeichen ein. Auf diese Weise kann man die Zeichen für Fuß und Zoll (z. B. 5'6") in ein Dokument mit geschwungenen Anführungszeichen einfügen. Bei einigen Tastaturen werden durch Drücken der Strg/ctrl-Taste geschwungene Anführungszeichen jedoch nicht außer Kraft gesetzt.

Textstile erstellen auf Grundlage von:

Erstem ausgewählten Absatz
Gemeinsamen Attributen

Die Relevanz dieser Vorgabe ist nicht ganz einleuchtend: Normalerweise wird ein Absatzstil definiert, indem man einen oder mehrere Absätze formatiert, einen der Absätze markiert und im Bedienfeld *Stile* die Option

Neu anwählt. Bei dieser Vorgabe wird davon ausgegangen, dass ein Textbehälter mit der Zeigefunktion aktiviert wurde und mehrere Absätze unterschiedlicher Formatierungen enthält. Der neue Stil wird dann je nach Einstellung basierend auf dem ersten Absatz des Textblocks definiert, oder es wird der kleinste gemeinsame Nenner der unterschiedlichen Formatierung als Grundlage gewählt. Das zweite Verfahren zeigt dementsprechend unvorhersehbare Ergebnisse.

Ziehen eines Textstiles ändert:

Einzelnen Absatz
Gesamten Textcontainer

Absatzstile können Absätzen zugewiesen werden, indem das Absatzsymbol, das sich neben dem Namen des Stiles im Bedienfeld *Stile* befindet, mit der Maus auf den zu verändernden Absatz gezogen wird.

Ist *Gesamter Textcontainer* aktiv, erhält nicht nur der Absatz, über dem das Symbol losgelassen wird, das Format, sondern alle Absätze im Textblock.

Kategorie Dokument

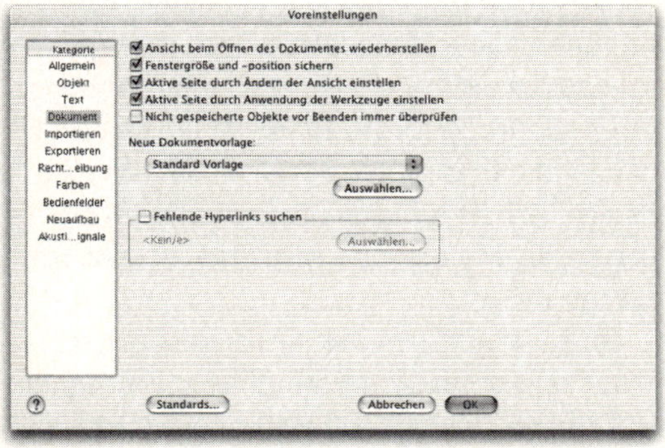

Ansicht beim Öffnen des Dokumentes wiederherstellen

Die Illustration wird beim Öffnen in der Darstellungsgröße angezeigt, in der sie zuletzt gespeichert wurde.

Fenstergröße und -position sichern

Die zuletzt gespeicherte Fenstergröße und -position wird beim Öffnen wiederhergestellt.

Aktive Seite durch Ändern der Ansicht einstellen

Leider konnte keine Auswirkung dieser Option festgestellt werden. Sie soll bewirken, dass beim Wechseln der Seite die neue Seite im Bedienfeld *Dokument* zur aktuellen wird – das geschieht ohnehin immer.

Aktive Seite durch Anwendung der Werkzeuge einstellen

Die Option bewirkt, dass durch Benutzen der Werkzeuge auf einer Seite in der Illustration diese zur aktuellen Seite wird. Benutzt man eine Grundzeichenfunktion (Rechteck oder Oval), passiert dies in jedem Fall.

Nicht gespeicherte Dokumente vor Beenden immer überprüfen

Auch hier konnten keine Unterschiede zwischen aktiver und nicht aktiver Option festgestellt werden. Beim Beenden des Programms wird immer eine Warnmeldung ausgegeben, wenn nicht gesicherte Dateien geöffnet sind.

Neue Dokumentvorlage:

Erstellen von Standarddateien siehe Seite 71.

Der Befehl *Datei* ➛ *Neu* öffnet eine Kopie der hier angegebenen, im Ordner *Benutzer* ➛ *Privat* ➛ *Library* ➛ *Application Support* ➛ *Macromedia* ➛ *FreeHand MX* ➛ *11* ➛ *German* ➛ *Settings* gespeicherten Datei unter dem Namen *Unbenannt - n.* Es lässt sich jedoch mit der Schaltfläche *Auswählen* jede beliebige Freehand-Datei, die als FreeHand-Vorlage abgespeichert wurde, aus jedem beliebigen Ordner eines Laufwerkes auswählen. Achten Sie jedoch darauf, dass das Laufwerk permanent vorhanden ist. CD-, DVD-, ZIP- oder sonstige Wechsellaufwerke incl. externer Festpatten eignen sich hierfür nicht.

Fehlende Hyperlinks suchen (Nur Macintosh)

Öffnet man Illustrationen, die importierte Bilddaten enthalten, so durchsucht FreeHand erst einmal das an dieser Stelle angegebene Laufwerk nach fehlenden Bilddaten. Wird die Option deaktiviert, lässt sich an dieser Stelle keine weitere Einstellung vornehmen.

Kategorie Importieren

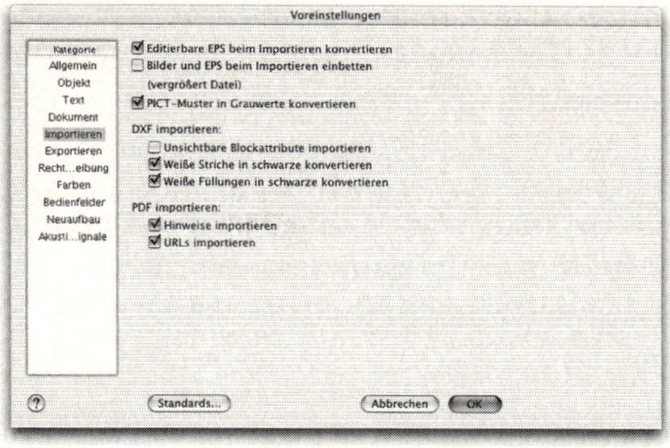

Editierbare EPS beim Importieren konvertieren

Die Option bewirkt, dass importierte EPS-Dateien, die aus Vektorinformationen bestehen, in ein bearbeitbares Format umgewandelt werden. Das gelingt nur bei EPS-Dateien, die nicht in einem Bildbearbeitungsprogramm (Adobe Photoshop, Macromedia XRes, Macromedia Fireworks etc.) erstellt wurden.

Bilder und EPS beim Importieren einbetten (vergrößert Datei)

Bei Aktivierung werden alle Bilddaten von importierten Dateien in der Illustration gespeichert, sodass es nicht notwendig ist, beim Verschieben in einen anderen Ordner oder bei der Weggabe an ein Belichtungsstudio die Verknüpfung zu den Originaldateien zu beachten. Die Dateigröße nimmt natürlich dementsprechend zu.

PICT-Muster in Grauwerte konvertieren (Nur Macintosh)

Die aktive Option verwandelt importierte PICT-Muster in Grau- oder Farbtöne. Dies ist zum Beispiel der Fall, wenn man eine Datei importiert, die Objekte mit der Füllung *Gemustert* enthält und als PICT exportiert wurde.

DXF importieren (Nur Macintosh)

Seit der FreeHand-Version 7.0 ist es möglich, DXF-Formate zu importieren. DXF ist das meistbenutzte Austauschformat von CAD-Programmen wie z. B. AutoCAD. Die Zusatzoptionen zielen auf Eigenschaften des Formates ab.

Unsichtbare Blockattribute importieren (Nur Macintosh)

Blockattribute sind Eigenschaften, die sämtlichen Elementen eines Blockes (Gruppierung

Nur Macintosh:

von Elementen) gleichermaßen anhaften, auch wenn sie unsichtbar sind.

Weiße Striche in schwarze konvertieren

Die Strichfarbe Weiß wird in Schwarz umgewandelt.

Weiße Füllungen in schwarze konvertieren

Die Füllungsfarbe Weiß wird in Schwarz umgewandelt.

PDF importieren

PDF ist ein mittlerweile weit verbreitetes Datenformat, um plattformübergreifend Daten auszutauschen. Mit den Dateien können jedoch auch sehr komplexe Zusatzinformationen weitergegeben werden, wie z. B. Hinweise und URLs, die eine rege Kommunikation zwischen einzelnen Bearbeitern der Illustration ermöglichen. Ein Anwendungsgebiet ist zum Beispiel der Austausch der Daten über das Internet. Die Datei wird im PDF-Format über das Internet weitergegeben, und der Empfänger kann sie dann, wenn die Kodierung des Formates das zulässt, in FreeHand öffnen.

Hinweise importieren

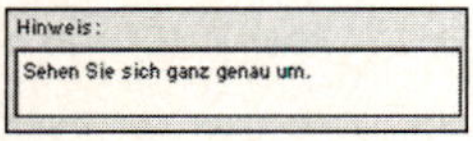

Hat der Hersteller z.B. einer PDF-Datei der Datei Informationen beigelegt, können sie bei eingeschalteter Option im Bedienfeld *Navigation* angeschaut werden. Achtung: Die Hinweise besitzen möglicherweise keine direkte Sichtbarkeit, sondern sind nur durch *Auswählen* zu sehen.

URLs importieren

Ein URL (Uniform Resource Locator) ist ein Adressschema, mit dem bestehende Dienste im Internet nutzbar gemacht werden können.

Im PDF-Dokument können auch Verknüpfungen mit existierenden Internetseiten enthalten sein. Diese Option ermöglicht es, diese mit dem PDF-Dokument zu importieren. Die URLs werden im Bedienfeld *Navigation* verwaltet, das unter *Fenster* ➛ *Navigation* zu öffnen ist.

Einfügeformate der Zwischenablage (Nur Windows)

In diesem Bereich wird festgelegt, welche Datenformate über *Kopieren/Einfügen* von FreeHand erkannt und benutzt werden können.

Kategorie Exportieren

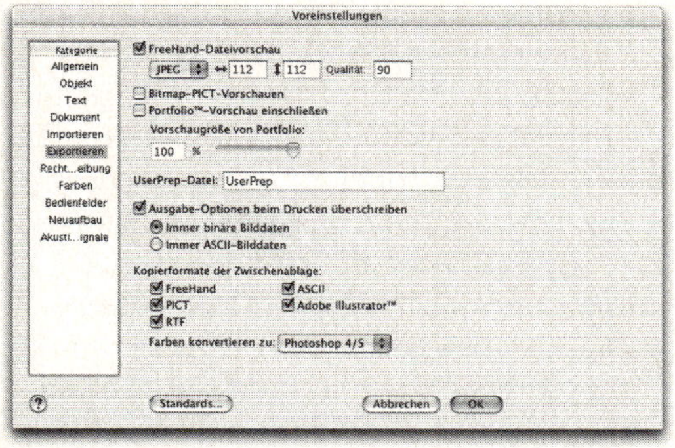

FreeHand-Dateivorschau

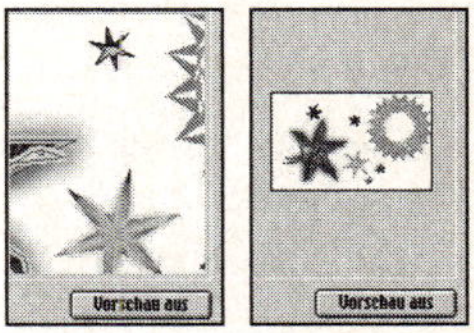

Große und kleine Vorschau

FreeHand bietet die Möglichkeit, eine kleine Dateivorschau mitzusichern, die beim Öffnen einer FreeHand-Datei oder beim Dateiimport auf der linken Seite des Dialogfeldes angezeigt wird. Es lassen sich JPEG- oder BMP-Vorschauen erzeugen, die in Hinsicht auf die Pixelanzahl eingestellt werden können. Wurde JPEG gewählt, lässt sich auch die Qualität einstellen.

Bitmap-PICT-Vorschauen (Macintosh)

EPS mit farbigen Vorschauen exportieren (Windows)

Wird eine Illustration als EPS exportiert, wird bei aktiver Option eine Bitmap-PICT-Vorschau (Bildschirmdarstellung) anstelle einer Vektor-PICT-Vorschau erstellt. Das benötigt in der Regel mehr Speicherplatz, und die Bildschirmdarstellung ist schlechter. Vorteile bietet das Aktivieren dieser Option dann, wenn zum Beispiel komplizierte Bildfüllungen vorkommen, deren Bitmap-PICT-Vorschau weniger Speicherplatz benötigt. Auf Windows-Computern wird für diesen Vorgang kein PICT, sondern ein BMP benutzt.

Portfolio™-Vorschau einschließen (Nur Macintosh)

Ist dieses Kontrollkästchen aktiviert, bezieht FreeHand beim Sichern von Dokumenten Vorschaubilder ein, die von Extensis Portfolio™ beim Durchsuchen und Auswählen von Grafiken aus einem Portfolio-Katalog verwendet werden.

Vorschaugröße von Portfolio (Nur Macintosh)

Diese Option ist nur aktiviert, wenn die vorherige Option *Bitmap-PICT-Vorschauen* auch aktiviert ist. Die Größe für die Portfolio-Vorschau kann in Prozent der aktuellen Größe der Grafik geregelt werden.

UserPrep-Datei

Hier wird der Name der Datei angezeigt, die im FreeHand-Programmordner zusammen mit dem Drucker für die Ausgabequalität verantwortlich ist. FreeHand stellt einige vordefinierte UserPrep-Dateien im Ordner *Benutzer ➛ Privat ➛ Library ➛ Application Suppor ➛ Macromedia ➛ FreeHandMX ➛ 11 ➛ German ➛ Settings ➛ UserPrep* zur Verfügung, die für die Nutzung bestimmter Ausgabegeräte optimiert sind. Nähere Informationen zu den Dateien sind in der Datei *UserPrep-Liesmich* im FreeHand-Programmordner nachzulesen.

Ausgabe-Optionen beim Drucken überschreiben:
Immer binäre Bilddaten,
Immer ASCII-Bilddaten

Die Einstellungen für die Ausgabe von Bilddaten im Dialog *Datei ➛ Dokumenteinstellungen ➛ Ausgabeoptionen* werden ignoriert und durch die Optionen hier ersetzt. Auf Macintosh-Rechnern und bei Verwendung von PostScript-Daten (z.B. EPSF-Dateien und PostScript-Schriften) sollte immer *Binär* aktiviert werden, weil es sonst zu Fehlern in der Ausgabe kommt.

Kopierformate der Zwischenablage

Beim Beenden des Programms werden die Objekte in der Zwischenablage in die ausgewählten Formate umgewandelt: FreeHand, PICT-, RTF-, ASCII- oder Adobe-Illustrator™-Format. Unter Windows werden die Formate FreeHand, EMF-, Metadatei, Bitmap, Geräteunabhängiges Bitmap , ASCII- und AI/EPS-Photoshop 4/5 Pixel und RTF (Rich Text) unterstützt.

Farben konvertieren zu

Das Pop-up-Menü *Farben konvertieren zu* hat zum Beispiel Einfluss darauf, ob Farbinformationen von Macromedia Flash übernommen werden oder nicht. Flash benötigt hier die Einstellung *RGB* oder *CMYK und RGB.*
Auch Photoshop setzt Farben besser um, wenn die entsprechende Option ausgewählt wurde.

Kategorie Rechtschreibung

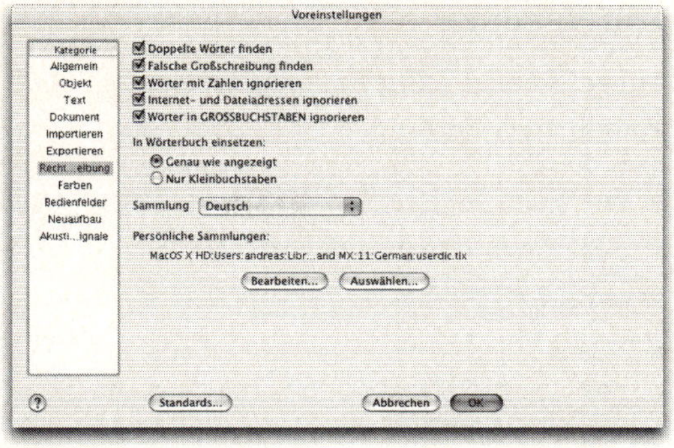

Doppelte Wörter finden/Suchen

Es werden Wörter angezeigt, die zweimal hintereinander vorkommen.

Falsche Großschreibung finden/Suchen

Wörter, die dem Wörterbuch nur in Großschreibung bekannt sind, werden in jedem Fall angezeigt. Diese Option bewirkt zusätzlich das Auffinden von Wörtern, die nach einem Punkt klein geschrieben sind.

Wörter mit Zahlen ignorieren

Kommen im zu prüfenden Text Wortkombinationen vor, die Zahlen enthalten, werden diese bei eingeschalteter Option ignoriert.

Internet- und Dateiadressen ignorieren

Kommen im zu prüfenden Text Wortkombinationen vor, die Internet- oder Dateiadressen enthalten, werden diese bei eingeschalteter Option ignoriert.

Wörter in GROSSBUCHSTABEN ignorieren

Wörter, die sich aus Großbuchstaben (Versalien) zusammensetzen, werden bei aktivierter Option nicht getrennt.

In Wörterbuch einsetzen:

Genau wie angezeigt
Nur Kleinbuchstaben

Wird während der Rechtschreibprüfung ein Wort dem Wörterbuch hinzugefügt, wird es je nach Einstellung entweder genau wie angezeigt oder in purer Kleinschreibung übernommen.

Sammlung/Wörterbuch

Im Pop-up-Menü kann eine installierte Rechtschreibsamlung ausgewählt werden. FreeHand wird diese dann für Rechtschreibprüfungen bzw. für Textformatierungen bei aktivierter Option *Silbentrennung* benutzen. Mit den

Schaltflächen *Bearbeiten* bzw. *Auswählen* kann der Ort dieser Sammlungen dem Programm mitgeteilt und aktualisiert werden.

Kategorie Farben

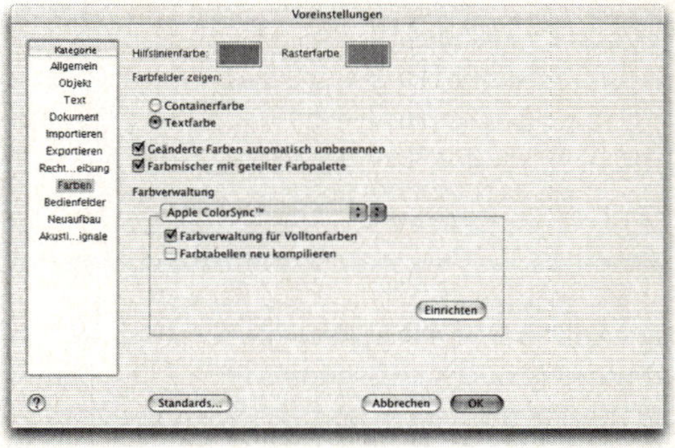

Hilfslinienfarbe
Rasterfarbe

Durch Anklicken der Farbfelder können neue Farben für Hilfslinien und Raster im erscheinenden Apple-Farbwähler ausgewählt werden.

Farbfelder zeigen

Die Symbole im Bedienfeld *Farbfelder* zeigen die Füllungs- beziehungsweise Linienfarbe entweder des mit dem Pfeilzeiger markierten Textblocks *(Containerfarbe)* oder des enthaltenen Textes *(Textfarbe)* an.

Geänderte Farben automatisch umbenennen

Farben, die im Bedienfeld *Farbmischer* gemischt und dann auf eine schon vorhandene gezogen werden, verändern ihren Namen nach Definition. Benutzerdefinierte Farbnamen bleiben unverändert.

Farbmischer mit geteilter Farbpalette

Die linke Seite des Farbfeldes im Bedienfeld *Farbmischer* zeigt die alte Farbe, die rechte die neue. Wird die Option ausgeschaltet, existiert nur ein Farbfeld.

Farbverwaltung

Macintosh

Wird ein anderes Farbmanagement als *Keiner* ausgewählt, müssen weitere Einstellungen bezüglich der zu verwaltenden Geräteprofile durch Betätigen der Schaltfläche *Einrichten* getroffen werden.

Die Farben werden nach dem Einrichten auf dem Bildschirm entsprechend den auszuwählenden Ausgabegeräten, basierend auf deren Farbprofil, simuliert.

FreeHand MX kann mit dem im Grafikbereich üblichen *Apple ColorSync™*, dem von Apple entwickelten und mittlerweile von allen namhaften Entwicklern professioneller Grafiksoftware unterstützten Farbmanagementsystem arbeiten. Um eine optimale Ausgabe auf Bildschirm und Drucker zu erreichen, ist es allerdings notwendig, dass für alle Geräte optimierte *ColorSync™*-Profile vorliegen. Hersteller guter Hardware legen ihren Geräten entsprechende Profile bei. Auf Windows-Rechnern steht *Apple ColorSync™* nicht zur Verfügung.

Windows

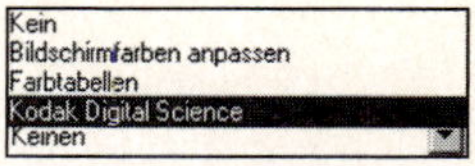

Auf Windows-Rechnern steht *Apple ColorSync™* nicht zur Verfügung.

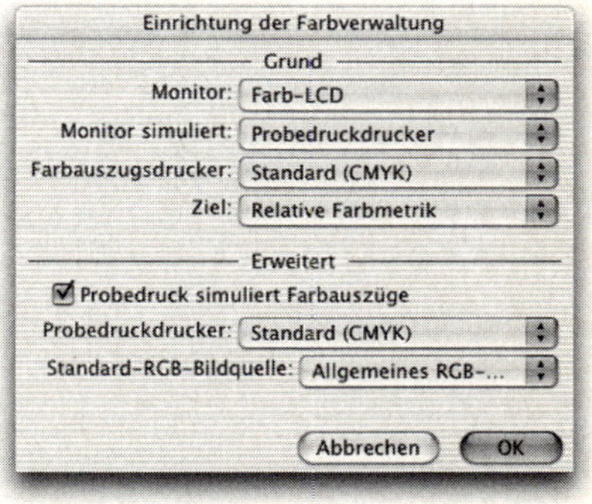

Andere Farbverwaltungen wie zum Beispiel *Bildschirmfarben anpassen* oder *Farbtabellen* lassen nur eine sehr eingeschränkte Korrektheit der Farbdarstellung zu. Das Farbmanagement *Kodak Digital Science* benötigt genau wie *Apple ColorSync™* eine entsprechende Einstellung, vorausgesetzt, das Management ist auf dem Computer installiert. *Apple ColorSync™* wird von Apple automatisch bei der Systeminstallation eingerichtet, sofern die Komponente nicht manuell ausgeschaltet wird. Ist das der Fall, wird FreeHand *Apple ColorSync™* „nicht" als Farbmanagement zur Verfügung stellen.

Wenn man eine Vierfarbenauszug-Arbeit auf einem Probedruckdrucker überprüft, sollte man in der Regel diese Option aktivieren. Bei dieser Einstellung bieten Probeausdrucke eine etwas genauere Entsprechung des fertigen Druckwerks.

Probedruck simuliert Farbauszüge

Beim Probedruck auf einem Gerät, von dem In-RIP-Farbauszüge erstellt werden, wie z. B. auf einigen Scitex-Systemen, sollte man diese Option deaktivieren.

Die Option *Farbverwaltung für Volltonfarben* ermöglicht auch eine Monitorkorrektur für Schmuckfarben wie zum Beispiel Pantone™ oder HKS-Farben.

Farbtabellen neu kompilieren (Macintosh) bzw. *Farbtabellen kompilieren* (Windows) errechnet neue Farbtabellen auf Grundlage der gewählten Geräteprofile und weist sie dem Programm als Grundeinstellung für die Farbverwaltung *Farbtabellen* zu. Wenn die Option ausgeschaltet ist, errechnet FreeHand erst neue Farbtabellen, wenn das Dialogfeld geschlossen wird.

Kategorie Bedienfelder

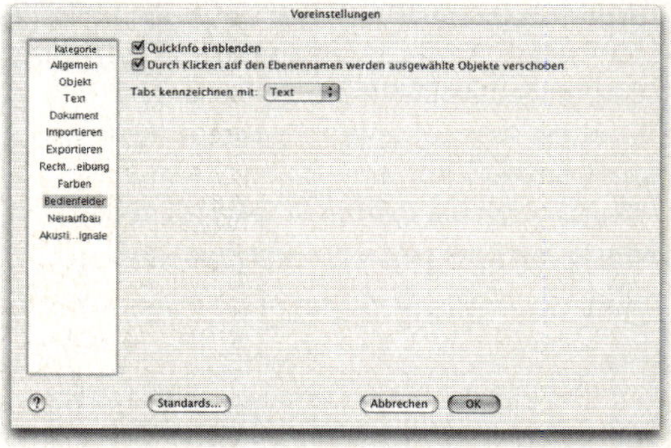

QuickInfo einblenden

Ist die Option eingeschaltet, erscheinen kleine Textfelder am Cursor, wenn man in die Nähe einer Funktion der Symbolleiste kommt.

Durch Klicken auf den Ebenennamen werden ausgewählte Objekte verschoben

Windows:
Durch Klicken auf den Ebenennamen werden ausgewählte Objekte verschoben

Wenn man mit mehreren Ebenen arbeitet, kann bei eingeschalteter Option erreicht werden, dass markierte Objekte durch das Klicken auf den Namen einer Ebene auf diese versetzt werden. Ist die Option ausgeschaltet, ist das nicht möglich.

Tipp: Klickt man bei gedrückter ctrl-Taste (Macintosh) oder mit der rechten Maustaste (Windows) auf den Ebenennamen, gelingt das

Verschieben auch bei ausgeschalteter Option. Ansonsten muss auf die Möglichkeit des Ebenen-Pop-up-Menüs zurückgegriffen werden.

Tabs kennzeichnen mit

Windows:
Bedienfeldregister beschriften mit

Als Tabs werden die Registerkarten der Bedienfelder bezeichnet. Diese Registerkarten können entweder den Namen (*Text*), ein Symbol (*Symbol*) oder den Namen und das Symbol (*Text und Symbol*) als optisches Erkennungsmerkmal zugewiesen bekommen.

Tabs der Bedienfelder

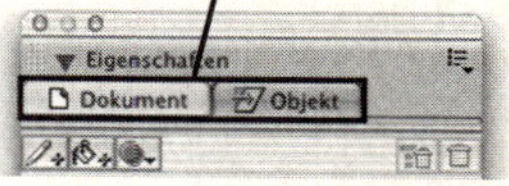

Kategorie Neuaufbau

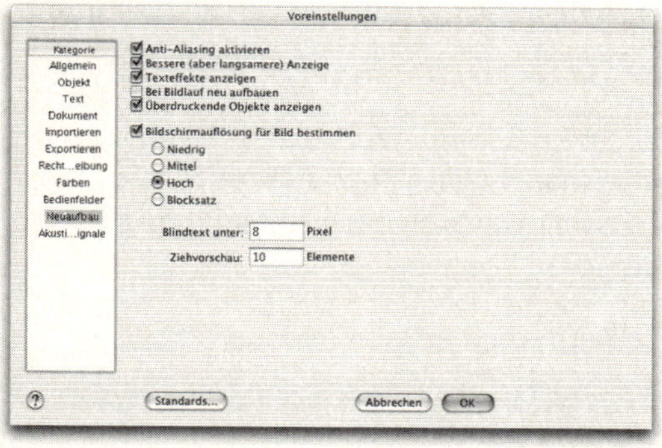

Anti-Aliasing aktivieren

Mit dieser Option wird ein Flash-nahes Smoothing (Randglättung) von Objekten erzeugt.

Bessere (aber langsamere) Anzeige

Die Darstellung von abgestuften und Radialfüllungen wird besser, der Bildschirmaufbau jedoch verzögert.

Texteffekte anzeigen

Texteffekte siehe Seite 312

Wird Text durch die Stile *Texthülle*, *Schattiert* oder *3D-Text* verändert, werden diese Effekte bei nicht aktiver Checkbox bei der Darstellung auf dem Bildschirm ignoriert, was den Aufbau enorm beschleunigt.

Bei Bildlauf neu aufbauen

Für den Rollbalken nur sinnvoll, wenn *Einstellungen* ➛ *Bearbeiten* ➛ *Dynamische Bildlaufleiste* aktiv ist.

Wird die Ansicht mit dem Rollbalken oder der Verschiebehand (Leertaste und Ziehen) verschoben, wird der Bildschirm immer wieder neu aufgebaut. Die Funktion verlangsamt den Wiederaufbau.

Überdruckende Objekte anzeigen

Wurde für eine Füllung oder Linie im Bedienfeld *Objekt* das Attribut *Überdrucken* eingestellt, dann werden diese auf dem Bildschirm durch ein Muster aus kleinen, weißen Kreisen dargestellt und sind so von nicht überdruckenden Elementen zu unterscheiden. Die Darstellung hat keinerlei Einfluss auf die Druckausgabe.

Bildschirmauflösung für Bild bestimmen

Windows:
Auflösung der intelligenten Bildvorschau

Importierte TIFF-Bilder werden normalerweise mit niedriger Auflösung dargestellt, um den Bildschirmaufbau zu beschleunigen. Auf die Ausgabe beim Drucken hat das jedoch keinen Einfluss. Wird eine der aufgeführten Optionen aktiviert, verbessert sich die Darstellung am Monitor. Die Darstellung mit der geringsten Auflösung ist *Niedrig*, die mit der höchsten *Hoch*. Die Einstellung *Blocksatz* ist nicht nachvollziehbar, soll jedoch eine Darstellung in der vollen Bildauflösung bewirken.

Bild-RAM-Cache

Es kann *Dynamisch* oder *Manuell* eingestellt werden. *Dynamisch* vergibt bei wachsenden Bildanteilen im Dokument notwendigen RAM-Speicher flexibel.

Blindtext unter

Zur Beschleunigung des Bildschirmaufbaus kann eingestellt werden, ab welcher Darstellungsgröße (in Bildschirmpixeln) Text als grauer Balken dargestellt wird.

Ziehvorschau

Die ⌥-Taste macht alle zu verschiebenden Objekte sichtbar.

Die Option bestimmt, bei bis zu wie vielen Objekten beim Verschieben nicht nur der Markierungsrahmen zu sehen ist, sondern auch die Objekte selbst. Allerdings muss man nach dem „Anfassen“ einen Augenblick warten, bis der Verschiebepfeil ✥ sichtbar wird. Unabhängig vom eingetragenen Wert werden beim Verschieben alle Objekte sichtbar, wenn man dabei kurz die ⌥-Taste drückt.

Akustisch

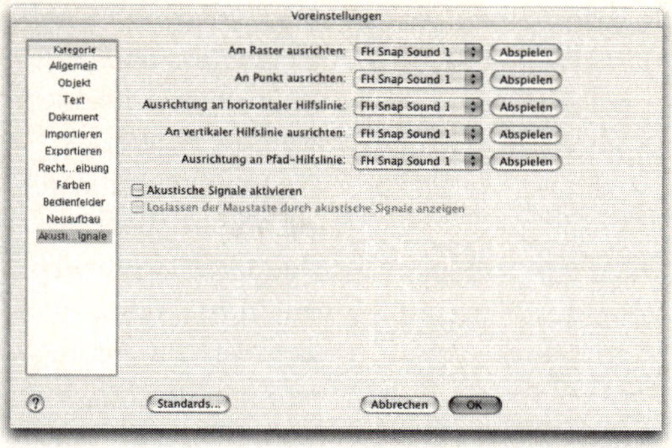

In diesem Registerbereich lassen sich einzelne Vorgänge durch akustische Signale begleiten. Diese Vorgänge lassen sich nur auf einem Macintosh einstellen.

Cursortasten anpassen

Objekte können nicht nur mit der Maus verschoben werden. Auch die Cursortasten ←↑↓→ können markierte Objekte verschieben.

Im Dialogfeld *Datei ➛ Dokumenteinstellungen ➛ Cursorabstand* können Werte sowohl für das normale Verschieben als auch das Verschieben bei gedrückter ⇧-Taste eingegeben werden.

Die Werteingabe geschieht im aktuellen Einheitensystem. Soll eine andere Maßeinheit benutzt werden, müssen die auf Seite 23 beschriebenen Kürzel benutzt werden.

Cursorabstand

↑

←→

↓

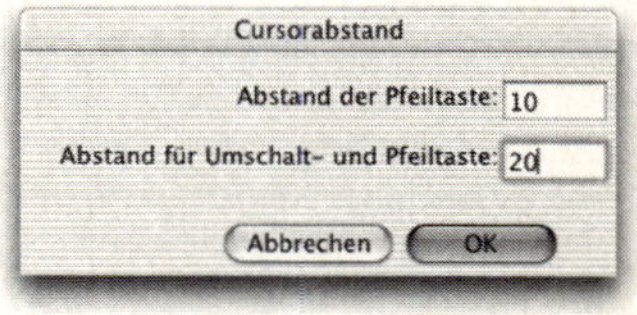

Tastaturbefehle anpassen

Vorhandene Tastaturbefehle können in FreeHand mit dem Befehl *Bearbeiten ➛ Einstellungen für Tastaturbefehle ...* umdefiniert, oder es können nicht vorhandene Kurzbefehle kreiert werden.

Nach Anwahl des Befehls öffnet sich das Dialogfeld *Kurzbefehle anpassen*:

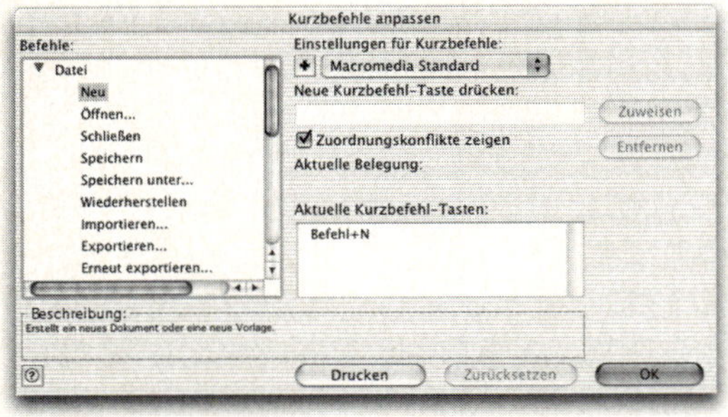

Der Bereich *Befehle* enthält die einzelnen Menübereiche des Programms mit deren Befehlen. Unterhalb des Bereichs gibt FreeHand eine kurze *Beschreibung* des angewählten Befehls.

Das Pop-up-Menü unterhalb *Einstellungen für Kurzbefehle* ermöglicht die Zuordnung und Speicherung von Tastaturbefehlen anderer Programme. Das Symbol „+“ aktiviert den Speichervorgang für Kurzbefehlgruppen und verzweigt automatisch in den für die Tastaturbefehle von FreeHand vorgesehenen Ordner (*Benutzer* ➛ *Privat* ➛ *Library* ➛ *Application Support* ➛ *Macromedia* ➛ *FreeHand MX* ➛ *11* ➛ *German* ➛ *Settings* ➛ *Keyboard*). Durch die Programmsets werden die Tastaturbefehle anderer Programme zur Verfügung gestellt, sodass möglicherweise kein Umdenken in FreeHand MX notwendig ist.

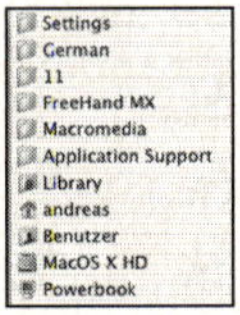

Von FreeHand MX unterstützte Tastaturlayouts:

Das Zuweisen eines neuen Kurzbefehls geschieht durch Anwahl eines Befehls in der Liste der FreeHand-Befehle. Anschließend muss das Eingabefeld *Neue Kurzbefehl-Taste drücken* markiert und per Tastendruck mit einem neuen Kurzbefehl belegt werden. Die Schaltfläche *Zuweisen* weist den neuen Kurzbefehl endgültig zu.

Ist die Checkbox *Zuordnungskonflikte zeigen* angekreuzt, werden die Befehle, die mit dem gewählten Kurzbefehl in Konflikt stehen und darunter benannt werden, nach Betätigen der Schaltfläche *Zuweisen* in der Befehlsübersicht angezeigt und markiert. Wird anschließend die

Schaltfläche *Zurücksetzen* betätigt, springt das Tastaturlayout auf die letzte Einstellung zurück.

Die Schaltfläche *Entfernen* löscht einen angewählten Kurzbefehl.

Die Layouts können mit der Schaltfläche *Drucken* auf einem Drucker ausgegeben werden.

Symbolleisten anpassen

Die Symbolleisten (Standard, Text- und Werkzeugleiste) können jetzt in FreeHand mit dem Befehl *Fenster* ➛ *Symbolleisten* ➛ *Benutzerdefiniert* ... ebenso wie Kurzbefehle umdefiniert werden. Nach Anwahl des Befehls erscheint folgendes Dialogfeld:

Die entsprechende Settingdatei findet sich unter Mac OS X im Ordner: *Benutzer* ➛ *Privat* ➛ *Library* ➛ *Application Support* ➛ *Macromedia* ➛ *FreeHand MX* ➛ *11* ➛ *German* ➛ *Settings* ➛ *Toolbars*
Durch Entfernen dieser Datei wird FreeHand wieder zu den Standardeinstellungen zurückgeführt.

unter Mac OS 9 finden Sie den Ordner unter: *Systemordner* ➛ *Application Support* ➛ *Macromedia* ➛ *FreeHand MX* ➛ *11* ➛ *German* ➛ *Settings* ➛ *Toolbars*.

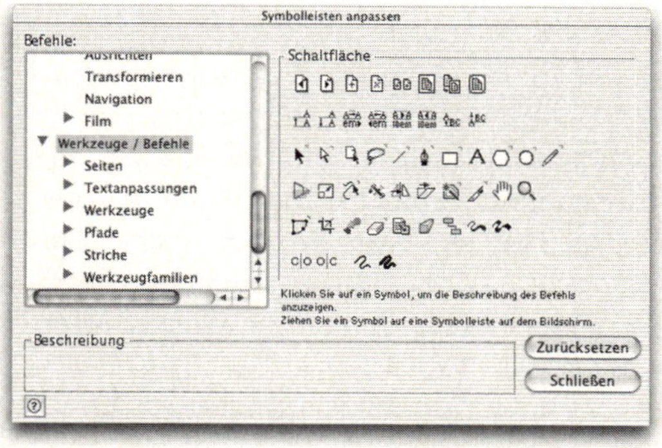

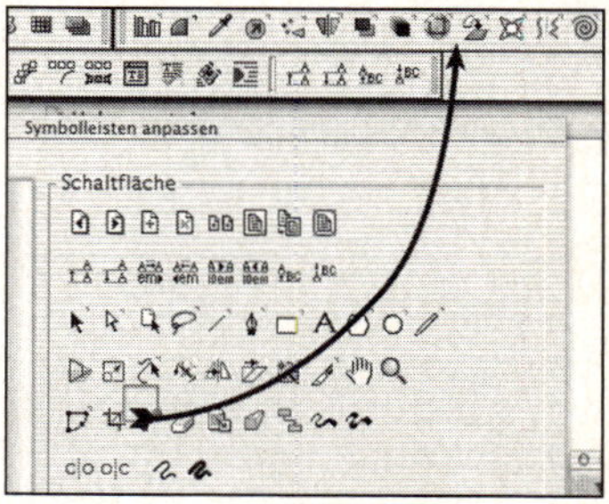

Auf der linken Seite des Dialogfeldes werden die FreeHand-Menüs und deren Befehle aufgelistet. Die rechte Seite zeigt nach Anwahl eines Menüs die zur Verfügung stehenden Symbole.

Durch Anklicken eines Symbols bekommt man eine Kurzbeschreibung.

Anklicken und Ziehen eines Symbols auf eine Symbolleiste fügt ein Symbol in die entsprechende Symbolleiste ein. *Zurücksetzen* reduziert die Symbolleisten auf den Stan-

Maus-Taste

dardzustand. Soll ein Symbol aus einer Symbolleiste entfernt werden, klickt man es an und zieht es bei gedrückter Maus-Taste aus der Leiste heraus. Auf diese Art und Weise können die Symbole auch umplatziert werden.

Sind einmal Werkzeugsymbole aus der Werkzeugleiste abhanden gekommen, dann ist das vermutlich durch ein versehentliches Anklicken des Werkzeugs bei gedrückter Maus-Taste und anschließendes Herausziehen passiert. Um die Werkzeugleiste wieder zu vervollständigen, muss man in den Dialog *Fenster* ➛ *Symbolleisten* ➛ *Benutzerdefiniert* ... gehen und dort die Befehlskategorie *Werkzeuge / Befehle* anwählen. Hier befinden sich alle Werkzeugsymbole, die FreeHand zur Verfügung stellt.

Durch Ziehen an den Anfassern einer

Anfasser

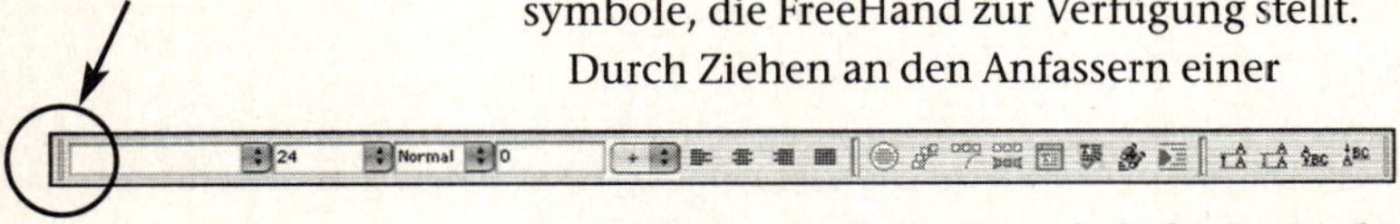

Symbolleiste ist die Position beliebig veränderbar. Kommt man in den oberen, unteren, rechten oder linken Seitenbereich des Bildschirms, werden die Symbolleisten automatisch bis zur gegenüberliegenden Seite ausgedehnt und geschmälert.

Erstellen der Datei *FreeHand-Standards*

Wird der Befehl *Datei* ➛ *Neu* angewählt, öffnet FreeHand eine Kopie der Datei *FreeHand-Standards* im Ordner *Benutzer* ➛ *Privat* ➛ *Library* ➛ *Application Support* ➛ *Macromedia* ➛ *FreeHand MX* ➛ *11* ➛ *German* ➛ *Settings*.

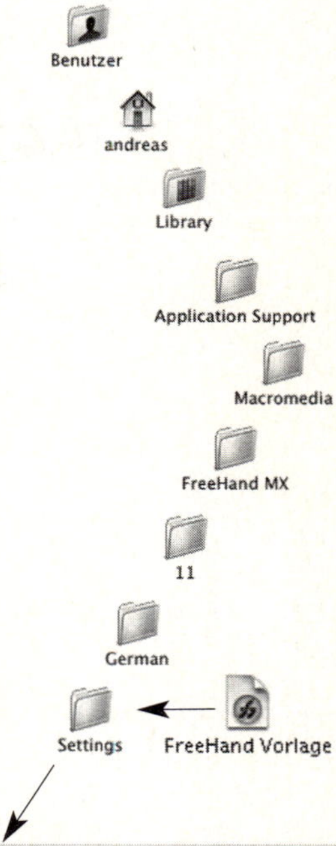

Es ist möglich, entweder diese Datei mit veränderten Vorgaben neu abzuspeichern oder zusätzliche zu erstellen und ebenfalls im FreeHand-Ordner abzulegen. Es spielt keine Rolle, ob im Dialog *Sichern unter …* die Option *FreeHand-Datei* oder *FreeHand-Vorlage* angewählt wird. Auch der Name ist unerheblich, allerdings wird nur eine *FreeHand-Vorlage* als „Kopie“ geöffnet. Der Befehl *Datei* ➛ *Neu* öffnet immer die Datei, deren Name im Einstellungsdialog *FreeHand MX* ➛ *Einstellungen* ➛ *Dokument* (⌘U) unter *Neue Dokumentvorlage* eingetragen wurde. Die in dieser Kategorie eingetragene Datei braucht nicht zwingend in dem von FreeHand vorgegebenen Ordner platziert zu werden. Für eine Standarddatei wäre dies jedoch vorteilhaft. Sollen zu bestimmten Zeitpunkten einmal andere Dateien als die Standarddatei als Kopie geöffnet werden, so lassen sich beliebige, als *FreeHand-Vorlage* in anderen Ordnern abgespeicherte Dokumente öffnen.

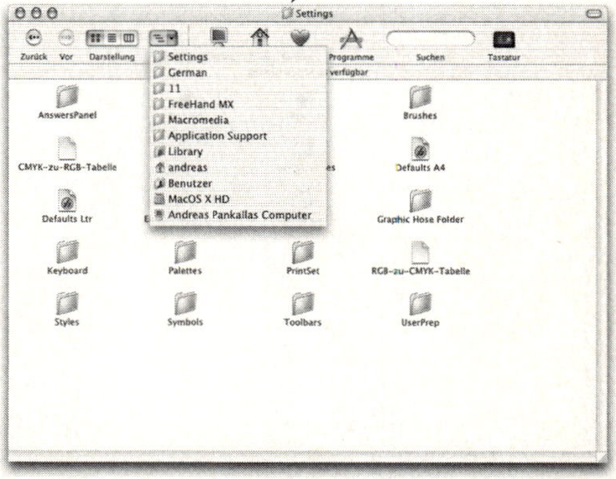

In diesen Vorgabedateien können Einstellungen gemacht werden, die dem individuel-

Die Einstellungen der Dialoge von *FreeHand MX ➛ Einstellungen* werden nicht mit der Datei gespeichert, sondern gehören zum Programm. Änderungen wirken sich auf alle offenen und danach geöffneten und erstellten Dateien aus.

len Bedarf für die tägliche Arbeit entsprechen.

Einstellungen, die man in einer geöffneten Datei trifft, wenn kein Objekt markiert ist, gelten als Vorgaben.

Tipp: Unter Umständen ist es sinnvoll, einige Grundfarben ins Bedienfeld *Farbfelder* aufzunehmen, oder man kann den Grafikstil *Normal* nach seinen eigenen Bedürfnissen umdefinieren, zum Beispiel eine Strichstärke von 0,5 pt, Farbe *Schwarz*, keine Füllung etc. Auch für den Textstil *Normaler Text* kann die persönlich am häufigsten verwendete Schrift vordefiniert werden (*Stile* siehe Seite 314ff. und 439ff.). Auch zusätzliche Stile könnten möglicherweise Sinn machen. Zusätzliches Einrichten von Druckeinstellungen macht Sinn, da man sich dann nicht permanent in die Dialogfelder *Seite einrichten...* und *Drucken...* begeben muss, um „normale" Standardeinstellungen, wie die Papiergröße etc., zu überprüfen. Weitere Möglichkeiten, eine Standarddatei zu erweitern, bieten die Master-Seiten. Es können durchaus mehrere Master-Seiten in einer Standarddatei definiert werden, mit allen Möglichkeiten, die diese Funktionalität von FreeHand bietet. Dazu gehört das Platzieren von Bildern, Flächen als auch Texten. Das Thema Master-Seiten wird ab Seite 36 ausführlich behandelt.

Arbeitshilfen aus dem Menü *Ansicht*

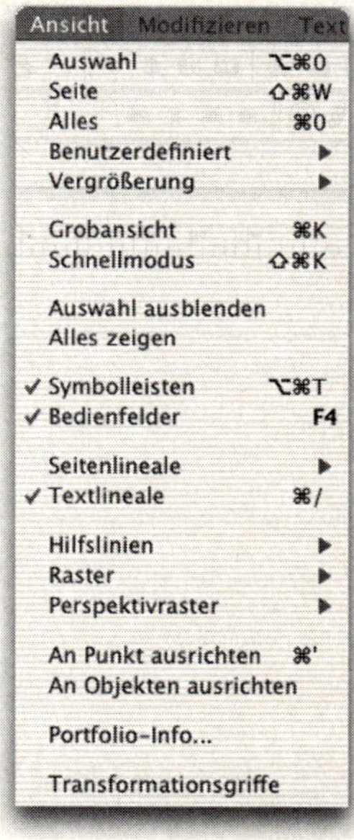

Das Menü *Ansicht* bietet Hilfen, die die Darstellung der Objekte auf dem Bildschirm beeinflussen, und Lineale, Hilfslinien, eine Informationsleiste und das Raster, die ein- oder ausgeblendet werden können. Punkten, Hilfslinien und dem Raster können magnetische Eigenschaften zugewiesen werden.

Die Funktionsweise und das Einstellen des Rasters sind bereits ab Seite 24f. besprochen worden.

Die Veränderung der Darstellungsart und -größe hat keinerlei Einfluss auf die Beschaffenheit der Objekte und deren Ausgabe. Die Geschwindigkeit des Bildschirmaufbaus ist umso höher, je größer der Ausschnitt gewählt wird. Bei vielen Objekten mit komplizierten Füllungen oder zum Bearbeiten von Objekten, die sich überlagern, empfiehlt sich die Anwahl der Grobansicht, die einen sehr schnellen Bildschirmaufbau ermöglicht und für einzelne Ebenen über die Ebenenpalette gesondert eingestellt werden kann. Auch die schnelle Vorschau und die schnelle Grobansicht beschleunigen den Bildschirmaufbau erheblich. Eine *Portfolio-Info* (Macintosh) schafft die Möglichkeit, Bilddaten mit Informationen zu versehen, die hinterher in Bilddatenbanken wie z.B. Extensis Portfolio oder Canto Cumulus abgerufen werden können.

Darstellung

Neues Fenster

Auch der Befehl *Fenster➛ Neues Fenster* bietet eine gute Arbeitshilfe bei der Bearbeitung in starker Vergrößerung. Der Befehl öffnet ein zweites Fenster der Datei, das man neben das Originalfenster legen kann, indem man beide so weit zuschiebt, dass sie nebeneinander Platz haben. So kann man beispielsweise im einen Fenster die ganze Seite und im anderen eine Ausschnittvergrößerung darstellen lassen. In beiden Fenstern wird die gleiche Datei angezeigt, deshalb kann eines auch wieder geschlossen werden, ohne zu sichern.

Auch durch das Ein- bzw. Ausblenden von Ebenen wird die Darstellung verändert, was gegebenenfalls auch Auswirkungen auf die Ausgabe haben kann (*Ebenen* siehe Seite 338f.).

Für eine präzise und schnelle Arbeitsweise ist es unerlässlich, dass immer der richtige Bildausschnitt in einer sinnvollen Größe auf dem Bildschirm dargestellt wird.

- Die Größe des Ausschnitts beeinflussen:
  Menü- und Tastaturbefehle
  Lupe
  Blättern

- Die Ansicht im Fenster verschieben:
  Lupe
  Verschiebehand
  Rollbalken
  Blättern

- Art der Darstellung:
  Wechsel zwischen Vorschau-, schnellem Vorschaumodus und Grob- und schneller Grobansicht (auch teilweise über die Ebenenpalette)
  Einstellungen im Dialog
  FreeHand MX ➛ Einstellungen ➛ ***Farben***
  (siehe Seite 62f.)
  FreeHand MX ➛ Einstellungen ➛ ***Dokument***
  (siehe Seite 55f.)
  FreeHand MX ➛ Einstellungen ➛ ***Text***
  (siehe Seite 52f.)
  FreeHand MX ➛ Einstellungen ➛ ***Bedienfelder***
  (siehe Seite 64f.)
  FreeHand MX ➛ Einstellungen ➛ ***Neuaufbau***
  (siehe Seite 65f.)

Menü- und Tastaturbefehle

Der Befehl *Ansicht* ➤ *Vergrößerung* stellt ein Pop-up-Menü zur Verfügung, aus dem vordefinierte Vergrößerungsstufen ausgewählt werden können.

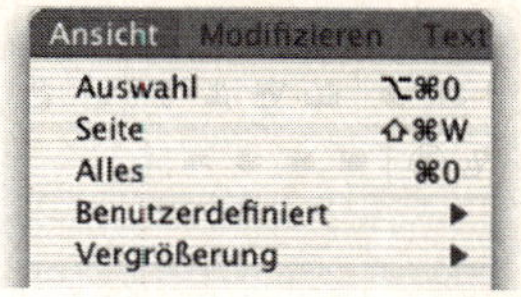

Bei den extremen Vergrößerungen von 3200 % oder 6400 % kann es passieren, dass Objekte nur durch das Aufziehen eines Markierungsrahmens aktiviert werden können.

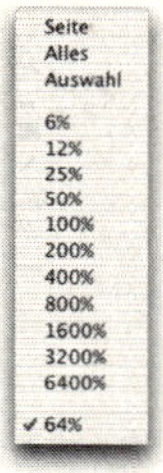

Ansicht-Liste

Das gleiche Pop-up-Menü erscheint, wenn auf die Ansicht-Liste links unten im Illustrationsfenster geklickt wird. In der Ansicht-Liste wird immer die aktuelle Darstellungsgröße angezeigt. Hier können auch eigene, nicht vordefinierte Faktoren eingegeben werden.

Die Anwendung der Tastenkombinationen ist bei weitem schneller.

Sind keine Objekte markiert, wird die Mitte der aktuellen Seite in der ausgewählten Größe dargestellt. Bei markierten Objekten werden diese mittig im gewählten Ausschnitt dargestellt.

Auswahl ⌘O

Seite stellt die gesamte aktuelle Seite so dar, dass sie genau in das Illustrationsfenster passt.

Seite ⇧⌘W

Bei einer Ansichtsgröße von 100% haben die dargestellten Objekte auf dem Bildschirm die Größe, die bei einer Ausgabe der Seite mit 100% gedruckt wird.

Darstellung der Objekte im Verhältnis 1:1 zur Ausgabe

Alle in einer Illustration angelegten Seiten werden im Illustrationsfenster sichtbar.

Alles ⌥⌘O

Die Lupe

Um einen exakten Bildausschnitt zu erhalten, ist die Lupe das am besten geeignete Mittel. Sie lässt sich in der Werkzeugleiste als aktives Werkzeug einstellen. Es ist allerdings nicht explizit notwendig, sie dort auszuwählen, da

⌘+Leertaste

⌥+⌘+Leertaste

sie jederzeit durch das Drücken der Tasten ⌘+Leertaste verfügbar ist. Nach dem Loslassen der Tasten steht wieder das zuvor benutzte Werkzeug zur Verfügung.

Die Negativlupe erhält man durch das Drücken der Tasten ⌘+⌥+Leertaste (wurde die Lupe aus der Werkzeugleiste ausgewählt, verwandelt sie sich durch die ⌥-Taste in die Negativlupe).

Benutzung der Lupe

Die Stelle, an die man mit dem Lupenwerkzeug klickt, wird vergrößert oder verkleinert dargestellt. Die Schritte der Vergrößerung beziehungsweise Verkleinerung sind bei jedem Klicken die gleichen, die auch im Menü angeboten werden.

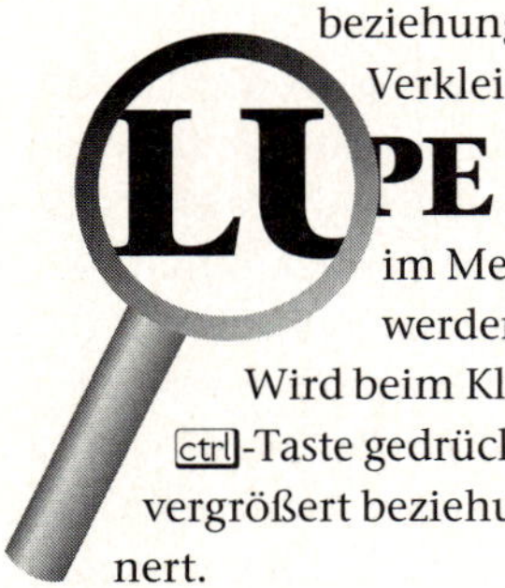

Maximale Vergrößerung beziehungsweise Verkleinerung

Wird beim Klicken zusätzlich die ctrl-Taste gedrückt, wird maximal vergrößert beziehungsweise verkleinert.

Fensterfüllenden Bildausschnitt wählen

Will man einen Bildausschnitt fensterfüllend darstellen, wird um den Bereich ein Rahmen mit der Lupe bei gedrückter Maustaste gezogen.

Blättern

Ganze Seite beim Blättern

Blättert man im Dokument auf eine andere Seite, indem man das Symbol der Seite im Bedienfeld *Dokument* doppelt anklickt, oder wechselt man auf die vorige beziehungsweise nachfolgende Seite durch Klicken auf die Symbole ◧◨ links unten im Illustrationsfenster, wird die Seite fensterfüllend dargestellt.

Verschiebehand

Drückt man die Leertaste, verwandelt sich der Cursor in die Verschiebehand. Der Bildausschnitt kann dann bei gedrückter Maustaste wie hinter einem Passepartout verschoben werden.

Die Verschiebehand kann auch benutzt werden, um im Bedienfeld *Dokument* die Montagefläche zu verschieben. Auch hier wird sie bei gedrückter Leertaste aktiviert.

Rollbalken

Die Rollbalken an der rechten und unteren Kante des Illustrationsfensters können auf drei verschiedene Arten benutzt werden:

Klickt man auf den Balken selbst, verschiebt sich die Ansicht um eine Fensterbreite beziehungsweise -höhe.

Das Klicken auf die Pfeile bewirkt Verschiebungen in kleinen Schritten.

Außerdem kann an den Rollbalkenfeldern gezogen werden, sodass sehr große Bewegungen möglich sind.

Verschiebt man Objekte mit der Verschiebehand oder mit den Rollbalken, bewirkt die Aktivierung der Checkbox *Bei Bildlauf neu aufbauen* einen ständigen Wiederaufbau des Bildschirms, sodass die Orientierung nicht verloren geht. Der Verschiebevorgang kann dadurch allerdings verlangsamt werden.

FreeHand MX ➛ Einstellungen ➛ Neuaufbau ➛ Bei Bildlauf neu aufbauen

Grobansicht und Vorschau / schnelle Grobansicht und Vorschau

Der Vorschaumodus zeigt die Illustration so an, wie sie auch gedruckt wird, mit allen Farben, Füllungen, Strichbreiten usw.
Die *schnelle Vorschau* bietet die Möglichkeit, den Bildschirmaufbau um etwa das Doppelte zu beschleunigen. Während im Vorschaumodus die Daten (Bilder, Grafiken, Verläufe und Effekte) hochauflösend dargestellt werden (sofern im Menü *FreeHand MX ➛ Einstellungen ➛ Neuaufbau* die Optionen *Hochauflösende Bildanzeige* und *Bessere (aber langsamere) Anzeige* eingestellt wurden), reduziert die

schnelle Vorschau die Darstellung auf **geringere Auflösung** und z. B. **weniger Farb-/Graustufen**. Dadurch wird erreicht, dass der Neuaufbau des Bildschirmes in einer rasanten Geschwindigkeit vorgenommen wird. Der Effekt ist zum Beispiel beim Scrollen oder beim Wechseln der Ansichtsgröße spürbar.

⚠ Werden Füllungs- und Strichmerkmale zugewiesen und nicht am Bildschirm angezeigt, liegt es häufig daran, dass man nicht daran denkt, dass die Grobansicht eingestellt ist. Ursache dafür, dass Füllungen nicht angezeigt werden, ist häufig, dass das Objekt zwar geschlossen aussieht, es aber nicht ist.

Die Grobansicht zeigt alle Objekte als schwarzen Umriss. Da weder Inhalte noch Füllungen, Pfeilspitzen usw. dargestellt werden, sind auch verdeckte Objekte zu sehen, sehr dicke Striche lassen sich besser bearbeiten, und der Bildschirmaufbau wird sehr beschleunigt. Die *schnelle Grobansicht* zeigt nur noch **jeden zehnten oder zwanzigsten** Umriss.

Umschalten zum Schnellmodus: ⇧+⌘K. Alternativ kann das Pop-up-Menü im unteren Bereich des Dokumentfensters benutzt werden.

Der Modus kann gewechselt werden:

- durch Anwahl des Befehls im Menü *Ansicht*,
- mit der Tastenkombination ⌘K,
- für den Schnellmodus mit ⇧⌘K.
- durch Auswahl im Pop-up-Menü am linken unteren Fensterrand oder
- im Ebenen-Bedienfeld für einzelne Ebenen.

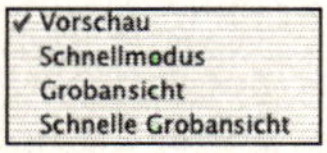

Im unteren Fensterrand steht zusätzlich ein Pop-up-Menü zur Verfügung, in dem ein Wechseln von dem einen in den anderen Vorschaumodus durch Auswahl möglich ist.

Anti-Aliasing

⚠ Dieser spezielle Darstellungsmodus ist nur unter Windows und Mac OS X möglich

Unter Mac OS X und Windows kann im Menü *FreeHand MX* ➛ *Einstellungen* ➛ *Neuaufbau* die Option *Anti-Aliasing-Darstellung* eingestellt werden. Der Effekt ist, dass Bildgrafiken an Kanten nicht gezackt dargestellt werden, sondern leicht geglättet. Auch Flash MX benutzt diese verbessernde Bilddarstellung für seine Grafiken. Somit kann bei Vorschauen der Flash-Animationen in FreeHand schon das entsprechende Ergebnis gesehen werden.

Wurde in den Einstellungen des Programms der Darstellungsmodus Anti-Aliasing aktiviert, werden einige Attribute nicht darstellbar sein.

- Füllungen: Kachelfüllungen, benutzerdefinierte Füllungen, PostScript-Füllungen, Musterfüllungen, Texturfüllungen, Linsenfüllungen (außer einfache Transparenz).
- Striche: Bindestriche, Musterstriche, PostScript-Striche.
- Text: Texteffekte, Bitmap-Schriftarten, gesperrte Konturen-Schriftarten.

Ansichten speichern

Mit diesem Befehl hat Macromedia etwas sehr Sinnvolles für Nutzer des Programms getan, die große bzw. umfangreiche und detaillierte Dokumente bearbeiten.

Wird in starken Vergrößerungen gearbeitet, ist es meist recht umständlich, von einer Stelle eines Dokuments zu einer anderen zu gelangen, ohne die Vergrößerungsstufe zu verlassen. Hier schafft der Befehl Abhilfe. Hat man ein Objekt oder eine Objektgruppe in einer entsprechenden Vergrößerungsstufe dargestellt, ist es möglich, diese mit dem Befehl *Neu* im Menü *Ansicht ➛ Benutzerdefiniert* zu speichern. Es erscheint ein Dialogfeld, in dem man aufgefordert wird, einen Namen zu vergeben. Dieser Name wird später als Name der Ansicht im Menü aufgeführt und ist dort anwählbar. Leider sind diese Ansichten nicht per Kurzbefehltasten zu nutzen. Man kann jedoch zu der zuvor benutzten Ansicht mit dem Kurzbefehl ⌥ ⌘ 1 wechseln.

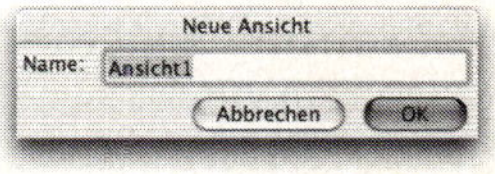

Soll eine bereits vorhandene, gespeicherte Ansicht verändert werden, so kann dies ebenfalls im Menü *Ansicht ➛ Benutzerdefiniert* mit dem Befehl *Bearbeiten* geschehen. Die momen-

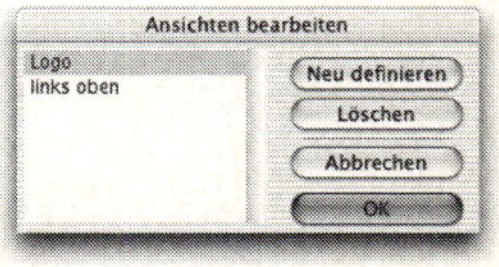

tan auf dem Monitor sichtbare Ansicht wird einer benannten Ansicht zugewiesen, wenn im Dialogfeld *Ansicht bearbeiten* die Schaltfläche *Neu definieren* betätigt wird. Die Schaltfläche *Löschen* entfernt eine benannte, angewählte Ansicht.

Das Perspektivraster

Ansicht ➛ Perspektivraster einblenden schaltet die Hilfslinien des Perspektivrasters ein und wieder aus.

Mit dem Perspektivraster ist es möglich, Perspektiven mit mehreren Fluchtpunkten zu definieren, die als nicht druckbare Linien auf dem Arbeitsblatt erscheinen.

Perspektivraster können ebenso wie Ansichten gespeichert werden.

Über das Dialogfeld *Raster definieren* können beliebig viele benutzerdefinierte Perspektivraster bearbeitet, gespeichert und zum Ändern anderer Objekte verwendet werden.

Für die einzelnen Perspektivhilfslinien, links, rechts und horizontal, können unterschiedliche Farben vergeben werden. Zudem können bis zu drei Fluchtpunkte definiert werden. Die Rasterzellengröße kann einen Wert von bis zu 254 des aktuellen Einheitensystems betragen.

Erstellen und Ändern von Perspektivrastern

Das Erscheinungsbild von dreidimensionalen Objekten wird durch die Attribute des Perspektivrasters bestimmt. Man kann die Perspektive des Betrachters ändern, indem man die Anzahl und Position der Fluchtpunkte und die Größe der Rasterzellen definiert.

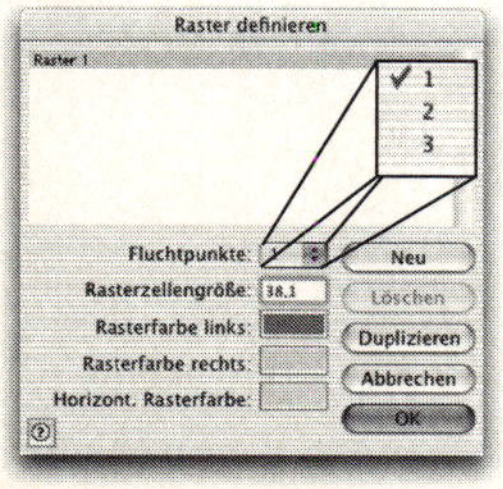

Das Perspektivraster wird folgendermaßen aktiviert:

Man wählt unter *Ansicht ➛ Perspektivraster ➛ einblenden.*

Durch Anwahl des Perspektiven-Werkzeuges in der Werkzeugleiste können Raster bearbeitet und Objekte mit dem Raster verbunden werden.

So erstellen Sie ein neues Raster:

Öffnen Sie das Dialogfeld *Raster definieren*, indem Sie *Ansicht* ➛ *Perspektivraster* ➛ *Raster definieren* wählen.

Anschließend klickt man auf die Schaltfläche *Neu*.

Das neu erstellte Perspektivraster wird jetzt in der Rasterliste mit dem Standardnamen *Raster x* angezeigt. Der Name kann durch einen Doppelklick geändert werden. Anschließend muss die Eingabetaste betätigt werden, um den neuen Namen zu bestätigen.

Jetzt kann man die Anzahl der Fluchtpunkte, die Rasterzellengröße und die Rasterfarbe einstellen.

Soll auf bereits vorhandene Rastereinstellungen zurückgegriffen werden, kann ein Raster auch *dupliziert* werden, um es anschließend geringfügig zu verändern.

Wird ein Raster nicht mehr benötigt, kann man es auswählen und mit der Schaltfläche *Löschen* entfernen.

Zum Schluss betätigt man die *OK*-Taste, um das Dialogfeld zu verlassen.

Ändern von Rasterattributen

Die Anzahl der Fluchtpunkte und die Rasterfarbe kann man im Dialogfeld *Raster definieren* ändern. Für senkrechte (links und rechts) und horizontale Rasterhilfslinien können unterschiedliche Farben vergeben werden. Rasterwinkel und -ausrichtung kann man ändern,

Ein neues Perspektivraster kann nicht mit dem Namen eines bereits vorhandenen Rasters belegt werden. Um ein Raster in der Liste zu ersetzen, müssen Sie das nicht erwünschte Raster erst löschen und dann ein neues erstellen.

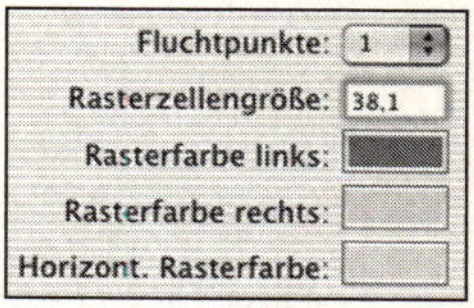

indem man mit aktiviertem Perspektiven-Werkzeug auf einen aktiven Rasterbereich klickt und diesen in die gewünschte Position zieht. Der Cursor zeigt an, wann sich der Zeiger über einem aktiven Bereich befindet.

Arbeiten mit dem Perspektiven-Werkzeug

Mit dem Perspektiven-Werkzeug können Objekte am Perspektivraster ausgerichtet werden. Fluchtpunkte und Rastergröße lassen sich mit dem Werkzeug jederzeit ändern, um die dreidimensionale Ansicht der mit dem Raster verbundenen Objekte zu bestimmen.

Perspektivcursor-Darstellungen

 Normaler Cursor, kein aktiver Bereich

 Fluchtpunkt-Cursor

 Linke-Wand-Cursor

 Rechte-Wand-Cursor

 Boden-Cursor

 Horizontlinien-Cursor

Das Perspektiven-Werkzeug kann auch zum Verbinden von Objekten mit dem Perspektivraster benutzt werden. Ein mit dem Perspektivraster verbundenes Objekt wird in dreidimensionaler Ansicht angezeigt, die auch dann erhalten bleibt, wenn es wieder vom Perspektivraster getrennt wird. Das Verbinden eines Objektes mit dem Perspektivraster erfolgt in zwei Schritten unter Verwendung des Perspektiven-Werkzeuges und der Pfeiltasten.

1. Man wählt *Ansicht* ➤ *Perspektivraster* ➤ *Anzeigen*, um das Perspektivraster anzuzeigen.
2. Man klickt mit aktiviertem Perspektiven-Werkzeug auf das Objekt und hält die Maustaste gedrückt.
3. Man zieht das Objekt an die gewünschte Stelle des Perspektivrasters.
4. Bei immer noch gedrückter Maustaste betätigt man die entsprechende Pfeiltaste.
5. Nun lässt man die Maustaste los.

Vorhaben	Taste
Objekt mit dem linken Raster verbinden	Cursortaste [←]
Objekt mit dem rechten Raster verbinden	Cursortaste [→]
Objekt mit dem Bodenraster verbinden, das am rechten Fluchtpunkt ausgerichtet ist	Cursortaste [↑]
Objekt mit dem Bodenraster verbinden, das am linken Fluchtpunkt ausgerichtet ist.	Cursortaste [↓]

Wenn das Perspektivraster nur einen Fluchtpunkt hat, drückt man die [→]- bzw. [←]-Taste, um ein Objekt mit dem vertikalen Raster zu verbinden, und die [↑]- bzw. [↓]-Taste, um ein Objekt mit dem horizontalen Raster zu verbinden. Um die perspektivische Ansicht eines Objekts zu ändern, zieht man das Objekt mit aktiviertem Perspektiven-Werkzeug an eine neue Position auf dem Perspektivraster. Die Objekte behalten ihre perspektivische Ansicht, wenn sie vom Raster wegbewegt werden.

Wenn man die Position von Objekten mit dem Perspektiven-Werkzeug ändert, werden die Objekte auf dem Raster automatisch aktualisiert. Wenn man Objekte mit dem Zeiger-Werkzeug oder den Pfeiltasten verschiebt, werden sie vom Raster getrennt.

Vorhaben **Vorgehensweise**

Punkt 1 ist immer identisch und wird anschließend nicht weiter aufgeführt.

Die Objekte werden mit dem Perspektiven-Werkzeug markiert. Anschließend muss man die Maustaste gedrückt halten.

Die Wirkungsweise der Tastenkombinationen bezieht sich nur auf die Funktionalität des Perspektiven-Werkzeuges.

Spiegeln eines mit dem Seitenraster verbundenen Objektes horizontal auf dem Raster	1. Siehe oben 2. Nun muss die Leertaste betätigt werden.

Spiegeln eines mit dem Bodenraster verbundenen Objektes vertikal auf dem Raster	1. Siehe oben 2. Nun muss die Leertaste betätigt werden.
Verschieben eines Objektes unter Beibehaltung der Ausrichtung zu den Perspektivrasterlinien	Halten Sie die ⇧-Taste gedrückt, und ziehen Sie das Objekt an die neue Position. Wenn Sie die esc-Taste drücken, bleibt die perspektivische Ansicht des Objekts erhalten, wenn Sie es vom Raster entfernen.
Verkleinern eines Objektes um ein Pixel in x- und y-Richtung	1. Siehe oben 2. Jetzt Taste 1 betätigen.
Vergrößern eines Objekts um ein Pixel in x- und y-Richtung	1. Siehe oben 2. Jetzt Taste 2 betätigen.
Verkleinern eines Objekts um ein Pixel in x-Richtung	1. Siehe oben 2. Jetzt Taste 3 betätigen.
Vergrößern eines Objekts um ein Pixel in x-Richtung	1. Siehe oben 2. Jetzt Taste 4 betätigen.
Verkleinern eines Objekts um ein Pixel in y-Richtung	1. Siehe oben 2. Jetzt Taste 5 betätigen.
Vergrößern eines Objekts um ein Pixel in y-Richtung	1. Siehe oben 2. Jetzt Taste 6 betätigen.

Wenn man die Position von Objekten mit dem Perspektiven-Werkzeug ändert, werden die Objekte auf dem Raster automatisch aktualisiert. Verschiebt man Objekte mit dem Zeiger-Werkzeug oder den Pfeiltasten, werden sie vom Raster getrennt.

Wenn unter *Ansicht ➛ Am Raster ausrichten* aktiviert ist, werden mit dem Zeiger-Werkzeug verschobene Objekte am Perspektivraster ausgerichtet. Die perspektivische Ansicht bleibt dabei jedoch nicht automatisch erhalten.

Die Rasterhilfslinien können mit dem Perspektiven-Werkzeug einzeln ausgeschaltet und verändert werden. Dabei ist folgende Vorgehensweise einzuhalten:

Vorhaben	**Vorgehensweise**
Ein-/Ausblenden eines mit einem bestimmten Fluchtpunkt verbundenen Rasters	Man klickt mit dem Perspektiven-Werkzeug doppelt auf den Fluchtpunkt.
Ein-/Ausblenden des Bodenrasters	Man klickt mit dem Perspektiven-Werkzeug doppelt auf die horizontale Linie.
Hinzufügen eines neuen Rasters zur Rasterliste durch Ändern eines vorhandenen Rasters	Bei gedrückter ⌥-(Macintosh) bzw. Alt-Taste (Windows) das Raster mit aktiviertem Perspektiven-Werkzeug verschieben. Das neue Perspektivraster wird daraufhin mit einem Standardnamen im Dialogfeld *Raster definieren* angezeigt.

Verschieben eines Rasters und damit verbundener Objekte	1. Die zu verschiebenden Objekte mit dem Perspektiven-Werkzeug auswählen. 2. Die [⇧]-Taste gedrückt halten und das Perspektivraster mit aktiviertem Perspektiven-Werkzeug an die neue Position ziehen.
Verschieben des Rasters und Klonen aller damit verbundenen Objekte	1. Die zu verschiebenden Objekte mit dem Perspektiven-Werkzeug auswählen. 2. Die [⇧]+[⌥]-Taste (Macintosh) bzw. [⇧]+[Alt]-Taste (Windows) gedrückt halten und das Raster an die gewünschte Position ziehen.

Entfernen von Objekten aus dem Raster

Beim Entfernen von Objekten aus dem Perspektivraster kann man die Umwandlung des Objektes entweder beibehalten oder verwerfen.

So entfernt man Perspektiven-Attribute aus einem Rasterobjekt:

1. Man wählt mit aktiviertem Zeiger- oder Perspektiven-Werkzeug das Objekt aus.
2. Unter *Ansicht ➛ Perspektivraster* wählt man *Perspektive entfernen*.

Oder man wählt

Ansicht ➛ Perspektivraster ➛ Mit Perspektive freigeben, um die Perspektiven-Attribute beizubehalten.

Seitenlineale und Hilfslinien

Die Seitenlineale erscheinen am linken und oberen Fensterrand und weisen die Maßeinheit auf, die im Pop-up-Menü *Einheiten* eingestellt wurde.

Ursprünglich liegt der gemeinsame Nullpunkt des horizontalen Maßes (x-Richtung) und des vertikalen Maßes (y-Richtung) am linken unteren Blattrand.

Besonders beim numerischen Verschieben von Objekten über das Bedienfeld *Transformieren* ist es wichtig zu beachten, dass die positive x-Richtung nach rechts und die positive y-Richtung nach oben verläuft.

Seitenlineale

Das Einschalten der Seitenlineale geschieht mit dem Befehl *Ansicht* ➤ *Seitenlineale* ➤ *Einschalten* (⌥⌘R)

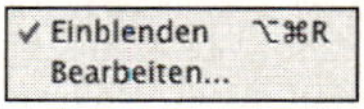

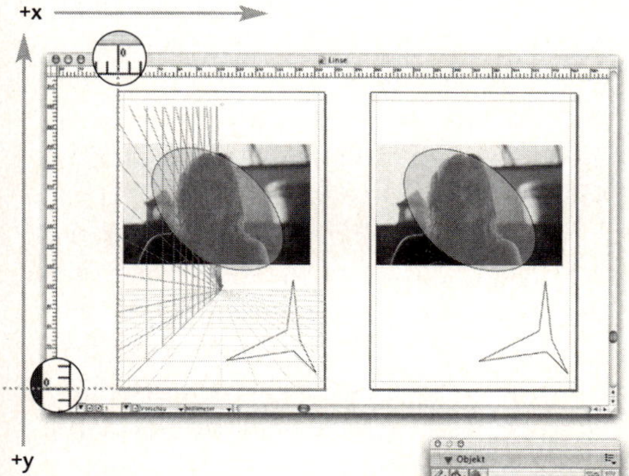

Jede Seite hat ihren eigenen Nullpunkt.
Das Seitenlineal verändert sich je nachdem, welche Seite die aktuelle ist.
Werden Objekte verschoben, werden ihre äußeren Maße im Seitenlineal schwarz angezeigt.

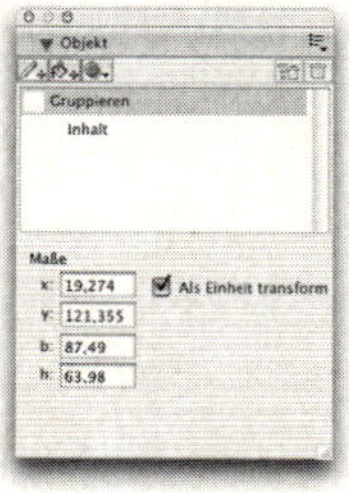

Die x- und y-Koordinaten von Objekten beziehen sich immer auf den Nullpunkt der Seite, zu der sie gehören, und geben den linken unteren Punkt des Begrenzungsrahmens an.

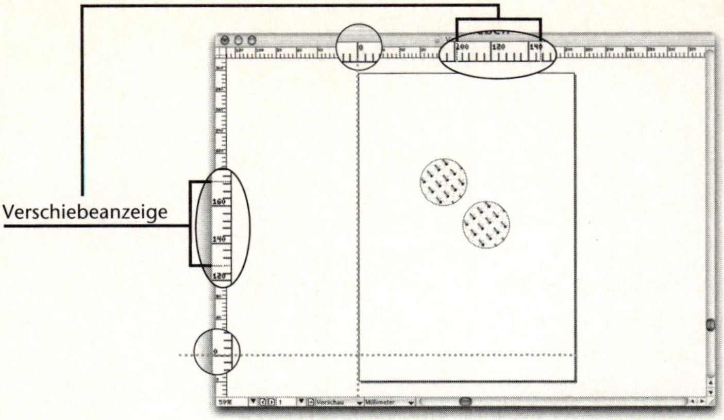

Versetzen des Nullpunktes

In manchen Fällen ist es sinnvoll, den Nullpunkt an eine bestimmte Stelle zu setzen, zum Beispiel in einen Punkt eines Objektes oder in den Schnittpunkt zweier Hilfslinien, um dort die Ausgangskoordinate für Umwandlungen mehrerer Objekte zu haben. Am häufigsten wird der Nullpunkt versetzt, um beim Drucken übergroßer Illustrationen den Anfangspunkt des zu druckenden Ausschnitts festzulegen (siehe Seite 497).

Man klickt in das Fadenkreuz des Nullpunktes und zieht ihn bei gedrückter Maustaste an die neue Stelle. Soll der Nullpunkt erneut verschoben werden, geht man ebenso vor. Das Versetzen des Nullpunktes bezieht sich nur auf die aktuelle Seite.

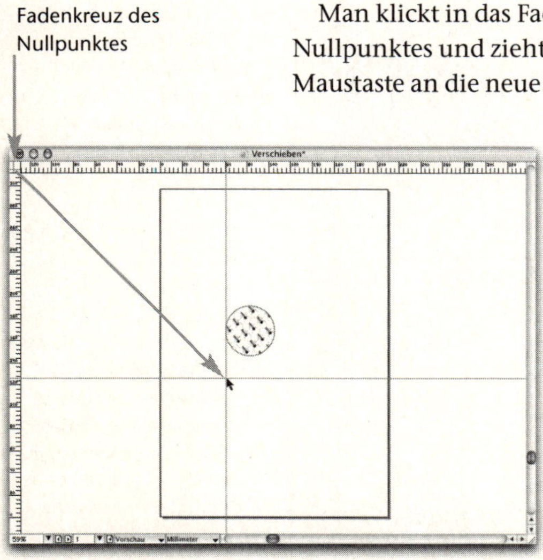

Soll der Nullpunkt an seine ursprüngliche Position (linke untere Ecke der Seite) zurückspringen, wird das Fadenkreuz doppelt angeklickt.

Hilfslinien

Ebenen siehe Seite 338ff.

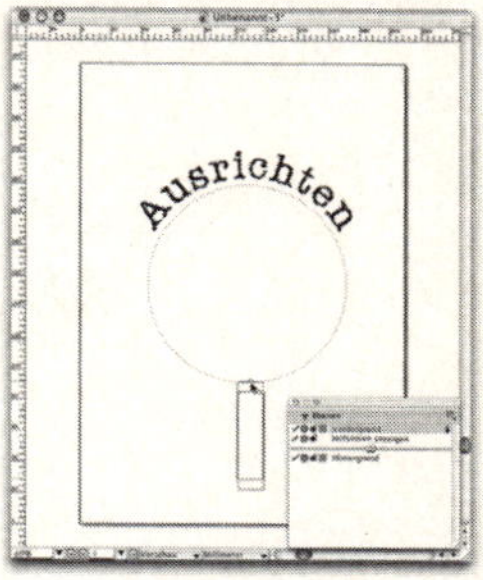

Hilfslinien mit der Maus aus den Linealen ziehen

Die Hilfslinien sind nicht druckende Striche, die aus den Linealen gezogen und auf der Seite abgelegt werden. Sie werden automatisch auf der Ebene *Hilfslinien* abgelegt, sodass sie auch über die Ebenenpalette unsichtbar gemacht und festgesetzt werden können. Die Position der Hilfslinienebene in der Ebenenpalette bestimmt, ob die Hilfslinien vor oder hinter den Objekten liegen.

Alle Pfade können in Hilfslinien umgewandelt werden, indem sie aktiviert und auf die Hilfslinienebene gelegt werden.

Man klickt in das waagerechte oder senkrechte Lineal und zieht die Hilfslinie bei gedrückter Maustaste auf die Seite. Wie bei jeder Bewegung mit der Maus können die Koordinaten in der Informationsleiste abgelesen werden, solange man das Objekt mit dem Pfeil-Werkzeug bewegt.

⚠ Hilfslinien können nur auf der Seite, nicht aber auf der Montagefläche, die die Seite umgibt, platziert werden. Dazu ist es notwendig, dass die aus den Linealen herausgezogenen Hilfslinien auf der Seite losgelassen werden.

Hilfslinien numerisch positionieren
Ansicht ➛ Hilfslinien ➛ Bearbeiten

Durch einen Doppelklick auf eine Hilfslinie oder den Befehl *Ansicht ➛ Hilfslinien ➛ Bearbeiten* öffnet sich ein Dialog, über den die Hilfslinien seitenweise zu bearbeiten sind. Hier muss man auf die Unterscheidung zwischen horizontalen und vertikalen Hilfslinien achten.

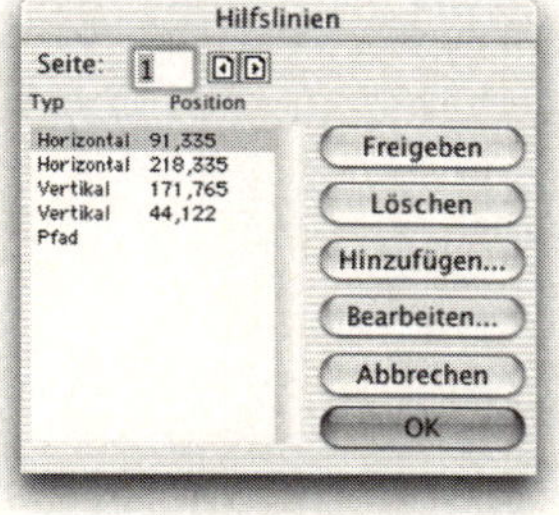

⚠ Mit dem Dialog *Hilfslinien* lässt es sich am einfachsten arbeiten, wenn man vor dem Öffnen den Nullpunkt an eine sinnvolle Stelle verschoben hat, damit einfache Koordinaten eingegeben werden können *(Nullpunkt versetzen* siehe Seite 88).

In Hilfslinien umgewandelte Pfade erscheinen unter der Bezeichnung *Pfad* und können nicht bearbeitet, nur gelöscht werden.

Seite

Es erscheint die aktuelle Seitenzahl, man kann aber eine andere eingeben oder über die Symbole blättern.

Freigeben

Freigeben dient dazu, Hilfslinien in Pfade umzuwandeln.

Einzelne Hilfslinien erstellen

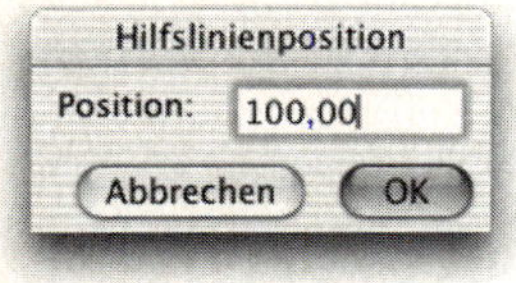

Um eine neue Hilfslinie exakt zu positionieren, verfährt man am kürzesten, indem man sie mit der Maus ungefähr platziert, dann den Dialog durch Doppelklick mit der Maus öffnet, sodass die anvisierte Hilfslinie aktiviert wird, und nun als Letztes *Bearbeiten* aufruft, um die Position einzugeben.

Mehrere Hilfslinien erstellen

Sollen mehrere neue Hilfslinien in einem regelmäßigen Abstand voneinander positioniert werden, öffnet *Hinzufügen* einen weiteren Dialog.

Es wird entweder eine bestimmte *Anzahl* zwischen zwei x-Koordinaten *(Horizontal)* oder zwei y-Koordinaten *(Vertikal)* gewünscht; die Koordinaten werden in die Felder von *Position* eingetragen. Der Dialog errechnet dann den Abstand zwischen den Hilfslinien *(Vergrößerung)*.

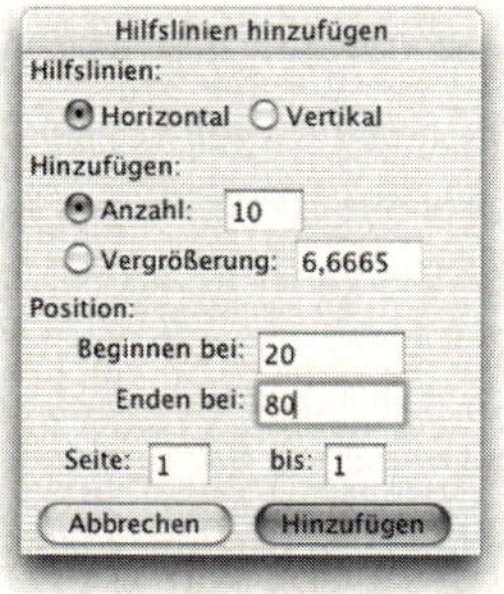

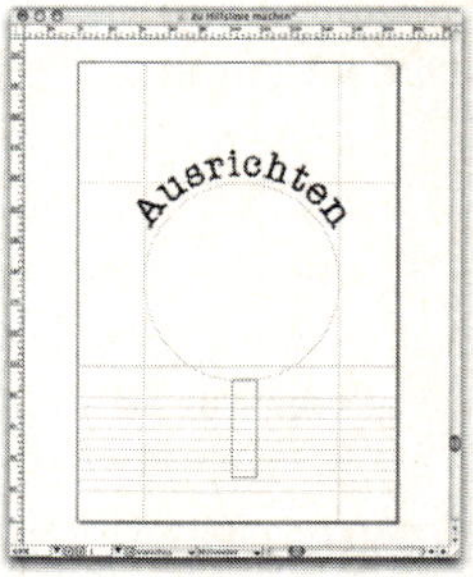

Will man den Abstand bestimmen, errechnet der Dialog die zu erwartende *Anzahl,* die sich zwischen den eingetragenen Koordinaten ergeben würde.

In *Seitenbereich* kann das gleichzeitige Hinzufügen für mehrere Seiten bestimmt werden.

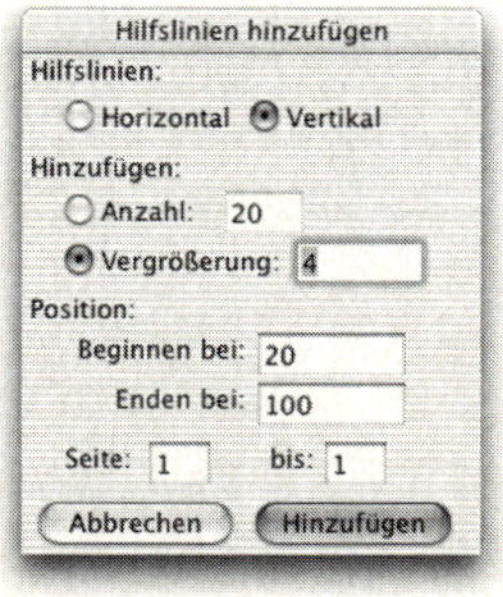

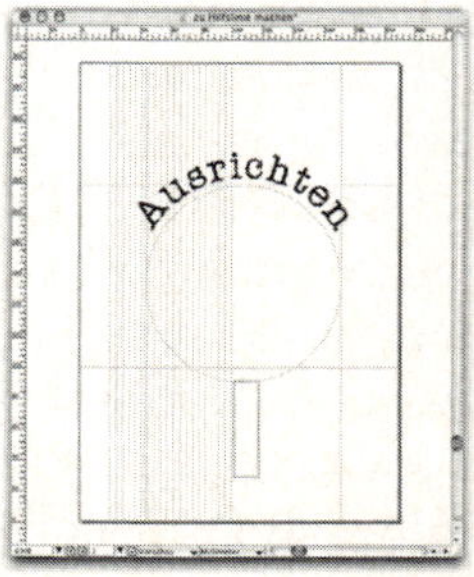

Hilfslinien sichtbar und unsichtbar machen

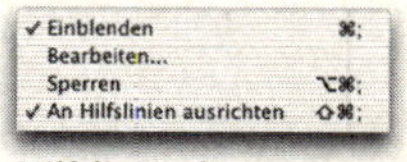

Hilfslinien sind nur sichtbar und gegebenenfalls magnetisch, wenn der Befehl im Menü *Ansicht* ➛ *Hilfslinien* ➛ *Einblenden* oder die Hilfslinienebene ein Häkchen hat.

Hilfslinien bewegen

Hilfslinien mit der Maus bewegen und löschen

Um eine Hilfslinie zu verändern, wird sie einfach mit der Maus angeklickt und an eine neue Stelle gezogen. Um sie zu löschen, zieht man sie auf die Montagefläche und lässt dort los. Dementsprechend können keine Hilfslinien auf der Montagefläche angelegt werden. Ist die Option *Fenster durch Ziehen einer Hilfslinie rollen* im Dialog *FreeHand* ➛ *Einstellungen* ➛ *Allgemein* nicht aktiviert, können Hilfslinien auch in das Seitenlineal zurückgeschoben werden. Das ist praktisch, wenn in starker Vergrößerung gearbeitet wird und die Montagefläche nicht sichtbar ist.

Hilfslinien sperren

Werden die Hilfslinien festgesetzt, können sie weder bewegt noch gelöscht werden. Neue Hilfslinien können weiterhin positioniert werden. Hilfslinien sind dann festgesetzt, wenn der Befehl im Menü *Ansicht* ➛ *Hilfslinien* ➛ *Sperren* ein Häkchen hat oder das Schloss der Hilfslinienebene durch Anklicken geschlossen wird.

Hilfslinienfarbe

Die Farbe der Hilfslinien kann verändert werden, indem man im Dialog *FreeHand* ➛ *Einstellungen* ➛ *Farben* auf das Farbfeld *Hilfslinienfarbe* klickt und im Farbwähler eine neue Farbe auswählt.

Magnetische Hilfslinien

Den Hilfslinien können über den Befehl *Ansicht* ➛ *Hilfslinien* ➛ *An Hilfslinien ausrichten* magnetische Eigenschaften zugewiesen werden. Im Dialog *FreeHand MX* ➛ *Einstellungen* ➛ *Allgemein* kann unter *Ausrichtungsabstand* der maximale Abstand in Bildschirmpixeln festgelegt werden, den der Cursor oder ein Objekt haben darf, um von der Hilfslinie angezogen zu werden.

Informationsleiste

Wird *Fenster ➛ Symbolleisten ➛ Info ...* angewählt, erscheint eine Informationsleiste, die sich auch in die möglicherweise schon vorhandenen Symbolleisten integrieren lässt.

In der *Info-Leiste* werden im aktuellen Einheitensystem die x- und y-Koordinaten des Cursors eingeblendet (das Einstellen des Einheitensystems wird auf Seite 23ff. beschrieben). Zusätzlich wird eine Information über das ausgewählte Objekt angezeigt. Existiert keine Auswahl, steht hier die entsprechende Information.

Bei allen Operationen, die mit der Maus durchgeführt werden, werden Informationen über den Vorgang gegeben, solange dieser andauert. Ist der Vorgang beendet, bleiben nur die Koordinaten des Cursors erhalten. Besonders beim Verschieben, Skalieren, Drehen und Spiegeln kann mit Blick auf die Informationsleiste relativ genau gearbeitet werden, ohne dass man das Bedienfeld *Transformieren* benutzen muss.

Wird ein festgesetztes Objekt *(Modifizieren ➛ Sperren)* markiert, erscheint ein geschlossenes Schlosssymbol in der Info-Leiste.

Die Informationen und ihre Abkürzungen

x: und y: x- und y-Koordinaten des Cursors.

dx: und dy: Waagerechte (dx) beziehungsweise senkrechte Entfernung (dy), um die

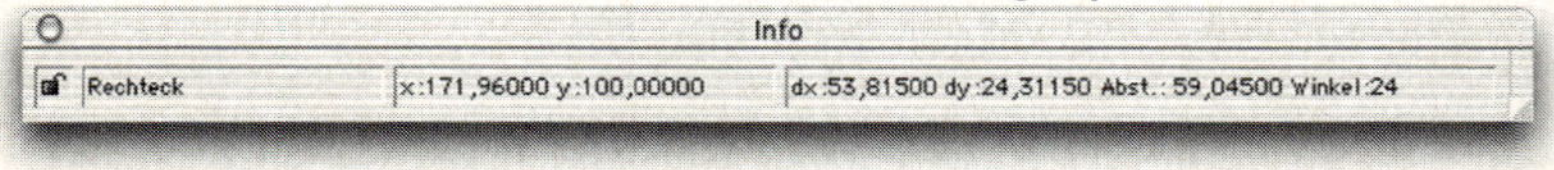

ausgewählte Objekte verschoben beziehungsweise in ihrer Größe verändert werden. Bei Rechtecken und Ellipsen werden bei einer Skalierung nur die aktuelle Höhe und Breite angegeben und nicht der Wert, um den skaliert wird. Will man die Informationen sehen, die bei der Skalierung von Gruppen ausgegeben werden, müssen Rechtecke und Ellipsen entgruppiert und danach wieder gruppiert werden, sodass sie als Gruppe behandelt werden.

Abst.

w:30,68550 h:43,86950

Abstand, die der Cursor von dem Punkt hat, an dem die Bewegung begann (beim Verschieben oder Skalieren).

Winkel:

Winkel:37

Der Winkel, um den Objekte verschoben werden, oder der Winkel der Spiegel- bzw. Drehachse.

Höhe: und Weite:

w:30,68550 h:43,86950

Gibt beim Zeichnen und Skalieren von Rechtecken und Ellipsen Auskunft über die Höhe und die Weite des Objektes. Auch bei der Verwendung der Lupe und der Nachziehfunktion werden Höhe und Breite des aufgezogenen Rahmens angegeben.

Radius: und Seiten:

Radius:83,43500 Seiten:6

Die Anzahl der Ecken und des Radius eines Vielecks oder Sterns.

xscale: und yscale:

xscale: 0,7965 yscale:1,662

Prozentsatz einer Skalierung oder Neigung in x- und y-Richtung. Die Information ist ziemlich verwirrend. Angezeigt wird der Skalierungsfaktor. Bei einer Neigung wäre die Angabe des Neigungswinkels besser, den man in der Verwandlungspalette ja auch eingibt.

Positionierhilfen

Tipp
Die Positionierhilfen *Am Punkt ausrichten* und *An Objekten ausrichten* können auch im unteren Teil der Werkzeugleiste durch die entsprechenden Schaltflächen aktiviert werden.
Der Befehl *Am Punkt ausrichten* lässt sich auch mit dem Tastenkürzel ⇧⌘' einschalten.

Durch die Anwahl der vier Befehle *Am Punkt ausrichten, An Objekten ausrichten, An Hilfslinie* und *Am Raster ausrichten* im Menü *Ansicht* werden Punkten, Objekten, Hilfslinien oder dem Raster magnetische Eigenschaften zugewiesen, sodass der Cursor und der Begrenzungsrahmen von Objekten davon angezogen werden.

Im Dialog *FreeHand MX ➛ Einstellungen ➛ Allgemein* kann der maximale Abstand in Bildschirmpixeln festgelegt werden, den der Cursor oder ein Objekt haben darf, um von einer Positionierhilfe angezogen zu werden.

Die Positionierhilfe des Rasters wirkt sich auch aus, wenn das Raster ausgeblendet ist.

Magnetische Punkte ziehen nur den Cursor an. Das bedeutet, dass ein Objekt, das an einer beliebigen Stelle angefasst wird, nicht von einem Punkt angezogen wird. Möchte man zwei Punkte zweier Objekte genau übereinander legen, muss man den Punkt des einen Objektes über den des anderen ziehen. Soll das verschobene Objekt dabei nicht verändert werden, muss man alle seine Punkte markieren, indem man einen Markierungsrahmen darüberzieht.

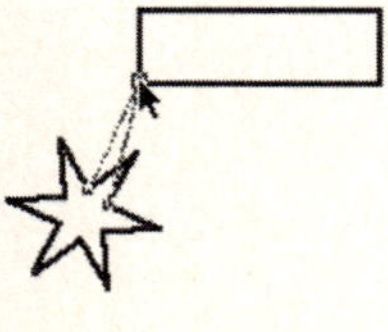

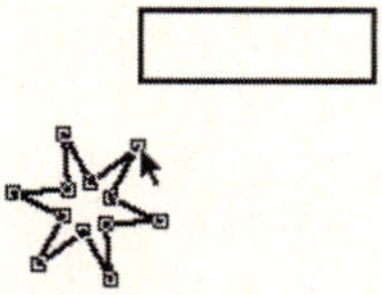

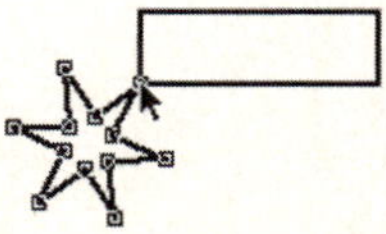

Es ist auch möglich, das Objekt zu gruppieren. Die einzelnen Punkte der Gruppe sind nicht mehr aktivierbar, behalten aber ihre magnetischen Eigenschaften. Folglich kann das gruppierte Objekt genau an dem Punkt, der auf den anderen Punkt gelegt werden soll, angefasst und verschoben werden.

Auch bei gruppierten Pfaden bleibt die Anziehung der Punkte erhalten.

Handelt es sich um ein Rechteck, kommt man mit dessen Gruppierung nicht weiter. Es muss mit dem Befehl *Modifizieren ➛ Gruppierung aufheben* in einen Pfad umgewandelt werden; danach können alle Punkte markiert werden.

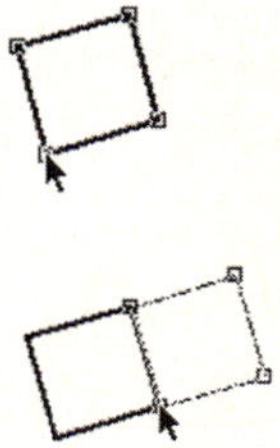

Die Anziehung der Punkte eines Objektes, das verschoben wird, bleibt so lange erhalten, bis das Objekt losgelassen wird. Dadurch können die eigenen Punkte als Positionierhilfe dienen. Soll beispielsweise ein Objekt exakt um seine Breite verschoben werden, wird es an einem Eckpunkt angefasst, verschoben und am anderen Eckpunkt losgelassen.

Sollen Hilfslinien genau an ein Objekt angelegt werden, kann man sich meistens damit behelfen, die Hilfslinien so zu positionieren, dass der Cursor beim Loslassen von einem Punkt des Objektes angezogen wird.

Weitere Möglichkeiten, Objekte auszurichten, indem man das Bedienfeld *Ausrichten* benutzt, werden ab Seite 372ff. beschrieben.

Die Tatsache, dass Punkte, wenn sie verschoben werden, sich selbst wieder anziehen, macht es fast unmöglich, einen Punkt ganz geringfügig zu verschieben, wenn *Am Punkt ausrichten* eingeschaltet ist. In diesem Fall muss diese Positionierhilfe ausgeschaltet werden.

Bedienfeldübersicht

Bedienfelder sind Fenster, die sich vor dem Illustrationsfenster öffnen lassen und an beliebiger Stelle platziert werden können. Die meisten Funktionen lassen sich über die Bedienfelder ausführen. Sind Objekte markiert, geben die Bedienfelder Auskunft über deren Eigenschaften.

⚠ Alle geöffneten und komprimierten Bedienfelder lassen sich mit dem Befehl *Ansicht ➛ Bedienfelder* (⌘⇧H) ein- beziehungsweise ausblenden (siehe hierzu auch *Einstellungen ➛ Bedienfelder,* Seite 64f).

Die meisten Bedienfelder lassen sich durch die Anwahl des entsprechenden Befehls im Menü *Fenster* öffnen und schließen. Die Tastenkombination, die hinter dem Befehl steht, dient sowohl zum Öffnen als auch zum Schließen der Bedienfelder.

Im unteren Bereich des Menüs sind die Namen aller geöffneten Illustrationen aufgeführt; die derzeit aktuelle hat ein Häkchen.

Um Symbolleisten zu öffnen, muss im Menü *Fenster* in das Untermenü *Symbolleisten* verzweigt werden.

Die folgenden Seiten enthalten allgemeine Aussagen über die Bedienfelder und sollen eine Übersicht darüber vermitteln, welche Funktionen wo angeboten werden. Eine ausführliche Besprechung findet sich dann in den jeweiligen

Kapiteln über die Funktionen. Das Bedienfeld *Xtra-Werkzeuge* wird schon an dieser Stelle ausführlich besprochen.

Das Bedienfeldfenster

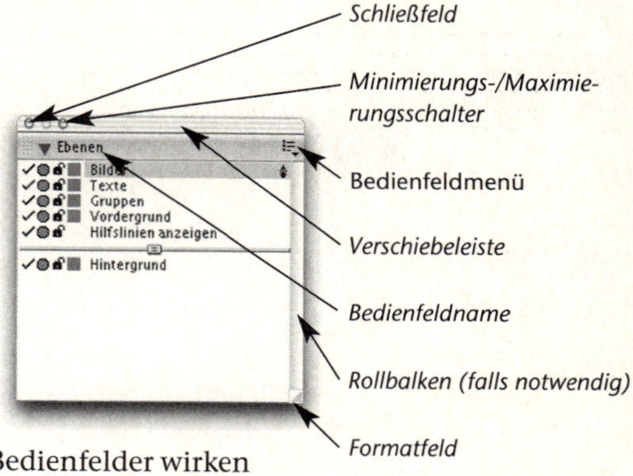

Alle Bedienfelder haben eine Titel- bzw. Verschiebeleiste mit dem Schließ- und dem Erweiterungsfeld. Mit dieser Leiste kann das Bedienfeld an eine beliebige Stelle auf dem Bildschirm gezogen werden. Andere Bedienfelder wirken magnetisch, wenn man beim Verschieben in ihre Nähe kommt. Die optische Darstellung der Bedienfelder ist zum Teil systembedingt. In diesem Buch wird die Darstellung unter Mac OS X beschrieben.

Klickt man auf den Minimierungs-/Maximierungsschalter, reduziert sich das Fenster auf die Titelleiste mit den Reitern. Durch erneutes Anklicken des Feldes nimmt das Bedienfeld die vorherige Größe an. Bedienfelder lassen sich auch über das seitlich angebrachte Untermenü verändern.

Geschlossen werden Bedienfelder entweder durch einen Klick auf das Schließfeld, die Anwahl des Bedienfeldnamens oder das Drücken der Tastenkombination.

Jedes Bedienfeld, das eine Namenliste enthält, hat einen Rollbalken. Damit kann in einer Liste gescrollt werden, falls sie länger als der sichtbare Bereich ist. Bedienfelder haben auch ein Formatfeld, mit dem man die Größe des Fensters verändern kann.

Titelleiste

Minimierungs-/Maximierungsschalter

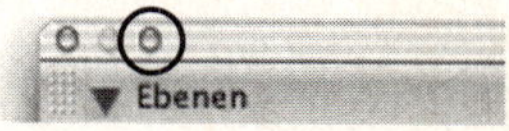

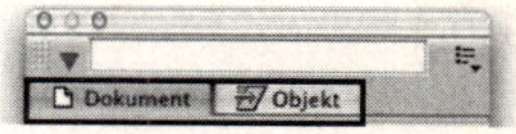

Bedienfeldreiter

Schließfeld

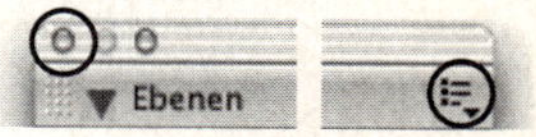

Bedienfeldmenü

Rollbalken und Formatfeld

Kombinieren von Bedienfeldern

Bedienfelder lassen sich an beliebige andere Bedienfelder andocken oder miteinander zu Bedienfeldgruppen kombinieren.
Sollen Bedienfelder an andere Bedienfelder andocken, geht man folgendermaßen vor:

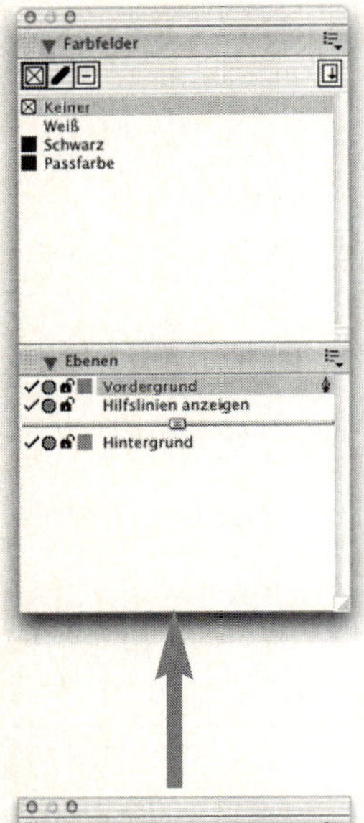

- Die einzelnen Bedienfelder werden bei diesem Vorgang einfach an den jeweiligen Greiffeldern (▯) genommen und mit gedrückter Maustaste auf den unteren Rand eines anderes Bedienfeldes gezogen. Sobald man mit dem Mauszeiger über dem Greiffeld ist, wird dieser zur Verschiebehand ( ). Klickt man das Greiffeld an und hält die Maustaste dann gedrückt, ballt die Verschiebehand sich zusammen ( ), und man kann das Bedienfeld in ein anderes hineinziehen. Während dieses Vorgangs ist das Bedienfeld nur als Umriss zu sehen. Lässt man anschließend die Maustaste über dem Zielbedienfeld los, ist das verschobene Bedienfeld an das andere angedockt. Auf dem gleichen Weg lässt sich dieser Vorgang auch wieder rückgängig machen. Eine weitere Möglichkeit der Kombination von Bedienfeldern bietet das Gruppieren. Hier werden einzelne Bedienfelder mit anderen zu sinvollen Kombinationen zusammengefügt. Im Pop-up-Menü eines

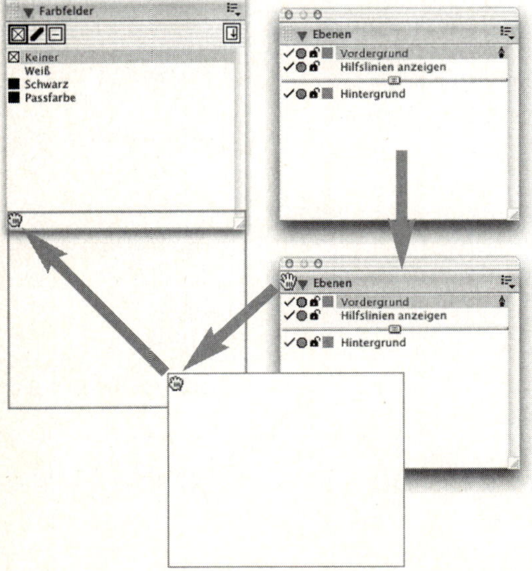

Bedienfeldes kann *Bedienfeld gruppieren mit* ausgewählt werden. Hier klappt ein weiteres Pop-up-Menü auf, in dem das gewünschte Bedienfeld, mit dem kombiniert werden soll, ausgewählt werden kann.

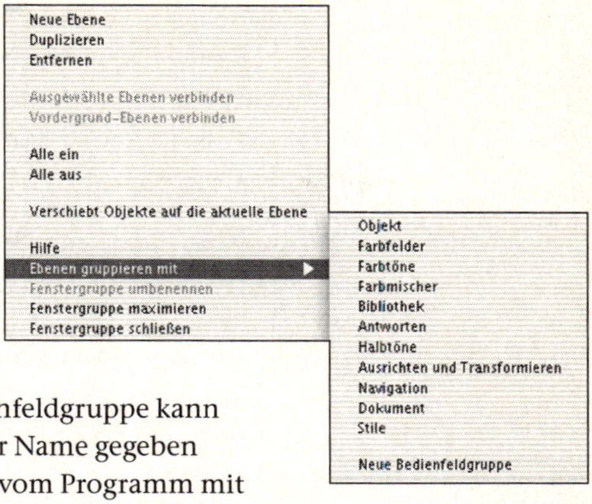

Der entstandenen Bedienfeldgruppe kann anschließend ein eigener Name gegeben werden. Vorerst wird sie vom Programm mit dem Gemeinschaftsnamen der gruppierten Bedienfelder versehen. Kombiniert man die Bedienfelder *Dokument* und *Objekt*, wird die Bedienfeldgruppe vom Programm automatisch *Eigenschaften* genannt.

Werden mehrere Bedienfeldgruppen aneinander angedockt und so miteinander kombiniert, lassen sie sich gemeinschaftlich minimieren. Das Minimieren ist gerade bei kleinen Bildschirmen sehr vorteilhaft, da es enorm Platz spart. Bei Bedarf, kann dann jedes einzelne Bedienfeld am kleinen Dreieck neben dem Bedienfeldnamen oder durch Klicken auf den Bedienfeldnamen auf- und zugeklappt werden. Minimiert wird entweder durch einzelnes Zuklappen der Bedienfelder oder durch Anklicken des Minimierschalters der Bedienfelder.

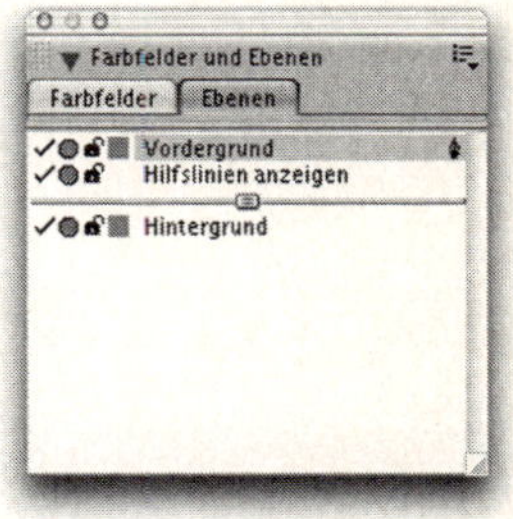

Eingabefeld zum Umbenennen der Bedienfeldgruppe

Minimierte Bedienfeldgruppen

Minimierungs- /Maximierungsschalter

Eingabe

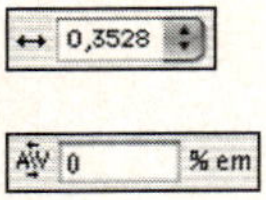

In den Eingabefeldern können Zahlen eingetragen – das Verfahren entspricht der normalen Texteingabe – oder per Pop-up-Menü Vorgabewerte ausgewählt werden. Die Zahlen können ohne Maßeinheit geschrieben werden, wenn sie dem aktuellen Einheitensystem entsprechen oder die Einheit wie zum Beispiel dpi oder Winkel (°) dabeisteht. Zur Eingabe anderer Maßeinheiten siehe Seite 23.

Alle numerischen Eingaben müssen mit der Returntaste bestätigt werden.

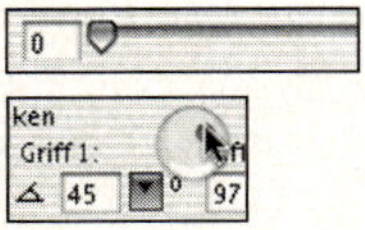

Schieberegler und Kreise mit drehbaren Knöpfen werden oftmals mit einem Eingabefeld kombiniert, sodass die eine oder die andere Methode möglich ist.

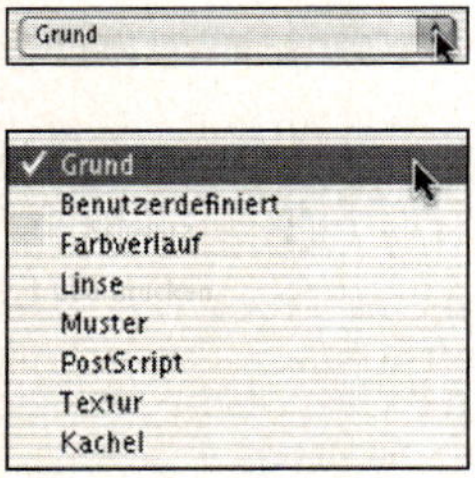

Felder, die einen Pfeil oder einen Doppelpfeil haben haben, sind Pop-up-Menüs. Werden sie angeklickt und die Maustaste festgehalten, öffnet sich ein Menü, aus dem eine Option ausgewählt werden kann, indem man die Maustaste loslässt, wenn die gewünschte Option schwarz unterlegt ist. Aktuelle Optionen haben ein Häkchen.

Symbolfelder mit einer herauswölbenden Plastizität können durch Anklicken aktiviert werden; sie sind dann dunkler dargestellt.

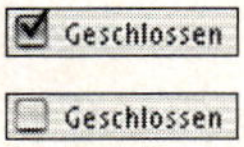

Checkboxen sind Quadrate, die wie Schalter funktionieren. Wenn sie einen Haken enthalten, sind sie eingeschaltet; klickt man darauf, verschwindet das Kreuz und sie sind ausgeschaltet.

Symbolleisten

Werkzeugleiste (⌘F2)

(Fenster → Symbolleisten → Werkzeugleiste)

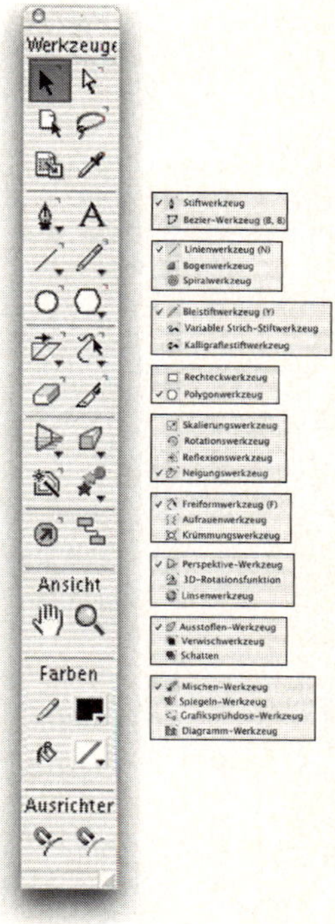

Die Werkzeugleiste stellt alle Werkzeuge zur Verfügung, mit denen Elemente bearbeitet oder erstellt werden können.

Der Auswahl-Werkzeug ist das Werkzeug, mit dem man Objekte markieren und evtl. transformieren kann. Mit dem Teilauswahl-Werkzeug kann auf innere Pfadstrukturen zugegriffen werden. Er muss nicht immer neu angewählt werden, sondern ist aktiv, solange die ⌘-Taste gedrückt ist. Wird sie losgelassen, wird das zuvor aktuelle Werkzeug wieder aktiviert.

Das Gleiche gilt für die Lupe. Werden die Tasten ⌘ + Leertaste gedrückt, erscheint die Vergrößerungslupe, ⌘ + ⌥ + Leertaste erzeugt die Verkleinerungslupe.

Bei allen Werkzeugen, die eine Ecke in ihrer Schaltfläche aufweisen, öffnet sich bei einem Doppelklick darauf ein Fenster, um spezielle Einstellungen für das Werkzeug zu treffen.

Alle Werkzeuge, die ein kleines Dreieck in der unteren rechten Ecke besitzen, verbergen weitere Werkzeuge. Klickt man auf dieses Werkzeug, springt ein Untermenü auf, in dem eines der aufgeführten Werkzeuge ausgewählt werden kann.

Die meisten Funktionen lassen sich auch über die Tastatur auswählen.

Die einzelnen Werkzeuge werden explizit beschrieben:

- Auswahl-Werkzeuge siehe Seite 173.
- Textfunktion siehe Seite 412ff.
- Zeichenwerkzeuge siehe Seite 188ff.
- Transformationen siehe Seite 394ff.
- Lupe siehe Seite 76.

Auswahl über Tastatur

Die Tastenkürzel zur Auswahl der einzelnen Werkzeuge finden Sie im Anhang des Buches.

Standardleiste

Fenster → Symbolleisten → Standard

Die in der Standardleiste anwählbaren Funktionen sind besonders häufig benutzte Befehle.

Zum Anpassen an persönliche Bedürfnisse findet man im Kapitel Einstellungen auf Seite 69f. detaillierte Beschreibungen.

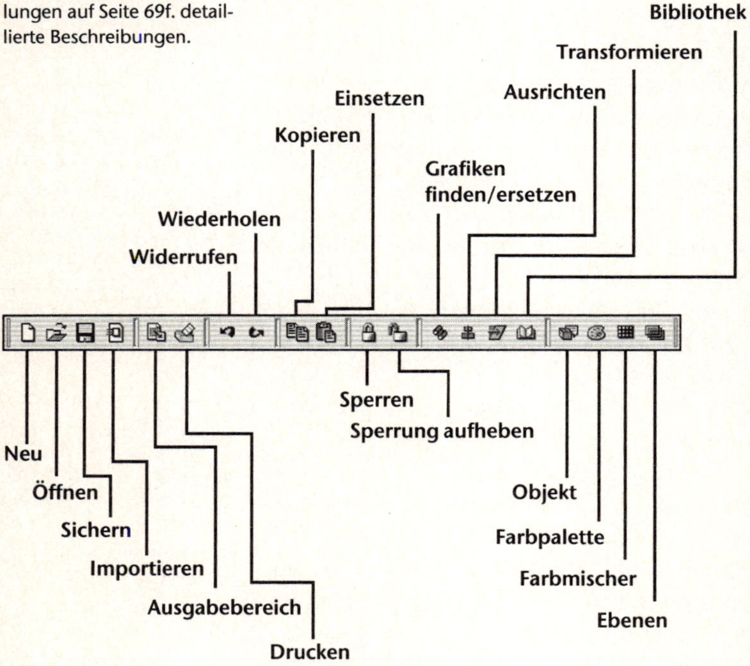

Textleiste

Fenster ➛ Symbolleisten ➛ Text

Schriftart, Schriftschnitt und Schriftgröße sowie diverse typografische Einstellungen können hier festgelegt werden (Seite 427ff.).

ZA = Zeilenabstand
GV = Grundlinienverschiebung

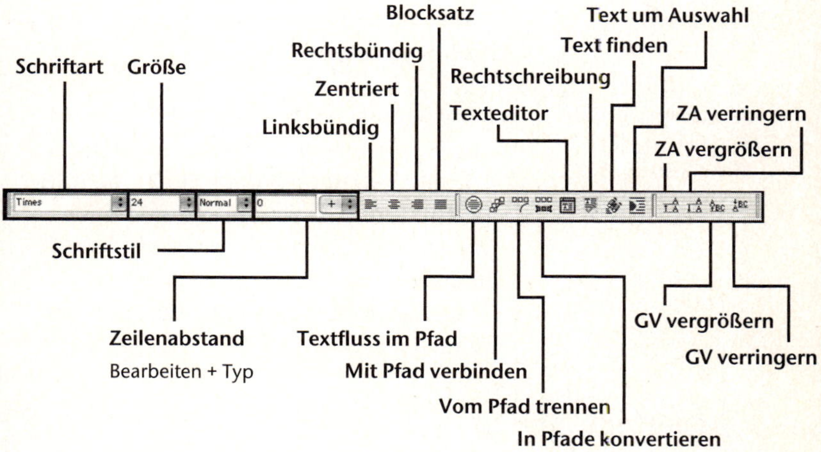

Bedienfelder

*(Menü **Fenster**)*

Die Bedienfelder sind die wichtigsten und zugleich wandlungsfähigsten Eingabekontrolbereiche.

Unter dem Reiter geben sie immer Auskunft über die aktuelle Markierung (*Keine Markierung, RGB-TIFF, Gruppe, 3 Objekte, Rechteck, Zus.ges. Pfad* usw.).

Es werden unterschiedliche objektbezogene Funktionen angeboten.

Bedienfeld Objekt
(Windows Strg F3)
(Macintosh ctrl F3)

Das Bedienfeld *Objekt* entspricht dem Objekt-Inspektor in FreeHand 8 – FreeHand 10.

Es gibt Auskunft über Art, Größe, Koordinaten und Abmessungen des markierten Objektes. Sind mehrere Objekte markiert, bleibt es leer. In FreeHand MX werden in diesem Bedienfeld sämtliche Eigenschaften eines Objektes verwaltet.

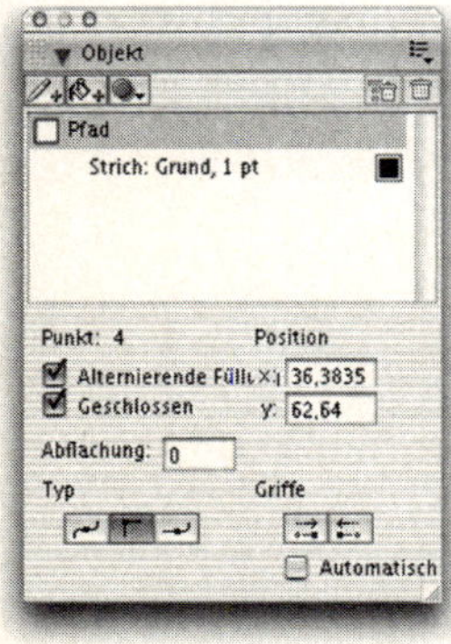

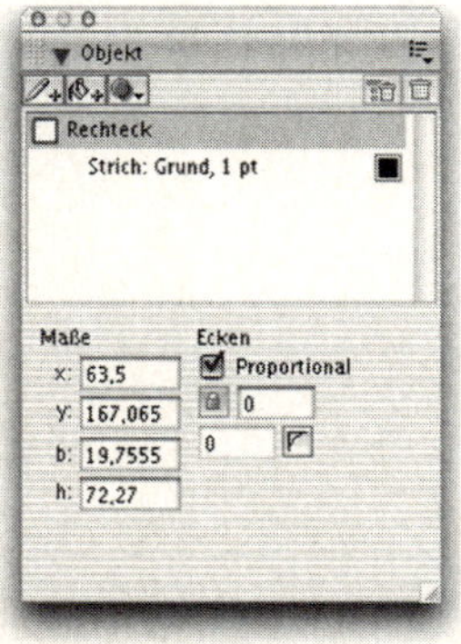

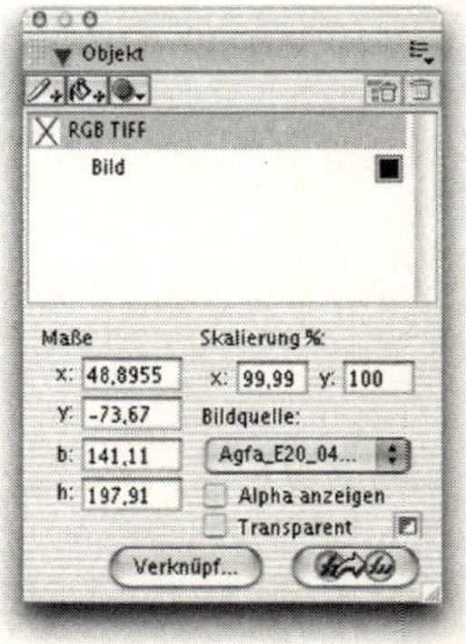

Bedienfeld Objekt

(Fenster ➛ Objekt oder [⌘]M*)*

Ist ein Textblock markiert, kann er im Bedienfeld *Objekt* mit unterschiedlichen Funktionen bearbeitet werden. Für typografische Merkmale und Verhaltensweisen ist hierbei der Textbereich zuständig.

Bedienfeld *Objekt* bei markiertem Textblock

Abmessungen und Koordinaten des Textblocks, deren automatische Ausdehnung und automatischer Abstand des Textes von den vier Seiten des Blocks (siehe Seite 424ff.).

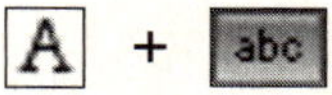

Angleichung des Textes durch Änderung des Zeilenabstandes und der Schriftgröße oder der Schriftart (siehe Seite 427ff.).

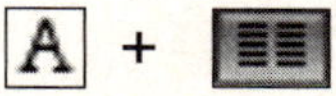

Anzahl von Spalten und horizontalen Reihen, die durch Linien getrennt werden können, Textfluss in den Spalten und Reihen von oben nach unten oder von links nach rechts (siehe Seite 424ff.).

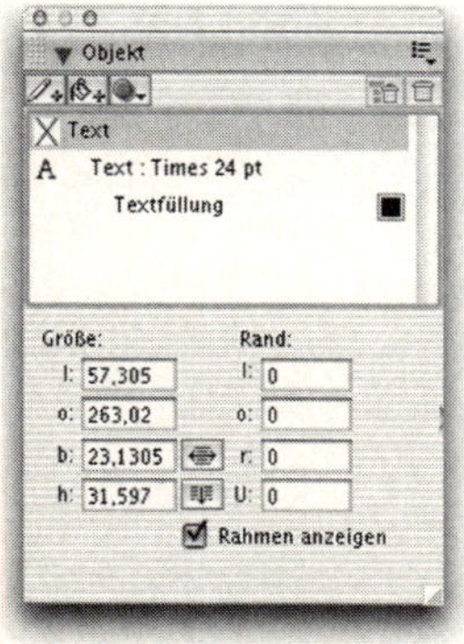

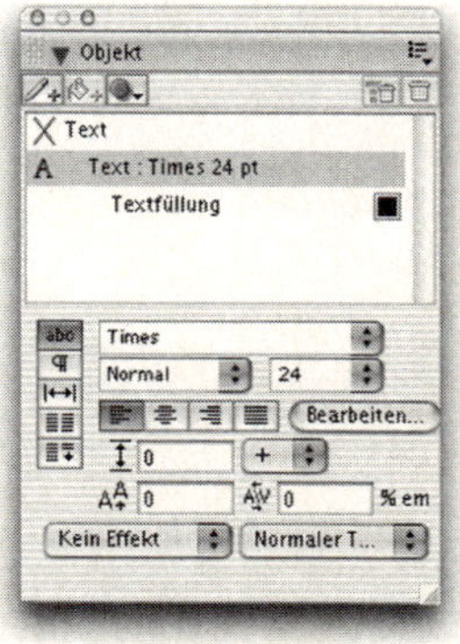

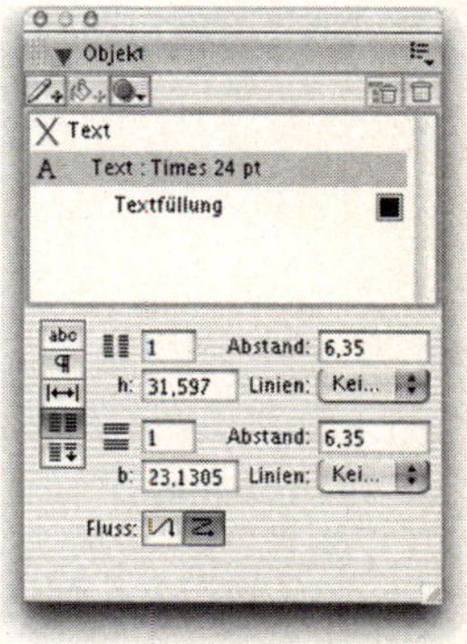

Bedienfeld Objekt Text(eigenschaften)

Wird das Textsymbol des Bedienfeldes *Objekt* angewählt, werden fünf Symbole sichtbar.

Je nachdem, welches Symbol im Textbereich ausgewählt wird, werden weitere Funktionen zur Verfügung gestellt.

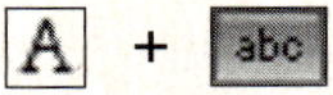

Zeichenattribute (siehe Seite 427).

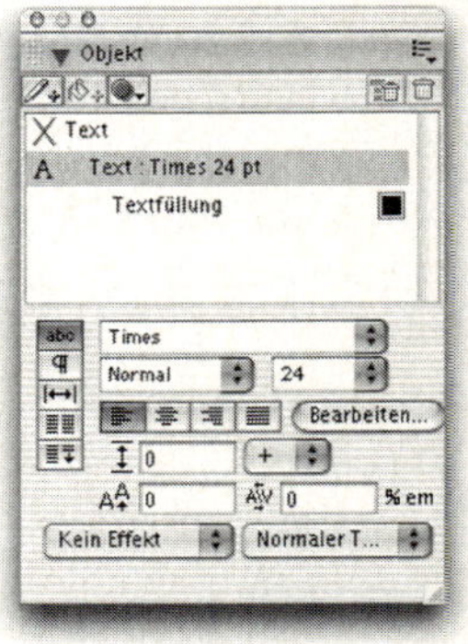

Absatzausrichtung (siehe Seite 429ff.).

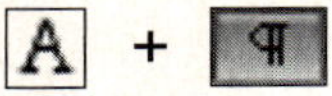

Absatzformatierung (siehe Seite 431ff.).

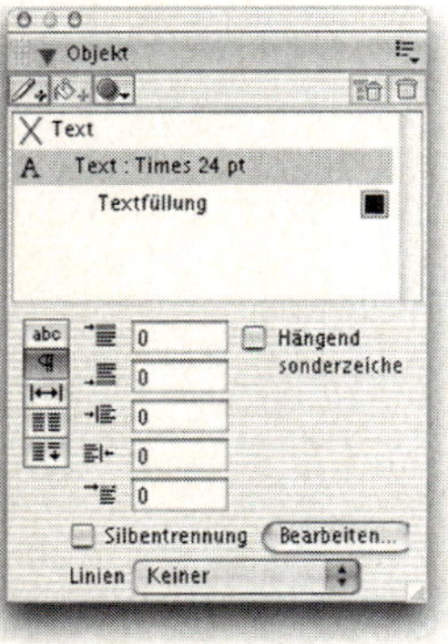

Block- und Flattersatzmethoden (siehe Seite 429).

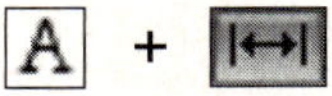

Wort- und Zeichenabstände, Silbentrennregeln (siehe Seite 430).

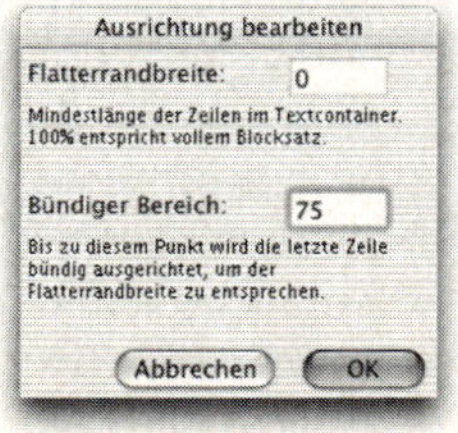

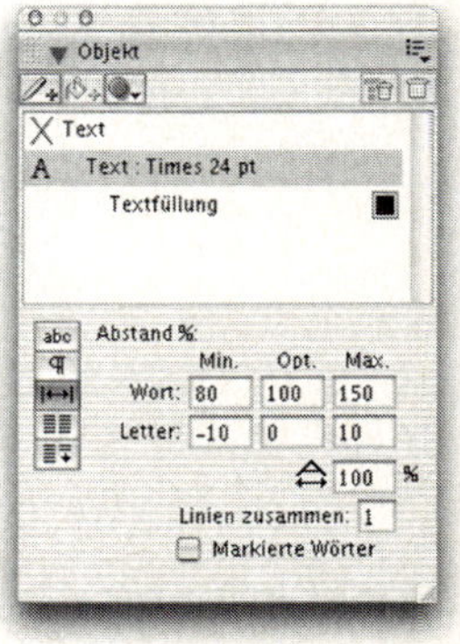

Flattersatzeinstellungen lassen sich nur vornehmen, wenn man keinen Blocksatz als Ausrichtung eingestellt hat.

Füllungen werden in FreeHand MX genauso wie Texteigenschaften oder andere beliebige Objekteigenschaften über das Bedienfeld *Objekt* verwaltet.

Einem Objekt ohne Füllung kann eine Füllung zugewiesen werden, indem man mit der Maus auf die Schaltfläche für Füllungseigenschaften klickt oder im Bedienfeld *Farbfelder* eine Farbe für die Füllung vergibt. Siehe auch Farben ab Seite 284ff.

Wurde einem Objekt eine Füllung zugewiesen, können hier die unterschiedlichen Füllungsarten angewählt und bearbeitet werden. Je nach Füllmethode unterscheiden sich dann die Darstellungen. Einem Objekt können hier durchaus mehrere Fülleigenschaften zugewiesen werden.

Bedienfeld Objekt Füllungseigenschaften

Füllungen siehe Seite 246ff.

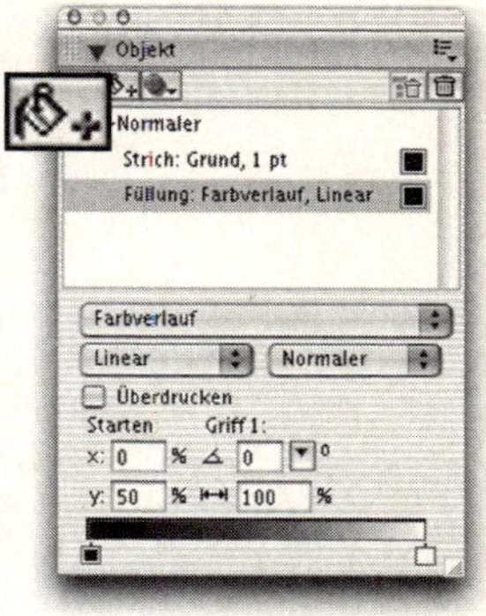

Einem Objekt ohne Strich kann ein Strich zugewiesen werden, indem man mit der Maus auf die Schaltfläche für Stricheigenschaften klickt oder im Bedienfeld *Farbfelder* eine Farbe für den Strich vergibt. Siehe auch Farben ab Seite 284ff. In den Stricheigenschaften können *Breite*, *Art*, *Farbe*, *Pfeilspitzen* und vieles mehr bestimmt werden. Auch hier gilt, wie schon bei den Füllungen erwähnt, dass einem Objekt mehrere Striche zugewiesen werden können, wobei Art und Form der Striche komplett unterschiedlich sein können. Einem Objekt kann z.B. zu einem normalen Strich durchaus zusätzlich ein Pinselstrich zugewiesen werden.

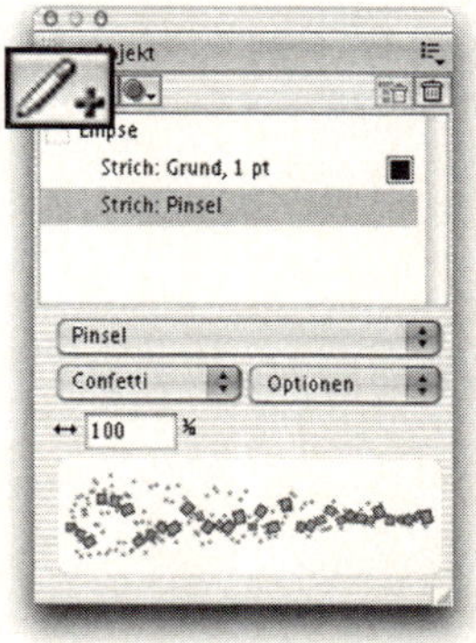

Bedienfeld Objekt Stricheigenschaften

Striche siehe Seite 228ff.

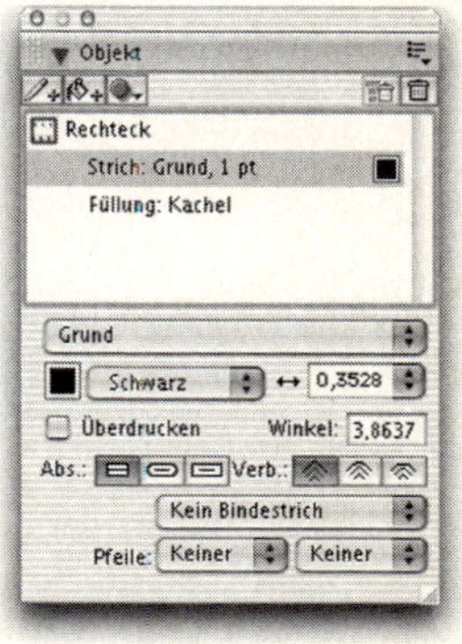

Bedienfeld Dokument

Im Bedienfeld *Dokument* lassen sich zum einen im Pop-up-Menü für die Seiteneinstellungen eigenen Größen definieren, und zum anderen lässt sich hier eine der eventuell definierten Master-Seiten als Grundlage für neue Seiten auswählen.

Einheiten-, Winkel- und Rastereinstellungen findet man in den Menüs bzw. am unteren Fensterrand.

Einrichten neuer und Bearbeiten vorhandener Seiten, Anordnung auf der Montagefläche, Druckerweiterung (siehe Seite 31ff.).

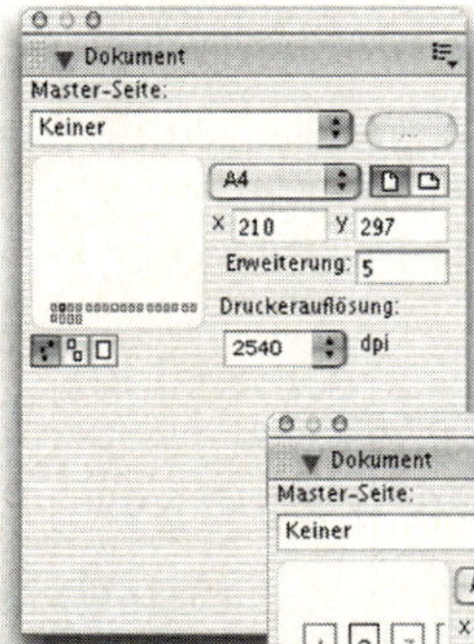

Es wird die gesamte Montagefläche mit allen Seiten im Vorschaufenster dargestellt.

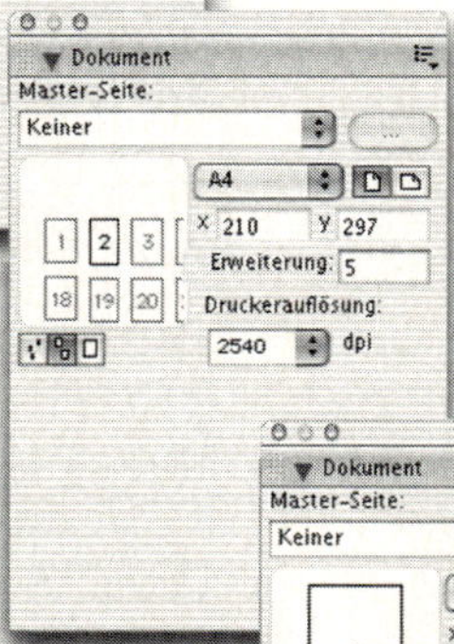

Es werden einzelne Seiten mit Seitennummern im Vorschaufenster dargestellt.

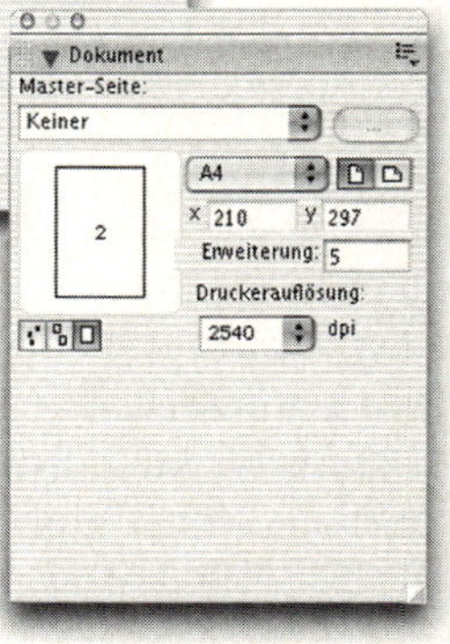

Es wird jeweils eine gesamte Seite mit Seitennummer im Vorschaufenster dargestellt. Angrenzende Seiten können teilweise sichtbar sein.

Bedienfeld Transformieren

(*Fenster* ➛ *Transformieren* oder ⌘10, ⌘11 oder ⌘13)

Über die Checkboxen kann bestimmt werden, ob die Verwandlung auch für Inhalt, Füllung und Striche gelten soll, wobei die Option *Striche* nur beim Skalieren anzugeben ist.

Sind die Werte eingetragen, kann die Transformation mit dem Knopf *Verschieben, Drehen, Skalieren, Neigen oder Spiegeln* ausgeführt werden. Je nach Transformationsart wird die Schaltfläche anders bezeichnet.

Die Anzahl der hier eingetragenen *Kopien* steuert, wie viele identische Verwandlungen entstehen sollen.

Das Bedienfeld *Transformieren* öffnet sich durch einen Doppelklick auf eines der Transformationswerkzeuge oder durch Eingabe der oben genannten Kurzbefehle. Mit den Transformationswerkzeugen können Transformationen mit der Maus durchgeführt werden, im jeweiligen Bedienfeld numerisch, wobei es unerheblich ist, welches Werkzeug angewählt ist. Um exakte Transformationen durchzuführen, ist es sinnvoll, eventuell den Nullpunkt zu versetzen.

Verschieben

Drehen

Skalieren

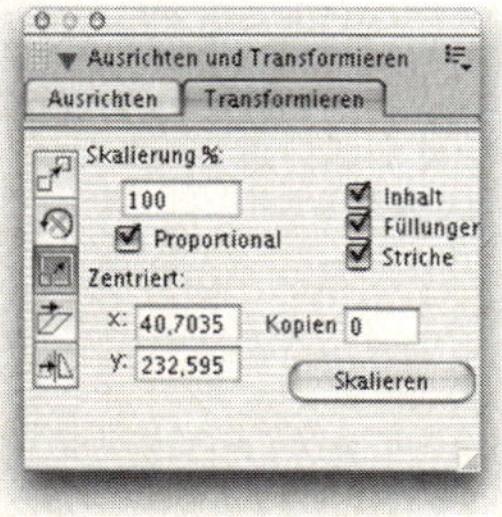

Neigen

Spiegeln

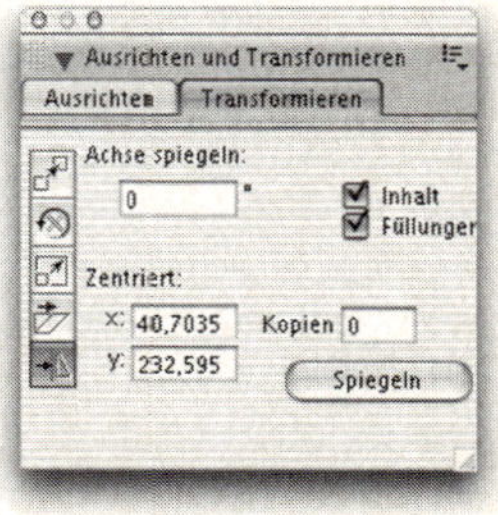

Bedienfelder Farbmischer, Farbfelder, Farbtöne

(Fenster **→** ***Farbfelder*** **⌘F9, *Fenster*** **→** ***Farbmischer*** **⇧F9)**

Für die Arbeit mit Farben werden drei verschiedene Bedienfelder zur Verfügung gestellt.

Bedienfeld Farbfelder

(*Fenster* → *Bedienfelder* → *Farbfelder* ⌘F9)
Ein Klick auf den Bedienfeldnamen, das Dreieck davor oder auf den Minimierungs-/Maximierungsschalter öffnet oder schließt die Farbpalette.

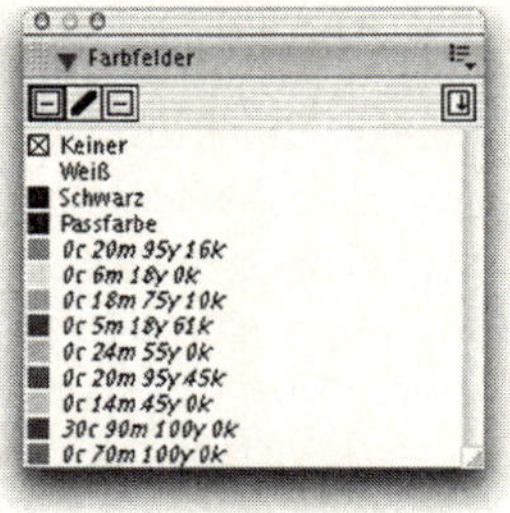

Liste der im Dokument definierten Farben, Zuweisen von Füllungs- und Strichfarben, Optionen zur Bearbeitung der Farben und Laden diverser Farbkataloge (Seite 284ff.).

Bedienfeld Farbmischer

(*Fenster* → *Bedienfelder* → *Farbmischer* ⇧F9)
Ein Klick auf den Bedienfeldnamen, das Dreieck davor oder auf den Minimierungs-/Maximierungsschalter öffnet oder schließt die Farbpalette.

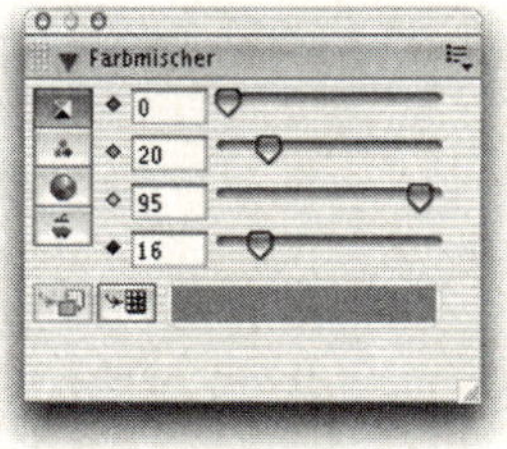

Die Farben werden in einem der angebotenen Modelle (CMYK, RGB, FHS, Apple-Farbkreis) gemischt und können sowohl direkt dem Objekt zugewiesen als auch in die Farbfelder aufgenommen werden (Seite 288ff.).

Bedienfeld Farbtöne

(*Fenster* → *Bedienfelder* → *Farbtöne*)
Ein Klick auf den Bedienfeldnamen, das Dreieck davor oder auf den Minimierungs-/Maximierungsschalter öffnet oder schließt die Farbpalette.

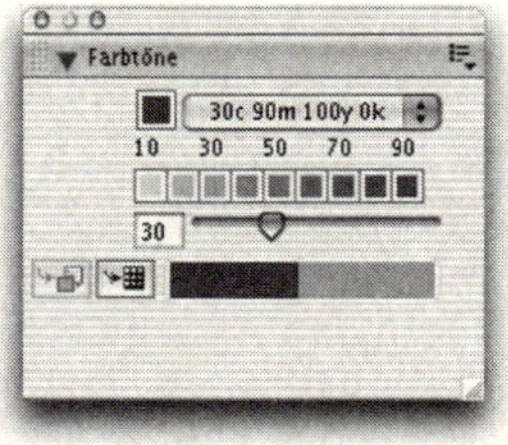

Wird das Bedienfeld *Farbtöne* angewählt, können Farbtöne von definierten Grundfarben zwischen 1 % und 100 % definiert werden (Seite 297ff.).

Bedienfelder Ausrichten und Halbtöne

Das Bedienfeld ist nur benutzbar, wenn zwei oder mehr Objekte markiert sind oder wenn bei einem ausgewählten Objekt die Option *An Seite anpassen* aktiviert ist. Einmal geöffnet, bleibt es aber weiterhin verfügbar.

Bedienfeld Ausrichten

(*Fenster* ➛ *Bedienfelder* ➛ *Ausrichten* oder ⌥⌘A)

Die Objekte können nach mehreren Kriterien in horizontaler und vertikaler Richtung ausgerichtet werden (Seite 373ff.).

Füllungen und Strichen können Halbtonraster für den Druck zugewiesen werden, die die für die Illustration festgelegten Werte außer Kraft setzen. Halbtonrastereinstellungen können mit einem Stil gespeichert werden (Seite 314ff).

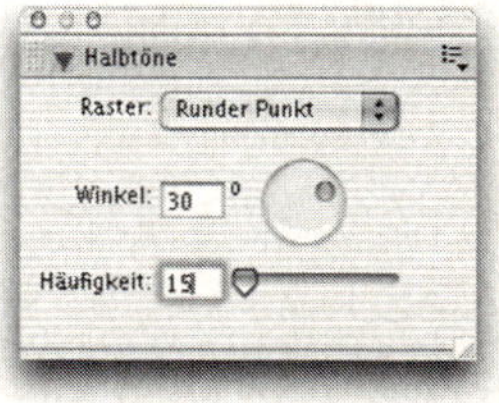

Bedienfeld Halbtöne

(*Fenster* ➛ *Bedienfelder* ➛ *Halbtöne*)

In der Druckvorstufe ist es nicht ratsam, Halbtonraster für Objekte zu definieren. Einerseits werden diese Werte häufig von den RIP's außer Kraft gesetzt, und andererseits können diese Werte Fehler bewirken.

Objekte und Master-Seiten können im Bedienfeld *Bibliothek* ähnlich wie Farben verwaltet werden. Bibliotheken lassen sich auch als Sammlung importieren und exportieren. Neue Master-Seiten werden automatisch in die für jedes Dokument existierende Standardbibliothek aufgenommen.

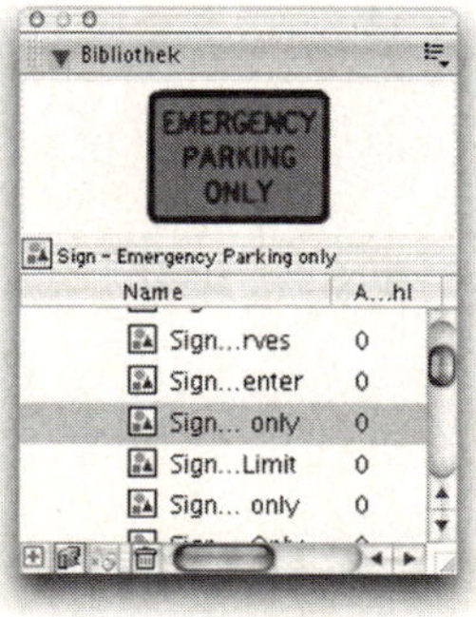

Bedienfeld Bibliothek

(*Fenster* ➛ *Bedienfelder* ➛ *Bibliothek* oder F11)

(siehe auch Master-Seiten auf Seite 36ff. und Stile Seite 332ff.).

Bedienfelder Stile und Ebenen

Bedienfeld Stile

(*Fenster* ➛ *Stile*
oder ⇧⌘F11)

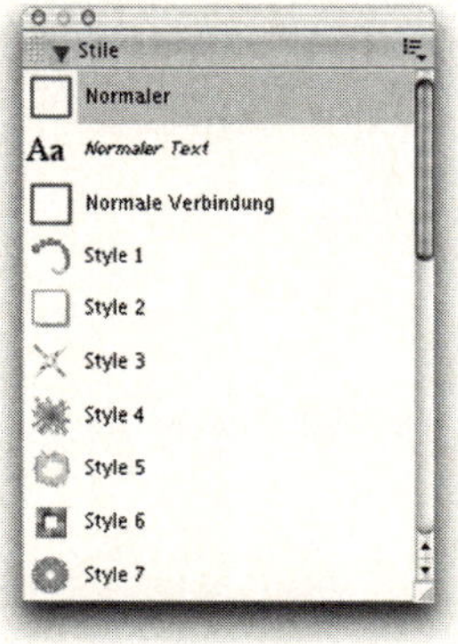

Füllungs-, Strich- und Halbtonmerkmale können in Grafikstilen (gerade Schriftweise) zusammengefasst werden. Schrift- und Absatzmerkmale werden in Schriftstilen definiert (kursive Schriftweise). Das Anwählen des jeweiligen Namens weist einem markierten Objekt oder Absatz die Merkmale zu (Seiten 314ff. und 439ff.).

Bedienfeld Ebenen

(*Fenster* ➛ *Ebenen*
oder ⌘F2)

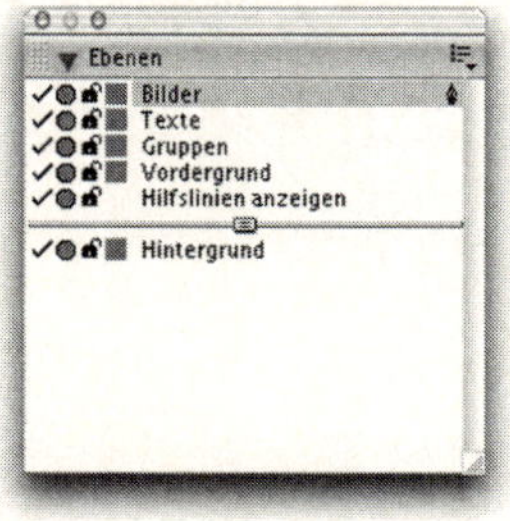

Zur Vereinfachung der Arbeit können Objekte auf verschiedenen Ebenen abgelegt werden, die übereinander gestapelt liegen. Ebenen können festgesetzt, unsichtbar und einzeln im Grobansicht- bzw. Vorschaumodus sichtbar gemacht werden (Ebenen Seite 338ff.).

Bedienfeld Navigation

(*Fenster* ➛ *Navigation*
oder ⌘F2)

Mit dem Bedienfeld *Navigation* lassen sich Interaktivitäten für Flash-, HTML- und PDF-Dokumente vergeben, die aus FreeHand MX heraus abgespeichert werden. Die einzelnen Parameter steuern die Aktionen und Ereignisse.

Anhand der Namen werden die entsprechenden Aktionen verwaltet. Das *Aktionswerkzeug*, auszuwählen in der Werkzeugleiste oder der Symbolleiste *Xtra-Werkzeuge*, arbeitet Hand in Hand mit dem Bedienfeld.

Symbolleisten Xtra-Funktionen und Xtra-Werkzeuge

Symbolleiste Xtra-Funktionen

(*Fenster* → *Symbolleisten* → *Xtra-Funktionen*)

Alle Befehle der Xtra-Funktionen können auch über Menübefehle angewählt werden (Beschreibungen siehe Seite 156ff. bzw. 145ff.).
Befindet sich eine Ecke im Symbolfenster eines Befehls, öffnet sich beim Anklicken ein Dialog, in dem Einstellungen vorgenommen werden können.

Sowohl die *Xtra-Funktionen* als auch die *Xtra-Werkzeuge* können durch Ziehen mit der Maus an der unteren rechten Ecke in ihrer Form und Größe verändert werden.

Symbolleiste Xtra-Werkzeuge

(*Fenster* → *Symbolleisten* → *Xtra-Werkzeuge)*

3D-Rotation

Dieser Befehl ist mittlerweile auch in die Werkzeugleiste integriert und ermöglicht es, einem markierten Objekt den Anschein einer Drehung um alle drei Achsen zu geben. Der Effekt, und vor allem seine Steuerbarkeit, ist trotz der vielen Einstellungen, die getroffen werden können, nur mäßig bis schlecht. Ein Doppelklick auf das Befehlssymbol bzw. das Werkzeug öffnet das Bedienfeld *3D-Rotation*. Es lässt sich erweitern, wenn der Modus *Fortgeschritten* gewählt wird. *Rotieren von* legt den Rotationspunkt, *Projektieren von* den Fluchtpunkt, *Abstand* den Grad der Verzerrung fest.

Bogen

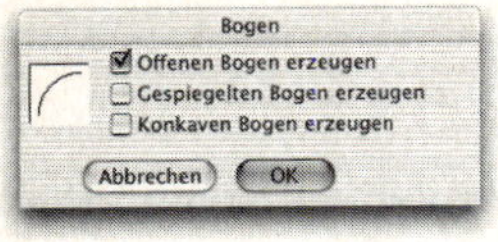

Ein Doppelklick auf das Befehlssymbol öffnet einen Dialog, in dem die Ausrichtung des zu zeichnenden Bogens bestimmt werden kann und ob er geschlossen oder offen sein soll. Das jeweils erscheinende Symbol gibt Auskunft. Bei gedrückter [⇧]-Taste entsteht ein Viertelkreis.

Linse

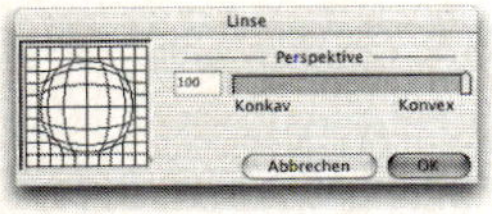

Ein Doppelklick auf das Befehlssymbol oder das *Linsenwerkzeug* ermöglicht eine konkave oder konvexe Einstellung der Linse. Zieht man den Cursor anschließend über ein markiertes Objekt, verzerren sich die vom angezeigten Oval erfassten Bereiche entsprechend. Das Xtra lässt sich nicht auf Text anwenden.

Tipp: Wird der Text mit dem Befehl *Text ➤ In Pfade konvertieren* zuvor in Pfade umgewandelt, kann das Xtra benutzt werden.

Spirale

Spiraltyp

Der linke Spiraltyp erstellt eine Spirale mit lauter gleichen Windungen, der rechte eine, bei der der Abstand zu jeder neuen Windung größer wird.

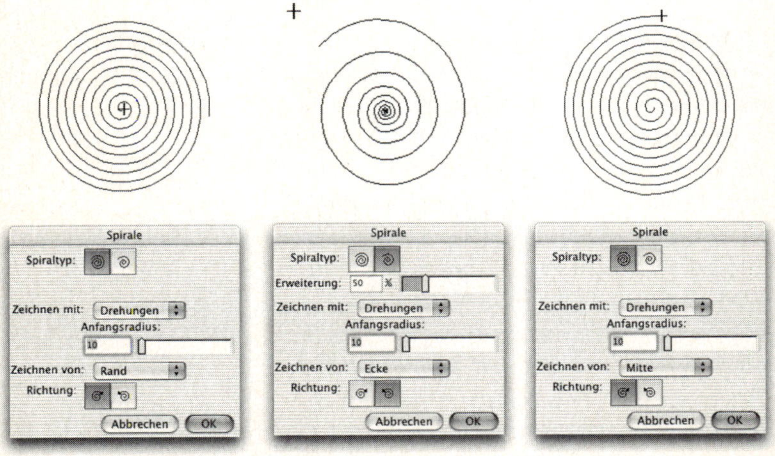

Erweiterung

Hier wird festgelegt, um wie viel Prozent sich der Abstand der nächsten Windung von der vorhergehenden vergrößert.

Zeichnen mit

Bei eingestellter Option *Schritte* bekommt die Spirale umso mehr Windungen, je größer sie gezeichnet wird. Der Anfangsradius wird in der aktuellen Maßeinheit festgelegt. Bei einer gleichmäßigen Spirale wird der Abstand zwischen den Windungen bestimmt, und die Spirale bekommt ihrer Größe entsprechend viele Windungen. Mit *Drehungen* wird die Anzahl der Spiralwindungen bestimmt, deren Abstand voneinander von der Größe der Spirale abhängig ist.

Zeichnen von:

Hier wird bestimmt, ob der Fixpunkt beim Zeichnen die Mitte, eine Ecke oder der äußere Ursprung der Spirale sein soll.

Verwischen

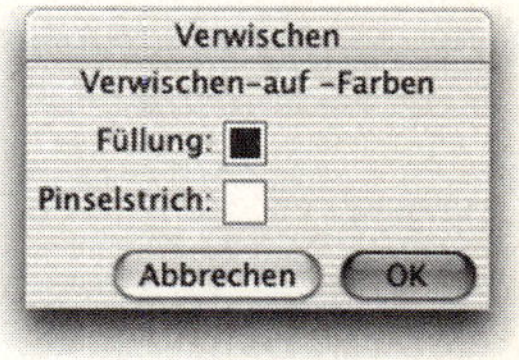

Wird mit diesem Werkzeug an einem markierten Objekt gezogen, entsteht eine Gruppe von Zeichenwegen, deren Füllungs- bzw. Linienfarbe nach hinten zu Weiß hin abnimmt. Ein Doppelklick auf das Befehlssymbol oder das *Verwischwerkzeug* öffnet einen Dialog, in dem statt Weiß eine Zielfarbe für Füllung und Pinselstrich eingegeben werden kann.

Wird beim Ziehen die ⌥-Taste gedrückt gehalten, kann von der Mitte aus verwischt werden.

Die Anzahl der entstehenden Übergangsobjekte ist abhängig vom im Bedienfeld *Dokument* eingegebenen Wert für Druckerauflösung. Je höher der Wert, desto feiner die Abstufung (siehe Seite 27).

Vergröbern

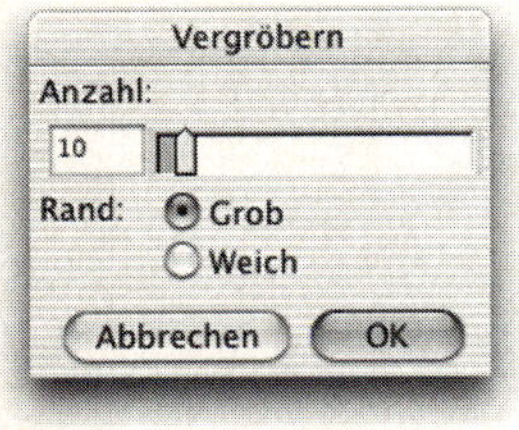

Das Xtra erstellt einen neuen Pfad. Ein Doppelklick auf das Befehlssymbol öffnet den Einstelldialog des Werkzeuges, in dem die Vorgehensweise während der Veränderung definiert werden kann. Die Einstellung *Anzahl* regelt, wie viele neue Punkte pro Zoll hinzugefügt werden sollen. Die Option *Rand* bestimmt, ob der neue Pfad eine kantige oder runde Form bekommen soll.

Anzahl: 70
Rand : Grob

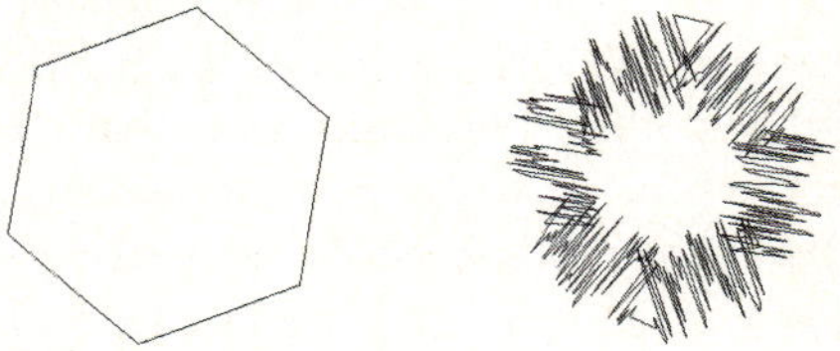

Anzahl: 10
Rand : Weich

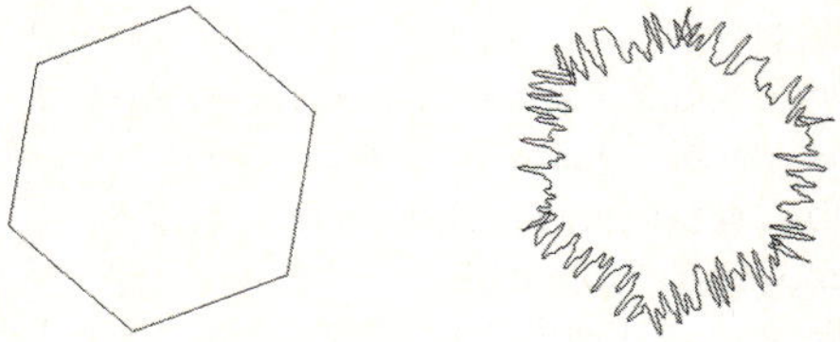

Pipette

Mit der Pipette kann aus einem Objekt die Füllungs- oder Strichfarbe gezogen und entweder auf einem anderen Objekt oder im Bedienfeld *Farbfelder* losgelassen werden. Faszinierenderweise lassen sich so auch Farben aus importierten Bilddaten ziehen. So kann man sich eine Farbbibliothek anlegen, die genau auf das Bild abgestimmt ist.

Diagramm

Es muss erst ein Diagramm erzeugt werden, bevor man entsprechende Werte eingeben kann.

Wählt man die Funktion in den Xtra-Werkzeugen oder der Werkzeugleiste aus, wird die Maus zur Kreuzmarke, und man kann durch Ziehen den Bereich festlegen, in dem das Diagramm anschließend erzeugt werden soll. Nachdem der Diagrammbereich definiert wurde, springt sofort das Dialogfeld der

Funktion auf, welches aus zwei Bereichen besteht: dem Bereich des *Arbeitsblattes* und dem des *Diagrammtyps*.

Diagramm bearbeiten

Nachdem ein Diagramm erstellt wurde, kann es jederzeit durch Doppelklick auf das Befehlssymbol in der Symbolleiste *Xtra-Werkzeuge* oder das Werkzeug in der Werkzeugleiste oder durch Auswahl des Befehls *Bearbeiten* im Menü *Xtra* ➛ *Diagramm* verändert werden.

Das Arbeitsblatt enthält die Daten, die zum Erstellen des Diagramms notwendig sind. Im Bereich des *Diagrammtyps* legt man fest, welche Form von Diagramm benutzt werden soll. Es stehen sechs unterschiedliche Diagrammtypen zur Auswahl, die individuell einstellbar sind.

Bereich Arbeitsblatt

Der Bereich *Arbeitsblatt* besteht aus Zeilen und Spalten. Die horizontalen werden Zeilen genannt und die vertikalen Spalten. Die einzelnen Datenfelder heißen Zellen.

Zahl als Achsenbezeichnung „2004"

In der ersten Spalte werden die Bezeichnungen der horizontalen Achsen oder Kreissegmente eingegeben. Sollen hier reine Zahlen als Namen fungieren, so müssen diese in

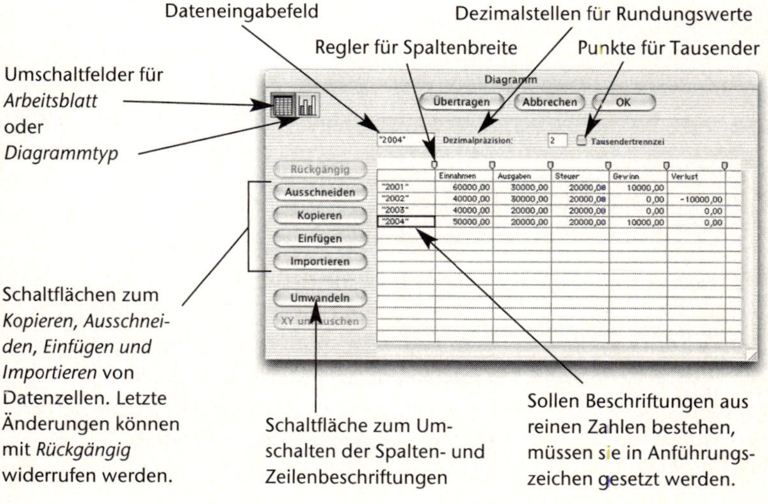

Anführungszeichen gesetzt werden. Die erste Zelle bleibt frei.

Legende

In der ersten Zeile werden die Beschriftungen der Legende eingegeben. Diese erscheinen später außerhalb des Diagrammbereichs.

Bereich Diagrammtyp

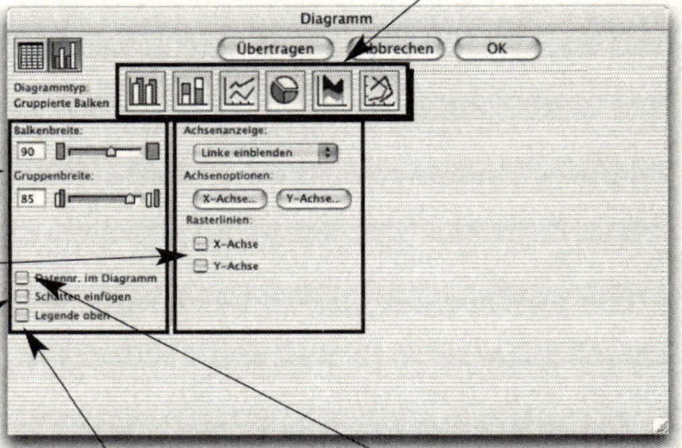

Gruppierte Balken

Vergleich von Daten anhand von Balken. Jeder Balken steht für eine Datenzelle.

Gestapelte Balken

Vergleich der Entwicklung von Daten. Jeder Balken steht für eine Datenzeile.

Linie

Darstellung der Trendentwicklung über einen bestimmten Zeitraum. Jede Linie steht für eine Datenspalte.

Kreis

Darstellung der Daten als Segment eines Kreises. Jede Datenzelle wird durch ein Kreissegment dargestellt. Jede Datenzeile erzeugt ein eigenes Kreisdiagramm.

Bereich

Darstellung der Entwicklung von Daten über einen Zeitraum in Form von gefüllten Flächen. Jede Fläche stellt eine Datenspalte des Arbeitsblattes dar. Die Werte einer Spalte werden zur Gesamtsumme der Werte der vorhergehenden Spalte addiert.

Streudiagramm

Darstellung der Daten als Koordinatenpaar zur Verdeutlichung von Trendentwicklungen. Jede Koordinate steht für eine aus zwei Zellen bestehende Datenzeile.

Biegen

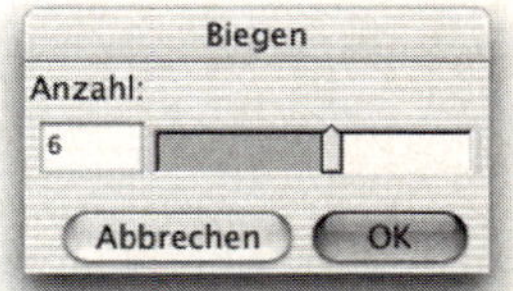

Pfade können ab dem angeklickten Punkt nach innen oder außen gebogen werden. Je höher der eingegebene Wert, desto stärker der Grad des Verbiegens. Die Geraden werden in die Richtung gezogen, in der die Mausbewegung stattfindet. Ein Doppelklick auf das Befehlssymbol öffnet den Dialog.

Bewegung nach rechts unten

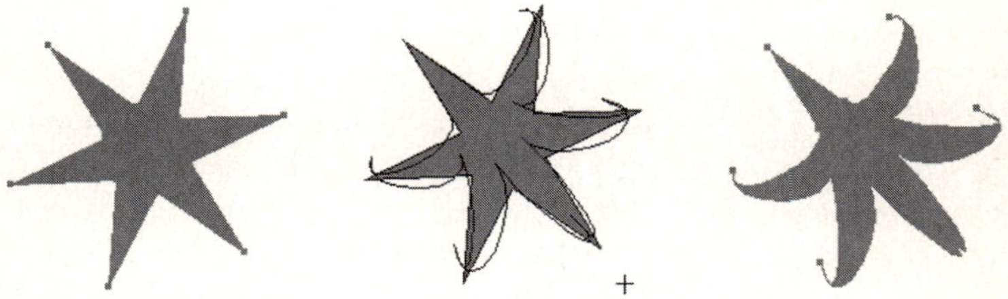

Bewegung nach links oben

Sprühdose

Doppelklick auf das Befehlssymbol oder das Werkzeug in der Werkzeugleiste öffnet den Einstelldialog

Das Anwenden dieses Werkzeuges geschieht anschließend durch Klicken und Ziehen mit der Maus, also ähnlich den Freihandwerkzeugen.

Das Werkzeug *Sprühdose* befindet sich im Bedienfeld *Xtra-Werkzeuge* oder in der Werkzeugleiste und arbeitet nach einem ähnlichen Prinzip wie eine Kombination aus Freihandlinie und Kachelfüllung. Es können Elemente erstellt werden, die dann zu Sprühelementen definiert werden, und entlang eines Pfades aufgetragen werden. FreeHand bietet einige vordefinierte Sprühmethoden mit dazugehörigen Elementen.

Das Pop-up-Menü unterhalb der beiden Knöpfe *Sprühdose* und *Optionen* stellt die unterschiedlichen Sprühelemente zur Verfügung. *Neu* kann Sprühmethoden zur Sprühdose hinzufügen. *Umbenennen* gibt einer vorhandenen Methode einen neuen Namen. *Duplizieren* kann vorhandene verdoppeln.

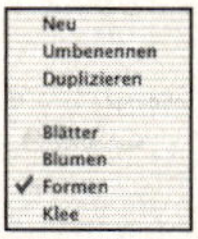

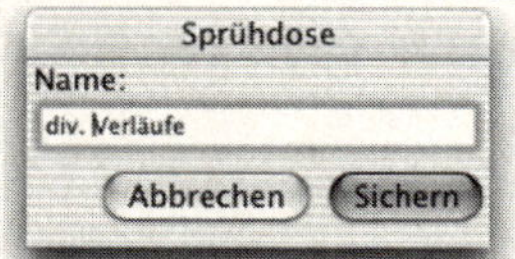

Wurde eine Sprühdosenmethode ausgewählt oder eine neue Methode definiert, kann man eigene Elemente hinzufügen, indem sie in die Zwischenablage kopiert werden, um dann durch die Schaltfläche *Einfügen in* zur aktuellen Methode hinzugefügt zu werden. Existieren in dieser Methode schon Elemente, so werden die neuen zu diesen als neue Objekte hinzugefügt.

Die Schaltfläche *Entfernen* löscht aus der angewählten Sprühmethode das im Vorschaufeld angezeigte Element.

Die Sprühmethoden werden nach wählbaren *Optionen* auf die Zeichenfläche aufgebracht.

Auftrag: Die Option *Vor und zurück* erzeugt gemäß den für die Füllmethode definierten Elementen einen Auftrag, der vom ersten Element zum letzten und wieder zurück verläuft.
Zufällige Schleifen erzeugt einen willkürlichen Auftrag der Elemente, ebenso wie *Beliebig*.

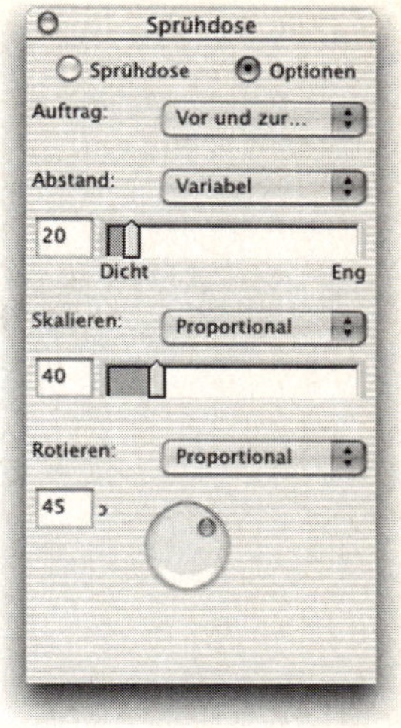

Abstand: *Raster* orientiert die Elemente an einem von 1 bis 100 einstellbaren Raster. Bei der Einstellung *Beliebig* werden die Elemente in zufälligen Abständen zueinander erzeugt. Die Einstellung *Variabel* lässt den Anwender selbst bestimmen, welcher Abstand benutzt werden soll.

Pop-up-Menü Auftrag

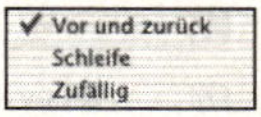

Pop-up-Menü Abstand

Skalieren: *Zufällig* erzeugt unterschiedlich große Elemente. Die Größensteuerung wird vom Programm übernommen und bewegt sich zwischen 100 Prozent und dem eingestellten Wert.
Ist die Option *Proportional* eingestellt, wird die Größe in Abhängigkeit von der Schiebereglerstellung vorgenommen. Der Faktor kann auch manuell eingegeben werden. Kleinster Wert ist 1 und größter 300 Prozent.

Rotieren: Die Option *Inkremental* erzeugt eine stetig ansteigende Rotation gemäß der Einstellung am Winkelrad bzw. des Eingabefeldes.
Zufällig rotiert die zu erzeugen-

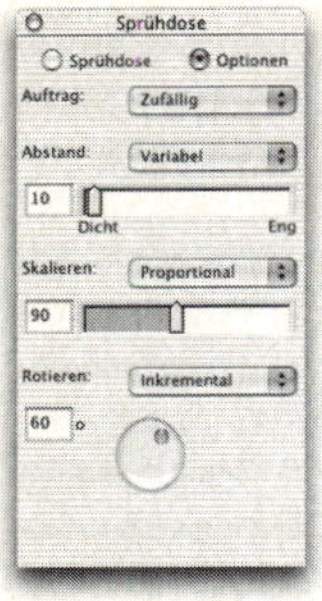

den Elemente willkürlich zwischen 0° und der vorgenommenen Einstellung. Die Einstellung *Proportional* rotiert alle Elemente um denselben Wert.

Prägen

Das Xtra befindet sich in der Symbolleiste *Xtra-Funktionen*. Durch Anklicken gelangt man in den Einstelldialog. Das Xtra stellt unterschiedliche Möglichkeiten zur Erzeugung von Knöpfen bereit. Welche Prägemethode auch gewählt werden mag, es entsteht nach der Anwendung auf jeden Fall eine Gruppierung.

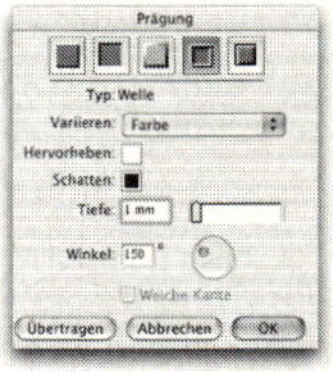

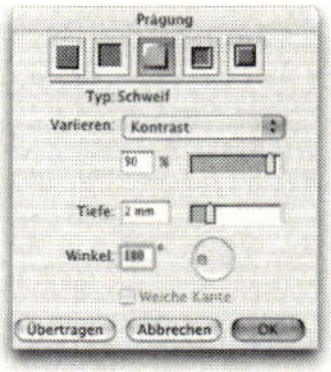

Es muss ein geschlossener Pfad ausgewählt sein, und dieser muss eine Flächenfarbe besitzen, wobei keine Muster-, Vorgabe- oder Linsenfüllung benutzt werden darf.

Solange man im Dialogfeld ist, kann man unterschiedliche Einstellungen ausprobieren. Das geschieht durch die Schaltfläche *Übertragen*. Unterschieden wird zwischen Elementen, die den Charakter des „Hervorhebens“ haben sollen, und denen, die „Schatten“ darstellen sollen. Die Farben dieser Charaktere sind frei aus dem Bedienfeld *Farbpalette* oder dem *Farbmischer* zu wählen.

Spiegeln

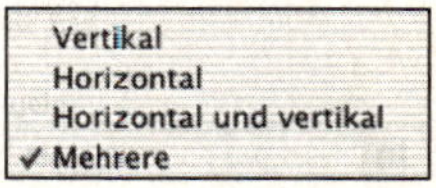

Dieses Xtra ist ein sehr heftiges Werkzeug. Die einfachen Optionen wie *Horizontales / Vertikales Spiegeln* sind eher unspektakulär, sie werden optimal mit dem Umwandlungsbefehl *Spiegeln* abgedeckt. Interessant wird es erst bei den Optionen *Horizontal und Vertikal* bzw.

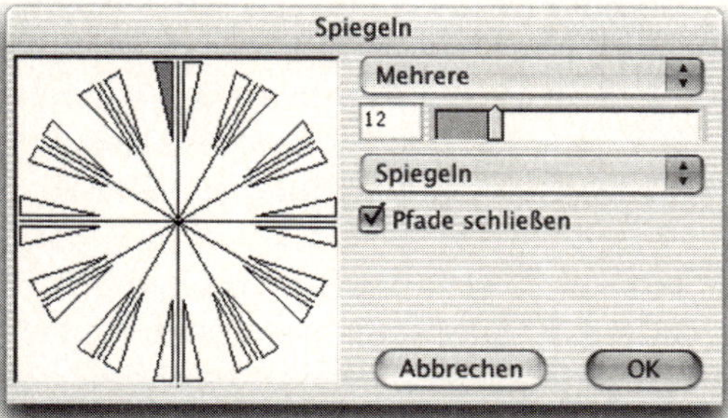

Mehrere, wobei die zuerst genannte nicht näher erklärt werden muss. Ein Doppelklick auf das Symbol im Xtra-Bedienfeld *Xtra-Werkzeuge* öffnet das Dialogfeld.

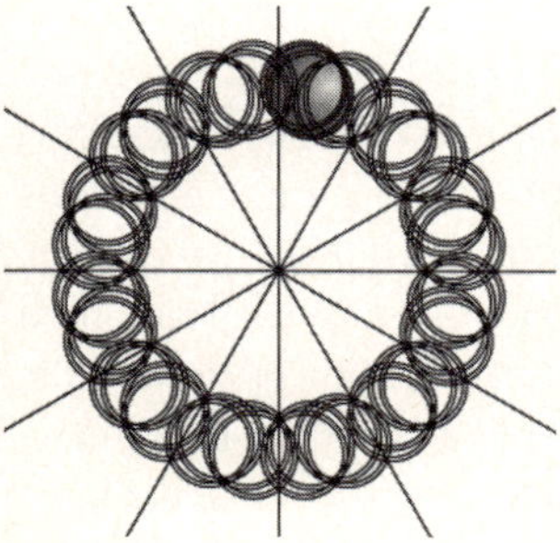

Im linken Bereich wird der Vorgang symbolhaft angezeigt. Wird die Option *Mehrere* ausgewählt, kann man zusätzlich zwischen *Rotieren* und *Spiegeln* wählen. Die Zahl der neu zu erzeugenden Elemente ist über den Schieberegler oder per Eingabe einstellbar. Es ist ein Wert zwischen 1 und 100 Elementen möglich. Werden offene

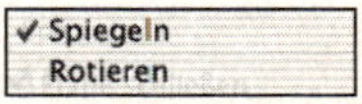

Anzahl der Elemente

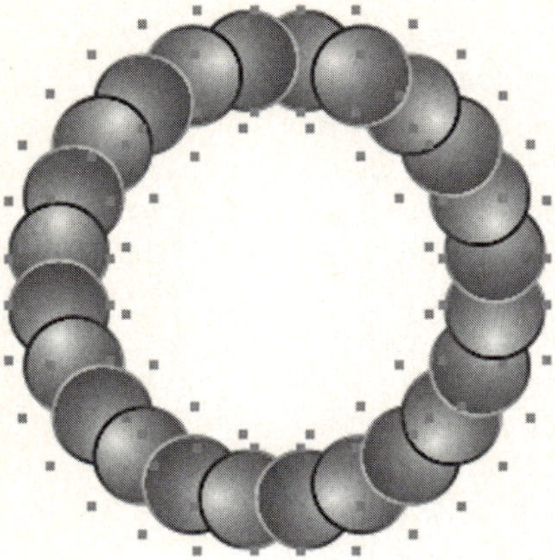

Pfade verwendet, können diese anschließend mit der Checkbox *Pfade schließen* zu einem Gemeinschaftspfad zusammengeschlossen werden. Nachdem das Dialogfeld mit *OK* verlassen wurde, befindet man sich im **Zugmodus** und muss den Anfangspunkt der **Spiegel- bzw. Rotationsachse** mit der Maus zeigen (anklicken) oder anklicken und ziehen.

Punkte einfügen

⌘+

Das Xtra erzeugt auf einem ausgewählten Pfad neue Punkte. Die Punkte werden symmetrisch zwischen zwei bereits vorhandenen platziert. Es ist egal, ob das ausgewählte Objekt ein Grundzeichenelement ist oder nicht. Grundzeichenelemente werden grundsätzlich zu einfachen Pfaden konvertiert. Der Vorgang kann mit dem Kurzbefehl ⌘+ wiederholt werden.

Schatten

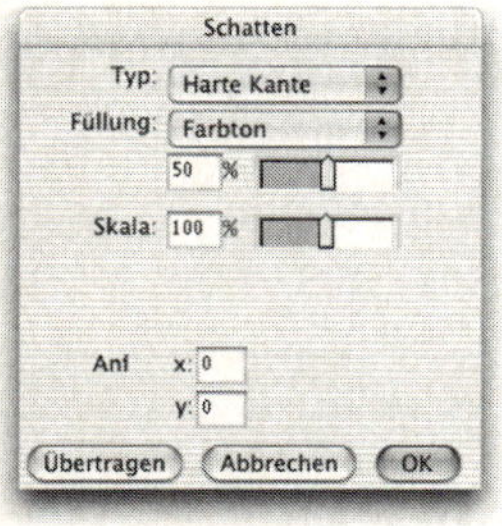

Diese Funktion in den *Xtra-Werkzeugen* wird durch Doppelklick eingestellt. Die Einstellung kann beim nächsten Vorgang durch einfaches Ziehen mit der Maus auch auf weitere Objekte angewendet werden, ohne dass das Dialogfeld geöffnet werden muss. Das Xtra erstellt hinter dem Auswahlobjekt neue Objekte, die eine Schattierung erzeugen. Prinzipiell ist die Einstellung bzw. Anwendung ähnlich der beim *Prägen*. Auch hier kann man im Dialogfeld mit der Schaltfläche *Übertragen* erst einmal sehen, ob die Einstellung den Vorstellungen entspricht. Die Schaltfläche *OK* wendet schließlich an. Auch hier gilt wie beim Prägen, dass eine Gruppierung entsteht.

✓ Harte Kante
Weiche Kante
Zoom

Das Pop-up-Menü *Typ* lässt unterschiedliche Optionen zu.

Harte Kante

Harte Kante erzeugt scharfe Abgrenzungen, die einem Schlagschatten nahe kommen.

Weiche Kante

Wird *Weiche Kante* eingestellt, kann ein langsam ansteigender Verlauf zur Farbe erzeugt werden, die nun im existierenden Farbfeld *Verblassen zu* angezeigt wird. Die Sanftheit des Übergangs wird mit dem Regler *Weiche Kante* eingestellt.

Verblassen zu

Zoom

Die *Zoom*-Option ist dem Xtra *Verwischen* sehr ähnlich. Es werden vergrößerte bzw. verkleinerte Objekte erzeugt, die in Abhängigkeit vom eingetragenen Versatz *(Anfang)* angeordnet werden.

Füllung

✓ Farbe
Schattierung
Farbton

Die Farbigkeit des Schattens richtet sich nach der Einstellung im Pop-up-Menü *Füllung*. Die Option *Farbe* definiert eine bestimmte Farbe als Schattenfarbe. *Schattierung* tönt zu Schwarz ab, und *Farbton* erzeugt einen Tonwert der Objektfarbe.

Skala

Die Abmessung des Schattens wird mit dem Wert, der für *Skala* eingetragen wird, reguliert. Es sind Eingaben bis 300 % möglich.

Anf.

Das Eingabefeld *Anfang* definiert den Versatz des Schattens zum Originalobjekt. Dieser Versatz kann bei Nutzung des Xtras auch manuell gezeigt werden.

Weitere Xtras werden in der Besprechung der Menüs ab Seite 140ff. vorgestellt. Zum Xtra Überfüllen sehen Sie auch im Farbteil des Buches nach.

Menübefehle Übersicht Mac OS X

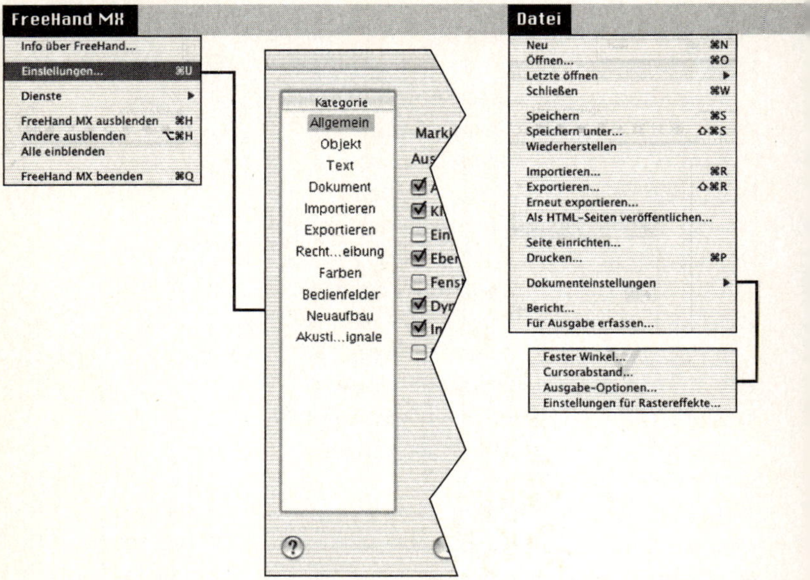

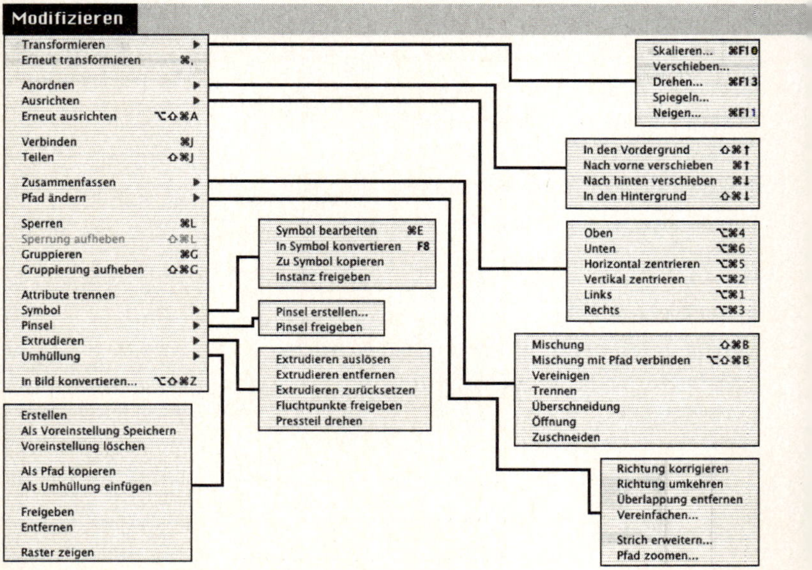

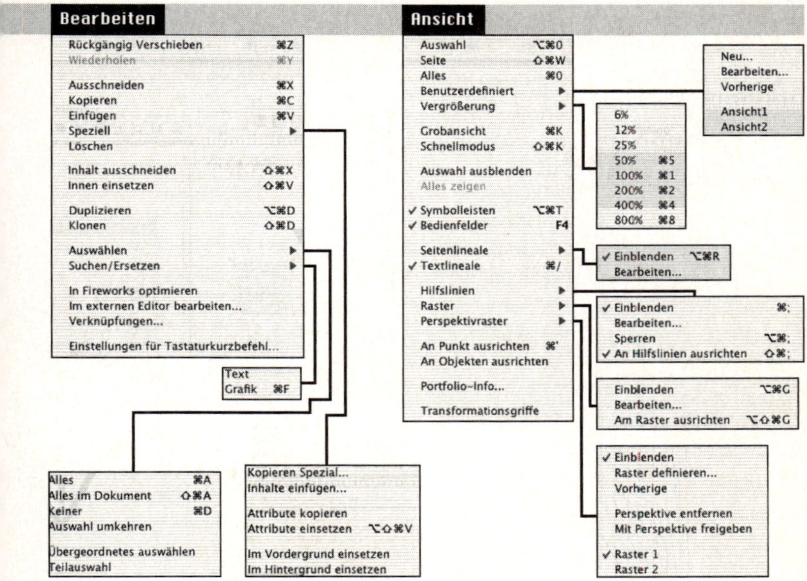
Bearbeiten
Rückgängig Verschieben ⌘Z
Wiederholen ⌘Y
Ausschneiden ⌘X
Kopieren ⌘C
Einfügen ⌘V
Speziell
Löschen
Inhalt ausschneiden ⇧⌘X
Innen einsetzen ⇧⌘V
Duplizieren ⌥⌘D
Klonen ⇧⌘D
Auswählen
Suchen/Ersetzen
In Fireworks optimieren
Im externen Editor bearbeiten...
Verknüpfungen...
Einstellungen für Tastaturkurzbefehl...
Text
Grafik ⌘F
Alles ⌘A
Alles im Dokument ⇧⌘A
Keiner ⌘D
Auswahl umkehren
Übergeordnetes auswählen
Teilauswahl
Kopieren Spezial...
Inhalte einfügen...
Attribute kopieren
Attribute einsetzen ⌥⇧⌘V
Im Vordergrund einsetzen
Im Hintergrund einsetzen
Ansicht
Auswahl ⌥⌘0
Seite ⇧⌘W
Alles ⌘0
Benutzerdefiniert
Vergrößerung
Grobansicht ⌘K
Schnellmodus ⇧⌘K
Auswahl ausblenden
Alles zeigen
✓ Symbolleisten ⌥⌘T
✓ Bedienfelder F4
Seitenlineale
✓ Textlineale ⌘/
Hilfslinien
Raster
Perspektivraster
An Punkt ausrichten ⌘'
An Objekten ausrichten
Portfolio-Info...
Transformationsgriffe
Neu...
Bearbeiten...
Vorherige
Ansicht1
Ansicht2
6%
12%
25%
50% ⌘5
100% ⌘1
200% ⌘2
400% ⌘4
800% ⌘8
✓ Einblenden ⌥⌘R
Bearbeiten...
✓ Einblenden ⌘;
Bearbeiten...
Sperren ⌥⌘;
✓ An Hilfslinien ausrichten ⇧⌘;
Einblenden ⌥⌘G
Bearbeiten...
Am Raster ausrichten ⌥⇧⌘G
✓ Einblenden
Raster definieren...
Vorherige
Perspektive entfernen
Mit Perspektive freigeben
✓ Raster 1
Raster 2

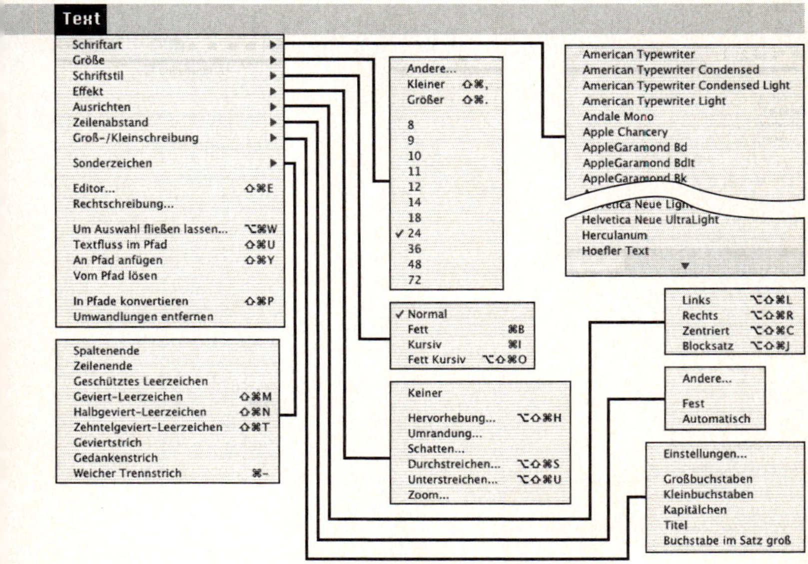
Text
Schriftart
Größe
Schriftstil
Effekt
Ausrichten
Zeilenabstand
Groß-/Kleinschreibung
Sonderzeichen
Editor... ⇧⌘E
Rechtschreibung...
Um Auswahl fließen lassen... ⌥⌘W
Textfluss im Pfad ⇧⌘U
An Pfad anfügen ⇧⌘Y
Vom Pfad lösen
In Pfade konvertieren ⇧⌘P
Umwandlungen entfernen
Spaltenende
Zeilenende
Geschütztes Leerzeichen
Geviert-Leerzeichen ⇧⌘M
Halbgeviert-Leerzeichen ⇧⌘N
Zehntelgeviert-Leerzeichen ⇧⌘T
Geviertstrich
Gedankenstrich
Weicher Trennstrich ⌘-
Andere...
Kleiner ⇧⌘,
Größer ⇧⌘.
8
9
10
11
12
14
18
✓ 24
36
48
72
American Typewriter
American Typewriter Condensed
American Typewriter Condensed Light
American Typewriter Light
Andale Mono
Apple Chancery
AppleGaramond Bd
AppleGaramond BdIt
AppleGaramond Bk
Helvetica Neue UltraLight
Herculanum
Hoefler Text
✓ Normal
Fett ⌘B
Kursiv ⌘I
Fett Kursiv ⌥⇧⌘O
Keiner
Hervorhebung... ⌥⇧⌘H
Umrandung...
Schatten...
Durchstreichen... ⌥⇧⌘S
Unterstreichen... ⌥⇧⌘U
Zoom...
Links ⌥⇧⌘L
Rechts ⌥⇧⌘R
Zentriert ⌥⇧⌘C
Blocksatz ⌥⇧⌘J
Andere...
Fest
Automatisch
Einstellungen...
Großbuchstaben
Kleinbuchstaben
Kapitälchen
Titel
Buchstabe im Satz groß

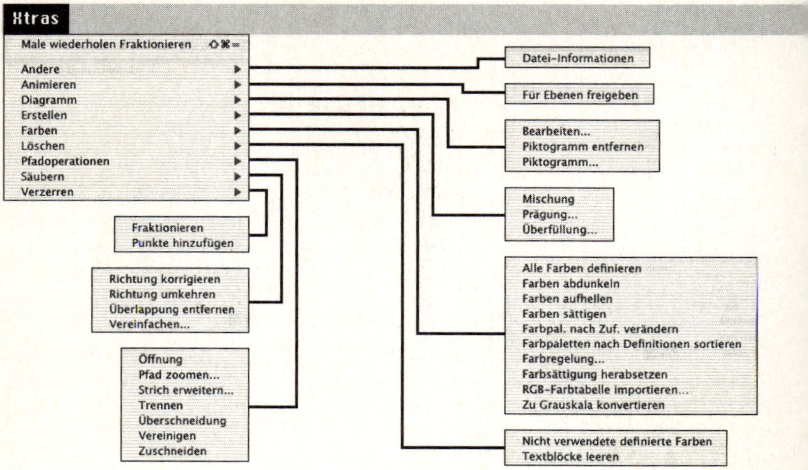

Menübefehle Übersicht Windows

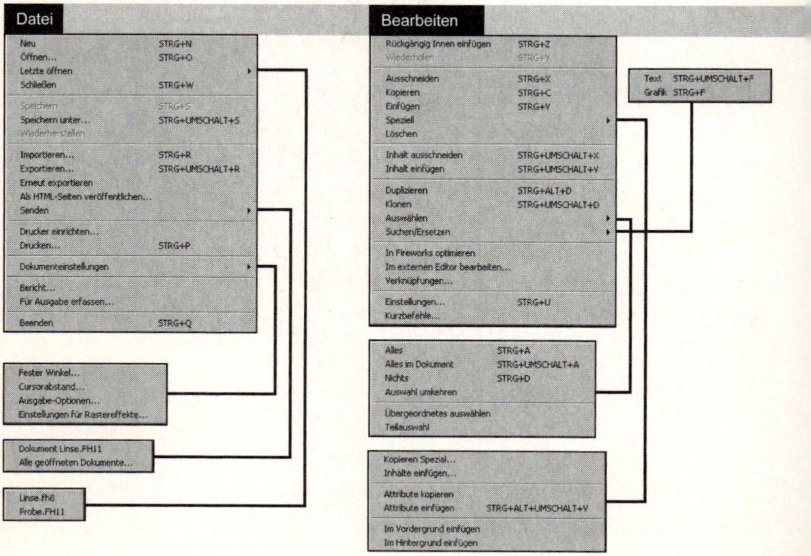

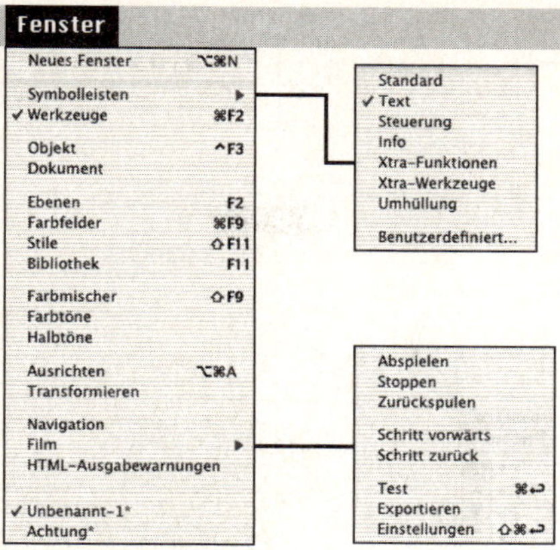
Fenster
Neues Fenster ⌥⌘N
Symbolleisten
✓ Werkzeuge ⌘F2
Objekt ^F3
Dokument
Ebenen F2
Farbfelder ⌘F9
Stile ⇧F11
Bibliothek F11
Farbmischer ⇧F9
Farbtöne
Halbtöne
Ausrichten ⌥⌘A
Transformieren
Navigation
Film
HTML-Ausgabewarnungen
✓ Unbenannt-1*
Achtung*
Standard
✓ Text
Steuerung
Info
Xtra-Funktionen
Xtra-Werkzeuge
Umhüllung
Benutzerdefiniert...
Abspielen
Stoppen
Zurückspulen
Schritt vorwärts
Schritt zurück
Test ⌘↩
Exportieren
Einstellungen ⇧⌘↩

Hilfe
FreeHand MX Hilfe ⌘?
Willkommen
Was ist neu in FreeHand MX
Erlernen von FreeHand MX
Macromedia Online-Foren
FreeHand Support Center
FreeHand aktivieren...
Lizenz übertragen...
Online-Registrierung
Registrierung drucken

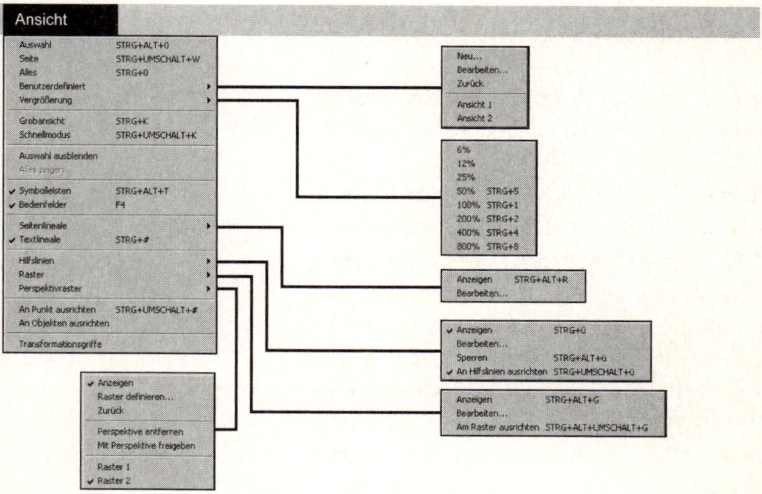
Ansicht
Auswahl STRG+ALT+0
Seite STRG+UMSCHALT+W
Alles STRG+0
Benutzerdefiniert
Vergrößerung
Grobansicht STRG+K
Schnellmodus STRG+UMSCHALT+K
Auswahl ausblenden
Alles zeigen
✓ Symbolleisten STRG+ALT+T
✓ Bedienfelder F4
Seitenlineale
✓ Textlineale STRG+#
Hilfslinien
Raster
Perspektivraster
An Punkt ausrichten STRG+UMSCHALT+#
An Objekten ausrichten
Transformationsgriffe
Neu...
Bearbeiten...
Zurück
Ansicht 1
Ansicht 2
6%
12%
25%
50% STRG+5
100% STRG+1
200% STRG+2
400% STRG+4
800% STRG+8
Anzeigen STRG+ALT+R
Bearbeiten...
✓ Anzeigen STRG+ü
Bearbeiten...
Sperren STRG+ALT+ü
✓ An Hilfslinien ausrichten STRG+UMSCHALT+ü
Anzeigen STRG+ALT+G
Bearbeiten...
Am Raster ausrichten STRG+ALT+UMSCHALT+G
✓ Anzeigen
Raster definieren...
Zurück
Perspektive entfernen
Mit Perspektive freigeben
Raster 1
✓ Raster 2

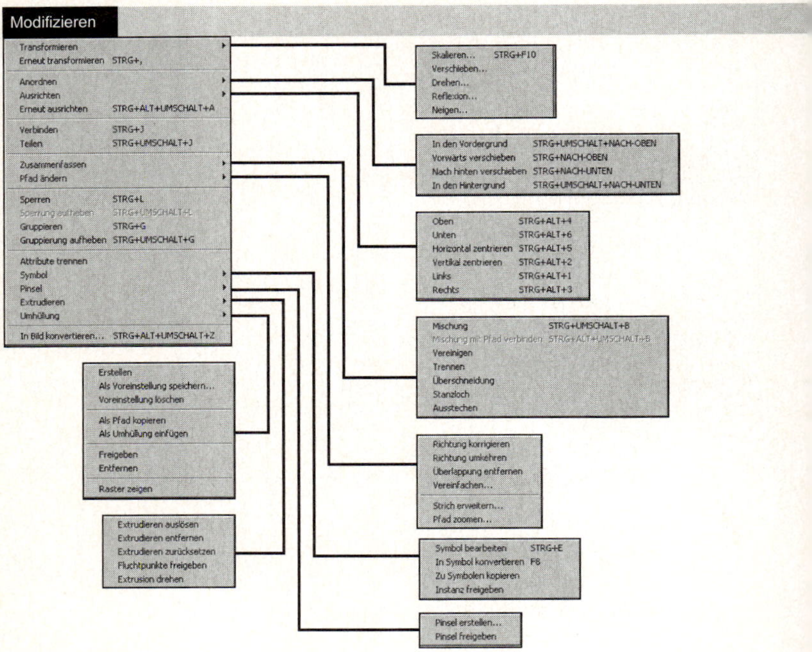
Modifizieren
Transformieren
Erneut transformieren STRG+,
Anordnen
Ausrichten
Erneut ausrichten STRG+ALT+UMSCHALT+A
Verbinden STRG+J
Teilen STRG+UMSCHALT+J
Zusammenfassen
Pfad ändern
Sperren STRG+L
Sperrung aufheben STRG+UMSCHALT+L
Gruppieren STRG+G
Gruppierung aufheben STRG+UMSCHALT+G
Attribute trennen
Symbol
Pinsel
Extrudieren
Umhüllung
In Bild konvertieren... STRG+ALT+UMSCHALT+Z
Skalieren... STRG+F10
Verschieben...
Drehen...
Reflexion...
Neigen...
In den Vordergrund STRG+UMSCHALT+NACH-OBEN
Vorwärts verschieben STRG+NACH-OBEN
Nach hinten verschieben STRG+NACH-UNTEN
In den Hintergrund STRG+UMSCHALT+NACH-UNTEN
Oben STRG+ALT+4
Unten STRG+ALT+6
Horizontal zentrieren STRG+ALT+5
Vertikal zentrieren STRG+ALT+2
Links STRG+ALT+1
Rechts STRG+ALT+3
Mischung STRG+UMSCHALT+B
Mischung mit Pfad verbinden STRG+ALT+UMSCHALT+B
Vereinigen
Trennen
Überschneidung
Stanzloch
Ausstechen
Erstellen
Als Voreinstellung speichern...
Voreinstellung löschen
Als Pfad kopieren
Als Umhüllung einfügen
Freigeben
Entfernen
Raster zeigen
Richtung korrigieren
Richtung umkehren
Überlappung entfernen
Vereinfachen...
Strich erweitern...
Pfad zoomen...
Extrudieren auslösen
Extrudieren entfernen
Extrudieren zurücksetzen
Fluchtpunkte freigeben
Extrusion drehen
Symbol bearbeiten STRG+E
In Symbol konvertieren F8
Zu Symbolen kopieren
Instanz freigeben
Pinsel erstellen...
Pinsel freigeben

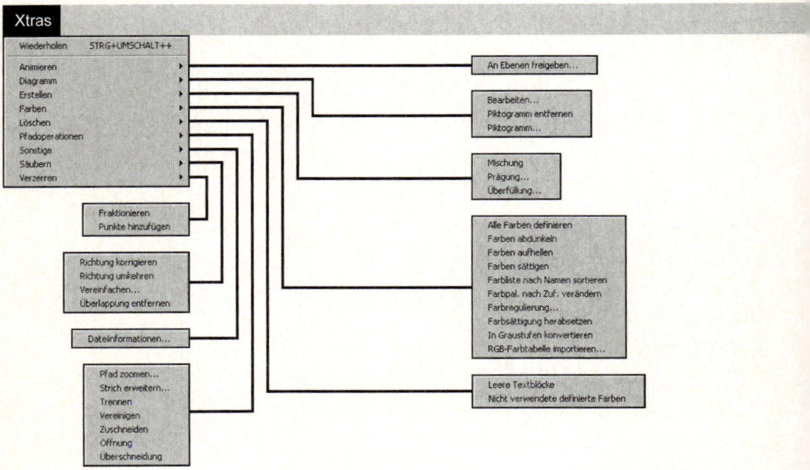
Xtras
Wiederholen STRG+UMSCHALT++
Animieren
Diagramm
Erstellen
Farben
Löschen
Pfadoperationen
Sonstige
Säubern
Verzerren
An Ebenen freigeben...
Bearbeiten...
Piktogramm entfernen
Piktogramm...
Mischung
Prägung...
Überfüllung...
Fraktionieren
Punkte hinzufügen
Alle Farben definieren
Farben abdunkeln
Farben aufhellen
Farben sättigen
Farbliste nach Namen sortieren
Farbpal. nach Zuf. verändern
Farbregulierung...
Farbsättigung herabsetzen
In Graustufen konvertieren
RGB-Farbtabelle importieren...
Richtung korrigieren
Richtung umkehren
Vereinfachen...
Überlappung entfernen
Dateiinformationen...
Leere Textblöcke
Nicht verwendete definierte Farben
Pfad zoomen...
Strich erweitern...
Trennen
Vereinigen
Zuschneiden
Öffnung
Überschneidung

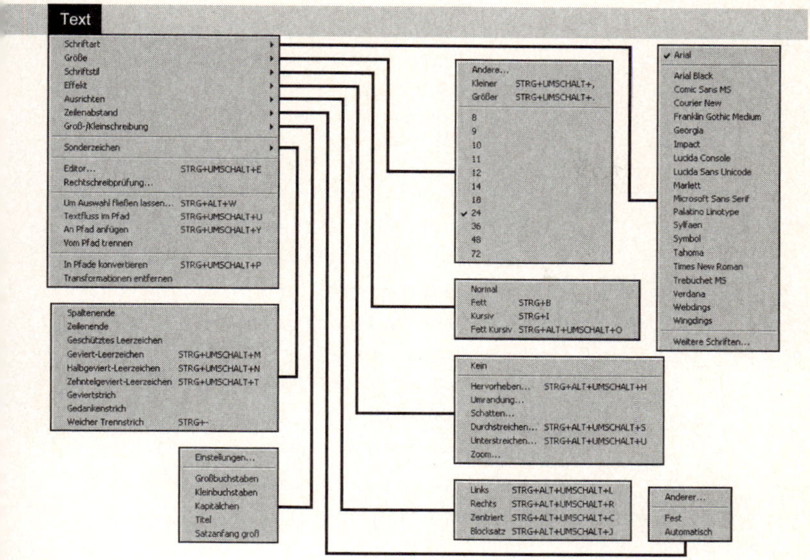
Text
Schriftart
Größe
Schriftstil
Effekt
Ausrichten
Zeilenabstand
Groß-/Kleinschreibung
Sonderzeichen
Editor... STRG+UMSCHALT+E
Rechtschreibprüfung...
Um Auswahl fließen lassen... STRG+ALT+W
Textfluss im Pfad STRG+UMSCHALT+U
An Pfad anfügen STRG+UMSCHALT+Y
Vom Pfad trennen
In Pfade konvertieren STRG+UMSCHALT+P
Transformationen entfernen
Spaltenende
Zeilenende
Geschütztes Leerzeichen
Geviert-Leerzeichen STRG+UMSCHALT+M
Halbgeviert-Leerzeichen STRG+UMSCHALT+N
Zehntelgeviert-Leerzeichen STRG+UMSCHALT+T
Geviertstrich
Gedankenstrich
Weicher Trennstrich STRG+-
Einstellungen...
Großbuchstaben
Kleinbuchstaben
Kapitälchen
Titel
Satzanfang groß
Andere...
Kleiner STRG+UMSCHALT+,
Größer STRG+UMSCHALT+.
8
9
10
11
12
14
18
24
36
48
72
Normal
Fett STRG+B
Kursiv STRG+I
Fett Kursiv STRG+ALT+UMSCHALT+O
Kein
Hervorheben... STRG+ALT+UMSCHALT+H
Umrandung...
Schatten...
Durchstreichen... STRG+ALT+UMSCHALT+S
Unterstreichen... STRG+ALT+UMSCHALT+U
Zoom...
Links STRG+ALT+UMSCHALT+L
Rechts STRG+ALT+UMSCHALT+R
Zentriert STRG+ALT+UMSCHALT+C
Blocksatz STRG+ALT+UMSCHALT+J
Anderer...
Fest
Automatisch
Arial
Arial Black
Comic Sans MS
Courier New
Franklin Gothic Medium
Georgia
Impact
Lucida Console
Lucida Sans Unicode
Marlett
Microsoft Sans Serif
Palatino Linotype
Sylfaen
Symbol
Tahoma
Times New Roman
Trebuchet MS
Verdana
Webdings
Wingdings
Weitere Schriften...

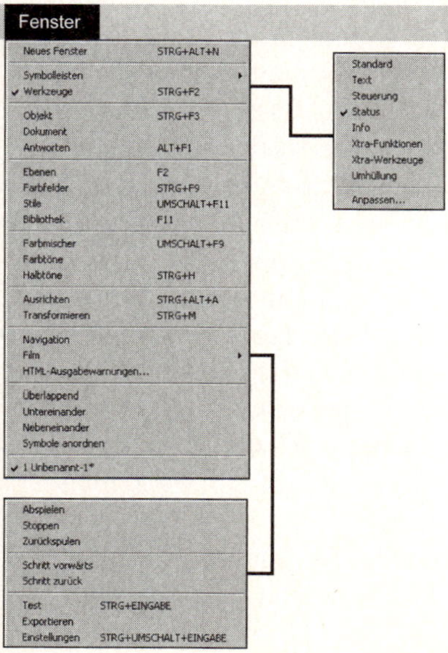
Fenster
Neues Fenster STRG+ALT+N
Symbolleisten
Werkzeuge STRG+F2
Objekt STRG+F3
Dokument
Antworten ALT+F1
Ebenen F2
Farbfelder STRG+F9
Stile UMSCHALT+F11
Bibliothek F11
Farbmischer UMSCHALT+F9
Farbtöne
Halbtöne STRG+H
Ausrichten STRG+ALT+A
Transformieren STRG+M
Navigation
Film
HTML-Ausgabewarnungen...
Überlappend
Untereinander
Nebeneinander
Symbole anordnen
1 Unbenannt-1*
Abspielen
Stoppen
Zurückspulen
Schritt vorwärts
Schritt zurück
Test STRG+EINGABE
Exportieren
Einstellungen STRG+UMSCHALT+EINGABE
Standard
Text
Steuerung
Status
Info
Xtra-Funktionen
Xtra-Werkzeuge
Umhüllung
Anpassen...

Hilfe
FreeHand verwenden
Willkommen
Was ist neu in FreeHand MX
Assistenten...
Erlernen von FreeHand MX
Macromedia Online-Foren
FreeHand Support Center
Online-Registrierung
Registrierung drucken
Info über FreeHand...

Neu ⌘N
Seite 13

Öffnet eine Kopie der Datei *Defaults A4* bzw. einer im Einstellungsdialog unter der Kategorie *Dokument* angegebenen *FreeHand-Vorlage.* Die Datei trägt den Namen *Unbenannt-n.*

Öffnen ... ⌘O
Seite 20

Öffnet einen Verzeichnisdialog, aus dem der Name einer existierenden Datei ausgewählt werden kann, die sich dann öffnet. Es können auch EPS-, PICT-, TIFF-Dateien und Dateien aus Adobe Illustrator geöffnet werden, die allerdings nicht alle bearbeitet werden können (siehe dazu Seite 452ff.).

Letzte öffnen ►

Im Untermenü werden die zuletzt bearbeiteten Dokumente aufgelistet und können per Auswahl geöffnet werden.

Schließen ⌘W
Seite 21

Schließt die aktuelle Datei. Wurde der letzte Stand nicht gesichert, erfolgt eine Sicherheitsabfrage. Die Datei kann auch durch das Anklicken des Schließfeldes geschlossen werden.

Speichern ⌘S
Seite 16ff.

Sichert den letzten Stand der Illustration, ohne dass ein Dialog geöffnet wird. Wurde die Datei noch nicht benannt, öffnet sich automatisch der Dialog *Sichern unter.*

Speichern unter ... ⇧⌘S
Seite 16f.

Öffnet einen Verzeichnisdialog, in dem der Illustration ein Name gegeben und ein Ordner ausgewählt wird, in dem sie gesichert wird.

Wiederherstellen
Seite 19

Kehrt zu der Fassung zurück, die vor dem letzten Speichern aktuell war. Alle nach dem letzten Speichern erfolgten Arbeitsschritte gehen verloren.

Importieren ... ⌘R
Seiten 420ff. und 452ff.

Dient zum Importieren(Platzieren) von Grafiken, die in FreeHand oder anderen

Programmen erstellt wurden. Es kann auch Text, der im ASCII-, RTF- oder FreeHand-Format gespeichert wurde, importiert werden.

Exportieren … ⇧⌘R
Seite 458ff.

Erstellt eine neue Datei der Illustration oder von Teilen davon in Dateiformaten, die von anderen Programmen interpretiert werden können, sodass die Illustration dort positioniert werden kann. Auch Adobe-Illustrator-Dateien können erstellt werden.

Erneut exportieren …

Der letzte Exportvorgang wird mit der z.Zt. geöffneten Datei wiederholt.

Als HTML-Seiten veröffentlichen …
Seite 478ff.

Die geöffnete Illustration wird in einem Ordner auf dem Schreibtisch als HTML-Strukturverzeichnis gesichert. Alle Grafiken werden in internettaugliche Daten umgewandelt und in einem Unterordner namens *Images* gesammelt. Objekte werden von FreeHand in *SWF-Dateien* umgewandelt, wobei Pixelbilder als *JPEG-Dateien* abgelegt werden. Die HTML-Dokumente werden anschließend sofort in einem zuvor anzugebenden Browser geöffnet.

Seite einrichten …
Seite 494ff.

Die im Dialog angebotenen Optionen sind abhängig vom ausgewählten Druckertreiber und betreffen die Ausgabe der Illustration auf Papier oder einem Datenträger. Der für dieses Buch verwendete Druckertreiber ist der betriebssystemeigene unter Mac OS X.

Drucken … ⌘P
Seite 492ff.

Der Dialog ist zuständig für Einstellungen, die die Ausgabe der Illustration auf einem Drucker ermöglichen und optimieren. Schließt man den Dialog mit *OK,* wird die Illustration gemäß den eingestellten Druckoptionen gedruckt.

Dokumenteinstellungen ►

Im Untermenü können diverse für das Dokument geltende Voreinstellungen vorgenommen werden, hinsichtlich:

Fester Winkel
Seite 25ff.

Alle neuen Objekte werden in dem hier angegebenen Winkel erzeugt und transformiert.

Cursorabstand

Betätigt man die Cursor-Tasten (← ↑ ↓ →), werden Objekte in den hier angegebenen Schritten bewegt.

Ausgabe-Optionen
Seite 458ff.

In diesem Dialog können Optionen festgelegt werden, die sich beim Druck auf einem PostScript-Ausgabegerät und beim Speichern der Illustration als EPS-Datei auf die Illustrationsmerkmale auswirken.

Einstellungen für Rastereffekte

Hier werden Voreinstellungen getroffen hinsichtlich der Umwandlung von Vektorobjekten in Pixelobjekte.

Bericht ...
Seite 503f.

Es wird ein Dateibericht erstellt und gedruckt, der die Datei inhaltlich detailliert beschreibt. Das kann bei der Herausgabe der Datei an den Belichter nützlich sein, da auch die Importdateien aufgelistet werden.

Für Ausgabe erfassen ...
Seite 503f.

Der Befehl ermöglicht es, sämtliche Dateien, dazu zählt die Illustration, verknüpfte Bilddaten und Schriften, in einem anzugebenden Ordner zu sammeln. Das heißt, FreeHand überprüft die Illustration nach ausgaberelevanten Daten und sammelt diese. Die Illustration muss zuvor gesichert werden.

Beenden ⌘Q
Seite 21 (Windows Alt F4)

Beendet das Programm und schließt zuvor alle geöffneten Illustrationen.

Rückgängig verschieben ⌘Z
Seite 19

Die Tastenkombination ⌘Z widerruft die Anzahl von Arbeitsschritten, die im Dialog *FreeHand MX ➛ Einstellungen ➛ Allgemein* angegeben ist.

Wiederholen ⌘Y
Seite 19

Stellt den letzten mit ⌘Z widerrufenen Arbeitsschritt wieder her.

Ausschneiden ⌘X
Seite 353ff.

Schneidet die markierten Objekte in die Zwischenablage aus.

Kopieren ⌘C
Seite 353ff.

Legt eine Kopie der markierten Objekte in die Zwischenablage.

Einfügen ⌘V
Seite 353ff.

Fügt eine Kopie der in der Zwischenablage befindlichen Objekte in der Mitte des Arbeitsfensters in die Illustration ein.

Speziell ►
Seite 358

Das Untermenü enthält Befehle, die die Objekte der Zwischenablage umstrukturieren, sodass sie von anderen Programmen interpretiert werden können.

Kopieren Spezial…

Legt eine Kopie der markierten Objekte in die Zwischenablage, wobei gewählt werden kann, welches Format die Zwischenablage aufnehmen soll.

Inhalte einfügen…
Seite 363

Fügt eine Kopie der in der Zwischenablage befindlichen Objekte in der Mitte des Arbeitsfensters in die Illustration ein, wobei gewählt werden kann, welches Format aus der Zwischenablage eingefügt werden soll.

Attribute kopieren

Legt die Attribute eines markierten Objekts in eine eigene *Attribute-Zwischenablage.*

Attribute einsetzen ⌥⌘V
Seite 360ff.

Der Befehl wendet die Attribute auf markierte Objekte an. Diese werden aus der Attribute-Zwischenablage erst gelöscht, wenn neue Attribute hineingelegt werden oder das Programm verlassen wird.

Im Vordergrund einsetzen
Seite 341

Fügt eine Kopie von Objekten, die in der Zwischenablage liegen, exakt an der gleichen Stelle, aber vor einem markierten Objekt ein.

Im Hintergrund einsetzen
Seite 341

Fügt eine Kopie von Objekten, die in der Zwischenablage liegen, exakt an der gleichen Stelle hinter einem markierten Objekt ein.

Löschen

Löscht alle markierten Objekte, was normalerweise schneller mit der [←]-Taste bewerkstelligt wird. Der Befehl löscht allerdings auch Textblöcke, die mit der Textfunktion A markiert sind.

Inhalt ausschneiden
[⇧][⌘]X
Seite 365

Schneidet einen innen eingefügten Inhalt aus dem markierten Objekt aus und positioniert ihn an der gleichen Position frei in der Illustration.

Innen einsetzen
[⇧][⌘]V
Seite 363

Fügt die Objekte, die in der Zwischenablage liegen, in einen markierten geschlossenen Zeichenweg als Inhalt ein (die Position wird beibehalten). Der Zeichenweg wirkt als Maske.

Duplizieren [⌥][⌘]D
Seite 366ff.

Fügt eine Kopie der markierten Objekte leicht versetzt in die Illustration ein. Diese Funktion arbeitet nicht über die Zwischenablage. Wurde ein Objekt geklont und verwandelt, ohne zwischendurch deaktiviert worden zu sein, wiederholt der Befehl die Befehlsfolge.

Klonen [⇧][⌘]D
Seite 366ff.

Fügt eine Kopie der markierten Objekte an exakt der gleichen Position wie das Original in die Illustration ein. Die Kopie liegt an oberster

Stelle in der Ebene des Originals. Diese Funktion arbeitet ebenfalls nicht über die Zwischenablage.

Auswählen ►

Alles ⌘A

Markiert alle Objekte der aktiven Seite (außer sie befinden sich auf einer gesperrten Ebene) oder bei aktiver Textfunktion den gesamten Text des Textblocks.

Alles im Dokument ⇧⌘A

Markiert alle Objekte des Dokuments, auch die Objekte, die sich auf der Montagefläche befinden.

Keiner ⌘D

Alle Markierungen werden aufgehoben. Alternativ hierzu kann mit dem Mauszeiger auf eine freie Stelle der Illustration geklickt werden.

Auswahl umkehren

Die zuvor ausgewählten Objekte werden deaktiviert, und es wird dafür alles andere ausgewählt.

Übergeordnetes auswählen

Die Funktion betrifft Objekte, die aus mehreren Gruppen bestehen. Es wird die in der Hierarchie jeweils höher liegende Gruppe ausgewählt.

Teilauswahl

Es werden alle Objekte einer Gruppe ausgewählt.

Suchen/Ersetzen ►

Text

Textmerkmale können gesucht und anschließend durch neue ersetzt werden.

Grafik ⌘F

Grafikmerkmale können gesucht und anschließend durch neue ersetzt werden.

In Fireworks optimieren

Steht das Programm Macromedia Firework MX 2004 zur Verfügung, können Bilddaten direkt mit diesem Programm bearbeitet werden. Sinnvoll ist dies, wenn in FreeHand erzeugte Pixeldaten optimiert werden sollen.

Im externen Editor bearbeiten

Im Menü *FreeHand MX* ➛ *Einstellungen* ➛ *Objekt* kann bestimmt werden, mit welchem zur Verfügung stehenden Programm Bilddateien aus FreeHand heraus bearbeitet werden können.

Verknüpfungen...

In FreeHand eingefügte Grafiken können, bezogen auf die Verbindungen zu den Originaldaten, überprüft werden.

Einstellungen für Tastaturbefehle
Seite 67ff.

Die Funktionalität *Einstellungen für Tastaturbefehle* schafft die Möglichkeit, die Kürzel, die in FreeHand MX standardmäßig zur Verfügung gestellt werden, zu verändern und den eigenen Bedürfnissen anzupassen. Es wird ein Dialog geöffnet, in dem die von Macromedia zur Verfügung gestellten Tastaturkürzel geändert werden können und in dem auf Tastaturkürzelbelegungen anderer Programme zugegriffen werden kann.

Auswahl ⌥⌘0

Diese Funktion passt die Ansicht der Auswahl an.

Seite ⇧⌘W

Die aktuelle Seite wird vollständig dem Monitor bzw. dem Fenster angepasst.

Alles ⌘0

Es werden sämtliche Seiten des Dokumentes dem Monitor bzw. dem Fenster angepasst.

Benutzerdefiniert ►
Seite 79

Neu...

Der Befehl erstellt anhand der momentanen Darstellungsgröße eine anschließend im Pop-up-Menü auszuwählende neue

Ansicht der Objektsituation. Es können beliebig viele Ansichten gespeichert werden.

Bearbeiten…

Es können bereits definierte Ansichten verändert und gelöscht werden.

Vorherige ⌥⌘1

Mit dem Tastaturkürzel kann in die zuvor benutzte Ansicht umgeschaltet werden. Hierfür sind mindestens zwei gespeicherte Ansichten Voraussetzung.

Vergrößerung ►

Seite 75

6%	
12%	
25%	
50%	⌘5
100%	⌘1
200%	⌘2
400%	⌘4
800%	⌘8

Die Auswahl einer Option verändert die Darstellungsgröße auf dem Bildschirm. Ein ähnliches Pop-up-Menü wird angeboten, wenn auf das Ansichtsfeld am linken unteren Rand des Illustrationsfensters geklickt wird.

Zur Änderung der Darstellungsgröße steht außerdem das Lupenwerkzeug zur Verfügung.

Grobansicht ⌘K

Seite 77f.

Der Vorschaumodus zeigt die Illustration mit allen Farben, Füllungen und Linienstärken. Wird Vorschau deaktiviert, wechselt die Darstellung in die Grobansicht, in der alle Objekte reduziert erscheinen. Sie besitzen dabei keine Füllungen oder Farben. Eingefügte Inhalte werden nicht dargestellt.

Schnellmodus ⇧⌘K

Seite 77f.

Einzelne Ebenen können im Modus Vorschau oder Grobansicht dargestellt werden, indem man im Bedienfeld Ebenen das entsprechende Symbol anklickt (siehe Seite 351).

Auswahl ausblenden

Ausgewählte Objekte werden unsichtbar.

Alles zeigen

Ausgeblendete Objekte werden wieder angezeigt. Es werden prinzipiell alle ausgeblendeten Objekte sichtbar.

Symbolleisten ⇧⌘T

Alle Symbolleisten werden ein- oder ausgeblendet, auch die Symbolleisten *Xtra-Funktionen* und *-Werkzeuge*.

Bedienfelder F4
Seite 86ff.

Die Bedienfelder werden ein- oder ausgeblendet.

Seitenlineale ►
Seite 87ff.

Das Pop-up-Menü beinhaltet mehrere Befehle.

Einblenden ⌥⌘R
Seite 87

Blendet am oberen und linken Rand des Illustrationsfensters Lineale ein, die das aktuelle Einheitensystem haben. Hilfslinien werden aus den Linealen gezogen.

Bearbeiten…
Seite 24

Es öffnet sich ein Dialog, in dem Maßstäbe definiert werden können. In Bezug auf ein zu wählendes Einheitensystem kann ein Bezug zu einem anderen geschaffen und unter einem Namen abgespeichert werden. Die eigenen Einheitensysteme sind anschließend im Pop-up-Menü *Einheiten* abrufbar. Die Seitenlineale passen sich erst an, wenn die neue Einheit im Pop-up-Menü ausgewählt wird.

Textlineale ⌘/
Seite 413

Bei aktiver Funktion sind Textlineale, Tabulatoren und die Textbox eines mit der Textfunktion markierten Textblocks zu sehen. Wird die Funktion deaktiviert, wird nur der Text dargestellt.

Hilfslinien Seite 89ff. ►

Einblenden ⌘;
Seite 91

Macht die Hilfslinien sichtbar. Das Aktivieren dieses Befehls ist gleichbedeutend mit dem Sichtbarmachen der Ebene *Hilfslinien.*

Bearbeiten …
Seite 89

Öffnet einen Dialog, in dem Hilfslinien numerisch positioniert, gelöscht oder in Zeichenwege umgewandelt werden können.

Sperren ⌥⌘; Seite 91

Setzt die positionierten Hilfslinien fest. Trotzdem können neue Hilfslinien gesetzt werden. Das Aktivieren dieses Befehls ist gleichbedeutend mit dem Festsetzen der Ebene *Hilfslinien.*

An Hilfslinien ausrichten ⇧⌘;

Macht die Hilfslinien magnetisch. Im Dialog *Ablage* ➛ *Einstellungen* ➛ *Bearbeiten* ➛ *Allgemein* wird im Feld *Anziehungsabstand* der Abstand in Bildschirmpixeln festgelegt, den der Cursor maximal haben darf, um von einem Punkt bzw. einer Hilfslinie oder einem Rasterpunkt angezogen zu werden.

Raster Seite 25ff. ►

Einblenden ⌥⌘G Seite 25

Blendet das nicht druckende Raster ein oder aus. Befindet sich vor *Anzeigen* ein Haken, ist das Raster eingeschaltet, wenn nicht, ist es ausgeschaltet.

Bearbeiten ... Seite 25

In diesem Dialogfeld kann die Rasterweite eingestellt werden, also der Abstand der Rasterpunkte voneinander.

Am Raster ausrichten Seite 25f. ⇧⌥⌘G

Macht die Rasterpunkte magnetisch. Achtung: Das magnetische Raster kann sehr tückisch sein!

Perspektivraster ►

Einblenden Seite 80ff.

Schaltet ein perspektivisches, nicht druckbares Raster ein, welches aus bis zu drei Fluchtpunkten besteht.

Raster definieren Seite 80ff.

In dem sich öffnenden Dialogfeld können mehrere Rasterarten vordefiniert werden.

Vorherige

Wechselt zum in der Hierarchieliste vorher stehenden Raster. Nur bei mindestens zwei gespeicherten Perspektivrastern nutzbar.

Perspektive entfernen
Seite 81

Objekte, die mit dem perspektivischen Raster verbunden sind, werden wieder freigegeben. Die perspektivische Verzerrung wird dabei entfernt.

Mit Perspektive freigeben
Seite 86

Objekte, die mit dem perspektivischen Raster verbunden sind, werden wieder freigegeben. Die perspektivische Verzerrung bleibt dabei erhalten.

An Punkt ausrichten ⌘'
Positionierhilfen Seite 94ff.

Macht alle Punkte der Objekte magnetisch, sodass der Mauscursor davon angezogen wird.

An Objekten ausrichten
Positionierhilfen Seite 94ff.

Macht alle Konturen von Objekten magnetisch, sodass der Mauscursor davon angezogen wird.

Portfolio-Info ...

Der Dialog dient zur Vergabe und Bearbeitung von Informationen für die Verwendung von Extensis Portfolio. Es können bis zu 200 Stichwörter eingegeben werden. Jedes Wort darf bis zu 31 Zeichen enthalten.

Transformationsgriffe

Die Transformationsgriffe sind Aktionspunkte, mit deren Hilfe Objekte frei transformiert werden können. Sie lassen sich auch unter *FreeHand MX* ➛ *Allgemein* ➛ *Griffe zur Umwandlung durch Doppelklick aktivieren* standardmäßig einschalten, wenn auf ein Objekt mit der Maus ein Doppelklick gemacht wird. Diese Voreinstellung ist im Allgemeinen jedoch sehr hinderlich.

Transformieren ►
Skalieren … ⌘F10
Verschieben …
Drehen … ⌘F13
Spiegeln …
Neigen … ⌘F11

Diese fünf Befehle öffnen das Bedienfeld *Transformieren* in der entsprechenden Kategorie, wobei alternativ das Menü *Fenster* ➛ *Bedienfelder* ➛ *Transformieren*, die entsprechenden Tastaturkürzel oder ein Doppelklick auf das entsprechende Werkzeug in der *Werkzeugleiste* zur Verfügung stehen.

Siehe auch Seite 109 u. 394ff.

Erneut transformieren ⌘,

Der letzte Transformationsvorgang wird erneut ausgeführt.

Anordnen ►
In den Vordergrund ⇧⌘↑
Nach vorne verschieben ⌘↑
Nach hinten verschieben ⌘↓
In den Hintergrund ⇧⌘↓

Die vier Befehle dienen dazu, die Stapelfolge von Objekten auf einer Ebene zu beeinflussen: *In den Vordergrund, Nach vorne verschieben, Nach hinten verschieben* und *In den Hintergrund*. Die Befehle arbeiten zusätzlich zu der Ebenenhierarchie. Das heißt, dass ein Objekt, welches auf einer Ebene liegt, die in der Stapelfolge zuoberst angeordnet ist, durch den Befehl *In den Hintergrund* nicht automatisch an unterster Stelle angeordnet ist, sondern nur an unterster Stelle der entsprechenden Ebene.

Siehe Ebenen Seite 338ff.

Ausrichten ►
Oben ⌥⌘4
Unten ⌥⌘6
Horizontal zentrieren ⌥⌘5
Vertikal zentrieren ⌥⌘2
Links ⌥⌘1
Rechts ⌥⌘3

Die Befehle sind nur zu nutzen, wenn mehr als ein Objekt ausgewählt wurde. Es wird hierbei nicht das Bedienfeld *Ausrichten* geöffnet. Allerdings arbeiten die Befehle identisch zu dem entsprechenden Pendant des Bedienfeldes.

Erneut ausrichten ... ⇧⌥⌘A

Hiermit werden die Einstellungen, die zuletzt im Bedienfeld *Ausrichten* vorgenommen wurden, ein weiteres Mal auf ausgewählte Objekte angewendet.

Verbinden ⌘J
Seite 213 und 375f.

Verbindet zwei oder mehrere **offene** markierte Pfade zu einem.

Werden zwei oder mehrere **geschlossene** Pfade verbunden, entsteht ein zusammengesetzter Pfad.

⚠ Sich überlappende Bereiche werden durchsichtig, sofern die Option *Alternierende Füllung* im Bedienfeld *Objekt* aktiviert ist.

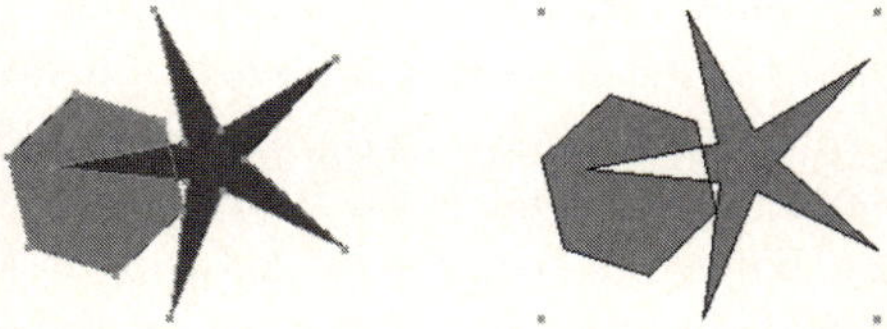

Die Füllung des zuunterst liegenden Zeichenwegs wird von den anderen übernommen und läuft durch sie hindurch. Dadurch kann eine abgestufte Füllung zum Beispiel so aussehen, als liefe sie nur durch einen einzigen Pfad.

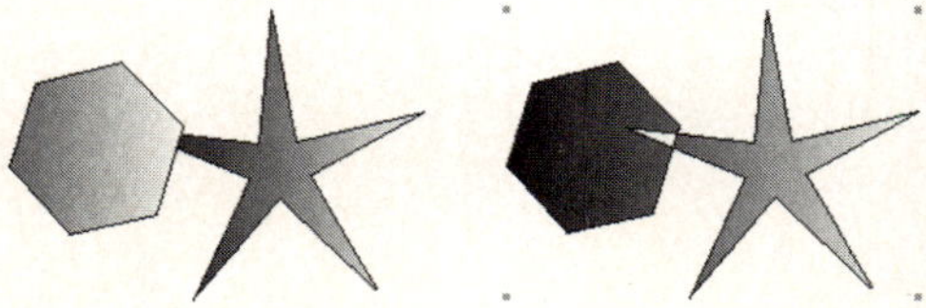

Teilen ⇧⌘J
Seite 208f. und 376

Wird der Befehl auf einen offenen Pfad angewendet, müssen ein oder mehrere Punkte markiert sein. Der Pfad wird dann an diesen Stellen getrennt.

Wird der Befehl auf einen zusammengesetzten Pfad angewendet, wird dieser wieder in die einzelnen geschlossenen Pfade zerlegt. Die gemeinsame Füllungsart wird beibehalten, nur dass diese nicht mehr verbunden ist.

Zusammenfassen ►
Mischung ⇧⌘B
Seite 384ff.

Erstellt Übergangsformen zwischen zwei offenen markierten Pfaden. Die Anzahl der Formen kann im Nachhinein im Bedienfeld *Objekt* verändert werden.

Der Befehl kann auch auf geschlossene Pfade angewendet werden. Sind spezielle Punkte ausgewählt, kann damit auf die Endform Einfluss genommen werden.

Mischung mit Pfad verbinden ⌥⇧⌘B
Seite 387ff.

Eine Mischung kann im Nachhinein an einem Pfad ausgerichtet werden, sodass die Elemente der Mischung sich am Verlauf des Pfades orientieren.

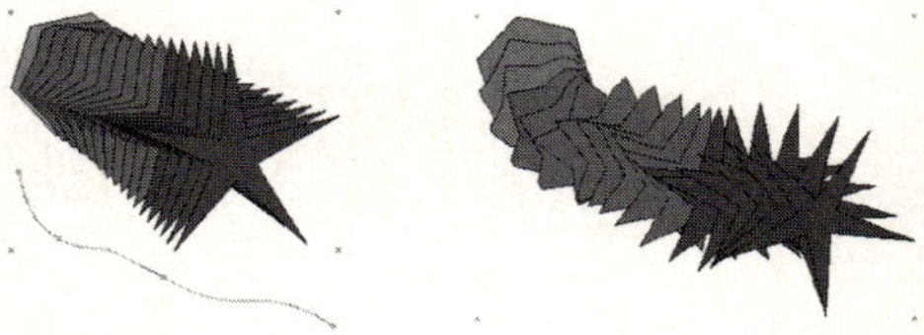

Vereinigen
Seite 381

Nur anwendbar auf geschlossene Pfade. Das neue Objekt ist die Außenform aller markierten Pfade, die gelöscht werden. Das entstandene Gesamtobjekt besitzt die Füllungs- und Strichmerkmale des zuunterst liegenden Objektes.

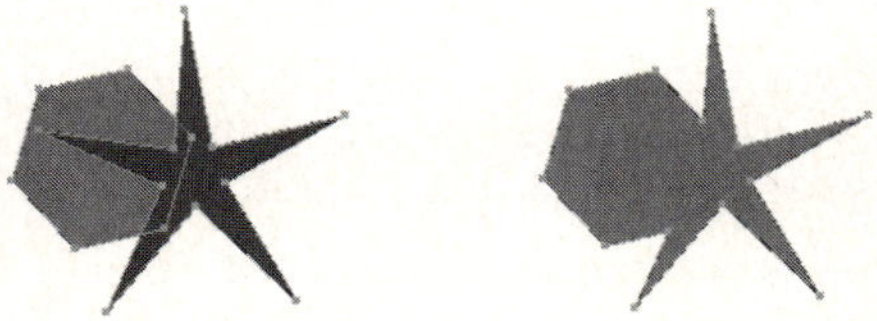

Trennen

Die ausgewählten Objekte werden im Bereich der Überlappung in einzelne geschlossene Pfade aufgeteilt. Kann nur auf geschlossene oder eine Kombination von geschlossenen und offenen Pfaden angewendet werden.

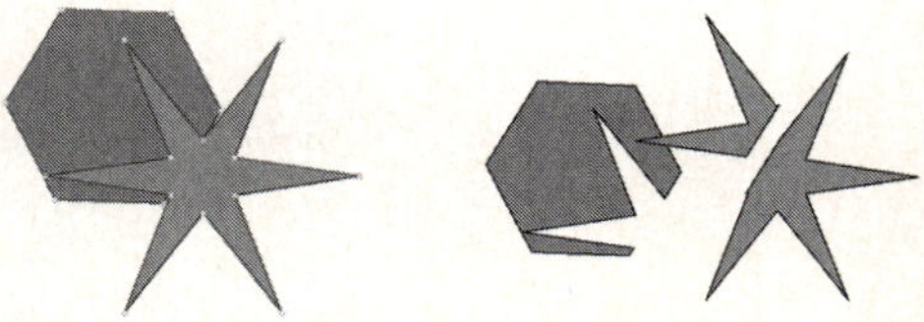

Überschneidung

Nur anwendbar auf geschlossene Pfade. Erstellt ein neues Objekt, das die Form der Überlappung der Pfade hat.

Die Originale werden gelöscht.

Das entstandene Gesamtobjekt besitzt die Füllungs- und Stricheigenschaften des zuunterst liegenden Objektes.

Öffnung
Seite 380

Nur anwendbar auf geschlossene Pfade. Die Form des zuoberst liegenden Objektes wird aus der des unteren ausgestanzt. Es entsteht ein neues Objekt, die Originale werden gelöscht.

Zuschneiden
Seite 382

Nur anwendbar auf geschlossene Pfade. Beschneidet Objekte auf die Form des zuoberst liegenden Objektes. Das Zuschnittobjekt geht vollständig verloren. Die Objekte behalten ihre Füllungs- und Stricheigenschaften.

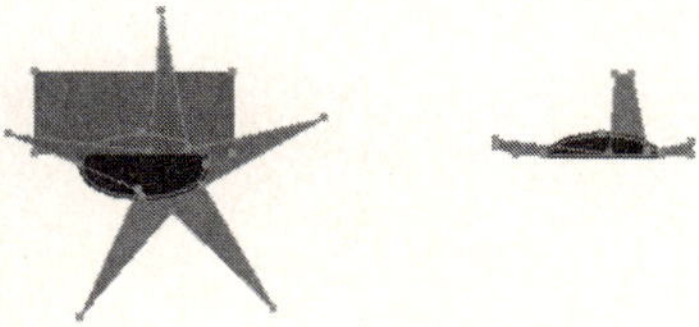

Pfad ändern ►
Richtung korrigieren

Auf geschlossene Pfade angewendet, richtet dieser Befehl die Richtung im Uhrzeigersinn aus. Bei zusammengesetzten Pfaden wird bei Anwendung des Befehls sichergestellt, dass die einzelnen Pfade in gegenläufigen Richtungen verlaufen und dadurch bei der Überlappung ein Loch entsteht, auch wenn *Alternierende Füllung* im Bedienfeld *Objekt* nicht aktiv ist. Um Zeichnungen korrekt in den Formaten Illustrator 88 und Illustrator 3 exportieren zu können, sollte der Befehl *Richtung korrigieren* auf die zusammengesetzten Pfade angewandt und *Alternierende Füllung* deaktiviert werden.

Richtung umkehren
Seite 446

Der Befehl dreht die Richtung der markierten Pfade um. Anzuwenden bei Text, der mit einem Pfad verbunden ist, welcher in die falsche Richtung läuft, bei zusammengesetzten Pfaden und Pfaden, die sich selbst überschneiden und in denen die Füllung sich nicht wie gewünscht verhält.

Überlappung entfernen
Seite 380

Kann nur auf einen geschlossenen Pfad angewendet werden und löscht die Teile, wo sich der Pfad selbst überschneidet.

Vereinfachen ...
Seite 196

Vereinfacht Pfade, indem überflüssige Punkte gelöscht werden. Im sich öffnenden Dialog kann durch Zahlen bestimmt werden, wie stark vereinfacht werden soll. Leider ändert sich die Form des Zeichenweges nur bis zu einem Wert von zirka 0,8 minimal, sodass die Funktion in dieser Version nicht mehr besonders praktisch ist.

Strich erweitern...

Die Linie des markierten Objektes wird in einen geschlossenen Pfad umgewandelt, dessen Konturen den Abstand der im Dialog eingestellten Breite haben. Der Originalzeichenweg wird gelöscht.

Pfad zoomen ...

Die Funktion kann nur auf geschlossene Pfade angewendet werden und bewirkt die Vergrößerung bzw. Verkleinerung des Zeichenweges entlang seiner Kontur im Abstand des Betrages, der im Dialog eingetragen wird. Ein negativer Wert vergrößert, ein positiver verkleinert das Objekt.

Sperren ⌘L

Sperrung aufheben ⇧⌘L

Setzt die markierten Objekte fest, sodass sie nicht verändert oder gelöscht werden können. Wird ein festgesetztes Objekt markiert, erscheint in der Informationsleiste das Symbol eines Schlosses. *Sperrung aufheben* macht die Festsetzung rückgängig.

Gruppieren ⌘G
Seite 222ff.

Gruppiert die Punkte eines markierten Objektes. Sind mehrere Objekte markiert, werden alle zu einer Gruppe zusammengefasst. Einzelne Objekte oder Punkte in einer Gruppe können markiert werden, wenn sie bei gedrückter ⌥-Taste angeklickt werden.

Gruppierung aufheben
Seite 222 ⇧⌘G

Macht die Gruppierung einer oder mehrerer markierter Gruppen rückgängig.

Attribute trennen

Besitzt ein Objekt mehr als eine Eigenschaft (Strich, Füllung), können mit diesem Befehl die einzelnen Eigenschaften auf einzelne Objekte verteilt werden. Nach Ausführung des Befehls werden alle entstandenen Objekte zu einer Gruppierung zusammengefügt.

Symbol Seite 332ff. ►

Symbole machen Sinn, wenn man häufig mit regelmäßig wiederkehrenden Grafiken zu tun hat. Instanzen sind die in Illustrationen eingefügten Duplikate dieser Symbole. Änderungen am Originalsymbol ändern auch automatisch die Instanzen.

Symbol bearbeiten ⌘E

Zu Symbol konvertieren
Seite 333 ⌘F8

Ein ausgewähltes Objekt wird zu einem Symbol konvertiert und automatisch in das *Symbol*-Bedienfeld als Grafik aufgenommen.

Zu Symbol kopieren

Ein ausgewähltes Objekt wird als Duplikat in das Bedienfeld *Symbole* aufgenommen, ohne selbst Symbol zu werden.

Instanz freigeben
Seite 335

Eine ausgewählte Instanz wird wieder in den Normalzustand übertragen. Es verliert dadurch die Verbindung zum Originalsymbol.

Pinsel ►
Seite 237ff.

Der Pinselstrich verteilt Objekte ähnlich dem Xtra *Sprühdose*. Jedoch geschieht dies immer entlang eines Pfades. Somit ist diese Strichfunktion auch nur in Verbindung mit einem Pfad zu nutzen.

Pinsel erstellen…

Der Menübefehl erstellt anhand ausgewählter Objekte Pinselvorgaben. Im Dialogfeld lassen sich entsprechende Parameter für die Nutzung einstellen und somit die Verteilung des Objektes am Pfad steuern. Bei der Herstellung des Pinsels wird das Originalobjekt entweder in ein Symbol konvertiert, oder eine Kopie davon.

Pinsel freigeben

Der Befehl erstellt anhand der am Pfad angeordneten Pinselobjekte freie Einzelobjekte, die jedoch vorerst gruppiert sind. Wird die Gruppierung mit *Gruppierung aufheben* aufgelöst, stehen die Einzelobjekte zur Verfügung.

Eventuell muss der Vorgang *Gruppierung aufheben* mehrfach ausgeführt werden.

Extrudieren ►

Seite 406ff.

Um die Befehle dieses Untermenüs nutzen zu können, muss zuerst ein Objekt mit dem *Extrudieren*-Werkzeug extrudiert werden. Es kann immer nur ein Objekt extrudiert werden. Dieses eine Objekt kann jedoch auch eine Gruppe oder eine Verbindung von Objekten sein. Beim Extrudieren entsteht eine Art 3-D-Objekt. Der Charakter des Objektes hängt sehr stark von der Drehung beim Extrudieren sowie von der Wahl eines Fluchtpunktes ab, weshalb man diese Kriterien über das Menü auch verändern kann.

Extrudieren auslösen

Der Befehl wandelt das extrudierte Objekt in eine Gruppe um. Nach Ausführen von *Gruppierung aufheben* stehen Einzelobjekte zur Verfügung.

Extrudieren entfernen

Der Befehl macht die Extrudierung rückgängig. Nach Auswahl des Befehls stehen die Originalobjekte wieder zur Verfügung.

Extrudieren zurücksetzen

Wurde mit den Folgebefehlen *Fluchtpunkt freigeben* oder *Pressteil drehen* das extrudierte Objekt verändern, lässt sich mit diesem Befehl der Originalzustand der Extrudierung wiederherstellen.

Fluchtpunkt freigeben

Hiermit kann der standardmäßige Fluchtpunkt des extrudierten Objektes verändert werden. Es erscheint ein Fluchtpunktanfasser am Objekt, der beliebig platziert werden kann.

Die neue Ausrichtung des Objektes lässt sich in einer Vorschau betrachten.

Pressteil drehen
Seite 408

Das extrudierte Objekt bezeichnet FreeHand als Pressteil, dieses kann anhand eines Kreises mit dreieckigem Anfasser gedreht werden.

Umhüllung ►
Erstellen
Seite 167ff

Für ausgewählte Objekte wird anhand der Einstellungen in der Symbolleiste *Umhüllungen* ein Verzerrungsraster erstellt, das anschließend frei verändert werden kann. Auch Text kann hiermit verzerrt werden. Er bleibt dabei veränderbar, sofern man die Änderungen im Texteditor vornimmt.

Als Voreinstellung speichern

Die Verzerrungen am Objekt werden als Voreinstellung für weitere gesichert. In einem Dialog kann für die Einstellung ein Name vergeben werden.

Voreinstellung löschen

Bereits gesicherte Umhüllungsraster können gelöscht werden.

Als Pfad kopieren

Das veränderte Umhüllungsraster wird als Pfad in die Zwischenablage kopiert und kann anschließend mit *Bearbeiten* ➛ *Einsetzen* in die Illustration eingefügt werden.

Als Umhüllung einfügen

Ein in der Zwischenablage abgelegter Pfad wird als Umhüllungsraster für ein ausgewähltes Objekt eingesetzt.

Freigeben

Ein verzerrtes Objekt wird mit seinen Verzerrungen in einen Pfad umgerechnet.

Entfernen

Die Verzerrungen an einem Objekt werden wieder entfernt.

Raster zeigen

Das der Umhüllung zugrunde liegende Raster wird errechnet und angezeigt.

In Bild konvertieren ⌥⇧⌘Z

Die ausgewählten Objekte werden in das RGB-TIFF-Format transformiert. Form und Farben werden dabei in Pixelinformationen umgewandelt. Das Bild wird automatisch eingebettet. Im Dialog können Auflösung und Anti-Aliasing-Wert eingegeben werden.

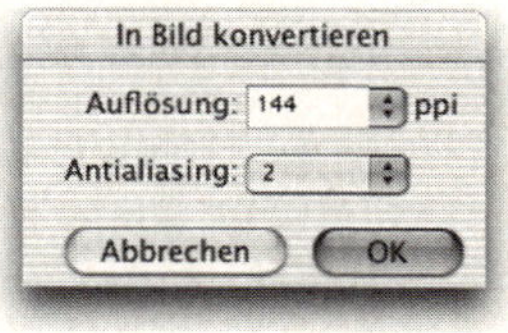

Schriftart ►
Seite 427

Aus dem Pop-up-Menü kann dem markierten Textblock, dem mit der Einfügemarke markierten Text oder der Einfügemarke eine Schriftart zugewiesen werden.

Größe ►
Seite 427

Es kann dem markierten Textblock, dem mit der Einfügemarke markierten Text oder der Einfügemarke eine der vorgegebenen Punktgrößen zugewiesen werden; beliebige Größen werden über das Bedienfeld *Text* zugewiesen.

Andere ...
Ändert die Schriftgröße ebenfalls variabel, ist aber nicht so schnell anzuwenden.

Kleiner ⇧⌘,
Verringert den Schriftgrad um einen Punkt.

Größer ⇧⌘.
Vergrößert den Schriftgrad um einen Punkt.

Schriftstil ►
Seite 427

Aus dem Pop-up-Menü kann ein Schriftschnitt ausgewählt werden. Prinzipiell sind nur die Schriftschnitte benutzbar, die wirklich im System installiert sind. Nicht benutzbare Schnitte werden grau dargestellt.

Effekt
Seite 312f.

► Dem markierten Text kann ein Schrifteffekt zugewiesen werden. Die Option *Keiner* setzt den ausgewählten Text auf einen normalen Effekt zurück.

Ausrichten
Seite 429

► Der Text wird links, rechts oder in der Mitte des Textblockes ausgerichtet. Blocksatz richtet den Text sowohl an der linken als auch an der rechten Seite aus. Blocksatzoptionen werden gesondert besprochen.

Zeilenabstand

► Der Zeilenabstand regelt den Abstand jeder Zeile voneinander. Die benutzte Einheit hierfür ist Punkt. *Andere ...* ändert den Zeilenabstand um den einzugebenden Wert.

Groß-/ Kleinschreibung

► Markierte Textabschnitte können mit diversen Sonderformatierungen, wie zum Beispiel *Großschreibung, Kleinschreibung* und *Kapitälchen,* belegt werden. Die im Dialogfeld *Einstellungen* vorgenommenen Änderungen betreffen nur Text, der nach der Änderung umformatiert wird. Schon mit entsprechenden Attributen belegter Text wird davon nicht betroffen.

Text

Sonderzeichen ►
Seite 432 und 444

Aus dem Pop-up-Menü kann ein Sonderzeichen ausgewählt werden, das hinter der Einfügemarke eingefügt wird. Die Sonderzeichen sind bis auf die Geviertstriche nicht zu sehen.

Editor … ⇧⌘E
Seite 53 und 415

Es wird ein Fenster (Texteditor) geöffnet, in dem sich markierter Text bequem bearbeiten lässt.

Rechtschreibung …
Seite 441ff.

Der Befehl öffnet ein Dialogfeld. Text oder einzelne Wörter können einer Rechtschreibprüfung unterzogen werden.

Um Auswahl fließen lassen… ⌥⌘W
Seite 449

Ein Objekt, auf das dieser Befehl angewendet wird, verdrängt den Text von Textblöcken, die unter ihm liegen, entlang seiner Kontur.

Textfluss im Pfad ⇧⌘U
Seite 448

Lässt den Text eines markierten Textblocks in einen gleichzeitig markierten geschlossenen Pfad einfließen.

An Pfad anfügen ⇧⌘Y
Seite 445

Verbindet einen markierten Textblock mit einem gleichzeitig markierten Pfad, der dann als Grundlinie für den Text fungiert, wobei der Pfad ein- und ausgeblendet werden kann.

Vom Pfad lösen
Seite 449

Trennt einen Textblock vom Pfad, mit dem er verbunden ist oder auf den der Befehl *Textfluss im Pfad* angewendet wurde.

In Pfade konvertieren ⇧⌘P
Seite 378f.

Verwandelt den Text eines markierten Textblocks in Pfade, sodass die Form der Zeichen nachbearbeitet werden kann. Textstellen, die in Pfade konvertiert wurden, lassen sich anschließend nicht mehr typografisch verändern, sondern nur anhand der Pfadinformation. In Pfade konvertierte Texte lassen sich unproblematischer auf PostScript-basierten

Ausgabegeräten ausgeben. In Pfade konvertierte Texte können mit Verläufen, Effekten und anderen Eigenschaften versehen werden, die nicht umgewandelte Texte nicht besitzen können.

Umwandlungen entfernen
Seite 449

Wurden auf einen Textblock Transformationsfunktionen wie Skalieren, Drehen etc. angewendet oder ist der Textblock mit einem Pfad verbunden oder in diesen eingeflossen, wird er mit diesem Befehl wieder in seinen Ursprung versetzt.

Die Befehle der Symbolleiste *Xtra-Werkzeuge* werden auf den Seiten 113ff. beschrieben.

Xtras sind Programmzusätze, von denen die unten aufgeführten vom Hersteller mitgeliefert werden, die aber durch Produkte anderer Entwickler ergänzt werden können. Eine für den Benutzer individuelle Programmgestaltung wird dadurch möglich. Neu erworbene Xtras werden einfach in den Ordner *Xtras* im FreeHand-Programmordner geschoben. Die FreeHand-MX-eigenen Xtras verbergen sich in der Paketstruktur des Programmes. In früheren Versionen des Programmes war es möglich, einige Plug-Ins von Adobe-Programmen zu nutzen. Das ist anscheinend nicht mehr der Fall. Selbst Scanner-Plug-Ins müssen nun anscheinend direkt für FreeHand geschrieben sein, um vom Programm erkannt und genutzt zu werden.

Nutzen von Adobe-Illustrator- und Adobe-Photoshop-Plug-Ins

Alle Funktionen aus dem Menü *Ändern* ➛ *Pfad ändern* und *Zusammenfassen* tauchen sowohl im Menü *Xtras* ➛ *Erstellen, Pfadopera-*

tionen beziehungsweise ➛ *Säubern* als auch in der Symbolleiste *Xtra-Funktionen* auf. Zusätzlich stehen folgende Funktionen zur Verfügung:

Male Wiederholen ⇧ ⌘ =

Der letzte aus dem Menü *Xtras* benutzte Befehl wird mit den gleichen Einstellungen auf die markierten Objekte angewendet.

Xtra-Manager ...

Der *Xtra-Manager*, der in früheren Programmversionen für die Verwaltung der FreeHand-Xtras zuständig war, ist nun nicht mehr notwendig, da alle FreeHand-eigenen Xtras in das Programmpaket integriert wurden. Xtras von Drittherstellern lassen sich, sofern kompatibel, in den Ordner *Macromedia FreeHand MX* ➛ *Xtras* kopieren und werden dann vom Programm erkannt.

Andere ►
Datei-Informationen
Siehe auch Seite 43

Mit dem Xtra können so genannte IPTC-(International Press Telecommunications Council)-Daten für das Dokument bzw. bestimmte Objekte angelegt werden. Die Hinweise sind direkt mit einem oder mehreren Objekten verknüpft. Sie können bis zu 254 Namen umfassen, wobei Namen bis zu 26 Zeichen enthalten können. Hinweise können z. B. Anmerkungen oder Fragen des Erstellers sein. Solche Anmerkungen sind durchaus sinnvoll und wertvoll für Leute, die ihre Daten schützen möchten. In das sich öffnende Dialogfeld können Informationen wie Autor, Copyright-Hinweise, Überschriften, Beschriftungen, Erstellungs- und andere Daten eingegeben werden.

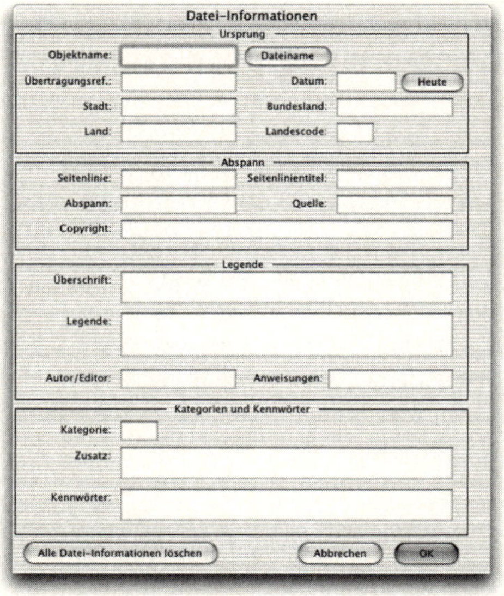

Animieren

Für Ebenen freigeben ►

Für Ebenen freigeben erzeugt aus einem Mischungsobjekt oder einer Gruppierung so viele Ebenen, wie Mischungsstufen beziehungsweise Gruppierungsobjekte existieren. Die einzelnen Ebenen bekommen dann die Bezeichnung *Neue Ebene-X*. Das X steht für die Durchnummerierung der Ebenen. Anschließend können die Ebenen mit dem Exportmodul Macromedia Flash (SWF) als Animation gespeichert werden. Mehr dazu in den Abschnitten über PDF-, HTML- und Flash-Daten (Seite 475ff.).

Diagramm ►
Seite 116ff.

Ist in FreeHand mit dem *Diagramm-Werkzeug* oder dem Xtra-Werkzeug *Diagramm* ein entsprechendes Diagramm erzeugt worden, so kann es mit diesem Xtra bearbeitet werden. Alternativ hierzu kann auch in der Symbolleiste *Xtra-Werkzeuge* ein Doppelklick auf das Xtra *Diagramm* gemacht werden. Im Menü *Xtra ➛ Diagramm* ist es aber auch möglich, den einzelnen Diagrammelementen z.B. Piktogramme zuzuweisen. Ein Piktogramm ist ein in FreeHand erstelltes Objekt, das aus einzelnen Pfaden, Gruppen oder anderen Vereinigungen von Elementen bestehen kann. Es ist auch möglich, importierte Grafiken als Piktogramme zu benutzen.

Bearbeiten ...

Das Xtra lässt die Nachbearbeitung eines bereits erstellten Diagramms zu.

Piktogramm entfernen

Mit dem Xtra ist es möglich, ein in einen Diagrammteil eingefügtes Element wieder zu löschen.

Piktogramm ...

Um ein Piktogramm benutzen zu können, ist es unbedingt notwendig, dass sich das Objekt in der Zwischenablage befindet. Es muss also erst einmal der Befehl *Kopieren* oder *Ausschneiden* auf das ausgewählte Objekt angewendet werden. Zusätzlich ist der Diagrammteil, in den das Piktogramm eingefügt werden soll, mit dem *Teilauswahl-Werkzeug* auszu-

wählen. Anschließend kann der Xtra-Befehl *Piktogramm...* benutzt werden. Nach Anwahl öffnet sich dann ein Dialogfeld.

Einfügen fügt das Element, das sich in der Zwischenablage befindet, in das kleine Vorschaufeld ein.

Wiederholen setzt das Element im Diagramm nach dem *OK* in Rapport.

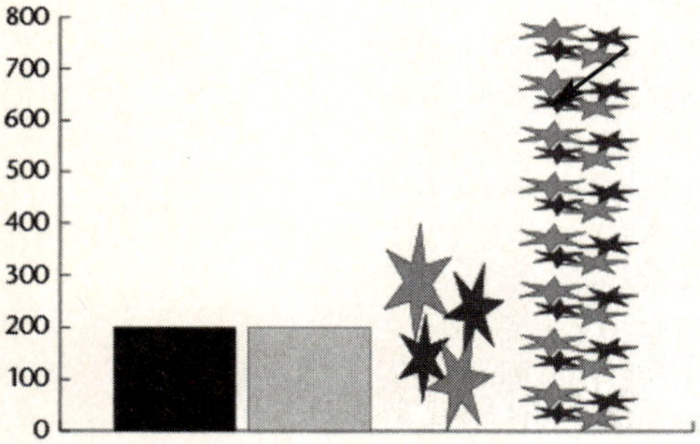

Kopieren überträgt ein bereits im Diagramm enthaltenes Piktogramm in die Zwischenablage, sodass es anschließend in eine Illustration zum Bearbeiten eingefügt werden kann.

Die Schaltfläche *OK* wendet das Piktogramm schließlich auf das Diagramm an.

Erstellen ►

Mischung

siehe auch Seite 384ff.

Diese Funktion wird ab Seite 384ff. erklärt und verhält sich völlig identisch zum Befehl *Mischung*. Weitere Betrachtungen zu dieser Funktionalität finden ab Seite 384ff. statt.

Prägung...

Diese Funktion wird auf Seite 122 erklärt und ist identisch mit dem Befehl *Prägen* in der Symbolleiste *Xtra-Funktionen*.

Überfüllung ...

siehe auch Farbteil in der Mitte des Buches

Die Objekte, die gegeneinander überfüllt werden sollen, müssen markiert werden. Der Befehl öffnet ein Dialogfeld, mit dessen Hilfe überdruckende, geschlossene Pfade um die markierten Objekte gelegt werden. Man testet das Verfahren an drei Probeformen, die sich in unterschiedlicher Weise überlappen, indem man einen sehr großen Wert für die Überfüllung eingibt. Man wird feststellen, dass die erstellten Pfade nicht immer den Erwartungen entsprechen. Werden mehrere überdruckende Pfade erstellt, entsteht ein zusammengesetzter Pfad, der auf die aktuelle Ebene gesetzt wird. Sind an der Aktion viele Objekte unterschiedlicher Ebenen beteiligt, kommt es zu Fehlern. Beim Überfüllen sollte man sich weiterhin auf das manuelle Hinzufügen von überdruckenden Strichen verlassen. Dies gilt vor allem für Dateien, die als EPS exportiert und aus anderen Programmen gedruckt werden. Wird aus FreeHand gedruckt, kann man im Dialog *Datei ➛ Drucken ➛ FreeHand MX ➛ Einstellungen ... ➛ Kategorie Farbauszüge ➛ Überfüllung* anwählen und einen Wert für die Überfüllung eingeben.

Hat man die Elemente, die sich überlagern, angewählt und führt den Befehl aus, öffnet sich der Dialog *Überfüllung*.

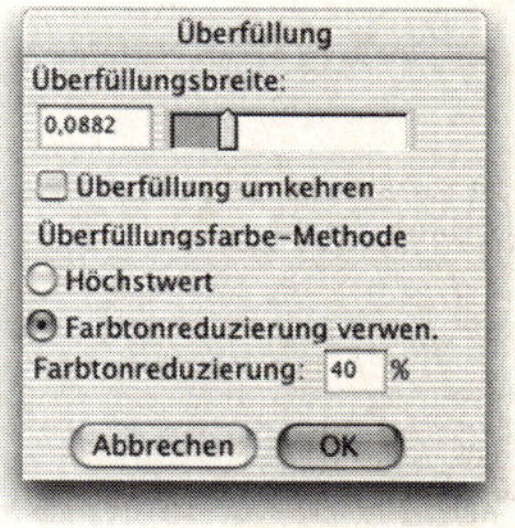

Die Eingabe der *Überfüllungsbreite* bestimmt die Breite des überdruckenden Elementes. Der Wert sollte nur in Absprache mit einer Druckerei bzw. einem Belichtungsstudio verändert werden, da von diesem Wert abhängt, ob sich im späteren Druck Papierblitzer bilden oder nicht. Wird der Wert zu hoch gewählt, sieht das Ergebnis möglicherweise ebenso unschön aus, da die entstehenden Objekte Mischfarben der sich überlagernden Farbflächen darstellen und somit ebenso auffallen können wie weiße Papierblitzer.

Überfüllung umkehren bewirkt eine Unterfüllung.

Wenn *Höchstwert verwenden* aktiv ist, ist der Tonwert der überdruckenden Füllung gleich dem des Elementes der gleichen Farbe. Wird die Option *Farbtonreduzierung verwen.* aktiviert, kann entweder mit dem Schieberegler ein prozentualer Farbton definiert werden oder per Eingabe. Der Wert regelt, wie viel Prozent der ursprünglichen Farbe als überdruckende Füllung eingesetzt werden.

In FreeHand werden überdruckende Striche und Füllungen mit einem Muster dargestellt, das aus lauter Nullen besteht, wenn die entsprechende Funktion in den Vorgaben ausgewählt ist (siehe Seite 65). Das Nullenmuster ist jedoch nur am Bildschirm zu sehen und wird nicht ausgedruckt. Im Dialog *Einstellen ➛ Kategorie ➛ Neuaufbau* kann diese Möglichkeit mit der Option *Überdruckende Objekte anzeigen* grundsätzlich ein- bzw. ausgestellt werden.

Ein helles und ein dunkles Objekt überlagern sich und beide wurden markiert, um eine Überfüllung zu erstellen. Grundsätzlich geht FreeHand davon aus, dass ein helleres Objekt ein dunkleres überfüllt. Das heißt, das hellere

Objekt wird sich in den Bereich des dunkleren ausdehnen, wobei der Bereich überdruckt, der sich ausgedehnt hat.

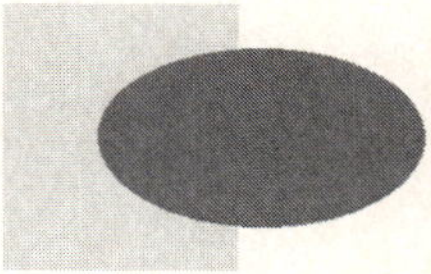

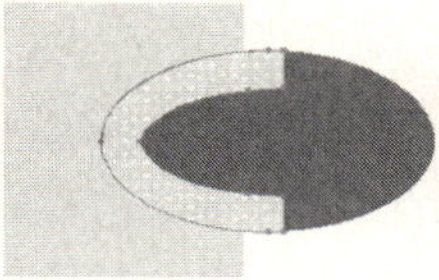

Gelb als die hellere Farbe überfüllt Rot. Man erkennt, dass die entstandene Form nicht gerade optimal ist.

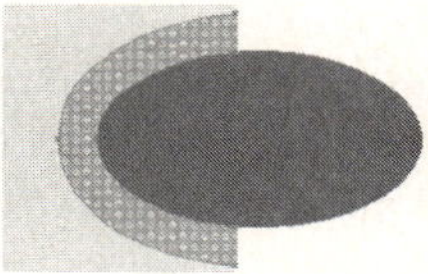

Überfüllung umkehren ist aktiviert worden.

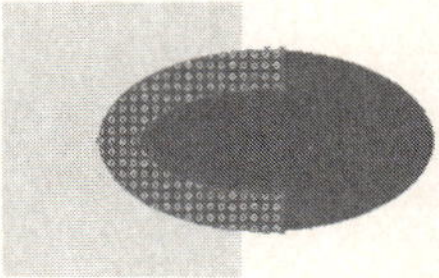

Farbtonreduzierung ist aktiviert, die überdruckende Füllung besteht aus 40 % Gelb und 100 % Magenta.

Farben ►
Alle Farben definieren

Farben, die Objekten zugeordnet wurden, ohne vorher im Bedienfeld *Farbfelder* aufgenommen worden zu sein, oder solche, die durch einen anderen Befehl dieser Xtras entstanden sind, werden im Bedienfeld *Farbfelder* definiert.

Farben abdunkeln
Farben aufhellen

Sind Objekte markiert, bewirken diese beiden Befehle die Abdunkelung beziehungsweise Aufhellung der Füllungs- und Strichfarben. Der Effekt ist in der FHS-Einstellung des Bedienfeldes *Farbmischer* zu beobachten, wenn man die Füllungsfarbe vor und nach dem Anwenden des Befehls darauf zieht. Der Wert im Feld *H* (Helligkeit) hat um 5 % zu- oder abgenommen. Durch die Anwahl von *Xtras ➛ Male wiederholen* oder [⇧][⌘]= kann der Befehl schnell mehrmals angewendet werden.

Farben sättigen
Farbsättigung herabsetzen

Die Befehle *Farben sättigen* und *Farbsättigung herabsetzen* verändern Füllungs- und Linienfarben der ausgewählten Objekte bei jeder Anwendung um 5 %. Die Sättigung einer Farbe kann in der FHS-Einstellung des Mischer-Bedienfeldes im Feld *S* abgelesen werden.

Farbpal. nach Zuf. verändern

Nach dem Zufallsprinzip werden alle Farben des Bedienfeldes *Farbpalette* neu definiert, und es entsteht eine völlig neue Farbzusammenstellung (wenn einem nichts mehr einfällt, kann auch das helfen).

Farbpaletten nach Definitionen sortieren

Der Befehl ordnet die Farben des Bedienfeldes *Farbpalette* in numerischer und darunter in alphabetischer Reihenfolge.

Farbregelung ...

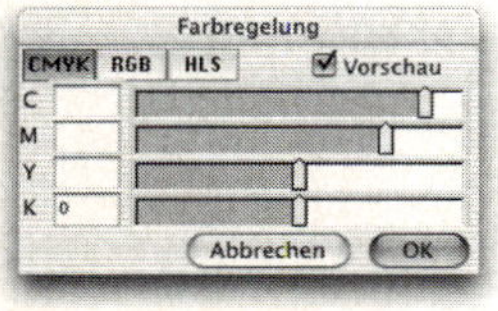

Der Befehl öffnet einen Farbregler, in dem sich die *Anteile* der Prozessfarben an den Farben der markierten Objekte verändern lassen. Leider können Füllungs- und Strichfarbe nicht getrennt voneinander reguliert werden. Über die Regler wird ein Änderungs- und nicht der absolute Wert der Farbanteile eingestellt, deshalb kann auch dieser Befehl mit *Xtras ➤ Male wiederholen* mehrmals angewendet werden.

RGB-Farbtabelle importieren...

Hiermit importiert man die Farben aus einer Photoshop-Farbindextabelle in FreeHand, sodass die Farbwerte in beiden Anwendungen gleich sind. Mit dem Xtra kann nun die Photoshop-ACT-Datei, die den zu importierenden Index enthält, ausgewählt werden.

Zu Grauskala konvertieren

Farbzuweisungen ausgewählter Objekte werden in Graustufen umgerechnet.

Pfadoperationen ►
Öffnung, Pfad zoomen ..., Strich erweitern ..., Trennen, Überschneidung, Vereinigen, Zuschnitt

Die Funktionen dieser Rubrik werden im Menü *Modifizieren ➛ Pfadoperationen/Pfad ändern* erklärt und unterscheiden sich in ihrer Funktionsweise nicht von diesen.

Löschen ►
Nicht verwendete definierte Farben
Textblöcke leeren

Diese Rubrik sorgt für ein Aufräumen des Dokumentes. Es gibt hier zwei Befehlsstrukturen.

Unbenutzt sind Farben nur, wenn sie in keinerlei Zusammenhang zu einem Objekt stehen. Farbtöne besitzen eine Stammfarbe, von der sie abgeleitet sind.

Leere Textblöcke sind alle Textcontainer, in denen kein Zeichen enthalten ist. Auch Leerzeichen sind Zeichen, obwohl man sie nicht sieht.

Säubern ►
Richtige Richtung
Richtung umkehren
Überlappung entfernen
Vereinfachen ...

Die Funktionen dieser Rubrik wurden ebenfalls schon im Menü *Modifizieren ➛ Pfadoperationen / Pfad ändern* erklärt und unterscheiden sich in ihrer Funktionsweise nicht von diesen.

Verzerren ►
Fraktionieren

Der Befehl erstellt entlang eines ausgewählten Pfades geometrische Formen, die an Fraktale erinnern.

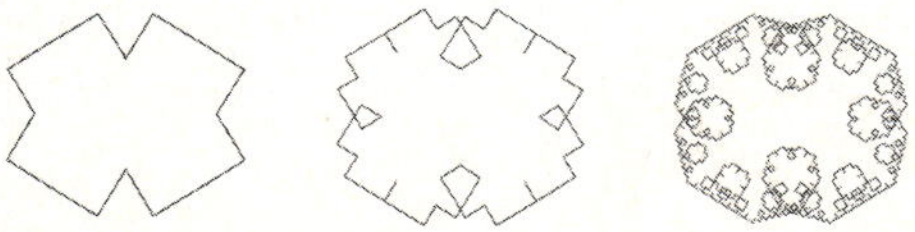

Der Befehl *Fraktionieren* wurde auf ein Oval 2-mal, 4-mal, 8-mal angewendet.

Punkte hinzufügen

Mit dieser Funktion wird in einen bestehenden Pfad in der Mitte der Strecke zwischen je zwei Pfadpunkten ein dritter gesetzt, ohne die Form des Pfades zu verändern.

Vorher 4 Punkte Nachher 8 Punkte

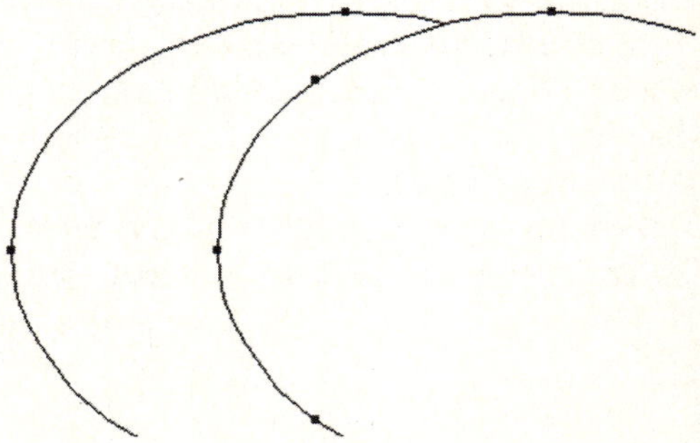

Weitere Xtras

Die Xtras der Symbolleisten *Xtra-Werkzeug*e und *Xtra-Funktionen* finden Sie ab Seite 113 erklärt.

Umhüllung

Dem Xtra ist wegen seiner Komplexität eine eigene Symbolleiste zugewiesen worden. Da es aber eigentlich ein Xtra ist, wird es an dieser Stelle behandelt.

Die Symbolleiste kann im Menü *Fenster* ➛ *Symbolleisten* ➛ *Umhüllung* geöffnet werden.

Umhüllungen können aber auch eigenständig unter *Ändern* ➛ *Umhüllung* vorgenommen werden. Hierbei wird jedoch nicht die Symbolleiste geöffnet.

Zieht man die Symbolleiste an den oberen, unteren, linken oder rechten Rand, verschmälert sie sich und die Titelleiste geht verloren.

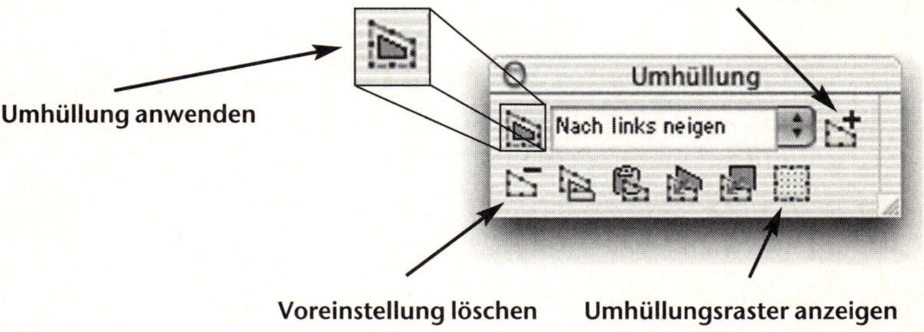

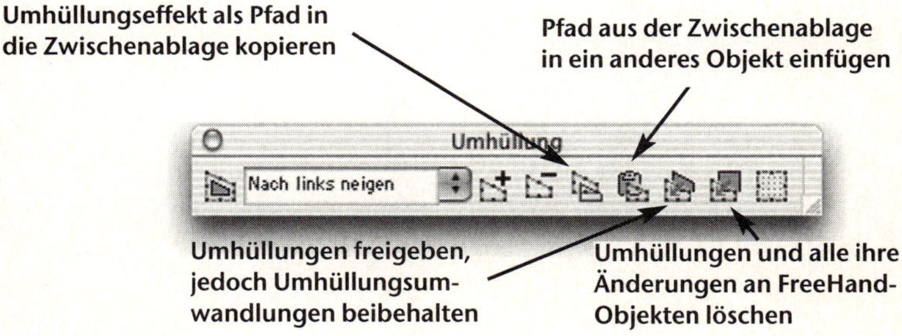

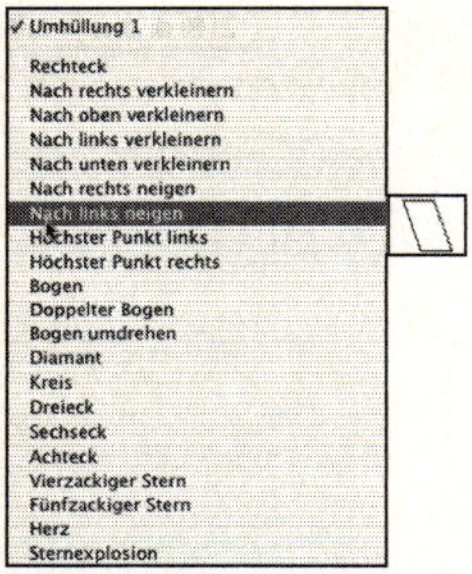

Zieht man sie jedoch aus diesem Bereich wieder heraus, gewinnt die Titelleiste ihre normale Gestalt zurück. Somit verhält sie sich also identisch zu den anderen *Symbolleisten*.

In der Voreinstellungsliste kann auf bereits definierte Verzerrungsmuster zurückgegriffen werden. Auch die eigene Einstellung ist abspeicherbar.

Wird eines der angebotenen Verzerrungsmuster ausgewählt und mit der Schaltfläche *Umhüllung anwenden* auf das ausgewählte Objekt übertragen, entstehen an dem Objekt Verzerrungsziehpunkte, und es wird nach Vorgabe des Verzerrungsmusters umgewandelt.

Die Verzerrung kann danach nach eigenen Vorstellungen erweitert werden und mit der Schaltfläche *Umhüllung als Voreinstellung*

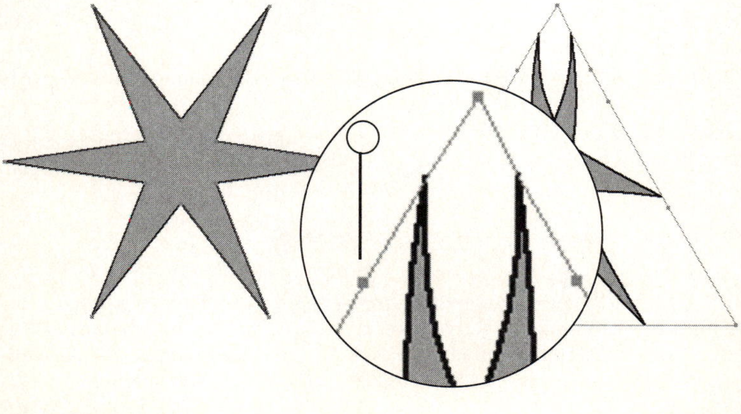

speichern für spätere Vorgänge gespeichert werden.

Mit Text kann ebenso verfahren werden, sogar in der Art, dass der Text im Nachhinein verändert werden kann, vorausgesetzt er wurde mit nur einer Umhüllungsform verzerrt. Die Veränderung des Textinhaltes ist nachträglich nur im Texteditor möglich.

Möchte man eine zweite Umhüllungsform nutzen, bekommt man eine Warnmeldung, dass die typografische Bearbeitung nach Zuweisung nicht mehr möglich ist.

Text vor der Verzerrung

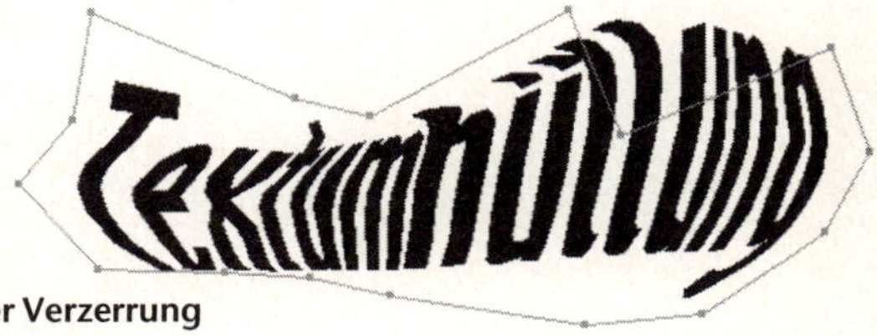

Text nach der Verzerrung

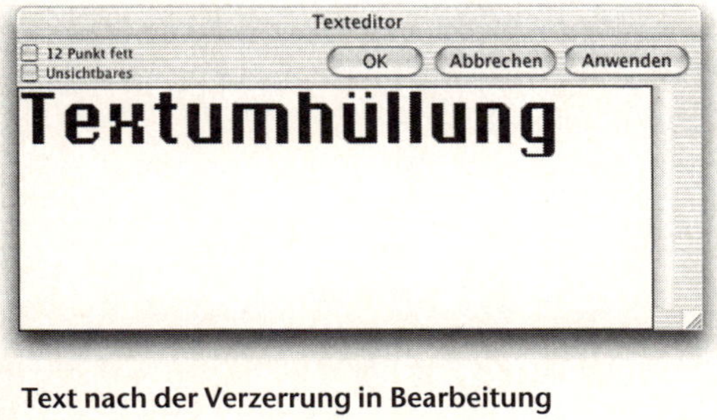

Text nach der Verzerrung in Bearbeitung

Pfade

Alle in FreeHand *gezeichneten* Elemente sind Pfade.

Die Wahl des Zeichenwerkzeuges ist beim Erstellen eines Pfades von persönlichen Vorlieben und Arbeitsweisen und der beabsichtigten Form abhängig.

Ab FreeHand MX werden Polygone und Sterne, die mit dem *Polygon-Werkzeug* erstellt werden, automatisch mit dem Objektstatus Polygon versehen. Dieser Status ist mit dem Status eines Grundzeichenelementes Rechteck bzw. Ellipse zu vergleichen. Um solche Elemente bearbeiten zu können, muss erst einmal der Gruppencharakter mit *Gruppierung aufheben* zurückgenommen werden.

Eine mit der Polygon-Funktion gezeichnete Form ist ein geschlossener Pfad, der genauso gut, wenn auch mit mehr Aufwand, mit dem *Stift-Werkzeug* gezeichnet werden kann.

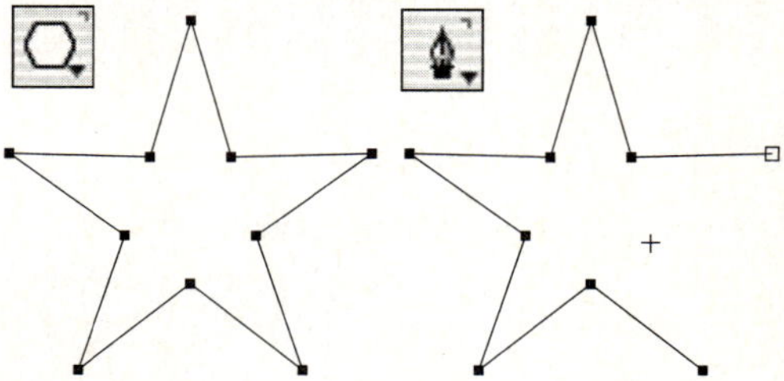

Eine mit dem *Rechteck-*, *Ellipsen-* oder *Polygon-Werkzeug* gezeichnete Form ist zunächst eine Gruppe von vier Punkten, die individuell bearbeitet werden kann, sobald die Gruppierung aufgehoben ist.

Ein Rechteck kann an einem Eckanfasser gezogen und skaliert werden.

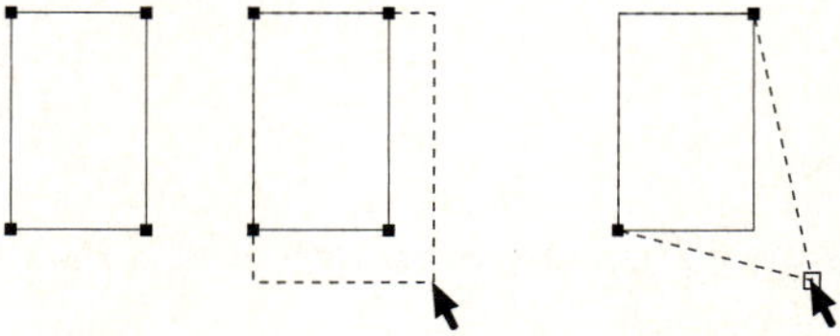

Nach der Aufhebung der Gruppierung sind nur noch einzelne Punkte zu bearbeiten.

Auch die Punkte eines Pfades können gruppiert werden. Sie sind dann nicht mehr einzeln bearbeitbar, sondern das Objekt kann als Ganzes verwandelt werden (zu den Besonderheiten einer Gruppe und dem Markieren einzelner Elemente und Punkte in einer Gruppe siehe Seite 222ff.).

Die Punkte werden durch Liniensegmente verbunden.

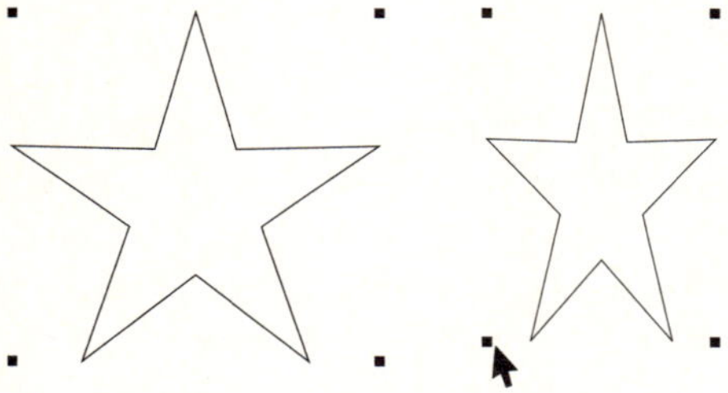

Ein Pfad besteht aus mindestens zwei Punkten, die durch eine Linie miteinander verbunden sind. Werden mit dem *Stift-Werkzeug* Punkte gesetzt, erscheint nach dem Setzen eines jeden Punktes das neue Liniensegment.

Offene und geschlossene Pfade

Man unterscheidet zwischen offenen und geschlossenen Pfaden.

Der offene Pfad hat einen Anfangs- und einen Endpunkt, beim geschlossenen sind die beiden Punkte miteinander verschmolzen beziehungsweise durch eine Linie verbunden.

Nur geschlossene Pfade können gefüllt werden, außer es wurde unter *FreeHand MX* ➛ *Einstellungen* ➛ *Objekt* ➛ *Füllung für neue geöffnete Pfade einblenden* eingestellt. (siehe auch Seite 51).

Wird der Pfad bei ausgeschalteter Option geöffnet, z. B. indem die Checkbox *Geschlossen* im Bedienfeld *Objekt* 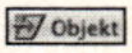 deaktiviert wird, verschwindet die Füllung.

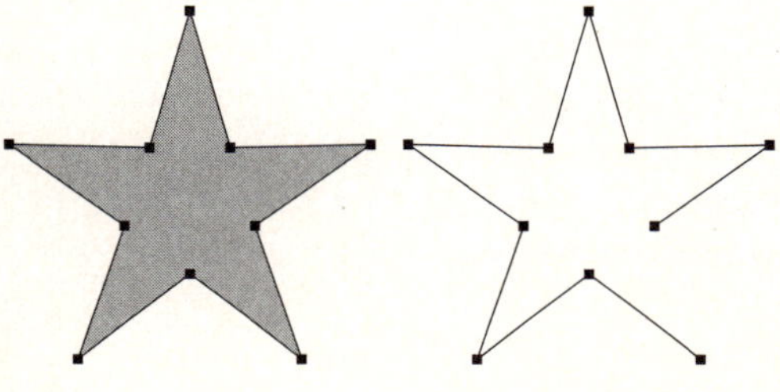

Im Bedienfeld *Objekt* ist beim geschlossenen Pfad die Checkbox angeklickt. Möchte man einen offenen Pfad schließen, kann man die Checkbox anklicken. Dadurch wird eine Verbindung zwischen dem ersten und dem letzten Punkt hergestellt. Ein Pfad kann auch geschlossen werden, indem man den ersten über den letzten Punkt oder umgekehrt schiebt.

Richtung des Pfades

Jeder Pfad hat eine Richtung.

Die Richtung eines Pfades ist für folgende Funktionen von Bedeutung:
- das Verbinden von Text mit dem Pfad (siehe Seite 391ff.),
- das Herausziehen der Griffe eines Punktes (siehe Seite 184ff.),
- die Vergabe von Pfeilspitzen (siehe Seite 231f.),
- die Vereinigung von offenen Pfaden (siehe Seite 213).

- Wird er mit dem *Stift-*, dem *Bezier-Werkzeug* oder den unterschiedlichen *Freihand-Werkzeugen* gezeichnet, läuft er in der Richtung vom ersten zum letzten Punkt.
  Wird ein solcher Pfad geschlossen, merkt sich das Programm, welcher Punkt der erste war. Wird er wieder geöffnet, indem man die Checkbox *Geschlossen* im Bedienfeld *Objekt* deaktiviert, wird das letzte Liniensegment gelöscht.
- Alle objekterzeugenden Werkzeuge zeichnen im Uhrzeigersinn.

Richtung umkehren

Die Richtung eines Pfades kann mit dem Befehl *Modifizieren* ➛ *Pfad ändern* ➛ *Richtung umkehren* geändert werden. Wendet man den Befehl auf ein Rechteck oder eine Ellipse an, wird gleichzeitig die Gruppierung aufgehoben.

Der Befehl ist auch in der Symbolleiste *Xtra-Funktionen* (*Fenster* ➛ *Symbolleisten* ➛ *Xtra-Funktionen* oder [⌘][⇧]I) oder unter *Xtras* ➛ *Säubern* ➛ *Richtung umkehren* nutzbar.

Pfade und Punkte markieren

Das *Auswahl-* oder *Teilauswahl-Werkzeug* ist das Werkzeug, mit dem markiert wird und mit dem Pfade, Punkte und Griffe bearbeitet werden. Zur reinen Auswahl kann alternativ auch das Lasso benutzt werden.

Egal welches Werkzeug das aktuelle ist, das *Auswahl-Werkzeug* ist immer verfügbar, wenn die ⌘-Taste gedrückt wird. Soll nicht das *Auswahl-*, sondern das *Teilauswahl-Werkzeug* benutzt werden, um z.B. einzelne Pfadpunkte einer verschachtelten Struktur zu markieren, so muss zusätzlich die ⌥-Taste gehalten werden.

Mehrfachauswahl

Wie bei allen Macintosh-Programmen dient auch bei FreeHand die ⇧-Taste zur Mehrfachmarkierung.

Ist ein Element markiert, können weitere Auswahlen der Markierung hinzugefügt werden, indem man sie nacheinander bei gedrückter ⇧-Taste anklickt.

Genauso werden Elemente von der Mehrfachauswahl ausgenommen.

Der Befehl *Alles markieren* beziehungsweise ⌘⇧A bezieht sich in FreeHand auf alle Objekte *aller* Seiten und der Montagefläche. Um alle Objekte einer Seite zu markieren, wird der Befehl ⌘A benutzt.

Markierungsrahmen

Wird ein Markierungsrahmen gezogen, markieren sich Pfad und die berührten Punkte.

⌘-Taste

Solange sie gedrückt wird, ist das *Auswahl-Werkzeug* aktuell, egal welches Werkzeug das aktive ist.

⇧-Taste

für die Mehrfachauswahl.

⌥-Taste

Wird bei gedrückter ⌥-Taste geklickt, wird automatisch zum *Teilauswahl-Werkzeug* gewechselt und einzelne Elemente einer Gruppe oder eines zusammengesetzten Pfades können markiert werden (siehe Seite 224 und Seite 376).

Tab-Taste

Sie entmarkiert alles.

⌘ ⇧ A

markiert alle Objekte der gesamten Illustration.

⌘ A

markiert alle Objekte der aktuellen Seite.

ctrl-Taste

Zusammen mit der ctrl-Taste kann man sich schrittweise zu Elementen durchklicken, die unter anderen liegen und von diesen verdeckt werden.

Das Aufziehen eines Markierungsrahmens markiert alle Punkte, die berührt werden.
Siehe auch die Beispiele auf Seite 176.

Auch hier kann die ⇧-Taste verwendet werden.

Objekt durch Anklicken markiert

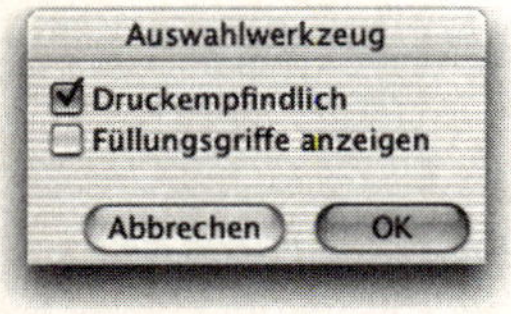

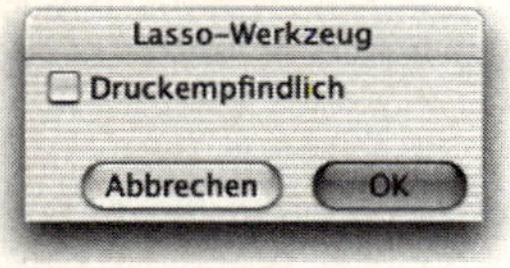

Ist im Einstelldialog der *Auswahl-Werkzeuge* die Option *Druckempfindlich* ausgewählt, reicht es, wenn der Pfad mit dem Auswahlrahmen berührt wird (Diese Empfindlichkeitseinstellung gilt sowohl für das Auswahl- als auch für das Teilauswahl-Werkzeug). Wenn sie nicht aktiviert ist, muss der Pfad vollständig im Auswahlbereich enthalten sein. Das Gleiche gilt auch für das *Lasso-Werkzeug*. Der Einstelldialog ist nahezu identisch. Beim Lasso fehlt jedoch die Option *Füllungsgriffe* anzeigen. Diese zeigt nur Auswirkung bei mit Verläufen gefüllten Pfaden.

Lasso-Werkzeug

Das Lasso ist ein neues FreeHand-Auswahl-Werkzeug, mit dem es möglich ist, durch lockeres Umfahren eines Auswahlbereiches die darin enthaltenen Objekte auszuwählen.

Man klickt an einer Stelle an, hält die Maus-

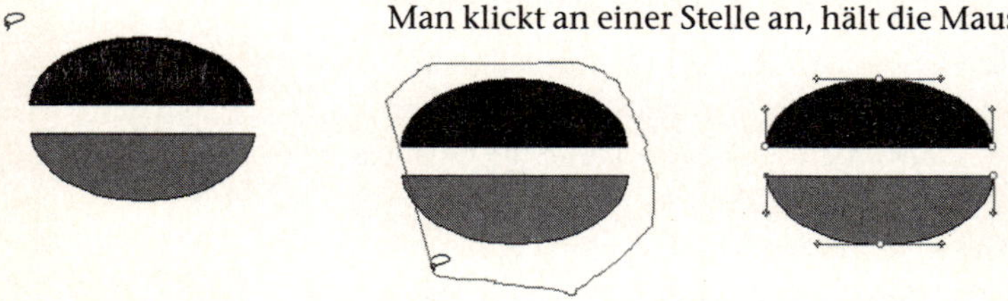

taste gedrückt und umfährt den Auswahlbereich mit dem Werkzeug. Anschließend werden alle vollständig darin enthaltenen Objekte markiert. Sofern die Option *Auswahl durch Kontakt* eingestellt ist, genügt es, wenn die Objekte angeschnitten werden.

Pfad markieren

Ein Pfad wird markiert, indem man mit dem Auswahl-Werkzeug darauf klickt oder wie zuvor beschrieben einen Auswahlbereich aufzieht. Hat das Objekt eine Füllung, kann auch auf die Füllung geklickt werden. Beim markierten Pfad sind alle Punkte als schwarze (farbige) Quadrate dargestellt. Das Objekt kann jetzt bearbeitet werden.

Pfad verschieben

Um einen Pfad zu verschieben, kann er angeklickt und, ohne die Maustaste loszulassen, gleich verschoben werden. Wird die [⇧]-Taste dabei gedrückt, sind Verschiebungen nur im 45°-Winkel zum aktuellen Darstellungswinkel möglich (siehe Seite 26).

Pfad löschen

Soll der Pfad gelöscht werden, wird er markiert und dann mit der Rückschritt-Taste ([←], Backspace) entfernt.

Punkte markieren

Ein Punkt kann erst dann aktiviert werden, wenn die Linie aktiv ist. Klickt man auf einen Punkt einer markierten Linie, wird dieser größer und weiß dargestellt. Mit gedrückter [⇧]-Taste lassen sich mehrere Punkte eines Pfades markieren.

Markierungshierarchie

Für alle Verwandlungen (Verschieben, Spiegeln usw.) gilt dabei eine Hierarchie: Sind Punkte eines oder mehrerer Pfade markiert, wirkt sich die Verwandlung auf die Punkte aus und nicht auf den Pfad als Ganzen (eine Ausnahme bildet das Klonen).

Markierungsrahmen

Wird ein Markierungsrahmen um eine Linie gezogen, werden sowohl die Linie als auch alle berührten Punkte aktiviert.

Punkte verschieben

Punkte werden verschoben, indem sie markiert und gezogen werden. Sind ein oder mehrere Punkte bereits markiert, werden alle verschoben, wenn mit dem Pfeilzeiger einer davon angeklickt und verschoben wird.

(!) Wird beim Verschieben kurz die [⌥]-Taste gedrückt, sind die Objekte sichtbar, sofern in *FreeHand MX* ➤ *Einstellungen* die Option *Pfade durch Ziehen mit Wahltaste kopieren* deaktiviert ist. Besser ist jedoch die Möglichkeit, bevor man verschiebt einen Augenblick zu warten: Sieht man nach ein oder zwei Sekunden ein Doppelkreuz ✥, kann man mit *Vorschau* verschieben.

Auch beim Verschieben von Punkten kann die Richtung auf 45°-Schritte zum aktuellen Darstellungswinkel beschränkt werden.

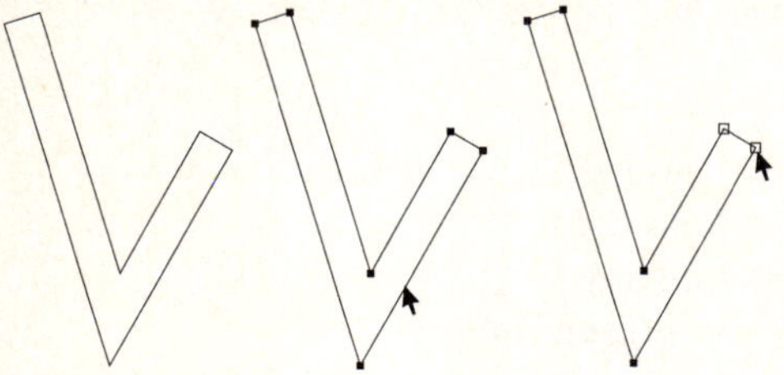

Die obere Reihe zeigt, wie zuerst der Pfad markiert wird, danach ein Punkt und dann der zweite bei gedrückter [⇧]-Taste.

Werden markierte Punkte mit der [⇧]-Taste verschoben, darf diese erst gedrückt werden, wenn die Punkte schon angefasst sind, um die Markierung nicht aufzuheben.

Das zweite Beispiel zeigt, dass durch das Aufziehen eines Markierungsrahmens gleichzeitig der Pfad und die vom Rahmen berührten Punkte markiert werden.

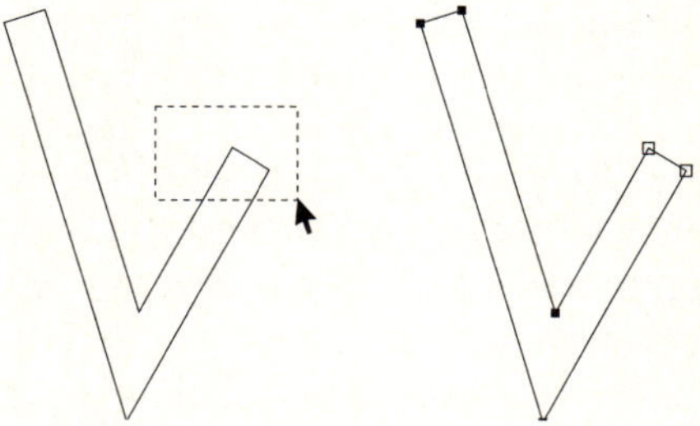

Das gleiche Beispiel, aber mit Auswahl durch das Lasso. Es werden gleichfalls beide Punkte markiert, egal, welche Auswahloption eingestellt ist.

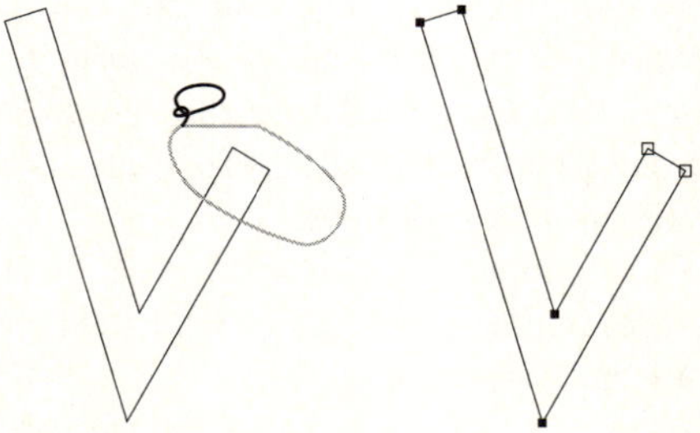

Beide aktiven Punkte werden verschoben, wenn man mit dem *Auswahl-Werkzeug* einen davon zieht. Durch die Markierungshierarchie wirkt sich die Verschiebung auf den Rest des Pfades nicht aus. Soll dieser verschoben werden, müssen entweder alle Punkte markiert sein (alle durchsichtig) oder nur der Pfad (alle Punkte schwarz bzw. farbig).

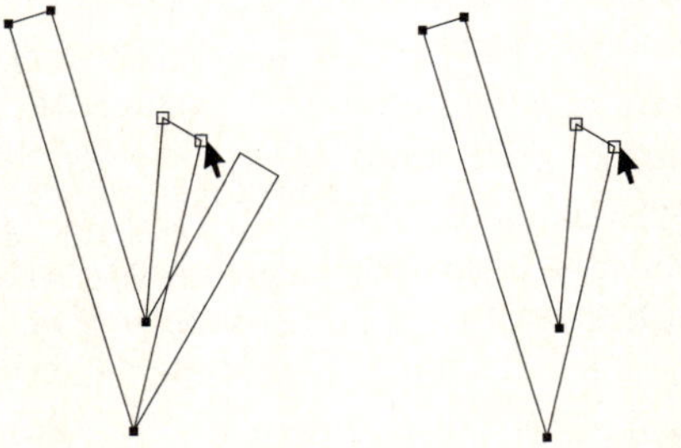

Das Bedienfeld Objekt für Pfade

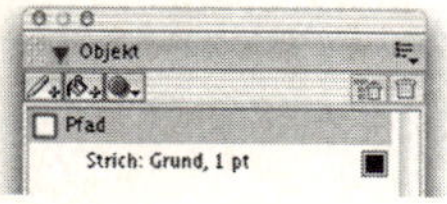

Das Bedienfeld *Objekt* bildet die wichtigste Informationsquelle für aktuelle Markierungen.

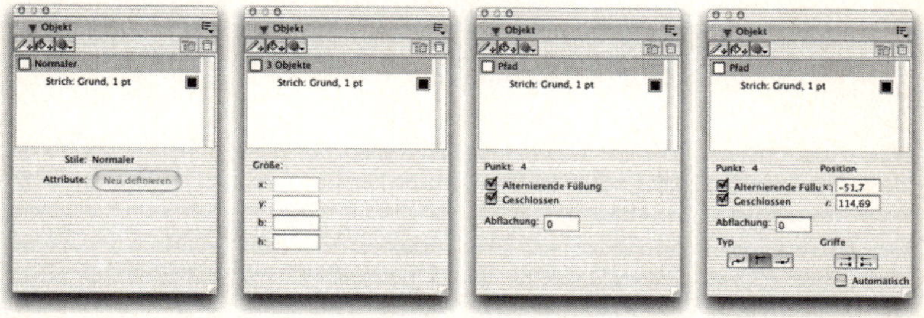

Die erste Zeile gibt Auskunft darüber, ob oder was markiert wurde *(Stilinformation, 3 Objekte, Pfad, Rechteck, Ellipse, Polygon etc.)*.

Liegt keine Auswahl vor, gibt FreeHand nur eine Information über die Stilattribute.

Wurde ein Pfad markiert, kann man ablesen, wie viele Punkte er hat und ob er geschlossen ist oder nicht.

Die hier nicht behandelten Optionen werden in den Kapiteln über Füllung und Drucken besprochen.

Wurden ein oder mehrere Punkte einer Art markiert, ist das entsprechende Symbol des Punkttyps markiert, und die Punkte können in eine andere Punktart umgewandelt werden.

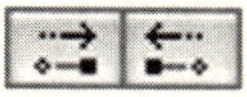

Mit den Schaltflächen für die Griffe können diese in den Punkt zurückgeschoben werden (siehe Seite 186f.).

Die Checkbox *Automatisch* gibt dem Pfad in den markierten Punkten eine vom Programm errechnete Krümmung (siehe Seite 187).

Wurde nur ein Punkt markiert, kann die Position abgelesen werden.

Punktarten

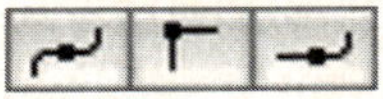

Um einem Pfad den gewünschten Verlauf zu geben, stehen unterschiedliche Typen von Punkten zur Verfügung.

- Eckpunkte
- Kurvenpunkte
- Verbindungspunkte

Der Typ des Punktes entscheidet, welchen Verlauf der Pfad an dieser Stelle nimmt:

- In einem Eckpunkt kann der Pfad abgeknickt sein,
- durch einen Kurvenpunkt läuft er ohne Knick,
- der Verbindungspunkt verbindet ein gekrümmtes Segment harmonisch mit einem geraden.

Griffe

Ein Griff ist der Endpunkt einer Geraden, die ihren Anfangspunkt innerhalb eines Pfadpunktes hat. Ein Punkt kann zwei Griffe besitzen. Die Griffe eines Kurvenpunktes werden durch eine starre Achse miteinander verbunden.

Zuständig für das unterschiedliche Verhalten des Pfades an der Stelle des Punktes sind die Griffe, die in jedem Punkt stecken und sich herausziehen und bearbeiten lassen.

Sind die Griffe im Punkt versteckt, sucht sich der Pfad die direkteste Verbindung zwischen den Punkten, diese Verbindung ist eine Gerade.

Positionieren von ...

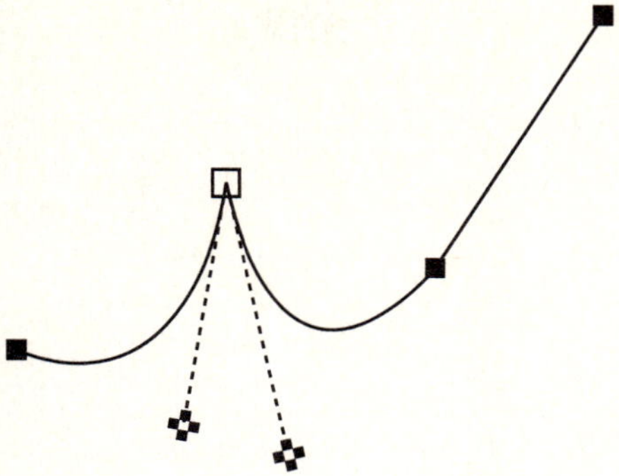

Eckpunkten 

Stift-Werkzeug : Klicken
Bezier-Werkzeug : Klicken

Kurvenpunkten 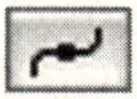

Stift-Werkzeug : Klicken + Ziehen
Bezier-Werkzeug : ⌥-Taste + Klicken (zusätzliches Ziehen passt vorherigen und neuen Punkt und deren Kurvenkrümmung an)

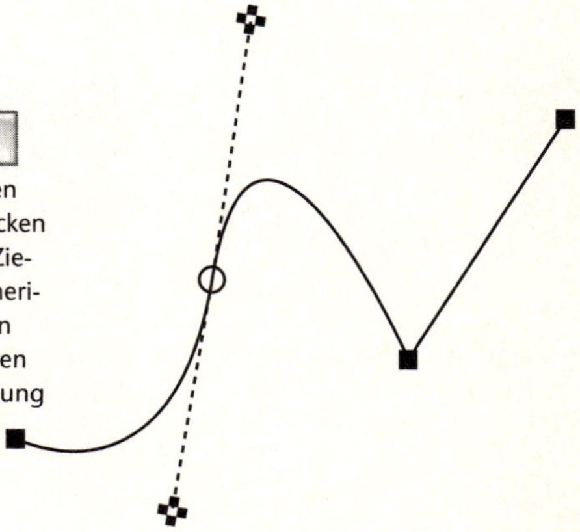

Anschlusspunkten 

Stift-Werkzeug : ctrl-Taste + Klicken
Bezier-Werkzeug : ctrl-Taste + Klicken

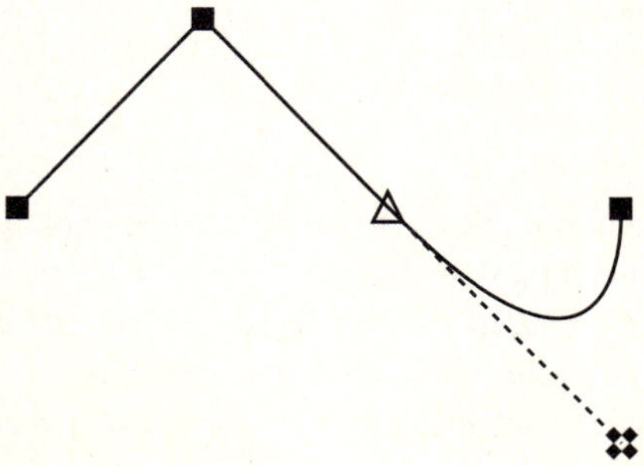

Eckpunkte

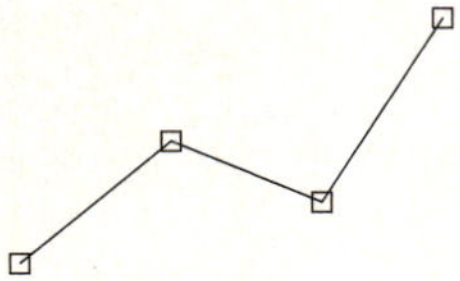

Markierte Eckpunkte werden als durchsichtige Quadrate dargestellt.
Da bei diesem Pfad alle Griffe in den Punkten versteckt sind, verläuft die Linie als Gerade zwischen den Punkten.

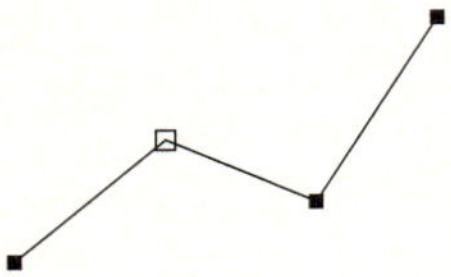

Um den Verlauf zu ändern, muss ein Punkt markiert werden, indem zuerst der Pfad angeklickt wird und dann der Punkt, aus dem die Griffe gezogen werden sollen.

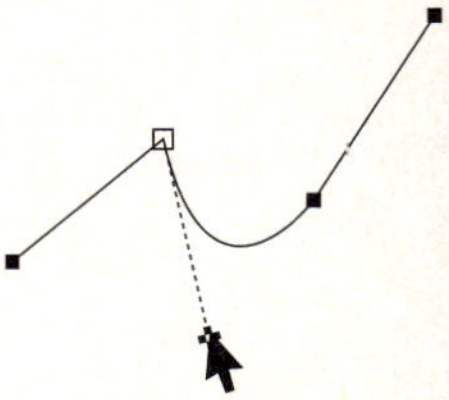

Nachdem der Punkt markiert ist, wird die ⌥-Taste gedrückt oder das *Teilauswahl-Werkzeug* ausgewählt, auf den Punkt geklickt und gezogen.
Der erste Griff, der sichtbar wird, ist immer derjenige, dessen Richtung die Kurve nach dem Punkt bestimmt.

Griffe werden bei gedrückter ⌥-Taste oder mit dem *Teilauswahl-Werkzeug* aus dem markierten Punkt gezogen.

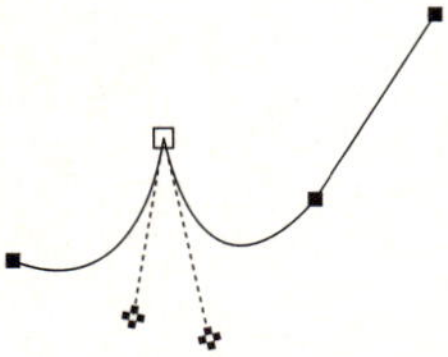

Nachdem der erste Griff losgelassen wurde, wird bei gedrückter ⌥-Taste oder mit dem *Teilauswahl-Werkzeug* der zweite Griff aus dem Punkt gezogen. Dieser bestimmt den Kurvenverlauf vor dem Punkt.

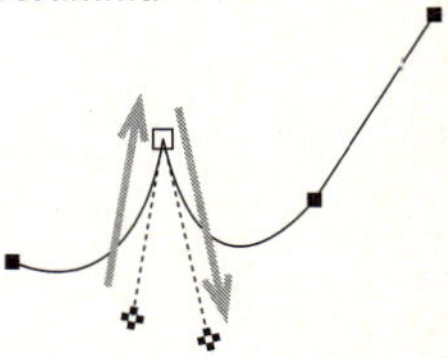

Die Griffe geben die Richtung vor, mit der eine Kurve in einen Punkt hinein- und wieder herausläuft.

Merkmale von Eckpunkten

- Werden markiert als durchsichtige Quadrate dargestellt.
- Die Griffe sind unabhängig voneinander zu bewegen, sodass der Pfad aus einer anderen Richtung in den Punkt hineinlaufen kann als der, in der er ihn verlässt (unsteter Verlauf).

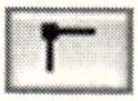

Eckpunkte mit einem Griff

Stift-Werkzeug : Klicken
Noch einmal in den Punkt hineinklicken und ziehen

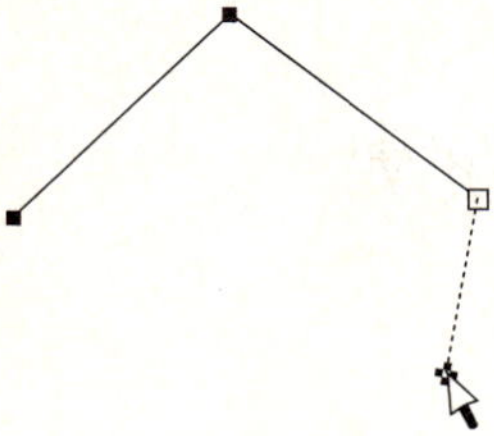

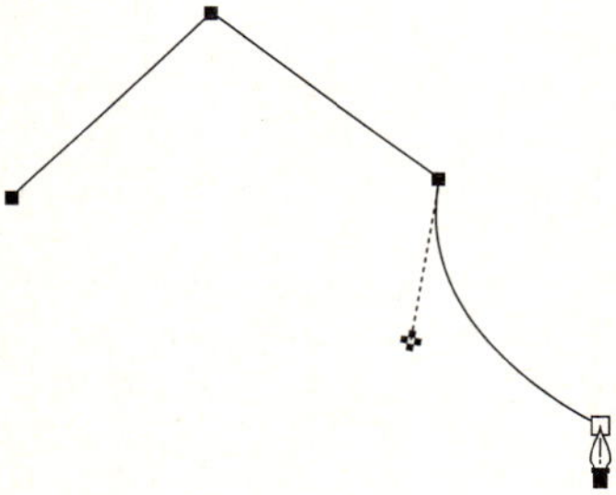

Das Ganze funktioniert nur, wenn das *Stift-Werkzeug* als aktuelles Werkzeug ausgewählt wurde. Diese Funktion ist also sehr nützlich, wenn ein Pfad neu erstellt oder erweitert wird.
Mit dem *Bezier-Werkzeug* ist diese Funktionalität nicht möglich.

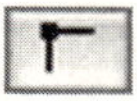

Eckpunkte mit zwei Griffen

Stift-Werkzeug : Klicken und Ziehen
Noch einmal in den Punkt hineinklicken, dann die ⌥- und die ⌘-Taste gedrückt halten und nun den zweiten Griff herausziehen.

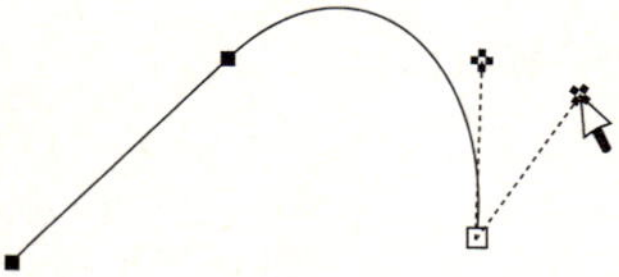

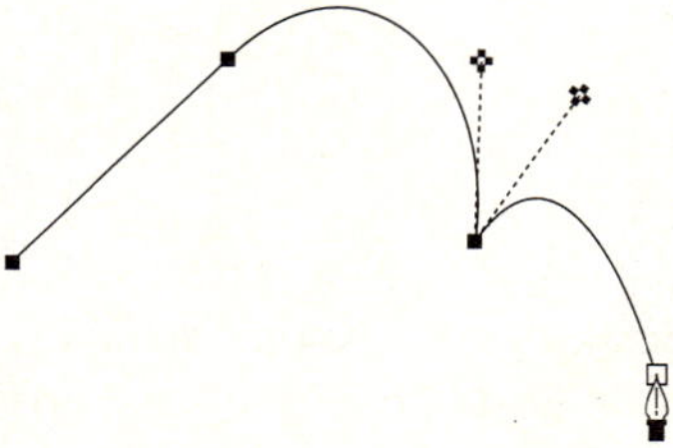

Alle Kurven der folgenden Seiten wurden von links nach rechts gezeichnet. Das Liniensegment vor dem Punkt ist also das links von ihm, dasjenige nach dem Punkt das rechts von ihm gelegene.

Kurvenpunkte

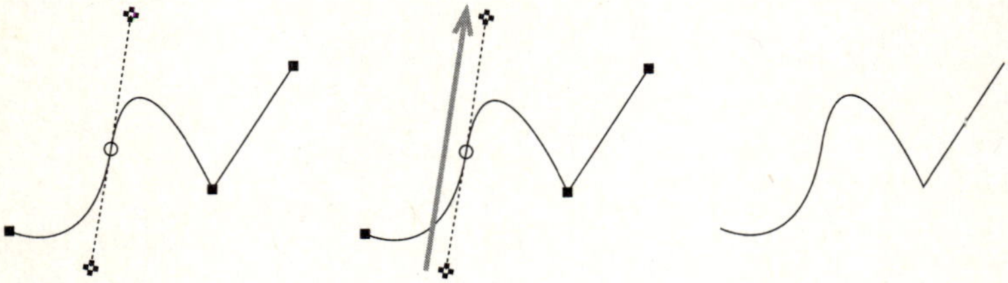

Wird der Eckpunkt, aus dem in den Abbildungen der vorigen Seite die Griffe herausgezogen wurden, in einen Kurvenpunkt verwandelt, behält der Pfad vor dem Punkt die Richtung bei und verlässt ihn in derselben Richtung. Dadurch bekommt die Kurve im Punkt einen steten Verlauf ohne Knick.

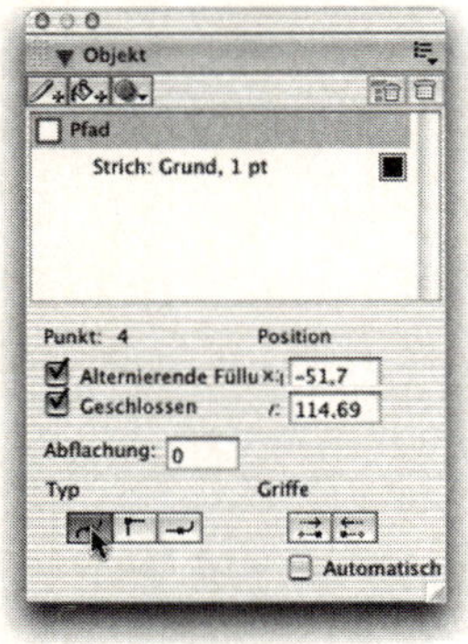

Ändern der Punktart

Ist ein Punkt markiert, zeigt das Bedienfeld *Objekt* die aktuelle Punktart.
Um einen Eckpunkt in einen Kurvenpunkt zu verwandeln, muss das Symbol für den Typ angeklickt werden.

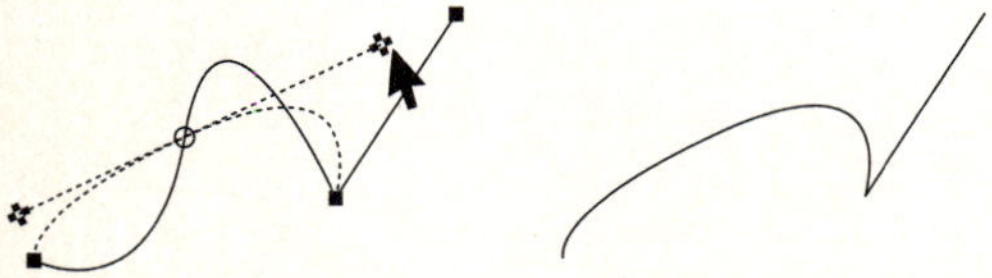

Wird mit dem *Auswahl-Werkzeug* an einem Kreuz eines Kurvenpunktes gezogen, dreht sich der zweite Griff mit. Dadurch wird der stete Verlauf des Pfades im Kurvenpunkt gewährleistet.

Merkmale von Kurvenpunkten

- Werden markiert als durchsichtige Kreise dargestellt.
- Die Griffe sind nur gemeinsam um den Punkt zu drehen.

Anschlusspunkte △

Eigentlich ist kaum ein Argument für die Existenz von Anschlusspunkten zu finden, da ihr Effekt mit einem Eckpunkt schneller und praktischer zu erzeugen ist.

Der Anschlusspunkt stellt einen glatten Übergang zwischen einem geraden und einem gekrümmten Pfadsegment her, wobei das gekrümmte Segment erst entsteht, nachdem der Griff herausgezogen wurde.

Aus dem linken Pfad lassen sich wahlweise die beiden anderen erzeugen.

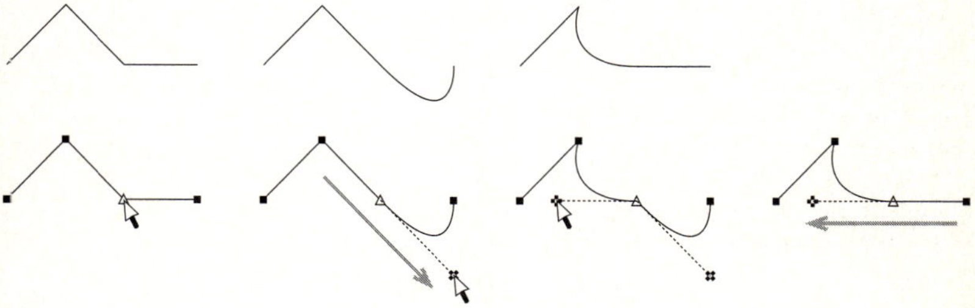

Die Griffe, die sich aus dem Anschlusspunkt ziehen lassen, können in ihrer Richtung nicht beeinflusst werden.
Der erste Griff, der die Kurve nach dem Punkt krümmt, hat die gleiche Richtung wie die Gerade, die in den Punkt läuft.

Will man das Segment vor dem Punkt krümmen, muss man zuerst den ersten Griff herausziehen, danach den zweiten und den ersten dann wieder in den Punkt zurückschieben, damit das Segment nach dem Punkt wieder gerade wird.

Merkmale von Anschlusspunkten

- Werden markiert als durchsichtige Dreiecke dargestellt.
- Die Griffe haben eine bestimmte Richtung, die sich nicht verändern lässt.

Punktgriffe

Die Punktgriffe bestimmen den Verlauf des Pfades. Sie bestimmen, mit welcher Richtung der Pfad in den Punkt hineinläuft und ihn wieder verlässt.

Richtung der Griffe

Beim Eckpunkt sind diese beiden Richtungen in der Regel unterschiedlich, beim Kurvenpunkt gleich.

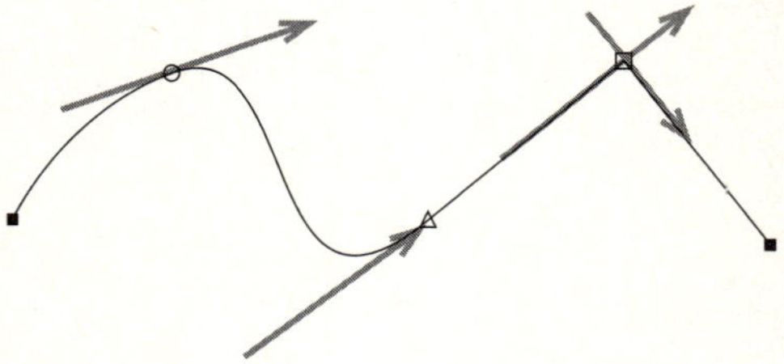

Wird ein Punkt markiert, werden seine Griffe sichtbar. Außerdem werden die Griffe der benachbarten Punkte, die die Liniensegmente vor und nach dem markierten Punkt bestimmen, gezeigt.

Griffe herausziehen

Bei gedrückter ⌥-Taste aus dem zuvor markierten Punkt ziehen

Sind die Griffe nicht sichtbar, sondern versteckt, können sie aus dem Punkt gezogen werden. Der Vorgang wird auf Seite 180 beschrieben und gezeigt.

⚠ Wenn unter *FreeHand MX ➛ Einstellungen ➛ Allgemein* die Option *Kleinere Ziehpunkte* eingeschaltet ist, wird die Korrektur der Griffe häufig sehr schwierig.

⚠ Der erste Griff, der sich aus einem Punkt ziehen lässt, ist immer derjenige, der den Kurvenverlauf *nach* dem Punkt bestimmt. Will man nur den zweiten haben, muss der erste zunächst irgendwo abgelegt, der zweite geholt und danach der erste wieder in den Punkt zurückgeschoben werden.

Die Griffe lassen sich am Kreuz an ihrem Ende anfassen und bewegen (Pfeilzeiger). Dabei bestimmt die Art des Punktes, ob die beiden Griffe nur gemeinsam (Kurvenpunkt), nur getrennt (Eckpunkt) oder nur in bestimmte Richtungen (Anschlusspunkt) bewegt werden können.

Beweglichkeit

Die Art des Punktes bestimmt, wie sich die Griffe bewegen lassen.

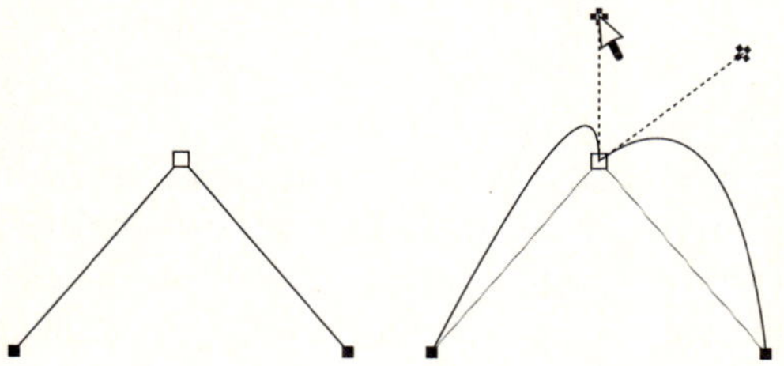

Eckpunkt

Griffe sind getrennt voneinander zu bewegen.

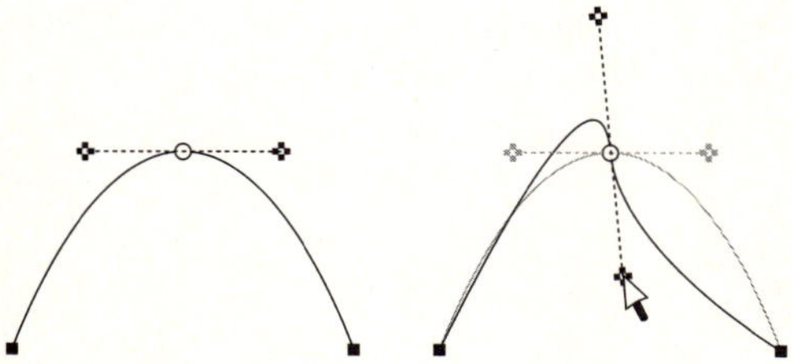

Kurvenpunkt

Wird der eine Griff bewegt, dreht sich der zweite mit, um den steten Verlauf der Kurve zu gewährleisten.
Die Länge lässt sich getrennt voneinander bestimmen.

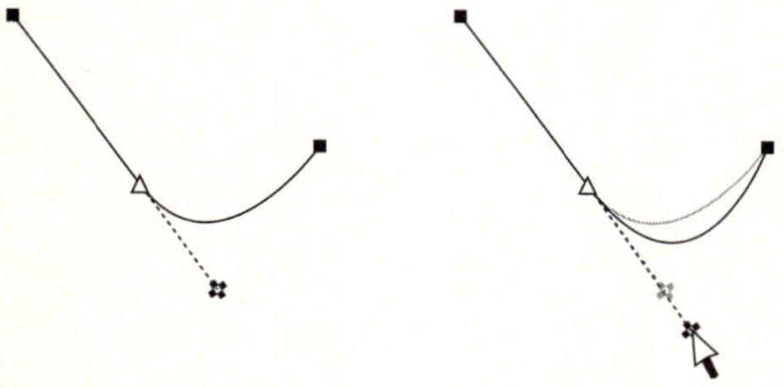

Anschlusspunkt

Die Position der beiden umgebenden Punkte beschränkt die Richtung der Griffe. Sie können nur in der Länge verändert werden.

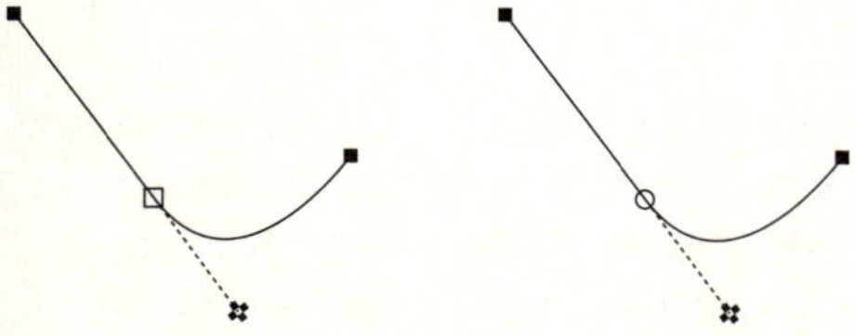

Sonderfall I

Ein Anschlusspunkt lässt sich sowohl mit einem Eck- als auch mit einem Kurvenpunkt simulieren. Man muss den Griff nur in der gleichen Richtung positionieren, wie sie die eintretende Gerade hat.

Sonderfall II

Sind bei einem Kurvenpunkt beide Griffe versteckt *(links)*, hat der Pfad an dieser Stelle eine Ecke. Werden die beiden Griffe eines Eckpunktes in genau der gleichen Richtung eingestellt (*rechts*), entsteht der Effekt eines Kurvenpunktes.

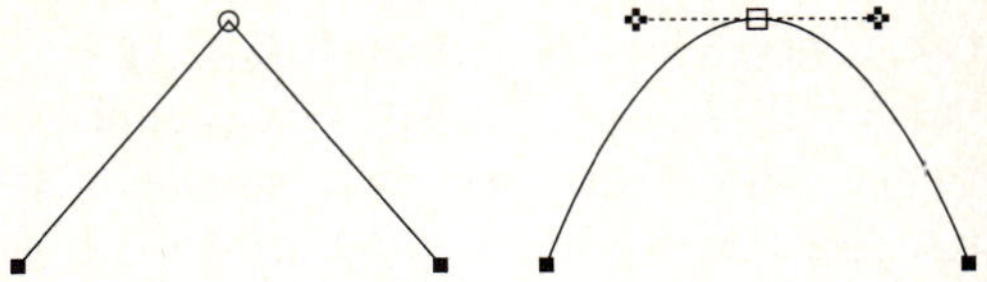

Länge der Griffe

Wird ein Eckpunkt gesetzt, sind die Griffe versteckt und können herausgezogen werden. Dadurch krümmt sich das Liniensegment entweder vor oder nach dem Punkt. Dabei ist die Länge des Griffes von entscheidender Bedeutung: Je länger der Griff, desto länger folgt die Kurve seiner Richtung.

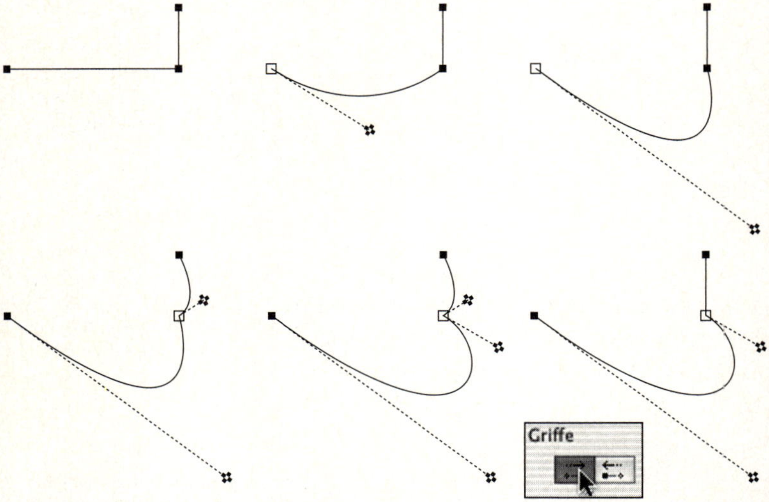

Über das Bedienfeld *Objekt*

Griffe können auch durch Anklicken der Griffschalter in den Punkt zurückgeschoben werden.

Soll auch der Griff des benachbarten Punktes den Kurvenverlauf bestimmen, muss zunächst der erste irgendwo abgelegt, der zweite geholt und danach der erste wieder in den Punkt zurückgeschoben werden.

Punktart ändern

Markierte Punkte können durch das Anklicken der Punktschalter im Bedienfeld *Objekt* in eine andere Punktart umgewandelt werden. Die Griffe bleiben zunächst im Punkt versteckt, und die Form des Pfades ändert sich nicht.

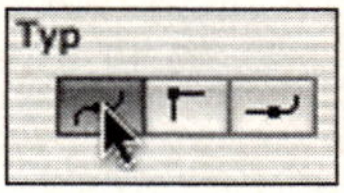

Krümmung automatisch

Um nicht mühselig die Griffe aus den entstandenen Kurvenpunkten ziehen zu müssen, kann man auch die Checkbox *Automatisch* im Bedienfeld *Objekt* anklicken. Die Kurve bekommt dann einen weichen Verlauf.

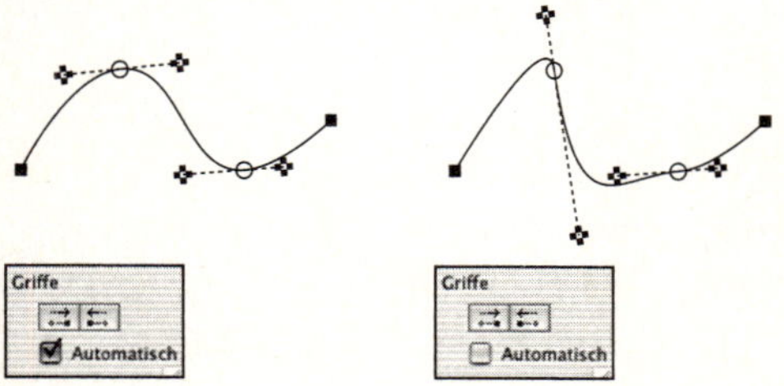

Sobald ein Griff eines Punktes mit automatischer Krümmung manuell verändert wird, deaktiviert sich die Checkbox.

Wird ein Punkt mit automatischer Krümmung verschoben, passen sich die Griffe der Bewegung an (*links*). Das Verschieben eines Punktes ohne automatische Krümmung ist wie eine Parallelverschiebung der Griffe.

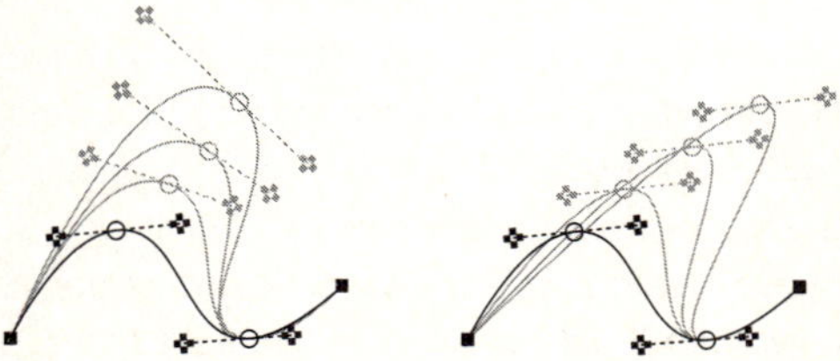

Das Bezier-Werkzeug erstellt übrigens grundsätzlich Punkte mit automatischer Krümmung. Deshalb passen sich die einzelnen Punkte beim Zeichnen der entsprechenden Pfadform auch an.

Zeichenwerkzeuge

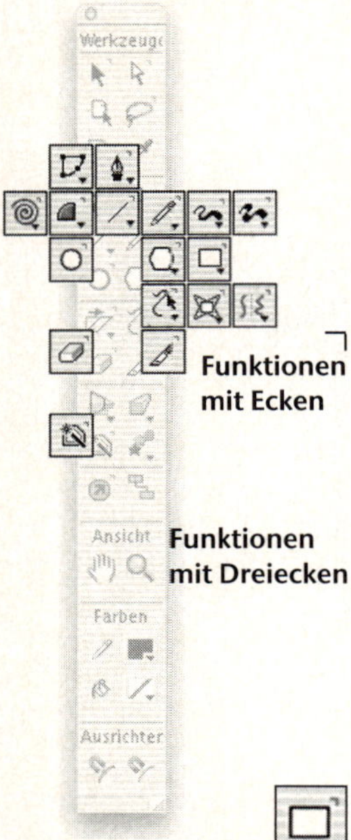

Alle nebenstehend hervorgehobenen Werkzeuge erstellen Pfade.

Bei allen Funktionen, die eine Ecke in ihrer Schaltfläche aufweisen, öffnen sich bei einem Doppelklick Fenster, um spezielle Einstellungen zu treffen.

Bei Funktionen mit einem Dreieck in der rechten unteren Ecke verbergen sich weitere Werkzeuge.

Pfade durch Ziehen

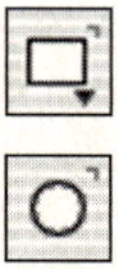

Rechtecke und Ellipsen

Quadrate und Kreise

mit der [⇧]-Taste

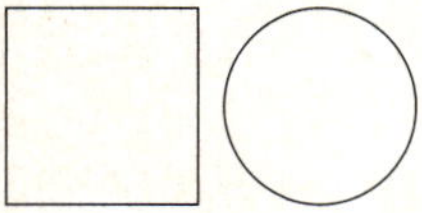

Das *Rechteck-* und das *Ellipsen-Werkzeug* erstellen gruppierte Pfade, deren Punkte nach Aufhebung der Gruppierung einzeln bearbeitet werden können.

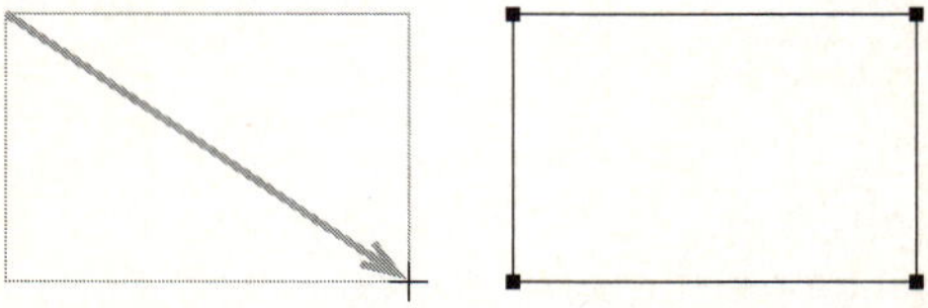

Rechtecke und Ellipsen werden nach Anwahl des Werkzeuges erstellt, indem man klickt, zieht und die Maustaste loslässt, wenn das Objekt die richtige Größe hat.

Das Bedienfeld *Objekt* für Rechtecke gibt die Koordinaten (*x, y*), die Breite (*b*) und die Höhe (*h*) aus. Die Werte können durch Einträge in den Feldern verändert werden.

Gibt man einen Wert (aktuelle Maßeinheit) in das Feld *Eckradius* ein, werden die Ecken eines markierten Rechtecks abgerundet.

Eckradius

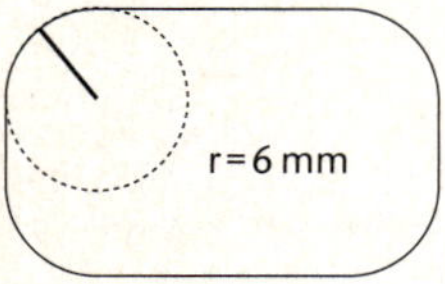

Ein Rechteck kann nicht wie andere Gruppen proportional mit der Maus skaliert werden, indem man die [⇧]-Taste gedrückt hält und an einem Eckanfasser zieht. Die [⇧]-Taste bewirkt die Verwandlung in ein Quadrat.

Die Abbildungen unten zeigen ein Rechteck mit Eckradius und eine Ellipse nach dem Erstellen und nach der Aufhebung der Gruppierung.

Wird die Gruppierung durch den Befehl *Ändern ➛ Gruppierung aufheben* oder [⌘]U aufgehoben, ist das Rechteck ein normaler Pfad geworden, und seine Punkte können einzeln bearbeitet werden.

Wird ein Pfad durch den Befehl *Ändern ➛ Gruppieren* oder [⌘]G in eine Gruppe verwandelt (man beachte die unterschiedlichen Eintragungen in der Zentrale bei einem scheinbar gleichen Objekt), kann er mit der Maus proportional skaliert werden, indem man die [⇧]-Taste gedrückt hält.

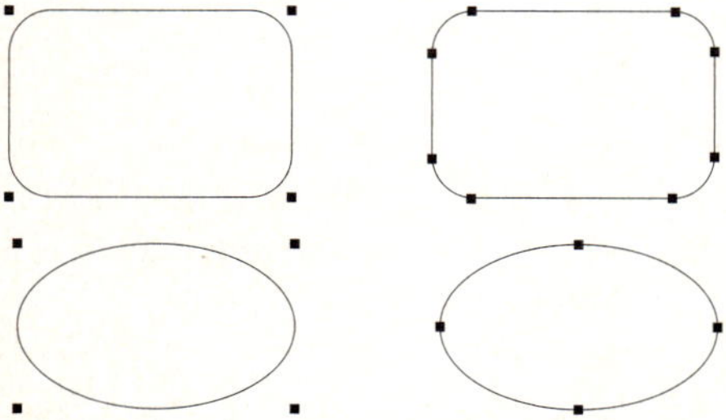

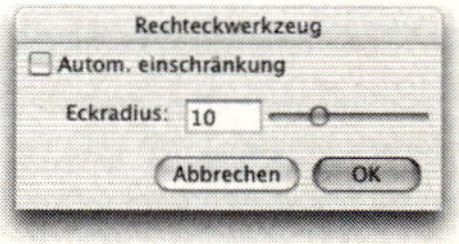

Ein Doppelklick auf die Rechteckfunktion öffnet den Dialog, um den danach erstellten Rechtecken einen Eckradius zuzuweisen.

Rechtecke und Ellipsen erstellen und verändern

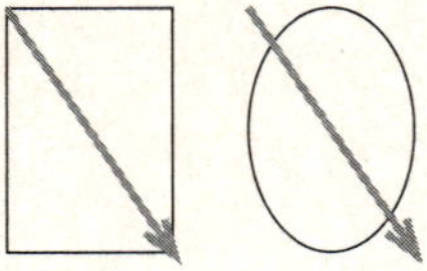

Beim Aufziehen einer Form wird das Objekt normalerweise vom Klickpunkt weg erstellt.

⌥-Taste

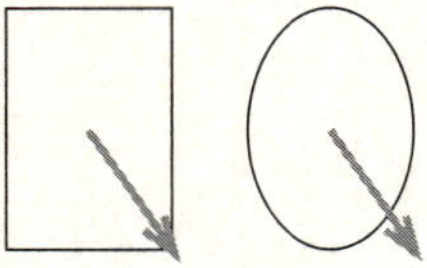

Wird beim Aufziehen die ⌥-Taste gedrückt, können die Objekte vom Mittelpunkt aus erstellt werden.

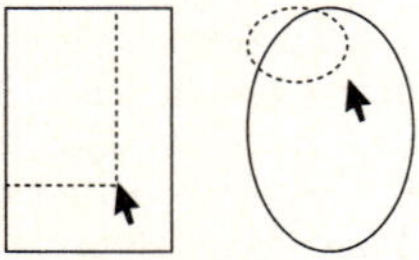

Werden gruppierte Formen, Rechtecke oder Ellipsen an einem Eckanfasser zusammen- oder aufgeschoben, bleibt normalerweise der gegenüberliegende Punkt fest.

⌥-Taste

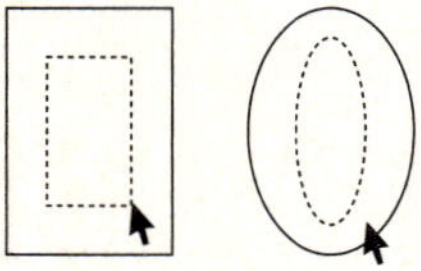

Bei gedrückter ⌥-Taste ziehen sich die Formen um ihren Mittelpunkt zusammen oder dehnen sich aus.

⇧-Taste

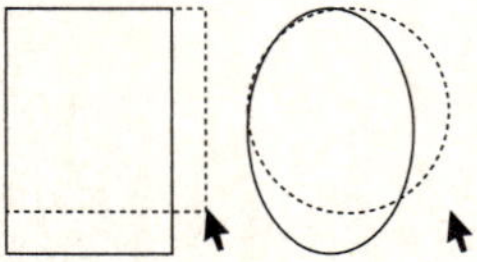

Bei gedrückter ⇧-Taste werden Rechtecke oder Ellipsen zu Quadraten oder Kreisen, andere Gruppen werden proportional skaliert.

Skalieren siehe auch Transformieren Seite 394ff.

FreeHand MX kann Ellipsen oder Rechtecke, nachdem sie erstellt wurden, z.B. in Kreissegmente bzw. abgerundete Rechtecke verwandeln. Wechseln Sie dazu entweder in der *Werkzeugleiste* oder per Tastenkürzel in das *Teilauswahl-Werkzeug.*

Hält man die ⌥⌘-Taste gedrückt, steht das *Teilauswahl-Werkzeug* temporär (kurzfristig) zur Verfügung.

Markieren Sie nun die gewünschte Ellipse. Es wird ein spezieller Änderungsanfasser sichtbar. Zieht man an diesem Anfasser, wird die Ellipse zu einem Teilkreis aufgezogen. Daraufhin erscheint ein zweiter Änderungsanfasser, mit dem die Ellipse auch zur anderen Seite aufgezogen werden kann.

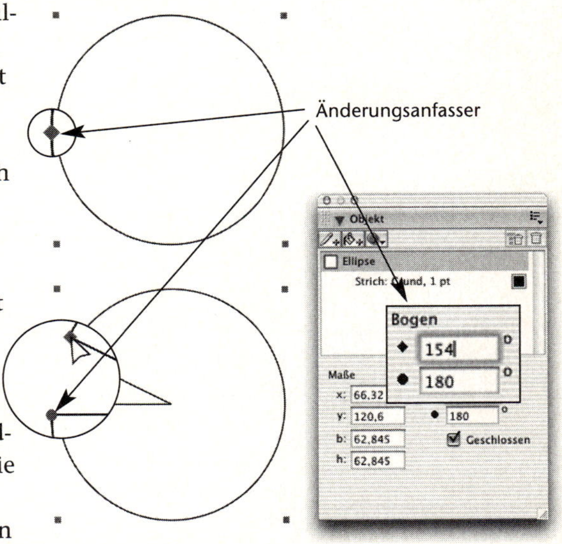

Diese Aktion lässt sich auch über das Bedienfeld *Objekt* steuern, wie das nebenstehende Bildschirmfoto zeigt. Die Positionen der beiden Anfasser werden dort anhand ihrer Winkelgrade angegeben.

Bei einem Rechteck lassen sich mit diesen Änderungsanfassern an den vier Ecken konkave oder konvexe Eckenrundungen erzeugen. Wird

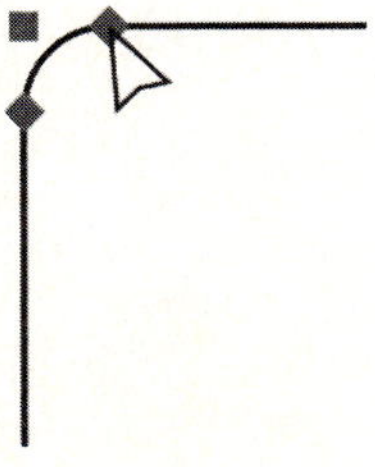

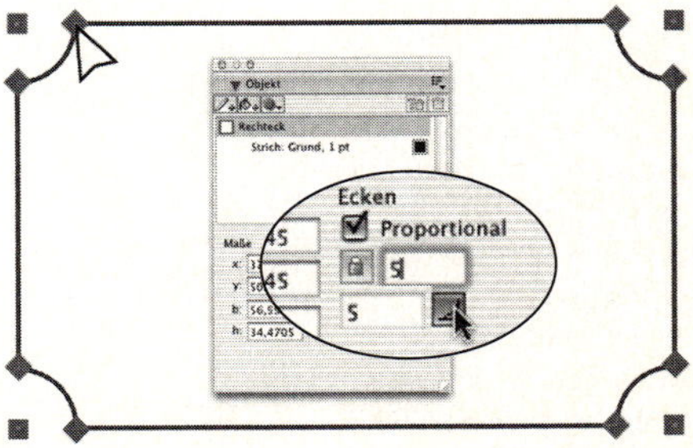

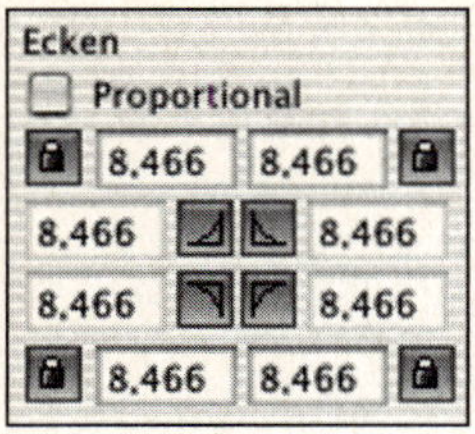

im Bedienfeld die Checkbox proportional deaktiviert, lassen sich alle vier Ecken unabhängig voneinander einstellen. Mit den acht Eingabefeldern lassen sich gleichmäßige oder, wenn das Schloss der vier Ecken aufgeklickt wird, auch ungleichmäßige Abrundungen erzeugen.

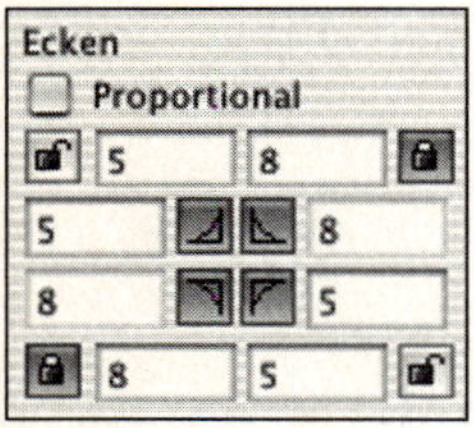

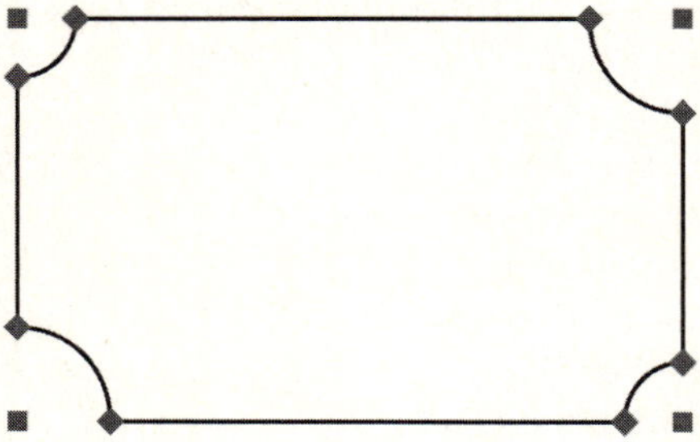

Polygone (Vielecke und Sterne)

Sterne und Vielecke sind mit FreeHand MX in die Gruppe der Grundzeichenelemente aufgenommen worden. Sie verhalten sich beim Erstellen identisch zu Rechteck und Ellipse.

Auch das Bedienfeld *Objekt* führt nun nicht mehr die Information Pfad, sondern sie werden bei ihrer Objektstruktur *Polygon* genannt. Beim Erstellen mit der [⇧]-Taste werden sie am aktuellen *Darstellungswinkel* ausgerichtet (siehe Seite 26). Auch was die Weiterverarbeitung angeht, verhalten sie sich ähnlich.

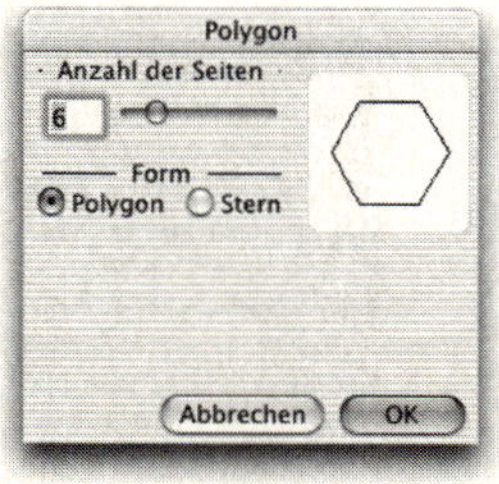

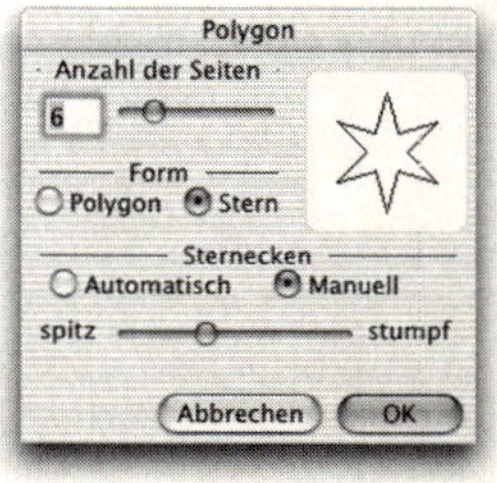

Durch einen Doppelklick auf das Werkzeug öffnet sich der Dialog, in welchem man zwischen Vieleck und Stern wählen sowie die Anzahl der Ecken und stumpfe oder spitze Winkel für den Stern bestimmen kann.

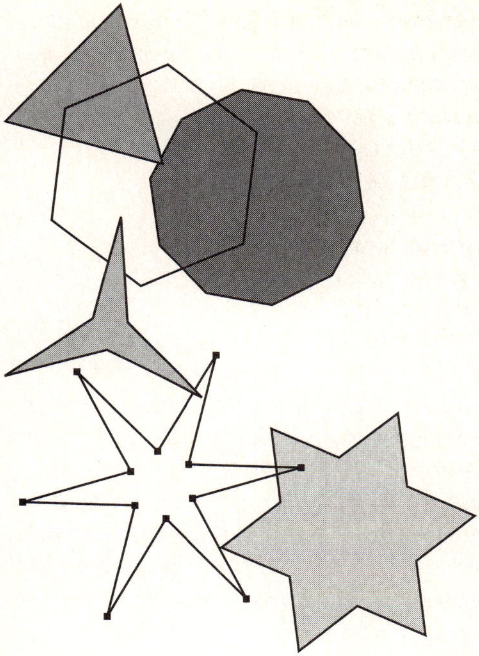

Füllungen geschlossener Pfade siehe Seite 246ff.

Tipp: Mit dem Polygon lassen sich unproblematisch gleichseitige und gleichschenklige Dreiecke erzeugen. Stellen Sie hierzu im Einstellungsdialog bei *Anzahl der Seiten* 3 ein. FreeHand erstellt anschließend automatisch gleichseitige Dreiecke. Geht man bei einem bereits erstellten Polygondreieck an die Eckanfasser und verändert die Größe, ohne die [⇧]-Taste zu halten, werden aus den gleichseitigen Dreiecken gleichschenklige.

Ähnlich den Ellipsen und Rechtecken lassen sich auch Polygone mit dem Teilauswahl-Werkzeug nachträglich verändern. Wechseln Sie dazu entweder in der *Werkzeugleiste* oder per Tastenkürzel in das *Teilauswahl-Werkzeug.*

Markieren Sie nun das gewünschte Polygon und klicken Sie an einen der Änderungsanfasser. Halten Sie die Maustaste gedrückt und bewegen Sie die Maus kreisförmig.

Hält man die [⌥][⌘]-Taste gedrückt, steht das *Teilauswahl-Werkzeug* temporär (kurzfristig) zur Verfügung.

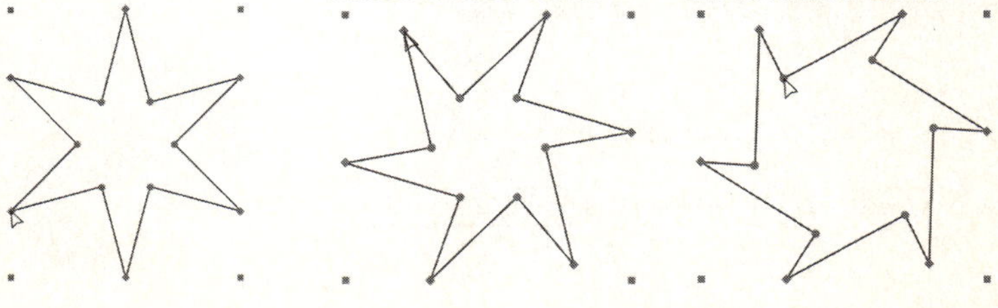

Äußere Anfasser ziehen

Innere Anfasser ziehen

Striche (Linien)

Mit dem *Linien-Werkzeug* können gerade Striche gezogen werden, die aus zwei Punkten bestehende Pfade sind.

Wird beim Aufziehen des Strichs die ⇧-Taste gedrückt, kann er im 45°-Winkel zum aktuellen Darstellungswinkel gezogen werden.
Beim Zeichnen mit gedrückter ⌥-Taste wird der Strich von ihrer Mitte aus gezeichnet.

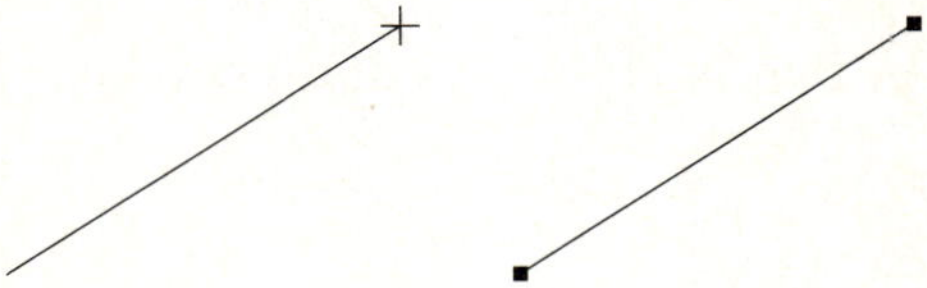

Freihand-Werkzeuge

Die Freihand-Werkzeuge sind vor allem für diejenigen sinnvoll, die über ein Grafiktablett verfügen. Mit der Maus ist es schwieriger, einen exakten Weg zu zeichnen, als mit dem Zeichenstift. Vor allem können die Funktionen des *variablen Strichs* und des *Kalligraphie-Stifts* mit einem drucksensitiven Stift viel besser ausgenutzt werden.

Für alle Freiformwerkzeuge gilt: Hält man beim Schneiden oder Radieren die ⌥-Taste gedrückt, wird mit Geraden gearbeitet.

Bei allen drei Variationen klickt man an eine Stelle und zeichnet den Weg mit gedrückter Maustaste.

Das Ergebnis, wenn man die Maustaste loslässt, ist allerdings unterschiedlich:

- Die *Bleistift*-Funktion erzeugt einen offenen Pfad in der eingestellten Strichbreite.
- Der *variable Strich* und der kalligraphische Effekt mit dem *Kalligraphie-Stift* werden durch geschlossene Pfade simuliert.

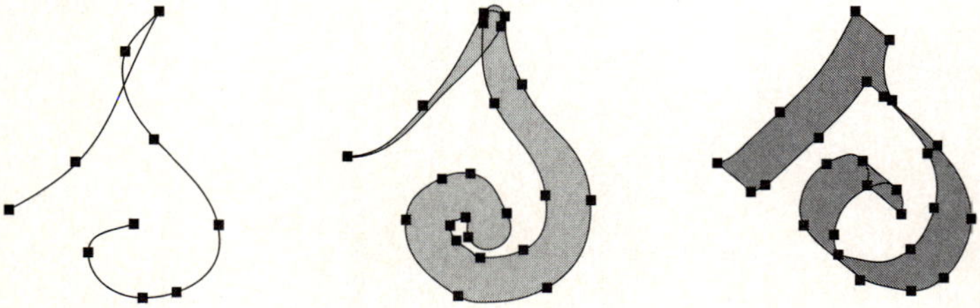

Die drei unterschiedlichen Freihand-Werkzeuge lassen sich auswählen, indem man die Maus auf einem der Werkzeuge in der Werkzeugleiste gedrückt hält.

Bleistift (Freihand)  **Variabler Strich-Stift**  **Kalligraphiestift** 

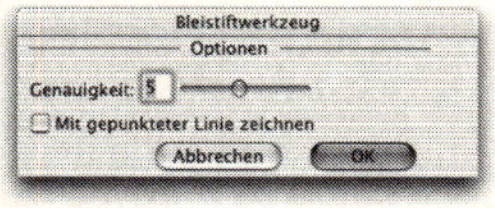

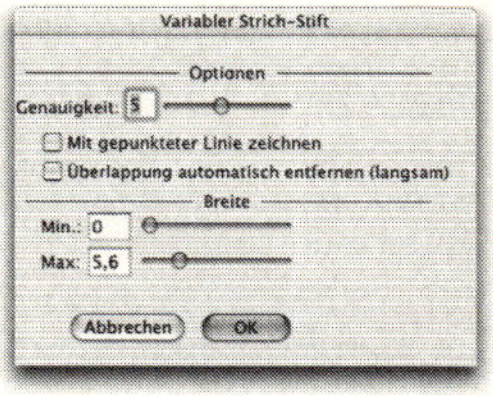

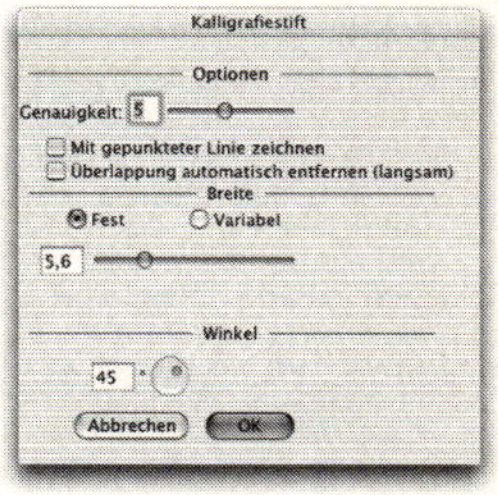

Genauigkeit

Die aktive Option benutzt bei der Erstellung des Pfades mehr Punkte und ist genauer, als wenn die Option nicht aktiv ist.

Mit gepunkteter Linie zeichnen

Wird *Mit gepunkteter Linie zeichnen* aktiviert, sieht man bei allen drei Variationen beim Zeichnen nur eine Linie, nicht das Objekt, was meist eher störend wirkt.

Min / Max

Hier kann eingegeben werden, wie schmal beziehungsweise wie breit der Strich maximal werden darf.

Fest / Variabel

Mit dem *Kalligraphie-Stift* kann sowohl mit einheitlicher als auch variabler Strichbreite gezeichnet werden.

Winkel

Der eingetragene Wert simuliert den Winkel, in dem ein flaches *Stift-Werkzeug* gehalten würde.

Überlappung automatisch entfernen (langsam)

Beim *Variablen Strich* ebenso wie beim *Kalligraphie-Stift* bewirkt die Option, dass verbundene Pfade entstehen, allerdings nur, wenn der entstehende Pfad Überschneidungsbereiche bildet.

Mit den beiden Cursortasten [←][→] kann beim Zeichnen ohne Tablett die *Strichbreite* bis zur maximalen beziehungsweise minimalen Breite verändert werden.

Verändern der Strichbreite mit den Cursortasten

[←][→]

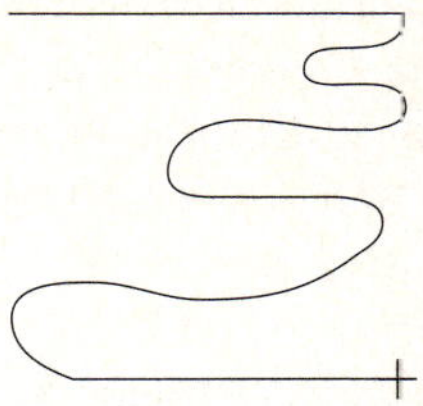

Radieren während des Zeichnens

Möchte man während des Zeichnens den letzten Teil eines Pfades löschen, um ihn dann verändert fortzusetzen, muss bei gedrückter ⌘-Taste der zu löschende Teil zurückverfolgt werden. Sobald die ⌘-Taste losgelassen wird, kann mit dem Pfad fortgefahren werden. Die Maustaste darf dabei nicht losgelassen werden.

Gerade Strecken

Um eine gerade Strecke zu zeichnen, drückt man die ⌥-Taste. Wird zusätzlich die ⇧-Taste gedrückt, wird der Winkel auf 45°-Schritte des aktuellen Darstellungswinkels beschränkt.

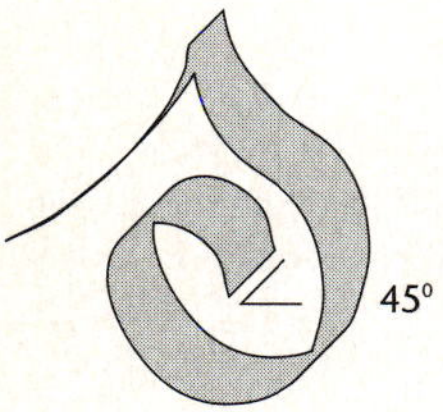

Winkel-Option

beim *Kalligraphie-Stift*

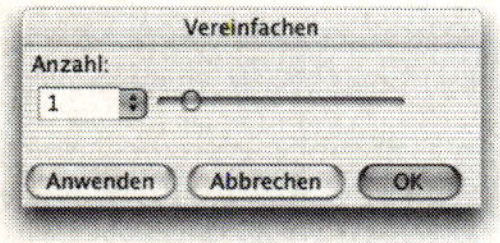

Mit dem Befehl *Vereinfachen* kann ein Pfad auf seine maximal benötigte Anzahl an Punkten reduziert werden. Erhöht man in dem sich öffnenden Dialog den Wert, wird der Pfad unter Umständen stark verformt. Eine sehr praktische Funktion, wenn der Pfad nachbearbeitet werden muss.

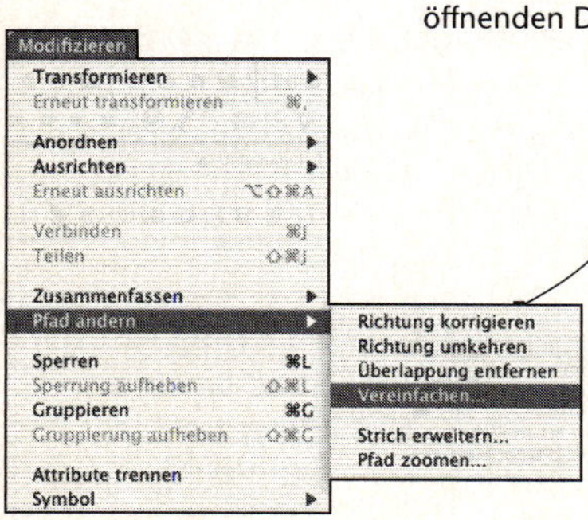

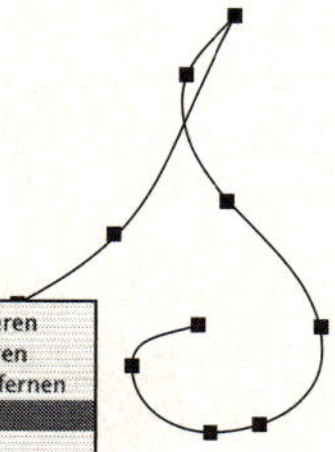

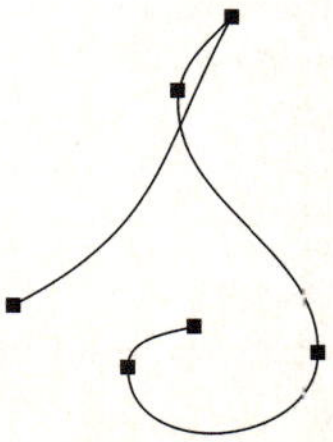

Nachzeichen-Funktion

Die *Nachzeichen-Funktion* umschreibt kontrastreiche Pixel- oder Vektorgrafiken (zum Beispiel importierte Strichgrafiken im TIFF-, PICT- oder EPS-Format) mit bearbeitbaren Pfaden. Leider ist das Ergebnis meistens sehr unbefriedigend. Keinesfalls können Bilder mit vielen Graustufen nachgezeichnet werden, da das Programm nur hohe Kontraste erkennt. Diese Funktion ist gegenüber den Vorgängerversionen um ein Vielfaches mächtiger geworden. Es ist möglich, neben Graustufen- und S/W-Grafiken auch Farbbilder nachzeichnen zu lassen, sofern der notwendige Farbmodus eingestellt wird.

Bei zu hohem Farbmodus oder zu hoher Auflösung benötigt FreeHand sehr viel RAM. Steht nicht genug zur Verfügung, wird FreeHand den Dienst verweigern.

Ein Doppelklick auf das Werkzeug öffnet den unten stehenden Dialog. Es können inzwischen sehr viele Einstellungen vorgenommen werden, die auf das Ergebnis starken Einfluss haben (siehe die Beispiele auf den nächsten Seiten).

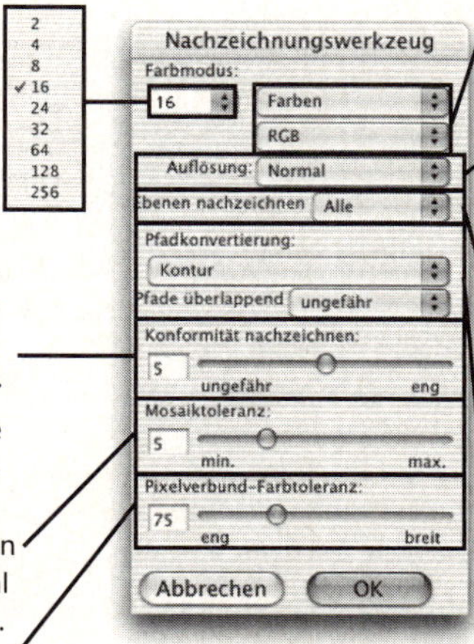

Wahl der Farbtiefe, um die Farbe des Ergebnisses festzulegen.

Hier wird bestimmt, wie stark die entstehenden Pfade vom Original abweichen.

FreeHand kann eine Anzahl von gestreuten Originalpixeln behalten. Die Option bestimmt die Anzahl der möglichen Pixel.

Die Toleranz der Farbempfindlichkeit in Bezug auf zusammenhängende Farbbereiche wird hiermit gesteuert. Die einstellbaren Toleranzwerte beziehen sich auf das RGB-Spektrum und können zwischen 0 und 255 eingestellt werden.

Wählen der Grau- oder Farbstufen und des Farbsystems RGB oder CMYK für die Umsetzung.

Es kann zwischen *Niedrig*, *Normal* und *Hoch* gewählt werden. Eine höhere Auflösung erfordert größeren Speicherbedarf.

Mögliche Optionen sind *Alle*, *Vordergrund* und *Hintergrund*. Es werden alle Pfade der angegebenen Ebenen nachgezeichnet.

Hier wird festgelegt, auf welche Weise FreeHand anhand der Originalgrafik Pfade erzeugt.
Im Pop-up-Menü *Pfadkonvertierung* wird bestimmt, ob offene oder geschlossene Pfade erzeugt werden. Die Genauigkeit und Beschaffenheit der Pfade wird durch die Zusatzoptionen geregelt.

Farbmodus

Es kann hier zwischen 1 und 256 Farben oder Graustufen gewählt werden.
Ein hoher Farb- bzw. Graustufen-Modus verlangt viel Arbeitsspeicher. Zusätzlich kann zwischen den Modellen RGB und CMYK gewählt werden.

Auflösung

Zur Verfügung stehen hier *hohe*, *normale* und *niedrige* Auflösungen.
Es ist auf jeden Fall zu bedenken, dass eine hohe Auflösung auch eine hohe Rechenzeit bzw. -leistung erfordert, sodass FreeHand bei dieser Funktion enorm viel Speicher verlangt. Andererseits wird die Qualität der Umsetzung durch eine höhere Auflösung besser. Möglicherweise steht hier also eine schwierige Entscheidung an.

Ebenen nachzeichnen

Einstellbar sind *Alle*, *Vordergrund* und *Hintergrund*.
Je nachdem, auf welchen Ebenen Elemente existieren, zeichnet FreeHand Elemente nach.
Ebenen siehe Seite 338ff.

Pfadkonvertierung

Die Option bestimmt die Art der Flächenerkennung. *Kontur* zeichnet entlang der Außenkante von Grafikelementen. Bei ausgewählter Option erscheint ein zusätzliches Pop-up-Menü mit Namen *Pfade überlappend*. Die Option sorgt für ein lückenloses Erstellen der

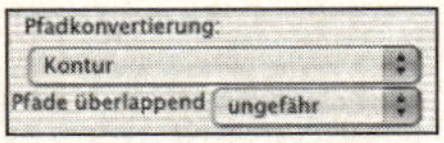

nachgezeichneten Flächen. Es sind die Einstellungen *Kein/e*, *ungefähr* oder *eng* auswählbar.
Sollen zum Beispiel Logos, Liniengrafiken oder Texte nachgezeichnet werden, sollte man *Kein/e* wählen. Die Einstellung *ungefähr* eignet sich eher für eingescannte Bilder und Fotos. Damit lassen sich Farblücken zwischen den entstehenden Objekten vermeiden. Für eine sehr präzise Farbnachzeichnung wählt man eher *eng*.

Mittellinie erzeugt Objekte, die einer Liniengrafik entsprechen. Die Option eignet sich am besten zum Nachzeichnen von Grafiken mit zahlreichen Linien.

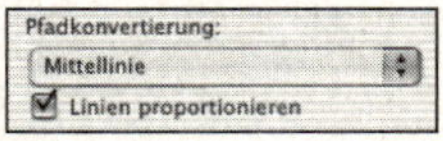

Ist die Ankreuzoption *Linien proportionieren* markiert, werden Objekte entstehen, die eine konstante Strichbreite von 1 Punkt besitzen. Bei nicht aktivierter Option werden offene Pfade mit unterschiedlichen Strichbreiten erstellt.

Mittellinie/Kontur stellt eine Kombination aus den zuvor genannten Möglichkeiten dar. FreeHand wird jeden Pfad auf der Grundlage des Einstellfeldes *Pfad öffnen unter „x" Pixel* erstellen. Es können Werte zwischen 2 und 10 Pixel eingegeben

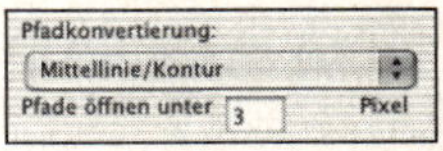

werden. Der Standardwert ist 3 Pixel. Teile der nachzuzeichnenden Grafik, die in ihrer Breite unter dem eingegebenen Wert liegen, werden anhand geöffneter Pfade nachgezeichnet.

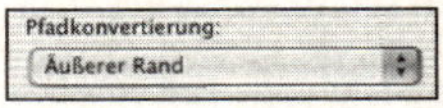

Äußerer Rand zeichnet nur die äußeren Kanten der Grafik nach. Es entsteht ein Einfügepfad, in den die Grafik passgenau eingefügt werden kann.

Konformität nachzeichnen

Der Schieberegler legt fest, wie genau gebogene oder gerade Pfade mit dem Original übereinstimmen sollen. Der Wert 10 erzeugt Pfade, die relativ genau mit dem Original übereinstimmen. Hierbei erhöht sich jedoch die Punktzahl enorm.

Mosaiktoleranz

Dieser Regler bewirkt ein Eliminieren von gestreuten Pixeln und das Glätten der Pfade. Meistens bei unsauberen Scans zu verwenden.

Pixelverbund-Farbtoleranz

Hiermit wird die Farbempfindlichkeit für die Auswahl von zusammenhängenden Farbflächen bestimmt. Die Werte der Regler liegen zwischen 0 und 255.

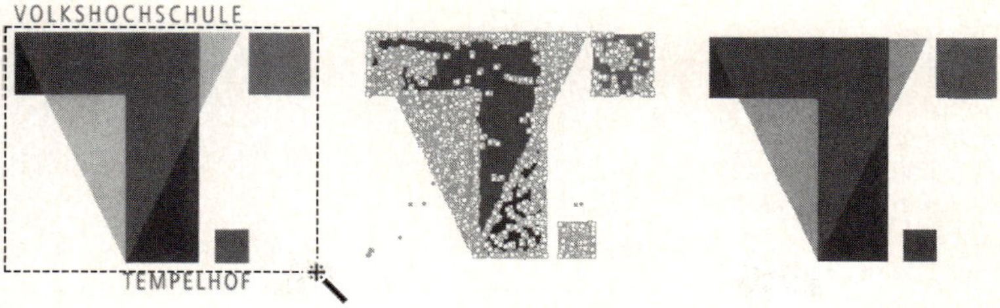

Das Logo der Volkshochschule Berlin-Tempelhof

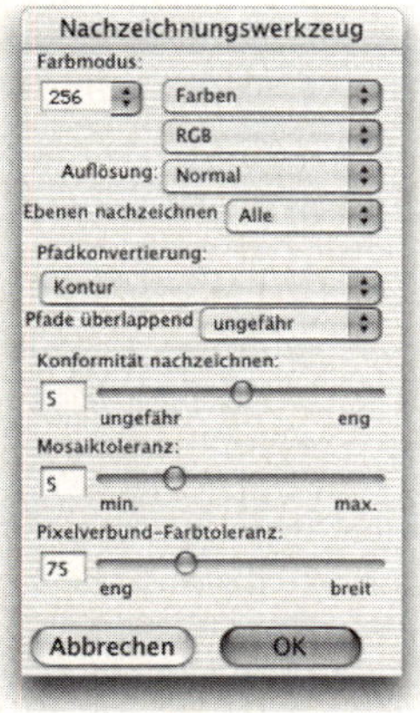

Da oft sehr viele einzelne Pfade und Pfadpunkte entstehen, ist es sinnvoll, diese als Erstes zu gruppieren.

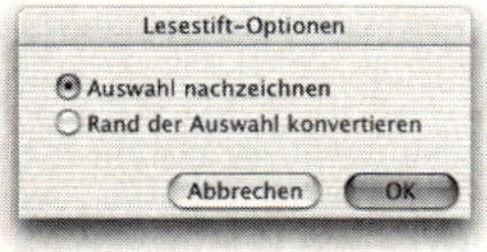

Zunächst wird mit dem Werkzeug ein Rahmen um das nachzuzeichnende Objekt gezogen. Die errechneten Pfade legen sich darüber und können anschließend zur Seite gezogen werden.

Am Beispiel des Signets wurden die nebenstehenden Einstellungen benutzt. Möglicherweise ist es notwendig, mehrere Versuche des Nachzeichnens zu unternehmen, um ein gutes Ergebnis zu erlangen.

Auf der nächsten Seite werden am Beispiel des Signets der Volkshochschule Berlin-Tempelhof und eines freien Logos mit fotografischer Anmutung einige Standardoptionen und ihre Auswirkungen dargestellt.

FreeHand kann sicher nicht professionelle Vektorisierungssoftware ersetzen, aber für einfache und schnell zu lösende Aufgaben ist das Programm gut einsetzbar.

Werden bessere Ergebnisse verlangt, wird man nicht umhinkommen, auf professionellere Vektorisierungsprogramme wie beispielsweise *Streamline* von Adobe oder *ArtLine* von Free Soft zurückzugreifen.

Sollen nur einzelne Farb- oder Graubereiche eines Bildes oder einer Grafik nachgezeichnet werden, können Sie diese mit dem *Nachzeichnungswerkzeug* auswählen. Wenn Sie anschließend auf den Auswahlbereich klicken, öffnet sich das Dialogfeld *Lesestift-Optionen*.

Sowohl die **Logovorlage** als auch die **Fotobeispiele 1** und **2** stellen Pixelbilder dar, die über einen Scanner digitalisiert wurden. In FreeHand wurde anschließend versucht, anhand unterschiedlicher Einstellungen ein möglichst genaues Abbild als Vektorinformation herzustellen.

Logovorlage

Fotobeispiel 1

Option *Kontur / Locker*

Option *Kontur / ungefähr*

Option *Kontur / Keine*

Option *Kontur / Keine*

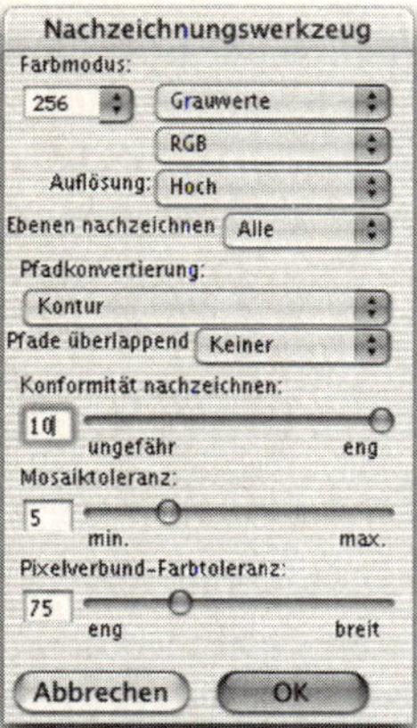

Option *Mittellinie / Kontur*
Pfad öffnen unter 3 *Pixel*

Option *Mittellinie / Kontur*
Pfad öffnen unter 3 *Pixel*

Die Option *Mittellinie* konnte auf das Fotobeispiel 1 nicht angewendet werden. Die Komplexität der Vorlage steht dem entgegen.

Option *Mittellinie /*
Linien proportionieren ein

Alle Beispiele wurden mit den gleichen unten dargestellten Einstellungen für *Konformität nachzeichnen*, *Mosaiktoleranz* und *Pixelverbund-Farbtoleranz* erstellt. Lediglich die Einstellungen für die Pfadkonvertierung wurden verändert.

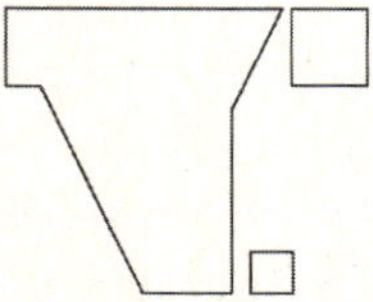

Option *Äußerer Rand*

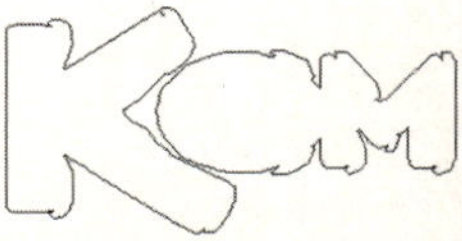

Option *Äußerer Rand*

Fotobeispiel 2: Das Originalbild ist eine TIFF-Datei (links) in einer Auflösung von 72 dpi. Der Farbmodus ist *Grauwerte*. Höher auflösende Daten werden mit Sicherheit höchste Ansprüche an die Bestückung (Arbeitsspeicher, Prozessor, Grafikkarte etc.) des eingesetzten Rechnersystems stellen. Man sollte sich auch darüber im Klaren sein, dass die eventuell anschließend zu erstellende EPS-Exportdatei einen unverhältnismäßig großen Platzbedarf auf dem Speichermedium erfordern wird. Beim unteren Beispiel des Busses z. B. ist eine EPS-Datei entstanden, die 8 MB groß ist.
Das Dialogfeld zwischen den beiden Grafiken spiegelt die Einstellungen wider, die zum Erstellen des Resultates (rechts) notwendig waren.

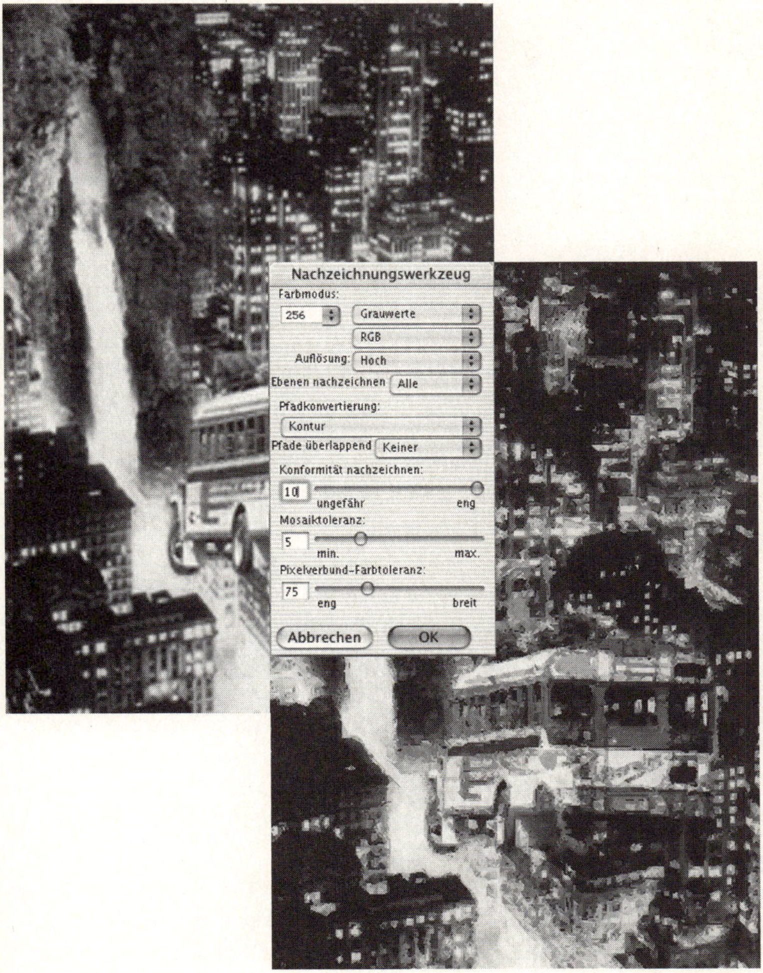

Stift-Werkzeug

und

Bezier-Werkzeug

Pfade mittels Setzen von Punkten

Das *Stift-* und das *Bezier-Werkzeug* unterscheiden sich von den bisher beschriebenen Werkzeugen sowohl in der Handhabung als auch in den Möglichkeiten.

Sie dienen sowohl zur Erstellung als auch zur Bearbeitung von Pfaden.

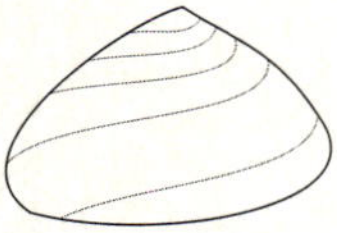

Die Entscheidung, welches der beiden Werkzeuge man für das Zeichnen auswählt, hängt von Vorlieben und von der Übung im Umgang mit dem Programm ab.

- **Erstellung**:
  Mit beiden Werkzeugen können Kurven-, Eck- und Verbindungspunkte gesetzt werden. Mit dem *Stift-Werkzeug* lässt sich beim Setzen eines Kurvenpunktes der weitere Verlauf des Pfades bestimmen.
- **Bearbeitung**:
  Beide Werkzeuge dienen dazu, weitere Punkte an einen offenen Pfad anzufügen. Auch können in bestehende Pfade neue Punkte eingefügt werden. Hierbei eignet sich das *Bezier-Werkzeug* besser als die Zeichenfeder.

Wie die beiden Werkzeuge zur Bearbeitung eingesetzt werden können, wird erst im nächsten Kapitel **Pfade bearbeiten** beschrieben.

Setzen von Punkten

(siehe auch Seite 210ff.)

Mit beiden Funktionen werden die Punkte nacheinander gesetzt. Nach jedem Setzen eines neuen Punktes wird dieser mit dem davor gesetzten durch ein Liniensegment verbunden. Der zuletzt gesetzte Punkt ist hervorgehoben markiert, die anderen sind als schwarze Quadrate sichtbar. Einfaches Klicken erzeugt bei beiden Funktionen einen Eckpunkt.

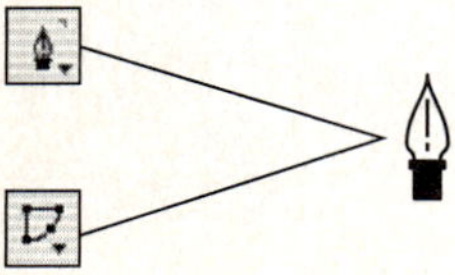

Das Erscheinungsbild der beiden Werkzeuge bei der Bearbeitung oder Erzeugung von Pfadpunkten ist gleich. Die Werkzeuge werden als Feder dargestellt.

Eckpunkte	Klicken	**Setzen von Punkten mit dem *Stift-Werkzeug* und dem *Bezier-Werkzeug***
Kurvenpunkte	Klicken + Ziehen ⌥-Taste + Klicken	
Verbindungspunkte	ctrl-Taste + Klicken	

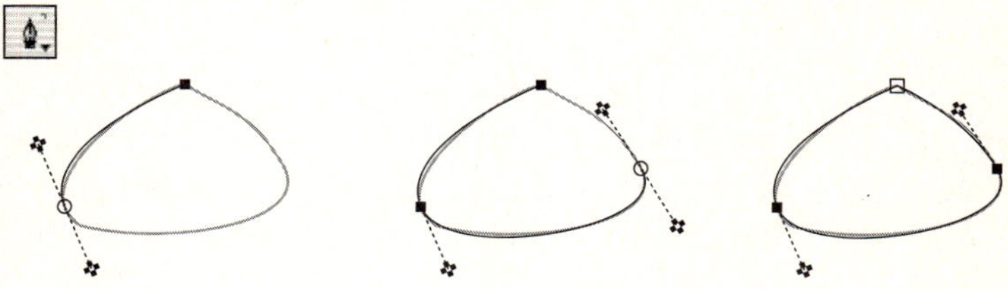

Um die Außenform der Muschel (grau) mit dem *Stift-Werkzeug* zu zeichnen, wird der erste Punkt als Eckpunkt gesetzt. Um den zweiten Punkt als Kurvenpunkt zu setzen, wird er gesetzt und in Zeichenrichtung gezogen, ohne dass die Maustaste losgelassen wird. Dadurch ziehen sich die Anfasser aus dem Punkt, und es entsteht ein Kurvenpunkt. Der dritte Punkt wird ebenfalls gesetzt und in Zeichenrichtung weitergezogen.

Um den Pfad zu schließen, wird der letzte Punkt über den ersten gesetzt und damit mit diesem verschmolzen.

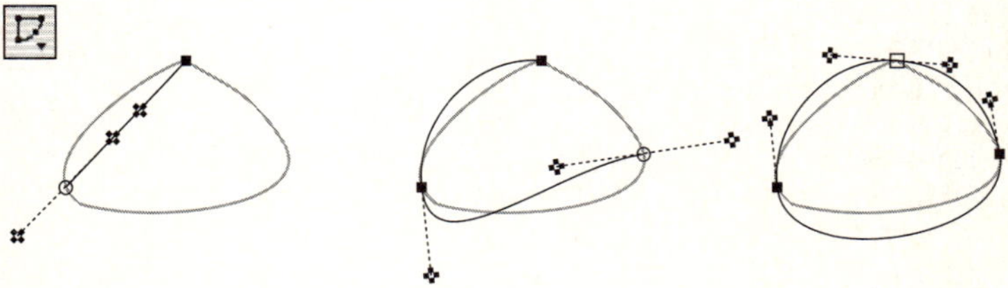

Mit der Bezier-Funktion wird ebenfalls mit dem Eckpunkt oben durch einfaches Klicken begonnen. Um den zweiten Punkt als Kurvenpunkt zu setzen, wird die ⌥-Taste gedrückt und geklickt.

Da alle Kurvenpunkte bei diesem Werkzeug mit automatischer Krümmung (siehe Seite 187) gesetzt werden, entsteht zunächst eine gerade Verbindung zum ersten Punkt.

Nach dem Setzen des dritten Punktes passen sich die Anfasser des zweiten dem neuen Verlauf an und die Anfasser des dritten nach dem Setzen des letzten über den ersten Punkt.

Die mit dem *Stift-Werkzeug* erstellte Form kommt dem gewünschten Ergebnis näher als die Bezier-Form. Beide müssen jedoch nachbearbeitet werden (siehe nächste Seite).

Bearbeiten der Form

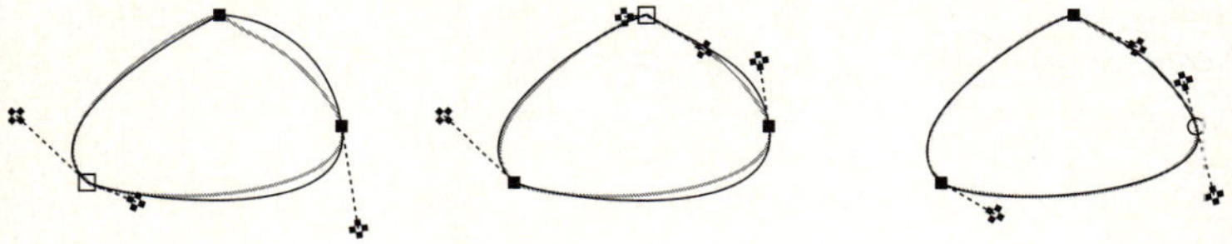

Um dem Pfad seine endgültige Form zu geben, werden die Punkte nacheinander markiert und die Anfasser angepasst. Der zweite Punkt wurde in einen Eckpunkt umgewandelt (Anklicken des Symbols im Bedienfeld *Objekt*.
Aus dem ersten Punkt musste noch der eine Anfasser herausgezogen werden.

Hinweise für eine effektive Arbeitsweise mit dem *Stift-Werkzeug*

Mit der [⌘]-Taste Punkte beim Setzen verschieben

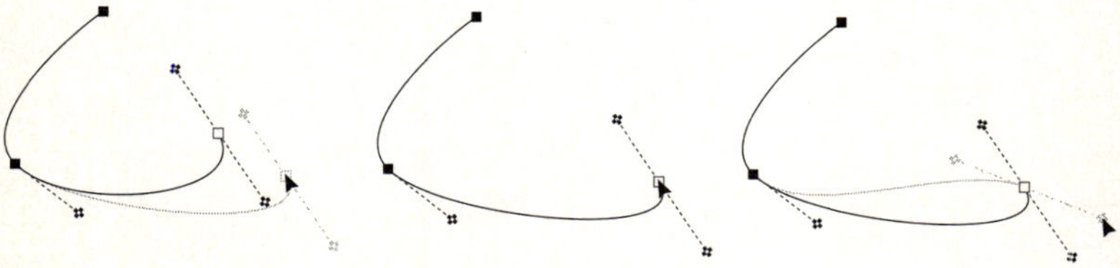

Schon beim Setzen von Punkten können diese verschoben werden. Ohne die Maustaste loszulassen, wird die [⌘]-Taste gedrückt. Wurde ein Kurvenpunkt durch Klicken und Ziehen gesetzt, behalten die Anfasser ihre Position bei, sobald die [⌘]-Taste gedrückt wird. Weiteres Ziehen bewirkt das Verschieben des Punktes. Wird die [⌘]-Taste losgelassen, bleibt der Punkt an seiner Stelle, und die Anfasser lassen sich wieder drehen.

Wenige Punkte benutzen

Um einen harmonischen Verlauf von Kurven zu gewährleisten, sollte mit möglichst wenigen Punkten gearbeitet werden. Die Kurven für das Innere der Muschelform sind durch das Herausziehen der Anfasser aus den beiden Endpunkten einer Geraden entstanden.

Gleichmäßige Wellenlinien

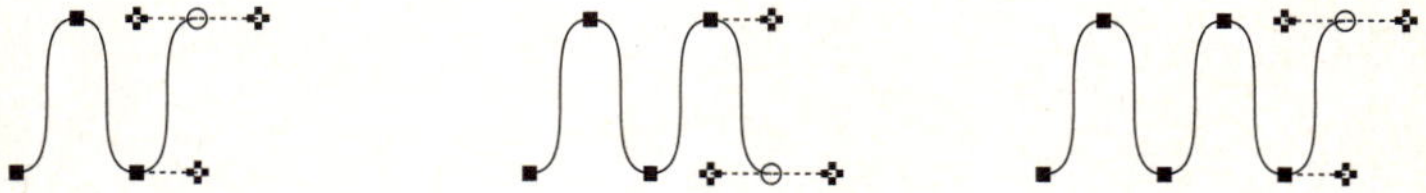

Die Figur kann schnell gezeichnet werden, indem man zu Beginn ein Raster einstellt *(Ansicht ➤ Raster ➤ Bearbeiten).* Schon beim Setzen der Punkte werden die Anfasser herausgezogen und am Raster ausgerichtet.

Anfasser von Eckpunkten beim Setzen mit der ⌥-Taste herausziehen

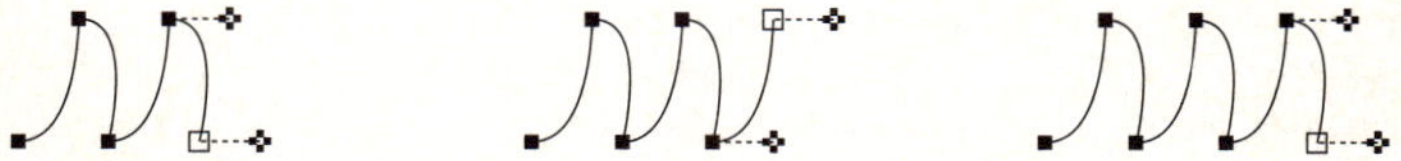

Man kann aus Eckpunkten den Anfasser für das Segment nach dem Punkt während des Setzens herausziehen, indem man die ⌥-Taste drückt, den Punkt setzt und in Zeichenrichtung weiterzieht.

Pfade bearbeiten

Pfade schließen

Um Pfade füllen zu können oder einen Inhalt einzufügen (Inhalte siehe Seite 363), sollten sie besser geschlossen sein. Oftmals sieht ein Pfad geschlossen aus, ist es aber nicht.

Die beste Kontrolle besteht darin, im Bedienfeld *Objekt* die Checkbox *Geschlossen* zu überprüfen.

Die Checkbox

Ausgangssituation

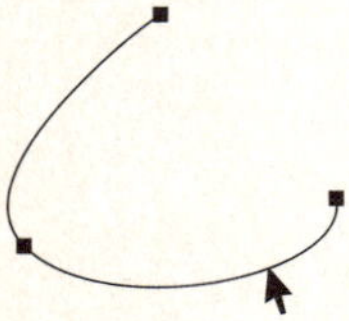

Die Checkbox *Automatisch* kann beim Schließen eines Pfades von enormer Bedeutung sein.

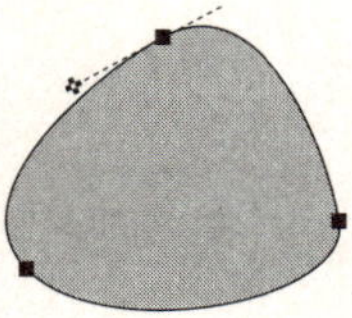

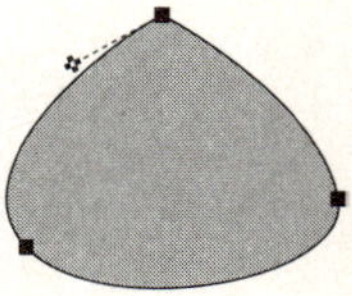

Wird ein Pfad durch das Anklicken der Checkbox im Bedienfeld *Objekt* geschlossen, wird ein Liniensegment zwischen den beiden Endpunkten gezogen. Beide Punkte behalten dabei ihre Charakteristika wie Punktart und Anfasser bei.

Durch das Setzen eines neuen Punktes über einen Endpunkt

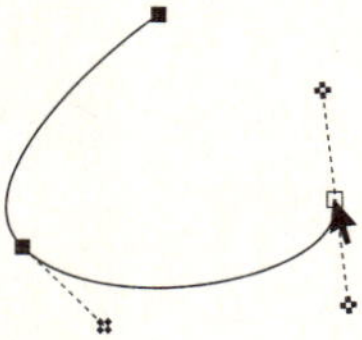

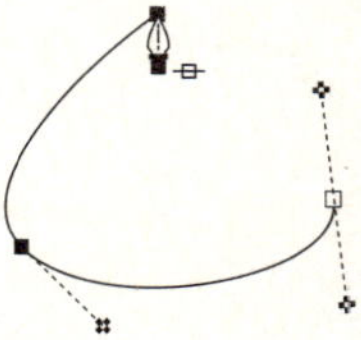

Pfade können auch geschlossen werden, indem man einen Endpunkt markiert und mit dem *Stift-Werkzeug* einen neuen Punkt über den anderen Endpunkt setzt. Dieser wird dann durch den neuen Punkt ersetzt.

War der ersetzte Punkt ein Kurvenpunkt mit herausgezogenen Griffen, kann durch das Ersetzen das Ergebnis erheblich anders aussehen als beim Schließen über die Checkbox *Geschlossen*.

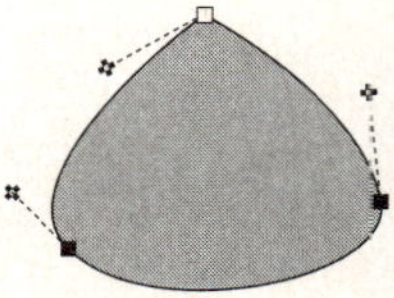

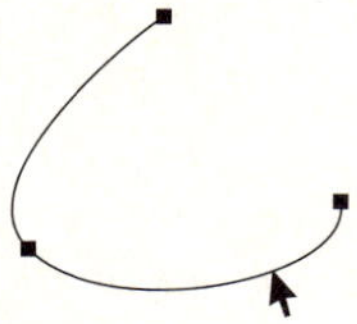

Ausgangssituation

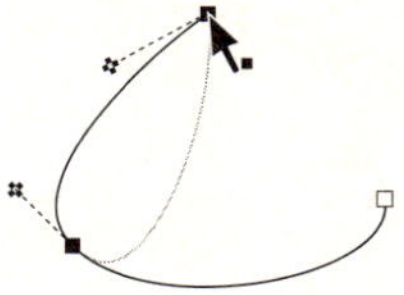

Durch Ziehen des einen über den anderen Endpunkt

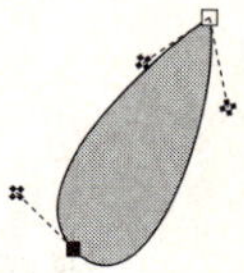

Eine weitere Möglichkeit, einen Pfad zu schließen, besteht darin, einen der Endpunkte mit dem *Auswahl-Werkzeug* über den anderen zu ziehen. Damit das auch immer klappt, sollte die Option *An Punkt ausrichten* aus dem Menü *Ansicht* eingeschaltet sein, dann ist nämlich keine besondere Sorgfalt beim Treffen notwendig. Das Auswahl-Werkzeug zeigt, wenn es über dem Pfadpunkt ist, einen kleinen schwarzen Punkt an.

Pfade öffnen

Ein Pfad ist immer dann offen, wenn er zwei Endpunkte aufweist. Dies kann bei einem geschlossenen Pfad durch das Deaktivieren der Checkbox *Geschlossen* im Bedienfeld *Objekt* erreicht werden oder indem man den Pfad an einer oder mehreren Stellen trennt.

Zum Öffnen von Pfaden mit dem Befehl *Modifizieren ➛ Teilen* siehe Seite 209.

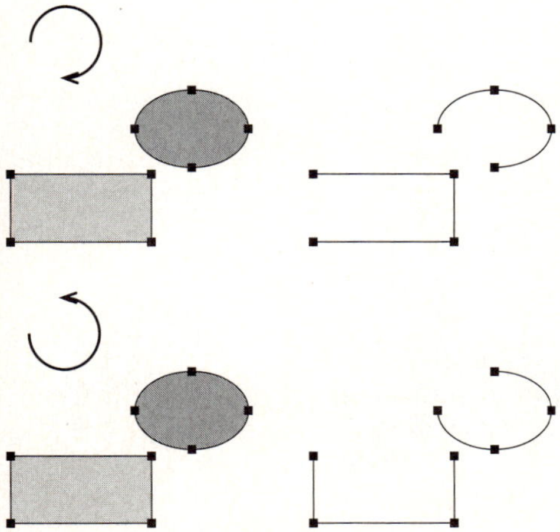

Durch das Deaktivieren der Checkbox *Geschlossen* wird das letzte Liniensegment gelöscht.
Bei Rechtecken, Ellipsen und Vielecken ist die Zeichenrichtung rechtsherum.
Wird der Befehl *Modifizieren ➛ Pfad ändern ➛ Richtung umkehren* angewandt, öffnet sich ein Pfad an anderer Stelle als zuvor.

Pfade teilen

Offene oder geschlossene Pfade können sowohl an beliebigen Stellen als auch an Stellen, wo sich Punkte befinden, geteilt werden.

Die Teilung an einer beliebigen Stelle erfolgt mit dem Schneidemesser  oder mit dem Radiergummi , das Teilen an einem Punkt über den Befehl *Modifizieren ➛ Teilen.*

Teilen mit dem Messer-Werkzeug

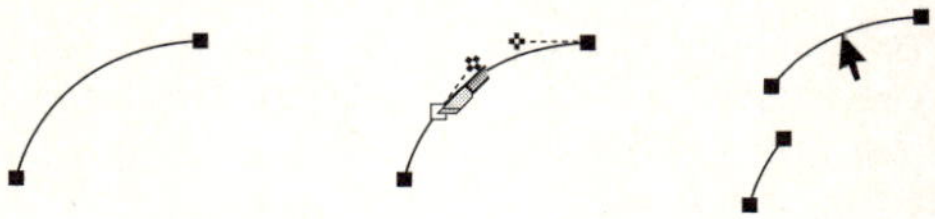

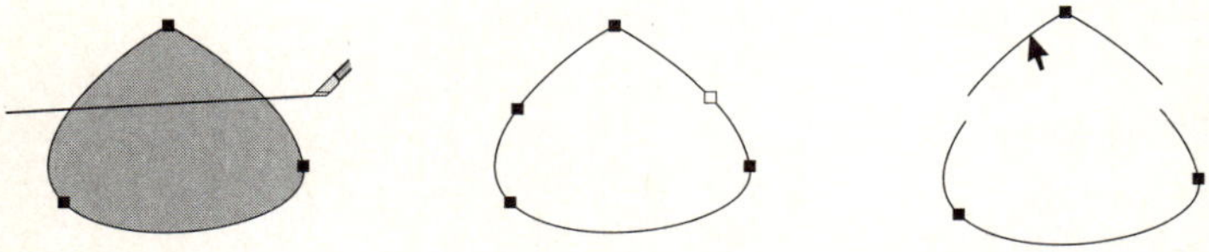

Mit dem *Messer-Werkzeug* kann an beliebiger Stelle getrennt werden. Entweder man klickt mit dem Werkzeug auf den markierten Pfad, oder man zieht eine Linie darüber, die den Weg überall dort trennt, wo sie ihn schneidet. Es entstehen an den Trennstellen jeweils die beiden Endpunkte der neuen Pfade, die sich überlagern.

Ein geschlossener Pfad, der nur an einer Stelle getrennt wird, ist danach offen, wobei sich seine beiden Endpunkte überlagern.

Durch einen Doppelklick auf die Funktion öffnet sich ein Dialog, in dem man dem Messer eine bestimmte Breite geben kann. Im oberen Beispiel ist *Gerade* eingestellt, im unteren *Freihand.* Außerdem ist die Checkbox *Zerschnittene Pfade schließen* aktiv, sodass die nach dem Schnitt übrig bleibenden Hälften automatisch geschlossen werden. Der Freihand-Einstellung kann über die Checkbox *Dicht* eine höhere Genauigkeit durch eine größere Anzahl an entstehenden Punkten zugewiesen werden.

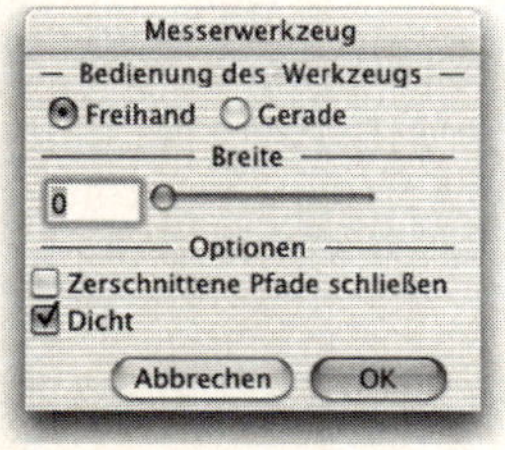

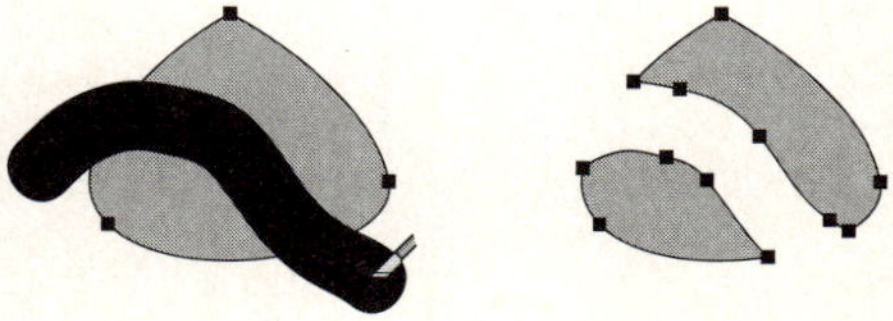

Teilen mit dem Radiergummi

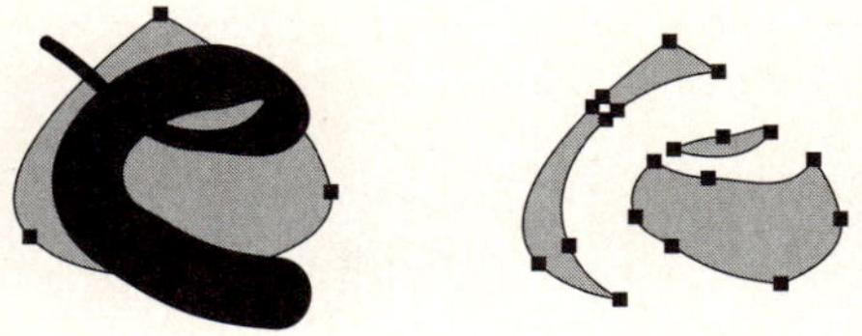

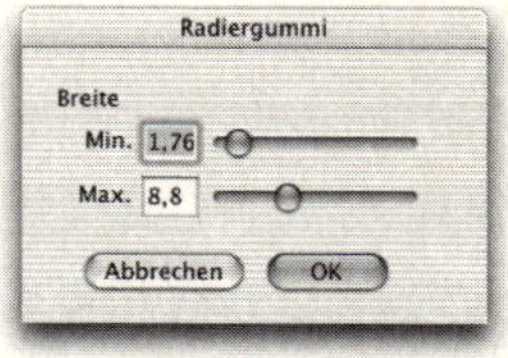

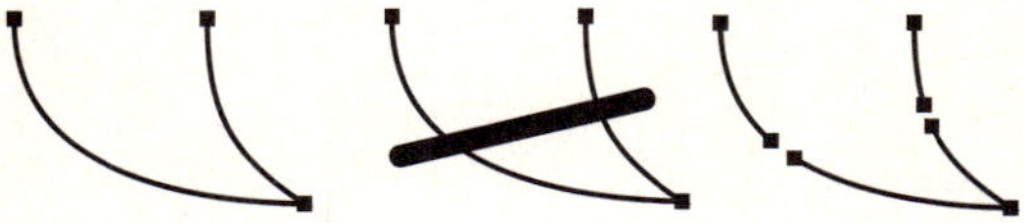

⚠ Sowohl für das *Messer-Werkzeug* als auch für das *Radiergummi* gilt: Hält man beim Schneiden oder Radieren die [⌥]-Taste gedrückt, wird mit Geraden gearbeitet.

Mit dem *Radiergummi* kann wie mit dem *Messer-Werkzeug* an beliebiger Stelle getrennt werden. Der Unterschied besteht darin, dass das Radiergummi intelligent erkennt, ob ein Pfad geöffnet oder geschlossen ist. Je nach dem werden dann geöffnete oder geschlossene Teilpfade entstehen. Zudem lässt sich das Radiergummi regeln wie bei dem *variablen Strich-Werkzeug*. Mit den Pfeiltasten nach links ([←]) oder rechts ([→]) lässt sich die Größe auch ohne drucksensitiven Stift eines Grafiktabletts regeln.

Teilen an Stellen mit vorhandenen Punkten ([⌘][⇧]J)

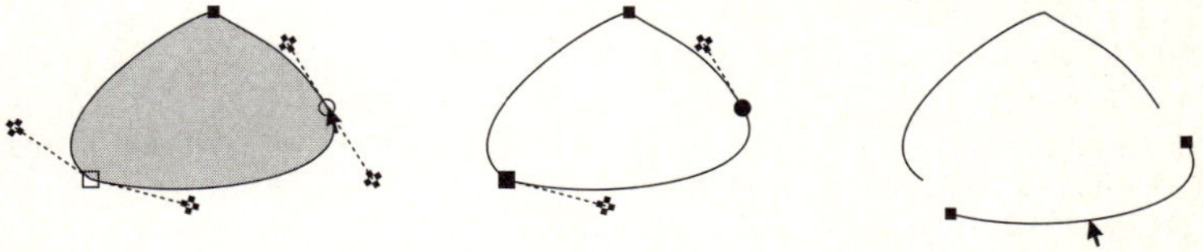

Die Punkte, an denen der Pfad geteilt werden soll, werden markiert (den ersten anklicken, alle weiteren mit der [⇧]-Taste). Es kann natürlich auch nur an einem Punkt geteilt werden.

Nach der Anwahl des Befehls *Modifizieren ➛ Teilen* ([⌘][⇧]J) liegen anstelle der ausgewählten Punkte jetzt jeweils zwei übereinander – die Endpunkte der neu entstandenen Pfade, erkennbar an dem etwas größeren farbigen Quadrat oder Kreis. Nachdem ein Pfad entmarkiert wurde, kann der andere verschoben werden.

Punkte an einen offenen Pfad anfügen

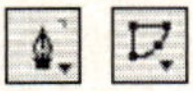

Ein offener Pfad kann durch das Anfügen weiterer Punkte verlängert werden. Wichtig ist dabei, den Endpunkt zu markieren, an den angefügt werden soll.

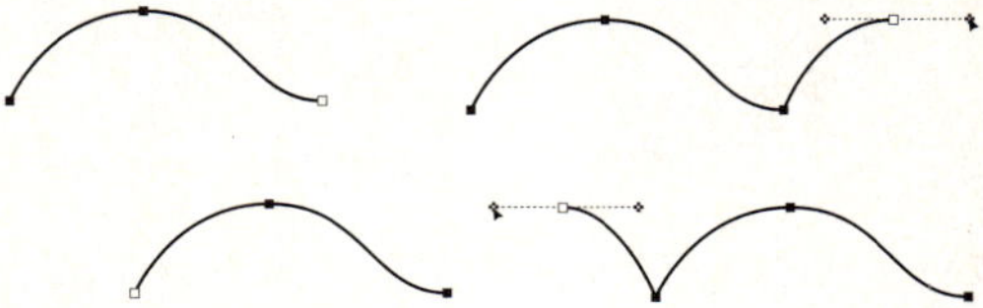

Punkte können sowohl mit dem *Stift-Werkzeug* als auch mit dem *Bezier-Werkzeug* angefügt werden. Der Endpunkt, an den angefügt werden soll, muss markiert sein. Das kann entweder mit einem *Auswahl-Werkzeug* geschehen oder direkt mit *Stift-* oder *Bezier-Werkzeug*. Danach kann der neue Punkt gesetzt werden.

Punkte in einen Pfad einfügen

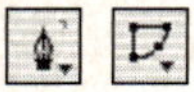

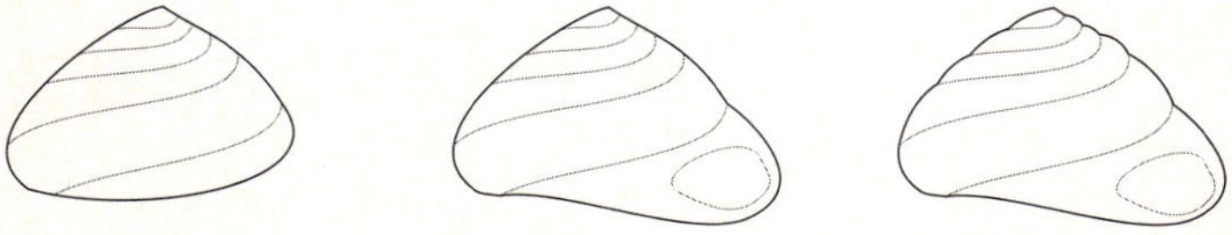

Um die Grundform zunächst in die Form in der Mitte und dann in die rechts abgebildete umzuwandeln, müssen etliche Punkte eingefügt werden.

Eckpunkte		Klicken
Kurvenpunkte		Klicken + Ziehen
Verbindungspunkte		⌥-Taste + Klicken
		ctrl-Taste + Klicken

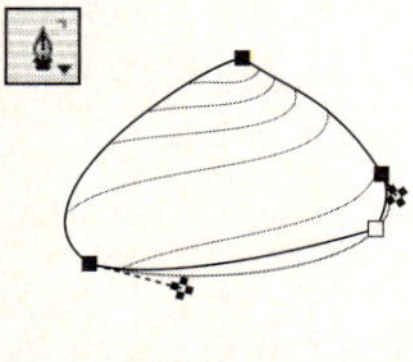

Wird mit dem *Stift-Werkzeug* ein Punkt in ein gekrümmtes Segment eingefügt, verändert sich der Kurvenverlauf, was oftmals nicht erwünscht ist. Besser eignet sich das *Bezier-Werkzeug* bei gedrückter ⌥-Taste.

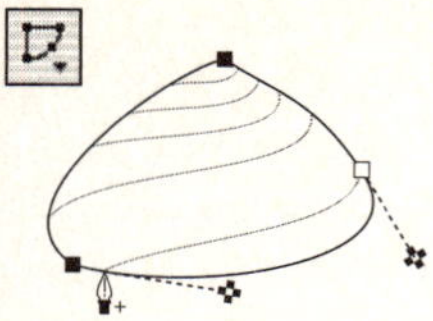

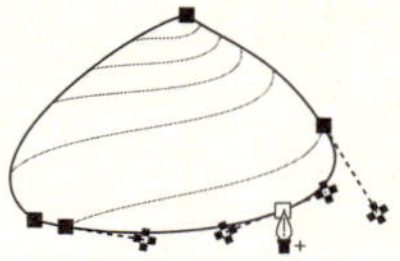

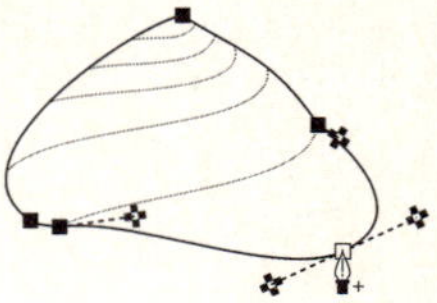

Ein Punkt kann in einen Pfad eingefügt werden, wenn dieser markiert ist und die *Zeichenfeder* oder das *Bezier-Werkzeug* als Werkzeug gewählt sind. Klickt man auf ein Segment des Pfades, entsteht dort ein neuer Punkt. Ist das Segment gekrümmt, ist es vorteilhaft, mit dem *Bezier-Werkzeug* bei gedrückter [⌥]-Taste zu klicken, da so ein Kurvenpunkt entsteht und die Kurve in ihrem bisherigen Verlauf nicht verändert wird.
Um den oberen Teil der Form nicht zu beeinträchtigen, wird zunächst ein **Stützpunkt** eingefügt (links). Danach wird ein weiterer Punkt gesetzt und der rechte Punkt in einen Eckpunkt umgewandelt.

Würde man das nicht tun, ließe sich der Kurvenverlauf an dieser Stelle nicht verändern, ohne den oberen Teil der Form zu verändern.
Setzt man neue Punkte in einen Pfad, lassen sich diese schon beim Klicken in ihrer Position verändern, indem man die Maustaste nicht loslässt und zieht.

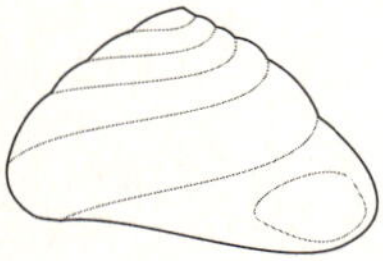

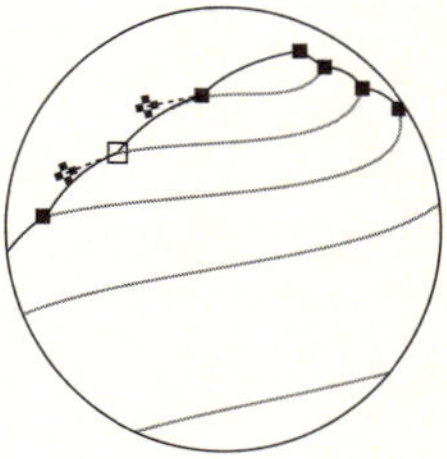

Um die Wellen auf der Außenform zu modellieren, werden Eckpunkte eingesetzt und jeweils ein Anfasser herausgezogen.

Punkte in regelmäßigen Abständen einfügen

Menü *Xtras* ➛ *Verzerren* ➛ *Punkte hinzufügen*

Um in einen bereits vorhandenen Pfad weitere Punkte aufzunehmen, die in regelmäßigen Abständen gesetzt werden sollen, bietet sich das Xtra *Punkte hinzufügen* an. Mit dieser Funktion werden mittig zwischen zwei existierenden Punkten neue Punkte eingefügt.

- Markieren Sie den Pfad, in den Sie Punkte aufnehmen möchten, mit einem *Auswahl-Werkzeug*. Es ist hierbei unerheblich, ob der Pfad geschlossen ist oder nicht und ob er einen einfachen Pfad darstellt oder ein Grundzeichenelement.

- Wählen Sie unter *Xtras* ➛ *Verzerren* ➛ *Punkte hinzufügen* aus oder wählen Sie alternativ hierzu das entsprechende Xtra aus der Symbolleiste *Xtra-Funktionen*.

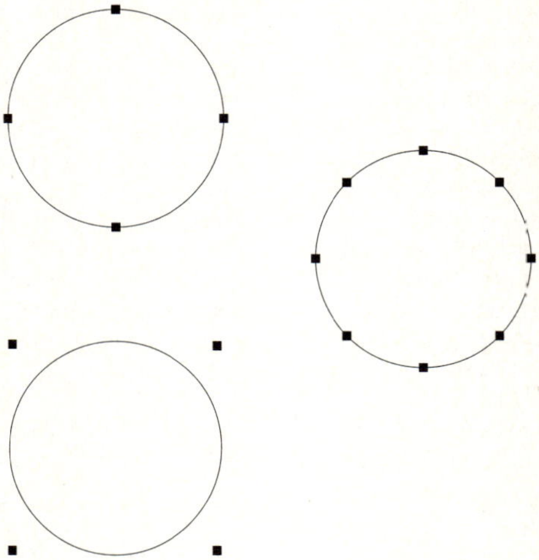

Das Xtra kann anschließend mit ⇧ ⌘ = oder *Xtras* ➛ *Male wiederholen* beliebig oft wiederholt werden.

Punkte löschen

Um Punkte zu löschen, müssen sie markiert sein und können dann mit der *Lösch-* oder *Backspace-Taste* (Rückholtaste) entfernt werden. Wird ein Endpunkt eines offenen Pfades markiert und gelöscht, ist der neue Endpunkt wiederum markiert.

Wird ein einzelner Punkt gelöscht, kann nicht der Befehl *Bearbeiten* ➛ *Löschen* benutzt werden, da dann der gesamte Pfad gelöscht wird.

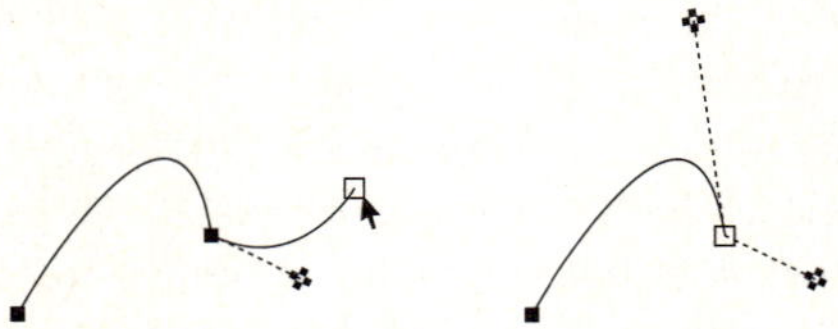

Wird ein Punkt eines geschlossenen Pfades markiert und gelöscht, ist, nachdem der Punkt gelöscht wurde, der gesamte Pfad markiert. Würde man nun erneut löschen, würde der gesamte Pfad gelöscht.

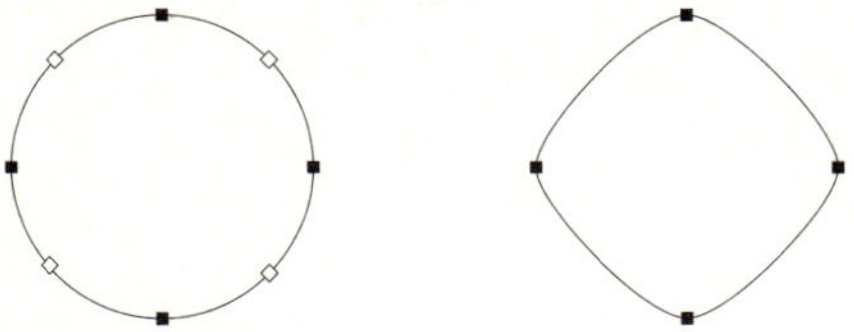

Punktart ändern

Wird ein Punkt markiert, so kann er durch Klicken auf das entsprechende Symbol im Bedienfeld *Objekt* in eine andere Punktart verwandelt werden. Oftmals ändert sich der Kurvenverlauf dadurch nicht, aber die Eigenschaften der Griffe haben sich verändert (siehe Seite 187). Nachträglich können jedoch die Griffe versteckt werden.

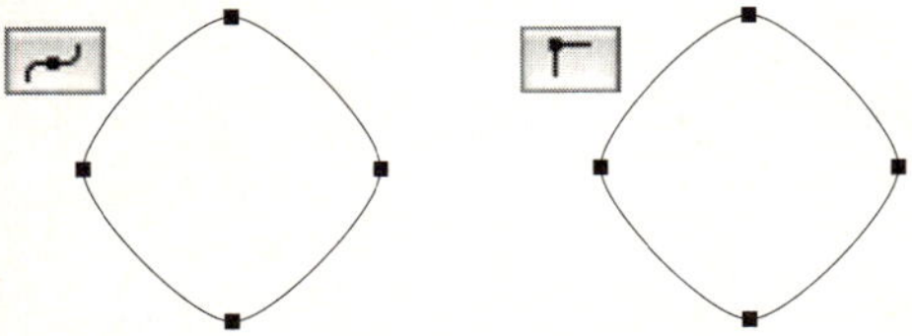

Pfade verbinden

Sollen offene Pfade miteinander verbunden werden, gibt es zwei Möglichkeiten, dies zu tun. Zum einen ist dies über den Menübefehl *Modifizieren* ➛ *Verbinden* (⌘J) möglich, zum anderen kann das *Stift-Werkzeug* mit einer Sonderfunktion dies leisten.

Der Menübefehl *Modifizieren* ➛ *Verbinden* (⌘J) kann sowohl auf offene als auch auf geschlossene Pfade angewandt werden, wobei die Ergebnisse jedoch völlig anders geartet sein werden.

⚠ Der Befehl *Modifizieren* ➛ *Verbinden* oder ⌘J verbindet nur dann zwei Pfade, deren Endpunkte sich nicht berühren, wenn in den Vorgaben die Checkbox *Getrennte Pfade verbinden* aktiv ist (*FreeHand MX* ➛ *Einstellungen* ➛ *Objekt*). Siehe dazu auch Seite 50.

Zum Befehl für zusammengesetzte Pfade siehe S. 375.

Das *Stift-Werkzeug* verbindet immer nur offene Pfade. Geschlossene Pfade lassen sich hiermit nicht verbinden.

Verbinden ⌘J

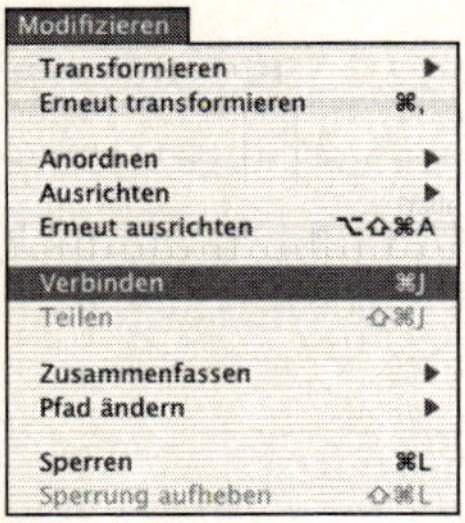

Markieren Sie zwei offene Pfade und wählen Sie *Modifizieren ➛ Verbinden*. Für das Ergebnis ist es völlig unerheblich, ob die Endpunkte aktiviert wurden oder nicht. Es ist jedoch von extremer Bedeutung, wie weit die Endpunkte voneinander entfernt sind. FreeHand sucht sich immer die Endpunkte mit der kürzesten Entfernung zueinander aus. Berühren sich die Endpunkte der beiden Pfade nicht, wird ein Liniensegment zwischen zwei Endpunkten eingefügt.

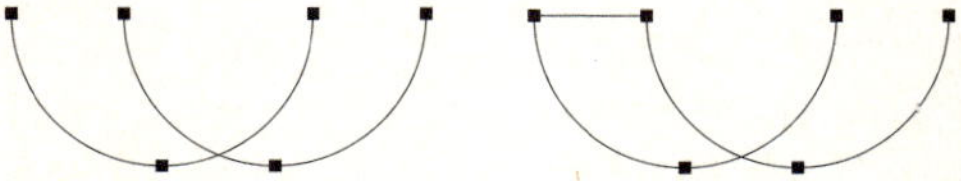

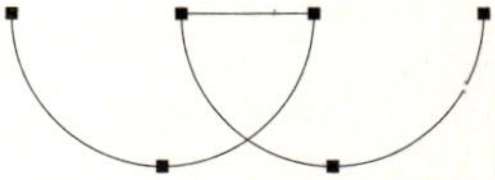

Der entstandene Einzelpfad wird jedoch nicht automatisch geschlossen. Ihn zu schließen ist ein weiterer Schritt (zum Beispiel über die Checkbox Geschlossen).

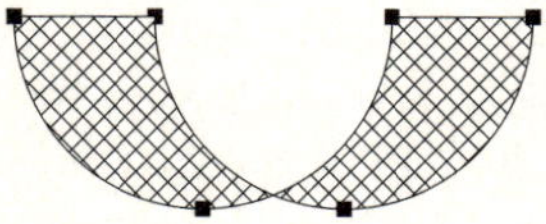

Berühren sich zwei Endpunkte, werden diese durch den Befehl *Modifizieren ➛ Verbinden* oder ⌘J zu einem einzigen verschmolzen, und der Pfad kann gegebenenfalls danach geschlossen werden.

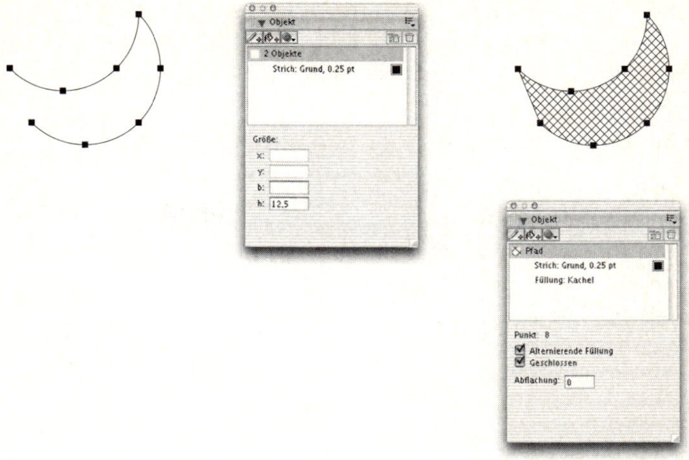

Das Problem älterer FreeHand-Versionen, dass sich bei markierten Pfaden, deren Punkte sich überlagern, die Darstellung der Punkte aufheben kann, ist nicht mehr vorhanden. Trotzdem kann ein Blick auf das Bedienfeld *Objekt* nie schaden. Wird bei Objekten, bei denen sich beide Endpunkte überlagern, der Befehl *Modifizieren → Verbinden* oder [⌘] J angewendet, ist es wahrscheinlich, dass der entstehende neue Pfad auch gleichzeitig geschlossen wird.

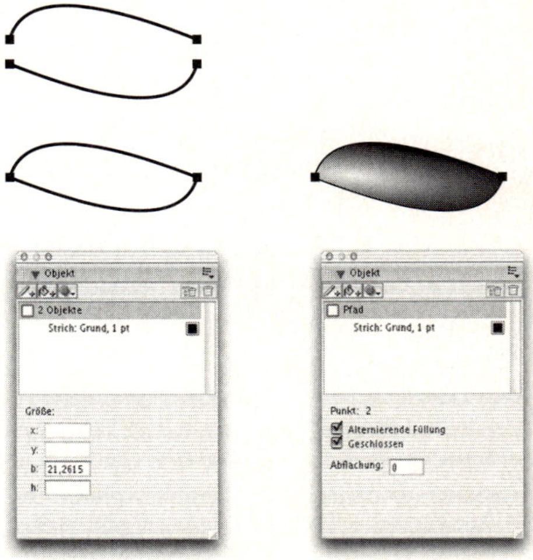

Sollen offene Pfade mit dem *Stift-Werkzeug* verbunden werden, muss man einerseits die [⌥]-Taste gedrückt halten und andererseits auf Symbole achten. Sind die Pfade erst einmal verbunden, steht die volle Funktionsweise des *Stift-Werkzeuges* zur Verfügung. Dann kann die [⌥]-Taste losgelassen werden.

Verbinden mit dem Zeichenstift-Werkzeug

Das Stift-Werkzeug bei gedrückter [⌥]-Taste

Zieht man nun an dem Punkt, können die zwei Griffe für einen Kurvenpunkt herausgeholt werden. Drückt man erneut die ⌥-Taste, wird ein erweiterter Eckpunkt aus dem Punkt und man kann den Griff, an dem man gerade zieht, abknicken. Hätte man die ⌥-Taste nicht losgelassen, würde man aus dem Punkt einen einzelnen Griff herausholen.

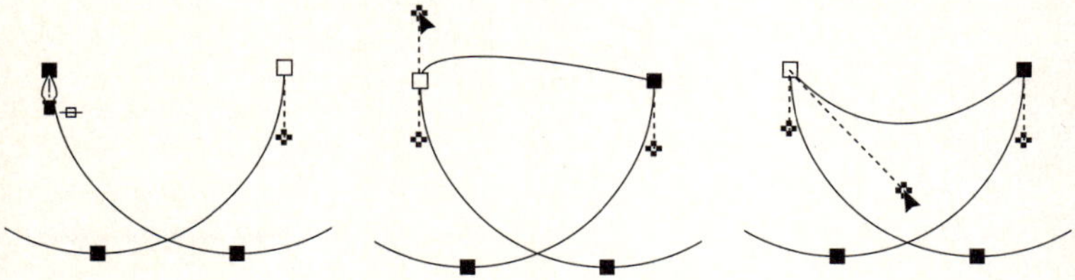

Kurvenpunkt

erweiterter Eckpunkt

Pfadsegmente ändern

Bisher wurde nur gezeigt, wie der Verlauf von Pfadsegmenten durch das Verändern der Anfasser beeinflusst werden kann. Dies ist die exaktere Methode.

Ein mehr assoziativer, wenn auch nicht sehr praktischer Weg ist das Ziehen an einem Segment mit dem Teilauswahl-Werkzeug bei gedrückter ⌥-Taste.

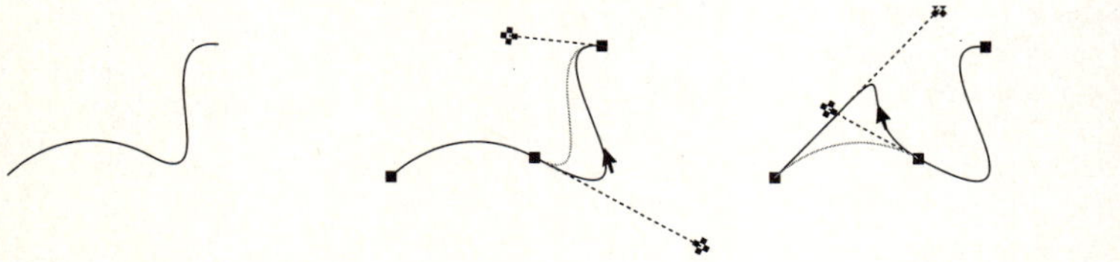

Der Pfad wird markiert und das zu verändernde Segment bei gedrückter ⌥-Taste mit dem Pfeilzeiger gezogen. Oftmals ist es schwierig, die gewünschte Form herzustellen, da sich beide für das Segment verantwortlichen Anfasser bewegen.

FreeHand MX → Objekt Pfade durch Ziehen mit ⌥-Taste kopieren **beachten!**

Strich erweitern

Der Befehl *Modifizieren ➛ Pfad ändern ➛ Strich erweitern...* hat nichts mit der Gestaltung des Strichs zu tun, sondern verwandelt einen offenen Pfad in einen gefüllten geschlossenen, sodass er aussieht, als sei er ein dickerer Strich.

Bei offenen Pfaden (für geschlossene Pfade wird der Befehl auf Seite 377 besprochen).

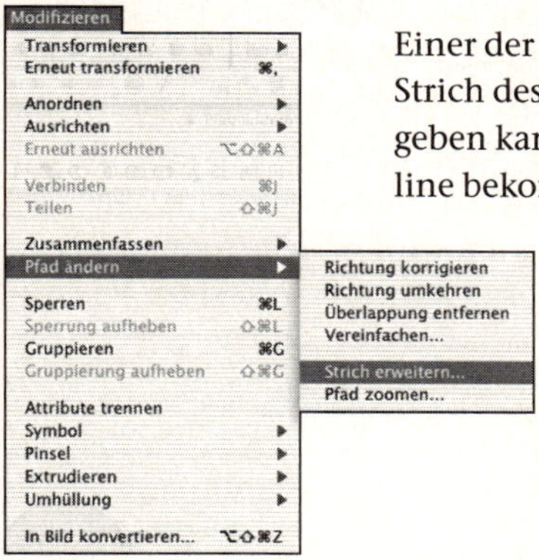

Einer der Vorteile liegt darin, dass man dem Strich des neuen Pfades eine andere Farbe geben kann als der Füllung und so eine Outline bekommt.

Der Befehl ist auch über *Xtras ➛ Pfadoperationen ➛ Strich erweitern* und über das gleichnamige Xtra in der Symbolleiste *Xtra-Funktionen* erhältlich.

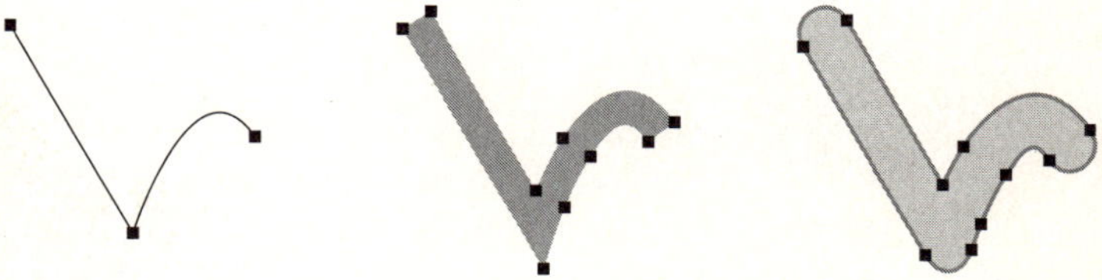

Der Befehl *Modifizieren ➛ Pfad ändern ➛ Strich erweitern* öffnet den Dialog, in dem die *Breite* des neuen geschlossenen Pfades eingestellt werden kann. Ändert man den vorgegebenen Wert für *Breite* nicht, besitzt der Pfad die gleiche Breite wie der Strich zuvor.
Der Pfad besitzt vorerst keine Strichinformation.

Die Füllung des Pfades hat die Farbe des ursprünglichen Striches. Die Schaltfelder *Abschluss* und *Verbindung* bestimmen das Aussehen der Enden und der Ecken (siehe dazu *Striche* auf Seite 230).
Wird dem Pfad nachträglich ein Strich zugewiesen, bekommt man eine Figur mit einer Outline.

Pfad vereinfachen

Besonders wenn ein Pfad korrigiert werden soll, ist es von Vorteil, wenn er nur die nötigen Punkte aufweist und neue gegebenenfalls gezielt eingesetzt werden.

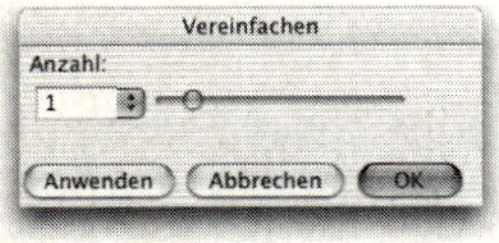

Der Befehl *Vereinfachen* unter *Modifizieren ➛ Pfad ändern, Xtras ➛ säubern* oder Symbolleiste *Xtra-Funktionen* öffnet einen Dialog, in dem man die *Anzahl* nicht über den Wert *0,8 – 1,5* setzen sollte. Bei höheren Werten verformt sich der Pfad unter Umständen stark. Die Schaltfläche *Anwenden* lässt die Anwendung zu, ohne das Dialogfeld zu verlassen.

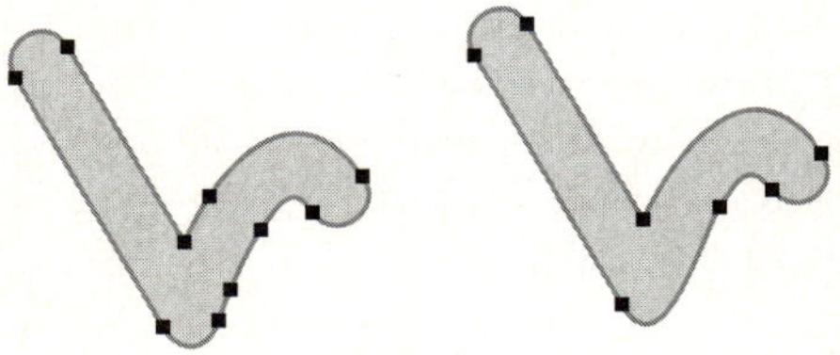

Vergröbern (Aufrauen-Werkzeug)

Dieses *Aufrauen-Werkzeug* kann je nach Einstellung die Pfadkontur eines homogenen Pfades extrem bis minimal deformieren. Ein Doppelklick auf das Werkzeugsymbol öffnet den Einstelldialog. Hier lässt sich einstellen, ob die Übergänge von einem Punkt zum nächsten eher heftig oder weniger heftig deformiert werden sollen. Das Werkzeug erzeugt, falls nötig, neue Punkte oder verändert einfach nur Richtung und Entfernung der Griffe zu ihrem Pfadpunkt. Der Wert unter *Anzahl* steuert, ob und wie viele Unterteilungen erzeugt werden. Es sind Werte zwischen 1 und 100 möglich.

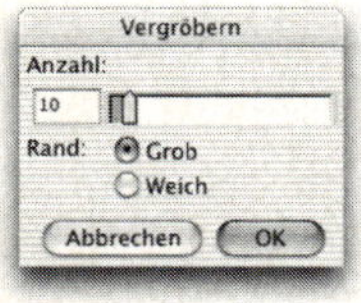

Das *Aufrauen-Werkzeug* ist über die *Werkzeugleiste* oder über das gleichnamige Xtra in der Symbolleiste *Xtra-Funktionen* erhältlich.

Wurde im Einstellungsdialog des Werkzeuges die Arbeitsweise festgelegt, kann man durch Anklicken und Ziehen mittels einer

Kreuzmarke ein ausgewähltes Objekt (einfacher Pfad, Gruppe, zusammengesetzter Pfad) verändern. Füllungen und Inhalte bleiben erhalten.

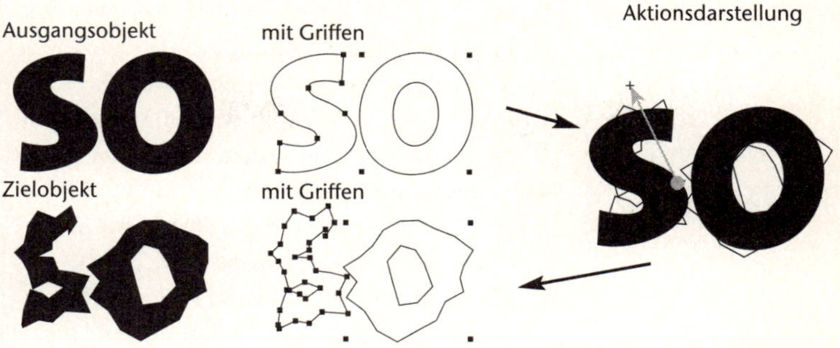

Biegen (Krümmungswerkzeug)

Der Deformationsgrad des *Krümmungswerkzeuges* ist ähnlich dem des Aufrauen-Werkzeuges, beim Krümmen bleiben die Pfadpunkte jedoch erhalten und die Veränderung bezieht sich nur auf die Griffe. Ein Doppelklick auf das Werkzeugsymbol öffnet den Einstellungsdialog. Hier lässt sich einstellen, wie stark deformiert werden soll. Es sind Werte zwischen 1 und 10 möglich.

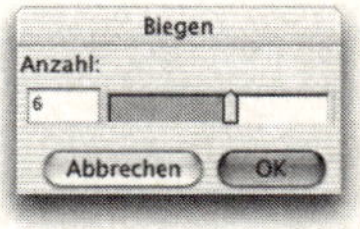

Der Regler *Anzahl* (das ist wahrscheinlich ein Übersetzungsfehler, gemeint ist *Stärke*) regelt den Umfang der Verzerrung.

Wurde im Einstellungsdialog des Werkzeuges die Arbeitsweise festgelegt, kann man durch Anklicken und Ziehen mittels einer Kreuzmarke ein ausgewähltes Objekt (einfacher Pfad, Gruppe, zusammengesetzter Pfad) verändern. Füllungen und Inhalte bleiben erhalten.

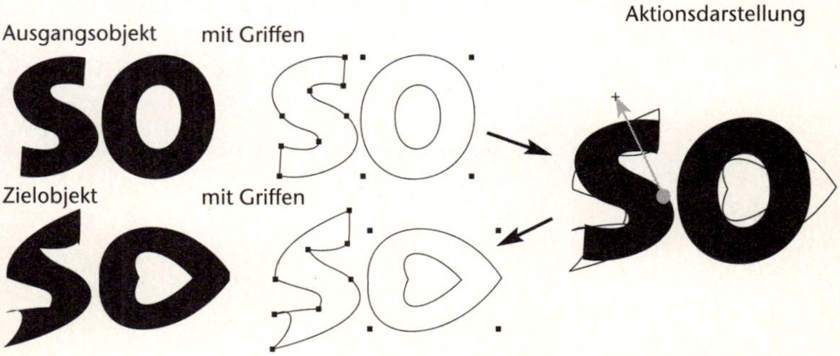

Druck/Zug 

Bereich umformen 

Freiformwerkzeug

Mit dem *Freiformwerkzeug* können Pfade durch eine veränderbare runde Werkzeugspitze verformt werden. Das Werkzeug erzeugt automatisch neue Zeichenpunkte. Prinzipiell sind zwei Vorgehensweisen möglich: *Druck/Zug* oder *Bereich umformen*. Je nach Wahl der Methode sind unterschiedliche Einstellungen möglich. Wird ein Grafiktablett benutzt, so unterstützen die Optionen *Größe (Andruck)* und *Länge (Andruck)* die Druckempfindlichkeit dieser Hardware.

Textrahmen und Bildinformationen sind nicht veränderbar.

Die einzelnen Methoden können optisch durch die Darstellung des Werkzeugbuttons in der Werkzeugleiste, die Form des Pfeilzeigers und die Darstellung der Werkzeugspitze unterschieden werden.

Der Pfad ist vor Benutzung des Werkzeuges zu markieren. Anschließend kann das Werkzeug durch Doppelklick auf das Werkzeugsymbol in der Werkzeugleiste eingestellt werden.

Das *Freiformwerkzeug* ist aktiv.

Der Zug-Cursor ist aktiv, und die Option *Zwischen Punkten* ist eingestellt.

Der Zug-Cursor ist aktiv, und die Option *Nach Länge* ist eingestellt.

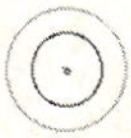

Bereich-umformen-Cursor bei gedrückter Maustaste

Druck/Zug-Cursor bei gedrückter Maustaste

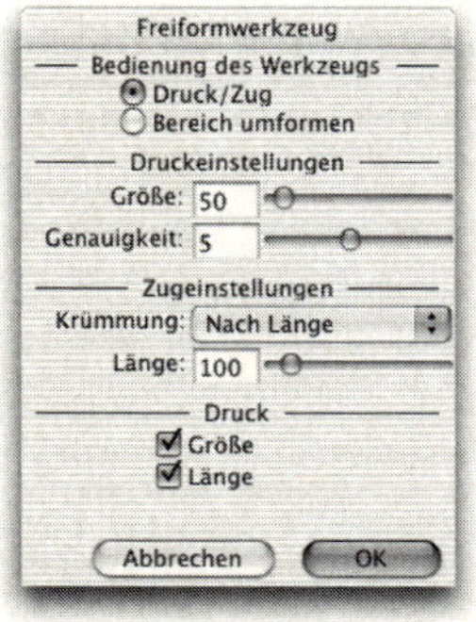

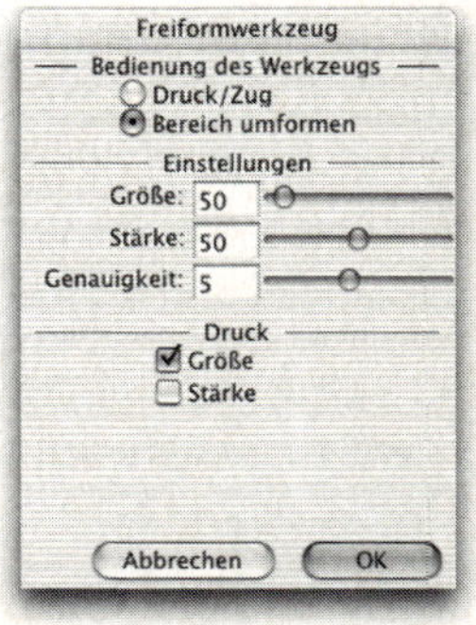

Druck/Zug

Größe

Der Regler stellt die *Größe* der zu benutzenden Werkzeugspitze ein. Es sind Größeneinstellungen von 1 bis 1000 Pixel möglich.

Genauigkeit

Hier wird reguliert, wie genau FreeHand die anschließend zu erzeugende Veränderung vornehmen soll. Werte von 1 bis 10 sind zulässig. Ein hoher Wert erzeugt eine größere Genauigkeit als ein niedriger.

Krümmung

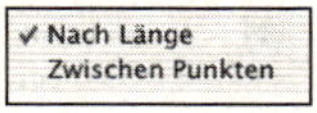

Die Wahl der *Krümmung* legt fest, ob ein Pfad zwischen zwei benachbarten Punkten verändert werden soll oder eine ganze Pfadstrecke.

Zwischen Punkten

Zwischen Punkten beeinflusst das gesamte Pfadsegment, an dem sich der Cursor befindet.

Nach Länge

Ist die Option *Nach Länge* gewählt worden, kann die Länge des Pfadsegmentes festgelegt werden, das durch Zug verändert werden soll. Es sind hier Werte zwischen 1 und 1000 Pixel möglich.

Bereich umformen

Größe

Es sind Werte zwischen 1 und 1000 Pixel möglich.

Der Regler stellt die *Größe* der zu benutzenden Werkzeugspitze ein. Hier kann die Größenanpassung eines drucksensitiven Zeichentabletts eingestellt werden.

Stärke

Es sind Werte zwischen 1 und 10 Prozent möglich.

Hier wird die *Stärke* des Umformkreises eingegeben. Die Einstellung regelt, wie stark die Veränderung bei der Anwendung sein wird.

Genauigkeit

Es sind Werte zwischen 1 und 10 Prozent möglich.

Je niedriger der Wert, desto ungenauer die Umformung, dafür entstehen aber weniger zusätzliche Punkte.

Druck/Zug-Werkzeug

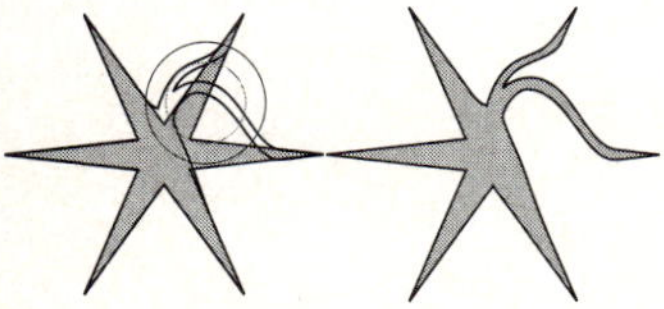

Bereich-umformen-Werkzeug

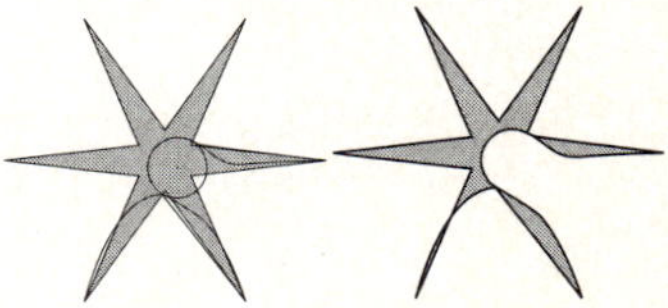

Objekte gruppieren

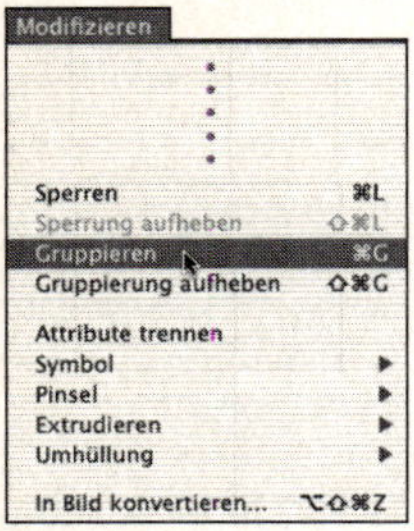

Die Gruppierung einer oder mehrerer markierter Gruppen wird mit dem Befehl *Modifizieren ➛ Gruppierung aufheben* oder ⇧⌘G aufgehoben.

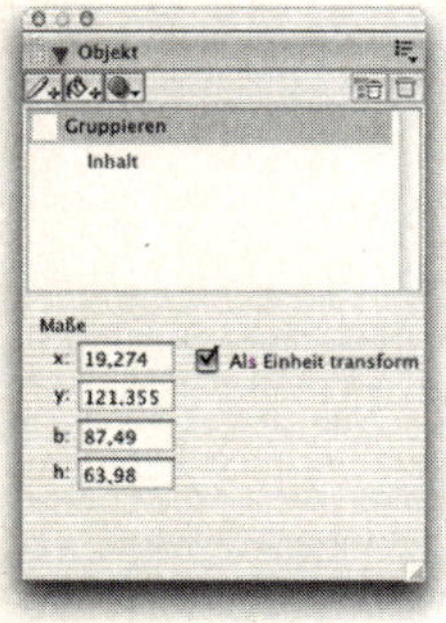

Werden Objekte oder Pfadpunkte zu einer Gruppe zusammengefasst, wird ihre Position zueinander festgelegt, sodass sie durch einen einzigen Klick zu markieren und als Gruppe zu bearbeiten sind. Jedes Objekt einer Gruppe behält seine individuellen Merkmale bei. Soll ein Objekt der Gruppe individuell bearbeitet werden, wird es bei gedrückter ⌥-Taste angeklickt und bearbeitet.

Es können alle Arten von Objekten gruppiert werden: Pfade, Textblöcke und importierte Grafiken.

Werden Objekte mehrerer Ebenen gruppiert, wird die Gruppe auf die aktuelle Zeichenebene verschoben; die Stapelfolge der Objekte untereinander bleibt erhalten (Ebenen siehe Seite 338ff).

Das Bedienfeld *Objekt* einer Gruppe zeigt deren Außenmaße (erkennbar an den vier Anfassern) und die Koordinaten des linken unteren Anfassers.

Die Punkte eines Pfades gruppieren

Um Pfade zu verwandeln, ist es in der Regel praktisch, sie zu gruppieren (Transformationen siehe Seite 394ff.).

Die Punkte eines einzelnen Pfades können gruppiert werden, indem der Pfad markiert und der Befehl *Modifizieren ➛ Gruppieren* oder ⌘G angewendet wird.

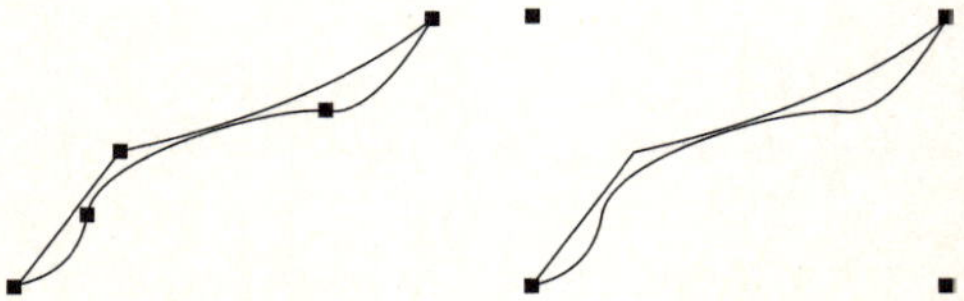

Auch ein Textblock kann gruppiert werden, sodass die Umrandung wegfällt, was beim Bearbeiten optisch von Vorteil sein kann.

Einen Textblock gruppieren

Sind die *Textlineale* im Menü *Ansicht* und die Option *Textgriffe anzeigen, wenn Lineal deaktiviert ist* in *FreeHand MX* ➛ *Einstellungen* ➛ *Bearbeiten* ➛ *Text* nicht ausgewählt, werden markierte Textblöcke auch ohne störende Anfasser angezeigt.

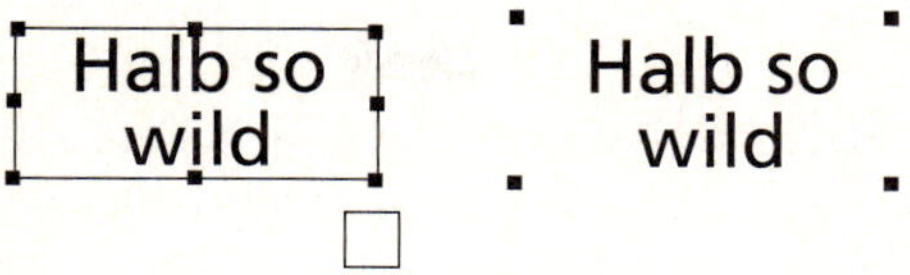

Eine Gruppe weist vier Anfasser auf, die mit dem Pfeilzeiger angefasst und verschoben werden können. Dadurch wird die Gruppe skaliert und gegebenenfalls verzerrt. Dies kann ein Grund für das Gruppieren eines einzelnen Pfades sein.

Eine Gruppe skalieren

Proportional bei gedrückter [⇧]-Taste (zum Thema Skalieren von Rechtecken und Kreisen siehe auch Seite 226f).

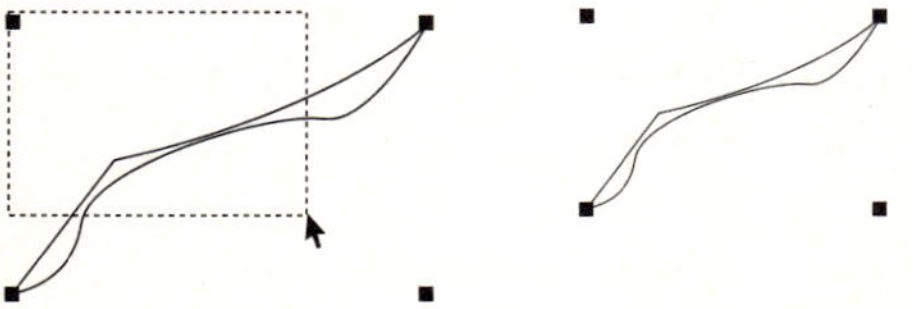

Um mehrere Objekte zu gruppieren, müssen alle markiert werden (einzeln bei gedrückter [⇧]-Taste anklicken oder einen Markierungsrahmen aufziehen).

Mehrere Objekte zu einer Gruppe zusammenfassen

Alle Objekte markieren und den Befehl *Modifizieren* ➛ *Gruppieren* oder [⌘]G anwenden.

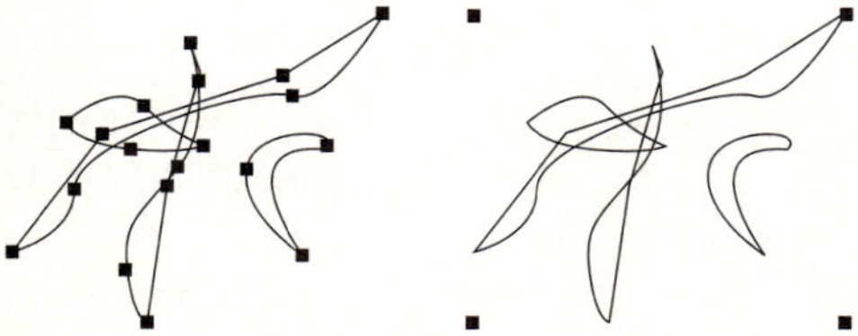

Eine Gruppe markieren

Markieren siehe auch Seite 173ff.

Um eine Gruppe zu markieren, wird eines ihrer Objekte mit dem Pfeilzeiger angeklickt; die vier Anfasser sind zu sehen. Wird zum Markieren ein Rahmen aufgezogen, müssen sich alle vier Anfasser der Gruppe innerhalb des Rahmens befinden, damit sie markiert wird.

Einzelne Objekte einer Gruppe markieren

Das Objekt wird bei gedrückter ⌥-Taste angeklickt.

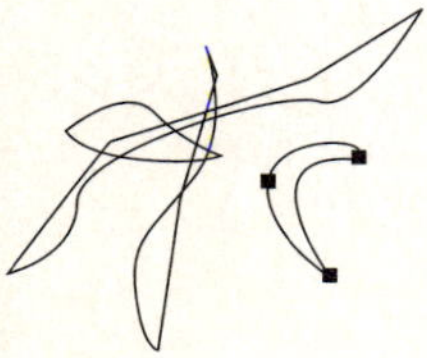

Soll ein einzelnes Objekt einer Gruppe bearbeitet werden, kann entweder die Gruppierung rückgängig gemacht (⇧⌘G) oder das Objekt mit dem *Teilauswahl-Werkzeug* oder bei gedrückter ⌥-Taste angeklickt werden.

Wird zusätzlich die ⇧-Taste gedrückt, können mehrere Teilobjekte markiert oder aus der Mehrfachauswahl genommen werden.

Zusammen mit der ctrl-Taste können verdeckte Objekte markiert werden. Einzelne Objekte einer Gruppe, die hinter anderen liegen, werden markiert, indem bei ausgewähltem *Teilauswahl-Werkzeug* die ctrl-Taste gedrückt wird.

Gruppenmerkmale ändern

Ist eine Gruppe markiert, können Füllungs- und Strichmerkmale der Objekte verändert werden, entweder über die Füllungs- oder Stricheigenschaften im Bedienfeld *Objekt* oder über das Bedienfeld *Farbfelder*. Sind die Merkmale zunächst unterschiedlich, ist das Eigenschaftsfeld im Bedienfeld *Objekt* zunächst leer. Durch Anklicken einer der Schaltflächen für Eigenschaften kann den Objekten einer Gruppe eine gemeinsame Strich-, Füllungs- oder Effekteigenschaft zugewiesen werden.

Objekteigenschaften

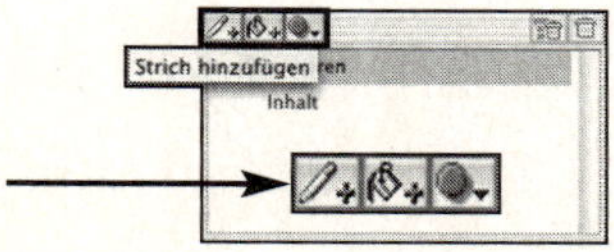

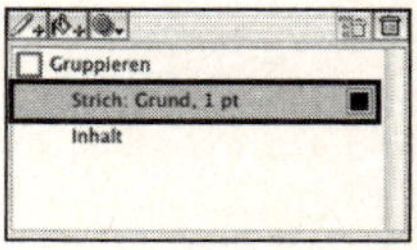

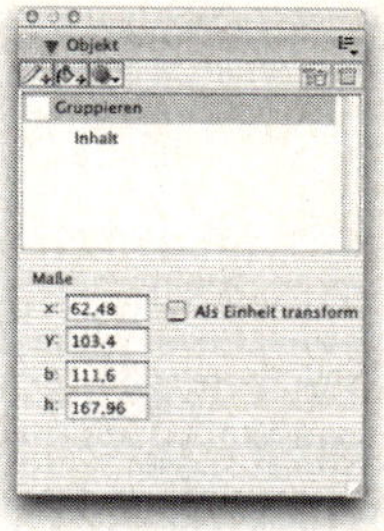

Eigenschaftsfeld des Bedienfeldes *Objek*t einer aktiven Gruppe mit unterschiedlichen Eigenschaftsmerkmalen

Diese Eigenschaften lassen sich anschließend im Einstellungsbereich genauer definieren.

- Markieren Sie die Gruppe und vergeben Sie im Bedienfeld *Objekt* eine Eigenschaft für Strich, Füllung oder Effekt.

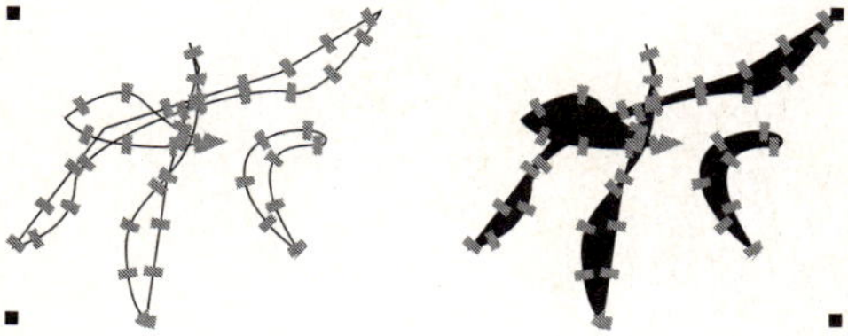

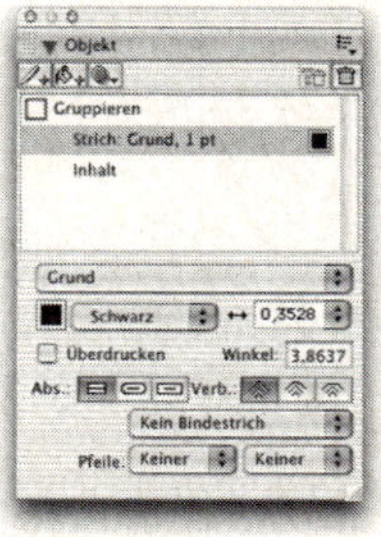

Eigenschaftsfeld des Bedienfeldes *Objek*t einer aktiven Gruppe mit unterschiedlichen Eigenschaftsmerkmalen

- Die eingestellten Gruppeneigenschaften werden den Eigenschaften der Einzelobjekte hinzugefügt. Das heißt: Markiert man mit dem *Teilauswahl-Werkzeug* eines der Gruppenobjekte, besitzt es unter Umständen eine andere Eigenschaft als die gesamte Gruppe.

Grundsätzlich lassen sich somit Objektstrukturen unterschiedliche Eigenschaften bzw. Mehrfacheigenschaften zuordnen. Um mit Mehrfacheigenschaften zu arbeiten, ist es notwendig, auf die Hierarchie der Eigenschaften zu achten. Die oberste Eigenschaft ist beim Objekt auch an oberster Stelle zu sehen. Somit ähnelt diese Hierarchieform der Ebenenhierarchie.

Wird eine Objektgruppe, nachdem sie Gemeinschaftseigenschaften bekommen hat, mit dem Befehl *Gruppierung aufheben* wieder in Einzelobjekte zurückverwandelt, gehen die Gemeinschaftsattribute verloren.

Verschachtelte Gruppen

Einer Gruppe können weitere Objekte und andere Gruppen hinzugefügt werden, indem sie und die Gruppe markiert und gruppiert werden. Es sind bis zu 20 Verschachtelungen möglich. Genauso oft, wie verschachtelt wurde, muss auch die Gruppierung wieder rückgängig gemacht werden.

Gruppen als Einheit transformieren

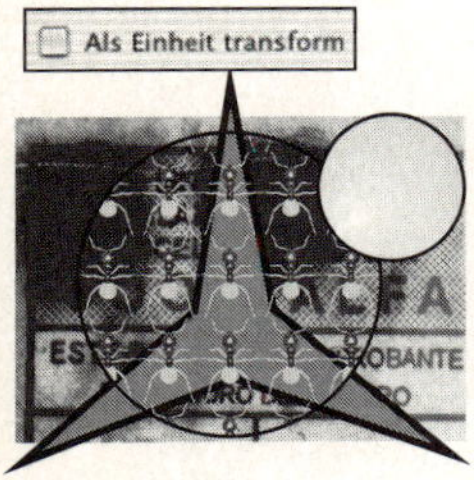

Gruppe

Verwandelte Gruppe

Nach dem Aufheben der Gruppierung

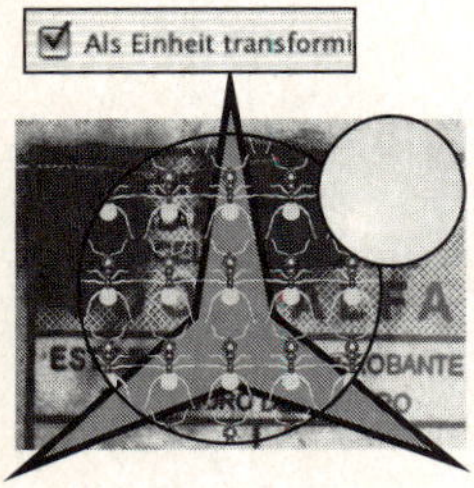

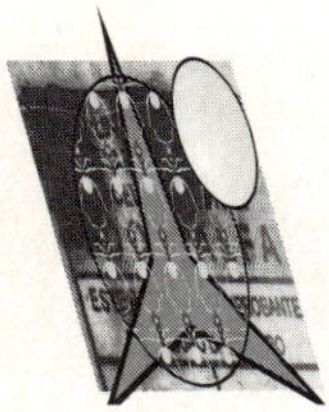

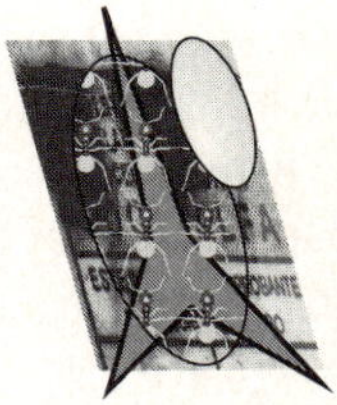

Wird eine Gruppe als Einheit transformiert (das automatische Aktivieren der Checkbox im Bedienfeld *Objekt* kann als Voreinstellung in *FreeHand MX ➛ Einstellungen ➛ Objekt* angegeben werden), verzerren sich Strich- und Füllungsmerkmale, wenn skaliert und geneigt wird. Wird die Gruppe wieder aufgelöst, werden die Verzerrungen rückgängig gemacht.
Bei einer Gruppe, die als Einheit verwandelt wurde, zeigt das Bedienfeld *Objekt*, wenn ein Teilobjekt markiert wird, die ursprünglichen und nicht die neuen Eigenschaften an. Wird die Gruppierung rückgängig gemacht, nehmen die Strich- und Füllungseigenschaften einen Mittelwert an (Im Beispiel hatte der Stern eine Strichstärke von 2 pt, hinterher waren es 1,44 pt). Die Verzerrungen der Objekte selbst bleiben erhalten (siehe auch *Stile*, Seite 314ff.).

Einige FreeHand-Effekte bereiten in der Transformation mit aktivierter Option *Als Einheit transformieren* Probleme. Dazu zählt z.B. die Linsenfüllung. Wird eine Gruppe transformiert, in der ein Objekt eine Linsenfüllung besitzt, verliert die Linse ihre Transparenz. Erst nach Aufheben der Gruppierung besitzt sie wieder ihre Funktion. Um einige Effekte etwas genauer in Augenschein zu nehmen, hier eine Darstellung einiger Problemkinder. Die Überprüfung wurde durch Export des Effektes als EPS-Datei und anschließendes Öffnen in Adobe Photoshop erreicht. Die Auflösung beim Öffnen wurde mit 305 dpi festgelegt.

Verwandelte Gruppe | Verwandelte Gruppe | Effekt nach Rippen mit Photoshop

Linse mit Transparenz

Pinselstrich Konfetti

Effekt Gauß'scher Weichzeichner und Schlagschatten

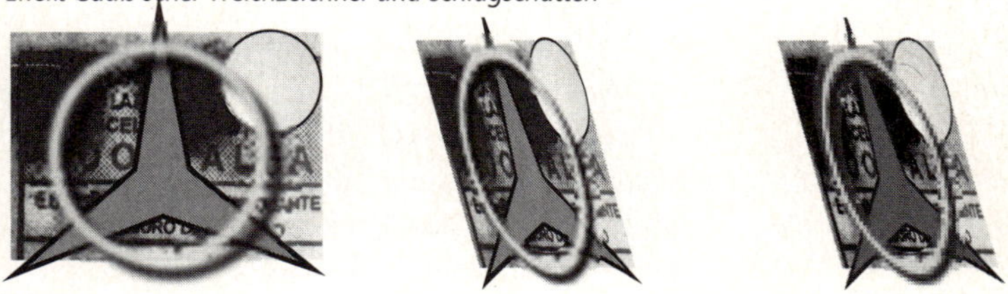

Textur Sackleinen

Striche

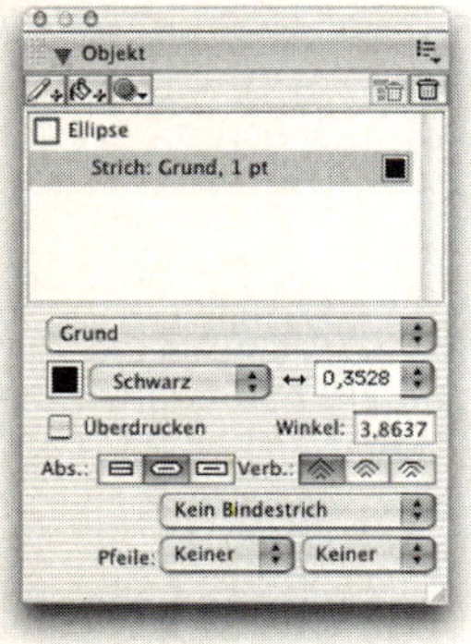

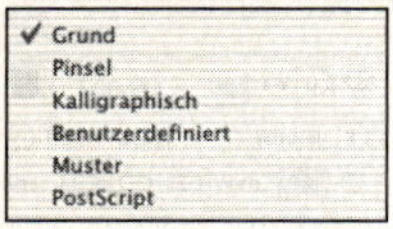

Informationen zur Checkbox *Überdrucken* siehe Seite 494 und im Farbteil des Buches

Farbe

Stärke: 

Ein Strich, für den 4 mm eingestellt wird, breitet sich 2 mm zur einen und 2 mm zur anderen Seite aus.

⚠ Eine Strichstärke von 0 wird auf einem PostScript-Ausgabegerät mit der dünnsten Linienstärke ausgegeben, die das Gerät erzeugen kann.

Wenn ein Pfad erstellt wird, erhalten die Pfadsegmente zunächst den Strich, der eingestellt wurde, wenn kein Element markiert ist.

Das Bedienfeld *Objekt* öffnet sich, wenn auf den Namen des Bedienfeldes (oder das kleine Dreieck davor) geklickt wird. Ist das Bedienfeld wie links abgebildet eingestellt, wird jeder Pfad einen schwarzen, durchgehenden Strich von der Stärke einer 1-pt-Linie aufweisen.

Die Einstellungsmöglichkeiten im Bedienfeld *Objekt* ändert sich, wenn eine der Einstellungen aus dem obersten Pop-up-Menü gewählt wird.

Soll der Strich eines Objektes verändert werden, muss dieser markiert und das Bedienfeld *Objekt* aufgerufen werden. Die numerischen Einträge müssen mit der ⏎-Taste bestätigt werden.

Die Felder für die Farbe und die Stärke des Striches haben alle Arten bis auf *Pinsel* und *Kalligraphisch* gemeinsam.

Das Zuweisen von Farben wird ab Seite 284ff. beschrieben.

Der Eintrag in das Feld *Stärke* richtet sich nach dem aktuellen Einheitensystem. Einem Objekt können durchaus mehrere unterschiedliche Stricheigenschaften zugewiesen werden, die sich dann überlagern.

Wird für einen Strich ein größerer Wert eingegeben, verbreitert er sich von der Mitte aus nach beiden Seiten. Wird der Wert 0 eingetragen, ergibt sich eine Linie, die aus einem Gerätepixel besteht. Die Gerätepixelgröße ist abhängig von der Auflösung des Ausgabegerätes.

Die Stricharten

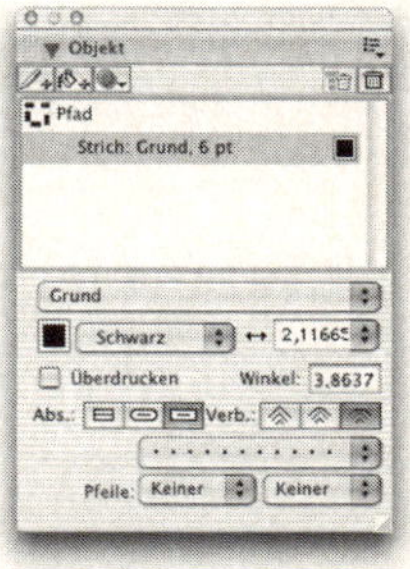

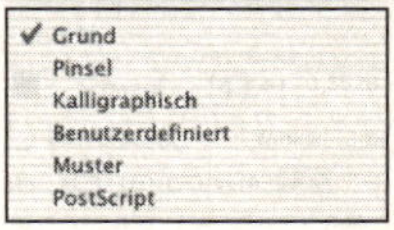

Kein Strich

Soll ein Objekt keine Stricheigenschaft besitzen, entfernt man sie mit dem Befehl *Element entfernen* im Pop-up-Menü des Bedienfeldes *Objekt* oder einfacher mit dem Papierkorbsymbol (siehe Seite 247).

Ein Objekt ohne Stricheigenschaft ist, wenn es keine zusätzliche Flächeneigenschaft besitzt, unsichtbar.

Grundversion

Diese Einstellung weist dem Pfad einfache durchgehende oder gestrichelte Striche zu. Außerdem können offene Pfade an einem oder an beiden Enden Pfeilspitzen bekommen.

Die gestrichelten Versionen sind in ihren Zwischenräumen durchsichtig. Sie besitzen nur dann Rundungen, wenn unter *Abschluss* die runde Form gewählt wird.

Es können sowohl neue Strichmuster als auch neue Pfeilspitzen definiert werden.

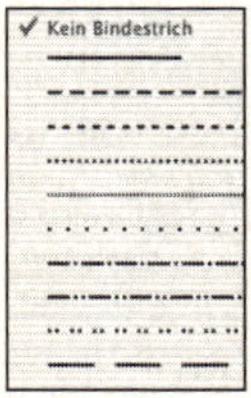

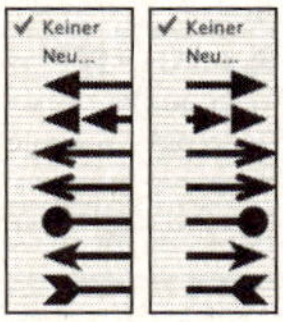

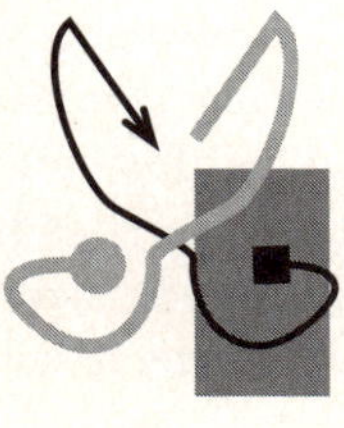

Abschluss

Es kann bestimmt werden, wie die Enden eines offenen Pfades und der Striche einer gestrichelten Linie aussehen sollen.

Abgeflachter Abschluss: Der Pfad hört exakt an den Punkten auf.

Runder Abschluss: Die Enden sind abgerundet und werden um die Hälfte der Stärke des Pfades verlängert.

Verlängerter Abschluss: Die Enden sind flach und werden um die Hälfte der Stärke des Pfades verlängert.

Gestrichelte Linie mit runden und geraden Abschlüssen ohne und mit Überstand

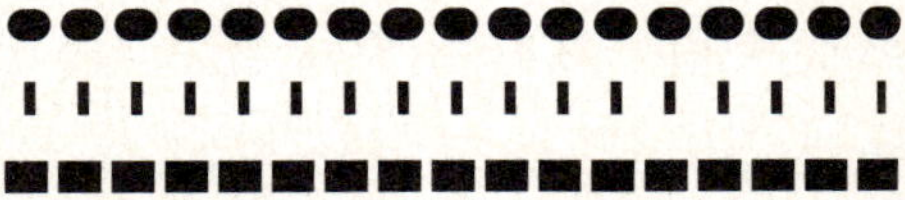

Verbindung

Die Einstellung der Verbindung regelt, wie die Form einer Ecke aussieht.

Spitze Verbindung

Runde Verbindung

Abgeflachte Verbindung

Winkelgrenze

Die Winkelgrenze bezieht sich nur auf Pfade mit spitzer Ecke .

Es ist möglich zu bestimmen, dass spitze Ecken, wenn sie durch einen zu kleinen Winkel zu lang werden, abgeflacht werden.

Leider stellt der Hersteller den Anwender vor eine sehr praxisferne Rechenaufgabe: Der in das Feld eingetragene Wert ist ein *Faktor,* mit dem man die Strichstärke multiplizieren muss. Ist das Ergebnis kleiner als die Zahl, die man nach dem Ausmessen einer zu lang geratenen Ecke ermittelt, wird die Ecke abgeflacht.

Strichstärke: 3
Winkelgrenze: 5

Strichstärke: 3
Winkelgrenze: 4

Beispiel:

Der Strich hat eine Stärke von 3 mm. Ist die Winkelgrenze mit *5* bestimmt worden, werden die Ecken (7 mm und 13 mm) nicht abgeflacht (3 × 5 = 15). Wird der Wert *4* eingetragen, wird eine Ecke abgeflacht (13 mm), da ihre Länge den errechneten Wert übersteigt (3 × 4 = 12).

Erstellen neuer Pfeilspitzen

Es können neue Pfeilspitzen erstellt, leider aber nicht wieder verändert werden.

Das Fenster *Pfeilspitzeneditor* öffnet sich, wenn aus dem Pop-up-Menü die Option *Neu* oder eine der Pfeilspitzen ausgewählt und dabei die ⌥-Taste gedrückt wird.

Es gibt drei Möglichkeiten, die neue Pfeilspitze zu erstellen:

- Die beim Öffnen des Fensters ausgewählte Pfeilspitze erscheint, sodass sie als Vorlage zum Weiterbearbeiten benutzt werden kann.
- Durch das Betätigen des Feldes *Löschen* kann sie auch entfernt und mit den Werkzeugen eine neue erstellt werden.
- Außerdem kann ein Pfad, der zuvor in der Illustration erstellt und in die Zwischenablage gelegt wurde (⌘C oder ⌘X), mit dem Schalter *Einfügen* oder ⌘V in das Fenster eingefügt und bearbeitet werden.

In jedem Fall wird nach dem Betätigen des Schalters *Neu* die neue Pfeilspitze in beide Listen des Pop-up-Menüs aufgenommen; die zum Öffnen des Fensters ausgewählte bleibt unverändert. Dadurch ist es leider unmöglich, schon erstellte Pfeilspitzen zu bearbeiten und sie in veränderter Form zu speichern.
Die Pfeilspitzen lassen sich aus dem Pop-up-Menü nicht mehr entfernen.

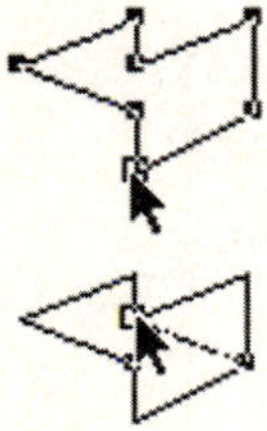

Auch der vom Programm gelieferte Doppelpfeil besteht aus einem Pfad.

Ein Objekt, das über die Zwischenablage in das Fenster *Pfeilspitze bearbeiten* eingefügt wird, darf nicht gruppiert sein und nur aus einem Pfad bestehen. Notfalls muss man durch Übereinandersetzen von Punkten ein Objekt erzeugen, das aussieht, als bestehe es aus mehreren Pfaden (ist *Alternierende Füllung* im Bedienfeld *Objekt* aktiv, wird ein gefüllter Pfad an den Stellen durchsichtig, wo er sich selbst überschneidet).

Ein Pfad, der in der Illustration erstellt wurde, hat als Pfeilspitze seine Originalgröße, wenn der Strich eine Stärke von 0,35 mm oder 1pt zugewiesen bekommt. Deswegen wird dem in das Fenster eingefügten Objekt immer die Strichstärke von 1pt zugewiesen, unabhängig davon, welche Strichstärke es in der Illustration hatte.

Original

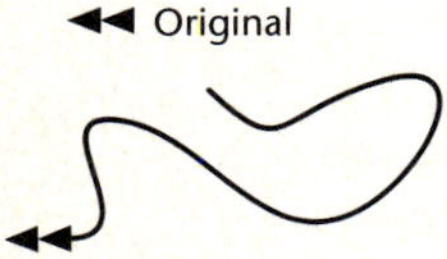

Strichstärke: 1pt

⚠ Eine neu erstellte Pfeilspitze wird in beide Pop-up-Menüs aufgenommen.

Original

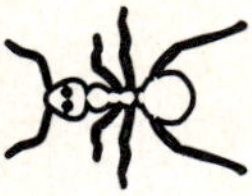

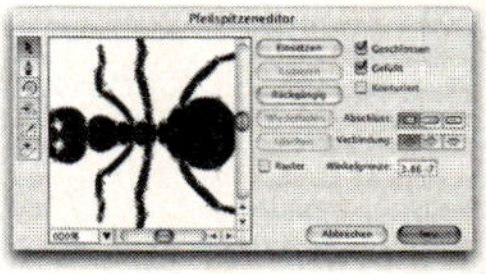

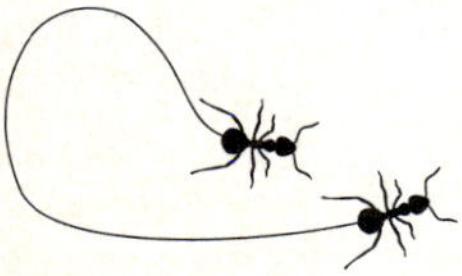

Strichstärke: 0,15 mm

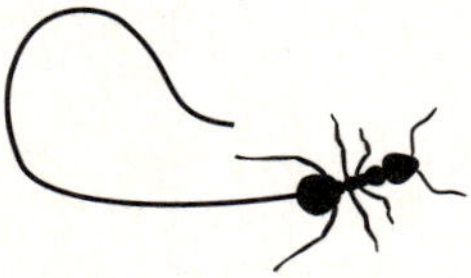

Strichstärke: 0,5 mm

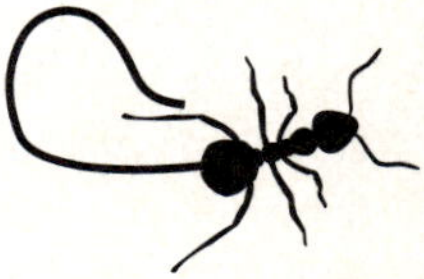

Strichstärke: 1 mm

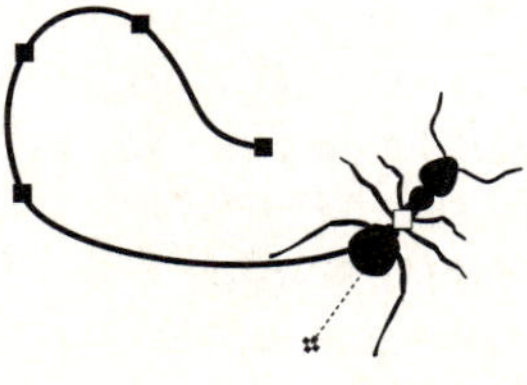

Pfeilspitzen ragen über das Ende des Pfades hinaus. Ihre Richtung wird durch die Anfasser des Endpunktes bestimmt.

Um ein neues Strichmuster zu erstellen, wird im Bedienfeld *Objekt* unter den Stricheigenschaften Einstellung *Grund* ein Muster bei gedrückter ⌥-Taste ausgewählt. Die Werte dieses Musters erscheinen dann im *Bindestricheditor* und können verändert werden.

Vor dem Öffnen des Fensters ist es zweckmäßig, die aktuelle Maßeinheit auf Punkt umzustellen (linker unterer Fensterrand), da die Einträge im Fenster *Bindestricheditor* in dieser Einheit aufgeführt werden.

Erstellen neuer Strichmuster

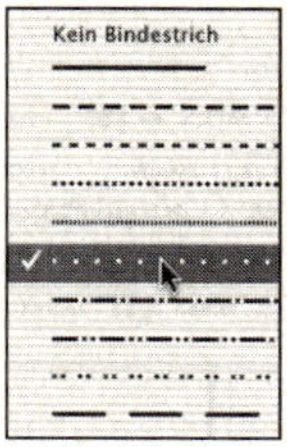

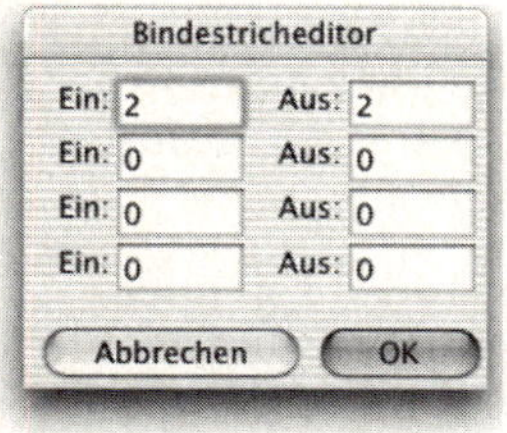

Wird das vierte vom Programm zur Verfügung gestellte Muster bei gedrückter ⌥-Taste angewählt, erscheint dieser Dialog.
Ein Strich der Stärke 1 pt mit diesem Muster hat Segmente, die 2 pt lang sind, und Zwischenräume von 2 pt.

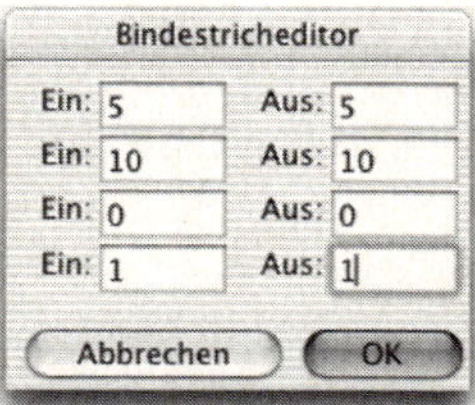

Reihen von bis zu vier unterschiedlichen Strich- und Zwischenraumlängen sind möglich.
Wird der Dialog mit *OK* bestätigt, erscheint das neue Muster im Pop-up-Menü. Das zuvor angewählte bleibt unverändert.

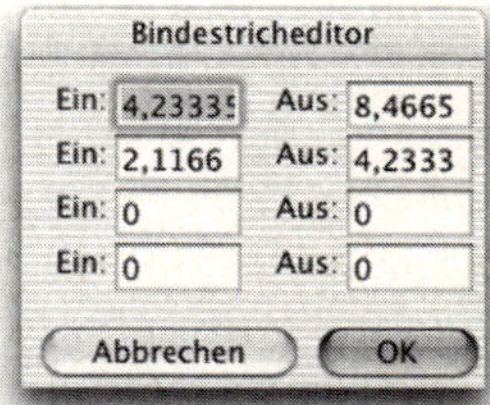

Wird der Dialog für das neue Muster nochmals geöffnet, nachdem die aktuelle Maßeinheit wieder auf Millimeter umgestellt wurde, erscheinen die Segmentlängen umgerechnet.

Das neue Muster, auf einen 20-pt-Strich und einen 1-pt-Strich angewandt.

Tipp: Sollen Punktlinien mit runden Punkten benutzt werden, ist es notwendig, unter *Abschluss* die abgerundeten Enden zu wählen. Ein Eingabewert von Null im *Bindestricheditor* wird vom Programm nicht akzeptiert.

Um einen Punkt zu erzeugen, muss der *Ein*-Wert auf einem etwas höheren Wert als Null stehen.

Benutzerdefiniert

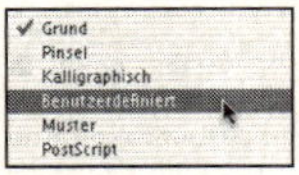

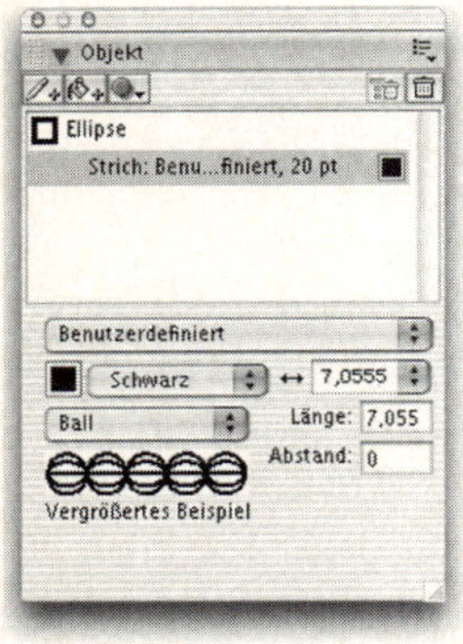

Wird aus dem Pop-up-Menü *Benutzerdefiniert* ausgewählt, stehen 23 Strichmuster zur Verfügung.

Die benutzerdefinierten Muster werden auf dem Bildschirm nicht dargestellt, deshalb wird zu jedem ausgewählten *Effekt* ein vergrößertes Beispiel gezeigt.

Jedes benutzerdefinierte Muster besteht aus der Reihung eines Motivs, dessen Größe im Feld *Länge* eingestellt werden kann. Wird im Feld *Abstand* 0 eingetragen, reiht sich das benutzerdefinierte Muster ohne Zwischenraum aneinander. Die Werte entsprechen der aktuellen Maßeinheit. Ist diese, wie im Beispiel, Punkt, wird die Länge in der Voreinstellung mit 0,25 pt angegeben, was normalerweise keinen Sinn ergibt.

Soll das benutzerdefinierte Muster in seinen normalen Proportionen erscheinen, müssen die Breite und der im Feld *Länge* eingetragene Wert übereinstimmen. Durch andere Werte kann man interessante Effekte erzielen, die sich allerdings nur anhand von Probeausdrucken überprüfen lassen. Benutzerdefinierte Striche können nur auf PostScript-fähigen Ausgabegeräten gedruckt werden.

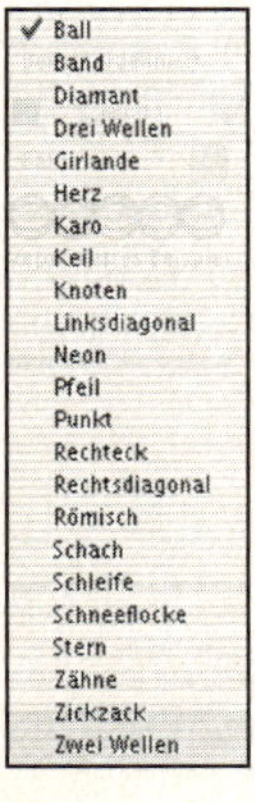

Die Zwischenräume aller Effekte sind durchsichtig bis auf Pfeil, Band, Neon und Sterne.

Auf dem Bildschirm werden benutzerdefinierte Striche als durchgehende Striche in ihrer Farbe dargestellt.

Effekt: Ball
Breite: 20 pt

	Länge:	**Abstand:**
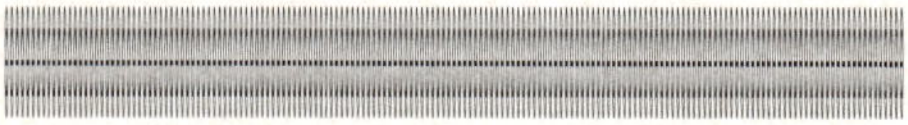	0,5 pt	0,5 pt
	1 pt	2 pt
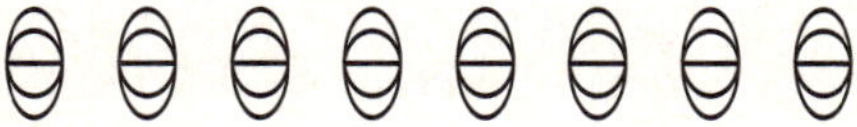	10 pt	10 pt

Effekt: Knoten
Breite: 20 pt

	Länge:	**Abstand:**
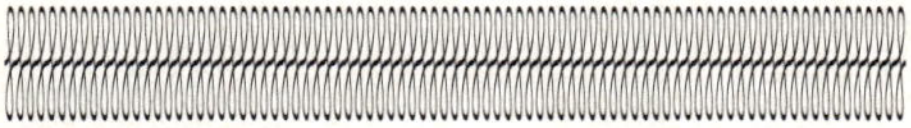	2 pt	0 pt
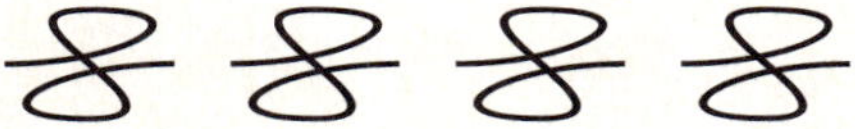	30 pt	10 pt
	10 pt	0 pt

Effekt: Band
Breite: 20 pt

	Länge:	**Abstand:**
	20 pt	0 pt
	30 pt	10 pt
	10 pt	0 pt

Muster

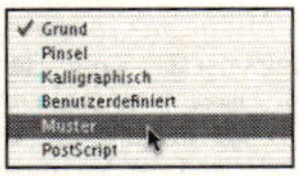

Die Wahl von *Muster* stellt 64 Arten von undurchsichtigen Bitmap-Mustern zur Verfügung, die jeweils aus einem Rapport von 8×8 weißen und schwarzen Pixeln bestehen.

Wird eines der Muster ausgewählt, erscheint in dem rechten Fenster eine Voransicht und im linken ein Element des Rapports. In diesem Fenster können durch Klicken oder Ziehen mit der Maus weiße in schwarze und schwarze in weiße Pixel umgewandelt werden. Ein so verändertes Muster wird nicht in die Rollliste aufgenommen, sondern kann nur erhalten werden, wenn es einem Strich zugewiesen wird.

Muster sind nicht für die Ausgabe auf hochauflösenden Geräten wie PostScript-Belichtern gedacht. FreeHand wird diesbezüglich eine Warnmeldung ausgeben, wenn im Bedienfeld *Dokument* eine entsprechend hohe Druckerauflösung eingestellt wurde.

Da die Muster auf dem Bildschirm immer mit 72 dpi dargestellt werden, sich bei vergrößerter oder verkleinerter Darstellung also nicht verändern, ist der genaue Effekt nur bei einer Darstellung von 100 % oder im Ausdruck überprüfbar.

Ausdruck

Darstellungsgröße 100 %

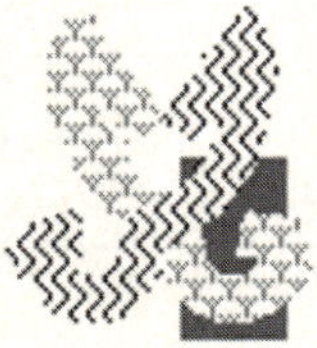

Darstellungsgröße 200 %

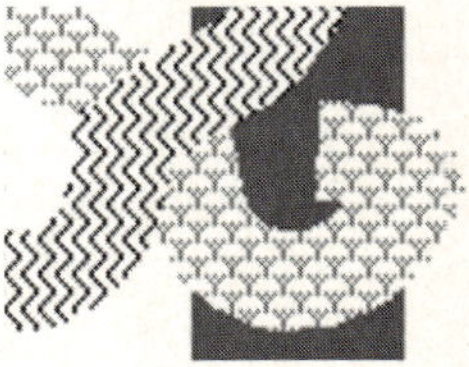

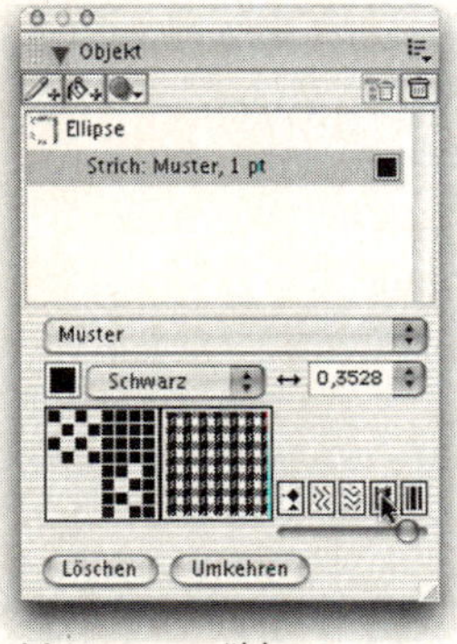

Muster auswählen

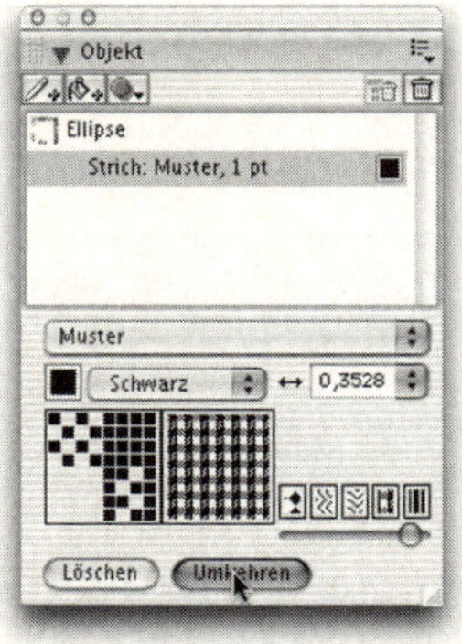

Muster umkehren

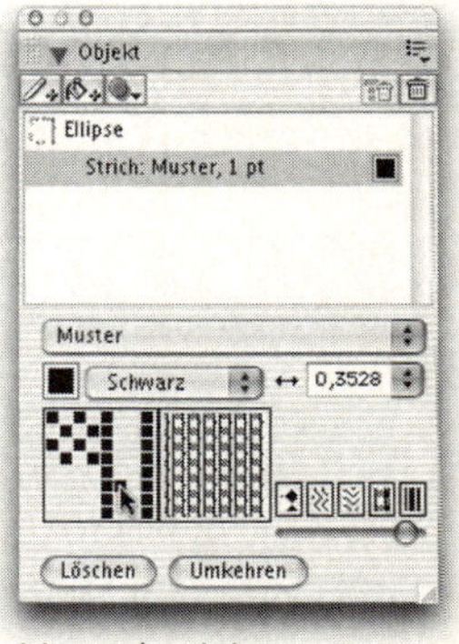

Muster korrigieren

PostScript

Wer über Kenntnisse der PostScript-Sprache verfügt, kann durch Eintragung von Codefolgen eigene Muster programmieren.

Pinsel(striche)

Pinsel stellen eine Strichart dar, die eng mit den Symbolen und Bibliotheken zusammenarbeitet. Mit dieser Methode können Symbole an Pfaden orientiert werden. Sollte nach Auswahl des Pinselsymbols im linken Pop-up-Menü der Pinseleigenschaften des Bedienfeldes *Objekt* nur *Standard Zeichnen* und *Standard Sprühen* zur Auswahl stehen, so können im Menü *Modifizieren ➛ Pinsel ➛ Pinsel erstellen...* eigene Pinselsymbole erstellt werden. Es kann hier auf ein gerade ausgewähltes Grafikobjekt zugegriffen werden oder ein im Bedienfeld *Bibliothek* verfügbares *Symbol*. Wird im Pop-up-Menü *Optionen* der Befehl *Neu...* benutzt, so wird nur auf bereits definierte, zur Verfügunng stehende *Pinselsymbole* und *Symbole* zugegriffen. Im Pop-up-Menü *Optionen* kann man jedoch mit dem Befehl *Importieren...* auf unterschiedliche, auf einem Datenträger gespeicherte Symboldateien zugreifen. FreeHand stellt unter Mac OS X im Ordner *Benutzer ➛ Library ➛ Application Support ➛ Macromedia ➛ FreeHand MX ➛ 11 ➛ German ➛ Settings ➛ Brushes* einige Pinselsymbole zur Verfügung. Nachdem diese geladen wurden, eine Mehrfachauswahl ist wie bei den Farben möglich, stehen sie im linken Pop-up-Menü zur Verfügung.

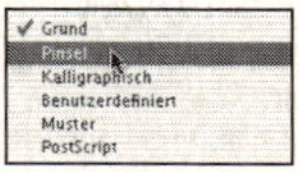

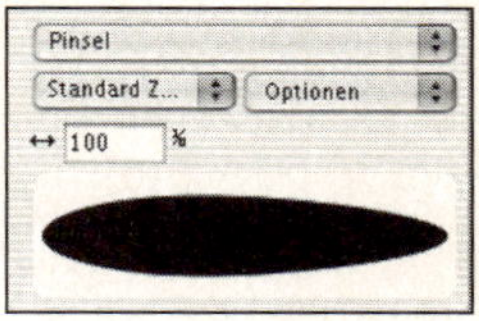

Alternativ dazu kann ein neuer *Pinsel* auch im Bedienfeld *Objekt ➛ Pinsel* mit der Funktion *Neu...* aus dem dortigen Pop-up-Menü *Optionen* erstellt werden.

Importierte Pinselbibliothek *Graphic Brushes*

Pinselsymbole erstellen

Anhand einer vom Benutzer erstellten Grafik oder eines definierten *Symbols* können Pinselsymbole definiert werden. *Pinselsymbole* und *Symbole* werden im Bedienfeld *Bibliothek* gesammelt. Um eine Grafik zu einem *Pinselsymbol* zu machen, gehen Sie folgendermaßen vor:

- Markieren Sie das Grafikobjekt, aus dem Sie ein Pinselsymbol machen wollen, mit einem *Auswahl-Werkzeug*. Wählen Sie nun im Menü *Modifizieren* im Pop-up-Menü *Pinsel ➤ Pinsel erstellen...* aus. Es erscheint ein Abfragefeld, in dem Sie danach gefragt werden, ob Sie das Objekt konvertieren oder kopieren wollen.

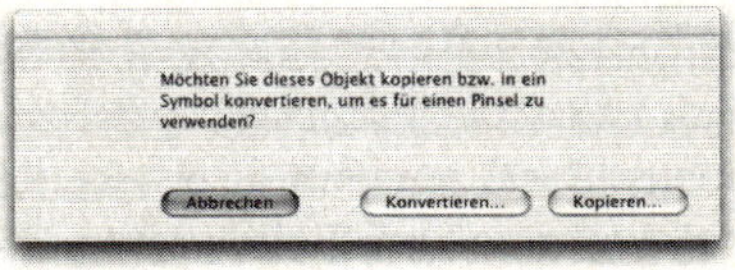

Konvertieren...

Konvertieren... erzeugt ein neues Symbol und ersetzt das Grafikobjekt durch eine Instanz des Symbols. Das *Symbol* bekommt automatisch die Bezeichnung *Grafik-x* (x steht für eine Zahl, aufsteigend von 01) zugewiesen.

Kopieren...

Kopieren... benutzt einfach nur eine Kopie der Grafik als Pinsel, ähnlich wie es die *Kachelfüllung* handhabt. Beide Möglichkeiten verzweigen aber in das Dialogfeld *Pinsel bearbeiten*, und von der gewählten Grafik werden Instanzen am Pfad eingefügt.

Das Dialogfeld *Pinsel bearbeiten*

Der Name des Pinsels wird vorerst mit *Pinsel-x* (x steht für eine Zahl, aufsteigend von 01) angegeben, der aber jederzeit zu ändern ist. Darunter werden die zur Verfügung stehenden Pinselsymbole und im rechten Teil das entsprechende Grafikobjekt angezeigt. Das Plussymbol ( ) links über dem Symbolfeld öffnet, wenn man darauf klickt, ein Pop-up-Menü mit zur Verfügung stehenden Symbolen.

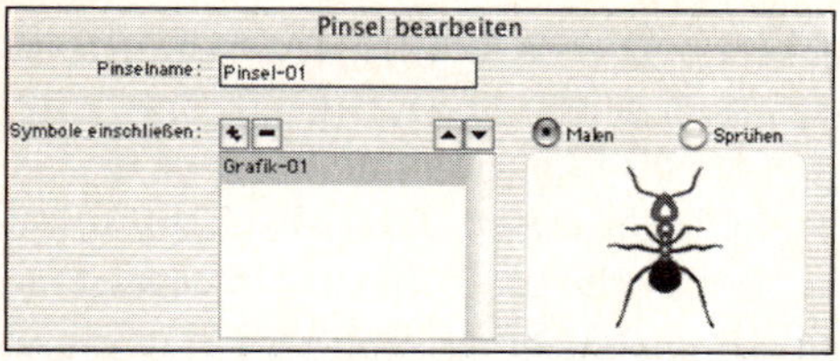

Pinseltypen

Malen

Sprühen

Oberhalb der Grafikobjekt-Vorschau regeln die Buttons *Malen* und *Sprühen*, ob ein oder mehrere Objekte auf die Pfadlänge verteilt und gedehnt werden sollen (*Malen*) oder ob das Objekt in Originalgröße in einzustellender Regelmäßigkeit auf dem Pfad verteilt werden soll (*Sprühen*). Ist *Malen* ausgewählt, kann im Eingabefeld *Anzahl* unterhalb der Symbolliste bestimmt werden, wie viele Objekte auf den Pfad verteilt werden sollen.

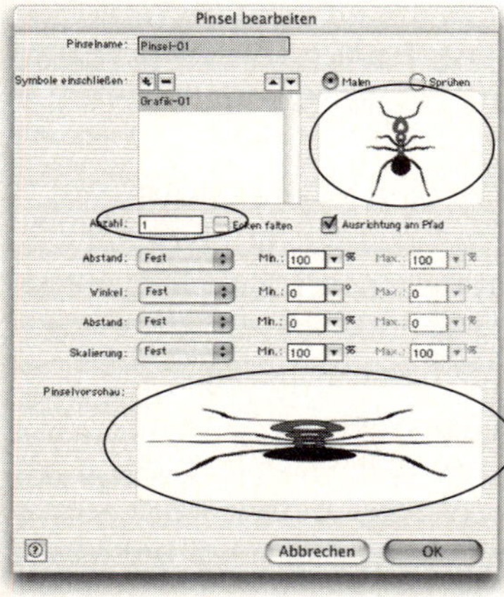

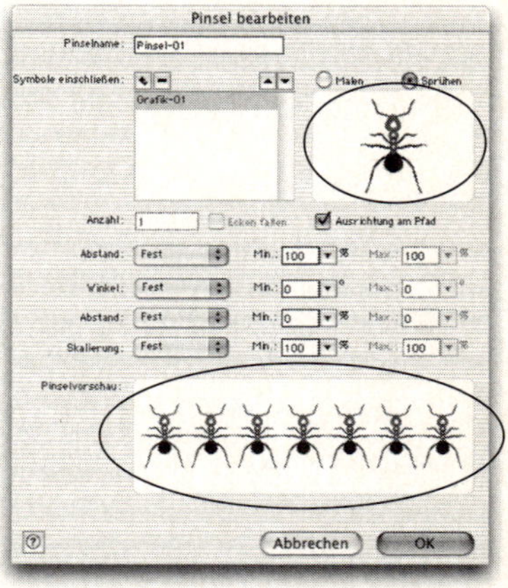

Die Liste der zu verwendenden Symbole ist nicht auf eines beschränkt. Wurden mehrfach Symbole erstellt oder aus anderen Bibliotheken importiert, so können diese zusätzlich am Pfad verteilt werden. Die Symbole werden sich dann jedoch überlagern. Trotzdem können dadurch interessante Effekte entstehen. Aus der Liste der verwendeten Symbole können mit der Schaltfläche *Symbole entfernen* (▭)

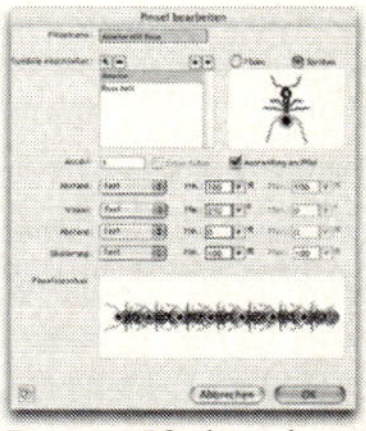

Das am Pfad zuoberst liegende Symbol muss auch in der Liste zuoberst stehen.

nicht benötigte wieder herausgenommen werden. Die Schaltflächen mit den Pfeilen nach oben() und nach unten() dienen der Navigation innerhalb der Symbolliste, wodurch zu löschende Symbole schnell ausgewählt werden können.

Weitere Verhaltensregeln in Bezug auf das Verhalten der Grafikobjekte am Pfad können in dem unteren Bereich des Dialogfeldes eingestellt werden. Allerdings haben die meisten davon keinen wirklich erkennbaren Einfluss auf die Instanzen, wenn *Malen* ausgewählt wurde, oder das Ergebnis ist nicht vorhersehbar. Die einzelnen Pinseloptionen besitzen jeweils identische Verteilungsregeln: *Fest*, *Zufällig* und *Variabel*. Lediglich *Abstand* (vom Pfad) besitzt zusätzlich die Option *Reflexlicht*, wenn der Pinseltyp *Sprühen* ausgewählt wurde, und *Skalierung*, wenn der Pinseltyp *Malen* aktiv ist.

Fest

Die Option *Fest* kann in den nebenstehenden Pop-up-Menüs lediglich mit einem Mindestwert (*Min.*) arbeiten, der den prinzipiellen Abstand der Objekte voneinander, die Winkelrichtung, den Abstand vom Pfad oder die Größe der Objekte regelt.

Zufällig und *Variabel*

Zufällig und *Variabel* haben hier auch noch einen Höchstwert (*Max.*) zur Verfügung, wobei auf der Gesamtstrecke des Pfades zwischen den Werten *Min.* und *Max.* variiert wird. *Zufällig* erzeugt dabei ein nicht kontrollierbares Abstands-, Winkel-, Pfadabstands- oder Skalierungsverhalten.

Die einzelnen Optionen verhalten sich folgendermaßen:

Abstand (Instanzen)

- *Abstand* (*Instanzen*) regelt die Distanz zwischen den einzelnen Instanzen.

Winkel

- *Winkel* richtet die Instanzen um den eingetragenen Wert zum Pfad hin aus.

Abstand (zum Pfad)

- *Abstand* (*zum Pfad*) entfernt die Instanzen um den eingestellten Betrag vom Strich. Ist der Pinseltyp *Sprühen* eingestellt, kann der Versatz mit der Option *Reflexlicht* entsprechend dem Mindest- und Höchstwert für die Skalierung erhöht bzw. verringert werden.

Skalierung

- *Skalierung* vergrößert oder verkleinert die Instanzen um den eingetragenen Wert zwischen den Pfadendpunkten. Bei eingestelltem Pinseltyp *Malen* bewirkt die Option *Reflexlicht*, dass der Pinsel, entsprechend dem Mindest- und Höchstwert für die Skalierung, in die Breite oder in die Länge gezogen wird.

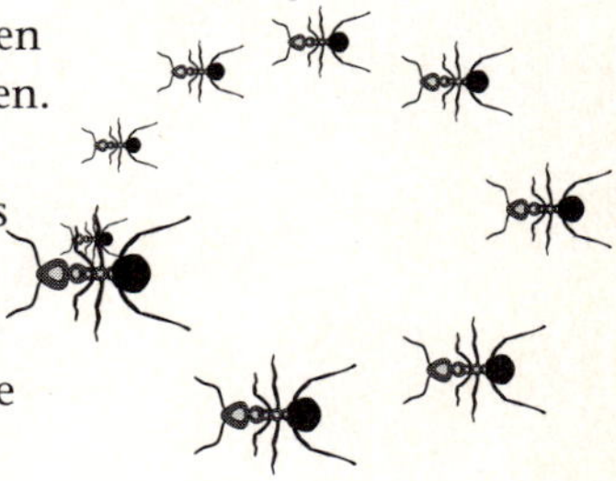

Ecken falten

Wird die Option *Ecken falten* aktiviert (nur *Malen*), wird FreeHand versuchen, den in früheren Versionen von FreeHand verwendeten Pinselstrichtyp zu erhalten.

Ausrichtung am Pfad

Mit der Option *Ausrichtung am Pfad* folgt die Instanz der Ausrichtung des Pfades, auf den dieser angewendet wird. Wenn Sie diese Option deaktivieren, besitzt der Pinsel stets dieselbe Ausrichtung (unabhängig vom Pfad).

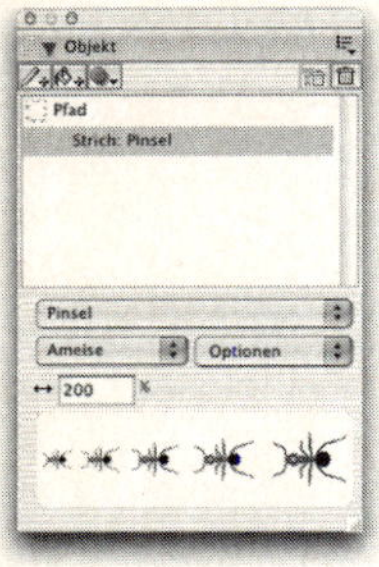

Sind Pinselsymbole erst einmal definiert oder wurden geladen, lassen sie sich im Bedienfeld *Objekt* über die Stricheigenschaften beliebigen Objekten zuweisen. Selbst einem Bild kann, z.B. als Rahmen, ein entsprechender Strich zugewiesen werden. Im Pop-up-Menü der Pinsel lassen sich die zur Verfügung stehenden auswählen und anschließend an den Pfad hinsichtlich der Größe prozentual anpassen.

Pinsel bearbeiten

Im Bereich der Eigenschaften lassen sich im Pop-up-Menü *Optionen* bereits definierte Pinsel mit *Bearbeiten...* nachträglich korrigieren. Das sich öffnende Dialogfeld ist identisch mit dem bereits vorgestellten (*Pinsel bearbeiten*). Wird ein bereits in Nutzung befindlicher Pinsel verändert, erzeugt FreeHand eine Warnmeldung mit der Option, einen neuen Pinsel zu *erstellen* oder den bestehenden zu *ändern*.

Duplizieren

Um eventuellen versehentlichen Änderungen entgegenzuwirken, sollte man sich angewöhnen, zuerst mit der Option *Duplizieren* eine Kopie dieses Pinsels anzulegen. Die Kopie wird in der Liste unter dem Namen *Kopie von „Name"* geführt.

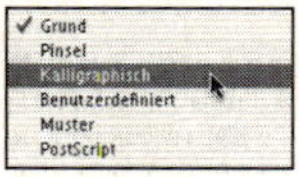

Kalligraphisch

Kalligraphisch benutzt ähnlich wie die Kachelfüllung Grafikobjekte, die als "Strichfüllung" benutzt werden. Im Unterschied zur Kachelfüllung müssen diese Objekte jedoch etwas einfacher strukturiert sein. Am einfachsten lassen sich ovale Formen benutzen. Bei unregelmäßigen Formen geht die Form selber meist verloren, und es sind nur noch Breitenverhältnisse zu erkennen und zu nutzen. Deshalb beschränken sich wohl die Einstellmöglichkeiten auch auf *Breite, Höhe, Winkel* und

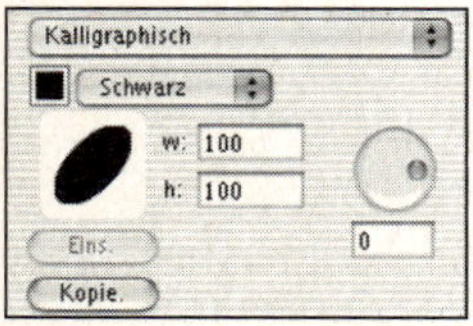

Farbe. Die Originalfarbe der Objekte geht dabei verloren und wird ersetzt durch die Farbe, die im Eigenschaftsbereich der Strichart angegeben wird.

Einen kalligraphischen Strich anwenden

Es kann vorerst auf das vom Programm vorgeschlagene Standardsymbol zugegriffen werden, eine schräg stehende schwarze Ellipse. Meist reicht diese Möglichkeit nicht aus, denn diese Form bietet häufig nicht genügend Variationsmöglichkeiten. So erstellen Sie sich eigene, unterschiedliche kalligraphische Symbole:

- Erstellen Sie sich eine beliebige Ellipse, ohne Strich, aber mit schwarzer Füllung. Farbige Füllungen haben keinen Einfluss auf das spätere Ergebnis. Die Ellipse sollte keine riesigen Ausdehnungen besitzen. Man kann zwar in der späteren Anwendung die Größe in der Nutzung korrigieren, doch man sollte es nicht übertreiben.

- Kopieren (⌘C) Sie das Objekt. Es liegt dann in der Zwischenablage.

- Markieren Sie einen beliebigen Pfad und stellen Sie im Bedienfeld *Objekt* unter den Stricheigenschaften *Kalligraphisch* ein. Sollte der Pfad keine Stricheigenschaft besitzen, weisen Sie ihm mit der Schaltfläche *Strich* aus dem oberen Teil des Bedienfeldes einen zu.

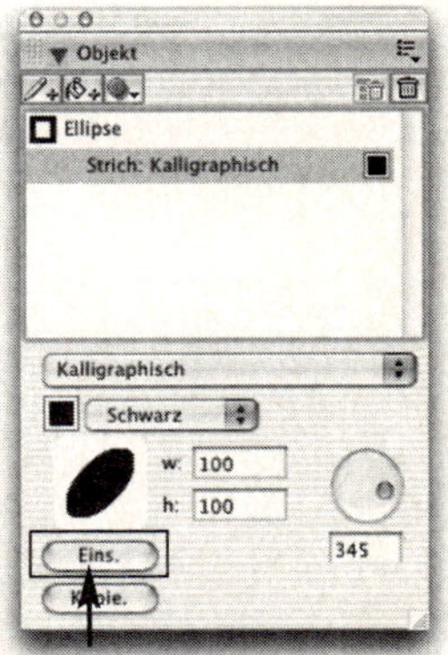

Einsetzen

- Im linken Teil der Stricheigenschaften ist im Vorschaufeld das Standardsymbol zu sehen. Darunter existiert die Schaltfläche *Eins(etzen)*. Klicken Sie mit der Maus dar-

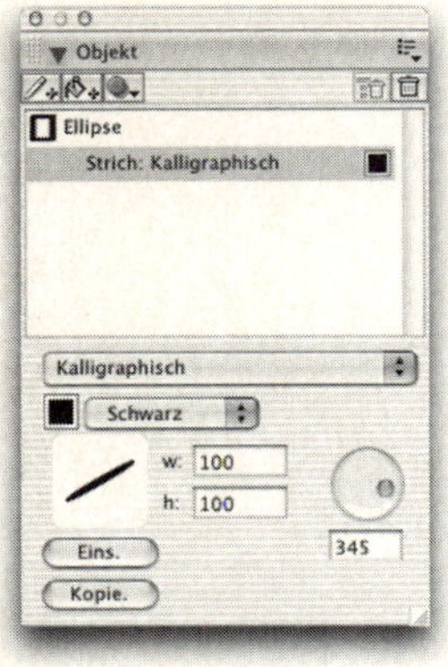

auf. Nun ist ihr eigenes Symbol im Vorschaufeld zu sehen und wird automatisch dem ausgewählten Pfad zugewiesen. Die Schaltfläche *Kopie...* transportiert das im Vorschaufeld zu sehende Symbol in die Zwischenablage, aus der es durch *Einsetzen* (⌘V) in die Illustration eingefügt werden kann, zum Beispiel um leichte Korrekturen anzubringen.

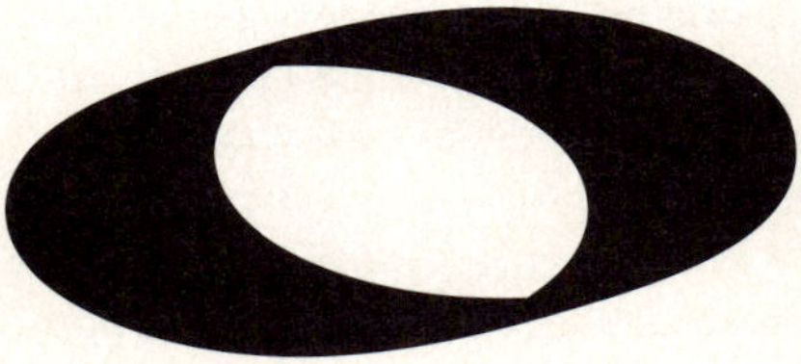

Die Richtung und Größe, mit der sich das kalligraphische Objekt am Pfad orientiert, ist jederzeit zu regeln. Änderungen sind jeweils mit einem Return zu bestätigen.

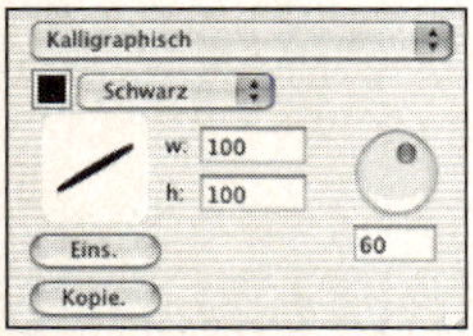

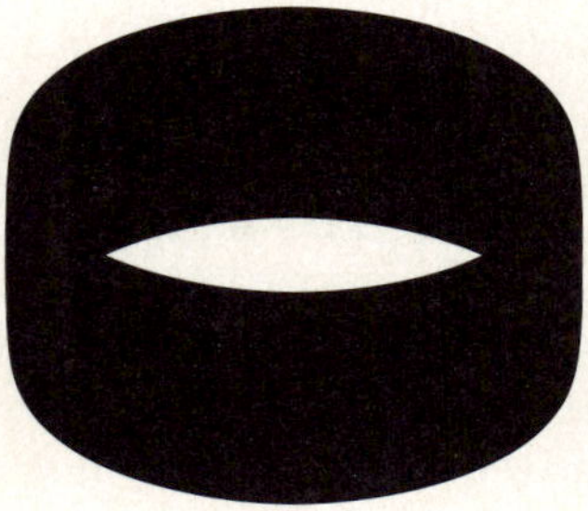

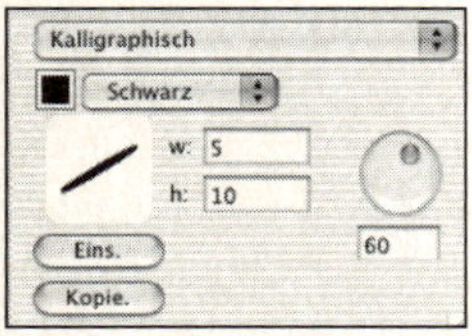

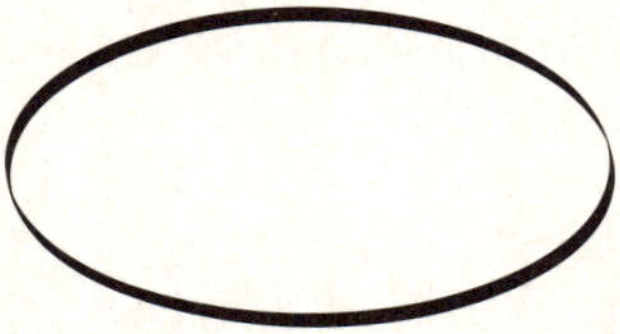

Unregelmäßige Objekte werden kaum zu erkennen sein, wenn sie als kalligraphisches Objekt benutzt werden.

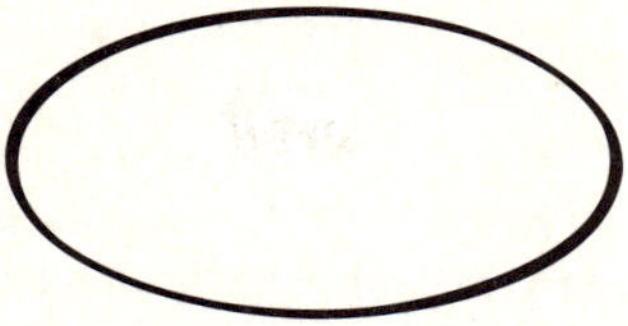

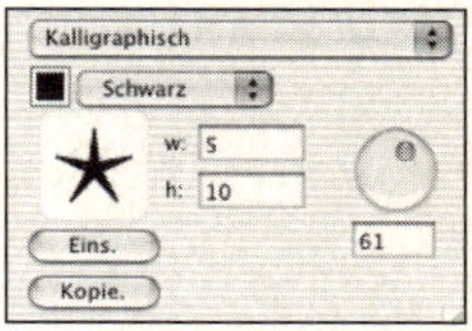

Wie man sehen kann, sieht man nichts von der ehemaligen Sternform. Für unregelmäßige Objektstrukturen ist der kalligraphische Strich also vollständig ungeeignet. Hier sollte man doch besser auf den Pinsel zugreifen. Die gleiche Form zum Abschluss noch einmal als Pinsel.

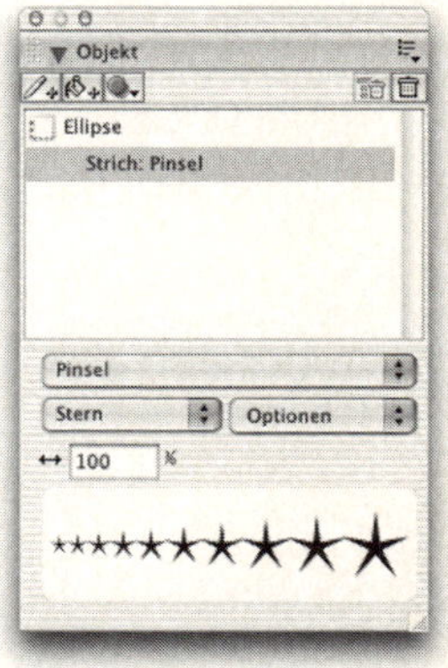

Füllungen

Alle geschlossenen Pfade können gefüllt werden. Es stehen einfarbige Farbfüllungen zur Verfügung und verlaufsartige zwischen zwei oder mehr Farben. Außerdem gibt es verschiedene Arten von Mustern und die Möglichkeit, aus selbst gezeichneten Elementen eine Füllung zu erstellen. Auch nicht geschlossene Pfade lassen sich füllen, vorausgesetzt, in den *Einstellungen* wurde die Option *Füllung für neue geöffnete Pfade (einblenden)* aktiviert, was sich jedoch als Standard nicht anbietet. Oft genug wird man sonst beim Zeichnen durcheinander kommen, da sich durch die Füllung unerwünschte Überlagerungen ergeben.

Im Modus *Grobansicht* sind Füllungen und Strichstärken nicht sichtbar, sondern nur die Umrisse der Objekte (siehe Seite 77f.).

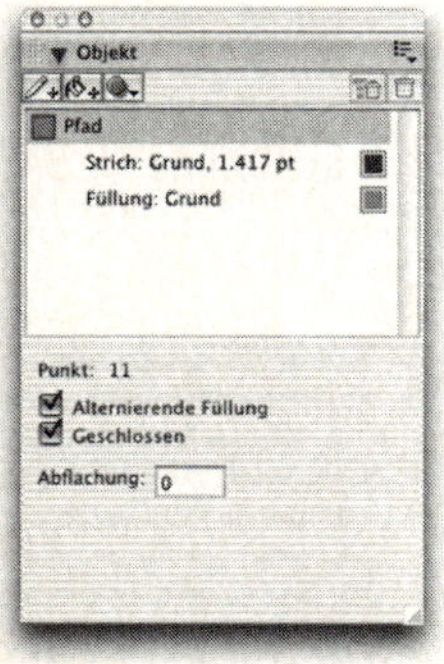

Ob ein Pfad offen oder geschlossen ist, lässt sich im Bedienfeld *Objekt* zuverlässig überprüfen (Checkbox). Es gibt durchaus Pfade, die geschlossen aussehen, es aber nicht sind. Wenn einem offenen Pfad eine Füllung zugewiesen wird, erscheint sie erst, wenn er geschlossen wird (nur wenn die Option *Füllung für neue geöffnete Pfade (einblenden)* deaktiviert ist).

Überschneidet sich ein Pfad selbst, ist er an den alternierenden Stellen nicht gefüllt und durchsichtig, wenn die Checkbox aktiviert ist.

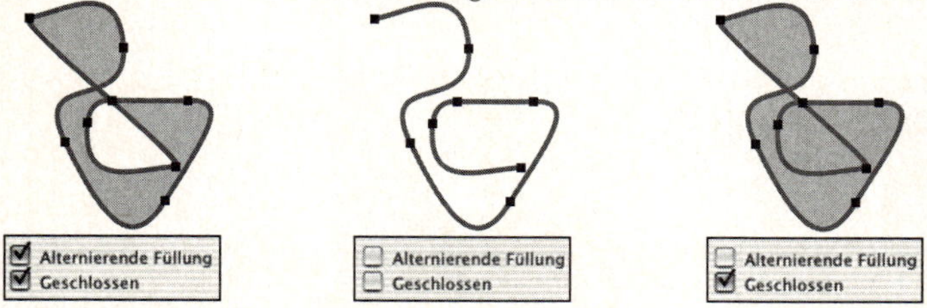

Füllungen zuweisen

Einem markierten Objekt kann eine Füllung zugewiesen werden, indem im Bedienfeld *Objekt* mit der Schaltfläche *Füllungseigenschaft* diese den Objekteigenschaften hinzugefügt wird oder man im Bedienfeld *Farbfelder* eine Farbe auf den Schalter *Flächenfarbe* zieht. Es ist auch möglich, im Pop-up-Menü des Bedienfeldes den Befehl *Füllung hinzufügen* auszuwählen. Anschließend kann im Eigenschaftsbereich des Bedienfeldes *Objekt* eine Füllungsart aus dem Pop-up-Menü ausgewählt werden. Eine Eigenschaft kann wieder entfernt werden, indem man sie in der Liste der Eigenschaften auswählt und den *Papierkorb* anklickt oder im Pop-up-Menü des Bedienfeldes den Befehl *Element entfernen* auswählt.

Markierten Objekten Füllungen zuweisen

Durch das Ziehen des Farbquadrates aus dem Bedienfeld *Farbfelder* oder *Farbmischer* kann die Farbeigenschaft im Bedienfeld *Objekt* verändert werden. Um eine Grundfüllung zu erhalten, kann alternativ dazu auch im Bedienfeld *Farbfelder* ein Farbquadrat auf das dortige Flächensymbol gezogen werden, oder man weist die Farbe dem Objekt direkt zu, indem man das Farbquadrat auf die Objektfläche zieht.

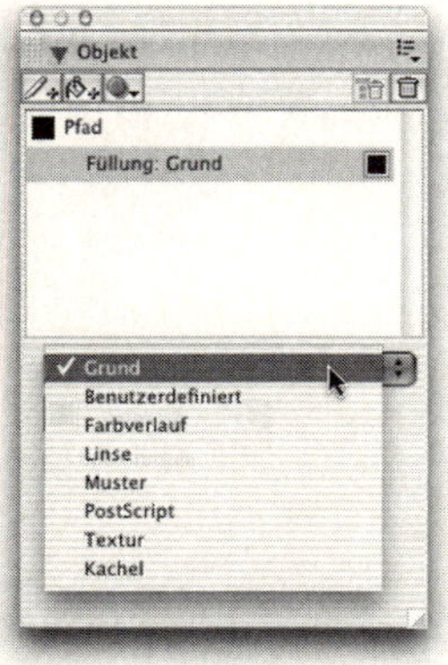

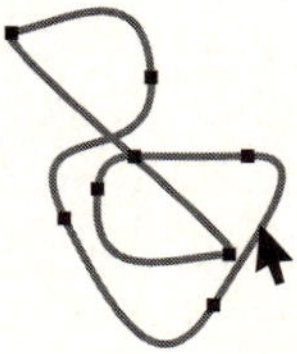

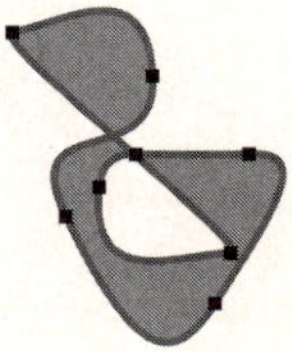

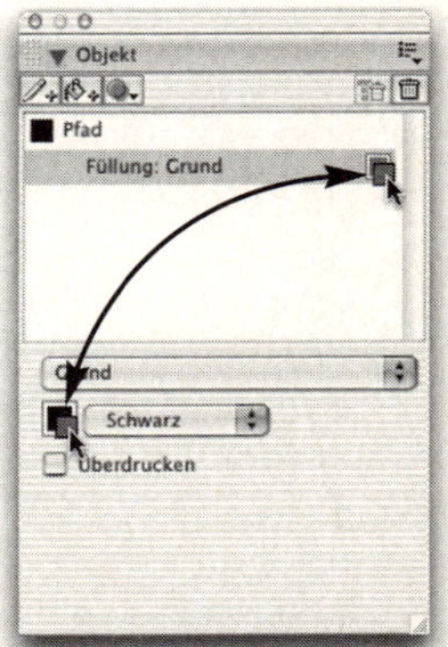

Ziehen eines Farbquadrates auf das Objekt

Besitzt das Objekt die Füllungsmethode *Grundversion*, so wird diese in eine entsprechend andere Form umgewandelt, sofern die notwendigen Tasten gedrückt werden. Es ist jedoch darauf zu achten, dass die Farbe der Grundversion unterschiedlich zu der Quadrat- bzw. Kreisfarbe ist, da sonst der Effekt nicht zu erkennen wäre. Hätte das Quadrat (Kreis) die gleiche Farbe wie die Grundversion, wäre die radiale oder abgestufte Füllung nicht zu sehen, da die Farben *Von* und *Bis* gleich wären.

Durch das Ziehen eines Farbquadrates aus den Bedienfeldern *Farbfelder* oder *Farbmischer* mit der Maus können auch nicht markierten Objekten Füllungen zugewiesen werden. Das Quadrat wird über das Objekt gezogen und gegebenenfalls eine Taste gedrückt, bevor das Quadrat losgelassen wird (siehe unten). Je nachdem, welche Taste zusätzlich gedrückt wird, verwandelt sich das Quadrat in eine Raute, einen Kreis oder bekommt eine Kontur.

Bei den Füllungen *Radial* und *Linear* bestimmt die Stelle, an der das Quadrat losgelassen wird, den Mittelpunkt beziehungsweise den Winkel der Füllung. Hat ein Objekt schon eine radiale oder lineare Füllung, lässt sich durch nochmaliges Ziehen des Quadrates an eine andere Stelle der Mittelpunkt oder der Winkel der Füllung verändern. Die jeweiligen Tasten müssen dabei auch betätigt werden.

Die Farbe des Quadrates legt bei der radialen Füllung die **Innenfarbe**, bei der abgestuften Füllung die **Bis-Farbe** fest.

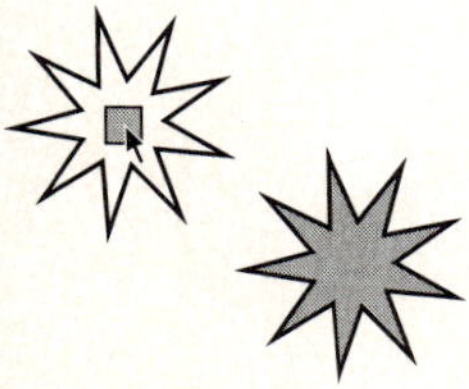

Keine ➛ Grundversion
Nur ziehen und loslassen

Keine ➛ linear
ctrl-Taste und loslassen

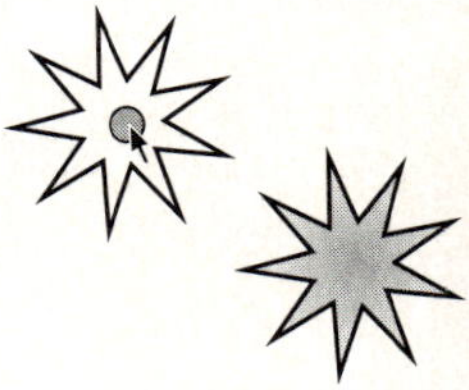

Keine ➛ Radial
⌥-Taste und loslassen

Keine ➛ Strich
⌘-Taste und loslassen

Wird beim Ziehen des Quadrates auf den Pfad die ⌘-Taste gedrückt, wird dem Pfad ein Strich mit einer 1-pt-Stärke in der Grundversion zugewiesen (siehe dazu auch Kapitel Farben Seite 284ff.).

Die Füllungsarten

Keine

Wird einem Objekt *keine* Füllung zugewiesen, ist es durchsichtig und nur sichtbar, wenn der Strich eine Farbeigenschaft besitzt. *Füllungseigenschaften entfernen* siehe Seite 247.

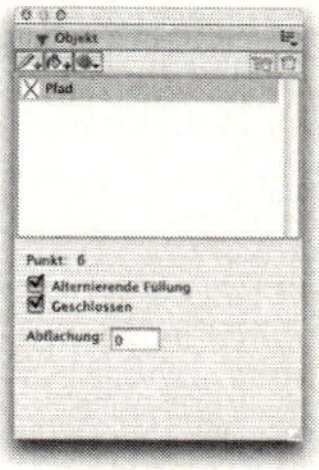

Grund

Mit dieser Einstellung kann dem Objekt eine einfarbige, nicht durchsichtige Füllung zugewiesen werden.

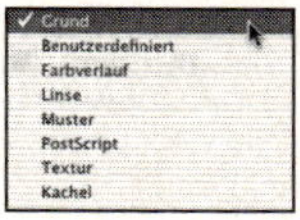

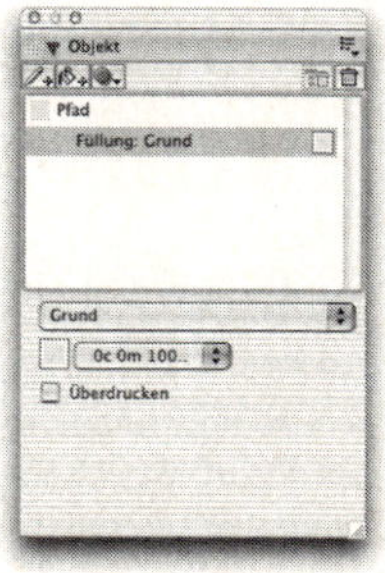

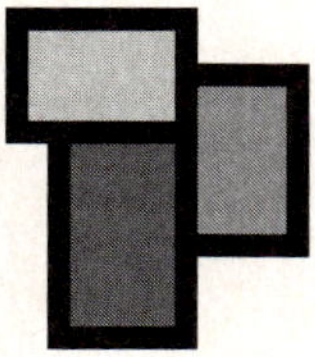

Alle drei Rechtecke haben unterschiedliche Farben und schwarze Striche.

Den Strichen wurde jeweils die Farbe ihres Rechtecks gegeben.

Allen Rechtecken wurde *kein* Strich zugewiesen.

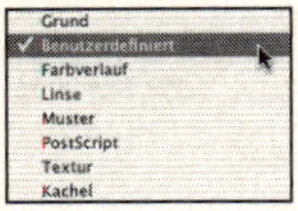

Benutzerdefiniert

Es gibt zehn Vorgabemuster, von denen die meisten einstellbar sind. Alle Voreinstellungen in den Feldern haben die Maßeinheit Punkt und sind deshalb sinnvoller zu lesen, wenn man die aktuelle Maßeinheit auch auf Punkt umstellt.

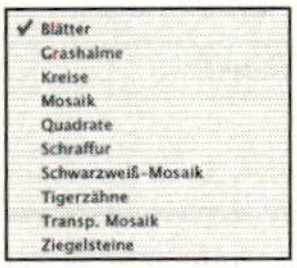

Das sinnvolle Arbeiten mit benutzerdefinierten Mustern ist kompliziert, da sie auf dem Bildschirm nicht dargestellt werden; stattdessen erscheint ein C-Muster. Die Beispiele mit jeweils zwei Einstellungen zeigen, dass geeignete Werte schwer abzuschätzen sind. Man sollte abwägen, ob es nicht sinnvoller und flexibler ist, eigene Kachelfüllungen zu erstellen (siehe Seite 256).

Das Oval hinter den Mustern zeigt, bei welchen die Zwischenräume durchsichtig sind. Mustern ohne Farbfeld kann keine Farbe zugewiesen werden.

Bildschirmdarstellung der Felder *Grashalme*

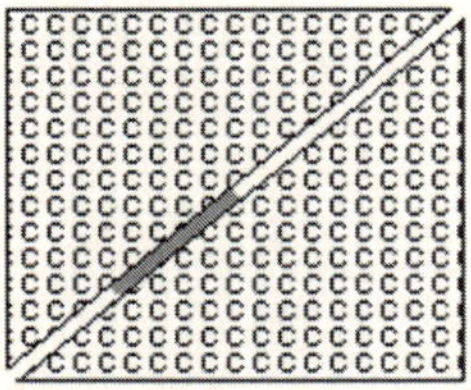

Grashalme

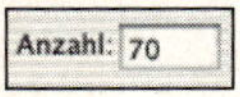

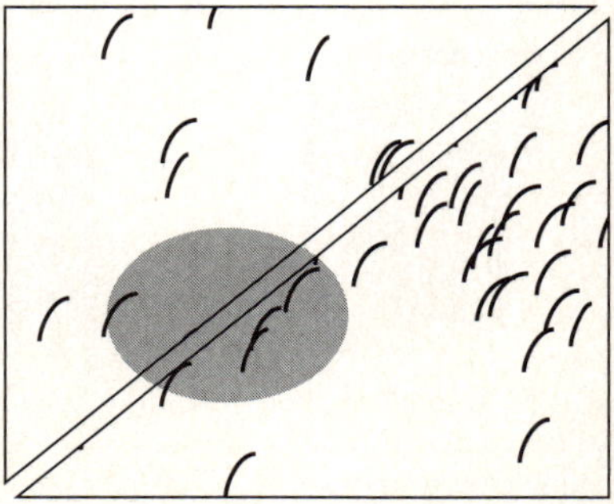

Blätter

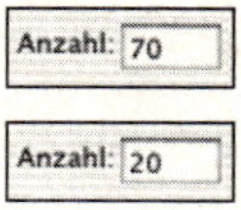

Kreise

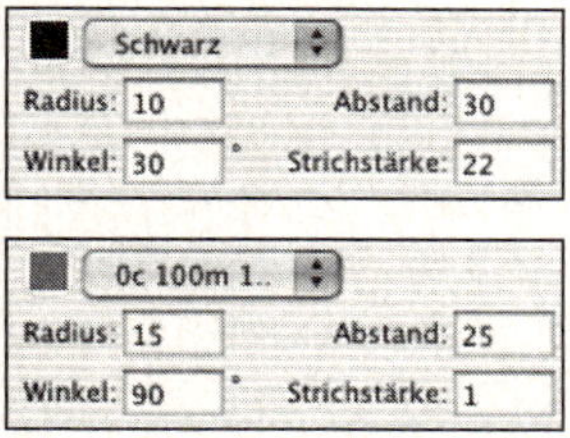

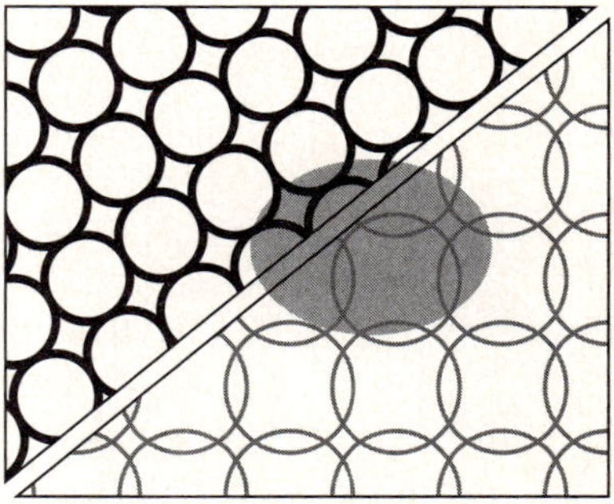

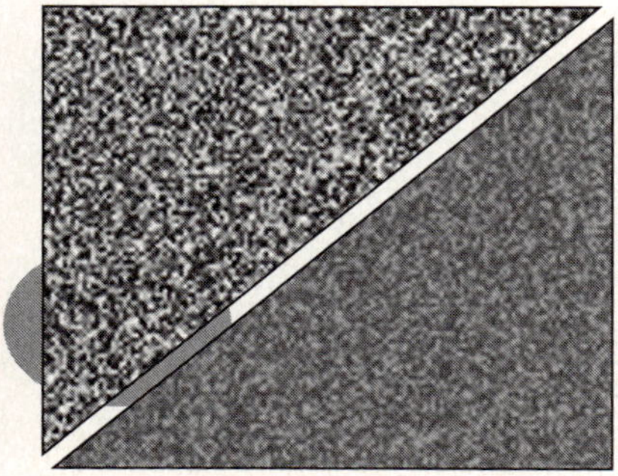

Mosaik

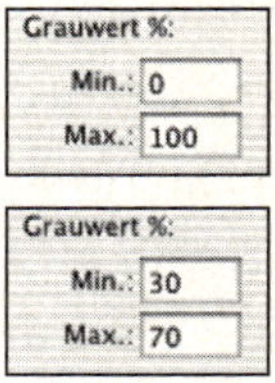

Schraffur

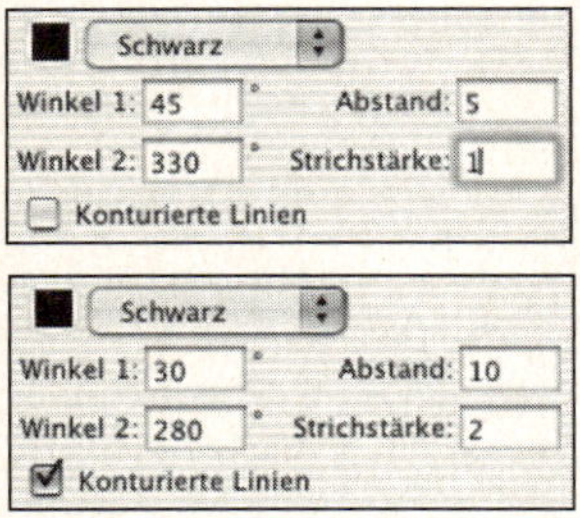

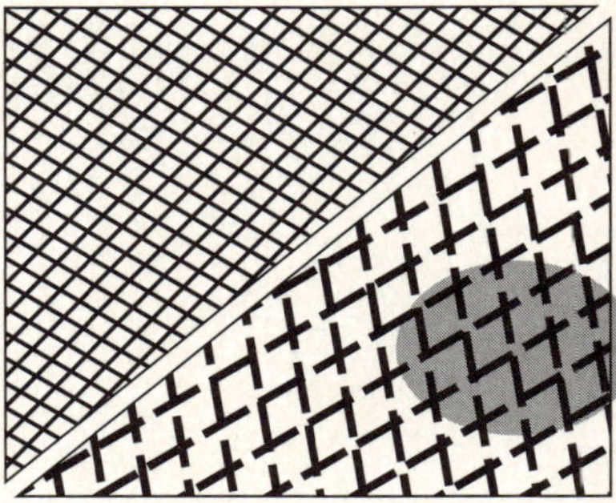

Quadrate

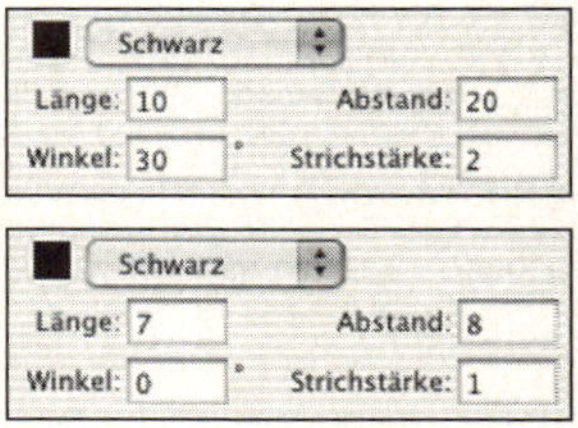

Trans. Mosaik

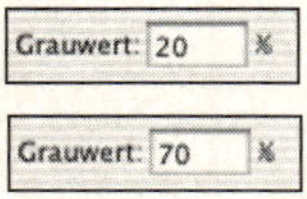

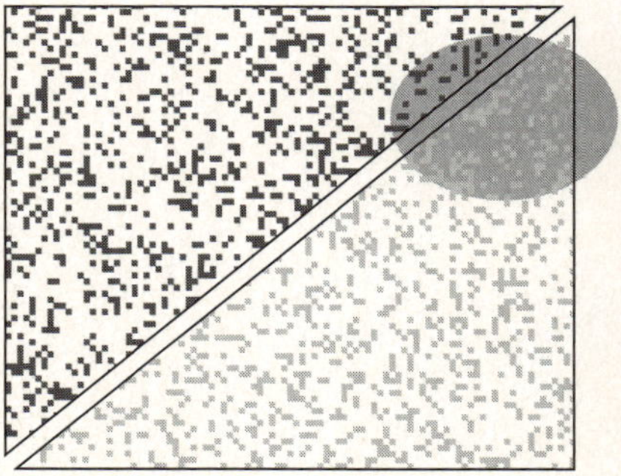

S/W-Mosaik

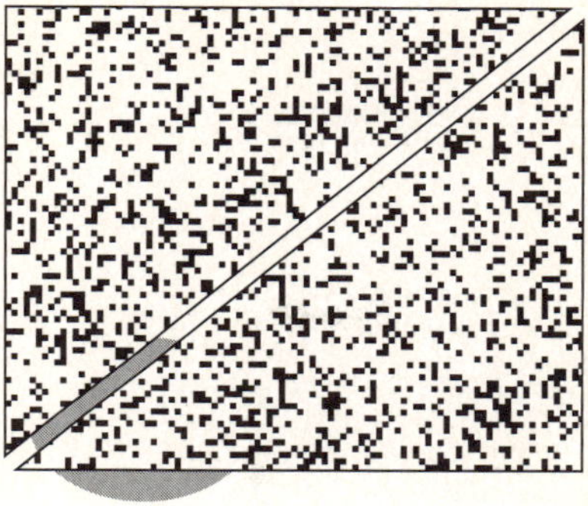

Tigerzähne

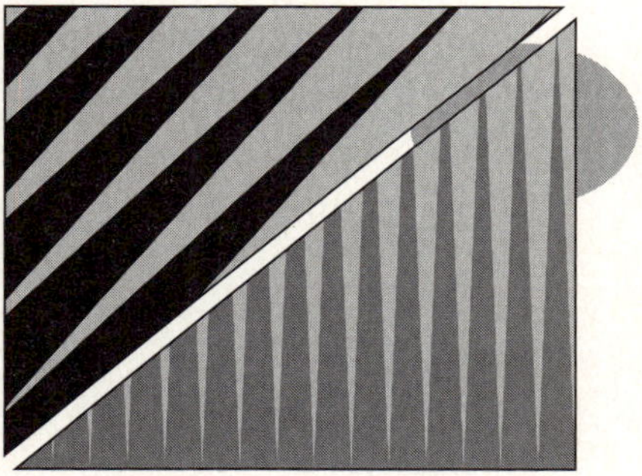

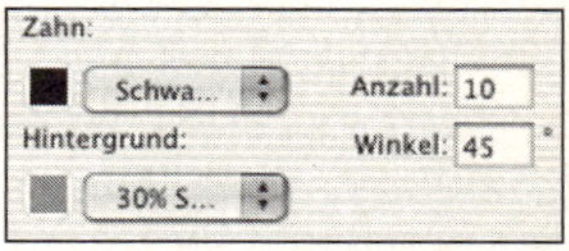

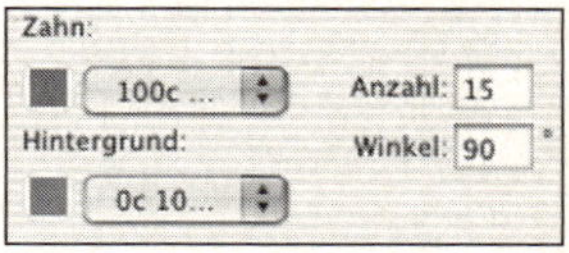

Ziegelsteine

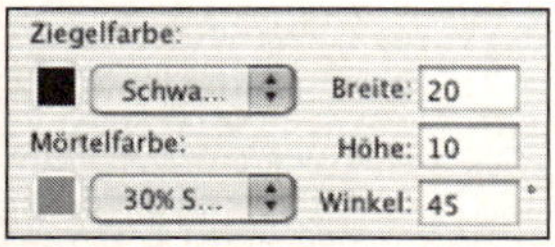

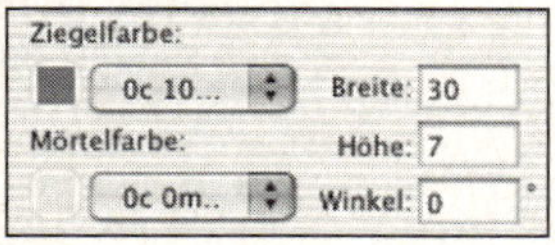

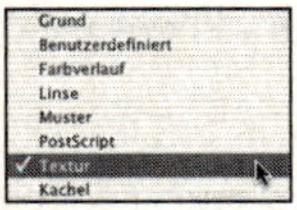

Textur

Diese Füllungsart stellt neun Muster zur Verfügung, denen Farben zugewiesen werden können. Sie sind nicht durchsichtig und werden nicht mit dem Objekt verwandelt. Sie können nur auf PostScript-Ausgabegeräten gedruckt und nicht verändert werden.

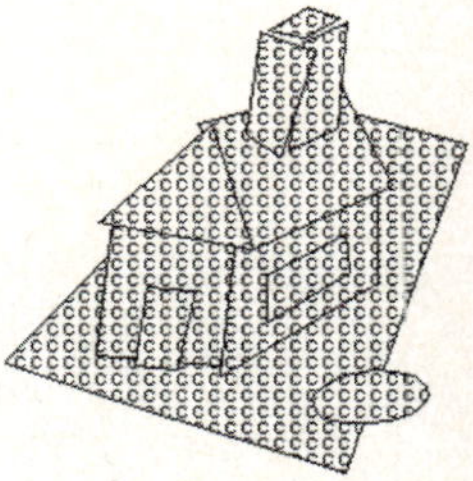
Bildschirmdarstellung

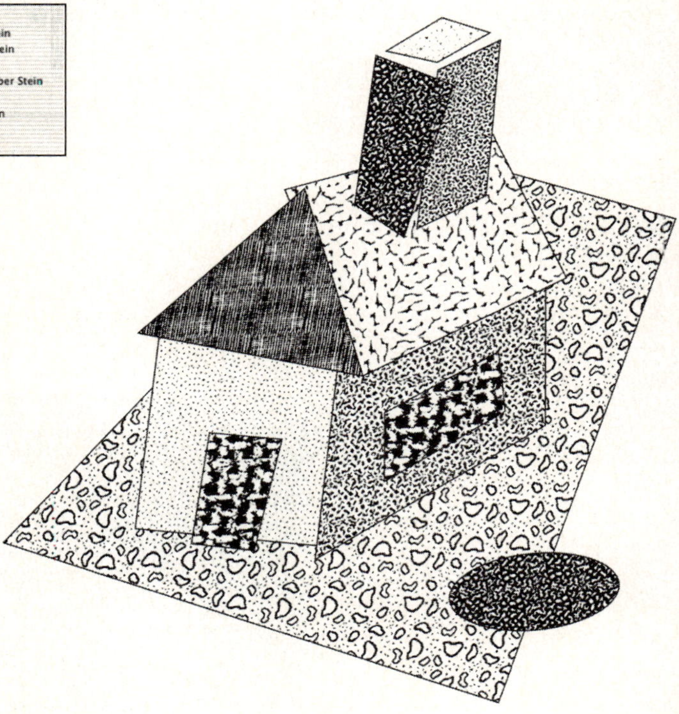

Muster

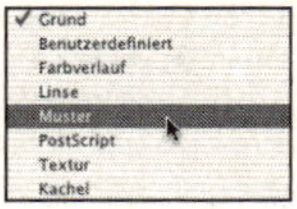

Hier werden die gleichen Bitmap-Muster angeboten wie für die Striche; auf Seite 236 wird beschrieben, wie sie bearbeitet werden. Den schwarzen Pixeln kann man Farben zuordnen.

Muster lassen sich nicht auf hochauflösenden Geräten wie PostScript-Belichtern reproduzieren. Siehe auch Striche, Seite 236.

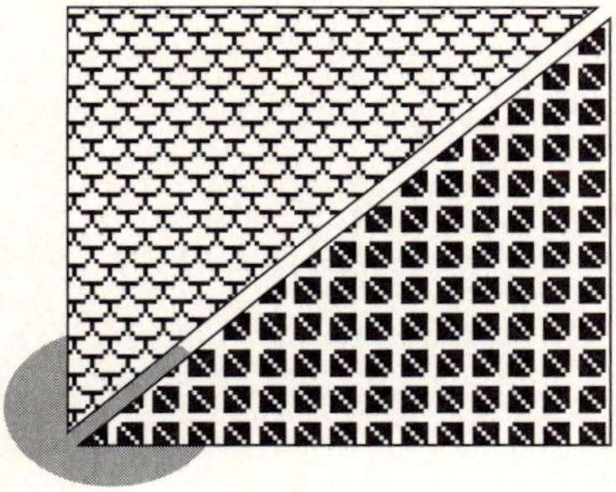

PostScript

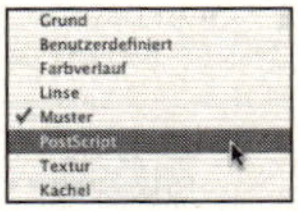

Wer die PostScript-Sprache beherrscht, kann in dem Feld eigene Muster programmieren. Kleine Fehler in der Programmierung des Codes werden im Eingabefeld sofort als Error angezeigt oder bewirken beim späteren Ausdruck einen PostScript-Fehler.

```
1 srand clipper pathbbox 4
copy pop pop translate 3 -1
roll sub cvi 3 1 roll exch sub
cvi newpath 100 {2 copy rand
exch mod exch rand exch mod
2 copy moveto rand 5 mod 1
add 0 360 arc F} repeat
```

Füllung wird am Monitor in Form kleiner „Ps"-Symbole angezeigt.

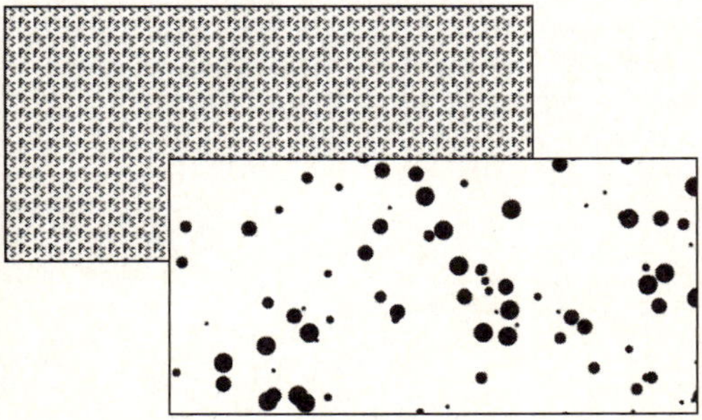

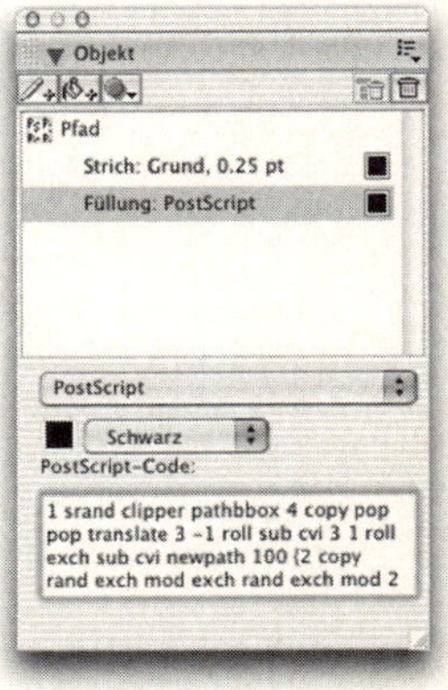

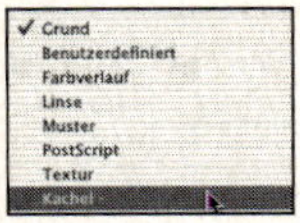

Kachel

Diese sehr interessante Füllungsart erlaubt es, selbst erstellte Elemente zu benutzen, um ein Muster zu erzeugen.

Als Element für den Rapport kann alles verwendet werden, was in die Zwischenablage kopiert werden kann, mit Ausnahme von importierten EPS- und Bitmap-Grafiken und Elementen, die selbst eine Kachelfüllung enthalten.

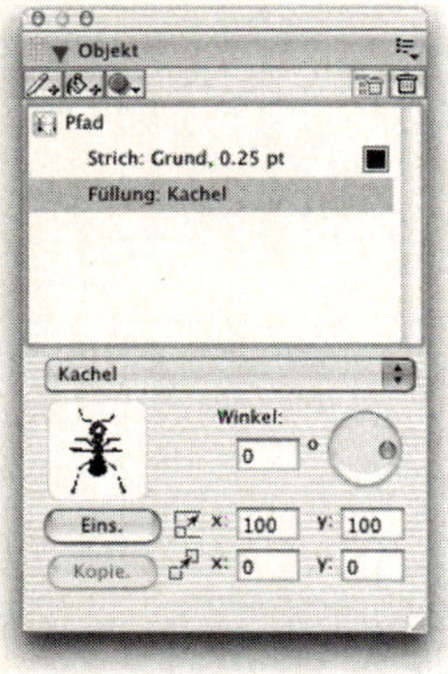

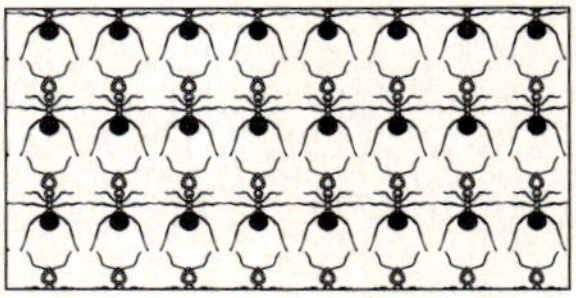

Die Objekte, die als Kachelelemente dienen sollen, werden markiert und mit ⌘C oder ⌘X in die Zwischenablage gelegt. Es kann sich hierbei um einzelne Pfade, Gruppen oder, wie in diesem Beispiel, Objekte mit Inhalt handeln (Inhalt siehe Seite 363ff.).

Im Bedienfeld *Objekt* kann das Objekt aus der Zwischenablage mit dem Schalter *Einsetzen* in das Fenster kopiert werden. Es wird als Rapport ohne Zwischenräume aneinander gefügt.

Der Schalter *Kopieren* legt ein Kachelobjekt in die Zwischenablage zurück, was praktisch ist, wenn es nicht mehr verfügbar ist und weiterverwendet werden soll.

Über *Winkel* wird das Muster ausgerichtet, indem man einen Wert einträgt oder an dem Knopf dreht.

Im Feld *Skalierung %* kann das Bildobjekt proportional und unproportional skaliert werden.

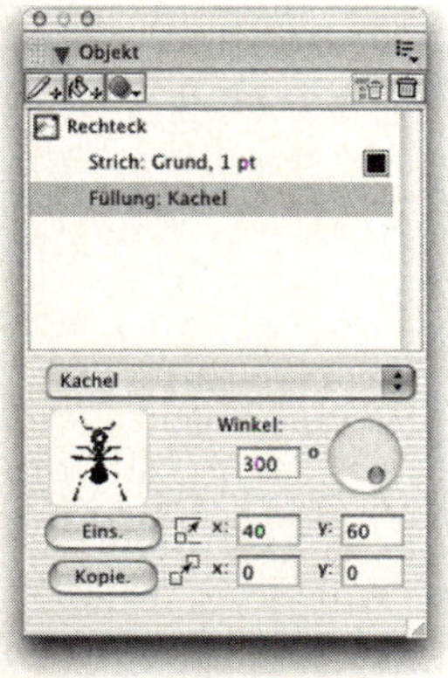

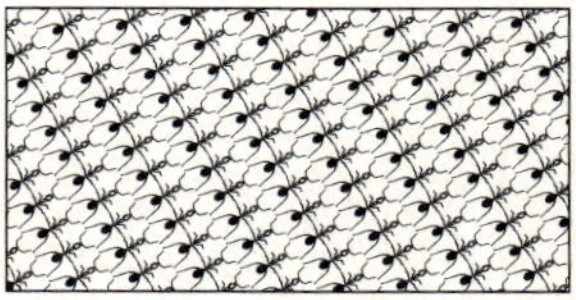

Generation X

Zur umseitigen Illustration

Die Illustration auf der ersten Seite des Farbteils dieses Buches ist eine Übung zum Erlernen von genauem Zeichnen. Aus diesem Grund sind hier einige Voraussetzungen zu beachten, auch wenn die Illustration möglicherweise auf einem anderen Weg einfacher zu erstellen ist. Am Anfang der Illustration steht das große X,

Generation X

das hier mit einer selbst erstellten „Serife" gebaut wurde. Das liegende „U" bedarf ebenfalls einer gewissen Genauigkeit. Der Halbkreis im Inneren besitzt einzelne Farbdreiecke als Inhalt, wodurch die Mehrfarbigkeit entsteht. Auf den Farbseiten nach dem Abschnitt Überfüllung folgt eine ausführliche Bauanleitung.

1

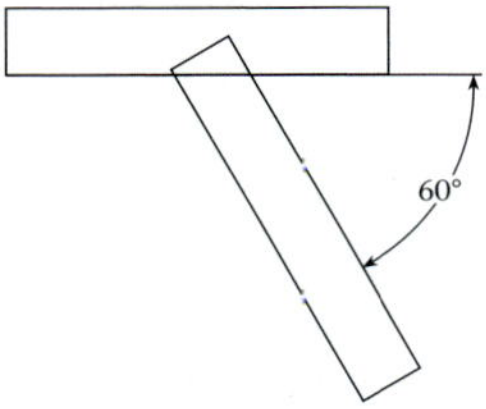

Beginnen Sie mit zwei einfachen Formen: zwei sich überschneidenden Rechtecken (**1**). Das eine Rechteck ist zum anderen um 60° gedreht. Sie sollten sich so überschneiden, dass die beiden oberen Ecken vollständig im horizontalen Rechteck enthalten sind.

Markieren Sie nun beide Rechtecke und vereinen Sie sie (**2**), entweder mit dem Befehl *Vereinigen* im Menü *Modifizieren* ➤ *Zusammenfassen* oder mit dem Xtra *Vereinigen.*

2

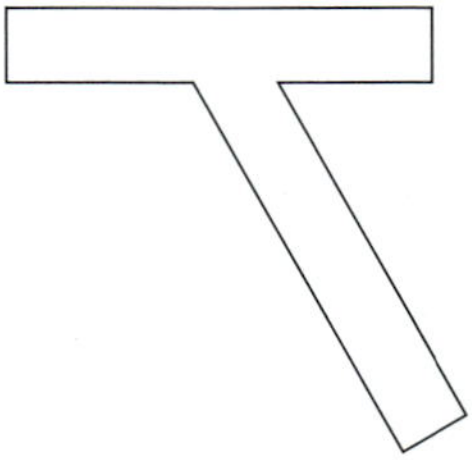

Platzieren Sie nun zwei Kreise an den Ecken, die sich aus der Vereinigung ergeben haben (**3**). Achten Sie darauf, dass die Kreise die Serifenform berühren.

3

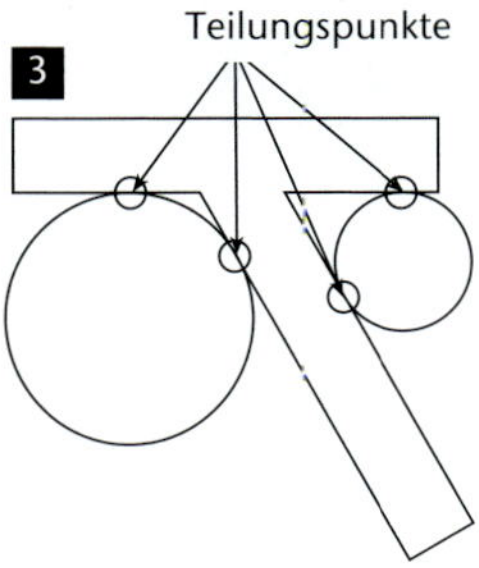

Heben Sie nun die Gruppierung der Kreise auf und teilen Sie sie jeweils an den Berührungspunkten. Entfernen Sie anschließend die größeren Teile (**4**).

4

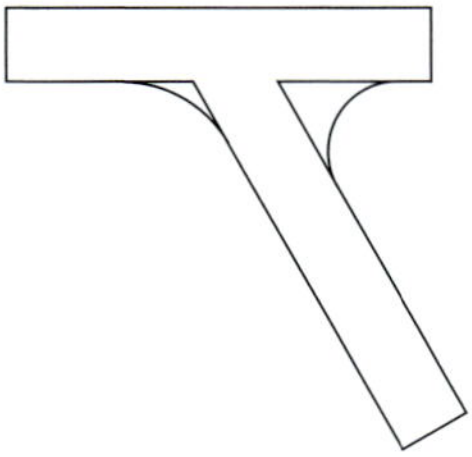

Teilen Sie die inneren Ecken der Serife (**5**).

5

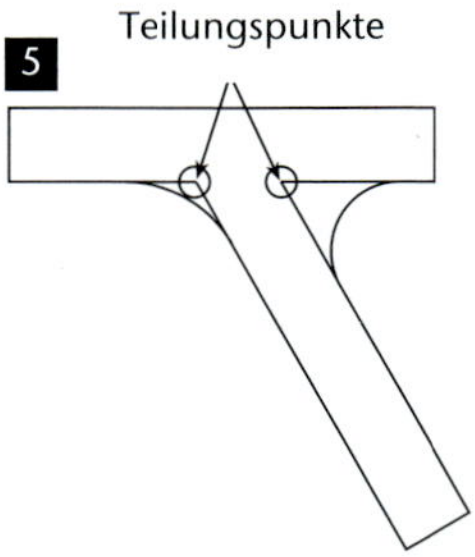

Stellen Sie sicher, dass im Menü *Ansicht* ➛ *An Punkt ausrichten* eingeschaltet ist. Schieben Sie nun die offenen Pfadenden zu den jeweiligen Endpunkten der Kreissegmente. Markieren Sie alle Einzelpfade und verbinden Sie die Pfade mit dem Befehl *Verbinden* (**6**).

6

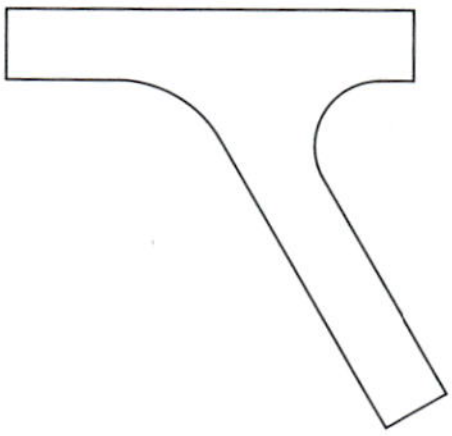

Klonen Sie nun die entstandene Serife und drehen Sie sie um die Mitte des Schenkelstumpfes um 180°. Achten Sie darauf, dass sich die Schenkel ein wenig überlappen (**7**).

7

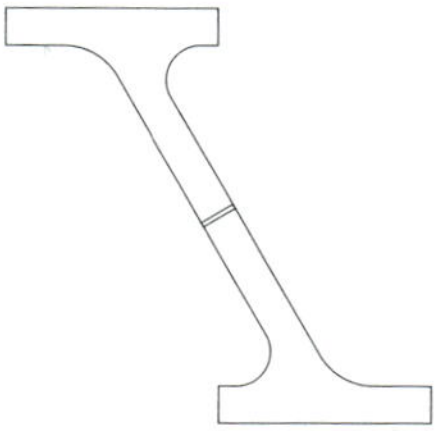

8

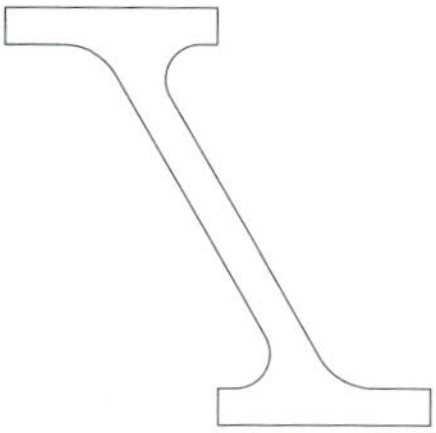

Vereinigen Sie die beiden Schenkelteile (**8**). Erstellen Sie dann einen Klon des fertigen Schenkels und spiegeln Sie ihn um die 90°(180°)-Achse (**9**).

9

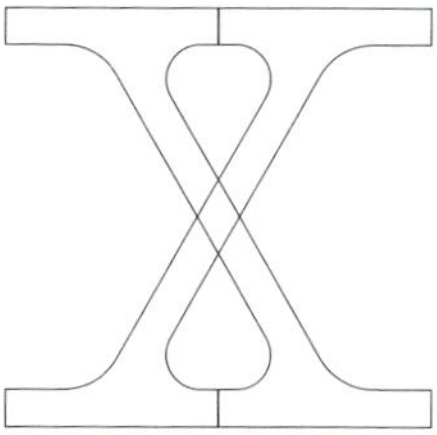

Skalieren Sie den neuen Schenkel ein wenig und vereinen Sie beide anschließend mit dem Befehl *Vereinigen* (**10**). Achten Sie darauf, dass die Strichstärke nicht auch skaliert wird.

10

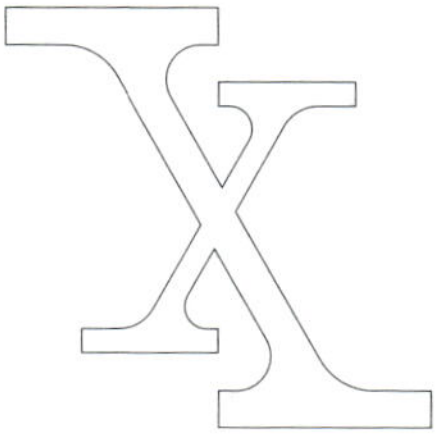

Weisen Sie nun dem entstandenen Objekt Füllungs- und Strichfarbe zu (**11**).

11

Als Nächstes erfolgt die Herstellung des liegenden **U**. Das wird auf den beiden nächsten Seiten dargestellt.

Herstellen des U-Rahmens

Beim **U** ist es sehr wichtig, die numerischen Größenangaben über das Bedienfeld *Objekt* einzutragen. Auch das Erstellen des Objektes mit Hilfe des versetzten Nullpunkts ist wichtig für die Genauigkeit. Erzeugen Sie ein Quadrat mit den Ausdehnungen 100 × 100 mm. Erstellen Sie ein weiteres mit den Ausdehnungen 80 × 80 mm. Richten Sie die beiden Quadrate mit dem Bedienfeld *Ausrichten* horizontal und vertikal zentrisch aneinander aus (**1**).

Verbreitern Sie das kleinere Rechteck um ca. 15 mm. Stanzen Sie es nun in das größere mit dem Befehl *Öffnung* aus dem Menü *Modifizieren* ➛ *Zusammenfassen* hinein (**2a** + **2b**).

Klonen Sie nun das liegende **U** und verschieben Sie es um 10 mm nach oben. Markieren Sie die rechten unteren Schenkelendpunkte und verschieben Sie sie um 50 mm (die Hälfte des **U**) nach links. Markieren Sie anschließend die oberen Schenkelendpunkte und löschen Sie sie (**3**).

Versetzen Sie nun den oberen Schenkelpunkt um 10 mm nach unten (**4**). Weisen Sie anschließend den entstandenen Objekten Füllungen und Striche zu (**5**).

Zum Schluss wird über die linke Hälfte des liegenden **U** noch ein Linsenrechteck gelegt, das auf Transparenz gestellt ist (**6**). Der in der Mitte des U platzierte Nullpunkt ist hier sehr hilfreich.

1

2a

2b

3

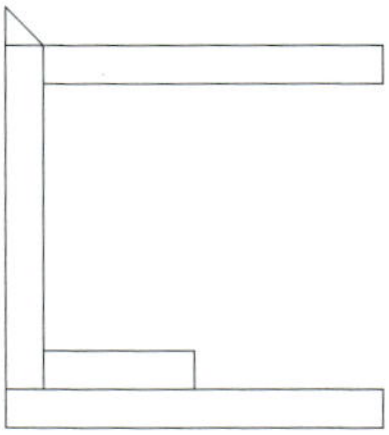

4

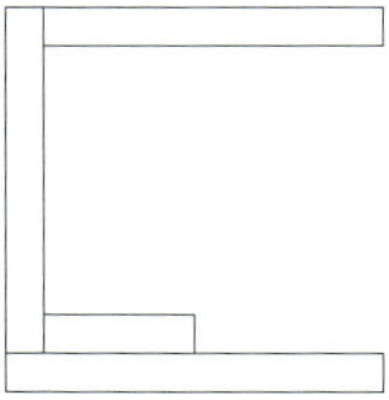

5

6

Erzeugen des „Rings"

Zuerst müssen Sie einen Kreis mit einem Durchmesser von 80 mm erstellen. Platzieren Sie ihn so, dass er mit seiner Mitte genau in der Mitte des **U** sitzt (**1**).

1

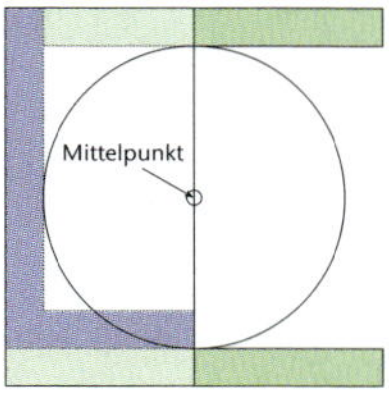

Erzeugen Sie anschließend einen deckungsgleichen Klon, den Sie um 20 mm kleiner als den ersten machen und am ersten zentrisch ausrichten. Verbinden Sie beide zu einem Ring (**2**).

2

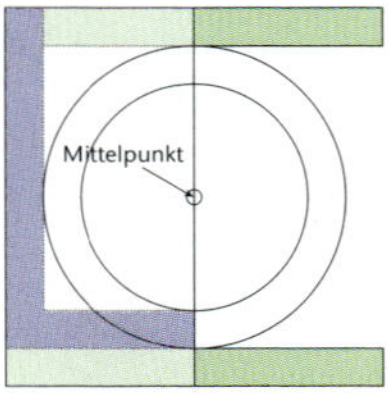

3

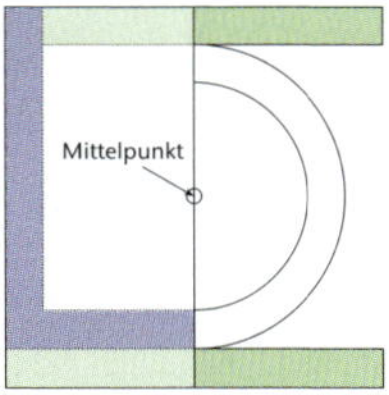

Als Nächstes klonen Sie das Linsenrechteck und stanzen es in den Ring hinein. Es bleibt ein Halbring übrig (**3**).

4

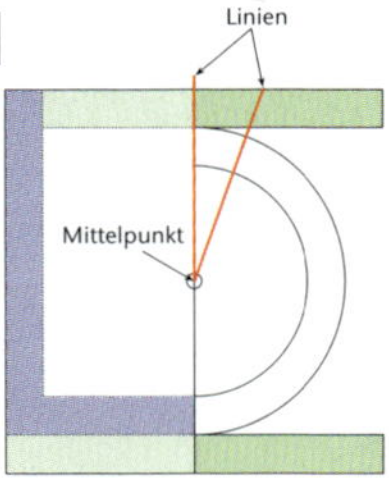

Erstellen Sie nun eine Linie, die ihren Ausgangspunkt im Mittelpunkt des **U** hat und etwas länger ist als der Durchmesser des entstandenen Halbringes. Klonen Sie die Linie und drehen Sie sie um den Mittelpunkt mit dem Winkel, der sich aus der Anzahl der Segmente in Relation zum Vollkreis (360°) ergibt (**4**).

Verbinden Sie jetzt die beiden Linien (Befehl *Verbinden*) und schließen Sie sie, sodass sich eine Dreieckfläche ergibt, die Sie füllen können. Erstellen Sie einen Klon davon und drehen Sie ihn um den doppelten Drehwinkel der Linien. Direkt in Folge können dann per Power Duplicate (⇧⌥⌘D) die weiteren Segmente erstellt werden (**5**).

5

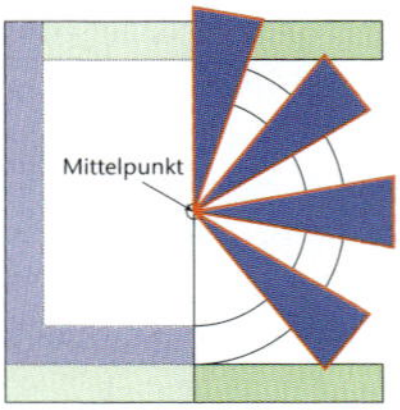

6

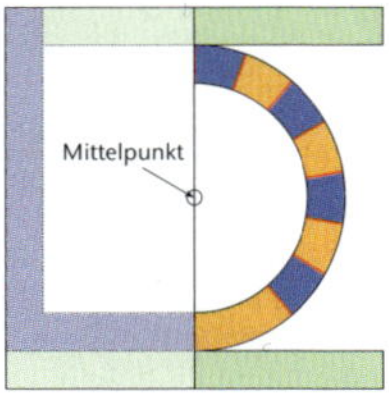

Nun müssen die entstandenen Dreiecksegmente noch ausgeschnitten und in den Halbring als Inhalt (⌘⇧V) eingesetzt werden (**6**).

Komplettieren

Das **X** und das **U** müssen nun miteinander verbunden werden. Platzieren Sie dazu das **X** im Bereich des **U** unter dem Linsenrechteck. Passen Sie die Größe an (Skalieren) (**1**).

1

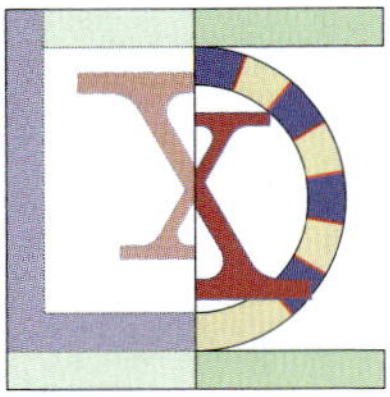

Erstellen Sie einen zweiten Halbring auf die gleiche Weise, wie schon zuvor erklärt, und platzieren Sie ihn vor dem **X**.
Benutzen Sie einen Außenkreis mit einem Durchmesser von 40 mm (**2**).

2

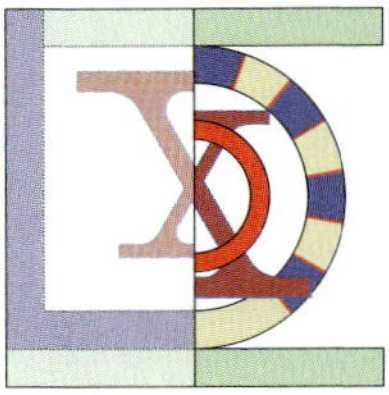

3

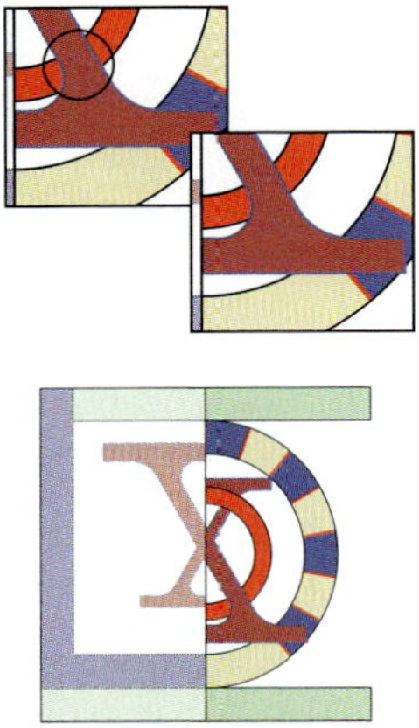

Kopieren Sie das **X**. Erstellen Sie einen kleinen Kreis über dem unteren rechten Schenkel des **X** und fügen Sie dort die Kopie des **X** als Inhalt (⇧⌘V) ein. Machen Sie den Kreis unsichtbar, indem Sie seinen Strich entfernen. Nun sieht es aus, als wäre das **X** teilweise vor und hinter dem Halbring (**3**).

Anschließend muss noch das **W** erstellt werden. Es ist ein in einem Textblock erstelltes **W** mit entsprechender Schriftgröße. Text kann genauso wie jedes andere Objekt in FreeHand mit den Transformationswerkzeugen bearbeitet werden. Bei dem **W** ist eine Kombination aus Neigen und Skalieren notwendig (**4a–c**).

4a

4b

4c

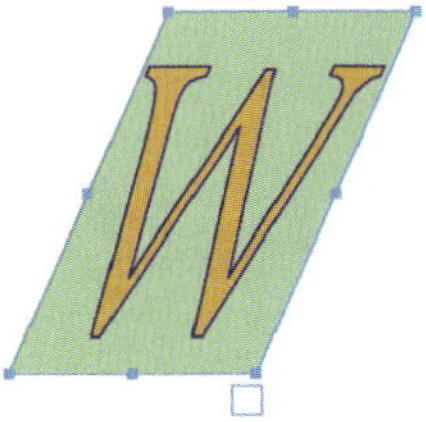

Der Hintergrund

Als Erstes wird ein Stern mit einer *Texturfüllung* versehen. Grundsätzlich lässt sich natürlich auch jede andere Füllmethode benutzen. Im Beispiel wurde die Muschelvariante gewählt. Wird der Stern bei gleichzeitig gedrückter ⇧-Taste erstellt, werden sich die Zacken als Muster berühren (**1**).

Als vorletztes Element kommt ein Rechteck mit einer abgestuften Verlaufsfüllung dazu, auf dem alle Einzelelemente platziert werden (**3**).

3

1

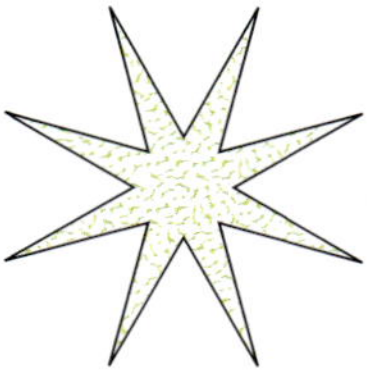

Achtung, das Rechteck muss markiert sein. Sonst wird die Kachelfüllung zur Standardfüllmethode für neue Objekte.

Nun muss der Stern kopiert oder ausgeschnitten werden, damit er sich in der Zwischenablage befindet. Erzeugen Sie nun am besten auf einer neuen Dokumentseite ein Rechteck, das etwas kleiner ist als die gesamte Seite, und wählen Sie für die Fläche die Füllmethode *Kachel* aus. Mit der Schaltfläche *Einsetzen* der Füllmethode *Kachel* wird das Rechteck mit einem Sternmuster gefüllt (**2**).

2

Das letzte Element ist der Schriftzug **Generation X.** Im Beispiel ist die Schrift eine Stone Serif Bold. Sie wird in Pfade konvertiert und mit dem Befehl *Verbinden* zu einem zusammengesetzten Pfad gemacht. Dem Schriftzug kann dann eine Verlaufsfüllung zugewiesen werden.

Überfüllen, Überdrucken oder nicht Überfüllen

Überdruckende Füllungen

Überdruckende Füllungen können bei der Verwendung von nur zwei Volltonfarben zur Erzeugung einer dritten Mischfarbe verwendet werden. Es muss hierzu im Bedienfeld *Objekt* der Füllung eines Objektes die Checkbox *Überdrucken* aktiviert werden. Der Farbton der entstehenden Mischfarbe lässt sich leider nicht genau vorhersagen.

Sowohl in den *Strich-* als auch in den *Füllungseigenschaften* des Bedienfeldes *Objekt* kann die Checkbox *Überdrucken* aktiviert werden, sodass der jeweilige Strich oder die Füllung aus dem Hintergrund nicht ausgespart wird. Bei Prozessfarben darf der Hintergrund allerdings keine der Farbkomponenten der Vordergrundfarbe enthalten. Ist dies dennoch der Fall, wird nicht überdruckt, sondern ausgespart.

Bevor weitere Beispiele gezeigt werden, soll an dieser Stelle kurz auf die Technik der Überfüllung eingegangen werden. Im Dialog *Drucken* ➛ *FreeHand MX* ➛ *Erweitert...* ➛ *Farbauszüge* befindet sich die Drucken-Funktion *Überfüllung*. Damit wird die Überfüllung für Ausdrucke aus FreeHand gelöst, sie basiert auf der Analyse der Tonwerte in den Farbauszügen. Composite-Drucke (Probedrucke) werden nicht überfüllt, somit sind dort Problem und Lösung nicht sichtbar. Zudem lassen sich Überfüllen-/Überdrucken-Reglements nur auf Ausgabegeräten anwenden, die PostScript-fähig sind. Für Ausdrucke aus FreeHand ist die Problematik somit gelöst, allerdings nicht für den Export (in der Regel als EPS) von FreeHand-Grafiken in Layout- oder andere Grafikprogramme. Belichtungsstudios oder Druckereien benutzen hierfür sehr teure Traping-Programme. Mit solchen Programmen können komplexe Überfüllungen auch zwischen Formen mit Farbverläufen erstellt werden.

Bei sehr einfachen Situationen kann man selbst überfüllen, indem man überdruckende Striche oder Flächen zuweist. Grundsätzlich wird immer die hellere Farbe gegen die dunklere überfüllt. Steht das hellere Objekt vorn, weist man ihm einen überdruckenden Strich der eigenen Farbe zu; steht es hinter dem dunkleren Objekt, wird diesem ein Strich mit der Farbe des helleren Objekts zugewiesen, allerdings immer nur im Überlappungsbereich. Diese einfache Art der Überfüllung ist z.B. notwendig bei sich überlagernden Volltonfarben oder Prozessfarben, die keine einzige gemeinsame Farbkomponente besitzen.

Wird Text eingegeben, besitzt er in FreeHand grundsätzlich eine schwarze, standardmäßig überdruckende Füllung. Wird der Füllung im Nachhinein eine andere Farbe zugewiesen, überdruckt sie nicht mehr.

Wird unter *FreeHand MX ➛ Einstellungen ➛ Neuaufbau* die Option *Überdruckende Objekte anzeigen* aktiviert, werden solche Elemente, Striche wie Füllungen, am Bildschirm mit kleinen Nullen gekennzeichnet.

Vor der Überfüllung

Die schematische Darstellung ist in der Überfüllungsbreite stark übertrieben. Die übliche Breite der Überfüllung beträgt in der Regel je nach Papier $^{1}/_{10}$ bis $^{1}/_{20}$ Punkt.

Mitte:
Die gestrichelte weiße Linie deutet die spätere überdruckende Kontur an. Auf dem Bildschirm ist sie natürlich nicht zu sehen.

Bildschirmdarstellung
Die Nullen (eigentlich sind es o's, o steht für overprint) zeigen am Bildschirm Objekte an, die überdrucken. Vorausgesetzt, in den Voreinstellungen ist die Option *Überdruckende Objekte anzeigen* aktiviert worden.

Nach der Überfüllung
(gedrucktes Ergebnis)

Um das grüne Objekt gegen den schwarzen Hintergrund zu überfüllen, wird ihm ein Strich der eigenen Farbe zugewiesen; im Bedienfeld *Objekt* muss für den Strich die Checkbox *Überdrucken* aktiviert werden. Man muss etwas aufpassen, damit nur der Bereich überdruckt, bei dem es notwendig ist. Dazu wird ein Klon erzeugt. Der Klon wird an der Grenze zum roten Objekt aufgeteilt und das überflüssige Objekt (Überschneidungsbereich) entfernt. Anschließend wird dem übrig gebliebenen Objekt ein Strich mit der gleichen Farbe der Fläche zugewiesen. Die Stärke eines solchen Strichs muss immer das Doppelte des Überfüllungswertes haben, da sich Striche gleichmäßig nach beiden Seiten ausdehnen. Um die rote Form gegen den schwarzen Hintergrund, aber nicht gegen die grüne Form zu überfüllen, wird genauso vorgegangen wie zuvor bei dem grünen Objekt.

Das Grün muss hier gegen das Rot nicht überfüllt werden, da beide Farben genügend Anteile an Cyan und Gelb aufweisen, um keine Blitzer entstehen zu lassen.

Die Würfelfläche wurde unter Verwendung eines im Winkel von 30° erzeugten isometrischen Würfels erstellt. Im Buch „FreeHand: gewusst wie“, erschienen im Rowohlt Verlag, gibt der Autor Harald Donner eine detaillierte Beschreibung der Erstellungsweise.

Die HKS-K-Farben im 4C-Raster (Euro-Skala)

Leider ist in FreeHand MX der HKS-Farbfächer nach wie vor nicht in die Farbbibliotheken integriert. HKS ist der europäische Standard für in allen Druckereien erhältliche Sonderfarben (Schmuckfarben). Nachfolgend finden Sie die Übersicht über die HKS-Farben für gestrichene Papiere (**HKS K**) inklusive ihrer 4C-Zusammensetzung (Prozessfarbenanteile).

An dieser Stelle ist natürlich auch nur mit den 4C-Werten der jeweilige HKS-Farbe gearbeitet worden, weil der Druck mit 86 Sonderfarben das Budget dieses Handbuches übersteigen würde. Falls Sie einen echten HKS-Farbfächer zum Vergleich zur Verfügung haben (in jedem gut sortierten Zeichenbedarf für ca. 10 € zu haben), können Sie sehen, wie gut die Annäherung mit den angegebenen und gedruckten Werten gelingt.

HKS-K-Farbkatalog
(für gestrichene Papiere)

HKS 1
C0 M10 Y60 K0

HKS 2
C5 M0 Y100 K0

HKS 3
C0 M0 Y100 K0

HKS 4
C0 M20 Y100 K0

HKS 5
C0 M30 Y100 K0

HKS 6
C0 M45 Y100 K0

HKS 7
C0 M60 Y100 K0

HKS 8
C0 M65 Y100 K0

HKS 10
C0 M85 Y100 K0

HKS 11
C0 M45 Y45 K0

HKS12
C0 M90 Y100 K0

HKS 13
C0 M100 Y95 K0

HKS 14 *C0 M100 Y100 K0*	**HKS 15** *C5 M100 Y80 K0*	**HKS 16** *C30 M100 Y90 K0*
HKS 17 *C30 M100 Y70 K0*	**HKS 18** *C55 M100 Y80 K0*	**HKS 21** *C0 M55 Y25 K0*
HKS 22 *C0 M90 Y85 K0*	**HKS 23** *C0 M100 Y70 K0*	**HKS 24** *C10 M100 Y50 K0*
HKS 25 *C0 M100 Y25 K0*	**HKS 26** *C20 M100 Y20 K0*	**HKS 27** *C5 M100 Y0 K0*
HKS 28 *C20 M100 Y40 K0*	**HKS 29** *C45 M100 Y0 K0*	**HKS 31** *C20 M100 Y0 K0*
HKS 32 *C10 M100 Y0 K0*	**HKS 33** *C50 M100 Y0 K0*	**HKS 34** *C70 M100 Y0 K0*
HKS 35 *C90 M90 Y0 K0*	**HKS 36** *C80 M90 Y0 K0*	**HKS 37** *C80 M100 Y0 K0*
HKS 38 *C100 M60 Y10 K60*	**HKS 39** *C90 M50 Y0 K0*	**HKS 40** *C100 M30 Y15 K0*
HKS 41 *C100 M70 Y10 K50*	**HKS 42** *C100 M85 Y0 K0*	**HKS 43** *C100 M70 Y0 K0*
HKS 44 *C100 M50 Y0 K0*	**HKS 45** *C80 M70 Y0 K0*	**HKS 46** *C85 M30 Y5 K5*

HKS 47	**HKS 48**	**HKS 49**
C100 M0 Y0 K0	*C100 M0 Y0 K10*	*C100 M20 Y10 K0*
HKS 50	**HKS 51**	**HKS 52**
C70 M0 Y0 K5	*C100 M0 Y40 K0*	*C100 M0 Y55 K0*
HKS 53	**HKS 54**	**HKS 55**
C80 M0 Y60 K0	*C100 M0 Y80 K10*	*C100 M0 Y70 K30*
HKS 56	**HKS 57**	**HKS 58**
C100 M45 Y80 K0	*C100 M0 Y90 K20*	*C60 M0 Y65 K50*
HKS 59	**HKS 60**	**HKS 61**
C100 M0 Y50 K20	*C80 M5 Y100 K0*	*C70 M0 Y100 K75*
HKS 62	**HKS 63**	**HKS 64**
C10 M0 Y70 K60	*C60 M0 Y90 K40*	*C80 M0 Y100 K10*
HKS 65	**HKS 66**	**HKS 67**
C65 M0 Y100 K0	*C60 M0 Y100 K0*	*C55 M0 Y100 K0*
HKS 68	**HKS 69**	**HKS 71**
C15 M20 Y100 K0	*C15 M0 Y100 K0*	*C10 M40 Y100 K0*
HKS 72	**HKS 73**	**HKS 74**
C10 M55 Y100 K0	*C0 M45 Y100 K30*	*C0 M50 Y100 K50*
HKS 75	**HKS 76**	**HKS 77**
C10 M30 Y80 K50	*C0 M60 Y90 K80*	*C0 M60 Y60 K70*

HKS 78
C50 M95 Y100 K0

HKS 81
C10 M80 Y100 K0

HKS 82
C0 M85 Y100 K30

HKS 83
C5 M75 Y70 K50

HKS 84
C10 M80 Y70 K60

HKS 88
C0 M0 Y0 K100

HKS 89
C0 M8 Y30 K35

HKS 90
C0 M25 Y30 K90

HKS 91
C10 M0 Y15 K40

HKS 92
C10 M0 Y5 K65

HKS 93
C25 M0 Y10 K80

HKS 95
C0 M0 Y25 K55

HKS 96
C0 M5 Y20 K60

HKS 97
C15 M0 Y30 K90

Cyan
C100 M0 Y0 K0

Magenta
C0 M100 Y0 K0

Yellow
C0 M0 Y100 K0

Im Offsetdruck wird ein normales Schwarz sehr ausgeblichen und schwach erscheinen. Aus diesem Grund greifen Drucker zu einem kleinen Trick. Sie drucken auf größere schwarze Flächen noch einmal mit einem geringen Prozentsatz Cyan. Die Flächen wirken dann satter, wenngleich mit leichtem Farbstich. Auch für Verläufe von Schwarz zu einer Farbe bietet sich eine Hinterlegung des Schwarz mit einem Prozentsatz der Zielfarbe an.

Schwarz
C0 M0 Y0 K100

Tiefschwarz
C40 M0 Y0 K100

Schwarz (*C0 M0 Y0 K100) mit Abstufung zu Weiß (100% ➛ 10%)*

4-C Schwarz (Tiefschwarz *C40 M0 Y0 K100) mit Abstufung zu Weiß (100% ➛ 10%)*

Linearer Verlauf von **4-C Schwarz ➛ Cyan**

Live-Rastereffekte

So schön die neuen Live-Rastereffekte auch sind, durch ihre Transparenz gestaltet sich ihre Ausgabe auf hochwertigen Druckmaschinen problematisch. Diese Form der Transparenz kann auf PostScript-basierten Geräten nicht oder nur fehlerhaft ausgegeben werden. Meist bereitet es kein großes Problem, wenn die entsprechenden Objekte vor weißem Hintergrund platziert werden. Werden sie jedoch vor Flächen oder Bildern platziert, fangen die Probleme an. Aus diesem Grund eine kleine Auswahl Live-Rasterobjekte vor unterschiedlichem Hintergrund.

Wird das Layout in QuarkXPress 4 durchgeführt, wie in diesem Buch, sind die EPS-Dateien mit darin enthaltenen Live-Rastereffekten am Bildschirm nicht sichtbar. In QuarkXPress 5 und 6 tritt das Problem nicht auf. Der Ausdruck – egal aus welcher QuarkXPress-Version – sieht aus wie folgt:

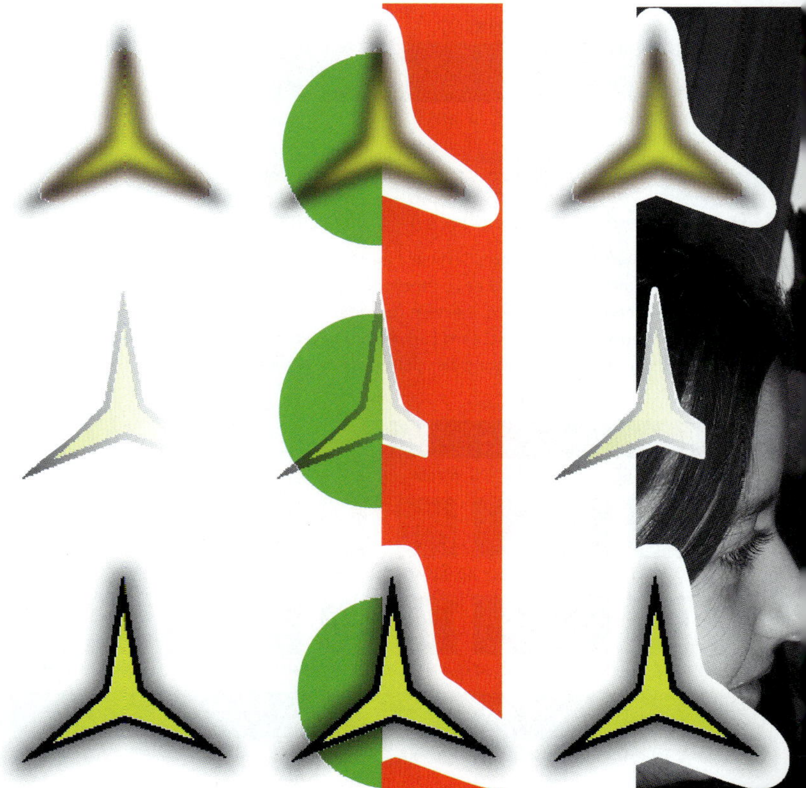

Kein Hintergrund

links FreeHand-Hintergrund
rechts QuarkXPress

Bildhintergrund
in QuarkXPress

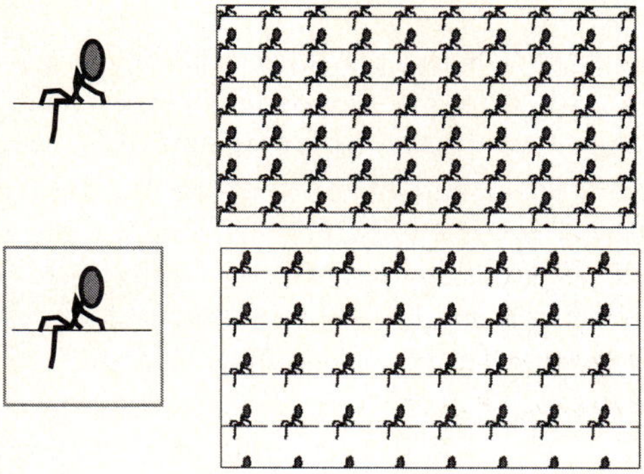

Abstände halten

Damit zwischen den Elementen Abstände entstehen, wurde im unteren Beispiel das Zeichenelement zusammen mit einem Quadrat in die Zwischenablage gelegt. Dem Quadrat wurde zuvor *kein* Strich zugeordnet, sodass es als unsichtbarer Abstandhalter fungieren kann.

Text

Wird Text als Kachelelement verwendet, dient der Textblock als Begrenzungsrahmen, der den Abstand der Elemente voneinander bestimmt.

Anfang

Um den Rapport innerhalb des Objektes auszurichten, können positive oder negative Werte in die Felder *x* und *y* eingetragen werden.

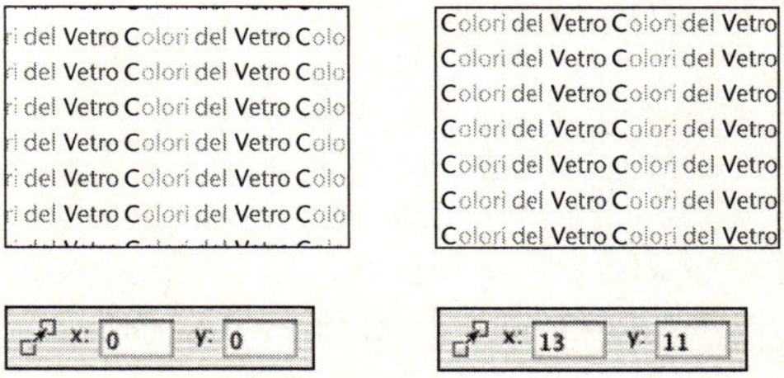

Checkbox im Bedienfeld Transformieren

Wird das Bedienfeld *Transformieren* durch einen Doppelklick auf eines der Transformationswerkzeuge geöffnet und die Checkbox *Füllung* deaktiviert, verschiebt sich die Kachelfüllung nicht mit dem Objekt. Auf diese Weise kann sie ebenfalls mit den Kanten des Objektes ausgerichtet werden. Wird das Objekt nach der Ausrichtung wieder verschoben, muss die Checkbox erneut aktiviert werden.
Die Checkbox bezieht sich auf alle Transformationsarten, sodass Kachelfüllungen, radiale und lineare Füllungen wahlweise mit dem Objekt verwandelt werden können oder nicht.

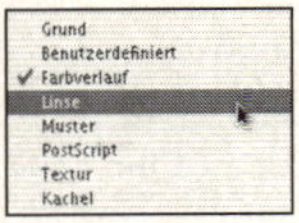

Linse

Prinzipiell bewirkt die Linsenfüllung, dass ausgewählte Objekte die darunter liegenden Elemente durchscheinen lassen, mehr oder weniger stark und effektvoll. Volltonfarben im Linsenbereich werden für den Druck in Prozessfarben konvertiert. Zuvor erscheint jedoch eine abschaltbare Meldung. Jedes Bildformat wird vom Füllbefehl erkannt, also auch TIFF- und EPS-Dateien. Die entstehenden Farben können mit der Pipette aufgenommen und anschließend weiteren Objekten zugewiesen werden. Mehrere übereinander liegende Linsenfüllungen addieren sich.

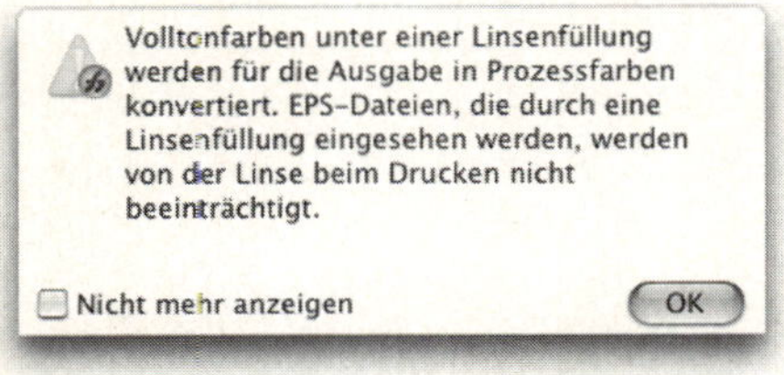

Linsenfüllungen haben ihre Tücken. Werden die Objekte in irgendeiner Weise verzerrt, behalten sie z.B. ihre Funktion nicht.

Es stehen mehrere Anwendungsweisen zur Verfügung:

Transparenz

Farbfeld: Der zu füllenden Fläche kann hier eine Farbe aus dem Bedienfeld *Farbfelder* oder *Farbmischer* zugewiesen werden.

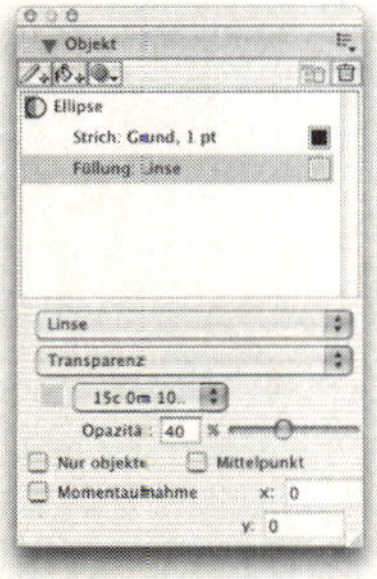

Vor Transparenz

Nach Transparenz

Opazität: Die unteren Objekte werden im Farbton des oben liegenden Objektes abgetönt. Die Opazität ist über einen Regler einstellbar, sie regelt die Stärke des Durchscheinens. Es sind Werte von 1 bis 100 Prozent einstellbar.

40 % Opazität

80 % Opazität

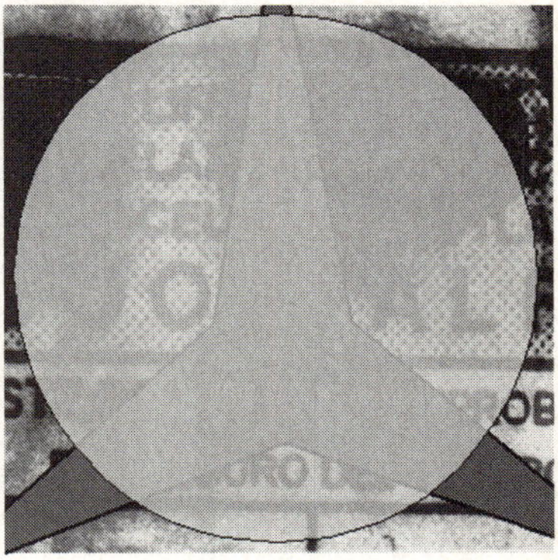

Vergrößern

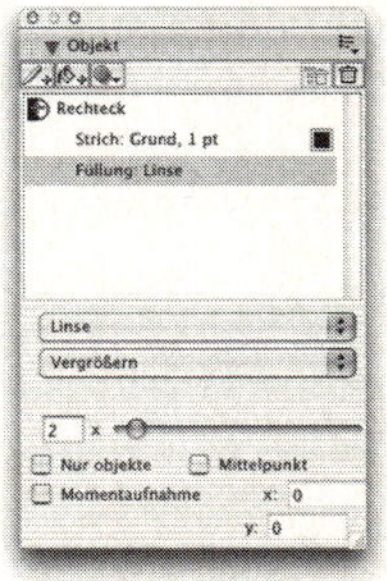

Die ausgewählte Fläche zeigt nach der Einstellung des Faktors einen vergrößerten Ausschnitt des darunter liegenden Objektes. Wird zusätzlich die Option *Mittelpunkt* aktiviert, kann die Fläche auch in einer frei zu wählenden Entfernung zum unten liegenden Objekt stehen.

Faktor: Der Wert steuert die Darstellung der Vergrößerung im Linsenobjekt. Im Eingabefeld kann ein Wert eingegeben oder mit dem Schieberegler eingestellt werden.

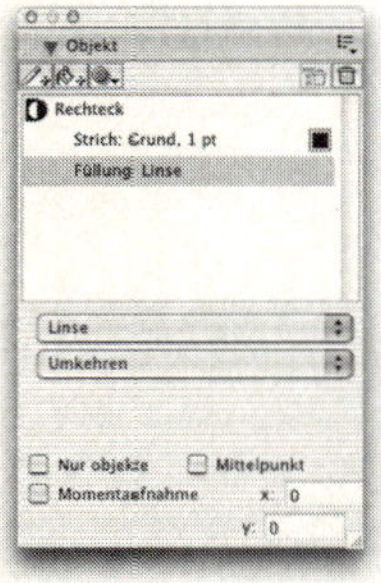

Umkehren

Die ausgewählte Fläche zeigt die komplementäre Farbinformation des darunter liegenden Objektes, erzeugt also ein Negativ.

Aufhellen

Die ausgewählte Fläche hellt die Farbinformationen darunter liegender Objekte auf. Mehrere übereinander liegende Linsenfüllungen addieren sich.

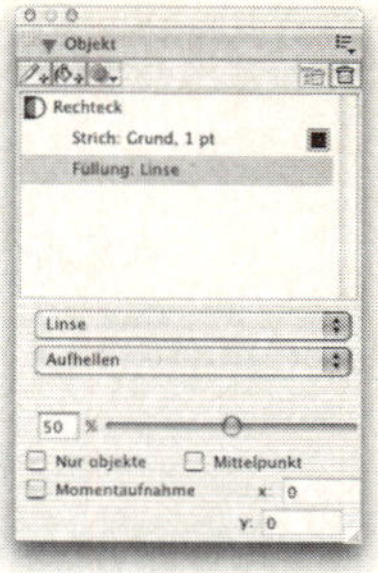

Regler: Der Helligkeitsgrad kann im Eingabefeld oder Schieberegler bestimmt werden.

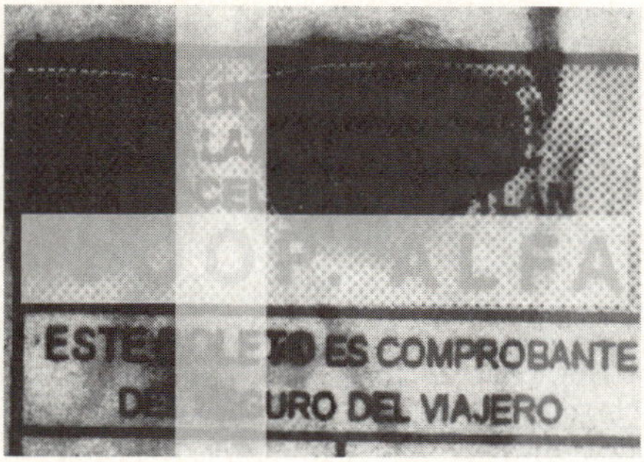

Abdunkeln

Die ausgewählte Fläche dunkelt die Farbinformationen darunter liegender Objekte ab. Mehrere übereinander liegende Linsenfüllungen addieren sich.

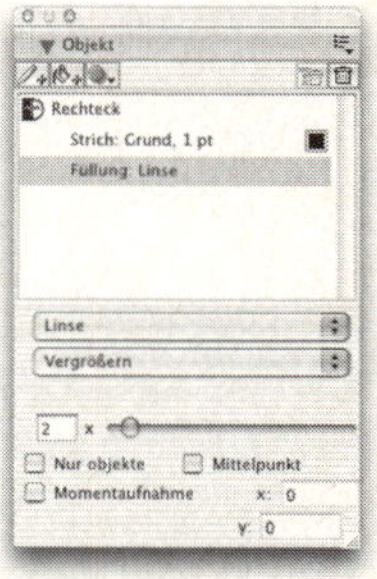

Regler: Die Dunkelstufe kann im Eingabefeld oder per Schieberegler bestimmt werden.

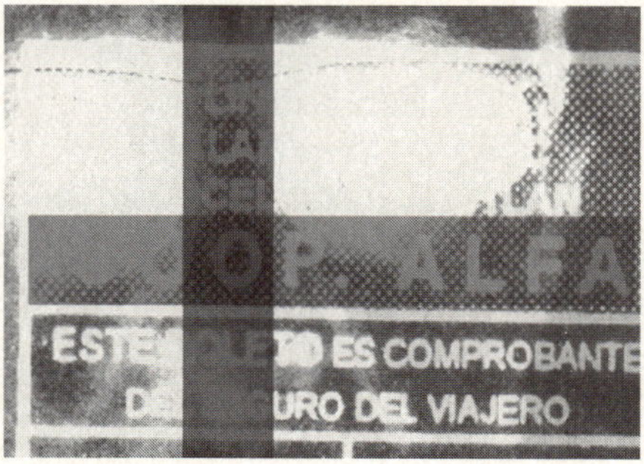

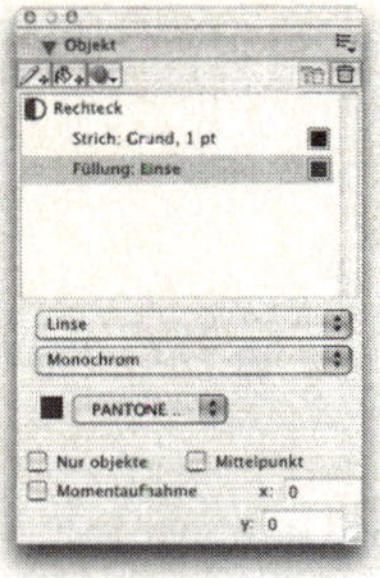

Monochrom

Die ausgewählte Fläche erzeugt unter Benutzung der Flächenfarbe des Objektes eine monochrome Farbabstufung. Mögliche Mehrfarbinformationen (z. B. bei RGB- oder CMYK-Bilddaten) des darunter liegenden Objektes werden in Farbabstufungen der Flächenfarbe umgewandelt.

In allen Füllungsmethoden der Linsenfüllung sind die Optionen *Mittelpunkt, Nur Objekte* und *Momentaufnahme* benutzbar. Im Einzelnen bewirken sie Folgendes:

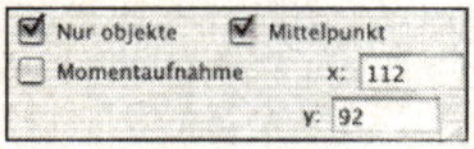

Mittelpunkt: Wie schon bei der Vergrößerungsoption auf Seite 257 erwähnt, bewirkt die Ankreuzoption, dass in einem

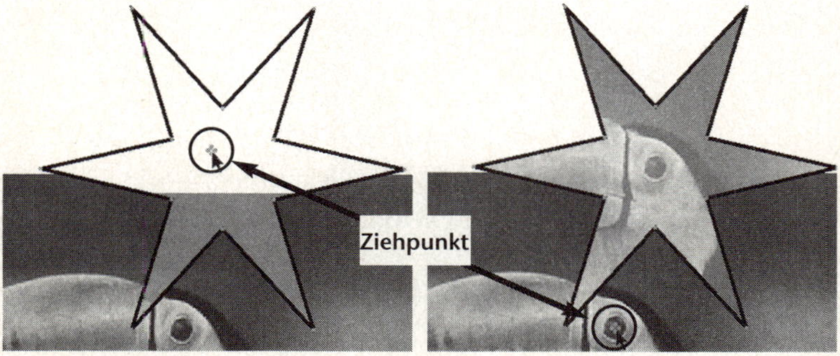

möglicherweise entfernten Objekt der Ausschnitt eines anderen Objektes gezeigt werden kann. Das geschieht dadurch, dass, nachdem die Option aktiviert wurde, ein Ziehpunkt erzeugt wird, der beliebig platzierbar ist.

Nur Objekte: Die Füllmethode zeigt nur dort Wirkung, wo sich tatsächlich Informationen (Objekte) befinden. Leere Bereiche bleiben unverändert.

Füllmethode *Transparenz* mit **deaktivierter Option** *Nur Objekte*

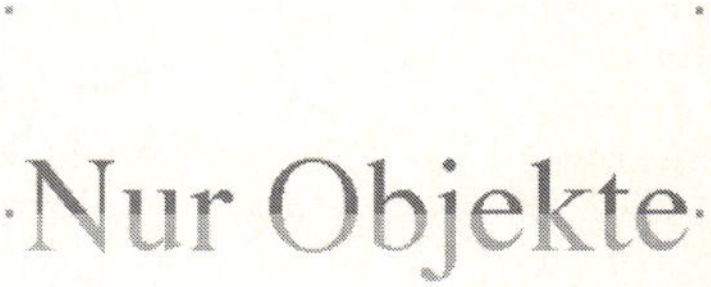

Füllmethode *Transparenz* mit **aktivierter Option** *Nur Objekte*

Schnappschuss: Der *Schnappschuss* speichert den Inhalt des Linsenobjektes, egal an welcher Position der Zeichenfläche sich das Objekt befindet.

Farbverlauf

Es wird zwischen *Linear, Radial, Kontur, Logarithmisch, Rechteck* und *Kegel* unterschieden. Alle Verlaufsarten erzeugen Farbverläufe zwischen zwei oder mehreren Farben und Weiß.

Bei *Linear* verlaufen die Farben von einer Seite zur anderen. Im Bedienfeld *Objekt* legt das *Winkelrad* oder *Eingabefeld* die Richtung des Verlaufs und die Position der „Von"-Farbe (Knopf) fest. Das linke Farbfeld des Farbbalkens definiert dabei die „Von"-Farbe, das rechte die „Bis"-Farbe. Bei *Radial* verlaufen die Farben von einem Mittelpunkt aus kreisförmig nach außen. Der Winkel und die Ausdehnung des Verlaufs wird durch die Griffeinstellungen geregelt. Das linke Farbfeld des Farbbalkens wird dabei als **innere Farbe** und das rechte als **äußere Farbe** definiert.

Mögliche Farbkombinationen

Das Zuweisen und Ändern der Füllungsarten *Grundversion, Linear* und *Radial* mit der Maus, ohne das Bedienfeld *Objekt* anzuwählen, wird auf der Seite 270ff. beschrieben.

Es gibt in FreeHand MX keinen *Vorschaubereich* mehr für den Radial-Verlauf. Die *Griffe* der unterschiedlichen Verlaufsfüllungen erzeugen den gewünschten Verlauf *on the fly*, also in Echtzeit.

- *Vierfarbprozessfarben und Volltonfarben* können in jeder beliebigen Kombination genutzt werden. Im Bedienfeld *Farbfelder* werden die Namen der Prozessfarben kursiv geschrieben. Man kann jede beliebige Farbe zu einer Prozessfarbe umdefinieren. Siehe hierzu auch Seite 291. Die Namen der als Vollton definierten Farben werden im Bedienfeld *Farbfelder* nicht kursiv geschrieben und zusätzlich mit drei Farbpunkten gekennzeichnet.

Die Farbübergänge werden je nach Farbfähigkeit des Bildschirms durch mehr oder weniger grobe Streifen dargestellt. Eine Verbesserung bietet die Option *Bessere (aber langsamere)Anzeige* im Dialog *FreeHand MX ➛ Einstellungen ➛ Neuaufbau.* Die Druckqualität hängt von der Anzahl der maximal zu differenzierenden Farben bei der Belichtung ab.

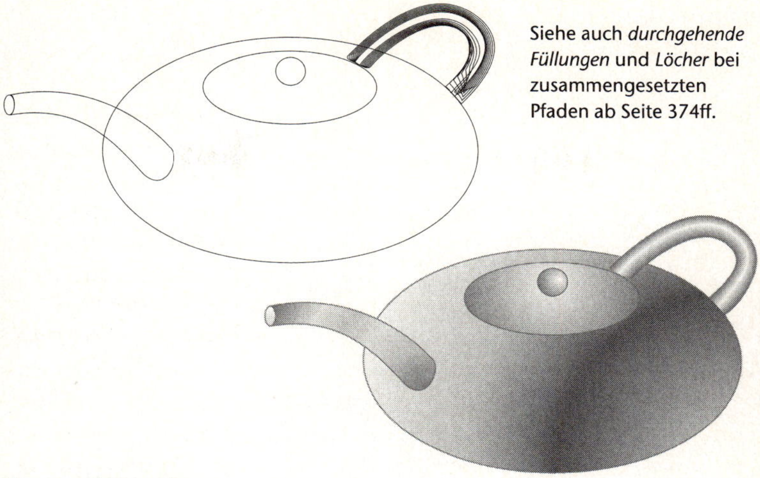

Siehe auch *durchgehende Füllungen* und *Löcher* bei zusammengesetzten Pfaden ab Seite 374ff.

Linearer Verlauf

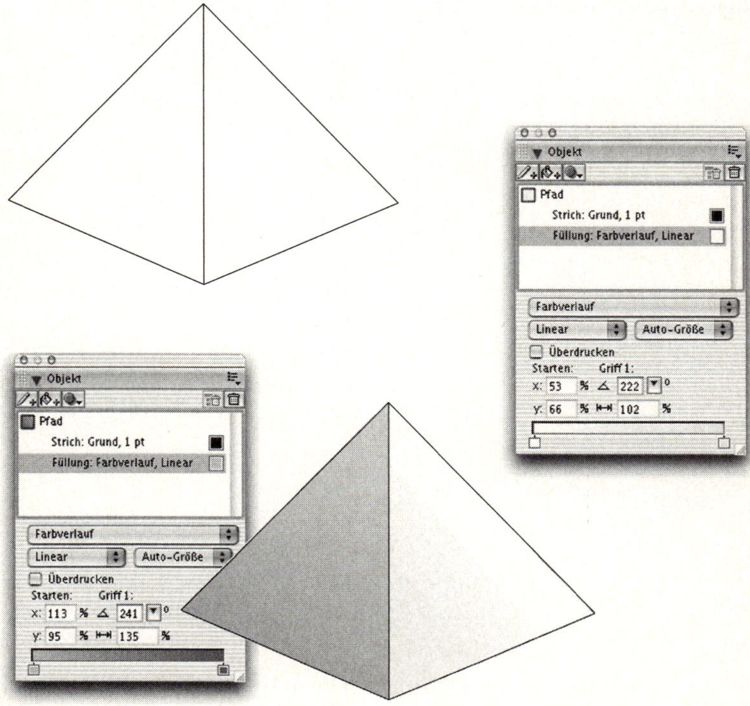

Radialer Verlauf

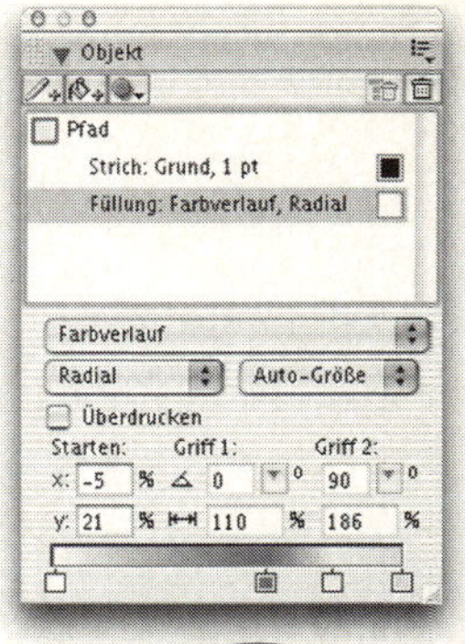

Sollen Farben innerhalb eines Verlaufes geändert werden, klickt man auf das entsprechende Farbfeld. Damit öffnen sich die Farbfelder oder Color-Cubes.

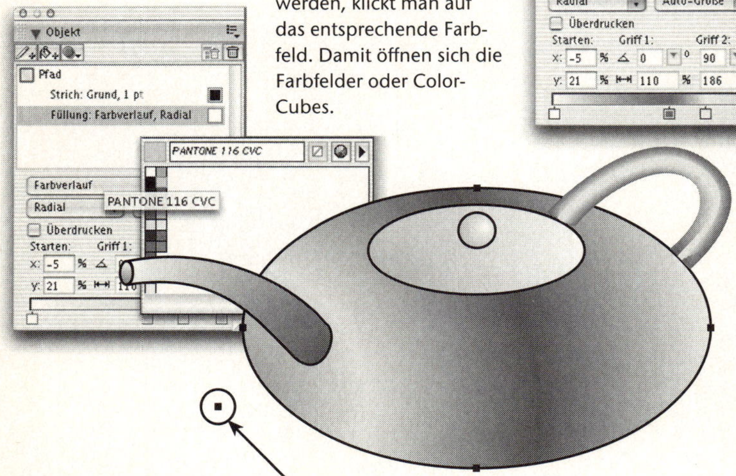

Bei der Einstellung *Auto-Größe* gibt es nur einen Griff, der die Richtung und Ausdehnung des Verlaufs regelt. Er ist leicht zu übersehen.

Werden gruppierte Objekte verzerrt, verzerrt sich auch die Füllung.

Mehrfarbige Verläufe

Mehrfarbige Füllungen können in FreeHand direkt im Bedienfeld *Objekt* angelegt werden. Es kann mit jedem Farbaufnahmewerkzeug, auch mit der *Pipette (Xtra-Werkzeuge),* eine Farbe in den Farbbalken hineingezogen werden. Die „Von“- und „Bis“-Farbe kann sogar über ein Pop-up-Menü ausgewählt werden. Verläufe lassen sich als *Stil* speichern. Zu *Stilen* siehe Seite 314ff.

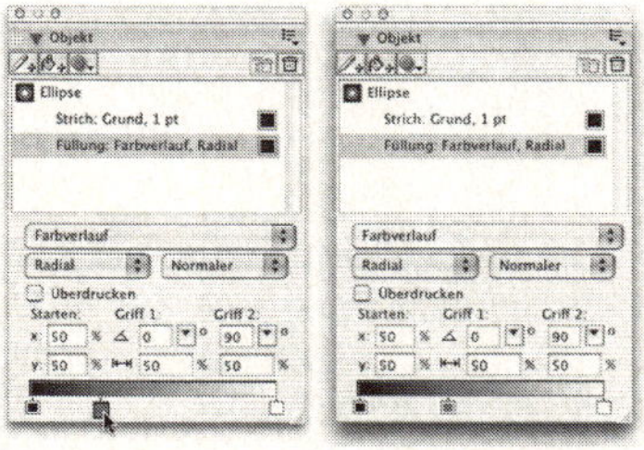

Farbe hinzufügen

Aus den Bedienfeldern *Farbfelder, Farbmischer* oder mit der *Pipette* wird eine Farbe aufgenommen und im Eigenschaftsbereich des Bedienfeldes *Objekt* auf den Farbbalken gezogen.

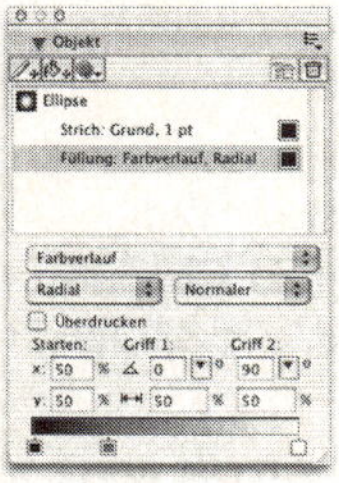

Farbe löschen

Die zu löschende Farbe wird einfach aus den Füllungseigenschaften des Bedienfeldes *Objekt* herausgezogen.

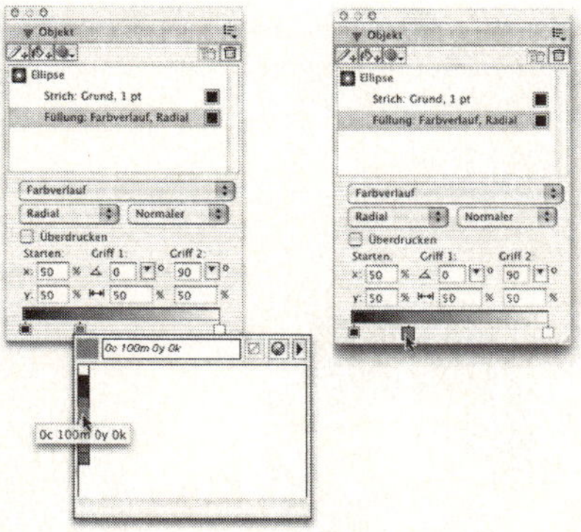

Farbe austauschen

Aus den Bedienfeldern *Farbfelder, Farbmischer* oder mit der *Pipette* wird eine Farbe aufgenommen und in den Füllungseigenschaften des Bedienfeldes *Objekt* auf die zu ersetzende Farbe gezogen. Die Farben können auch über die *Farbfelder* (*ColorCubes*) ausgetauscht werden. Dazu muss einfach nur auf das entsprechende Farbfeld geklickt werden.

Farbe duplizieren

Die zu duplizierende Farbe wird im Farbbalken ausgewählt und bei gedrückter ctrl-Taste auf einen freien Bereich des Farbbalkens gezogen. Soll die Farbe der Pop-up-Menüs verdoppelt werden, geht das auch ohne Zusatztaste.

Die ctrl-Taste muss beim Ziehen gedrückt werden.

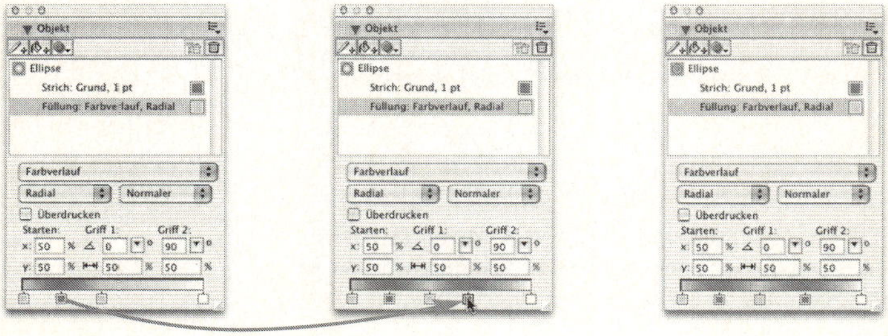

Verlaufsrichtung und -winkel ändern

In FreeHand MX wird die Richtung und Ausdehnung eines Verlaufes durch Griffe geregelt, die erscheinen, wenn im Bedienfeld *Objekt* die Verlaufseigenschaft ausgewählt wurde, nachdem ein entsprechendes Objekt mit einem *Auswahl-Werkzeug* markiert wurde. Die Griffe, die den Verlauf steuern, unterscheiden sich von Verlaufsart zu Verlaufsart. Ein *Radial-Verlauf* besitzt z.B. wie ein *Rechteck-Verlauf* drei Griffe. Einen, der den Mittelpunkt des Verlaufs angibt, und zwei weitere, die die Ausdehnung steuern. Bei allen anderen Verläufen gibt es nur zwei Griffe.

Kontur

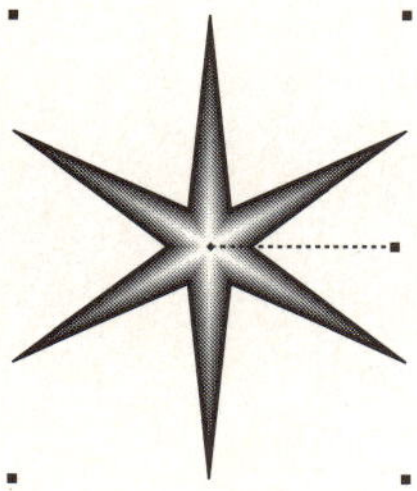

Kegel

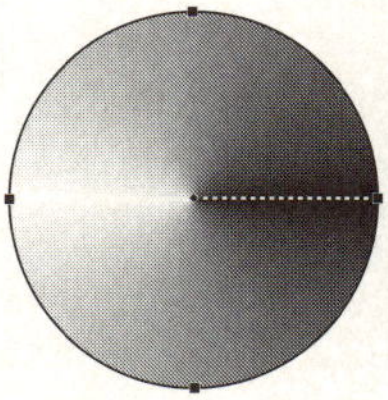

Linear und Logarithmisch

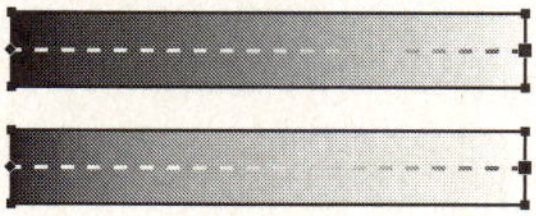

Radial

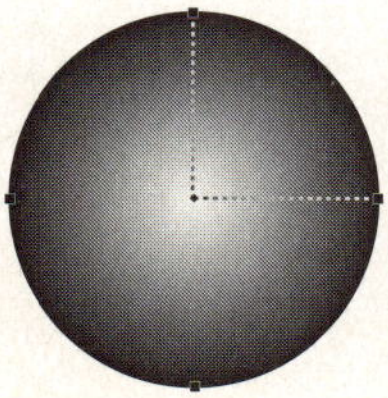

Rechteck

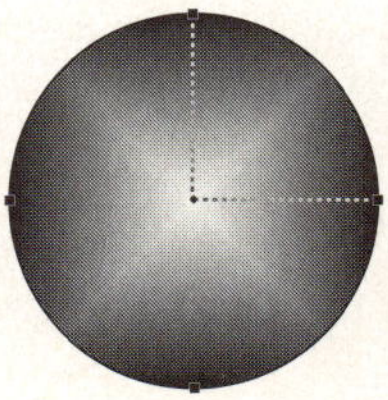

Verlaufsoptionen

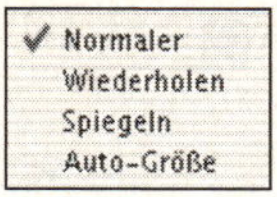

Es gibt folgende Optionen, nach denen sich Verläufe richten.

Normaler

- Die Ausrichtung *Normaler* richtet die Griffe nach der Ausdehnung des Objektes aus, sie sind jedoch frei veränderbar.

Wiederholen

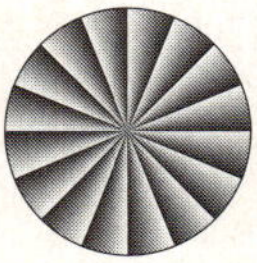

- *Wiederholen* erzeugt eine Art Verlaufsrapport. Man muss entsprechend auch eine Anzahl von Wiederholungsschritten eingeben. Wird nur eine Wiederholung angegeben, ändert sich gegenüber der Option *Normaler* nichts.

Spiegeln

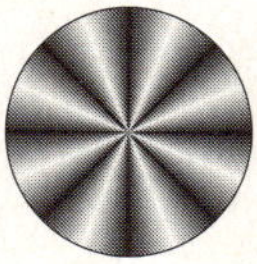

- *Spiegeln* ist ähnlich der Option *Wiederholen*, Der Verlaufsrapport erzeugt jedoch bei allen Wiederholungen zusätzlich ein gespiegeltes Gegenüber.

Auto-Größe

- Die Option *Auto-Größe* richtet sich ebenso wie *Normaler* an der Ausdehnung und Kontur des Objektes aus, lässt jedoch keine Änderung der Ausdehnung über die Griffe zu. Es kann lediglich der Mittelpunkt des Verlaufs verändert werden.

Griffe

Zu den Optionen sind zusätzliche Einstellung für die Übergangsstufen notwendig. Das wird geregelt über die Entfernung der Griffe vom Mittelpunktgriff. Je größer der Wert, desto weiter die Strecke, über die sich die Stufen erstrecken. Ein Wert 100 steht für 100 % Objektgröße.

Der Winkel eines Griffs definiert, ob die Form des Verlaufs symmetrisch oder asymmetrisch zum Objekt ist.

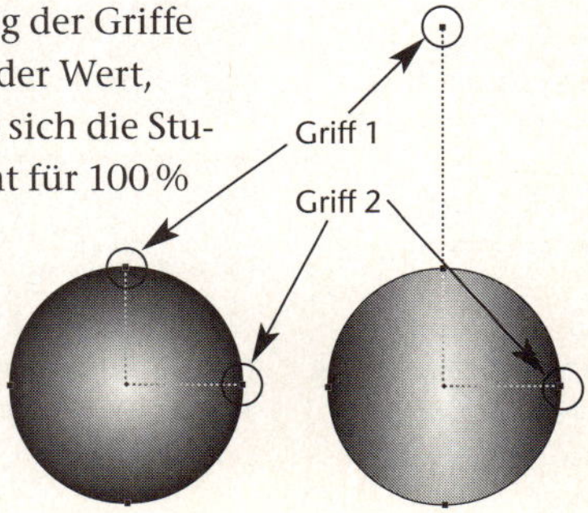

Den Winkel bei *Linear* ändern

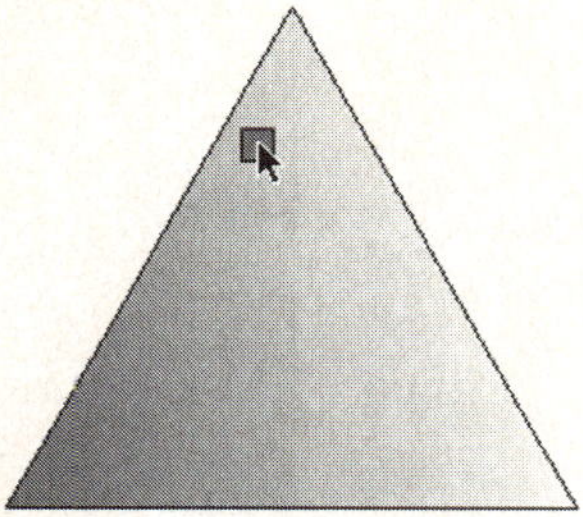

Durch Ziehen des Farbquadrates der „Bis"-Farbe an eine neue Stelle. Beim Loslassen muss die ctrl-Taste gedrückt werden.

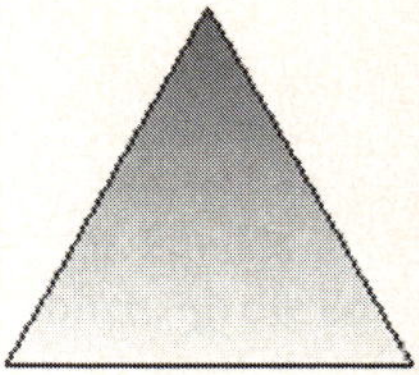

Durch das Ändern des Wertes im Eingabefeld *Griff 1* oder durch Drehen am Knopf des Drehrades der Eigenschaften im Bedienfeld *Objekt*, wenn das kleine Dreieck angeklickt wird.

Den Mittelpunkt bei *Radial* ändern

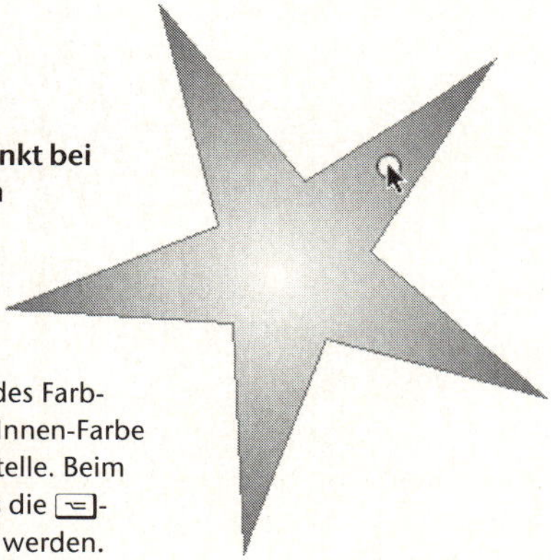

Durch Ziehen des Farbquadrates der Innen-Farbe an eine neue Stelle. Beim Loslassen muss die ⌥-Taste gedrückt werden.

Den Mittelpunkt durch Ziehen mit der Maus definieren.

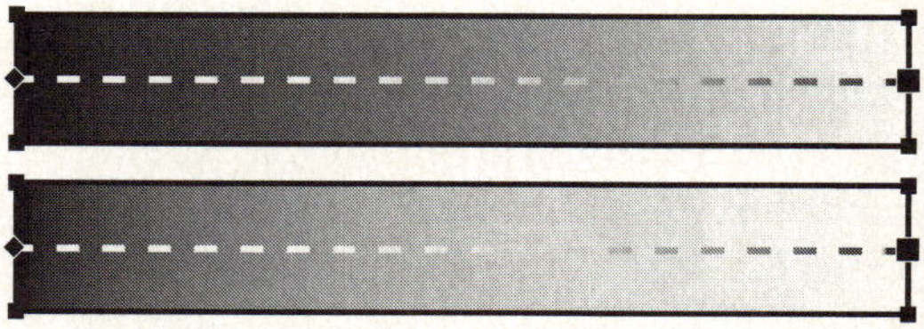

In älteren FreeHand Versionen war die logarithmische Abstufung eine Option des abgestuften Verlaufes.

Die Verjüngung bei *Linear* vermischt die beiden Farben gleichmäßig miteinander.

Bei *Logarithmisch* sind die Farbstreifen erst schmal und werden zur zweiten Farbe hin immer breiter.

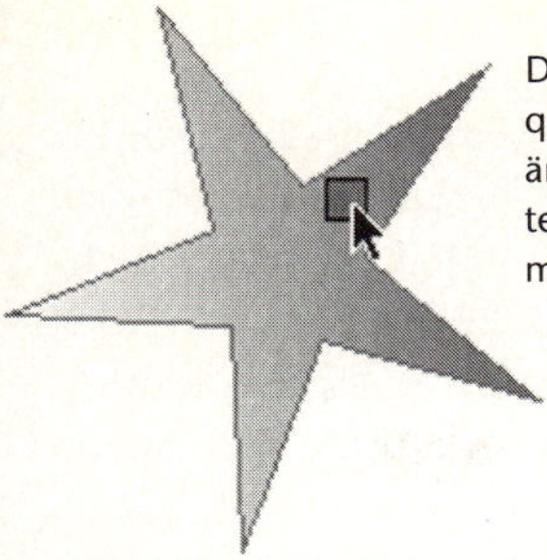

Durch Ziehen eines Farbquadrates auf den zu ändernden Teil des Objektes, welches dabei nicht markiert sein muss.

Die „Von"-beziehungsweise Außen-Farbe verändern

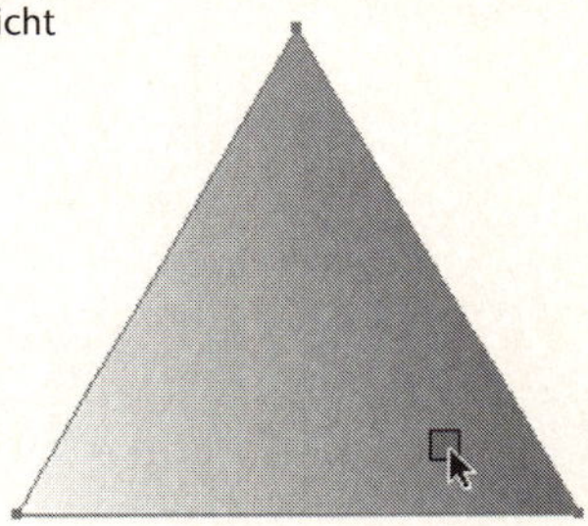

Durch Ziehen eines Farbquadrates auf das „Von"-beziehungsweise Innen-Feld des Farbbalkens oder durch Auswahl der entsprechenden Farben in den Farbfeldern (ColorCubes) des Farbfeldes im Verlaufsbalken.

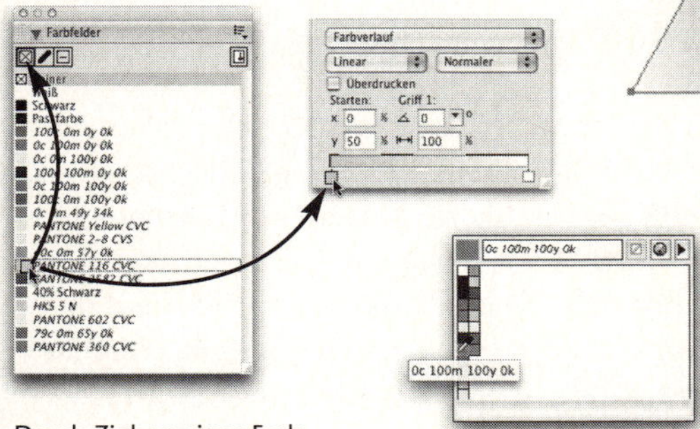

Durch Ziehen eines Farbquadrates auf den *Füllungsselektor* im Bedienfeld *Farbfelder*.

Die „Bis"-beziehungsweise Innen-Farbe verändern

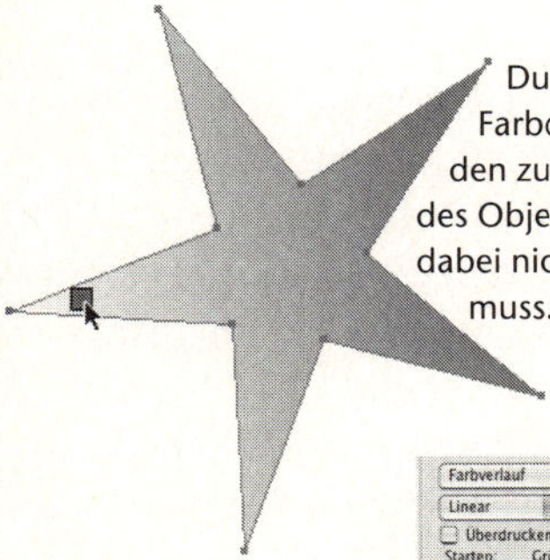

Durch Ziehen eines Farbquadrates auf den zu ändernden Teil des Objektes, welches dabei nicht markiert sein muss.

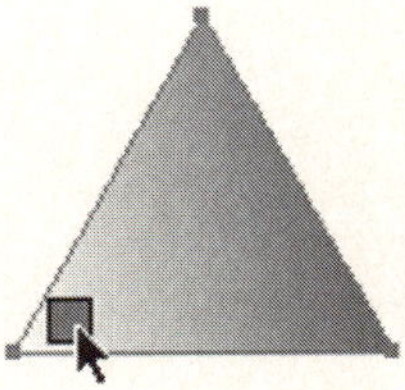

Durch Ziehen eines Farbquadrates auf das „Bis"-beziehungsweise Innen-Feld oder durch Auswahl der entsprechenden Farben in den Farbfeldern (ColorCubes) des Farbfeldes im Verlaufsbalken.

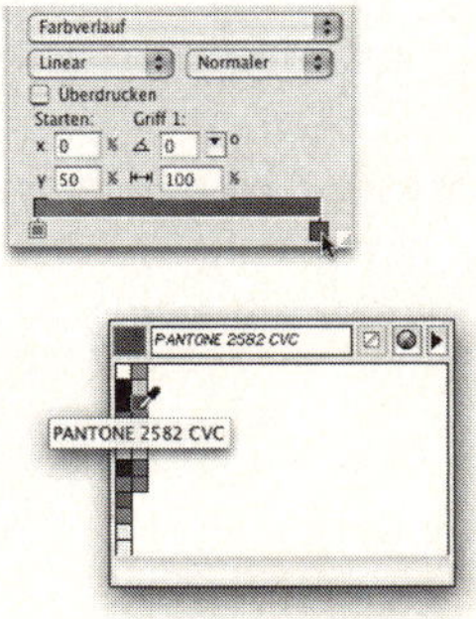

Füllungen werden prinzipiell zu *Radial* oder *Linear* umdefiniert, wenn beim Zuweisen die Tasten ctrl oder ⌥ gedrückt werden.

Kontur-Verlauf

Der Verlauf *Kontur* ist schon in FreeHand 10 als neue Verlaufart zu *Radial* und *Linear* hinzugekommen. In FreeHand MX kann nun auch ein *Rechteck-* und *Kegel-Verlauf* erzeugt werden. Der *Logarithmische Verlauf* ist eigentlich nur eine Spielart des *Linear*-Verlaufes, bei dem die Verlaufstufen am Anfang sehr schmal sind und zum Ende immer breiter werden (siehe auch Seite 268 u. 270).

In der Anwendung verhält sich die Verlaufform *Kontur* identisch zu den beiden anderen. Objekte werden ausgewählt, und anschließend werden Verlaufart und -farbe zugewiesen. Der Unterschied besteht darin, dass sich der Kontur-Verlauf an den Begrenzungen der Objekte orientiert. Auch bei Verbindungen sind so aussagekräftige, organisch anmutende Verläufe möglich. Man muss jedoch beachten, dass durch die Formgebung bedingt nicht jede Konturform hundertprozentig nachgeformt werden kann und das Programm bei zu viel Objektinformation enorm viel Speicher verlangt. Der Kontur-Verlauf besitzt gegenüber den anderen Verläufen zusätzlich zu den Griffeinstellungen ein weiteres Pop-up-Menü mit Namen *Verjüngung*, mit dem die Übergangsstufen zwischen Kontur und Verlaufsfarben bestimmt werden. Bei zu wenigen Stufen wird der Verlaufbereich sehr knapp ausfallen, bei einer zu hohen Zahl zu weit. Möglicherweise sieht man dann sogar gar keinen Verlauf. Wobei das Ergebnis durchaus von Pfad zu Pad unterschiedlich sein kann.

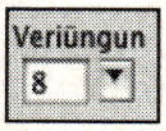

Bei dem oberen Beispiel des in Pfade umgewandelten Textes ist es schwierig, einen Kontur-Verlauf auf das Gesamtobjekt anzuwenden, also alle Pfade zu einem zusammengesetzten Pfad zu verbinden.

Rechteck-Verlauf

Die Verlaufart ähnelt in Form und Einstellmöglichkeiten dem Radial-Verlauf, er basiert jedoch auf einer rechteckigen Ausdehnung der Verlaufstufen. Durch diese besondere Verlaufart entsteht ein eher kubischer Charakter.

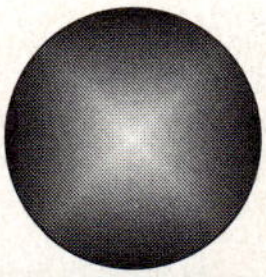

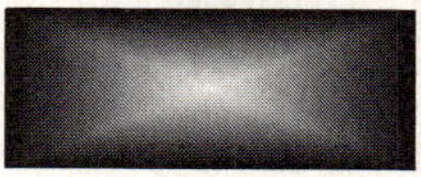

Kegel-Verlauf

Man stelle sich ein Stück Papier vor, das kegelförmig zusammengerollt wird. Schon ist der Verlauf *Kegel* entstanden. Ein linear Verlauf wird um einen Kegelkörper herumgelegt. Der mittlere Griff definiert bei dieser Verlaufart die Spitze des Kegels und der äußere den Winkel der Kante des Verlaufes zur Spitze.

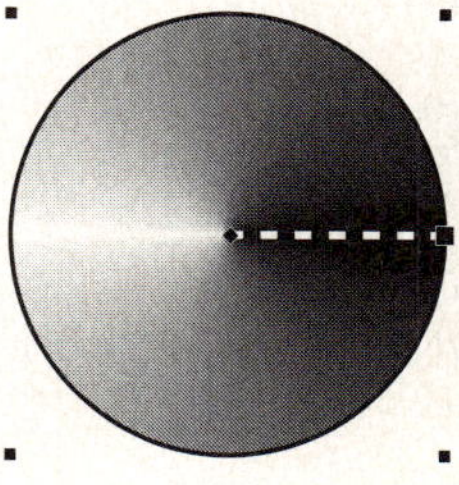

Live-Rastereffekte

Die von FreeHand MX zur Verfügung gestellten Live-Rastereffekte bereiten zum Teil Probleme auf PostScript-basierten Ausgabegeräten. Besonders betroffen sind die Effekte, die Transparenzen erzeugen. Dazu gehören die Effekte unter *Geschliffen und Prägen, Scharf stellen, Schatten und Glühen, Transparenz* und *Weichzeichnen*. Das Problem liegt darin begründet, dass die PostScript-Sprache Transparenz nicht unterstützt bzw. Programme wie QuarkXPress mit diesen Transparenzen nicht umgehen können.

Die Live-Rastereffekte können mit dem Befehl *Attribute trennen* aus dem Menü *Modifizieren* in Einzelobjekte umgewandelt werden. Bei Effekten mit Transparenzen entsteht dadurch nach Aufheben der Gruppierung ein RGB-Bild.

In FreeHand MX lassen sich im Bedienfeld *Objekt* zu den Standardeigenschaften *Strich* und *Fläche* auch weitere Effekteigenschaften zuordnen. Die Live-Rastereffekte *Ausgefranst, Duett, Entwurf, Krümmung, Pfad erweitern* und *Transformieren* stellen relativ einfache Vektoreffekte dar. Komplexere und auch problematischere Effekte dagegen sind *Geschliffen und Prägen, Scharf stellen, Schatten und Glühen, Transparenz* und *Weichzeichnen* mit den entsprechenden Untergruppen. Diese Effekte basieren auf Transparenzen, die von vielen Programmen und Ausgabegeräten nicht unterstützt werden. Selbst beim Umformen durch den Befehl *In Bild konvertieren...* (⌥⇧⌘Z) kann es bei einigen Effekten zu Fehlinterpretationen kommen, wenn die Auflösung zu hoch gewählt wird oder wenn mehrere Effekte auf ein Objekt angewendet werden. Die Originalobjektstrukturen bleiben bei allen Effekten erhalten und man kann jederzeit dorthin zurückkehren, wenn man die Effekteigenschaft im Bedienfeld *Objekt* entfernt.

Ausgefranst

Der Effekt erzeugt auf Grundlage des Xtras *Vergröbern* bzw. der Arbeitsweise des *Aufrauen-Werkzeuges* neue Objektkonturen.

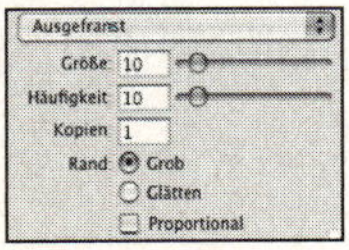

Die Struktur des Objektes wird hier sehr stark durch die Optionen gesteuert. Die Einstellung *Grob* mit entsprechenden Einstellungen für *Größe* und *Häufigkeit* wird extreme Verfremdungen erzeugen.

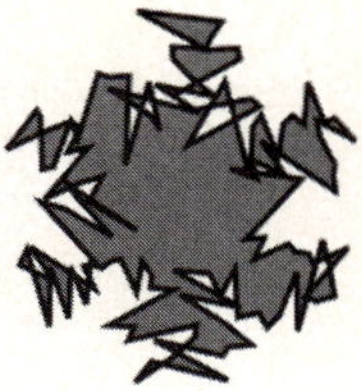

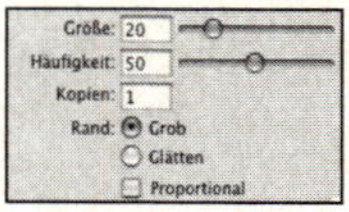

Duett

Der Effekt erzeugt ein Duplikat, das entweder gespiegelt oder gedreht werden kann und in einem vom Anwender zu zeigenden oder per x/y-Koordinate einzugebenden Abstand erzeugt wird.

Die Option *Alternierende Füllung* hat nur dann eine Auswirkung auf die Objekte, wenn die Option *Verbunden* ebenfalls aktiviert wurde. Sie verhalten sich dann wie Objekte, die mit dem Befehl *Verbinden* zu zusammengesetzten Pfaden gemacht wurden.

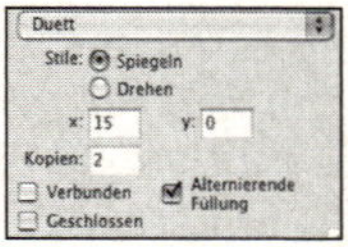

Entwurf

Der Effekt arbeitet ähnlich wie *Ausgefranst*, es werden jedoch überwiegend kurvige Pfadstrukturen erzeugt.

Ist die Option *Geschlossen* deaktiviert, werden stark skripthafte Objekte erzeugt, die aus einzelnen offenen Pfaden bestehen.

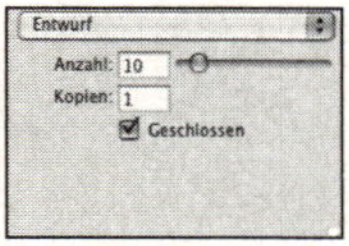

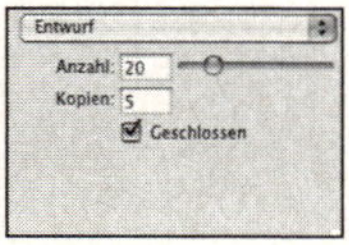

Krümmung

Es werden hiermit stark explosionsartige Objekte erzeugt. Der X/Y-Versatz steuert die Richtung des Effektes.

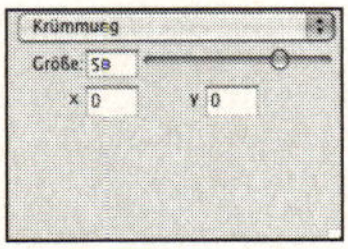

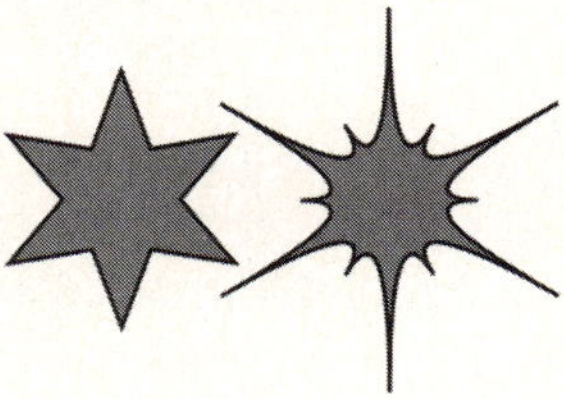

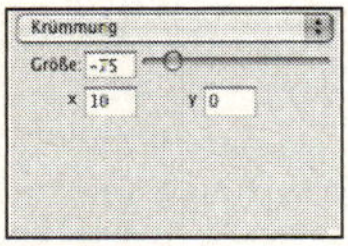

Pfad erweitern

Der Effekt arbeitet wie der Befehl *Strich erweitern* aus dem Menü *Modifizieren* ➛ *Pfad.* Dieser erzeugt jedoch vorerst nur Flächen ohne Kontur. Der Effekt erzeugt Flächen mit Kontur, wobei eingestellt werden kann, in welche Richtung und wie weit sich das Objekt ausdehnen soll. Weitere Informationen siehe auf Seite 149 und 377ff.

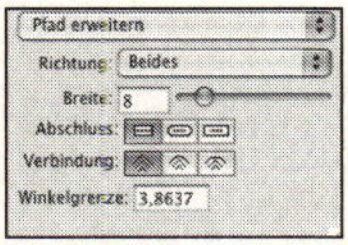

Transformieren

Zu Transformationen siehe auch Seite 394ff.

Die Objekte, die mit diesem Effekt verändert werden, verhalten sich wie Objekte, die mit den Transformationsbefehlen oder Transformationswerkzeugen verändert wurden. Der

Unterschied besteht darin, dass nur Abbilder verändert werden, nicht die Originale. Die Originale bleiben erhalten, bzw. man kann jederzeit den Effekt verändern oder entfernen. Wählt man den angewendeten Effekt im Bedienfeld aus, sieht man das Originalobjekt als Markierung.

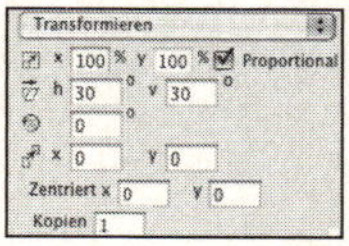

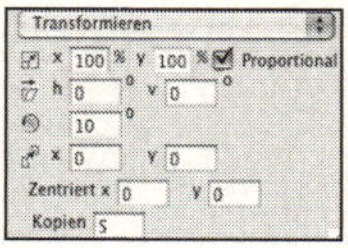

Geschliffen und Prägen

Diese Gruppe von Effekten erzeugt zum Teil transparenzartige Strukturen, die dem Xtra *Prägen* sehr ähnlich sind.

Die Effekte *Innen* und *Außen geschliffen* weisen gegenüber den anderen Effekten noch die zwei Pop-up-Menüs *Schliffkantenform* und *Schaltflächenvoreinstellung* für gezieltere Einstellungen auf.

Schliffkantenform

Schaltflächenvoreinstellung

Außen geschliffen

Es werden erhabene Prägeobjekte erzeugt, deren Kanten sehr grob wirken.

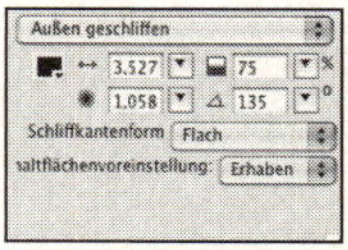

Innen geschliffen

Es werden erhabene Prägeobjekte erzeugt, deren Kanten den Objektkonturen entgegenkommen.

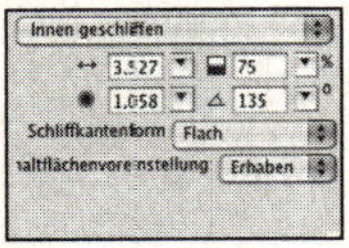

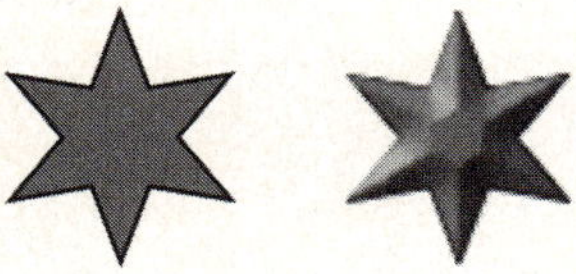

Reliefprägung und Senkprägung

Die Objekte ähneln den Schliffobjekten, allerdings nur in den Randbereichen. Der Reliefeffekt wirkt wie eine Art Schatten.

Reliefprägung

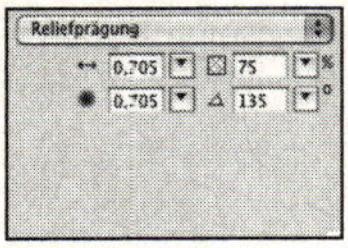

Senkprägung

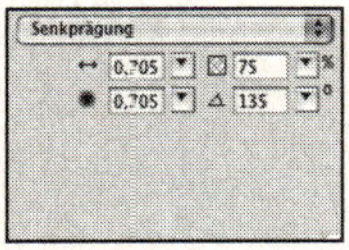

Scharf stellen

Die Effekte verändern den Kontrast nebeneinander liegender Pixel im Objekt.

Grund

Die gesamte Form wird geschärft. Es ist nur ein Wert für die Anzahl der nebeneinander stehenden Pixel einstellbar.

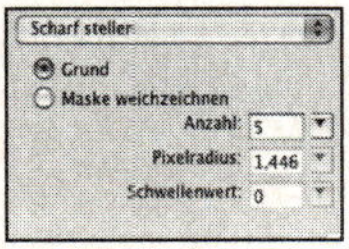

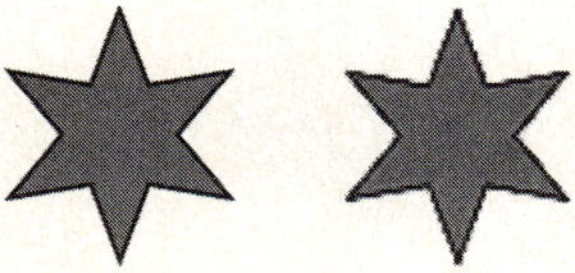

Maske weichzeichnen

Es werden Schärfewirkungen erzeugt, indem der Kontrast der Ränder im Bild verändert wird. Ausschlaggebend für die Wirkung des Effektes ist eine optimale Einstellung für *Pixelradius* und *Schwellwert*. Der *Pixelradius* gibt dabei an, wie viel Pixel im Umfeld eines Konturkontrastes in die Wirkung einbezogen werden. *Schwellwert* steuert, ob die Schärfewirkung eher sanft oder sehr stark durchgeführt werden soll. Ein *Schwellwert* von 0 erreicht eine sehr heftige Schärfewirkung. Der Effekt ist mit dem Scharfzeichnungsfilter „Unscharf Maskieren" aus Adobe Photoshop zu vergleichen.

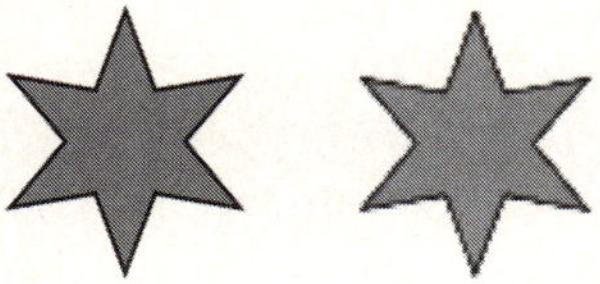

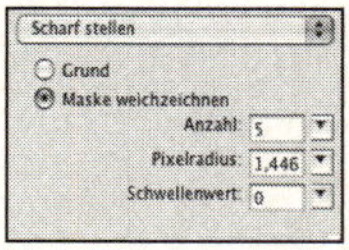

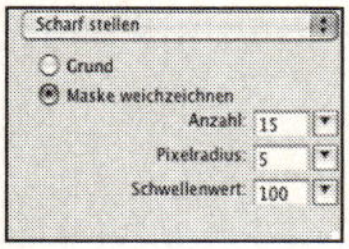

Schatten und Glühen

Die Effekte erzeugen grundsätzlich in den Randbereichen Transparenzen. Zur Verfügung stehen *Glühen, Innerer Schatten, Inneres Glühen* und *Schlagschatten*. Die Effekte sind allesamt sehr eindrucksvoll, aber auf PostScript-Ausgabegeräten nicht oder nur unter Mühen ausgebbar. Sollen diese Effekte überhaupt einigermaßen druckbar sein, sollten hiervon Pixelbilder gemacht werden: entweder über den

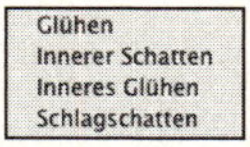

Befehl *Modifizieren ➛ In Bild konvertieren* oder durch Abspeichern der Objektsituation als EPS, um es anschließend in einem Bildbearbeitungsprogramm pixelbasiert hochauflösend zu öffnen. Die Exportfunktionen für Pixelbilder von FreeHand MX eignen sich nur bedingt für diese Umwandlungen und sind sehr stark abhängig von der gewählten Bildauflösung. Die Effekte haben ähnliche Einstellbereiche. Die Farbe sollte bei allen Effekten dem späteren Ausgabeprozess angepasst sein. Somit sollten für Offset- und Siebdruck unbedingt 4C-Farben benutzt werden.

⚠ Soll der Effekt im Offset- oder Siebdruck gedruckt werden, ist darauf zu achten, dass nur 4C-Farben benutzt werden.

Neben dem Farbfeld regelt die Größeneinstellung die Ausdehnung des Effektes nach innen oder außen.

Innen
Außen

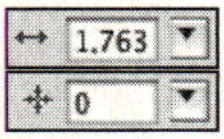

Die beiden weiteren Einstellungen regeln das Transparenzverhalten und die Weichheit des Verlaufes. Je höher der Wert für die Transparenz ist, desto durchscheinender ist der Effekt in Bezug auf darunter liegende Objekte. Je höher der Wert für die Weichheit, desto weicher der Übergang zwischen Farbe und Transparenz.

Transparenz

Weichheit

Glühen

Das Objekt bzw. die Objektgruppe strahlt nach außen. Dem Strahlen kann eine beliebige Farbe aus den Farbfeldern oder den Color-Cubes gegeben werden.

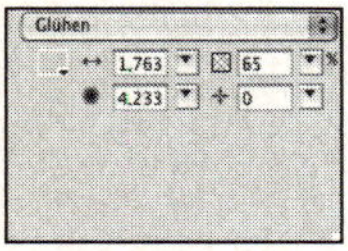

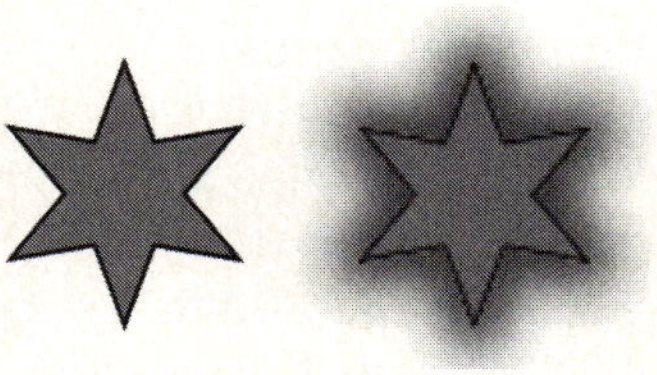

Innerer Schatten

Der Effekt ist ähnlich dem Glühen, strahlt

jedoch nach innen, wobei die Objektgrenze als harte Kante wirkt.

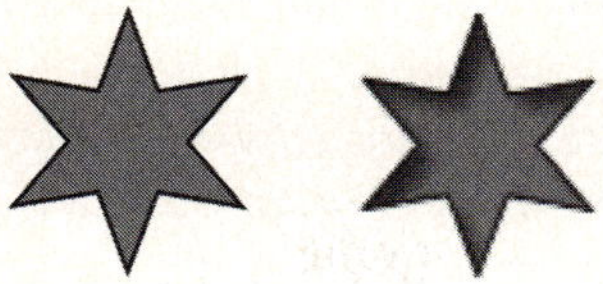

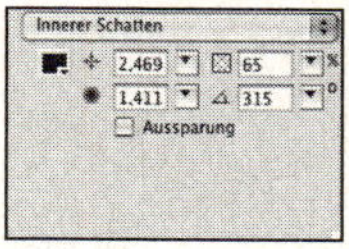

Inneres Glühen

Der Effekt ist ähnlich dem Glühen, strahlt jedoch nach innen, wobei die Objektgrenze weich nach innen verläuft.

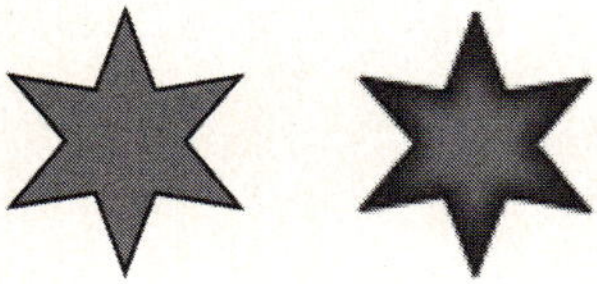

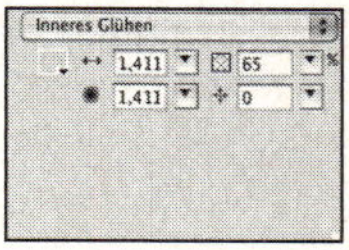

Schlagschatten

Es wird ein Schatten im Umgebungsbereich erzeugt. Der Schatten kann hart bis weich verlaufend sein und in einem beliebigen Winkel und beliebiger Entfernung zum Objekt erzeugt werden.

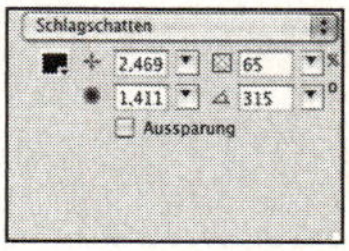

Bei den Schatteneffekten ist es möglich, die Option *Aussparung* zu aktivieren. Sie bewirkt, dass nur der Schatten sichtbar ist, die Objekte jedoch ausgeblendet werden.

Option Aussparung

Schlagschatten

Schatten nach innen

Transparenz

Die Transparenzeffekte gestalten die Objekte, auf die sie angewendet werden, mehr oder weniger durchscheinend.

Bei den meisten Effekten lässt sich gleichermaßen ein Wert für die *Opazität* einstellen. Bei der Verlaufsmaske wird die Opazität durch die Verlaufsfarben Schwarz und Weiß geregelt.

Einfache Transparenz

Der Effekt kann das Objekt von durchsichtig bis vollständig deckend einstellen.

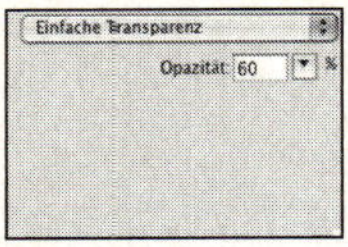

Feder

Innerhalb des Objektes wird ein Verlauf von durchsichtig bis undurchsichtig erstellt. In den Zwischenbereichen entstehen Mischfarben, weshalb es ratsam ist, grundsätzlich mit Prozessfarben zu arbeiten. Der Grad der Transparenz wird hier gesteuert durch die Werte *Weichheit* und *Radius*. Der *Radius* bestimmt das Ausmaß des Überganges und die *Weichheit* die Transparenzwirkung.

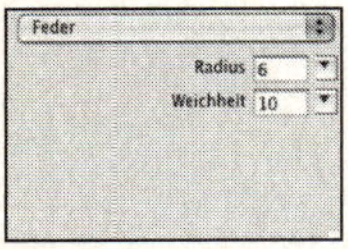

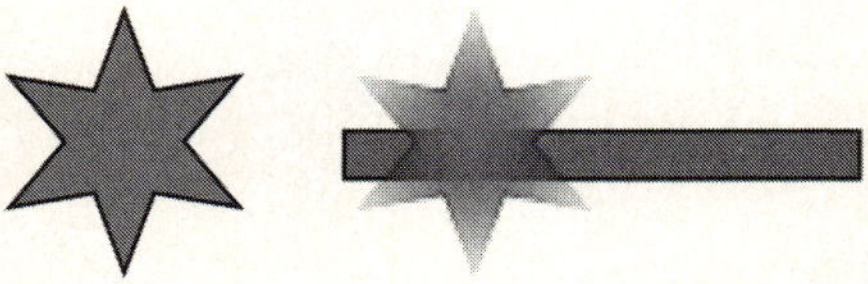

Verlaufsmaske

Dieser Effekt ist wohl der erstaunlichste und kommt in Wirkung und Ausmaß dicht an die Ebenenmasken des Programmes Adobe Photoshop heran. Die Transparenz wird hier über

Verläufe innerhalb der Objekte gesteuert, die der Funktionalität der Farbverläufe bei Objektfüllungen entsprechen. Einen Unterschied zu den Verlaufsfüllungen gibt es nur hinsichtlich der Farbigkeit. Bei dem Effekt sind nur die Farben Schwarz und Weiß und die entsprechenden Grauzwischentöne möglich. Die Farbe Schwarz steht hier für nicht transparent und die Farbe Weiß für transparent.

Zur genauen Funktionsweise von Verlaufsfüllungen informieren Sie sich bitte ab Seite 258ff.

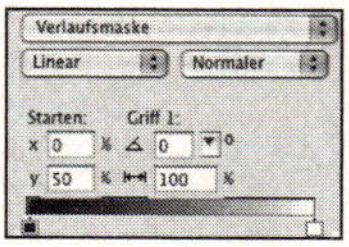

Weichzeichnen

Die beiden Weichzeichnereffekte arbeiten entgegengesetzt den Scharfzeichnereffekten. Sie gestalten die Objekte in den Randbereichen weich.

Gaußscher Weichzeichner

Der Effekt gestaltet das gesamte Objekt weich transparent. Dahinter liegende Objekte werden weich ein-/ausgeblendet.

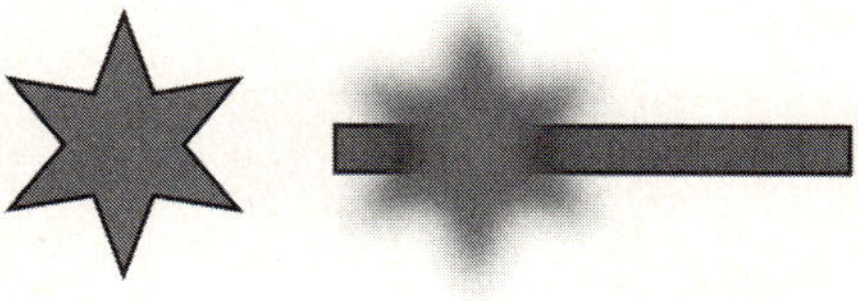

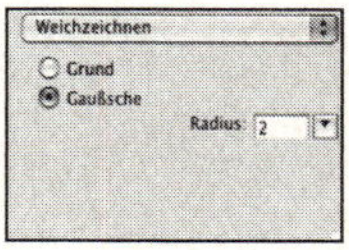

Grund

Es werden nur die Randbereiche des Objektes weichgezeichnet. Es sind Werte zwischen 1 und 10 Pixel Umfang möglich.

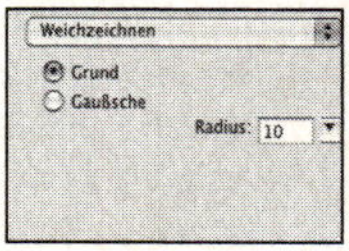

Farben

Für das Arbeiten mit Farben werden zwei verschiedene Bedienfelder, bei denen es nicht unbedingt ratsam ist, sie zu einem Sammelbedienfeld zusammenzufassen, angeboten:

- Bedienfeld *Farbfelder (Fenster ➛ Bedienfelder ➛ Farbfelder)*
- Bedienfeld *Farbmischer (Fenster ➛ Bedienfelder ➛ Farbmischer)*

Die Darstellung von Farben auf dem Bildschirm entspricht nicht dem gedruckten Ergebnis. Für die genaue Beurteilung einer Farbe müssen gedruckte Farbfächer konsultiert werden, die sowohl für Farben der Vierfarbseparation als auch für die Volltonfarben der Hersteller wie zum Beispiel PANTONE® erhältlich sind.

Unabhängig davon, in welchem Farbsystem eine Farbe erstellt wurde, kann sie als Vollton- oder Prozessfarbe definiert werden. Volltonfarben haben alle einen eigenen Farbauszug, Prozessfarben werden in ihre CMYK-Farbanteile zerlegt und auf den Farbauszügen der Vierfarbseparation ausgegeben.

Bedienfeld *Farbfelder* und Bedienfeld *Farbmischer*

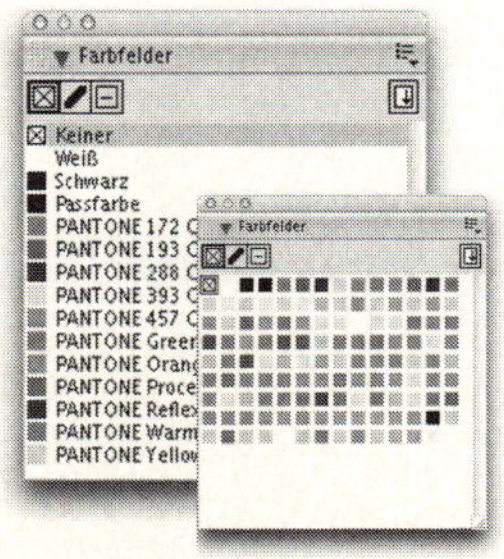

Optionen ➛ Farbnamen ausblenden

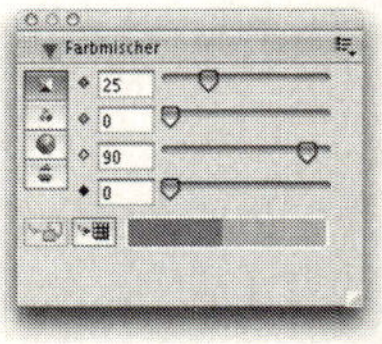

Xtras

Alle Befehle für Farben, die über *Xtras* ➛ *Farben* erhältlich sind, werden ab Seite 163f. beschrieben.

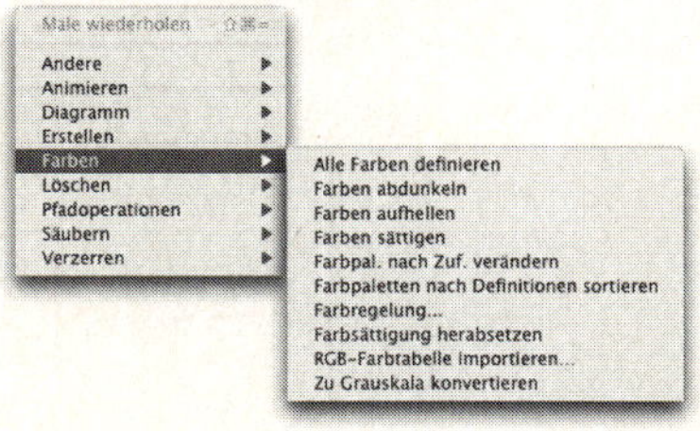

Das Bedienfeld Farbfelder

Das Bedienfeld *Farbfelder* beinhaltet alle im Dokument definierten Farben.

Die Grundausstattung besteht aus *Keine, Weiß, Schwarz* und *Passfarbe* (siehe Seite 290). Sinnvoll ist jedoch, sich einen Grundstock an Farben anzulegen, damit nicht bei jedem neuen Projekt neue Farben angelegt werden müssen.

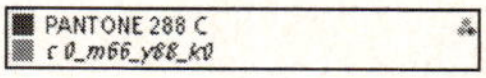

Die Namen von Volltonfarben sind nicht kursiv geschrieben, die Namen von Prozessfarben werden in kursiver Schrift dargestellt.

markierte Farbe

Um eine Farbe zu bearbeiten, muss sie durch Anklicken des Namens markiert werden, welcher dann farbig unterlegt erscheint. Klickt man auf den *Füllungs-* beziehungsweise *Strichselektor*, wird die darin befindliche Farbe markiert.

Füllungs- und Strichselektor

Über den Füllungs- und den Strichselektor können Farben markierten Objekten zugewiesen werden, indem entweder das Farbquadrat auf den entsprechenden Selektor gezogen wird oder man zuerst den Selektor anklickt und dann die Farbe (siehe Seite 302ff.). Mit dem ganz rechts stehenden Selektor können einem Objekt sowohl Füllungs- als auch Strichattribute zugewiesen werden.

Farbaufnahmefeld

Wird eine Farbprobe aus dem Farbfeld des Bedienfeldes *Farbmischer* auf das *Farbaufnahmefeld* gezogen, wird die Farbe in die Liste der Farben aufgenommen (siehe Seite 288).

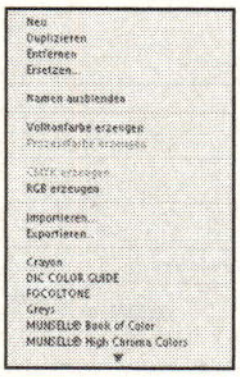

Über das Pop-up-Menü *Optionen* [icon] können Bearbeitungen an Farben vorgenommen, Farbbestände als Dateien exportiert oder importiert und einzelne Farben aus Beständen aufgenommen werden (siehe ab Seite 293ff.).

Farben definieren

Das Bedienfeld Farbmischer

Im *Farbmischer* stehen vier Methoden zur Verfügung, die anhand von Registerkarten dargestellt sind. Entsprechend der ausgewählten Registerkarte verändert sich das Aussehen des Bedienfeldes, und es werden die unterschiedlichen Farbkomponenten der gerade aktuellen Farbe angezeigt. Wird eine Farbe danach in das Bedienfeld *Farbfelder* aufgenommen, erscheint sie zunächst immer als Prozessfarbe, unabhängig vom Modell, in dem sie gemischt wurde. Einzige Ausnahme bildet dabei das Anmischen eines Tones einer Volltonfarbe, dieser erscheint als entsprechender Prozentwert, z. B. 40 % Pantone 288 CVC.

Das Farbfeld zeigt die jeweils gemischte Farbe.

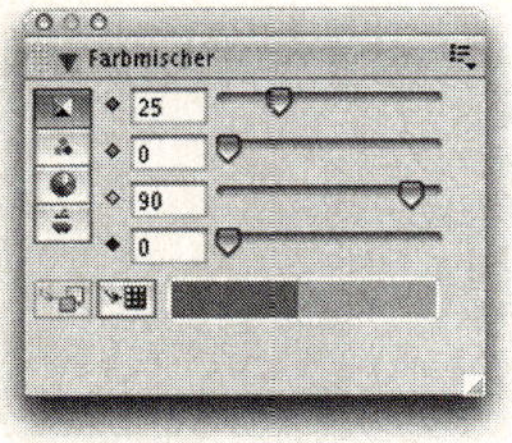

CMYK

Dieses Modell zeigt die Farbanteile der vier Grundfarben der Vierfarbseparation an (Cyan, Magenta, Gelb und Schwarz). Es ist ein subtraktives Farbsystem, bei dem die Farben durch reflektiertes Licht erscheinen. Weiß entsteht durch das Wegnehmen aller Farbanteile, und Schwarz wird durch die Verwendung von 100% aller Farben erzielt.

RGB

Das RGB-Modell zeigt die Komponenten Rot, Grün und Blau des additiven Farbsystems, das auf der Strahlung des Lichtes basiert und mit dem zum Beispiel die Farben der Monitore erzeugt werden. 100 % aller drei Farben ergibt Weiß. RGB-Farben erscheinen im Bedienfeld *Farbfelder* kursiv. Bei der Ausgabe werden sie in Prozessfarben umgerechnet, sofern im Dialogfeld *Datei* ➛ *Dokumenteinstellungen* ➛ *Ausgabeoptionen ...* das Kreuz für *RGB in Prozess konvertieren* gesetzt wird.

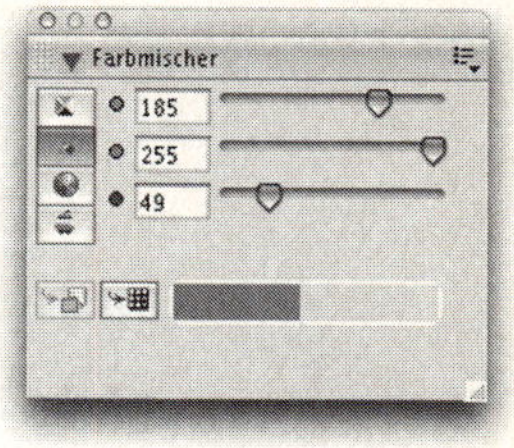

FHS

Dies ist auch ein additives Farbsystem, bei dem die Farben nach Farbton (F), Helligkeit (H) und Sättigung (S) verändert werden.

Farbton (F): Der Farbton definiert sich als Gradzahl auf dem Farbkreis. So liegt zum Beispiel Cyan bei 180° und Magenta bei 300°. Es kann entweder ein Wert eingegeben oder der Punkt im Kreis selbst verschoben werden.

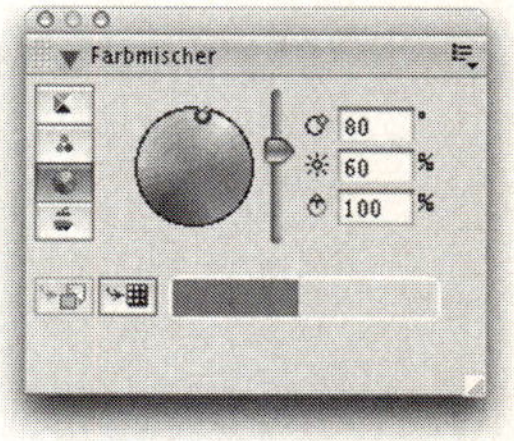

Helligkeit (H): Mit dem Schieberegler kann die Helligkeit der Farbe verändert werden: Nach oben wird die Farbe heller und nach unten dunkler. Steht der Regler in der Mitte, entspricht der Wert im Feld *H* 50. Größere Werte bis 100 machen die Farbe heller, kleinere Werte bis 0 dunkler.

Sättigung (S): Wird der Punkt im Farbkreis zur Mitte hin verschoben, wird die Sättigung oder Leuchtkraft der Farbe schwächer bis hin zu neutralen Grautönen. Ein Wert von 100 im Feld *S* bedeutet höchste Sättigung oder äußerster Rand des Kreises.

Farbtöne

Hier kann ein Farbton zwischen 0 % und 100 % der Farbe, die sich im Farbfeld befindet, ausgewählt und als eigene Farbe in das Bedienfeld *Farbfelder* geschoben oder direkt einem Objekt zugewiesen werden.

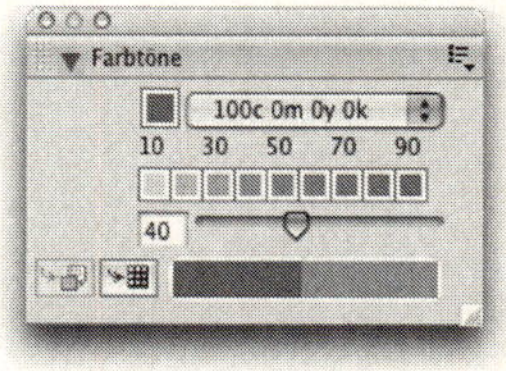

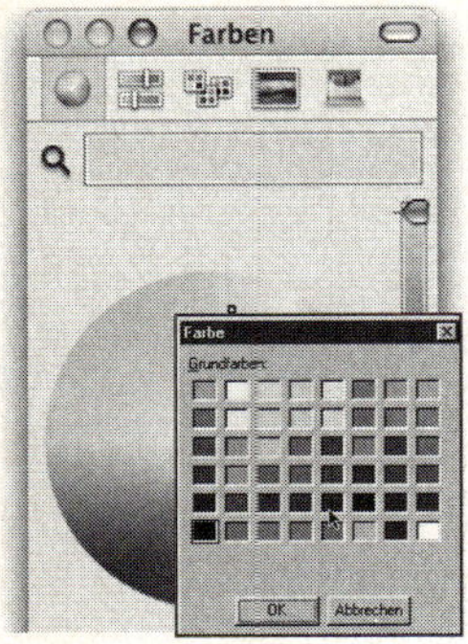

Systemfarben 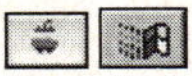

Der System-Farbkreis zeigt die unterschiedlichen Mischmethoden der *System-Farbfelder* (Macintosh) bzw. das Dialogfeld *Farbe* (Windows). In den Eingabefeldern können Werte für Farbwinkel und Sättigung eingegeben werden. Der Schieberegler reguliert die Helligkeit. Die einzelnen Mischmethoden sind systemabhängig!

Eine Farbe in das Bedienfeld *Farbfelder* aufnehmen

oder:
Optionen ➛ *Neu*

oder:
Man kann die Farbprobe auch einfach auf die freie Fläche unten im Bedienfeld *Farbfelder* ziehen.

Nach dem Mischen der Farbe kann die Farbprobe aus dem Farbfeld des Bedienfeldes *Farbmischer* in das Farbaufnahmefeld des Bedienfeldes *Farbfelder* gezogen und dort losgelassen werden. Die neue Farbe erscheint in der Palette als Prozessfarbe bzw. Farbton.

Ebenso ist es möglich, aus dem Pop-up-Menü *Optionen* ➛ *Neu* anzuwählen.

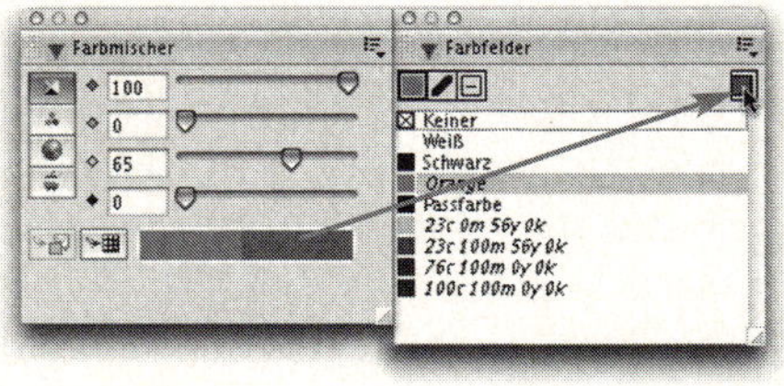

Eine Farbe benennen

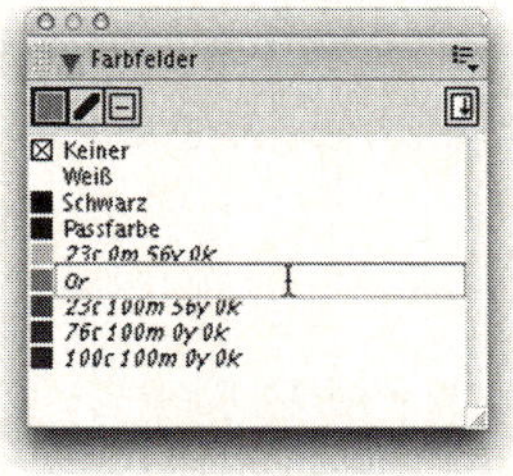

Zunächst heißt die Farbe ihren Farbanteilen nach CMYK oder RGB. Um der Farbe einen neuen Namen zu geben, muss der Name doppelt angeklickt werden und kann dann überschrieben werden. Sinnvolle Namen wären hier Namen, die Informationen über die Farbanteile enthalten.

Die Position einer Farbe ändern

Die Position der Farbe in der Palette kann verändert werden, indem man sie mit der Maus am Schriftzug (nicht am Farbquadrat) nimmt, auf eine neue Position zieht und dort loslässt. Die Position wird durch ein kleines Dreieck zwischen den Farbnamen angezeigt.

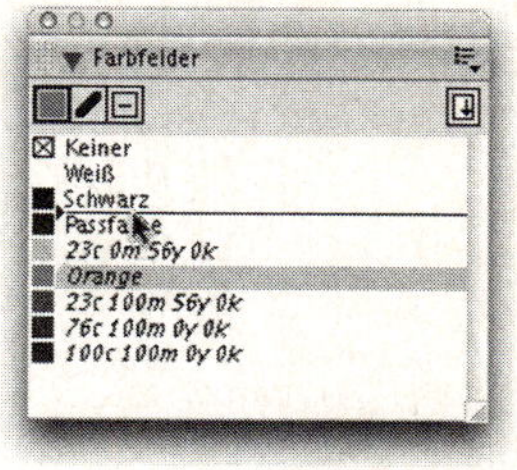

Eine Farbe im Bedienfeld *Farbmischer* oder *-töne* benennen und *Zu Farbfeldern hinzufügen.*

Wenn man im Bedienfeld *Farbmischer* oder *-töne* eine Farbe oder einen Farbton anmischt, ist es häufig umständlich, zusätzlich die *Farbfelder* zu öffnen, um die Farbe dort per Namen oder Farbanteile zu definieren. FreeHand bietet hier die Möglichkeit, Aufnahme und Benennung der Farben per Klick auf die Schaltfläche *Zu Farbfeldern hinzufügen* vorzunehmen. Es wird hiermit das gleichnamige Dialogfeld geöffnet.

Im Eingabefeld kann der Name der Farbe verändert werden. Standardmäßig stehen dort die Anteile der enthaltenen Farbkomponenten als Name. Die Optionen *Prozess* oder *Vollton* bestimmen den Status der Farbe. Nach Betätigen der Schaltfläche *Hinzufügen* wird die Farbe automatisch in die Liste der benannten Farben in den Farbfeldern aufgenommen.

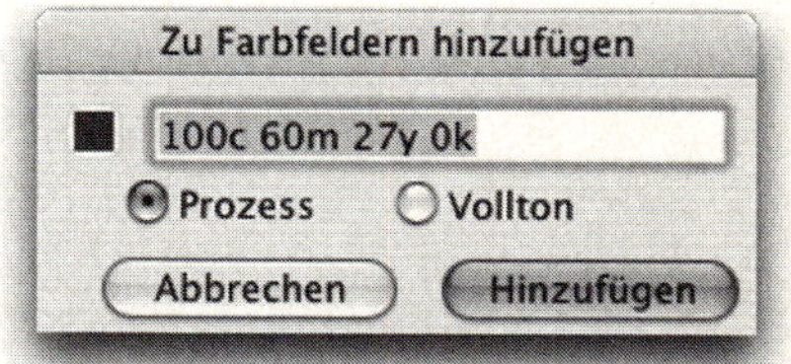

Das gleiche Dialogfeld erscheint, wenn die Option *Zu Farbfeldern hinzufügen* im Pop-up-Menü der Farbeigenschaft des Bedienfeldes *Objekt* oder im Bedienfeld *Farbtöne* ausgewählt wird. Diese Vorgehensweise wird auf Seite 292 und 300f. beschrieben.

Farbkomponenten bestimmen

Die Farbkomponenten einer Farbe lassen sich auch im Nachhinein im Bedienfeld *Farbmischer* ablesen, wenn auf die Farbe im Farbfeld des Bedienfeldes *Farbmischer* oder im Farbfeld der Eigenschaften im Bedienfeld *Objekt* ein Doppelklick ausgeführt wird.

Farben bearbeiten

Keine, Schwarz, Weiß, Passfarbe (Passkreuze)

Die Farbe *Keine* macht ein Objekt durchsichtig und / oder weist ihm keinen Strich zu.

Die Farben der Grundausstattung *Weiß* und *Schwarz* können nicht bearbeitet werden. *Schwarz* ist eine Volltonfarbe und wird auf dem Farbauszug „Schwarz" der Vierfarbseparation gedruckt.

Die Farbe *Passfarbe* spielt eine Rolle, wenn manuell Passkreuze, Beschnittzeichen und Falzmarken innerhalb des Illustrationsbereiches erzeugt werden sollen. In Abhängigkeit davon werden alle Objekte, denen diese Farbe zugeordnet wird, auf allen Farbauszügen gedruckt. Die Farbigkeit spielt bei der Funktion dieser Farbe keine Rolle. Trotzdem kann sie in einen anderen Farbton geändert werden.

Eine Farbe löschen

Der Befehl *Xtras* ➛ *Löschen* ➛ *Nicht verwendete definierte Farben* löscht alle ungebrauchten definierten Farben.

Eine Farbe kann nur gelöscht werden, wenn sie keinem Objekt zugewiesen wurde, nicht als Grundfarbe für einen Farbton und in keinem Stil verwendet wird (*Stile* siehe Seite 314ff.). Ansonsten wird sie in eine unbenannte Prozessfarbe umgewandelt. Objekte, Töne und Formate ändern sich entsprechend. Töne werden mit der entfernten Farbe aus dem Dokument getilgt. Dieser Prozess geschieht nicht ohne Warnmeldung.

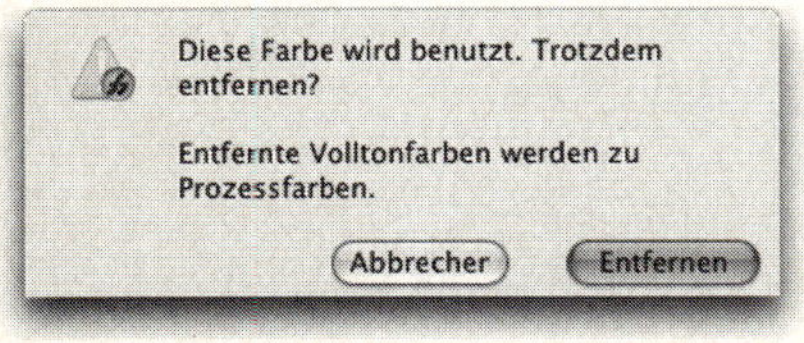

Um eine Farbe entfernen zu können, markiert man sie und wählt *Entfernen* im Bedienfeld *Farbfelder* ➛ *Optionen* aus.

Volltonfarbe erzeugen
↔
Prozessfarbe erzeugen

Soll eine Volltonfarbe (nicht kursiver Name) in eine Prozessfarbe (kursiver Name) umgewandelt werden (oder umgekehrt), muss sie markiert und im Pop-up-Menü *Optionen* des Bedienfeldes *Farbfelder* der Befehl *Volltonfarbe erzeugen* oder ➛ *Prozessfarbe erzeugen* angewählt werden.

Eine Farbe verändern

Um die Komponenten einer Farbe aus dem Bedienfeld *Farbfelder* zu verändern, wird die neu gemischte Farbprobe aus dem Bedienfeld *Farbmischer* auf das Quadrat der Farbe im Bedienfeld *Farbfelder* gezogen.

Soll eine bestehende Farbe neu gemischt werden, kann zunächst das Quadrat in das Bedienfeld *Farbmischer* gezogen werden, wo die Komponenten angezeigt werden (eine Farbe erscheint auch dann im Bedienfeld *Farbmischer*, wenn ihr Quadrat im Bedienfeld *Farbfelder* zusammen mit der ⌥-Taste angeklickt wird). Nach der neuen Mischung wird die Farbprobe zurück auf das Quadrat der alten Farbe gezogen.

Das Farbfeld kann durch die Option *FreeHand MX* ➛ *Einstellungen* ➛ *Farben* ➛ *Farbmischer mit geteilter Farbpalette* in zwei Bereiche geteilt werden: Links befindet sich die alte Farbe, rechts die neu gemischte zum Vergleich.

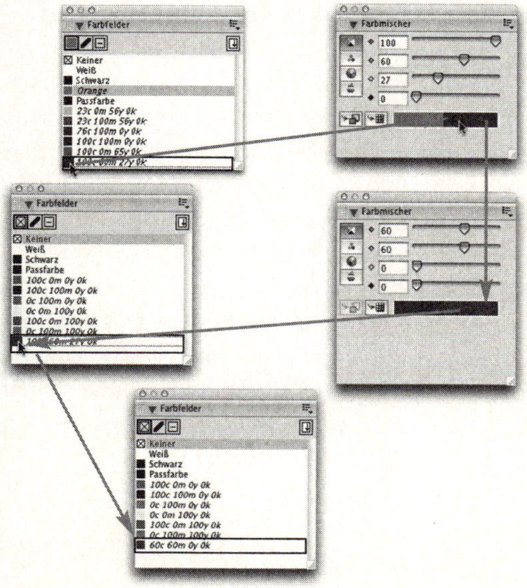

Ist die Option *FreeHand MX* ➛ *Einstellungen* ➛ *Farben* ➛ *geänderte Farben automatisch umbenennen* aktiviert, werden die neuen Farbwerte in die Bezeichnung der Farbe im Bedienfeld *Farbfelder* übernommen. Benutzerdefinierte Farbnamen verändern sich nicht.

CMYK erzeugen
↔
RGB erzeugen

Eine Prozessfarbe kann jederzeit in eine RGB-Farbe umgewandelt werden und umgekehrt. Je nach Farbe existiert dann im Pop-up-Menü *Optionen* des Bedienfeldes *Farbfelder* der Befehl *CMYK erzeugen* oder *RGB erzeugen.*

Eine Farbe auf der Basis einer anderen Farbe erstellen

Hierbei kann verfahren werden wie bei dem zuvor beschriebenen Vorgang, nur dass nach dem neuen Mischen die Farbprobe nicht auf das Quadrat der alten Farbe zurückgezogen wird, sondern in das Farbaufnahmefeld des Bedienfeldes *Farbfelder*. Alternativ kann das Farbquadrat auf eine freie Stelle im Bedienfeld *Farbfelder* gezogen werden.

Ferner kann die Basisfarbe markiert und im Pop-up-Menü *Optionen* des Bedienfeldes *Farbfelder* der Befehl *Duplizieren* angewählt werden. Die Farbe erscheint dupliziert mit dem Namen *Kopie von ...* im Bedienfeld *Farbfelder*.

Eine Farbe nachträglich in das Bedienfeld *Farbfelder* aufnehmen

Es ist auch möglich, eine Farbe zu mischen und direkt durch Ziehen der Farbprobe auf das Objekt diesem zuzuweisen. Soll eine solche Farbe nachträglich im Bedienfeld *Farbfelder* aufgenommen werden, muss das Objekt markiert und im Bedienfeld *Objekt* die Füllungs- oder Stricheigenschaft angewählt werden, hier wird die Farbe als Farbe ohne Namen angezeigt. Von dort kann sie dann auf das Farbaufnahmefeld im Bedienfeld *Farbfelder* gezogen werden, oder es kann im Pop-up-Menü neben der Farbe *Zu Farbfeldern hinzufügen* ausgewählt werden.

Durch den Befehl *Xtras* ➛ *Farben* ➛ *Alle Farben definieren* können alle noch nicht definierten benutzten Farben auf einmal in das Bedienfeld *Farbfelder* aufgenommen werden.

Farben im- und exportieren

Aus dem Pop-up-Menü *Optionen* lassen sich vom Hersteller gelieferte Farbbibliotheken öffnen, aus denen Farben ausgewählt werden können. Die aufgelisteten Farbbibliotheken sind im Ordner *Benutzer* ➛ *Privat* ➛ *Library* ➛ *Application Support* ➛ *Macromedia* ➛ *FreeHand MX* ➛ *11* ➛ *German* ➛ *Settings* ➛ *Color* gespeichert und können durch den Befehl *Optionen* ➛ *Exportieren* ... durch eigene Farbbibliotheken ergänzt werden.

Farben mancher Farbbibliotheken, wie z.B. mancher Pantone-Bibliotheken, werden nach dem Import mit drei kleinen Farbpunkten am Ende des Namens gekennzeichnet. Das hängt damit zusammen, dass die Farbdarstellung dieser Farben für die Bildschirmdarstellung optimiert programmiert wurde.

Die Wahl des Farbsystems sollte mit der Druckerei abgesprochen sein. Verwendet man Volltonfarben, hängt das Druckergebnis nur von der letztendlich im Druck verwendeten Farbe ab und nicht davon, aus welchem System die Farbe in der Datei ausgewählt wurde.

Farben aus einer Bibliothek in das Bedienfeld *Farbfelder* aufnehmen

Wählt man im Pop-up-Menü *Optionen* des Bedienfeldes *Farbfelder* eine Farbbibliothek an, wovon es mittlerweile eine Vielzahl gibt, öffnet sich deren Farbfächer, der sich am Rollbalken des Fensters scrollen lässt. Durch Anklicken kann eine Farbe ausgewählt werden, die nach der Bestätigung des Dialogs mit *OK* mit ihrem Namen in das Bedienfeld *Farbfelder* aufgenommen wird. Auch hier sind die als Prozessfarben definierten Farben am kursiv geschriebenen Namenszug erkennbar. Wird die [⇧]- oder [⌘]-Taste gedrückt gehalten, können aus einem

Die HKS-Farbbibliotheken gehören leider immer noch nicht zur Standardbestückung des Programms.

Farbfächer auch mehrere Farben ausgewählt werden, bevor der Dialog geschlossen wird.

Eigene Farbbibliotheken erstellen

Man kann Farben, die in einer Datei definiert wurden, als benutzerdefinierte Farbbibliothek sichern, um Farben daraus in späteren Dateien zur Verfügung zu haben.

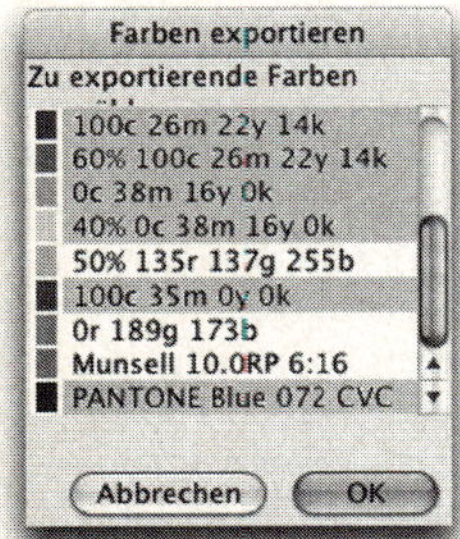

Nach der Anwahl des Befehls *Exportieren* aus dem Pop-up-Menü *Optionen* öffnet sich das Fenster *Farben exportieren*, in dem alle definierten Farben der Datei aufgelistet sind. Aus diesen lassen sich die zu exportierenden Farben durch Anklicken zusammen mit der [⇧]- bzw. [⌘]-Taste auswählen. Der Dialog wird mit *OK* bestätigt, und das Fenster *Farbbibliothek erstellen* öffnet sich.

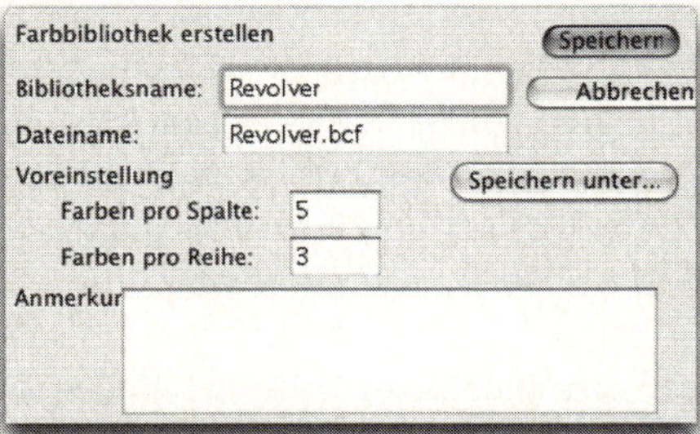

Bibliotheksname

Der hier eingetragene Name erscheint nachher im Pop-up-Menü *Optionen*.

Dateiname

Custom.bcf (Benutzer.bcf) ist ein Dateiname, der vom Programm vergeben wird. Unter diesem Namen existiert die Farbbibliothek später auf der Festplatte. Hat man bereits eine Bibliothek in dieser Datei gespeichert, muss der Name ersetzt werden, um die alte Bibliothek nicht zu überschreiben.

Einstellungen

In den Feldern kann bestimmt werden, wie die Farben im Fächer aufgelistet werden.

Speichern

Der Dialog kann jetzt mit *Speichern* geschlossen werden. Die Farbbibliothek wird automatisch im Ordner *Benutzer ➛ Privat ➛ Library ➛ Application Support ➛ Macromedia ➛ FreeHand MX ➛ 11 ➛ German ➛ Settings ➛ Color* abgelegt. Der Name der Bibliothek taucht sofort im Pop-up-Menü *Optionen* des Bedienfeldes *Farbfelder* auf.

Speichern unter ...

Es öffnet sich ein Verzeichnisdialog, um die Datei in einem anderen Ordner als dem Ordner *Farbe* speichern zu können. Solche Bibliotheken tauchen **nicht** im Pop-up-Menü *Optionen* auf, sondern müssen über den Befehl *Optionen ➛ Importieren ...* gesucht und geöffnet werden.

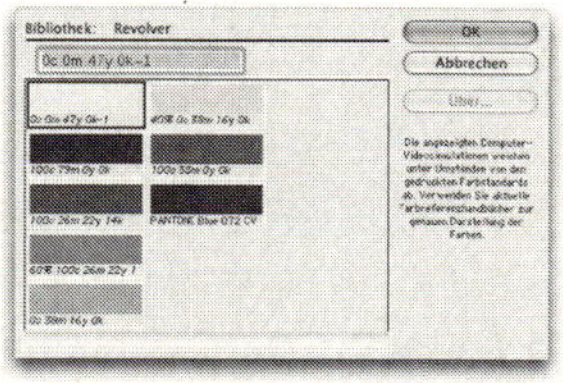

Eine *im Ordner Benutzer ➛ Privat ➛ Library ➛ Application Support ➛ Macromedia ➛ FreeHand MX ➛ 11 ➛ German ➛ Settings ➛ Color* gespeicherte Bibliothek taucht im Pop-up-Menü *Optionen des Bedienfeldes Farbfelder* in jeder Illustration auf.

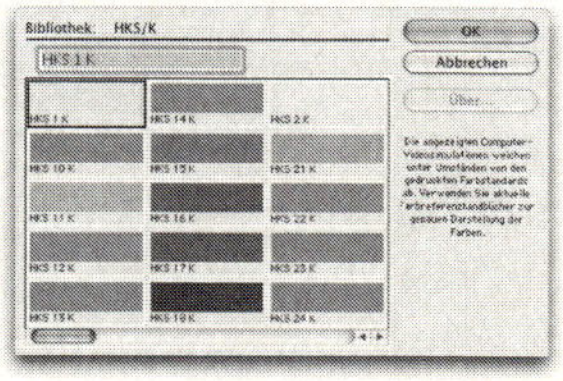

Eine importierte HKS-Bibliothek aus einer anderen Datei.

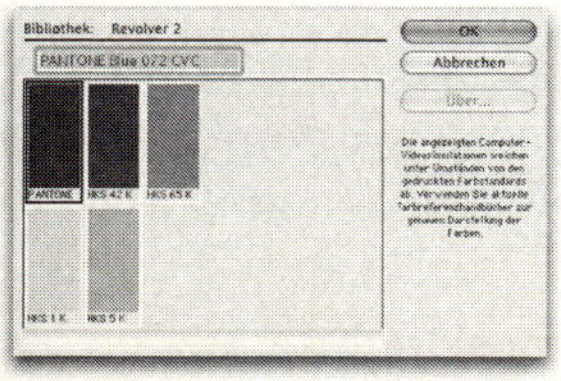

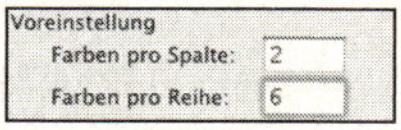

Farben über die Zwischenablage ex- bzw. importieren

Kopiert man Objekte mit Farbinformationen in einer Illustration in die Zwischenablage (⌘C oder ⌘X) und fügt sie in einer anderen Illustration wieder ein (⌘V), werden die enthaltenen Farben automatisch in das Bedienfeld *Farbfelder* der neuen Illustration aufgenommen.

Es gibt zwei Voraussetzungen hierfür:

- Die Farbe muss in der Ursprungsdatei benannt worden sein. Wurde sie im Bedienfeld *Farbmischer* gemischt und direkt dem Objekt zugewiesen, ohne sie ins Bedienfeld *Farbfelder* zu übertragen, hat sie keinen Namen.
- Die Farbe darf keinen Namen tragen, der in der neuen Illustration bereits vorkommt.

Xtras ➛ Farben ➛ Alle Farben definieren

Sind diese Voraussetzungen nicht erfüllt, wird eine solche Farbe trotzdem mit dem Objekt übernommen. Um sie in das Bedienfeld *Farbfelder* der neuen Datei zu integrieren, kann ihr Farbquadrat aus den Eigenschaften des Bedienfeldes *Objekt* in das Bedienfeld *Farbfelder* gezogen werden (siehe auch Seite 285 u. 299ff.). Allerdings ist in diesen Fällen der Befehl *Xtras ➛ Farben ➛ Alle Farben definieren* besonders praktisch, durch dessen Anwahl alle nicht definierten Farben in das Bedienfeld *Farbfelder* aufgenommen werden.

Farben importierter EPS-Dateien

Auch die Farben von importierten EPS-Dateien werden übernommen, wenn die genannten Voraussetzungen erfüllt sind.

Farbtöne

Die Farben im Bedienfeld *Farbfelder* haben einen Tonwert von 100 %. Um eine Farbe aufzuhellen, können über das Bedienfeld *Farbmischer* Farbtöne zwischen 0 % und 100 % in 1%-Schritten erstellt werden.

Farbtöne können sowohl direkt aus dem Bedienfeld *Farbmischer* einem Objekt oder dem Farbfenster im Bedienfeld *Farbfelder* zugewiesen als auch als Farbton der Grundfarbe oder als eigene Grundfarbe in das Bedienfeld *Farbfelder* aufgenommen werden.

Farbtöne erstellen

Die Grundfarbe wird aus dem Bedienfeld *Farbfelder* oder einem anderen Farbfenster auf das Grundfarbenfeld des Töneregisters im Bedienfeld *Farbmischer* gezogen, neben dem dann ihr Name erscheint. Die Farbe kann auch direkt aus dem nebenstehenden Pop-up-Menü ausgewählt werden. Alternativ dazu kann auch direkt auf das Farbfeld geklickt werden. Daraufhin öffnet sich das Dialogfeld der *ColorCubes*. Hier können entweder websichere Farben ausgewählt werden oder die Farben der *Farbfelder*, je nachdem, welchen Bereich man im Pop-up-Menü an der rechten Seite wählt.

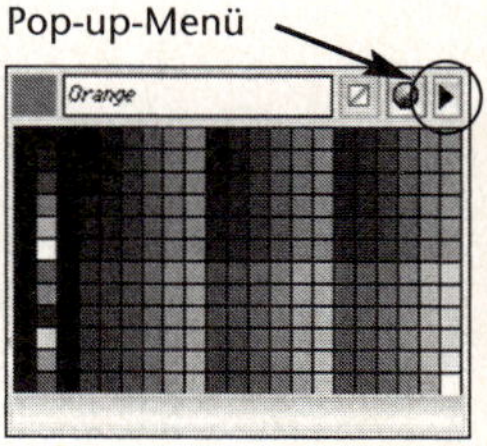

In den Feldern darunter sind die Farbtöne in 10 %-Schritten direkt verfügbar.

Andere Farbtöne können durch Eingabe eines Wertes in 1%-Schritten oder mit dem Schieberegler erstellt und aus dem unteren Farbfeld gezogen werden.

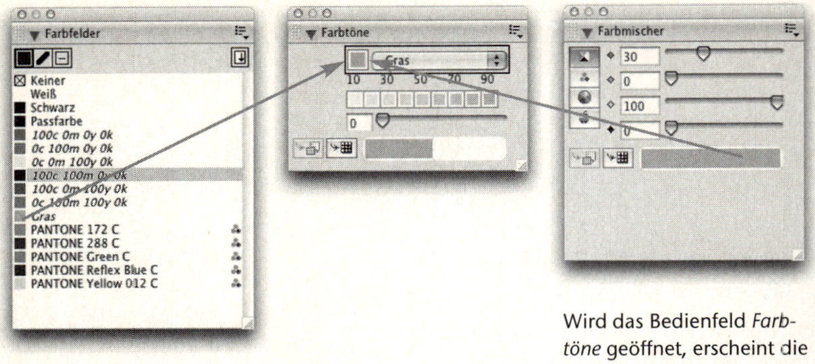

Wird das Bedienfeld *Farbtöne* geöffnet, erscheint die aktuell gemischte Farbe als Grundfarbe.
Die Grundfarbe kann auch aus dem Bedienfeld *Farbfelder* auf das Grundfarbenfeld gezogen werden.

Unbenannte *Farbtöne* überprüfen

Wurde einem Farbverlauf, einem Strich oder einer Füllung ein Farbton zugewiesen, indem er direkt aus dem Bedienfeld *Farbmischer* gezogen wurde, erscheint der Farbton im Bedienfeld *Objekt* ohne Namen, sodass später nicht zu erkennen ist, aus wie viel Prozent welcher Grundfarbe er besteht.

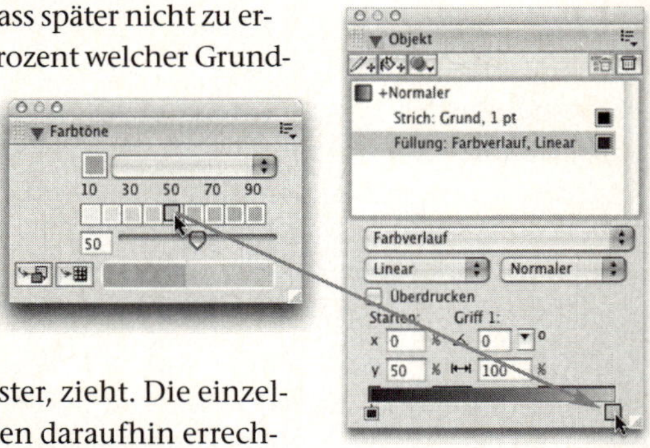

Man kann das herausbekommen, indem man die Farbprobe aus dem Bedienfeld *Objekt* auf das Farbfeld im *Farbmischer*, CMYK-Register, zieht. Die einzelnen CMYK-Anteile werden daraufhin errechnet. Die schnellere Variante besteht im Doppelklick auf die entsprechende Farbe.

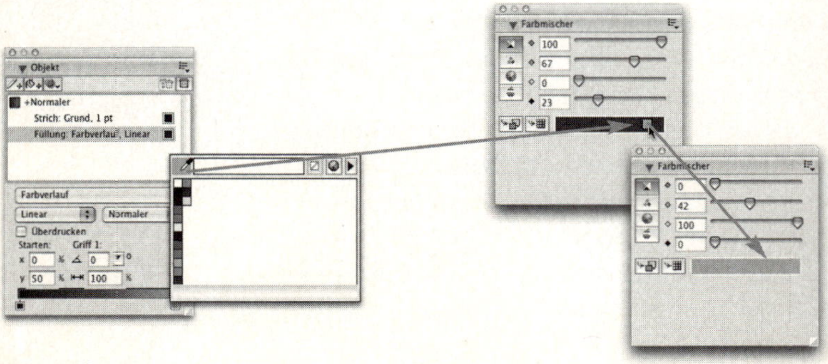

Farbtöne in das Bedienfeld *Farbfelder* aufnehmen

Wird ein Farbton direkt aus dem Bedienfeld *Farbmischer* oder dem Bedienfeld *Objekt* auf das Farbaufnahmefeld im Bedienfeld *Farbfelder* oder direkt dort hineingezogen, erscheint er als *Farbton* der Grundfarbe mit Angabe der Prozentzahl.

Zusätzlich wird, falls noch nicht benannt, die Grundfarbe des Tones angelegt.

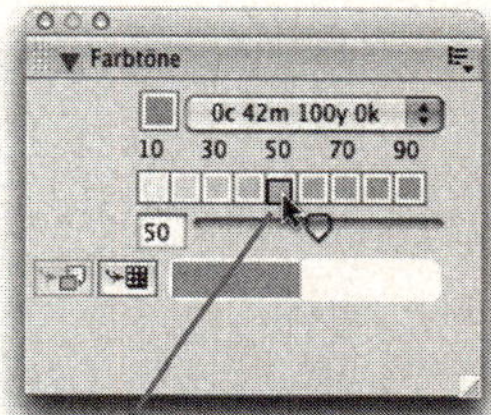

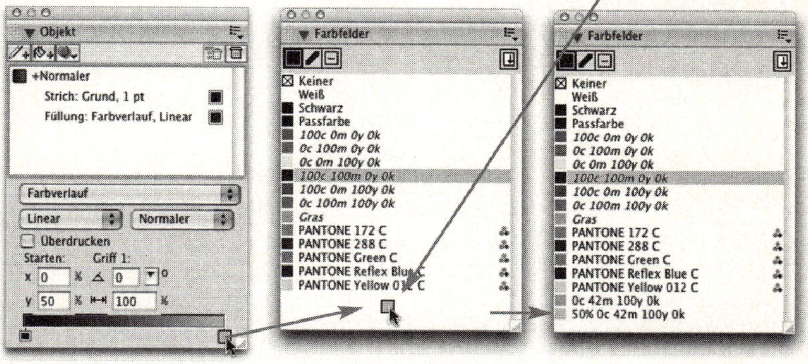

Wird das Quadrat der neuen Farbe auf das Bedienfeld *Farbmischer* gezogen, erscheint dort wieder der Name der Grundfarbe, die dem Farbton zugrunde liegt. Die neue Farbe ist also ein Farbton der Grundfarbe geblieben und kann selbst nicht wiederum in Farbtöne eingeteilt werden. Ausnahme: Man macht aus der neuen Farbe eine eigenständige Farbe, über das Umwandeln in eine Prozess- oder Volltonfarbe oder über den im Folgenden beschriebenen Weg.

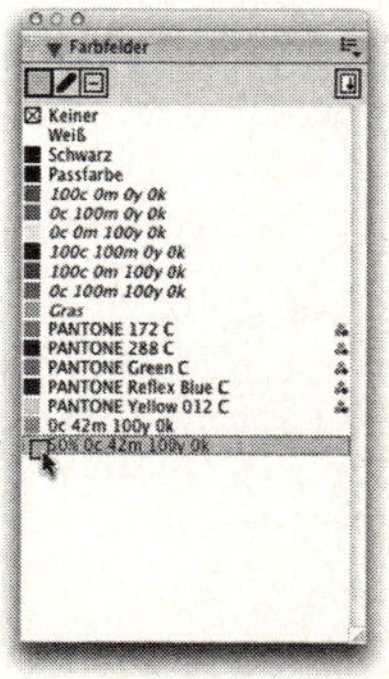

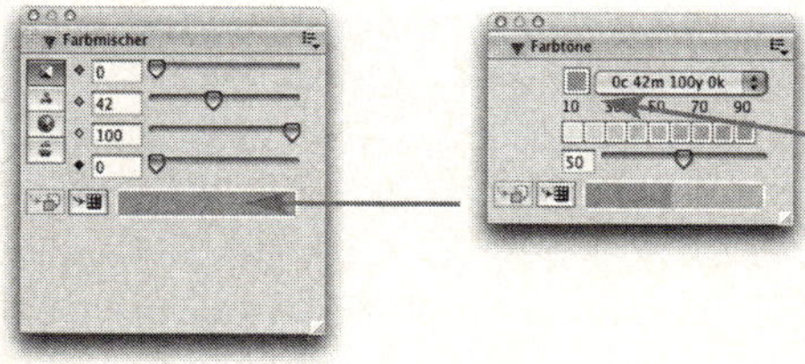

Farbtöne als neue Grundfarbe in das Bedienfeld *Farbfelder* aufnehmen

Wurde ein Farbton nicht benannt, aber einem Objekt als Farbe zugewiesen, kann er im Eigenschaftsbereich des Bedienfeldes *Objekt* über das Pop-up-Menü neben dem Farbfeld schnell in das Bedienfeld *Farbfelder* aufgenommen werden. Ein Abfragedialog mit Namen *Zu Farbfeldern hinzufügen* erscheint, in dem man sich entscheiden kann, ob der Farbton als Prozess- oder als Volltonfarbe zugewiesen werden soll.

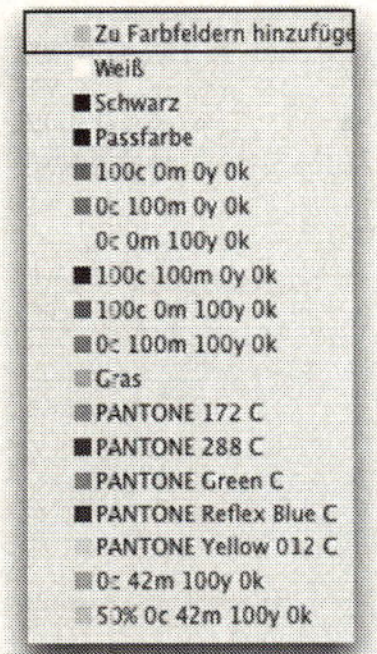

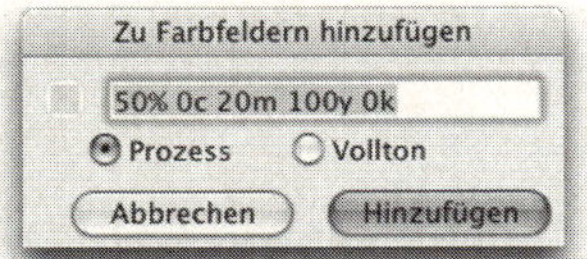

Der Farbton kann aber auch ebenso gut direkt aus dem Bedienfeld *Farbmischer* auf die dort existierende Schaltfläche *Zu Farbfeldern hinzufügen* gezogen werden.

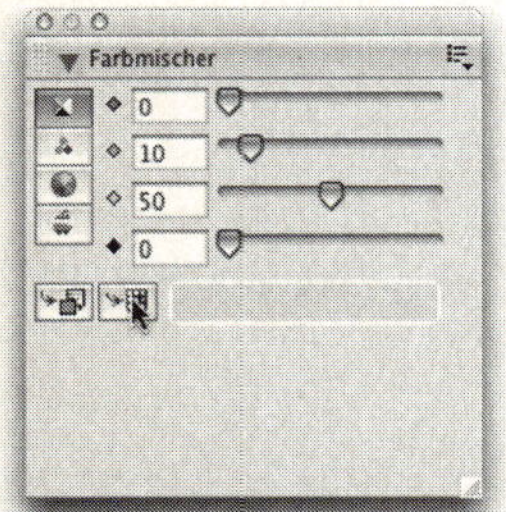

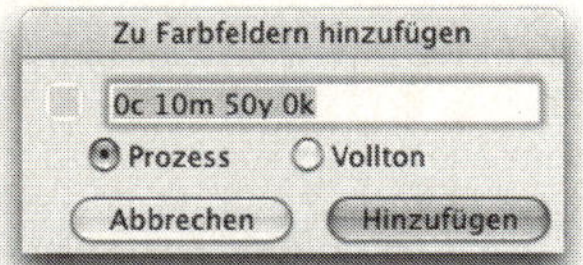

Wird ein Farbton, der als neue Farbe in das Bedienfeld *Farbfelder* aufgenommen werden soll, doppelt angeklickt, erscheint er auch im Farbmischfeld. Wird der Ton aus diesem oder aus den kleinen Farbfeldern auf das Mischfeld im Bedienfeld *Farbmischer* gezogen, kann die neu entstandene Farbe direkt in das Bedienfeld *Farbfelder* gezogen werden. FreeHand legt für die Farbtöne automatisch eine RGB- oder CMYK-Farbe an, je nachdem welcher Modus gerade im Farbmischer ausgewählt ist bzw. von welcher Farbe ein Ton erzeugt werden soll. Schmuckfarben (Volltonfarben) aus Pantone-Bibliotheken werden als RGB-Farbe definiert

Schmuckfarben aus vielen FreeHand-Farbbibliotheken werden vorerst als RGB-Farbe definiert. Sie müssen eventuell später in CMYK konvertiert werden. Den Befehl dafür findet man im Pop-up-Menü des Bedienfeldes *Farbfelder*. Führt man den Umwandlungsvorgang im Bedienfeld *Farbmischer* durch, kommt es zu Farbungenauigkeiten.

und müssen eventuell später in CMYK konvertiert werden. Anschließend kann die neu entstandene Farbe selbstverständlich wieder auf mehrere Farbtöne aufgerastert werden.

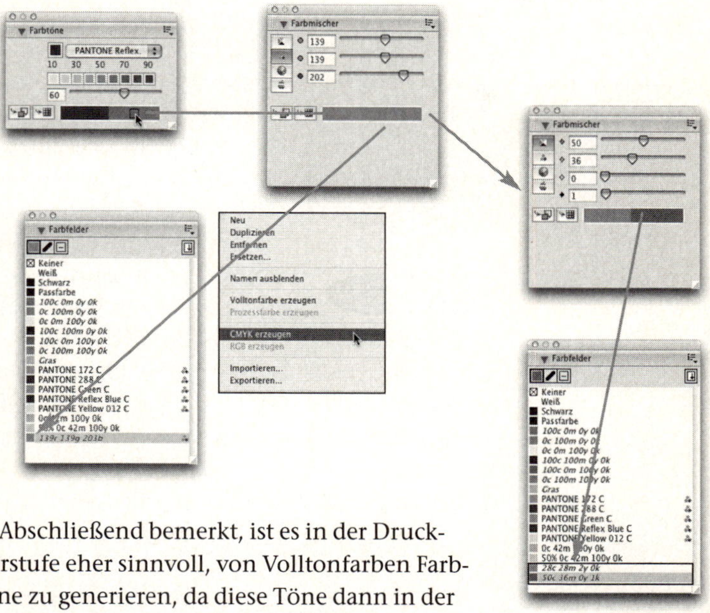

Die erste der eingerahmten Farben zeigt das Resultat der Farbumwandlung *CMYK erzeugen*, die zweite das des Bedienfeldes *Farbmischer*.

Abschließend bemerkt, ist es in der Druckvorstufe eher sinnvoll, von Volltonfarben Farbtöne zu generieren, da diese Töne dann in der Belichtung keine weiteren Filme erzeugen, als die entsprechende Volltonfarbe aufzurastern. Ein wichtiger zu berücksichtigender Aspekt dabei ist allerdings die Auflösung des Belichters. Diese sollte schon hoch sein, also mindestens 1240 bis 2400 dpi, sonst wird das Ergebnis im Druck zu grob gerastert. Das Gleiche gilt für Farbverläufe und Linsenfüllungen. Bei zu geringer Auflösung und zu großer Rasterweite entstehen möglicherweise unschöne Farbübergänge bzw. -stufen.

Strichen und Füllungen Farben zuweisen

Nicht markierte Objekte

Farben können grundsätzlich sowohl Strichen als auch Füllungen durch Ziehen eines Farbquadrates auf das nicht markierte Objekt zugewiesen werden. Dabei können auch gleichzeitig andere Objekte markiert sein.

Die Farbquadrate können aus allen Farbfeldern der Bedienfelder stammen, die mit Farben arbeiten. Beim Verändern der Strichfarbe (das Objekt muss bereits einen Strich besitzen) muss das Quadrat den Strich berühren, beziehungsweise darf diesen nicht berühren, wenn man die Füllungsfarbe ändern will. Alternativ dazu kann man auch vorgehen, wie auf Seite 248 beschrieben, indem man die Farbe mit gedrückter [⌘]-Taste auf das Objekt zieht.

Markierte Objekte

Ist ein Objekt markiert, können Füllungs- und Strichfarbe auch durch Ziehen des Farbquadrates auf den *Strich-* bzw. *Füllungsselektor* im Bedienfeld *Farbfelder* verändert werden. Es ist ebenfalls möglich, zuerst den Selektor und dann den Farbnamen (nicht das Quadrat) anzuklicken.

Um mehreren markierten Objekten unterschiedlicher Farbe die gleiche Farbe zuzuweisen, ist es am praktischsten, das Bedienfeld *Farbfelder* zu verwenden. Das Gleiche gilt für Gruppen.

Auch möglich ist das Ändern über die Farbfelder für *Füllung* und *Strich* in der Werkzeugleiste. Zur Auswahl stehen hier die Standardfarbfelder, die auch in dem Bedienfeld *Farbfel-*

⚠ Das Zuweisen der Füllungen *Grundversion, Abgestuft* und *Radial* durch das Ziehen von Farbquadraten wird auf Seite 267 beschrieben.

Das Ändern des Verlaufswinkels, des radialen Mittelpunktes und der Verlaufsfarben wird ab Seite 270f. behandelt.

der zur Verfügung stehen, oder die so genannten ColorCubes.

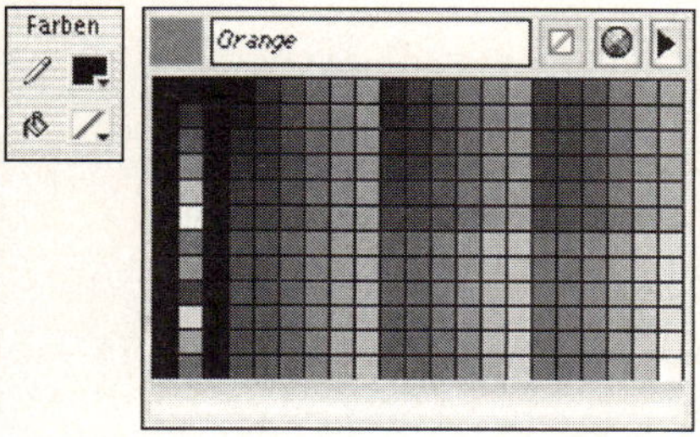

Im Pop-up-Menü an der rechten Seite des Auswahlfensters kann man auswählen, welche Farbwähler bereitgestellt werden sollen. Es lassen sich hier übrigens weitere hinzufügen, wie z.B. Standard-Farbbibliotheken oder eigene Farbbibliotheken (zum Thema Farbbibliotheken lesen Sie auch Seite 293ff.). Um hier weitere Farbbibliotheken zur Verfügung zu haben, gehen Sie folgendermaßen vor:

Die Standardfarbfelder von FreeHand MX sind die ColorCubes und die Farbfelder aus dem Bedienfeld *Farbfelder.*

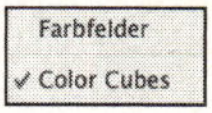

- Platzieren Sie im Ordner *Benutzer ➛ Privat ➛ Library ➛ Application Support ➛ Macromedia ➛ FreeHand MX ➛ 11 ➛ German ➛ Settings ➛ Color Swatches* die Farbbibliotheken Ihrer Wahl. Nach einem Neustart des Programmes stehen sie in den Farbfeldern für *Strich* und *Füllung* der Werkzeugleiste zur Verfügung. Im Beispiel wurden dort die Pantone-Bibliotheken für gestrichene (*Pantone® solid coated*) und ungestrichene Papiere (*Pantone® solid uncoated*) platziert.

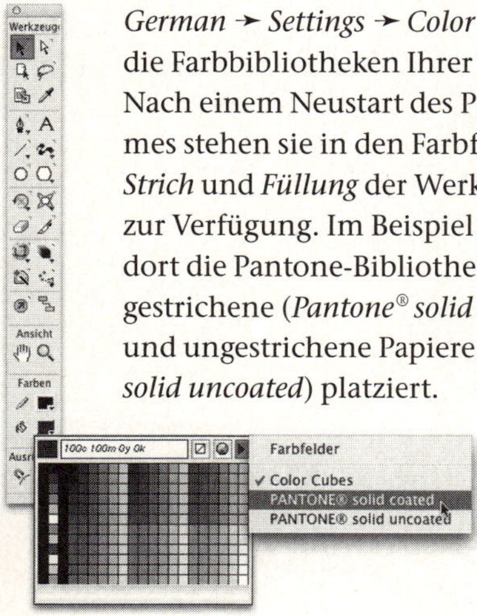

Drei Möglichkeiten, bei einem markierten Objekt die Füllungsfarbe zu ändern

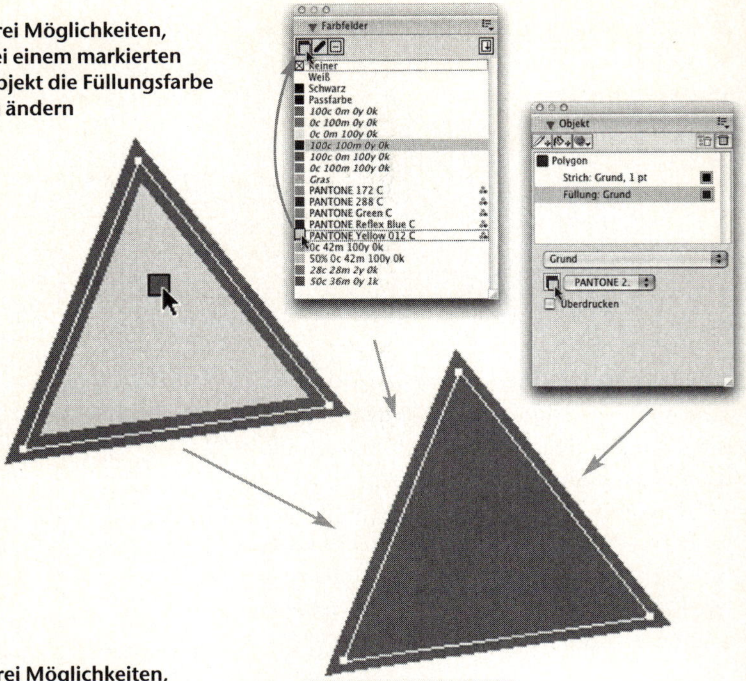

Drei Möglichkeiten, bei einem markierten Objekt die Strichfarbe zu ändern

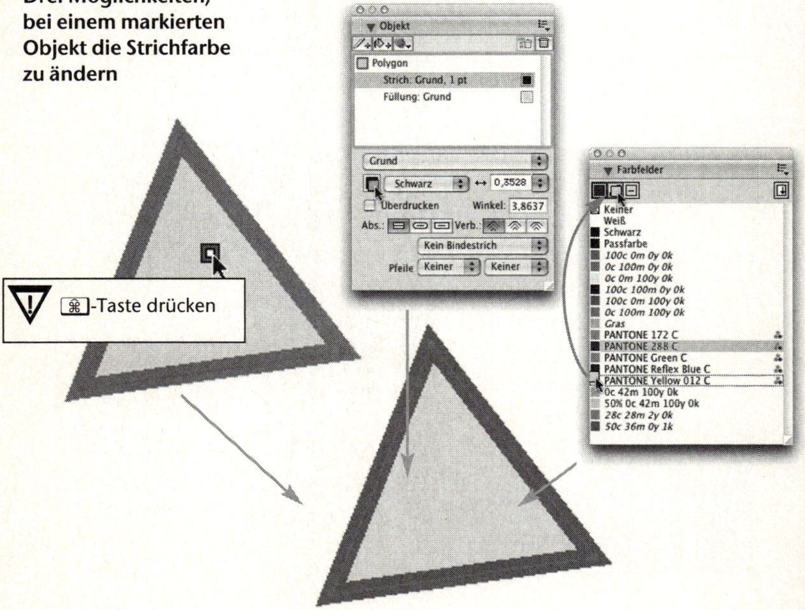

Die Füllungsfarbe eines nicht markierten Objektes ändern

Die Strichfarbe eines nicht markierten Objektes ändern

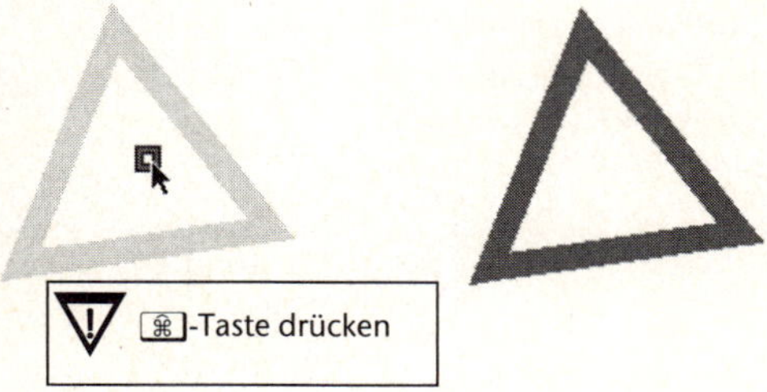

Die Füllung aus einem nicht markierten Objekt entfernen

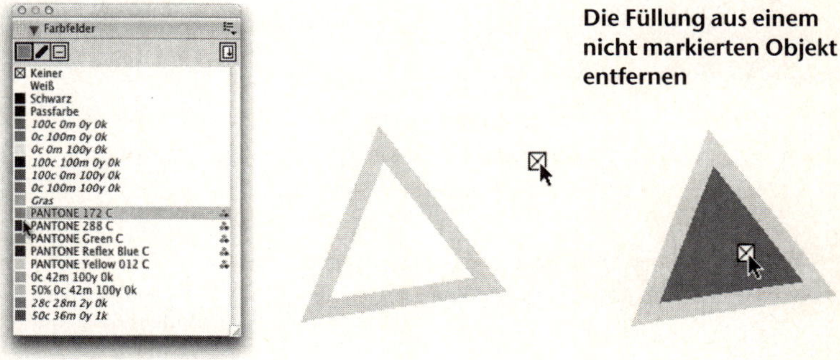

Den Strich eines nicht markierten Objektes entfernen

Mehreren Objekten die gleiche *Füllungsfarbe* zuweisen

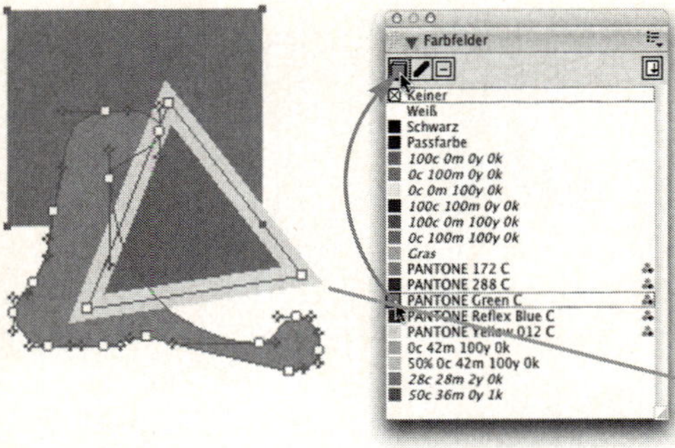

Alternativ kann auch einfach nur der Farbname angeklickt werden.

Mehreren Objekten die gleiche *Strichfarbe* zuweisen

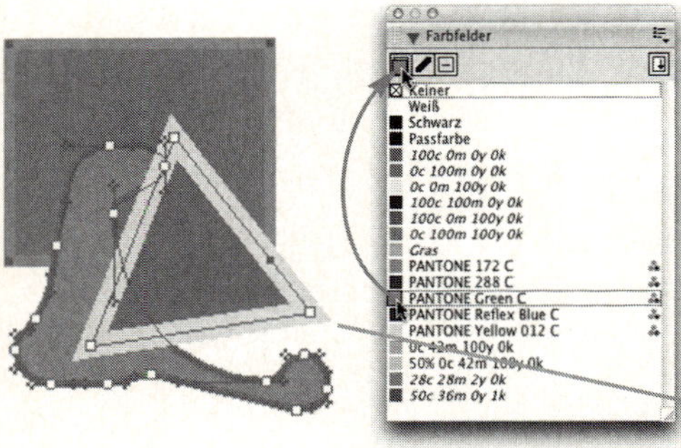

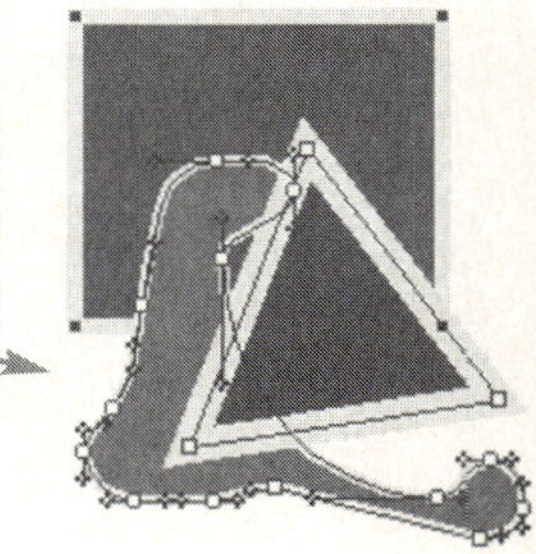

Alternativ kann auch einfach nur der Farbname angeklickt werden.

Mehreren Objekten beziehungsweise einer Gruppe *keine* Füllung zuweisen

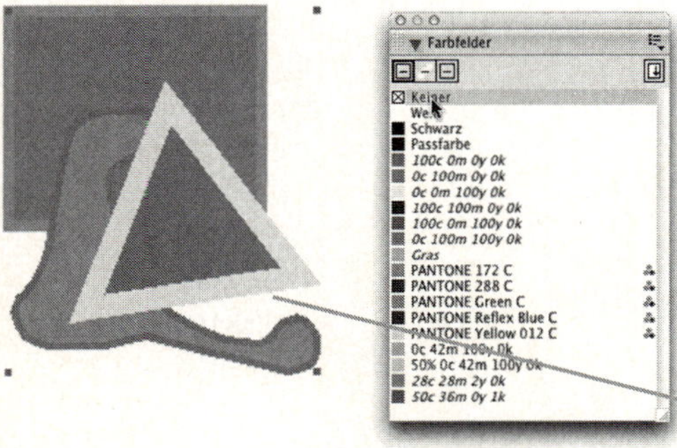

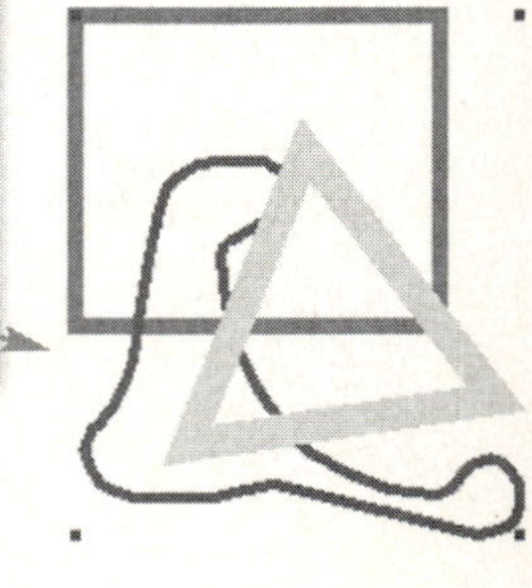

Alternativ kann auch einfach nur das Symbol für keine Farbe (*Keiner*) angeklickt werden.

Text und Textblöcken Farben zuweisen

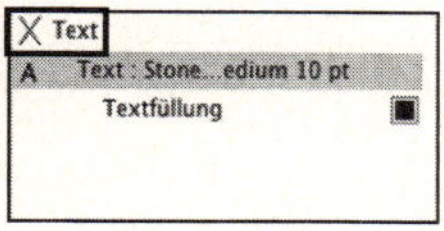

Der Textblockumrandung wurde ein Strich von 1 mm Breite zugewiesen, *Umrandung anzeigen* ist aktiv, und der Textblock enthält Text, der numerisch ausgerichtet (Abstand des Textes vom Textbehälter) ist.

Der Titel im Bedienfeld *Objekt* heißt immer Text, egal ob Text mit dem Pfeilzeiger oder der Einfügemarke markiert wurde.

Mit dem Pfeilzeiger markiert, zeigt das Bedienfeld *Objekt* die Füllung des Textblocks und den Strich der Umrandung an (*Rahmen anzeigen* muss angekreuzt sein).

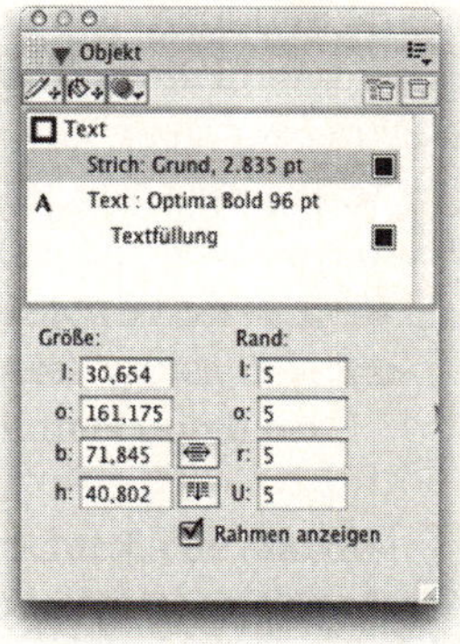

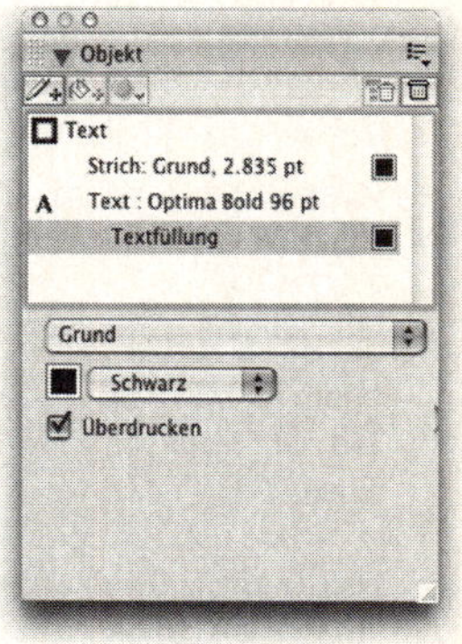

Mit dem Textwerkzeug markiert, zeigt die Texteigenschaft im Bedienfeld *Objekt* die Füllung und den Strich des Textes selbst an.

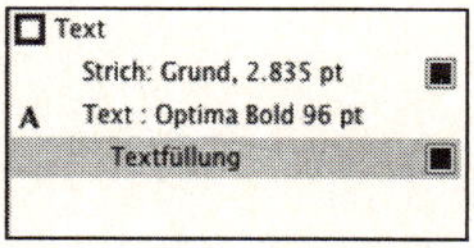

Text ist in der Grundeinstellung schwarz, aber er besitzt keinen Strich.

Text in der Grundversion überdruckt immer, im Gegensatz zu schwarzen Strichen. Das bedeutet, wenn sich Objekte überlagern, werden im Bereich des Textes immer Mischfarben entstehen. Der Text würde dann nicht nur aus Schwarz bestehen, sondern auch aus den anderen Farben. Er erscheint dann kräftiger.

Auch Text und Textblöcken kann in markiertem und nicht markiertem Zustand durch das Ziehen eines Farbquadrates Farbe zugewiesen werden.

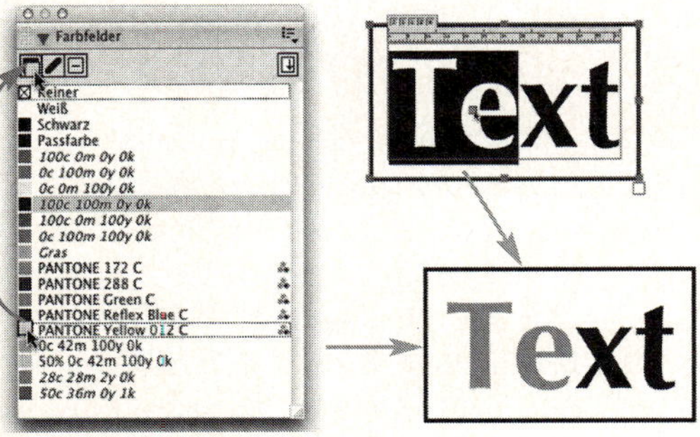

Zwei Möglichkeiten, Text, der mit der Einfügemarke markiert ist, eine andere Farbe zuzuweisen

Wird ein Textblock mit dem Pfeilzeiger markiert, kann dem Text dennoch eine andere Farbe zugewiesen werden, indem die Farbe auf das Füllungsquadrat im Bedienfeld *Farbfelder* gezogen wird. In der Voreinstellung *FreeHand MX* ➛ *Einstellungen* ➛ *Farben* wird bestimmt, ob im Bedienfeld *Farbfelder* die *Füllungs-* und *Strichfarbe* des Textes oder des Blocks (Container) angezeigt wird.

Anzeige im Bedienfeld *Farbfelder* bei Textblöcken, die mit dem Pfeilzeiger markiert sind

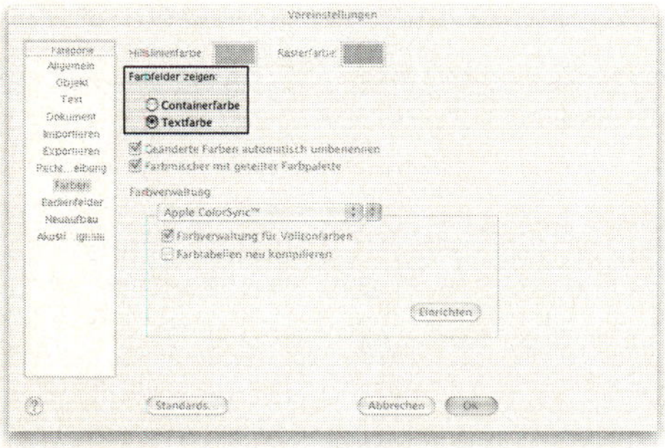

Wird *Textfarbe* gewählt, verändert der gesamte Text eines markierten Textbehälters seine Farbe. Wird *Containerfarbe* gewählt, verändert der Hintergrund beziehungsweise die Umrandung des Textblocks die Farbe.

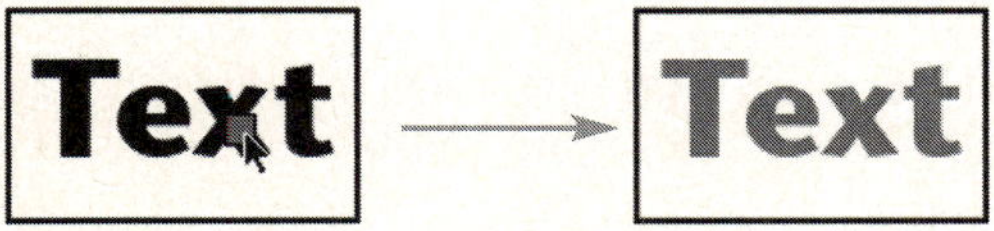

Nicht markiertem Text eine andere Farbe zuweisen

Markiertem Text eine Outline zuweisen und die Füllung löschen

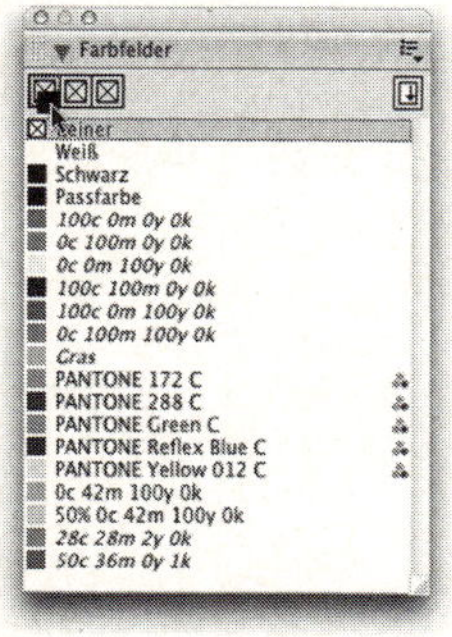

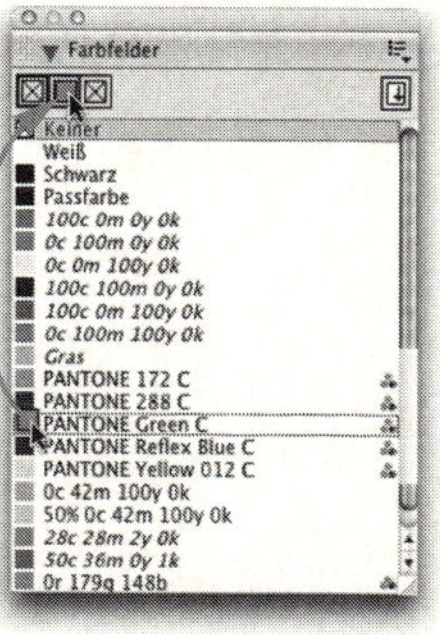

Wird dem Text im Bedienfeld *Farbfelder* oder in den Eigenschaften des Bedienfeldes *Objekt* ein Strich zugewiesen, hat dieser zunächst die Stärke von 1 pt. Der Strich kann dann wie gewohnt in Breite und Farbe verändert werden. Ist dem Text keine Füllung zugewiesen worden, wird er automatisch durchsichtig, da er in der Grundversion zwar schwarz ist, aber keine Füllung hat.

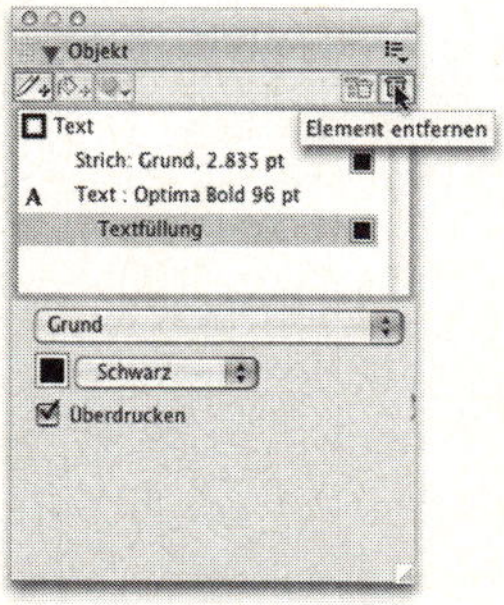

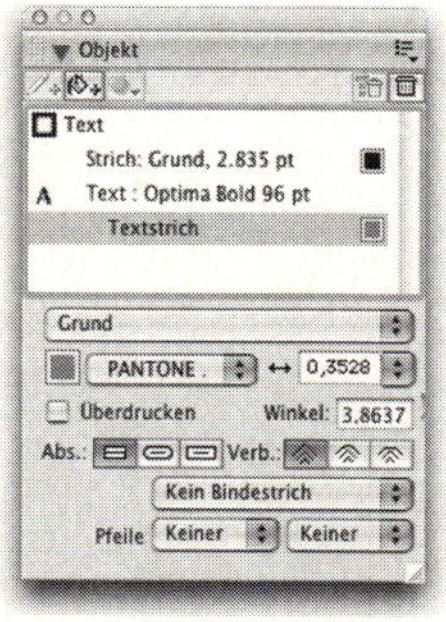

Ist dem Text eine Füllung zugewiesen worden, wird diese entweder im Bedienfeld *Farbfelder* entfernt oder es wird im Bedienfeld *Objekt* die Eigenschaft ausgewählt und anschließend der *Papierkorb* angeklickt. Um eine Outline zu erstellen, kann nun auch im Bedienfeld *Objekt* eine Stricheigenschaft hinzugefügt und eingestellt werden.

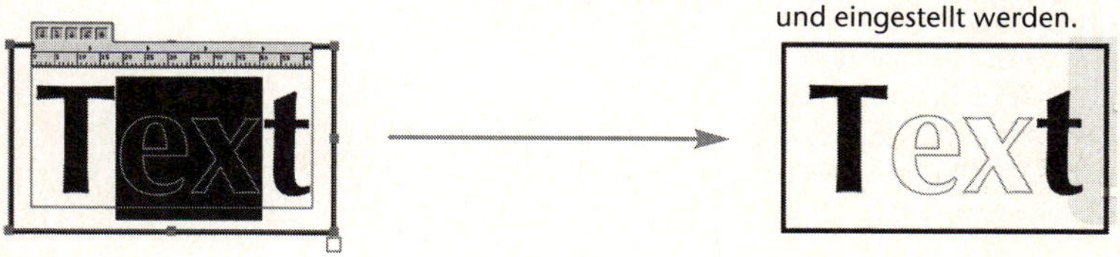

Textblöcken eine andere Farbe zuweisen

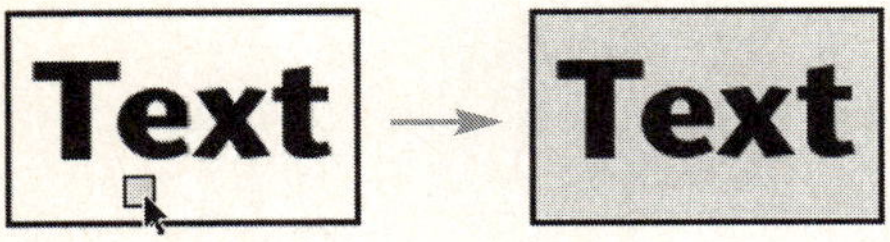

Meistens ist es schwierig, dem Textblock durch Ziehen eines Quadrates Farbe zuzuweisen, da nicht genügend Platz ist, das Quadrat an einer Stelle loszulassen, die nicht noch zum Text gehört. Es ist einfacher, den Textblock mit dem Pfeilzeiger zu markieren und die Füllung über das Bedienfeld *Farbfelder* oder über das Bedienfeld *Objekt zu ziehen*.

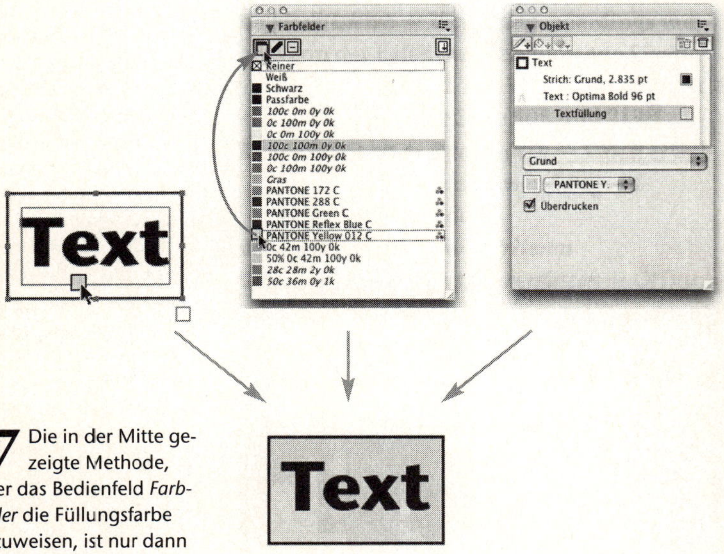

Die in der Mitte gezeigte Methode, über das Bedienfeld *Farbfelder* die Füllungsfarbe zuzuweisen, ist nur dann möglich, wenn in der Voreinstellung *FreeHand MX ➛ Einstellungen ➛ Farben* für die Anzeige des Bedienfeldes *Farbfelder Containerfarbe* aktiv ist (siehe hierzu Seite 62 und 308).

Der Umrandung eine andere Farbe zuweisen

Ist der Textblock nicht markiert, muss man mit dem Farbquadrat den Strich treffen, um die Farbe zu ändern, oder es muss beim Zuweisen die [⌘]-Taste gedrückt werden.
Ist mit dem Pfeilzeiger markiert worden, kann die Farbe auch über das Bedienfeld *Farbfelder* oder das Bedienfeld *Objekt* geändert werden, wo man auch die Stärke des Strichs einstellt.

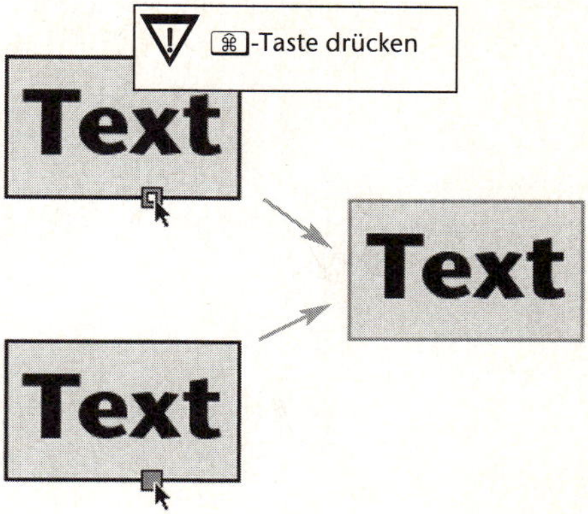

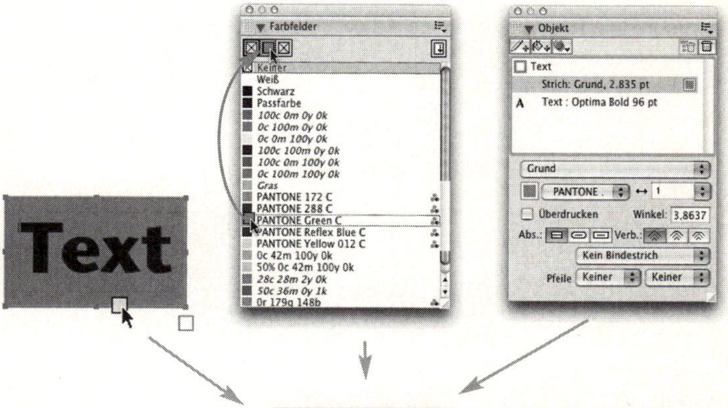

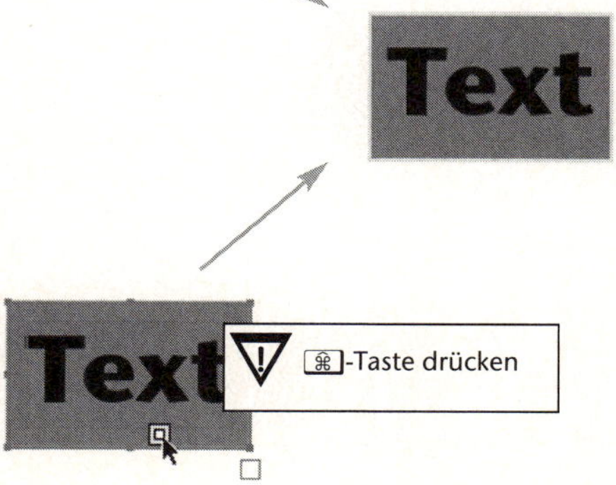

Die in der Mitte gezeigte Methode, die Strichfarbe über das Bedienfeld *Farbfelder* zuzuweisen, ist nur dann möglich, wenn in der Voreinstellung *FreeHand MX* ➛ *Einstellungen* ➛ *Farben* für die Anzeige im Bedienfeld *Farbfelder Containerfarbe* aktiv ist (siehe hierzu Seite 62 und 308).

Im unteren Bereich des Bedienfeldes *Objekt* befindet sich, wenn die Texteigenschaft ausgewählt wurde, das Pop-up-Menü, über das die Effekte *Umrandung*, *Schatten* und *Zoom* markierten Zeichen oder dem gesamten Text eines aktiven Textblocks zugewiesen werden können.

Texteffekte

Der Bildschirmaufbau bei dargestellten Texteffekten wird sehr langsam. Im Dialog *FreeHand MX ➛ Einstellungen ➛ Neuaufbau* kann die Checkbox *Texteffekte anzeigen* deaktiviert oder es kann in der Grobansicht gearbeitet werden.

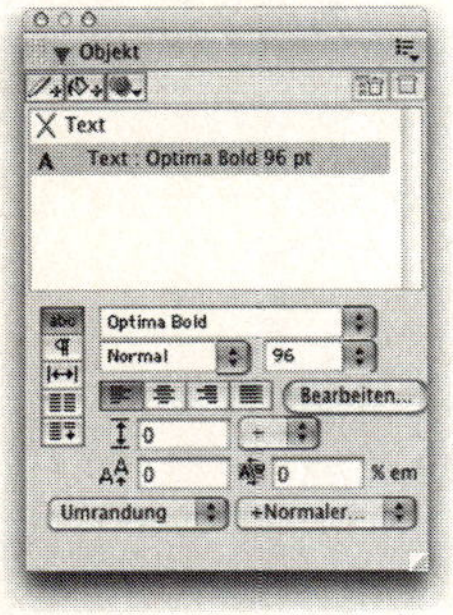

Umrandung

Nach der Anwahl von *Umrandung* kann der Knopf *Bearbeiten* angeklickt und die Anzahl der Umrandungen, Farbe und Breite ihrer Striche und ihre Ausdehnung und Farbe bestimmt werden.

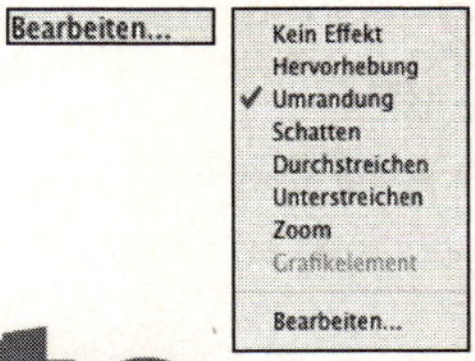

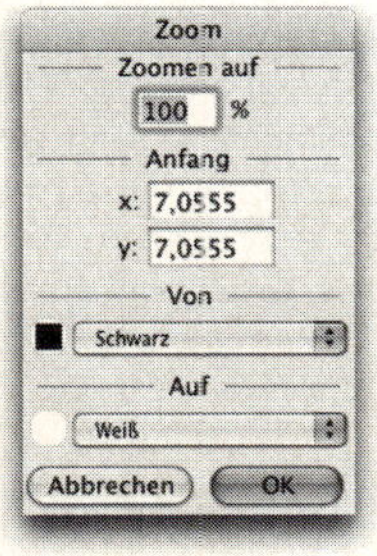

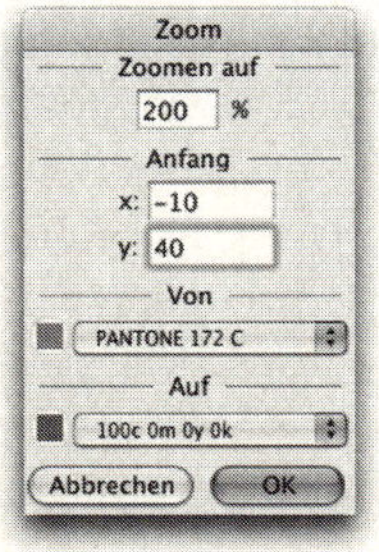

Zoom

Bei der Bearbeitung von *Zoom* ist die Größe des Hintergrundtextes *(Zoomen auf)* als Prozentsatz des Textes vorgesehen, der Versatz *(Anfang)* in x- und y-Richtung und der Farbverlauf von vorn nach hinten.

Schatten

Der Effekt *Schatten* ist mittlerweile genauso zu bearbeiten wie alle anderen Effekte. Das vom Effekt erzeugte Schattenobjekt besitzt als Flächenfarbe vorerst 50%-Grau. Es kann auf jede Farbe der Farbfelder zugegriffen und abgetönt werden.

Hervorheben, Durchstreichen, Unterstreichen

Diese Effekte ähneln sich im Prinzip. Alle drei Effekte werden mit dem gleichen Dialogfeld eingestellt. Sie unterscheiden sich lediglich in Bezug auf Lage und Position zur Grundlinie des Textes und des Textes selbst. Prinzipiell werden hiermit Striche erzeugt, die das gleiche Aussehen besitzen können wie normale Striche. Der Effekt *Durchstreichen* erzeugt einen Strich oberhalb des Textes, die beiden anderen unterhalb.

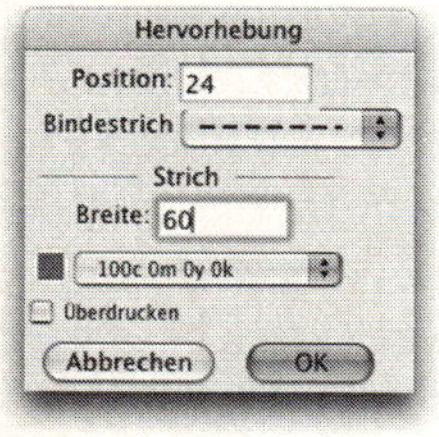

Position des Striches

Die Strichposition bezieht sich immer auf die Grundlinie des ausgewählten Textes.

Strichart

Die Strichform richtet sich nach den im Bedienfeld zur Verfügung stehenden Formen. Auch hier kann man bei gedrückter ⌥-Taste eine neue Strichform hinzufügen.

Strichfarbe

Jede definierte und angemischte Farbe kann benutzt werden.

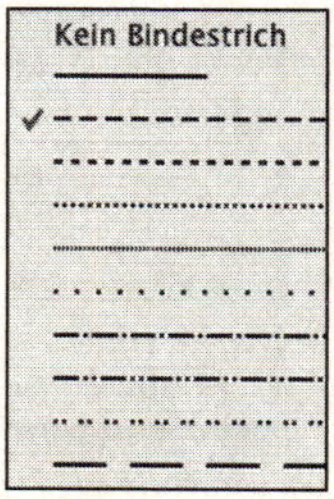

Stile

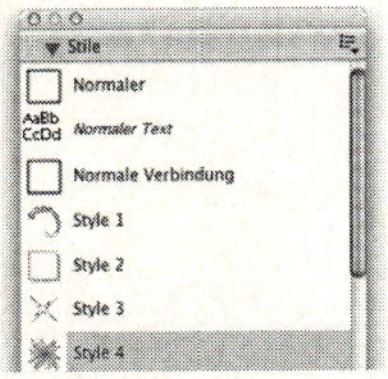

Das Bedienfeld *Stile* ist über *Fenster* ➛ *Bedienfelder* ➛ *Stile* erhältlich.

Strich- und Füllungsmerkmale lassen sich unter einem Namen als *Stile* zusammenfassen. Auch Halbtoninformationen können in einem *Stil* enthalten sein (Halbtöne siehe Seite 330).

- *Stile* sind schnell und einfach zu definieren, und es lohnt sich bereits, damit zu arbeiten, wenn zwei Objekte die gleichen Merkmale aufweisen sollen.
- Um einen *Stil* auf ein Objekt anzuwenden, muss das Objekt markiert und entweder der Stilname im Bedienfeld *Stile* angeklickt oder das Symbol auf das Objekt gezogen werden (Drag & Drop). Alle Strich- und Füllungsmerkmale des Objektes gehen verloren und werden durch die Merkmale des Stiles ersetzt. Es können auch nach der Zuweisung eines Stiles Veränderungen an dem Objekt vorgenommen werden.
- Wird ein *Stil* nachträglich bearbeitet, verändern sich automatisch alle Objekte, denen es zugewiesen wurde. Dadurch ist das Überarbeiten von Illustrationen effektiv und schnell möglich.
- Ein *Stil* kann auf einem Grundstil basieren, sodass sich Veränderungen identischer Merkmale am Grundstil auf den abhängigen Stil auswirken.

Im Bedienfeld *Stile* sind sowohl *Grafikstile* als auch *Textstile* aufgeführt.
Die Textstile werden ab Seite 439 beschrieben. Definierte Textstile sind auch im Eigenschaftsbereich des Bedienfeldes *Objekt* in einem eigenen Pop-up-Menü auswählbar.

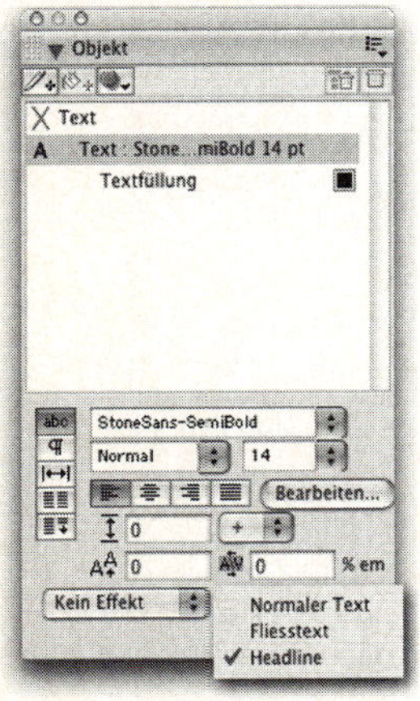

Stile sind vor allem dann sehr nützlich, wenn die Merkmale eines Objektes für andere

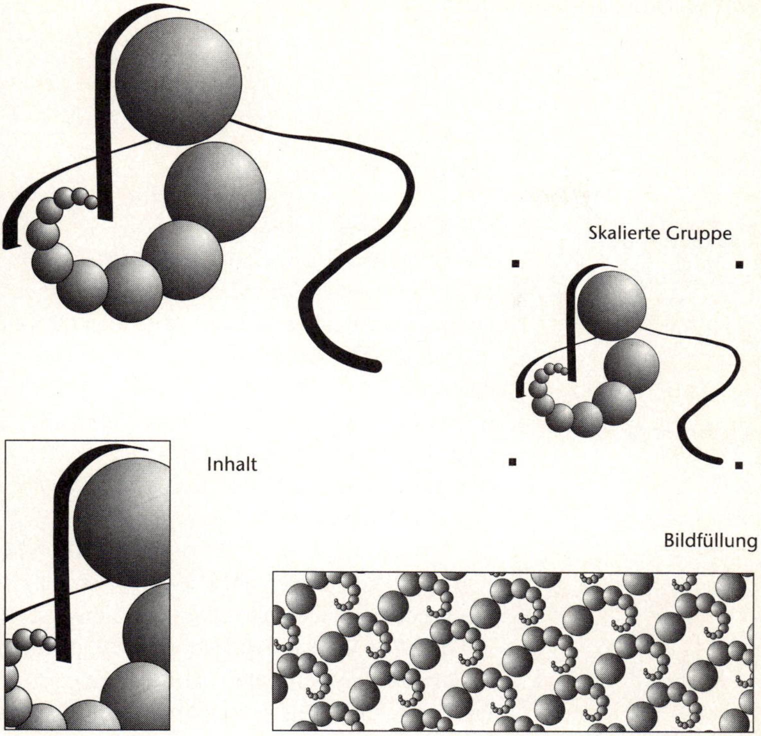

Objekte gebraucht werden. Veränderungen des Stiles wirken sich auch auf das Objekt aus, wenn es Teil einer skalierten Gruppe oder ein innen eingefügter Inhalt ist (*Inhalt* siehe Seite 363) oder als Bildfüllungselement verwendet wird. Natürlich müssen sich alle Anwendungen in derselben Illustration befinden. Stiländerungen wirken sich nicht auf Objekte des gleichen Stiles einer anderen Illustration aus.

Mit Grafikstilen arbeiten

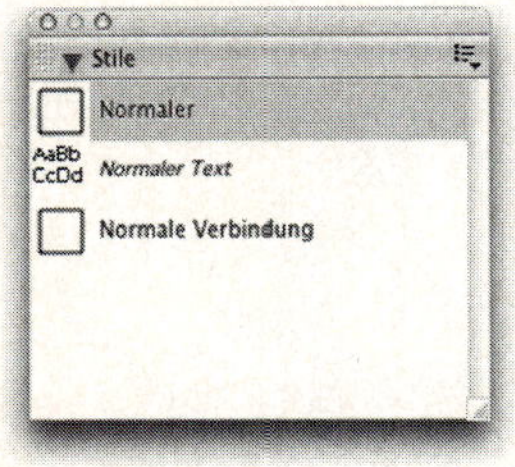

Der Stil Normal

Öffnet man das Bedienfeld *Stile* das erste Mal *(Fenster ➛ Bedienfelder ➛ Stile)*, enthält es bereits den Stil *Normaler* und *Normale Verbindung*. Seine Merkmale entsprechen den Einstellungen der Datei *FreeHand-Standards*, die entweder vom Hersteller oder vom Benutzer festgelegt wurden (siehe auch Seite 71f). Der Befehl *Datei ➛ Neu* öffnet eine Kopie dieser Datei (siehe auch Seite 13).

Ist noch kein anderer *Stil* definiert worden, basiert jedes neu erstellte Element zunächst auf dem Stil *Normal.* Sind jedoch im Bedienfeld *Objekt* abweichende Einstellungen getroffen worden, als kein Element markiert war, haben alle neu erstellten Elemente diese Merkmale und dem Stilnamen ist ein Pluszeichen vorangestellt (☐+ *Normaler*).

Jeder wird sich schon darüber geärgert haben, dass jedes aufgezogene Rechteck eine abgestufte Füllung und einen gemusterten Strich hatte! In diesem Fall ist dem Namen *Normaler* ein Pluszeichen vorangestellt.

Man kann zu den Merkmalen des Stiles zurückkehren, indem man alle Markierungen aufhebt, den Stilnamen anklickt und danach auf eine freie Stelle in der Illustration klickt. Das Pluszeichen vor dem aktiven Stilnamen verschwindet, und alle danach gezeichneten Elemente haben die Merkmale des normalen, definierten Stiles.

Auch wenn man zunächst nicht mit mehreren Stilen arbeiten möchte, ist es doch sinnvoll, dem Stil *Normaler* neutrale Merkmale wie *keine* Füllung und eine *Strichbreite* von zirka 0,4 pt zu geben. Dadurch ist es möglich, im Bedienfeld *Objekt* getroffene Einstellungen wie Füllungen und dicke Striche schnell rückgängig zu machen.

Erstellt man eine eigene *FreeHand-Standarddatei,* ist es sinnvoll, den Stil *Normal* so einzustellen, dass man einen neutralen Zeichenmodus zur Verfügung hat (keine Füllung und einen dünnen schwarzen Strich).

Zum Erstellen einer Datei *FreeHand-Standards* siehe Seite 71f.

Der Stil *Normaler* kann weder gelöscht werden, noch kann er auf einem anderen basieren *(Übergeordnet)*.

Ein Stil kann vor dem Erstellen eines Elementes durch Anklicken des Namens aktiviert werden, sodass die neuen Elemente sofort dessen Merkmale annehmen.

Soll einem Element ein anderer Stil zugeordnet werden, muss es markiert und der Stilname angeklickt oder das Symbol ⊞ auf das Objekt gezogen werden (Drag & Drop).

Erstellen eines neuen Stiles

- basierend auf einem markierten Element:

Um einen neuen Stil zu definieren, kann ein Element, dem die künftigen Stilmerkmale zugewiesen wurden, markiert und im Bedienfeld *Stile* der Befehl *Optionen* ➛ *Neu* angewählt werden. Im Bedienfeld *Stile* erscheint der Name *Stil-1.*

FreeHand MX* ➛ *Einstellungen* ➛ *Objekt

Erstellen eines neuen Grafikstiles:

Die Option *Automatisch auf Auswahl übertragen* bewirkt, dass der Stil automatisch auf das Objekt angewendet wird. Leider funktioniert das unter Mac OS X 10.3.1 nicht wirklich.

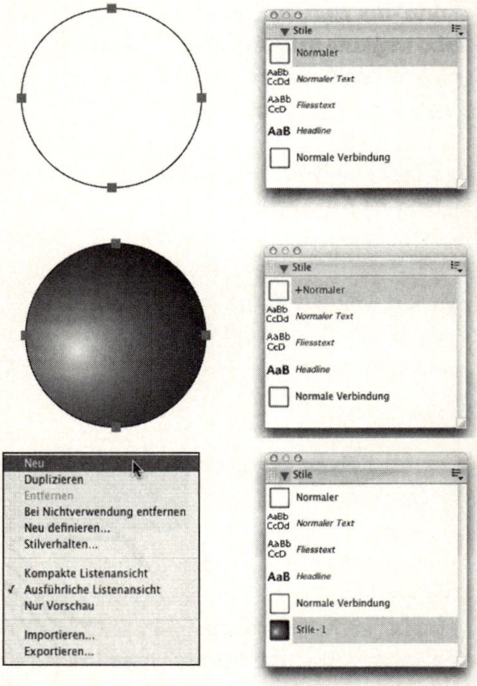

Tipp

Stile können auch per Drag & Drop erstellt werden. Es muss hierzu ein Objekt mit entsprechenden Eigenschaften versehen werden. Anschließend wird es bei gedrückter Maustaste in das Bedienfeld *Stile* gezogen.

- basierend auf den Einstellungen der Eigenschaften im Bedienfeld *Objekt*:

Den Befehl *Optionen* ➛ *Neu* kann man auch anwählen, wenn kein Element markiert ist. Die Merkmale müssen zuvor im Bedienfeld *Objekt* eingestellt werden.

Einen Stil benennen

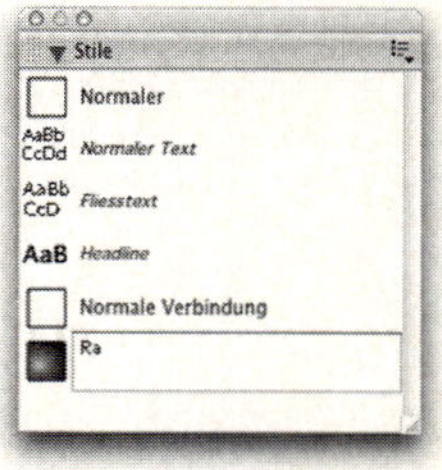

Die Vorgehensweise ist die gleiche wie beim Benennen von Farben im Bedienfeld *Farbfelder*: der Stilname wird doppelt angeklickt und der neue Name eingegeben. Dieser muss nicht mit einem Return bestätigt werden.

Einen neuen Stil zuweisen

Um einem Element einen anderen Stil zuzuweisen, wird es markiert und der Stilname angeklickt.

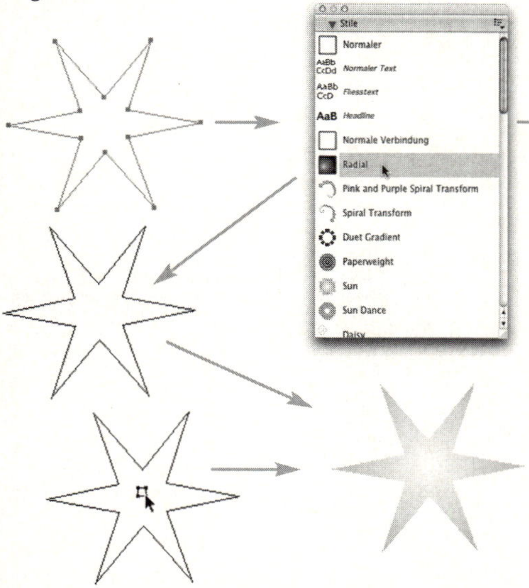

Drag & Drop:

Auch nicht markierten Elementen kann ein *Stil* zugewiesen werden, indem man das Symbol des Stiles aus dem Bedienfeld *Stile* auf das Objekt zieht und dort loslässt.

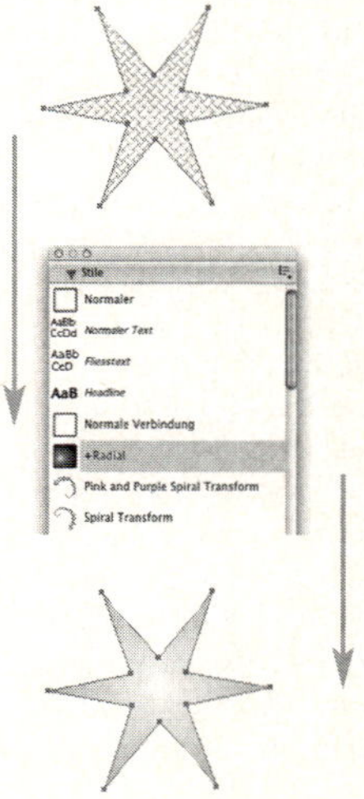

Zu den ursprünglichen Stilmerkmalen zurückkehren

Wurden die Merkmale eines Elementes abweichend von denen seines Stiles bearbeitet, erscheint ein Pluszeichen vor dem Stilnamen. Um zu den ursprünglichen Einstellungen zurückzukehren, wird das Element markiert und der Stilname nochmals angeklickt. Das Pluszeichen verschwindet, und das Element nimmt wieder die ursprünglichen Merkmale des Stiles an.

Einen Stil neu definieren

> ⚠ Stile über einen Gesamtdialog bearbeiten ist mit FreeHand MX nicht mehr möglich.

Um die Merkmale aller Objekte, denen ein Stil zugeordnet wurde, in einem Zuge zu verändern, ohne jedes Objekt markieren zu müssen, wird der Stil neu definiert. Auch Objekte, die als *Inhalt* (siehe Seite 315) oder als *Kachelfüllung* verwendet wurden und dadurch nicht so bequem markiert werden können, reagieren auf diese Veränderung.

Neudefinition basierend auf einem markierten Element

Man kann einem Element die neuen Merkmale zuweisen, es markieren und im Bedienfeld *Stile* den Befehl *Optionen* ➛ *Neu definieren...* anwählen.

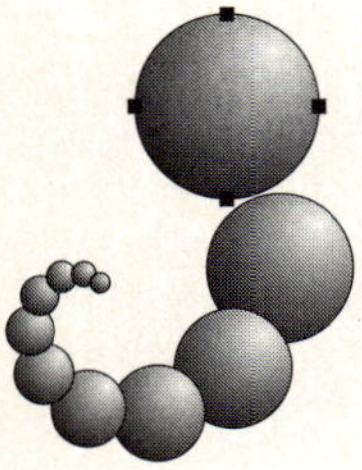

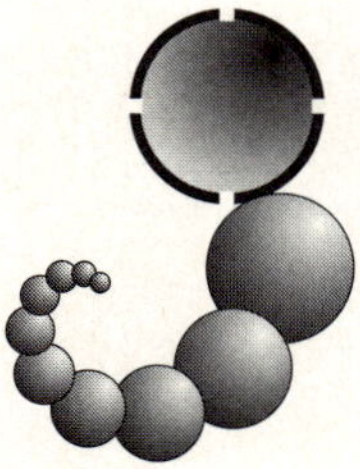

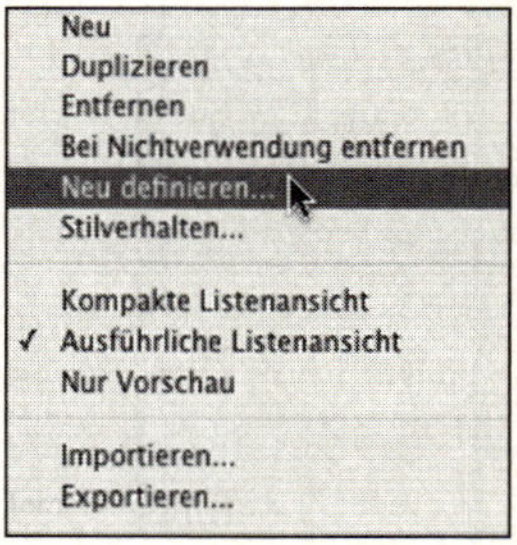

Daraufhin öffnet sich der Dialog *Stile neu definieren*, und es muss der Name des neu zu definierenden Stiles angeklickt und der Dialog mit *OK* bestätigt werden.

Tipp
Stile können auch per Drag & Drop neu definiert werden. Als Vorarbeit muss auch hier ein Objekt mit entsprechenden Eigenschaften versehen werden. Anschließend wird es bei gedrückter Maustaste auf das Stilsymbol im Bedienfeld *Stile* gezogen.

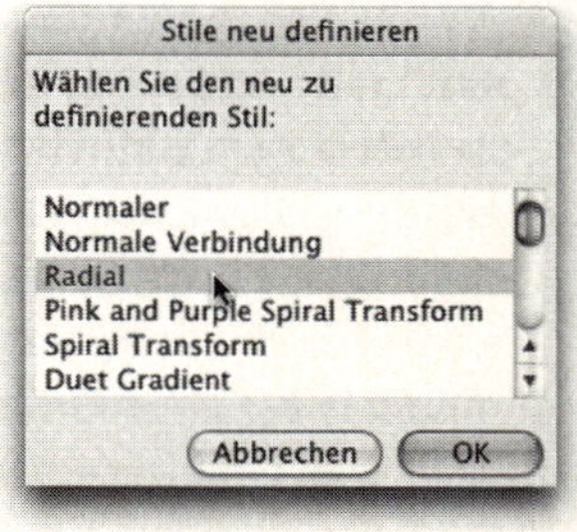

Alle Objekte, denen der Stil *Radial* zugewiesen wurde, verändern sofort ihre Merkmale.

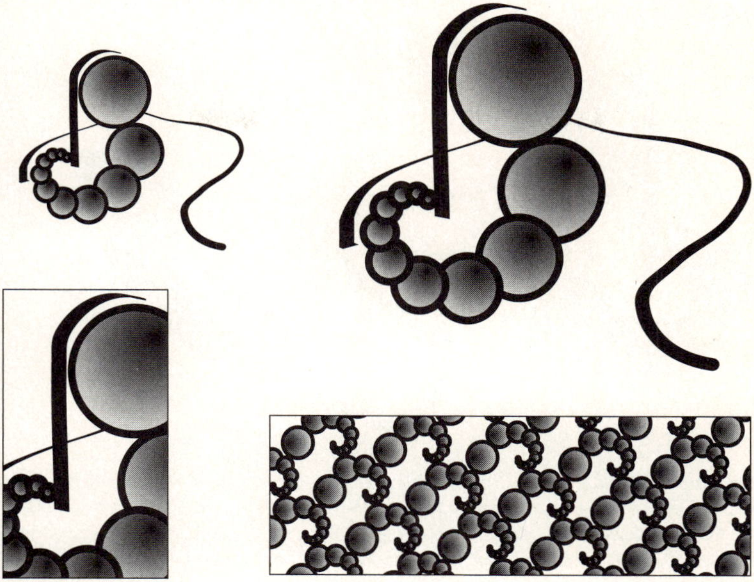

Um einen Stil zu verändern, ohne dass ein Element markiert ist, muss der Stilname angeklickt und die Eigenschaften im Bedienfeld *Objekt* eingestellt werden. Der Stil wird hier namentlich dargestellt. Danach wird im Pop-up-Menü *Optionen* ➛ *Neu definieren ...* aufgerufen.

Neudefinition basierend auf den Einstellungen der Eigenschaften im Bedienfeld *Objekt*

Sind Objekten „von Hand" andere Merkmale zugewiesen worden, reagieren sie in diesen Einstellungen nicht auf die neue Definition des Stiles. Alle Merkmale, die nicht von denen des ursprünglichen Stiles abweichen, passen sich an.

Auswirkungen von Stiländerungen bei Gruppen, nachdem sie modifiziert wurden

Gruppen sind zwar ausgesprochen praktische Objekte, haben aber ihre Tücken. Siehe *Gruppen* auch ab Seite 222ff.

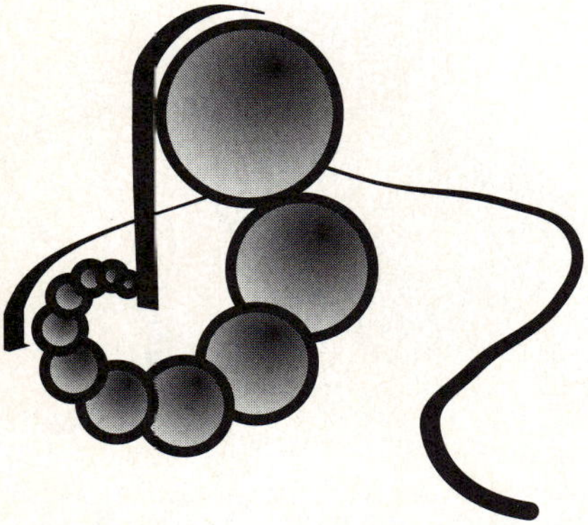

Allen Kreisen (Pfaden) ist **nach** ihrer Erstellung der Stil *Radial* zugewiesen worden. **Danach** wurden sie zu einer Gruppe zusammengefasst.

Die Strichbreite des Stiles beträgt 1 mm. Wird die Strichbreite des Stiles verändert, wird die Verwandlung der Gruppe berücksichtigt, indem die neue Strichbreite des Stiles in der verwandelten Gruppe wieder proportional zur Verwandlung berechnet wird.

Wird zusammen mit der ⌥-Taste ein Teilobjekt der verwandelten Gruppe markiert, zeigt das Bedienfeld *Strich* eine Breite von 1 mm, was real natürlich nicht stimmen kann. Das Bedienfeld *Stile* zeigt den Stilnamen ohne Pluszeichen. Daran erkennt man, dass sich alle Veränderungen des Stiles auf verwandelte Gruppen auswirken, was bei nicht gruppierten Pfaden nicht der Fall wäre (siehe Beispiel auf Seite 324).

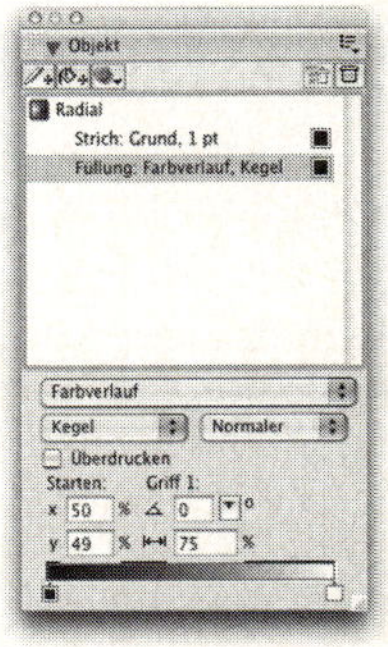

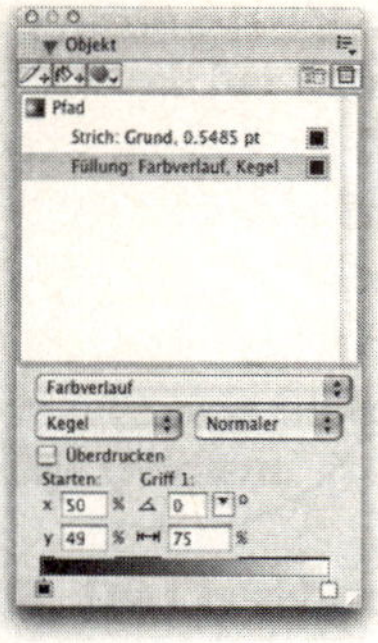

Wird das Objekt markiert, nachdem die Gruppierung rückgängig gemacht wurde, zeigt das Bedienfeld *Strich* die wirkliche Strichbreite und das Bedienfeld *Stile* den Stilnamen mit einem Pluszeichen. Die Verzerrung der Striche geht durch die Entgruppierung verloren.

Um das zuvor beschriebene Phänomen nachvollziehen zu können, ist es notwendig, dass die Checkbox *Als Einheit transformieren* aktiviert ist. Ist das nicht der Fall, tritt diese Art der Verwandlung nicht ein.

Werden die Stilmerkmale geändert, wirken sich diese Veränderungen nur auf die Gruppe (links), aber nicht auf die Objekte der ehemaligen Gruppe (rechts) aus. Es hat natürlich keinen Zweck, die Gruppe nachträglich wiederherzustellen.
Da sich bei der Verzerrung nur die Strichbreite und der Mittelpunkt der radialen Füllung verändert haben, die Farbe aber keiner Verwandlung unterliegt, wird bei der Änderung der Stilmerkmale die neue Farbe der Füllung auch bei der aufgelösten Gruppe berücksichtigt.

Der größten Figur wurde der Stil *Abgestuft* zugewiesen. Die anderen Objekte sind aus der ersten Figur hervorgegangen (durch Klonen, Verkleinern, Drehen und den anschließenden Befehl *Bearbeiten ➛ Duplizieren*).

Bei diesem Beispiel ist der Pfad der größten Figur **vor** dem *Duplizieren* gruppiert worden. Stiländerungen wirken sich dann auch auf die verkleinerten und gedrehten Objekte aus.

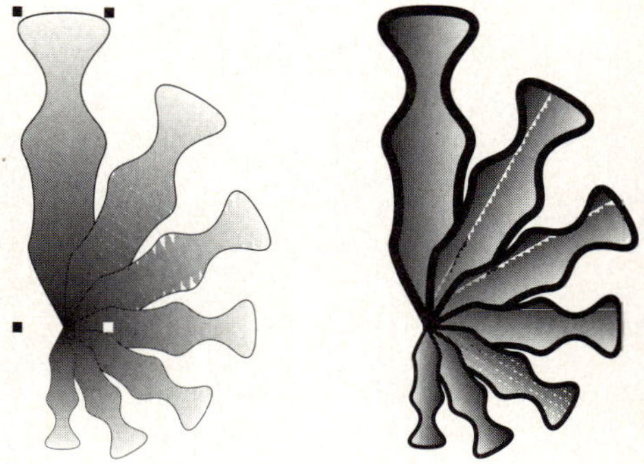

Wird der Pfad nicht gruppiert, ist die Drehung eine Veränderung der Füllung und die Verkleinerung eine Veränderung der Strichbreite, sodass sich die Stiländerungen nicht auswirken können.

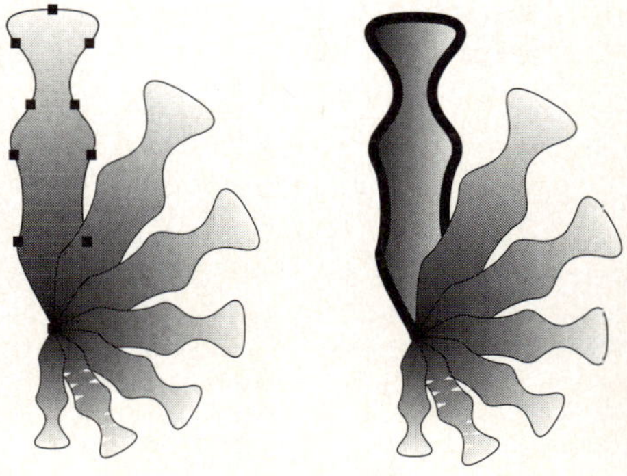

Übergeordnet

Alle neu erstellten *Stile* basieren zunächst auf dem Stil *Normaler.*

Es kann nachträglich ein anderer als übergeordneter Stil gewählt werden.

Werden die Merkmale eines übergeordneten Stiles verändert, verändern abhängige Stile automatisch die Merkmale, die identisch mit dem übergeordneten Stil sind.

Ein übergeordneter Stil erweist sich dann als praktisch, wenn basierend auf einem Stil Variationen erstellt werden sollen.

Einen anderen übergeordneten Stil festlegen

Der übergeordnete Stil kann kontrolliert beziehungsweise geändert werden, indem der abhängige Stil im Bedienfeld *Stile* markiert und im Pop-up-Menü *Optionen* ➛ *Stilverhalten...* angewählt wird. Das Dialogfeld *Stile bearbeiten* öffnet sich daraufhin.

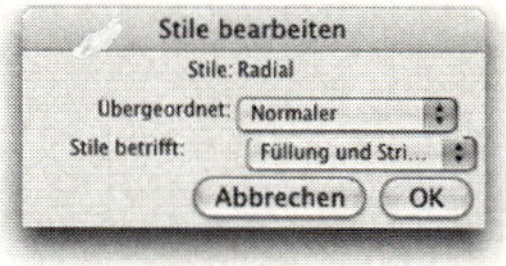

Im Pop-up-Menü *Übergeordnet* ist der momentane übergeordnete Stil markiert und kann durch Anklicken eines anderen Stilnamens geändert werden. Zusätzlich lässt sich festlegen, welche Eigenschaften des Stiles übernommen werden sollen. Das Pop-up-Menü *Stile betrifft* stellt *Füllung und Strich zusammen*, *Füllungsattribute* und *Strichattribute* als Auswahl zur Verfügung.

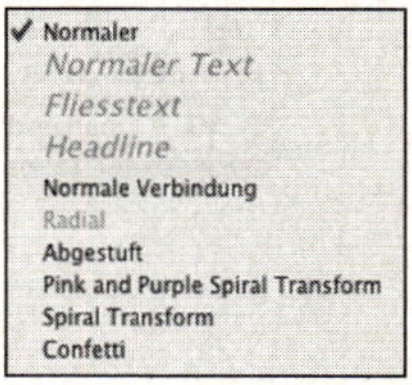

Stile, die in der Liste grau dargestellt sind, lassen sich nicht auswählen. Darunter befindet sich natürlich auch der zu verändernde Stil, denn ein Stil kann nicht übergeordneter Stil von sich selbst sein.

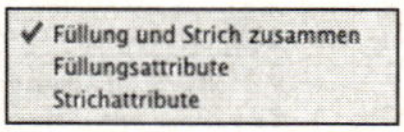

Beispiel: Ändern des übergeordneten Stiles von *Abgestuft*

Stil Normal

Der Stil *Normal* hat in diesem Fall eine *Strichbreite* von 0,141 mm (1 Punkt) und keine Füllung.

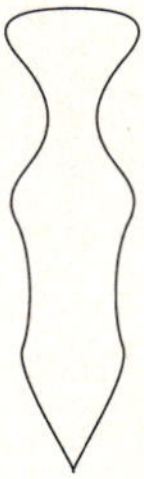

Stil Abgestuft

Der Stil *Abgestuft* unterscheidet sich von *Normal* nur in der Füllung, die *Strichbreite* ist nicht verändert worden.

Stil Radial

Der Stil *Radial* hat eine *Strichbreite* von 1 mm und eine radiale Füllung.

Wird dem Stil *Abgestuft* als übergeordneter Stil statt *Normal* der Stil *Radial* zugewiesen, nimmt er dessen *Strichbreite* an, da diese im Verhältnis zum ursprünglichen übergeordneten Stil nicht verändert worden ist. Die Füllung bleibt erhalten.

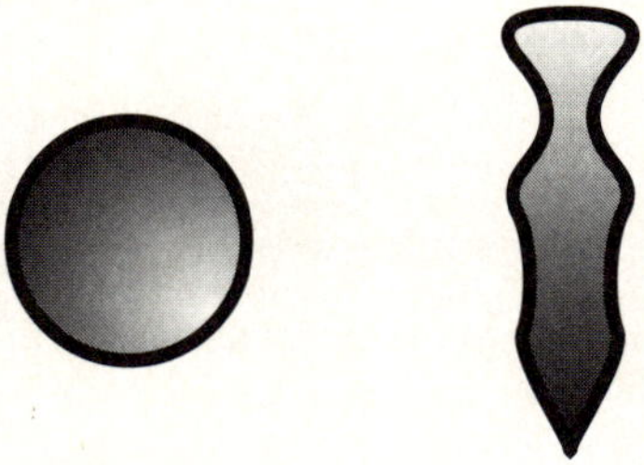

Merkmale des übergeordneten Stiles ändern

Werden Füllung und Strichbreite des übergeordneten Stiles *Radial* variiert, verändert der abhängige Stil *Abgestuft* automatisch auch die *Strichbreite*, behält aber weiterhin seine Füllung bei.

Die Stilnamen im Bedienfeld Stile anordnen

Genauso wie im Bedienfeld *Farbfelder* können die Stilnamen mit der Maus an eine andere Stelle gezogen werden.

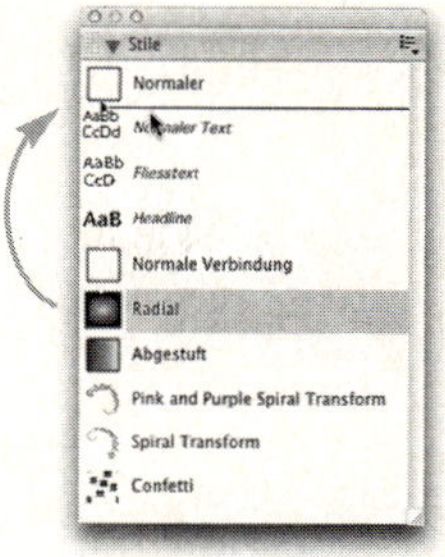

Einen Stil verdoppeln

Mit dem Befehl *Duplizieren* aus dem Pop-up-Menü *Optionen* kann ein markierter Stil dupliziert werden. Der neue Stil heißt zunächst *Kopie von…*, hat alle Merkmale des Originals und basiert auch auf dessen Grundstil. Die Kopie kann natürlich jederzeit umbenannt werden. Zum Umbenennen von Stilen siehe Seite 319.

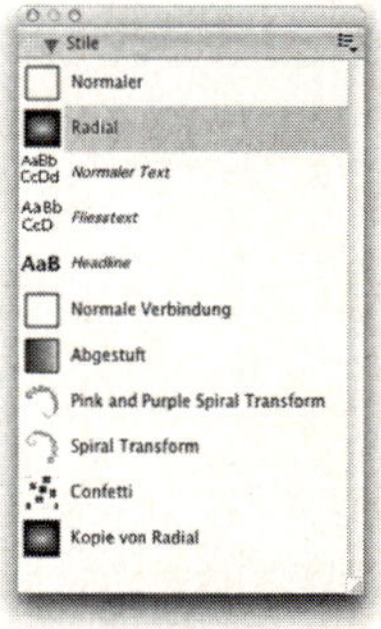

Stile löschen

Mit dem Befehl *Entfernen* aus dem Pop-up-Menü *Optionen* kann ein markierter Stil gelöscht werden. Alle Objekte, denen dieser Stil zugeordnet war, nehmen den Grundstil an, behalten aber ihre Merkmale. Alternativ hierzu können auch Stile entfernt werden, die nicht in Benutzung sind. Der Befehl *Bei Nichtverwendung entfernen* wird nur die unbenutzten Stile aus der Liste entfernen.

Stile in eine andere Illustration kopieren

Über die Zwischenablage lassen sich Stile genauso wie Farben und Ebenen in eine andere Illustration kopieren.

Ein Objekt, dem der zu kopierende Stil zugeordnet ist, wird in die Zwischenablage gelegt (⌘C oder ⌘X) und in der neuen Illustration eingefügt (⌘V).

Der Stilname wird in die Liste der Stile aufgenommen. Gibt es bereits einen Stil gleichen Namens, behält das eingefügte Objekt seine Merkmale, der bestehende Stil wird aber nicht verändert. Stattdessen wird der Stil in Bezug auf das eingefügte Objekt mit einem Pluszeichen versehen. Basierend auf dem markierten Objekt kann der Stil verändert oder ein neuer erstellt werden.

Stile in Kachelfüllungen oder Live-Rastereffekten

Auch *Kachelfüllungen* oder Live-Rastereffekte können als Stile definiert werden, und den Objekten, denen diese Füllmethode zugewiesen wurde, können wiederum Stile zugeordnet sein. Wird ein Objekt mit einer solchen Kachelfüllung kopiert, werden sowohl der Stil der Kachelfüllung als auch die Stile der Objekte in die neue Illustration übernommen.

Stile im- und exportieren

Stile können sowohl über die Zwischenablage als auch in Dateiform weitergegeben werden. Im Pop-up-Menü *Optionen* werden von FreeHand die Befehle *Exportieren* wie auch *Importieren* zur Verfügung gestellt. Zusätzlich zum *Importieren*-Befehl werden von FreeHand standardmäßig vier Import-Stilbibliotheken bereitgestellt: *Button Styles*, *Gradient Styles*, *Raster Styles* und *Vector Styles*. In das Pop-up-Menü können ähnlich dem Export von Farben (siehe Seite 293ff.) eigene Stile eingefügt werden. Hierfür müssen die zu exportierenden Stile im Ordner *Benutzer ➛ Privat ➛ Library ➛ Application Support ➛ Macromedia ➛ FreeHand MX ➛ 11 ➛ German ➛ Settings ➛ Styles* gespeichert werden.

Folgender Dialog erscheint, wenn Stile exportiert werden sollen:

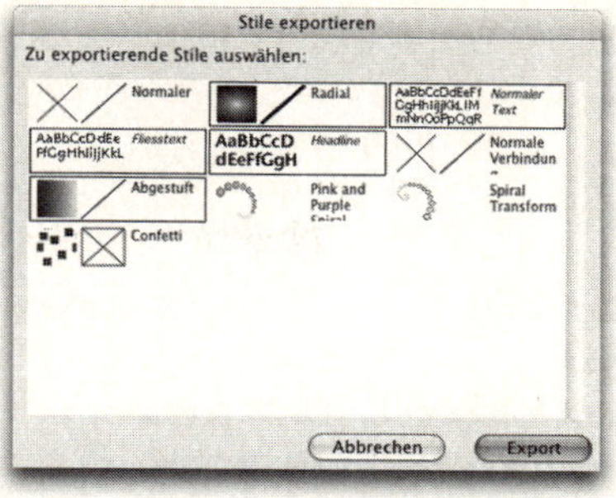

Die zu exportierenden Stile müssen angeklickt werden. Bei gedrückter ⇧-Taste werden zusammenhängende und bei gedrückter ⌘-Taste nicht zusammenhängende Stile ausgewählt. Anschließend wird mit *Export* der Vorgang ausgeführt.

Nun muss in einem weiteren Dialog der Speicherort angegeben werden. Wird hier der Standardordner von FreeHand gewählt, stehen die Stile sofort im Pop-up-Menü zur Verfügung. Wird ein anderer Ordner als dieser ausgewählt, müssen die darin enthaltenen Stile mit der Importfunktion im Pop-up-Menü importiert werden. Hierbei muss ähnlich vorgegangen werden wie beim Export. Nach Auswahl des Befehls erscheint der Import-Dialog. Hier können wie beim Exportieren bei gedrückter ⇧-Taste zusammenhängende und bei gedrückter ⌘-Taste nicht zusammenhängende Stile ausgewählt werden. Wie schon erwähnt, stellt FreeHand vier umfangreiche Importstile zur Verfügung: *Button Styles, Gradient Styles, Raster Styles und Vector Styles*. Alle Stilbibliotheken enthalten Grafik-Stile, die auf RGB-Farben basieren. Die in den Stilen benutzten Farben werden dabei leider nicht automatisch in das Bedienfeld *Farbfelder* aufgenommen. Das Xtra *Alle Farben definieren* schafft hier Abhilfe, wenn die Stile benutzt wurden.

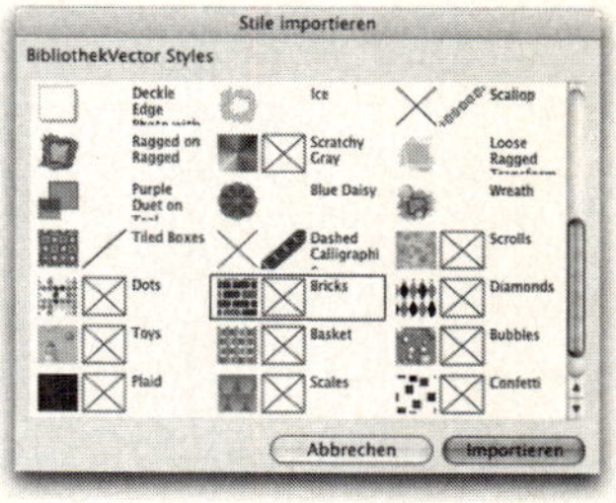

Halbtöne

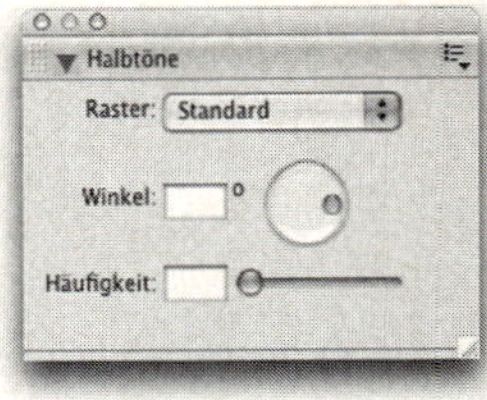

Das Bedienfeld ist über den Befehl *Fenster* ➛ *Bedienfelder* ➛ *Halbtöne* oder ⌘H erhältlich. Sind die Einstellungen wie oben, werden die für das Ausgabegerät festgelegten Werte genutzt. Halbtöne lassen sich grundsätzlich nur auf PostScript-Ausgabegeräten ausgeben.

Raster:
Im Pop-up-Menü kann eine Form für die Rasterpunkte gewählt werden.

Winkel:
Bestimmt den Winkel des Rastergitters.
Häufigkeit:
Es kann eine Rasterfrequenz eingestellt werden.

Über das Bedienfeld *Halbtöne* kann markierten Objekten ein Effektraster für den Ausdruck zugewiesen werden, das nicht dem Raster entspricht, das für die Illustration in der PPD-Datei (siehe Kapitel *Drucken*) eingestellt ist. Das Raster dient dazu, Grau- oder Farbtöne darzustellen, indem größere oder kleinere schwarze Punkte zusammen mit dem umgebenden Weiß einen Farbton simulieren. Die Rasterpunkte liegen in Rasterzellen, die gitterförmig angeordnet sind. Die so genannte Frequenz oder Laufweite *(Häufigkeit)* bestimmt die Feinheit der Rasterzellen. Bei der Wahl der Frequenz ist zu beachten, dass eine höhere *Häufigkeit* bei einer geringeren Druckerauflösung weniger Graustufen wiedergibt. Je feiner die Druckerauflösung, desto höher kann die *Häufigkeit* gewählt werden. Die Maßeinheit für die Frequenz ist lpi (lines per inch).

Objekten mit Prozessfarben sollte kein *Halbtonraster* zugewiesen werden, da alle vier Farbanteile im gleichen Winkel gerastert würden.

Die sehr groben Raster der Beispiele zeigen, dass das *Halbtonraster* auch als Schmuckraster verwendet werden kann.

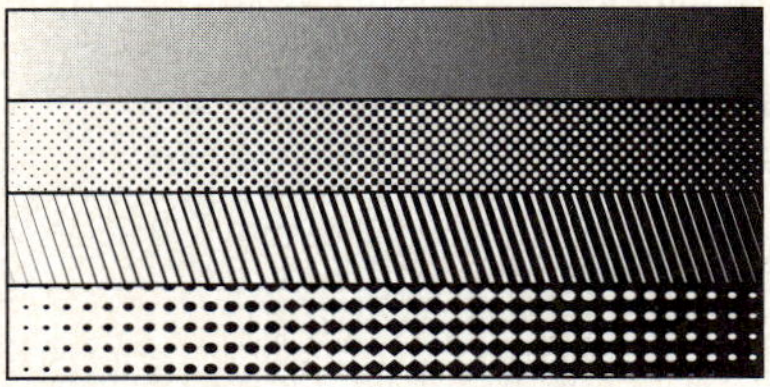

Vorgabe PPD-Datei (die Felder sind leer)

Runder Punkt	135°	40 lpi
Linie	20°	30 lpi
Ellipse	90°	15 lpi

Gerade bei Bilddaten führt dieser Effekt zu sehr anspruchsvollen Darstellungen. Aber auch hier gilt, dass man von farbigen Bildern lieber die Finger lassen sollte, da sie für die einzelnen Farbkanäle unterschiedliche Rasterwinkelungen benötigen. FreeHand kann bei Farbbildern nicht auf die einzelnen Kanäle zugreifen, und somit würden für alle Kanäle die gleichen Rasterwinkelungen erzeugt werden. Nachfolgend einige Beispiele hinsichtlich gerasterter Bilddaten. Die Rastereinstellungen für Bilder kann FreeHand übrigens am Monitor anzeigen.

Das eingestellte *Halbtonraster* wird in den Stilen mitgespeichert.
Der Effekt macht sich nur beim Druck bemerkbar und ist auf dem Bildschirm nicht zu sehen.

⚠ Auf einigen PostScript-Belichtern bereiten Halbtonraster Probleme. Informieren Sie sich bei Ihrem Serviceunternehmen bezüglich dieser Problematik.

Rasterweite 30 lpi
Rasterart: Punkt
Rasterwinkel: 60°

Rasterweite 10 lpi
Rasterart: Punkt
Rasterwinkel: 45°

Standardeinstellung für den Offsetdruck 60er Raster (entspricht 152,4 lpi)

Rasterweite 30 lpi
Rasterart: Linie
Rasterwinkel: 60°

Rasterweite 10 lpi
Rasterart: Linie
Rasterwinkel: 30°

Symbole und Instanzen

Symbole und *Instanzen* finden Anwendung bei Objekten, die sich in einer Illustration mehrfach wiederholen. Symbole sind hierbei die im Bedienfeld *Bibliothek* gespeicherten FreeHand-Objekte. Instanzen sind die im Dokument eingefügten Symbole. Wird ein Symbol verändert, werden automatisch auch alle Instanzen des Symbols verändert.

- Symbole sind schnell und einfach zu definieren. Sie können per Drag & Drop in eine Illustration eingefügt und ebenso einfach per Drag & Drop verändert werden.
- Änderungen an Symbolen verändern auch ihre Instanzen.
- Um aus einem FreeHand-Objekt ein Symbol zu machen, wird es markiert und in das untere Feld des Bedienfeldes *Symbole* gezogen, oder man klickt bei markiertem Objekt das Plussymbol des Bedienfeldes an.
- Symbole sind dokumentbezogen, sie können jedoch im- und exportiert werden.
- Symbole können zu Gruppen zusammengefasst werden.

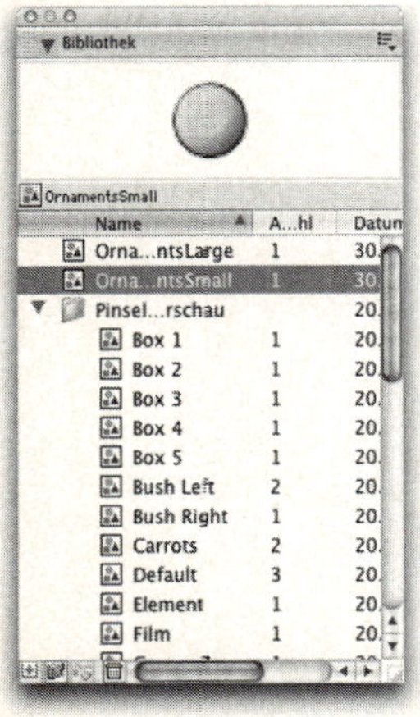

Um das Bedienfeld *Bibliothek* zu öffnen, wählt man unter *Fenster* ➛ *Bedienfelder* ➛ *Bibliothek* aus, oder man klickt auf die Schaltfläche in der Hauptmenüleiste. Daraufhin öffnet sich das nebenstehende Bedienfeld *Bibliothek*. Das Bedienfeld Bibliothek nimmt neben den Symbolen auch Pinselsymbole und Master-Seiten auf. Gegenüber der Vorgängerversion FreeHand 10 hat sich hier also etwas geändert. Das Bedienfeld ist vielfältiger geworden.

Ein Symbol erstellen

Man erstellt zuerst ein beliebiges FreeHand-Objekt. Es können jegliche Formen von Objekten zu Symbolen gemacht werden, also auch Gruppierungen, Verbindungen, Bilddateien und Texte. Nachdem die Objekte entsprechend angeordnet wurden, können sie in das Bedienfeld *Bibliothek* hineingezogen werden, oder man betätigt die Schaltfläche ⊞ im Bedienfeld bzw. wählt im Pop-up-Menü *Neue Grafik* aus. Alternativ kann der Menübefehl *Zu Symbol konvertieren* oder *Zu Symbol kopieren* unter *Ändern* ➛ *Symbol* benutzt werden.

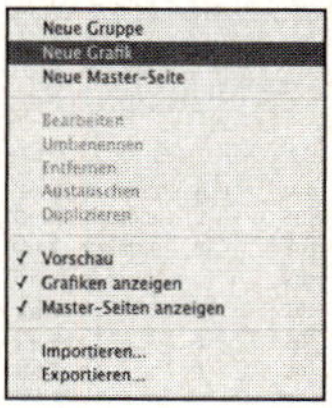

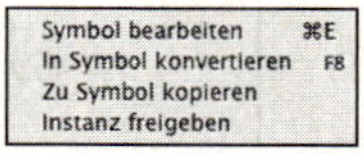

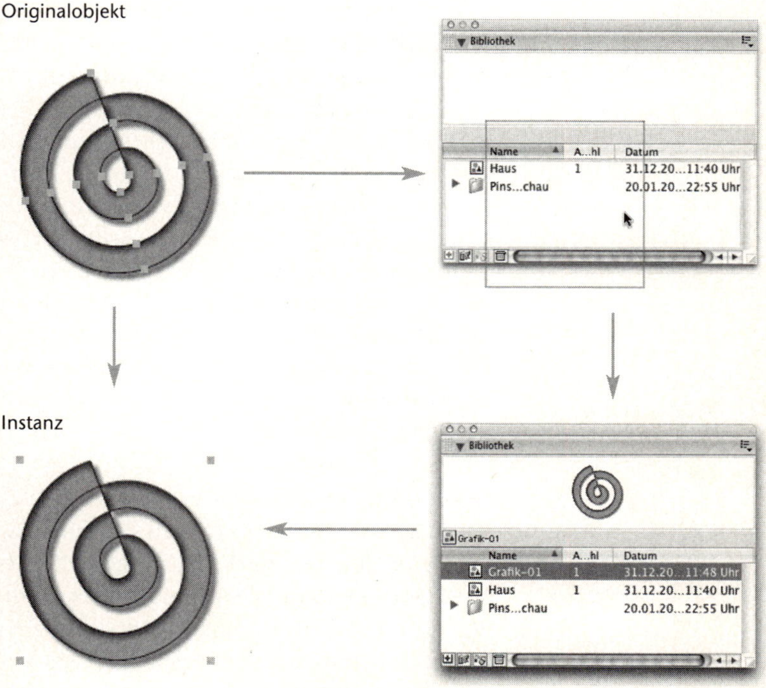

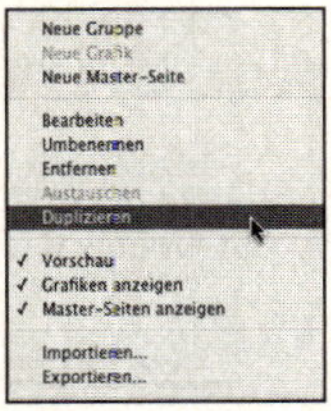

Auch der Befehl *Duplizieren* im Pop-up-Menü des Bedienfeldes erzeugt ein neues Symbol. Es ist identisch zum vorher ausgewählten Symbol.

Nachdem die ausgewählten Objekte in das Bedienfeld *Bibliothek* aufgenommen wurden, werden die Originale automatisch zu Instanzen. Instanzen besitzen einen Sonderstatus. Sie passen sich automatisch den Änderungen am Symbol an. Eine Instanz kann nur durch den Befehl *Modifizieren ➛ Symbol ➛ Instanz freigeben* zu einem normalen Objekt rückgeformt werden.

Wurde ein Symbol erstellt, wird es als solches im Bedienfeld angezeigt. Die Aufnahme des Symbols erzeugt eine grafische und numerische Information im Bedienfeld.

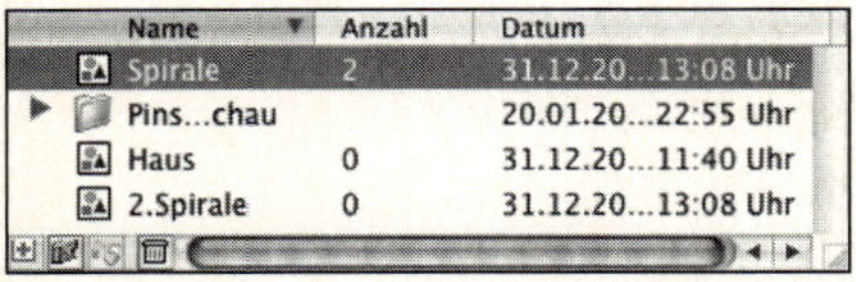

Die numerische Information bezieht sich auf den Namen des Symbols, der frei änderbar ist, die Häufigkeit der benutzten Instanzen und das Erstellungsdatum des Symbols. Der Name kann entweder durch Doppelklick auf den Namen überschrieben werden oder mit dem Befehl *Umbenennen* aus dem Pop-up-Menü des Bedienfeldes.

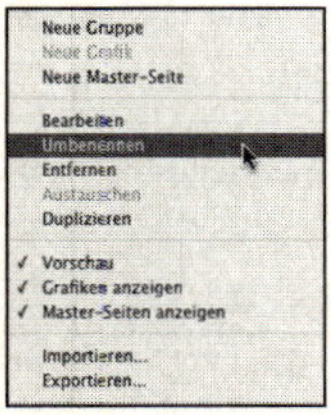

Die grafische Darstellung besteht aus einem kleinen Icon (Bild) vor dem Namen des Symbols und einer sich über der Liste aller existierenden Symbole befindlichen Vorschau. Die Vorschau kann über das Pop-up-Menü ausgeschaltet werden.

Eine Instanz erstellen

Eine Instanz kann sehr schnell und einfach erstellt werden. Die erste Instanz wird von FreeHand MX automatisch beim Erstellen des Symbols generiert. Alle weiteren werden erzeugt, indem das entsprechende Symbol aus dem

Bedienfeld *Bibliothek* herausgezogen wird, entweder aus dem Vorschau- oder dem Listenfeld. Jede Instanz wird zahlenmäßig in der Liste erwähnt. Eine Instanz kann jederzeit wie ein normales FreeHand-Objekt *transformiert, kopiert, dupliziert* und natürlich auch *gelöscht* werden. Die Veränderungen haben aber keinerlei Auswirkung auf das Originalsymbol.

Instanzen freigeben

Dieser Vorgang macht eine eingefügte Instanz zu einem normalen Objekt. Nur die ausgewählten Instanzen werden hierbei berücksichtigt. Hierfür muss der Befehl *Modifizieren ➛ Symbol ➛ Instanz freigeben* ausgewählt werden. FreeHand erzeugt bei diesem Vorgang vorerst eine Gruppe, die anschließend mit dem Befehl *Gruppierung aufheben* (⇧⌘G) aufgehoben werden kann. Eventuell vorgenommene Transformationen bleiben dabei erhalten.

Ein Symbol ändern

Im Zuge einer Illustrationserstellung kann es vorkommen, dass Symbole veränderten Situationen angepasst werden müssen. Um das zu erreichen, klickt man entweder eine Instanz des Symbols an und wählt den Befehl *Modifizieren ➛ Symbol ➛ Instanz freigeben* aus, oder man markiert ein Alternativobjekt. Anschließend muss das ausgewählte Objekt auf den Namen des alten Symbols im Bedienfeld *Symbole* gezogen werden. Es erscheint dann die nebenstehende Dialogbox.

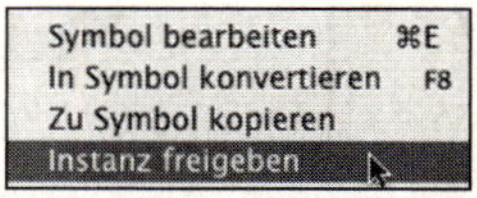

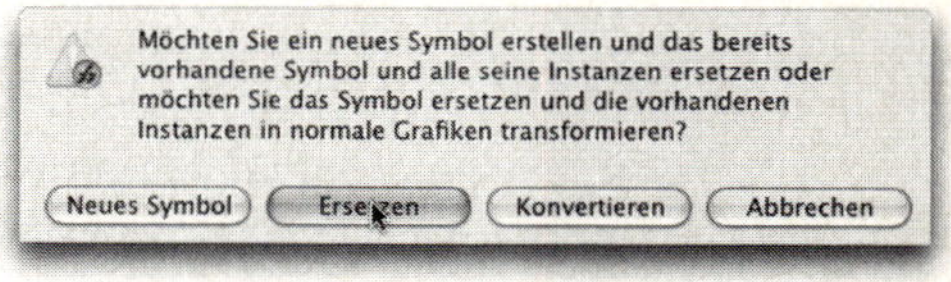

Neues Symbol erzeugt einen vollständig neuen Eintrag im Bedienfeld *Bibliothek*. Das ausgewählte Objekt wird zur ersten Instanz. Das im Bedienfeld angewählte Symbol bleibt bei diesem Vorgang unverändert.

Konvertieren gibt alle alten Instanzen frei. Sie können dann, wie schon zuvor beschrieben, mit dem Befehl *Gruppierung aufheben* zu Pfaden gemacht werden.

Ersetzen ändert das ausgewählte Symbol inklusive aller Instanzen. Transformationen bleiben hierbei erhalten.

Ein Symbol löschen

Ein oder mehrere Symbole können gelöscht werden, indem sie im Bedienfeld *Bibliothek* markiert werden. Anschließend genügt ein Klick auf das Symbol des *Papierkorbs* im unteren Teil des Bedienfeldes oder die Auswahl des Befehls *Entfernen* im Pop-up-Menü. Wird ein Symbol gelöscht, erscheint ein Warndialog, in dem man aufgefordert wird, zu entscheiden, in welcher Form mit den möglichen Instanzen umgegangen werden soll. *Konvertieren* erzeugt wieder Gruppierungen, *Löschen* entfernt alle Instanzen.

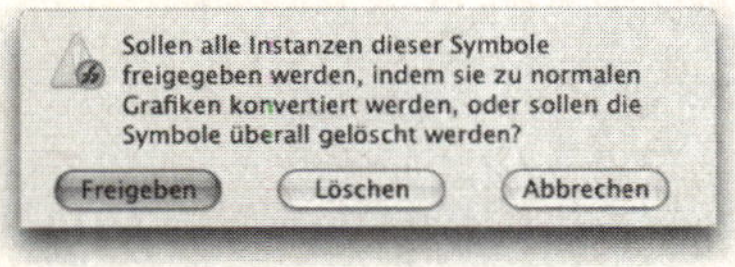

Mit Gruppen arbeiten

Es kommt vor, dass in einer Illustration Symbole benutzt werden, die ähnlichen Themenkomplexen zugeordnet werden. Um diese Symbole zu verwalten, bietet es sich an, sie in Gruppen zu organisieren. Eine neue Gruppe kann entweder mit dem Befehl *Neue Gruppe* aus dem Pop-up-Menü des Bedienfeldes *Bibliothek* erzeugt werden oder durch Betätigen der Schaltfläche *Neue Gruppe* im unteren Teil des Bedienfeldes. Einzelne definierte Symbole können dann in diese

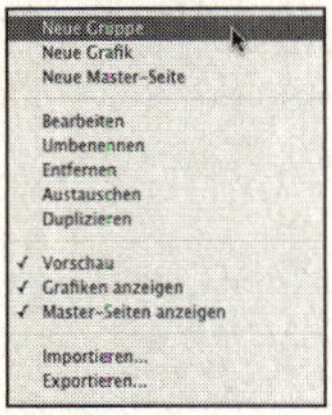

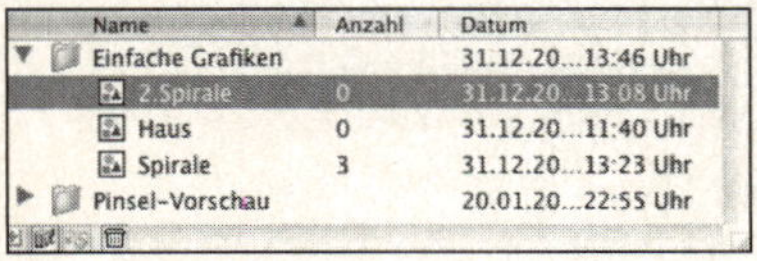

Gruppe hineingezogen werden. Somit wird die Verwaltung solcher Symbole denkbar einfach.

Wird eine Gruppe gelöscht, werden gegebenenfalls alle in ihr enthaltenen Symbole *gelöscht* bzw. *konvertiert*. Die Entscheidung wird im erscheinenden Warndialog getroffen.

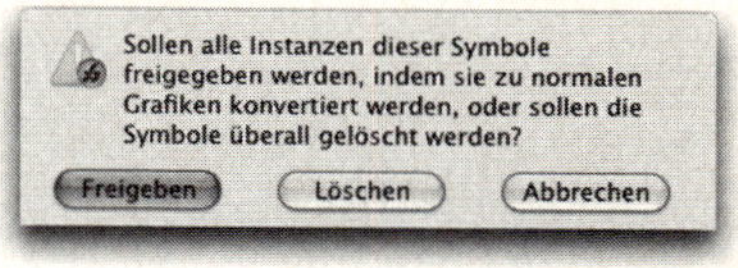

Symbole im- und exportieren

Ähnlich dem Im-/Export von Farben und Stilen können auch Symbole importiert und exportiert werden. Im Pop-up-Menü des Bedienfeldes *Bibliothek* muss dafür der Befehl *Import* bzw. *Export* ausgewählt werden.

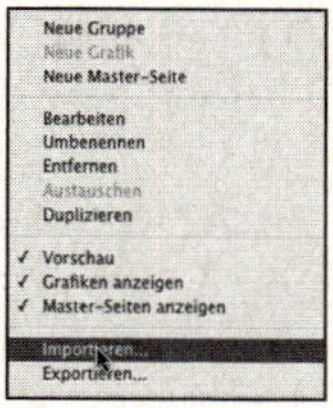

Danach erscheint ein Dialogfeld, in dem man aufgefordert wird, eine Auswahl von Symbolen zu treffen, die im- oder exportiert werden sollen. Bei gedrückter [⇧]-Taste können zusammenhängende Symbole ausgewählt werden und bei gedrückter [⌘]-Taste nicht zusammenhängende. FreeHand MX stellt im Ordner *Benutzer* ➛ *Privat* ➛ *Library* ➛ *Application Support* ➛ *Macromedia* ➛ *FreeHand MX* ➛ *11* ➛ *German* ➛ *Settings* ➛ *Symbole* mehrere Symbolsammlungen zur Verfügung, z.B. eine sehr nützliche mit Namen *Registration Marks* , die Passkreuze etc. enthält. Symbolsammlungen, die mit dem Exportbefehl aus dem Pop-up-Menü hier abgelegt werden, sind schnell zu finden, da FreeHand auf der Suche nach Symbolsammlungen immer erst in diesem Ordner nachschaut.

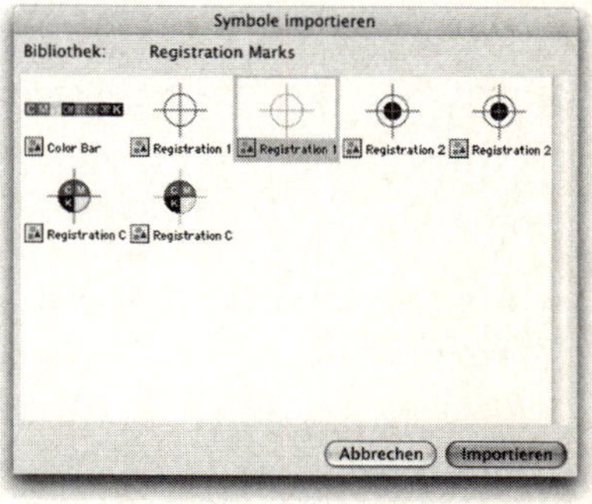

Ebenen

In einem objektorientierten Programm wie FreeHand liegen alle Objekte gestapelt übereinander. Die Stapelfolge ergibt sich aus der Reihenfolge bei der Erstellung der Objekte. Jedes neu erstellte Objekt liegt auf dem Stapel der schon existierenden Objekte.

Ein solcher Stapel befindet sich zunächst auf einer Ebene, und die Objekte können mit vier Befehlen aus dem Menü *Einstellung* (*In den Vordergrund, Nach vorne verschieben, Nach hinten verschieben* und *In denHintergrund*) umgeschichtet werden.

Es ist aber auch möglich, neue Ebenen anzulegen, von denen jede ihren eigenen Stapel hat. Durch das Verschieben von Ebenen nach vorn oder nach hinten ist die Umschichtung ganzer Stapel möglich. Man kann sich die Ebenen als übereinander gelegte transparente Schichten vorstellen.

Ebenen können ausgeblendet werden, sodass die Objekte, die sich auf ihnen befinden, unsichtbar werden und nicht bearbeitet werden können. Es können auch einzelne Ebenen in der Grobansicht dargestellt werden.

Außerdem können Ebenen festgesetzt werden. Ihre Objekte sind dann zwar sichtbar, können aber nicht verändert werden.

Die Hilfslinien befinden sich auf einer eigenen Ebene. Wird diese Ebene festgesetzt, lassen sich neue Hilfslinien erzeugen, können aber nicht verschoben werden.

Alle Ebenen, außer der Hilfslinienebene, können individuell benannt werden.

Objekte auf einer Ebene

Wird das Bedienfeld *Ebenen* geöffnet *(Fenster ➤ Bedienfelder ➤ Ebenen),* sind zunächst drei Ebenen verfügbar:

- die Vordergrundebene als aktuelle Zeichenebene (sie ist durch die Markierung und das Federsymbol als solche erkennbar),
- die Ebene der Hilfslinien, auf der nicht gezeichnet werden kann,
- die Hintergrundebene (alle Objekte auf Ebenen, die sich unter der Trennlinie befinden, werden grau dargestellt und nicht gedruckt).

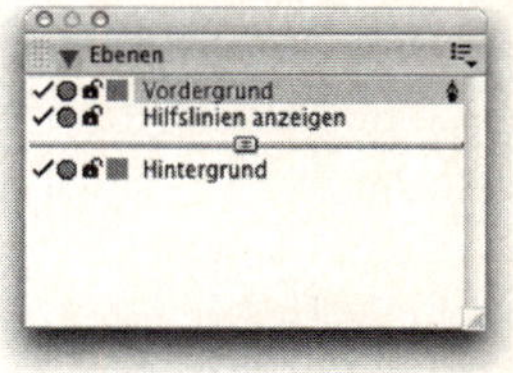

Alle Elemente werden auf der aktuellen Zeichenebene erstellt und liegen in der Reihenfolge ihrer Erstellung übereinander. Die aktuelle Zeichenebene wird immer durch das Federsymbol dargestellt.

Ebenen können unterschiedliche Markierungsfarben besitzen, sodass alle Objekte einer Ebene im markierten Zustand zu erkennen sind.

Verdeckte Elemente markieren

Werden Objekte durch andere verdeckt, sodass sie schlecht oder gar nicht zu markieren sind, klickt man bei gedrückter ctrl-Taste so lange auf den Stapel, bis das gewünschte Objekt markiert ist. Bei jedem Klicken wird ein Objekt weiter unten im Stapel markiert.

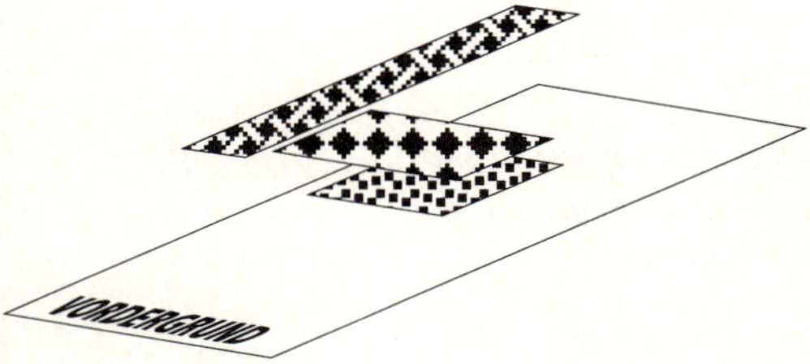

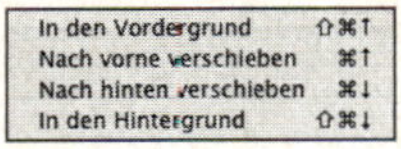

Den Stapel einer Ebene umsortieren

Um die Stapelfolge innerhalb einer Ebene zu ändern, können die vier Befehle aus dem Menü *Modifizieren* ➛ *Anordnen* gebraucht werden.

In den Vordergrund

Das markierte Objekt wird an die oberste Stelle des Stapels verschoben.

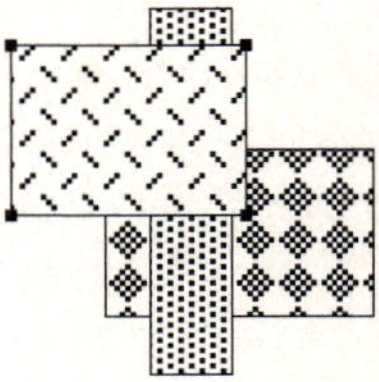

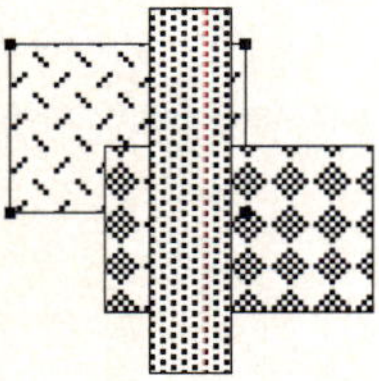

Nach vorne verschieben

Das markierte Objekt wird vor dasjenige verschoben, das in der Objekthierarchie vor ihm liegt.

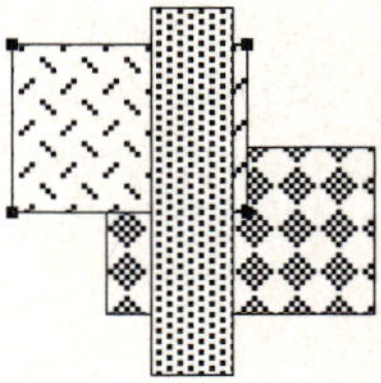

In den Hintergrund

Das markierte Objekt wird an die unterste Stelle des Stapels verschoben.

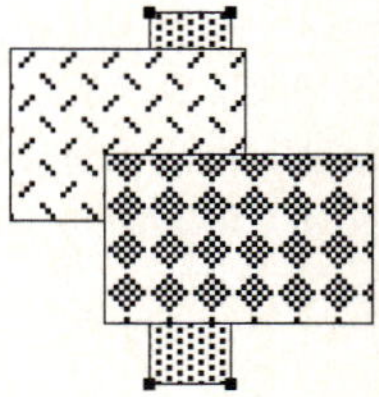

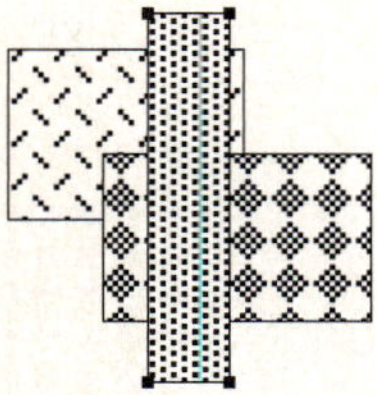

Nach hinten verschieben

Das markierte Objekt wird hinter dasjenige verschoben, das in der Objekthierarchie hinter ihm liegt.

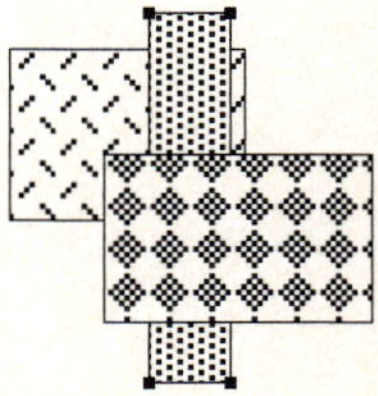

Die Befehle *Nach vorne verschieben* und *Nach hinten verschieben* sind meistens nicht besonders praktisch, da es oftmals so aussehen kann, als ob zwei Objekte in der Stapelfolge direkt übereinander liegen. Tatsächlich aber können zwischen der Erstellung der beiden Objekte viele andere an anderer Stelle der Illustration erzeugt worden sein, sodass der Befehl zu oft wiederholt werden müsste, um das gewünschte Ergebnis zu zeigen. Deshalb geht es in der Regel schneller, mit den Befehlen *In den Vordergrund* und *In den Hintergrund* zwei- oder dreimal umzustapeln.

Ein Objekt hinter einem anderen einfügen

Hat ein Stapel viele Objekte und liegt ein Objekt falsch, ist die schnellste Methode, die richtige Reihenfolge herzustellen, der Befehl *Bearbeiten ➛ Speziell ➛ Im Vordergrund einsetzen* oder *Im Hintergrund einsetzen.*

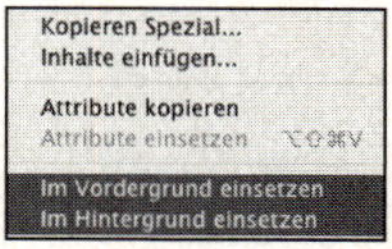

Zwischenablage siehe Seite 358ff.

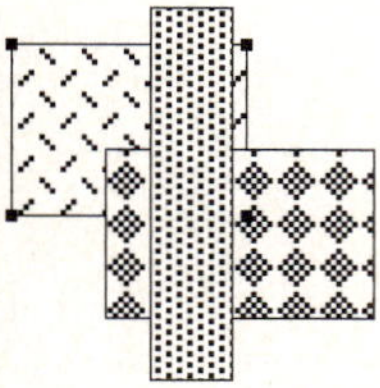

Das Objekt, das direkt hinter einem anderen liegen soll, wird mit ⌘X in die Zwischenablage ausgeschnitten.

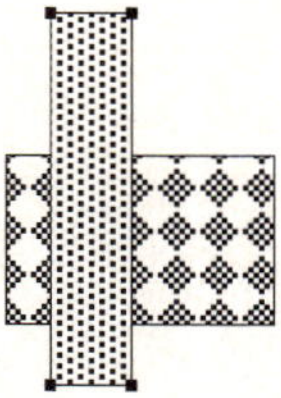

Das Objekt, hinter dem es liegen soll, wird markiert und dann der Befehl *Bearbeiten ➛ Speziell ➛ Im Hintergrund einsetzen* angewählt.

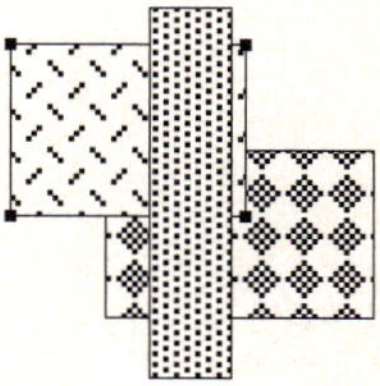

Wird ein Objekt auf diese Weise aus der Zwischenablage eingefügt, behält es exakt die Position, an der es ausgeschnitten wurde, bei. Nur die Reihenfolge des Stapels ändert sich.

Mit mehreren Ebenen arbeiten

Das Anlegen mehrerer Ebenen kann eine erhebliche Arbeitserleichterung darstellen, die Arbeit ist allerdings etwas gewöhnungsbedürftig. Das Pop-up-Menü *Optionen* dient dem Erstellen, Entfernen, Duplizieren und Verwalten von Ebenen.

Die Ebenen sind wie durchsichtige, übereinander gelegte Folien. Auf jeder Ebene können beliebig viele Objekte liegen.

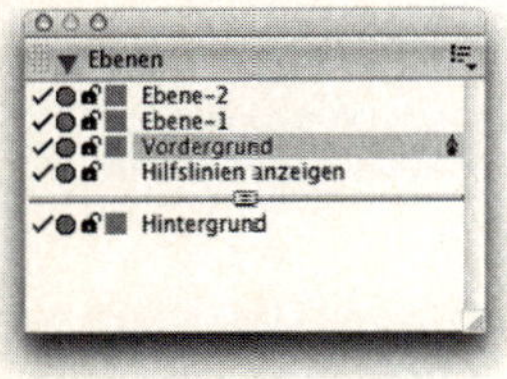

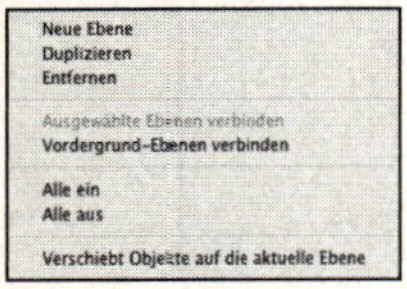

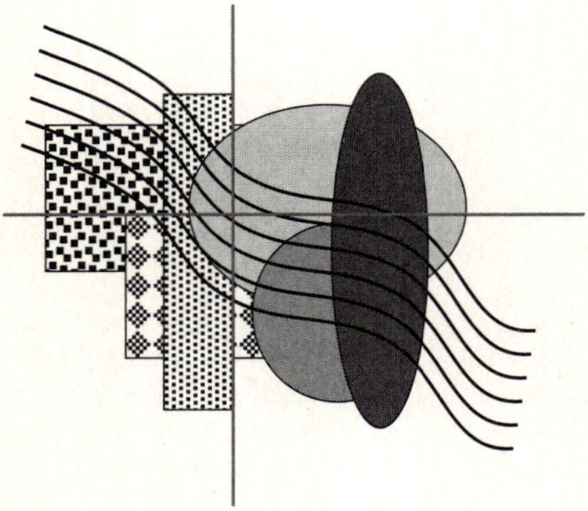

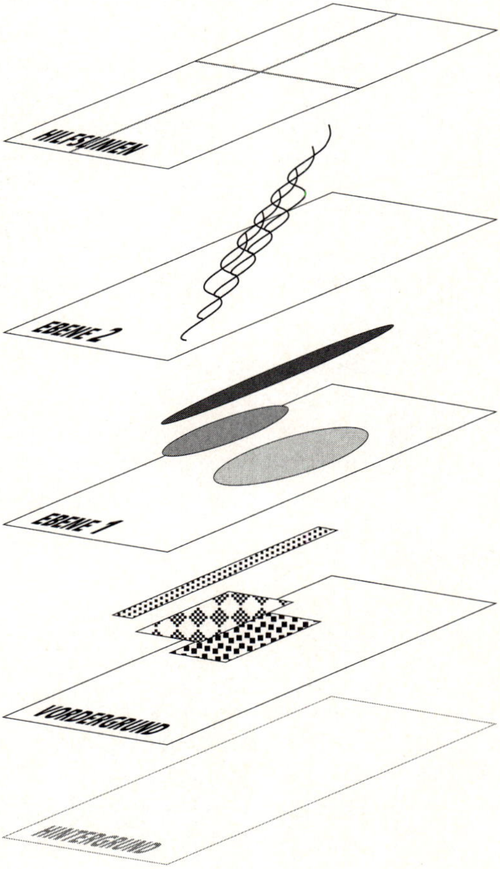
HILFSLINIEN
EBENE 2
EBENE 1
VORDERGRUND
HINTERGRUND

Neue Ebenen erstellen

Um eine neue Ebene zu erstellen, wird im Menü *Optionen* des Bedienfeldes *Ebenen* der Befehl *Neue Ebene* angewählt. Die neue Ebene wird über allen bestehenden Ebenen angelegt.

Sobald man Ebenen angelegt hat, die über der Vordergrundebene liegen, empfiehlt es sich, die Vordergrundebene umzubenennen.

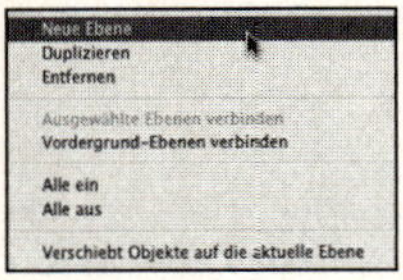

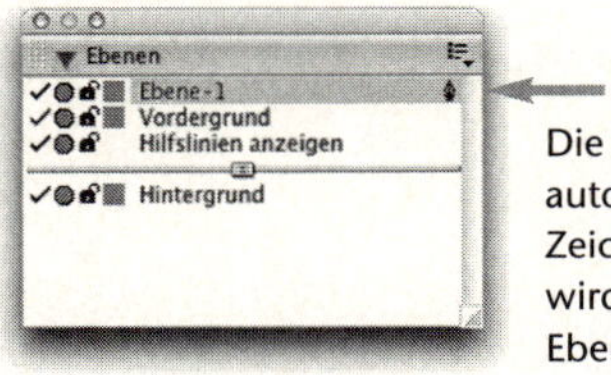

Die neue Ebene wird automatisch zur aktuellen Zeichenebene, und sie wird an oberster Stelle der Ebenenhierarchie platziert.

Ebenen benennen

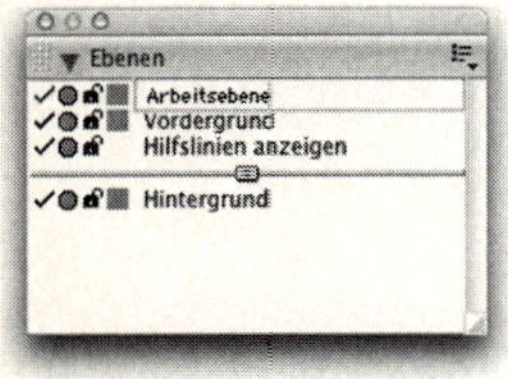

Der Name einer Ebene kann wie in anderen Bedienfeldern durch einen Doppelklick markiert und überschrieben werden. Den neuen Namen muss man mit der [⏎]-Taste bestätigen.

Ebenenfarbe ändern

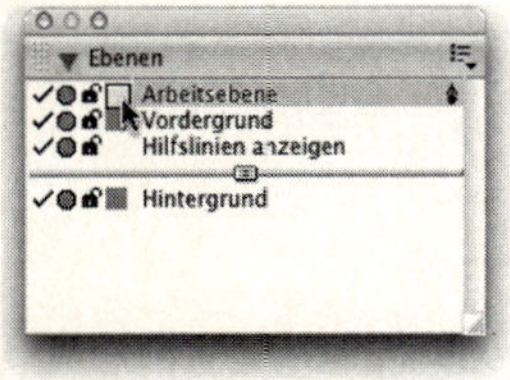

Einer Ebene kann nach der Erstellung eine Markierungsfarbe zugeordnet werden, diese kann für jede Ebene unterschiedlich sein und erleichtert das Erkennen der Ebenenzugehörigkeit von Objekten.

Die Ebenenfarbe kann jederzeit durch Ziehen eines Farbquadrates aus dem Bedienfeld *Mischer* oder *Farbfelder* auf das Farbquadrat im Bedienfeld *Ebenen* geändert werden.

Aktuelle Zeichenebene

Um die aktuelle Zeichenebene zu bestimmen, müssen zunächst alle Objekte deaktiviert werden (zum Beispiel durch das Drücken der Tab-Taste oder [⌘]D). Die Ebene, deren Name farbig unterlegt erscheint und ein Federsymbol besitzt, ist die aktuelle Zeichenebene, und alle neu erstellten Objekte werden auf dieser erstellt.

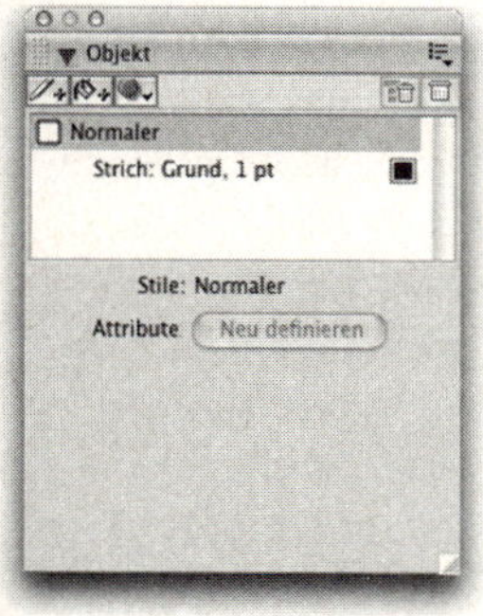

Sind alle Markierungen aufgehoben, wird im Bedienfeld *Objekt* der standardmäßig eingestellte Stil angezeigt. Zu Stilen siehe auch Seite 314ff.

Sind alle Markierungen aufgehoben, ist die aktuelle Zeichenebene markiert und kann durch Anklicken eines anderen Ebenennamens gewechselt werden.

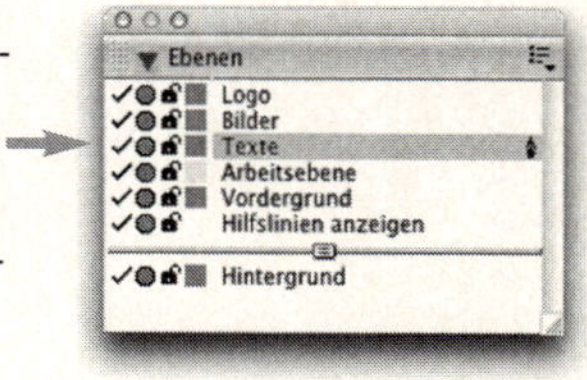

Aktuelle Zeichenebene ändern

Um die aktuelle Zeichenebene zu wechseln, wird der Name einer anderen Ebene angeklickt.

⚠ Es darf dabei kein Objekt aktiv sein, weil es sonst auf die andere Ebene verschoben und die aktuelle Zeichenebene nicht gewechselt würde.

Objekte von einer Ebene auf eine andere schicken

Option: Durch Klicken auf den Ebenennamen können ausgewählte Objekte verschoben werden

Windows:
Durch Klicken auf den Ebenennamen werden ausgewählte Objekte verschoben

Ist kein Objekt markiert, wird der Name der aktuellen Zeichenebene angezeigt.

Wird ein Objekt markiert, ist auch der Name der Ebene markiert, auf der sich das Objekt befindet. Die aktuelle Ebene ist dann nur am Federsymbol zu erkennen. Wird nun der Name einer anderen Ebene angeklickt, wechselt das markierte Objekt zu dieser Ebene und wird an oberster Stelle der Objekthierarchie angeordnet. Seine Koordinaten behält das Objekt bei. Die angeklickte Ebene wird dadurch automatisch zur aktuellen Ebene, was das Feder-Symbol zeigt. Dieser Vorgang lässt sich jedoch nur durchführen, wenn unter *FreeHand MX* ➛ *Einstellungen* ➛ *Bedienfelder* die Option *Durch Klicken auf den Ebenennamen können ausgewählte Objekte verschoben werden* aktiviert ist. Ist die Option deaktiviert, lassen sich die Objekte nur noch mit dem Befehl *Verschiebt Objekte auf die aktuelle Ebene* aus dem Pop-up-Menü *Optionen* verschieben.

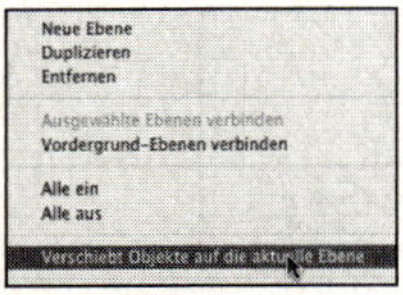

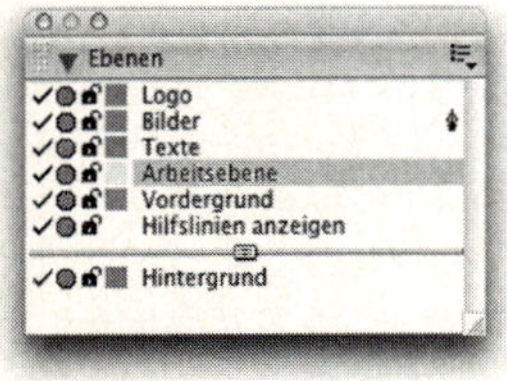

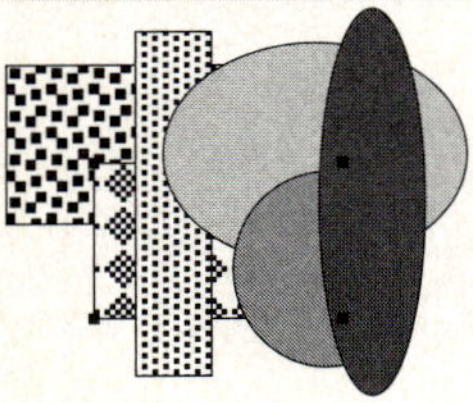

Ein Objekt wird markiert. Im Bedienfeld *Ebenen* zeigt der hinterlegte Ebenenname, auf welcher Ebene es liegt.

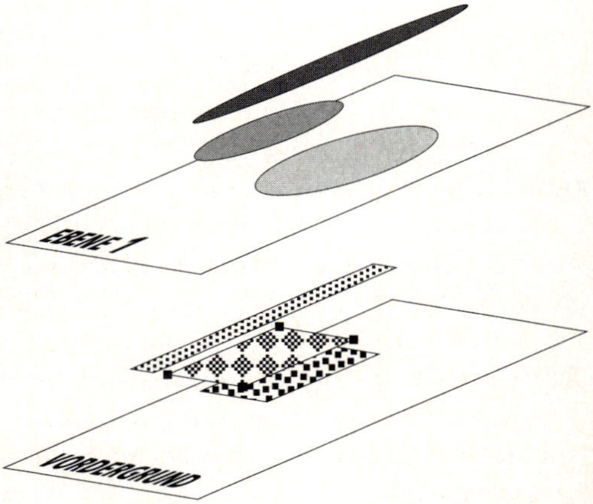

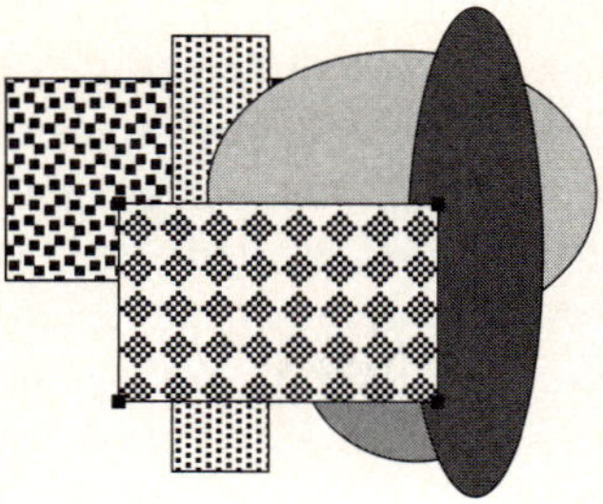

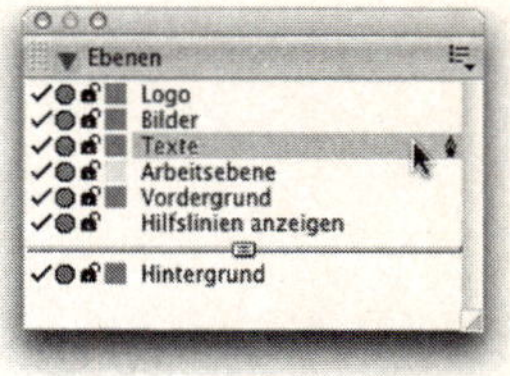

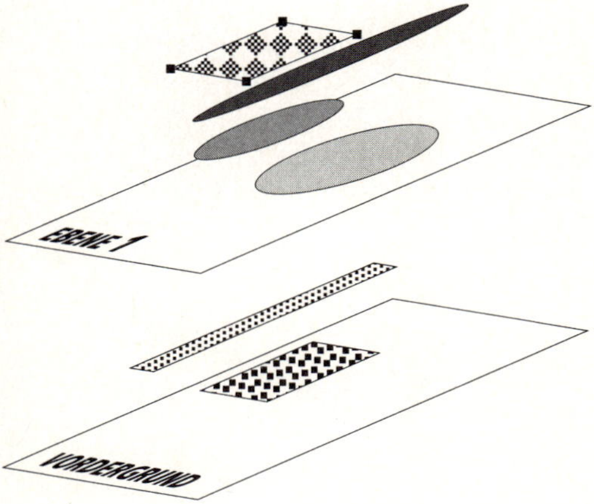

Wird der Name einer anderen Ebene angeklickt, wird das Objekt ganz oben auf den Stapel der neuen Ebene gelegt.

Werden mehrere Objekte markiert, die sich auf unterschiedlichen Ebenen befinden, sind im Bedienfeld *Ebenen* auch mehrere Ebenennamen hinterlegt. Wird ein Ebenenname angeklickt, werden alle markierten Objekte auf diese Ebene geschickt, behalten aber untereinander ihre Reihenfolge bei, vorausgesetzt es befindet sich keines der ausgewählten Objekte auf dieser Ebene. Falls doch, werden diese an der untersten Stelle der Objekthierarchie dieser Ebene platziert.

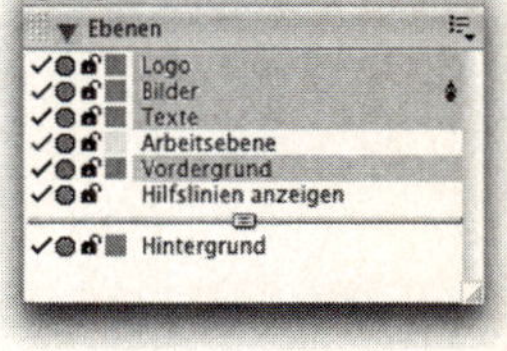

Ebenen verschieben

Wird der Ebenenname mit der Maus an eine andere Stelle geschoben und dort losgelassen, verändert sich die Reihenfolge der Ebenen. Mit dem Verschieben des Ebenennamens wird der gesamte Objektstapel der Ebene versetzt.

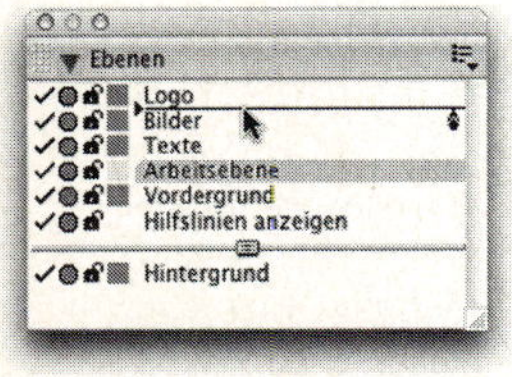

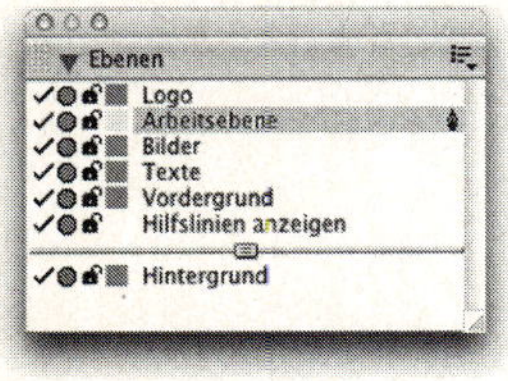

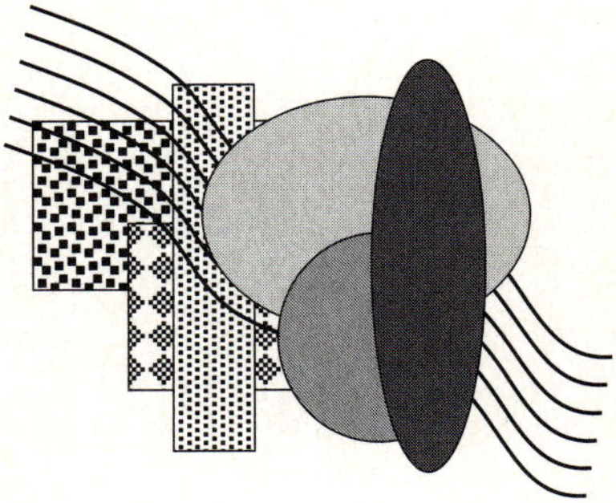

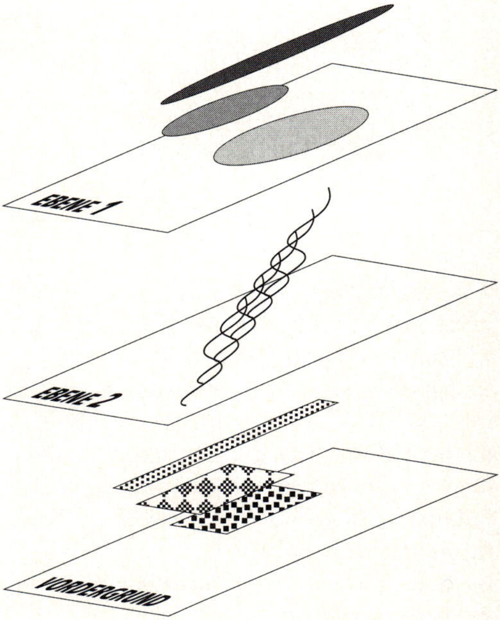

Ebenen im Hintergrund

Die verschiebbare Trennlinie im Bedienfeld *Ebenen* trennt die Vordergrundebenen von denen des Hintergrundes.

Die Objekte aller Ebenen des Hintergrundes werden farblich abgeschwächt dargestellt und können nicht gedruckt werden.

Die *Nachzeichnen-Funktion* bietet die Möglichkeit zu wählen, ob Objekte auf *Vordergrund-* und/oder *Hintergrundebenen* nachgezogen werden sollen (siehe Seite 197ff.).

Auch wenn importierte Vorlagen mit dem *Stift-Werkzeug* nachgezeichnet werden müssen, kann es unter Umständen praktisch sein, die Vorlage auf eine Hintergrundebene zu legen und diese festzusetzen.

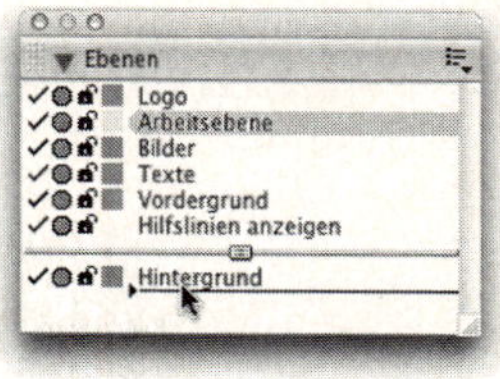

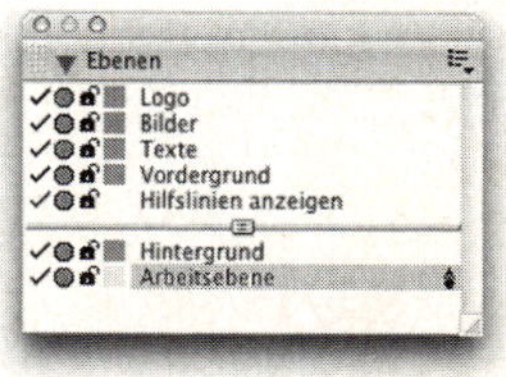

Um eine Ebene in den Hintergrund zu verschieben, muss ihr Name unter die Trennlinie gezogen werden.

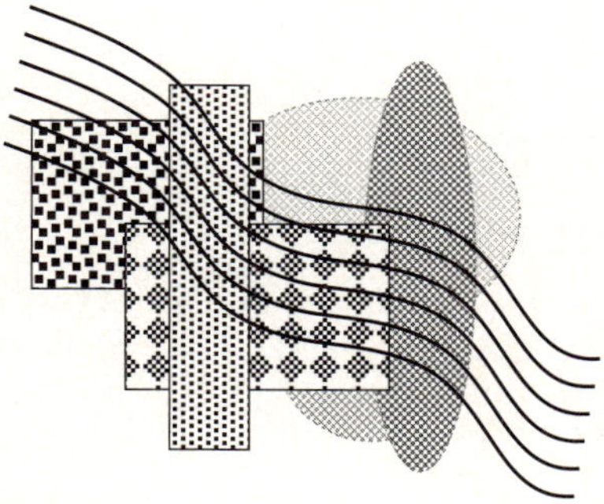

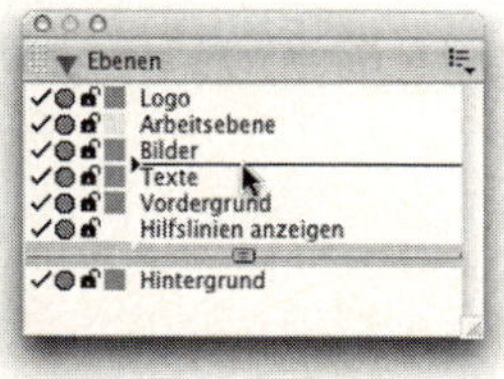

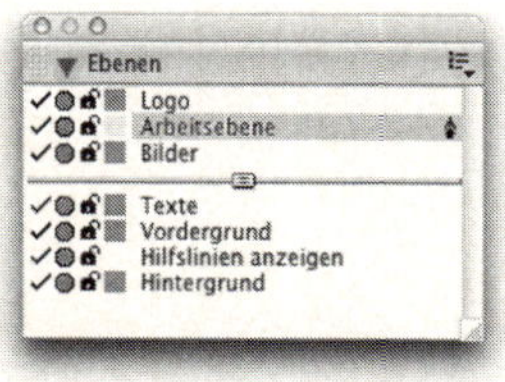

Man kann auch die Linie selbst mit der Maus nach oben oder unten verschieben.

Objekte, die auf Hintergrundebenen platziert sind, sind nur zu 50% sichtbar. Das ist nicht mit einem Farbton einer Farbe zu verwechseln. Objekte einer Hintergrundebene werden nämlich grundsätzlich nicht gedruckt und nur exportiert, wenn die Option *FreeHand-Dokument einschließen* im Exportdialog aktiviert ist (siehe auch Exportformate auf Seite 463).

Ebenen ausblenden

Eine Ebene kann unsichtbar werden, wenn man auf das Häkchen neben dem Ebenennamen klickt, welches dann verschwindet.

Objekte auf unsichtbaren Ebenen können nicht markiert werden und sind in der Grobansicht nicht zu sehen. Wird die aktuelle Zeichenebene unsichtbar gemacht, ist nach der Erstellung eines Objektes zwar die Markierung zu sehen, das Objekt wird jedoch nach seiner Deaktivierung vollkommen unsichtbar.

Die Hilfslinien können durch das Ein- und Ausblenden der Ebene *Hilfslinien anzeigen* oder mit dem Befehl *Einblenden* im Menü *Ansicht* ➛ *Hilfslinien* sichtbar und unsichtbar gemacht werden.

Wird eine Illustration exportiert, muss im Dialog *Datei* ➛ *Dokumenteinstellungen* ➛ *Ausgabe-Optionen ...* festgelegt werden, ob unsichtbare Ebenen mit exportiert werden oder nicht. Der Dialog ist beim Drucken, wo das Gleiche gilt, direkt im Dialog *Drucken* anwählbar (siehe Illustrationen und Text exportieren auf Seite 458 oder Drucken Seite 502).

Klickt man auf das Häkchen, verschwindet es, und die Ebene ist unsichtbar.

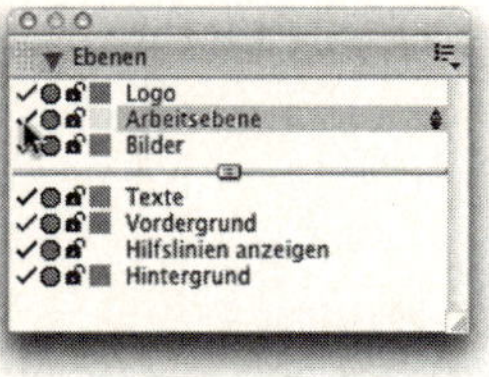

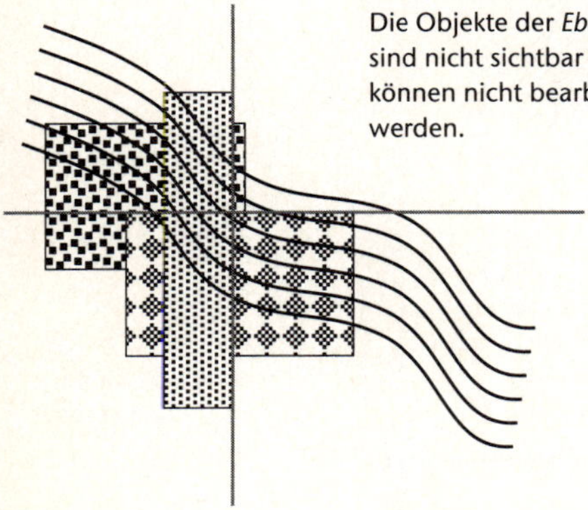

Die Objekte der *Ebene 1* sind nicht sichtbar und können nicht bearbeitet werden.

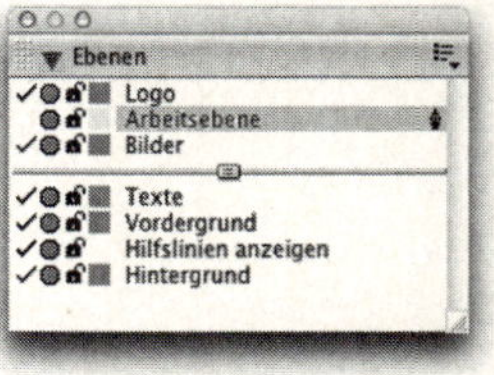

Unsichtbare Ebenen drucken

Im Dialog *Datei* ➛ *Dokumenteinstellungen* ➛ *Ausgabe-Optionen ...* (oder *Datei* ➛ *Drucken* ➛ *FreeHand MX* ➛ *Erweitert* ➛ *Bildverarbeitung)*

kann mittels der ersten Checkbox festgelegt werden, ob unsichtbare Ebenen gedruckt werden sollen oder nicht. Ebenen im Hintergrundbereich werden nie mitgedruckt.

Eine unsichtbare Ebene einblenden

Man klickt auf den Raum neben dem Ebenennamen und dem Schloss, das Häkchen erscheint wieder, und die Ebene ist sichtbar.

Alle Ebenen auf einmal aus- oder einblenden

Sollen alle Ebenen ausgeblendet werden, muss man bei gedrückter ⌥-Taste auf das Häkchen einer Ebene klicken. Diese Vorgehensweise ist sinnvoll, wenn man danach gezielt einzelne Ebenen sichtbar machen will.

Alle Ebenen werden sichtbar, wenn man bei gedrückter ⌥-Taste auf das Feld neben dem Schloss einer unsichtbaren Ebene klickt.

Alternativ können die Befehle *Alle ein/aus* im Pop-up-Menü *Optionen* benutzt werden.

Ebenen in der Grobansicht oder Vorschau

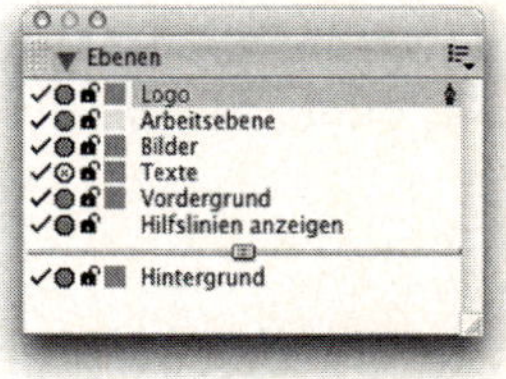

Man kann auf die gleiche Weise von der Grobansicht in die Vorschau einzelner oder aller Ebenen schalten, indem man die Kreise zwischen Häkchen und Schloss anklickt. Auch hier bewirkt die ⌥-Taste, dass alle Ebenen auf einmal in die Grobansicht versetzt werden.

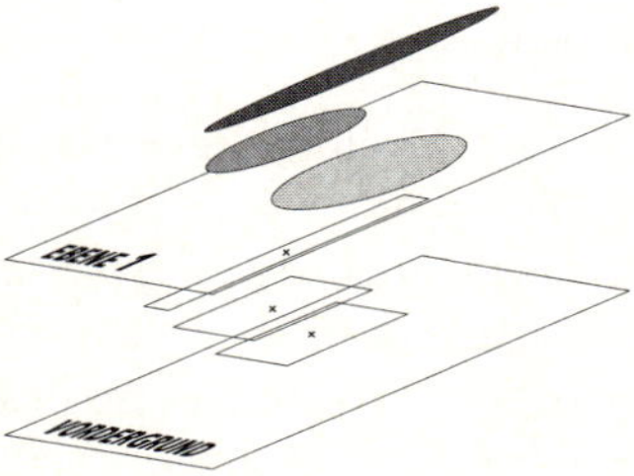

Ebenen sperren

Um eine Ebene festzusetzen, klickt man auf das offene Schloss neben dem Ebenennamen, welches sich dann schließt. Wird die aktuelle Zeichenebene gesperrt, wird automatisch die oberste Ebene zur Zeichenebene. Objekte auf festgesetzten Ebenen können nicht markiert und bearbeitet werden.

Klickt man auf das Schloss, schließt es sich, und die Objekte dieser Ebene können nicht mehr bearbeitet werden. Gesperrte Ebenen lassen sich weder anklicken, um sie zur aktuellen Ebene zu machen, noch können ihr Objekte zugewiesen werden.

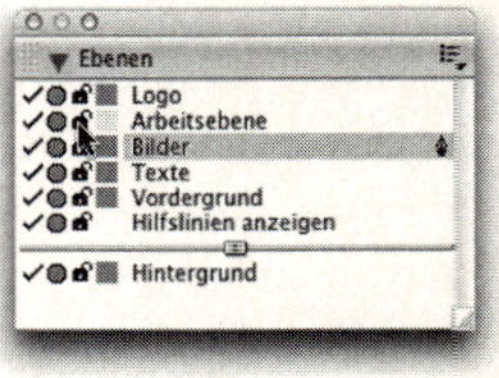

Die Arbeitsebene ist festgesetzt.

Eine gesperrte Ebene lösen

Man klickt auf das gesperrte Schloss der Ebene, welches sich dann öffnet.

Die Arbeitsebene soll wieder gelöst werden.

Alle Ebenen auf einmal festsetzen oder lösen

Sollen alle Ebenen auf einmal gesperrt werden, muss man bei gedrückter ⌥-Taste auf das offene Schloss einer Ebene klicken. Diese Vorgehensweise ist sinnvoll, wenn man danach gezielt einzelne Ebenen lösen und deren Objekte bearbeiten will.

Alle Ebenen werden gelöst, wenn man bei gedrückter [⌥]-Taste auf das Schloss einer gesperrten Ebene klickt.

Alle Ebenen sind festgesetzt. Hilfslinien können bei festgesetzter Ebene weiterhin aus dem Lineal gezogen, aber nicht verschoben werden.

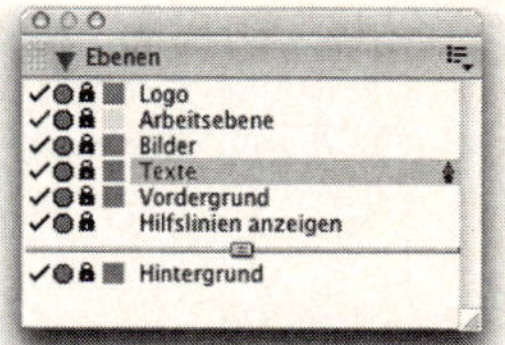

Alle Ebenen sind gelöst.

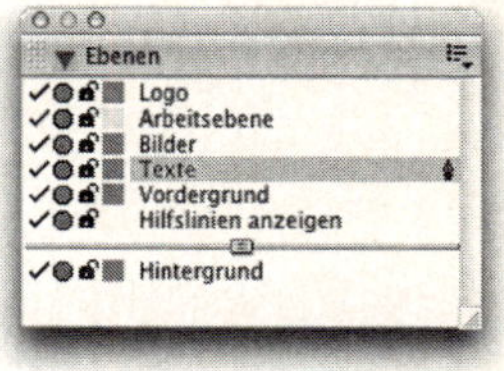

Ebenen löschen

Um eine Ebene zu löschen, wird ihr Name im Bedienfeld angeklickt und der Befehl *Entfernen* im Pop-up-Menü *Optionen* angewählt. Befinden sich Objekte auf dieser Ebene, so werden diese ebenfalls gelöscht. Glücklicherweise erscheint zuvor eine Warnmeldung, sodass der Löschvorgang abgebrochen werden kann.

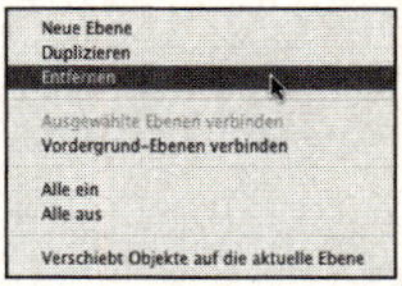

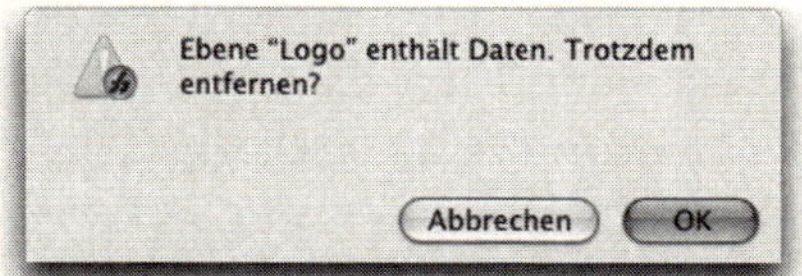

Ebenen verdoppeln

Wird der Befehl *Optionen* ➛ *Duplizieren* im Bedienfeld *Ebenen* angewählt, wird die markierte Ebene samt ihren Objekten kopiert und die Kopie an oberster Stelle mit dem Namen *Kopie von Ebene-x* eingefügt.

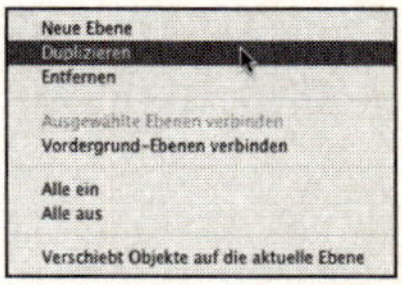

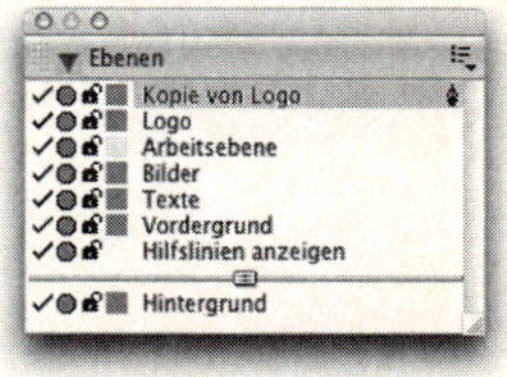

Ebenen zusammenfassen

Mit zunehmender Komplexität einer Illustration wird es sinnvoll, Ebenen, deren Elemente zu zusammenhängenden Gruppen gehören, zu einer Ebene zusammenzufassen. Im Pop-up-Menü *Optionen* stehen hierfür die beiden Befehle *Ausgewählte Ebenen verbinden* und *Vordergrundebenen verbinden* zur Verfügung.

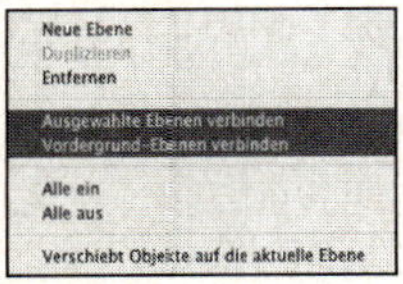

Ausgewählte Ebenen verbinden

Ausgewählte Ebenen verbinden fasst alle markierten Ebenen so zusammen, dass als Zielebene die unterste in der Ebenenhierarchie erhalten bleibt. Alle Objekte der alten Ebenen befinden sich dann in gleicher Anordnung zueinander auf dieser Ebene. Eine Mehrfachauswahl von Ebenen ist bei gedrückter [⇧]-Taste möglich. Sollen Ebenen zusammengefasst werden, die in der Reihenfolge zueinander nicht zusammenhängen, kann das bei gedrückter [⌘]-Taste geschehen.

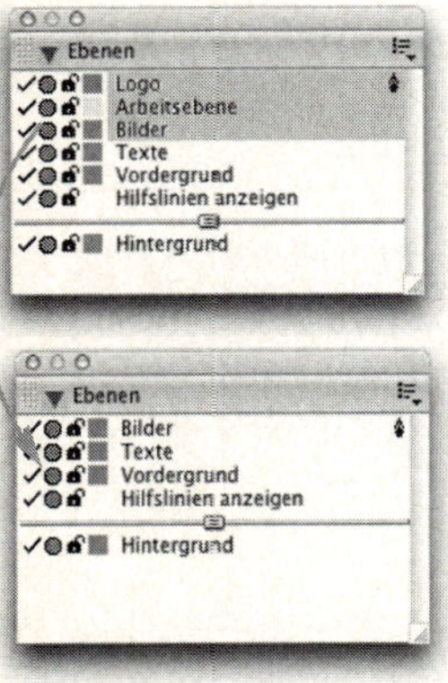

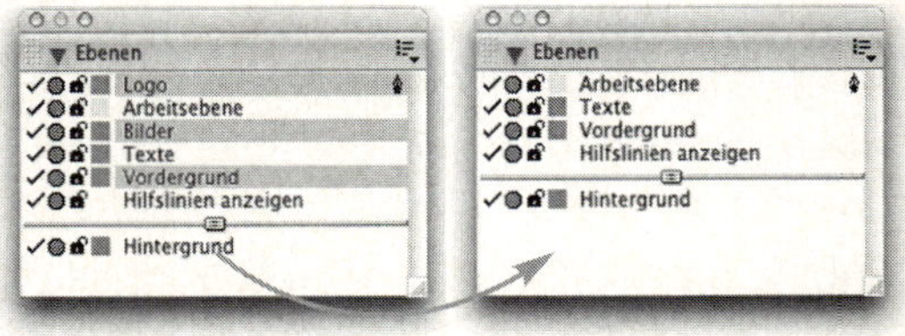

Vordergrundebenen verbinden

Sollen grundsätzlich alle Ebenen, die als Vordergrundebenen definiert sind, zusammengefasst werden, geschieht dies mit dem Befehl *Vordergrundebenen verbinden*. Hierzu ist keine gesonderte Auswahl von Ebenen notwendig.

⚠ Es werden auch Ebenen berücksichtigt, die gesperrt oder ausgeblendet sind, und es erfolgt keine Warnung.

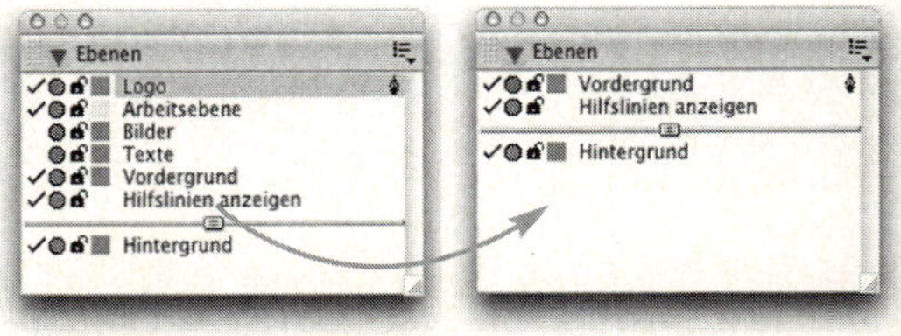

Objekte aus der Zwischenablage einfügen

In welcher Ebene Objekte eingesetzt werden, die aus der Zwischenablage eingefügt werden, hängt davon ab, welche Vorgaben im Einstellungsdialog vorgenommen wurden.

Im Dialog *FreeHand MX ➛ Einstellungen ➛ Allgemein* findet man die Checkbox *Ebenen-Info speichern.*

- Die Checkbox ist aktiv:

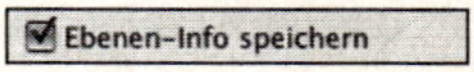

Wird ein Objekt aus der Zwischenablage eingefügt, erscheint es an oberster Stelle der Ebene, aus der es ausgeschnitten oder kopiert wurde.

- Die Checkbox ist nicht aktiv:

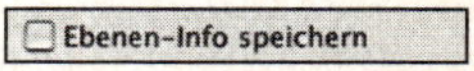

In diesem Fall wird das Objekt ganz oben auf der aktuellen Zeichenebene eingefügt.

Objekte, die über die Zwischenablage aus einer anderen Illustration eingefügt werden

Auch hier ist die Checkbox *Ebenen-Info speichern* ausschlaggebend.

- Die Checkbox ist aktiv:

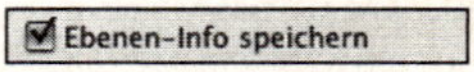

Stammt das eingefügte Objekt von einer Ebene in der Ursprungsillustration, deren Name in der Zielillustration nicht vorkommt, erscheint der Name der mitgebrachten Ebene oben im Bedienfeld *Ebenen*, und das Objekt wird dort eingefügt. Existiert der Name der mitgebrachten Ebene schon, wird das Objekt in diese Ebene eingesetzt.

- Die Checkbox ist nicht aktiv:

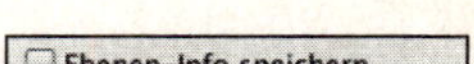

Das Objekt wird ganz oben in der aktuellen Zeichenebene eingefügt.

Gruppen und Ebenen

Modifizieren ➛ *Gruppieren* oder ⌘G
Modifizieren ➛ *Gruppierung aufheben* oder ⇧⌘U (Gruppen siehe auch Seite 222

Werden Elemente verschiedener Ebenen zu einer Gruppe zusammengefasst, wird die Gruppe automatisch auf die aktuelle Zeichenebene gesetzt. Die Objekte behalten ihre Reihenfolge von oben nach unten.

Wird die Gruppierung aufgehoben, kommt es wieder auf die Checkbox *Ebenen-Info speichern* an, auf welcher Ebene sich die entgruppierten Elemente anordnen:

- Die Checkbox ist aktiv:
  Die entgruppierten Elemente kehren wieder auf ihre ursprünglichen Ebenen zurück.

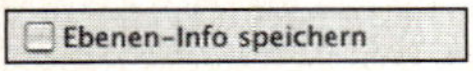

- Die Checkbox ist nicht aktiv:
  Die Elemente verbleiben auf der Ebene, auf der sich die Gruppe befunden hat.

Bei der Auflösung einer Gruppe bei aktiver Checkbox *Ebenen-Info speichern* kann es zu Überraschungen kommen, falls die Stapelfolge der Objekte geändert wurde, solange die Gruppe noch bestand. Da die Gruppe in sich keine Ebenenunterscheidung macht, sondern nur eine Stapelfolge hat, können Elemente, die ursprünglich von unterschiedlichen Ebenen stammen, beliebig umgeschichtet werden. Wird die Gruppe aufgelöst, kehren die Elemente auf ihre Ebenen zurück, und die entgruppierten Elemente präsentieren sich in einer anderen Reihenfolge.

Das Gleiche kann passieren, wenn die Reihenfolge der Ebenen geändert wurde, solange die Gruppe noch bestand. Auf die Gruppe hat diese Änderung keinen Einfluss. Die entgruppierten Elemente ordnen sich aber in der neuen Reihenfolge der Ebenen an.

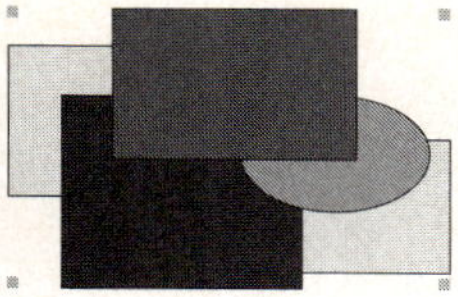

Die Objekte der *Vordergrundebene* und der Ebene Logo sind gruppiert worden.

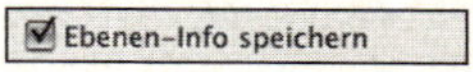

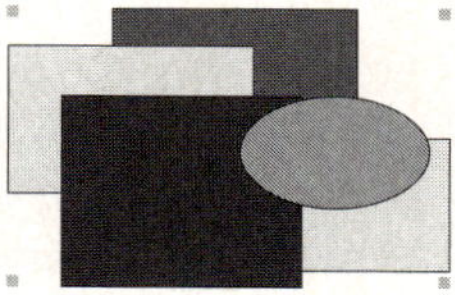

Mit der [⌥]-Taste wurde ein Element markiert und ganz nach hinten gestellt.

Nach der Auflösung der Gruppe kehren alle Elemente zu ihren Ebenen zurück. Das bearbeitete Element befindet sich jetzt ganz unten auf seiner Ebene.

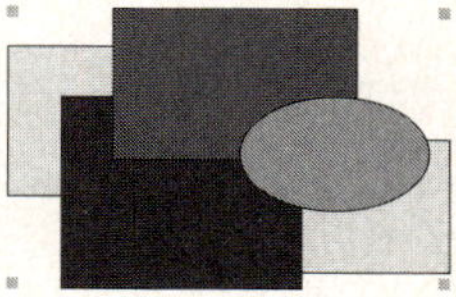

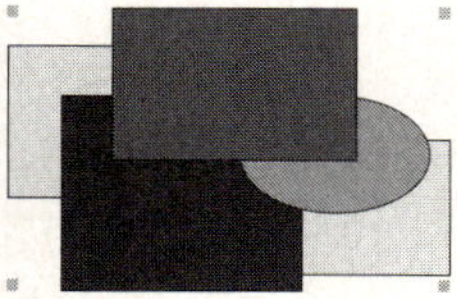

Die Elemente aller drei Ebenen sind gruppiert worden.

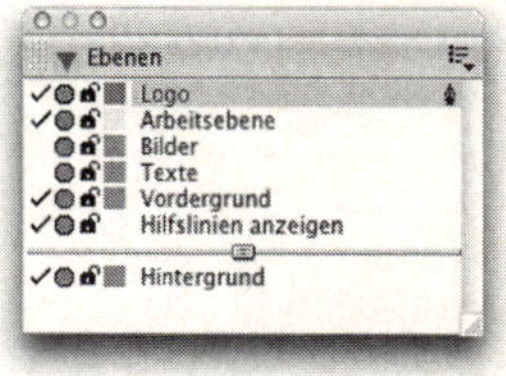

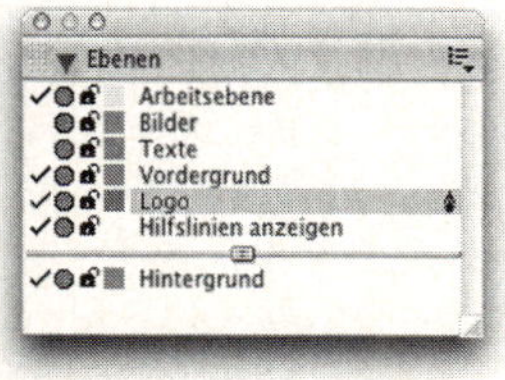

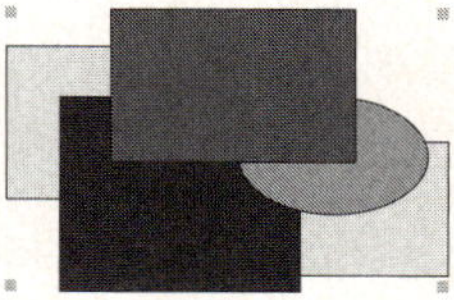

Danach wurde die Reihenfolge der Ebenen geändert. Ist *Ebenen-Info sichern* aktiv, kommt es erst dann zu Veränderungen, wenn die Gruppierung rückgängig gemacht wird. Die Elemente ordnen sich gemäß der neuen Stapelfolge der Ebenen.

Nachdem die Gruppierung mit [⇧][⌘]G aufgehoben wurde, befinden sich die Elemente der Ebene Logo in der Hierarchie auch tatsächlich an unterster Stelle.

Zwischenablage

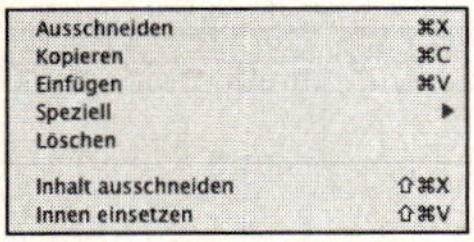

Unter Windows werden auch die Formate EMF-, Metadatei, Bitmap, Geräteunabhängiges Bitmap , ASCII- und AI/EPS-Photoshop 4/5 Pixel und RTF (Rich Text) unterstützt.

Der Inhalt der Zwischenablage kann auch in einen Pfad eingefügt und von diesem maskiert werden (siehe ab Seite 363).

Objekte, die über die Zwischenablage in eine andere Illustration eingefügt werden, nehmen alle Stilinformationen mit (siehe *Stile* Seite 328f., *Ebenen* Seite 338ff., *Farben* Seite 296, *Klonen und Duplizieren* siehe Seite 366ff.).

Die Zwischenablage ist ein temporärer Speicherbereich, in dem Objekte (Pfade, Text, Textblöcke und importierte Grafiken) zwischengelagert werden können. Die Zwischenablage bleibt als Speicher nur so lange erhalten, wie das Programm geöffnet ist. Wird in ein anderes Programm gewechselt, ohne FreeHand zu beenden, wird der Inhalt der Zwischenablage je nach Vorgabe in den Einstellungen (siehe Seite 60) in das Format FreeHand, PICT-, RTF-, ASCII- und Adobe-Illustrator™-Format umgewandelt, sodass es möglich ist, Objekte oder Text in Dateien anderer Programme einzufügen, die die Exportformate von FreeHand nicht unterstützen (siehe Seite 409ff.). Dabei kann es allerdings zu Qualitäts- und Informationsverlusten kommen.

Häufig wird die Zwischenablage dazu benutzt, Objekte von einer Illustration in eine andere zu transportieren. Auch können Objekte innerhalb einer Illustration über die Zwischenablage vervielfältigt werden. Da die Befehle *Klonen* und *Duplizieren* jedoch weniger speicherintensiv sind, werden sie innerhalb einer Illustration meist bevorzugt.

Der Inhalt der Zwischenablage wird in zwei Fällen gelöscht:

- wenn der Rechner ausgeschaltet wird oder abstürzt oder
- durch das erneute Hineinlegen von Objekten.

Objekte in der Zwischenablage

Objekte in die Zwischenablage legen

Es können beliebig viele Objekte, die gleichzeitig markiert sind, in die Zwischenablage gelegt werden, da ihre Aufnahmefähigkeit nur von der Größe des Arbeitsspeichers (RAM) begrenzt wird.

Der Befehl *Bearbeiten* ➛ *Ausschneiden* löscht die markierten Objekte und legt sie in die Zwischenablage.

Durch die Befehle *Ausschneiden* und *Kopieren* wird der alte Inhalt der Zwischenablage gelöscht.

Durch den Befehl *Bearbeiten* ➛ *Kopieren* werden die markierten Objekte in die Zwischenablage kopiert, sodass die Originale erhalten bleiben.

Mit dem Befehl *Bearbeiten* ➛ *Speziell* ➛ *Kopieren Spezial ...* wird der Inhalt der Zwischenablage so umgeformt, dass andere Programme mit den Inhalten umgehen können.

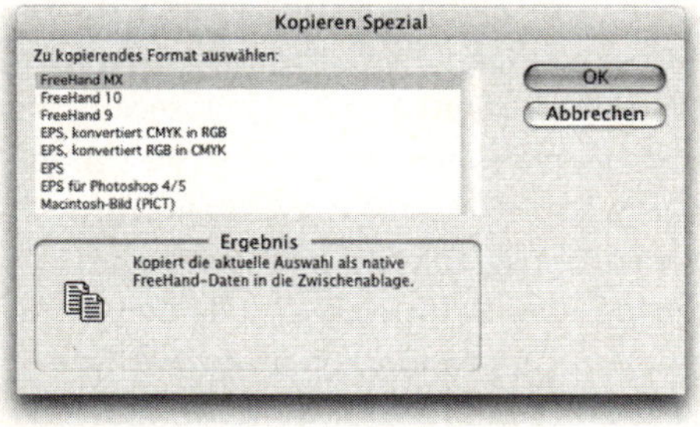

Die speziellen Befehle der Zwischenablage

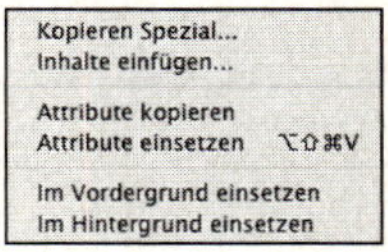

Im erscheinenden Dialog kann zwischen mehreren Austauschformaten gewählt werden. Es kann nur ein Format ausgewählt werden. Das Format wird nach den Möglichkeiten des Zielprogramms gewählt. Auch Texte können entsprechend kopiert werden. FreeHand MX stellt hier zwei mögliche Formate zur Verfügung: *Formatierter Text (RTF)* und *Nicht Formatierter Text*. Somit wird auch der Export in Textverarbeitungs- und Layoutprogramme wie QuarkXPress und MS Word möglich.

Objekte aus der Zwischenablage einfügen

Der Inhalt der Zwischenablage kann beliebig oft wieder eingesetzt werden, da der Befehl *Bearbeiten → Einsetzen* immer eine Kopie erstellt.

Der Befehl *Bearbeiten → Einsetzen* fügt eine Kopie des Inhalts der Zwischenablage in die Illustration oder in eine Datei eines anderen Programms ein. Es können auf diese Weise beliebig viele Kopien erstellt werden.

Der Befehl *Bearbeiten → Speziell → Einsetzen Spezial …* ist ähnlich dem Befehl *Bearbeiten → Speziell → Kopieren Spezial …* Der Inhalt der Zwischenablage wird analysiert und das entsprechende Format in einem Dialog angezeigt.

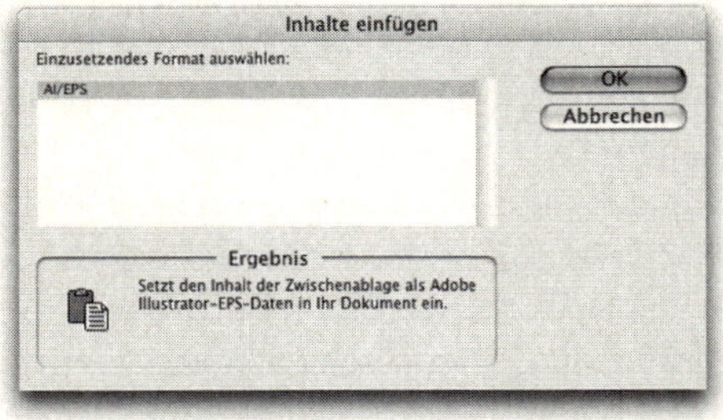

Attribute kopieren und einsetzen

Mit den Befehlen *Attribute kopieren* und *Attribute einsetzen* werden nicht Objekte, sondern Informationen in die Zwischenablage kopiert. Kopierbare Informationen sind *Objektfarben, Füllungsarten, Strichstärken, Stricharten* etc. Beim Einsetzen der Attribute werden die Informationen an ausgewählte Objekte weitergegeben. *Grafikstile* und *Attribute* stellen wunderbare Möglichkeiten der Verwaltung von Grafikinformationen dar.

Besonders bei der Anwendung der Zwischenablage ist es sinnvoll, die Tastenkombinationen zu verwenden, da diese in allen Macintosh-Programmen die gleichen sind und die Tasten außerdem bewusst günstig auf der Tastatur liegen.

⌘X	schneidet die Objekte aus und legt sie in die Zwischenablage. Die Objekte existieren dann nur noch in der Zwischenablage.
⚠	Beim nächsten Kopiervorgang werden sie unwiderruflich gelöscht, sofern sie nicht zuvor in die Illustration eingefügt wurden.
⌘C	legt eine Kopie der markierten Objekte in die Zwischenablage.
⌘V	fügt eine Kopie des Inhalts der Zwischenablage in die Mitte des gewählten Ausschnitts im Illustrationsfenster ein.
⇧⌘V	fügt eine Kopie des Inhalts der Zwischenablage in einen Pfad ein.
⚠	Seit Version 8 von FreeHand ist es möglich, Objekte auch in offene Pfade einzufügen.
⇧⌥⌘V	fügt kopierte Attribute in ausgewählte Objekte ein, sodass sich ihr Erscheinungsbild entsprechend wandelt.

Inhaltsobjekte oder Gruppierungen können mit den Befehlen *Im Hintergrund* bzw. *Im Vordergrund einsetzen* hervorragend erweitert werden, denn einzelne Objekte solcher Strukturen können mit dem *Teilauswahl-Werkzeug* markiert werden. Damit lassen sich weitere Objekte präzise in diese Strukturen integrieren. Man muss nur darauf achten, dass das einzufügende Objekt zuvor an der richtigen Stelle platziert wird, da es dort auch wieder eingefügt wird.

Hinter oder vor Objekten einfügen

Ein Objekt kann auch mit dem Befehl *Bearbeiten* ➛ *Speziell* ➛ *Im Vordergrund einsetzen* oder *Im Hintergrund einsetzen* hinter oder vor einem markierten Objekt eingesetzt werden. Der Befehl wird auf der Seite 341 beschrieben.

Text in der Zwischenablage

Mit dem Pfeilzeiger markierte Textblöcke

Wird ein Textblock mit dem Pfeilzeiger markiert, ist er als Objekt zu behandeln und wird als Ganzes in die Zwischenablage gelegt und wieder eingefügt.

Mit der Einfügemarke markierter Text

Wird Text mit der Einfügemarke und dem Textwerkzeug [A] markiert und in die Zwischenablage gelegt, kann er durch den Befehl *Bearbeiten ➛ Einsetzen* dort eingesetzt werden, wo die Einfügemarke blinkt. Ist Text beim Einfügen markiert, wird er durch das Eingefügte gelöscht.

Blinkt die Einfügemarke in keinem Textblock und ist kein Text markiert, wird der Text als neuer Textblock eingefügt.

Soll Text über die Zwischenablage in ein anderes Programm transportiert oder umgekehrt in eine FreeHand-Illustration eingesetzt werden, muss er ebenfalls mit der Einfügemarke markiert und in die Zwischenablage gelegt werden. Er wird beim Wechsel in das andere Programm entweder in das allgemein lesbare ASCII-Format umgewandelt, wobei jedoch die Formatierung verloren geht, oder das andere Programm kann das Format RTF (Rich Text Format) lesen, dann wird der Text dort mit seiner Formatierung eingefügt.

Programme, die RTF-Text aus FreeHand MX lesen können:

- Adobe PageMaker
- Adobe Illustrator
- Adobe InDesign

Zum Thema Text in der Zwischenablage siehe auch *Kopieren/Einsetzen Spezial* auf Seite 359ff.

Textdateien, die in anderen Programmen für den Export gespeichert wurden, können genauso wie externe Grafiken positioniert werden (siehe Seite 420).

Objekte maskieren (innen einsetzen)

Eine weitere Funktion der Zwischenablage ist das Einsetzen ihres Inhalts in einen offenen oder geschlossenen Pfad, der ihn wie ein Passepartout maskieren kann.

Eingesetzt werden kann jedes Objekt (Pfade, Gruppen, importierte Grafiken und Bilder), auch Pfade, die schon selbst einen Inhalt haben.

Für die Checkboxen im Bedienfeld *Transformieren* ist es wichtig, darauf zu achten, dass das innen Eingesetzte Inhalt heißt; im Gegensatz zur Füllung, die über das Bedienfeld *Objekt* einem geschlossenen Pfad zugewiesen wird.

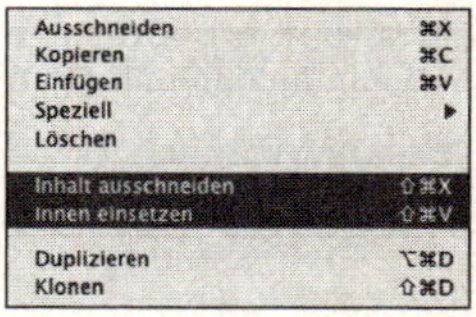

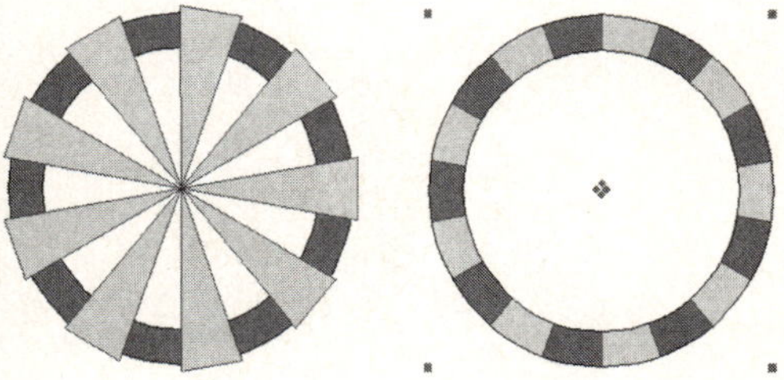

Innen einsetzen

In der *Grobansicht* ist der Inhalt eines Pfades nicht zu sehen, dafür aber sein Markierungskreuz.

Ein geschlossener Pfad, das Passepartout, wird über dem zu beschneidenden Objekt platziert, vorzugsweise schon so, wie die gewünschte Platzierung später sein soll. Der zukünftige Inhalt wird markiert und mit [⌘]X in die Zwischenablage ausgeschnitten. Wird das Passepartout markiert, ist der Befehl *Bearbeiten* ➛ *Innen einsetzen* oder [⇧][⌘]V anwählbar. Der Inhalt erscheint an der gleichen Stelle, wo das Original ausgeschnitten wurde, und ist an den Stellen maskiert, die vom Passepartout überdeckt werden.

⚠ Ist der Pfad, in den eingefügt wird, gruppiert oder Teil einer Gruppe, muss er mit der [⌥]-Taste markiert werden.

Einen Pfad mit Inhalt transformieren

Soll ein Pfad mit Inhalt transformiert werden (*Verschieben, Skalieren, Neigen* und *Drehen*), muss im Bedienfeld *Transformieren* kontrolliert werden, ob die Checkbox *Inhalt* aktiv ist oder nicht. Dies gilt auch für Umwandlungen, die mit den Werkzeugen und der Maus vorgenommen werden.

Bei aktiver Checkbox macht der Inhalt alle Transformationen mit. Ist sie deaktiviert, bleibt er unverändert.

⚠ Wird ein Pfad, in den ein Inhalt eingefügt wurde, nachträglich gruppiert, muss zusätzlich die Checkbox *Als Einheit transformieren* im Bedienfeld *Objekt* deaktiviert werden, wenn der Inhalt nicht mitverwandelt werden soll.

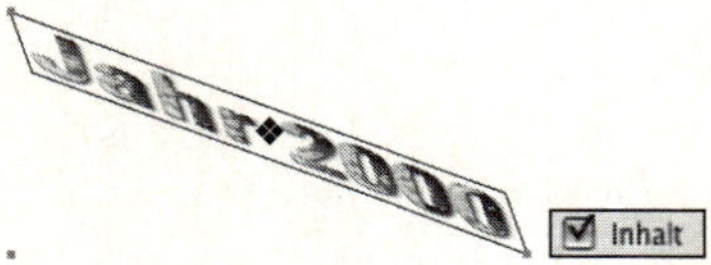

Im Beispiel ist skaliert und geneigt worden; der Inhalt hat die Transformierungen mitgemacht, da die Checkbox *Inhalt* aktiv war.
Für die Verzerrung von Strichmerkmalen und Füllungen, wenn sich der Inhalt in einem gruppierten Pfad befindet, siehe Seite 226ff.

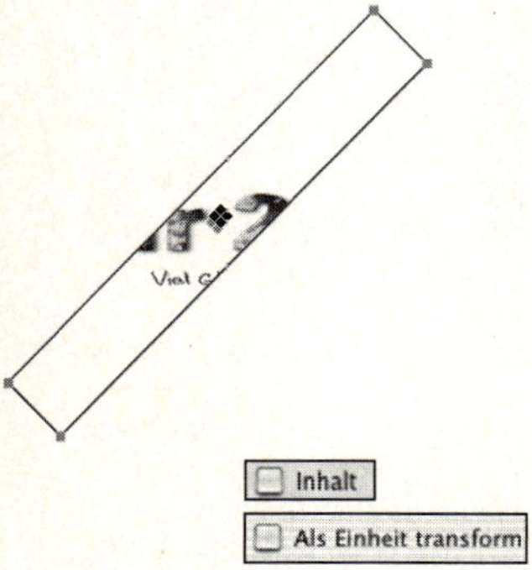

Das Passepartout wurde gedreht und verkleinert; der Inhalt hat sich nicht verwandelt, da die Checkbox *Inhalt* im Bedienfeld *Transformieren* nicht aktiv ist. Bei gruppierten Pfaden muss zusätzlich die Checkbox *Als Einheit transformieren* deaktiviert werden.

Inhalt ausschneiden

Soll der Inhalt nachträglich bearbeitet werden, muss er mit dem Befehl *Bearbeiten ➛ Inhalt ausschneiden* oder ⇧⌘X aus dem markierten Passepartout ausgeschnitten werden. Er wird dadurch direkt und unmaskiert in die Illustration eingefügt und nimmt seinen Weg nicht über die Zwischenablage. Dies bedeutet, dass bei der Anwahl des Befehls ein eventueller Inhalt der Zwischenablage *nicht* gelöscht wird.

⚠ Wird ein Pfad, der einen Inhalt besitzt, nachträglich gruppiert (um ihn beispielsweise zu skalieren), muss die Gruppierung rückgängig gemacht werden, falls der Inhalt wieder ausgeschnitten werden soll.

Den Ausschnitt verändern

Die Möglichkeit, das Passepartout unabhängig vom Inhalt zu verschieben, kann man sich zunutze machen, wenn man den sichtbaren Ausschnitt korrigieren möchte.

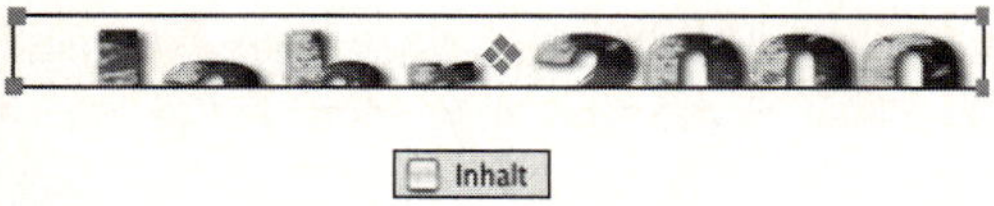

Den Inhalt verschieben

Mittlerweile ist es auch möglich, einzelne Inhaltsobjekte eines Passepartouts separat zu verschieben, indem man das oder die Inhaltsobjekte bei gedrückter ⌥-Taste auswählt. Der gesamte Inhalt kann anhand des Markierungskreuzes verschoben werden.

Dem Passepartout eine Füllung zuweisen

Da ein Inhalt keine Füllung ist, kann einem geschlossenen Pfad, in dem sich ein Inhalt befindet, eine Füllung zugewiesen werden, die den Inhalt nicht verdeckt, da Füllungen immer zuunterst liegen. Im Beispiel wurde das innen eingesetzte Bild zuvor selbst durch eine Verbindung maskiert, sonst wäre die Füllung nicht sichtbar.

Klonen und Duplizieren (Power-Duplicate)

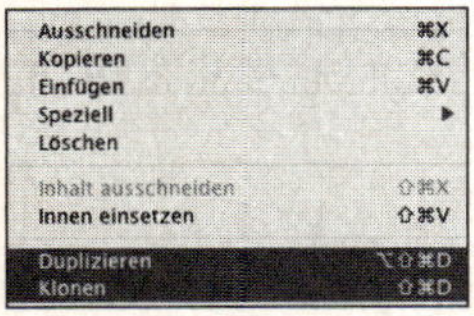

Ein Klon ist eine identische Kopie eines markierten Objektes, die genau über dem Original platziert wird (*Bearbeiten* ➛ *Klonen* oder ⇧⌘D). Sie wird an oberster Stelle der Ebene eingefügt, auf der sich das Original befindet.

Der Befehl *Bearbeiten* ➛ *Duplizieren* oder ⌥⌘D erstellt eine Kopie der markierten Objekte, die leicht versetzt zum Original positioniert wird.

Kurzbefehle wie z.B. *Klonen* oder *Duplizieren* können unter *Bearbeiten* ➛ *Einstellungen für Tastaturbefehle* umdefiniert werden.

Die Befehle *Klonen* und *Duplizieren* können kombiniert angewendet werden, da *Duplizieren* auch Umwandlungen, die bei einem Klon vorgenommen werden, wiederholt und dadurch mehrere Kopien mit den gleichen Umwandlungsmerkmalen erstellt werden können, solange die Markierung des Klons nicht aufgehoben wird.

Tastenkombinationen aus dem **Keypad** (Zahlenblock) erscheinen nicht in den Menüs.
Die Bezeichnung **Keypad** steht für den numerischen Zahlenblock, auch Tastenfeld genannt, auf der rechten Seite der Tastatur.

Der Befehl *Klonen* wird häufig angewendet, um eine symmetrische Figur zu erstellen.

Klonen (⇧⌘D)

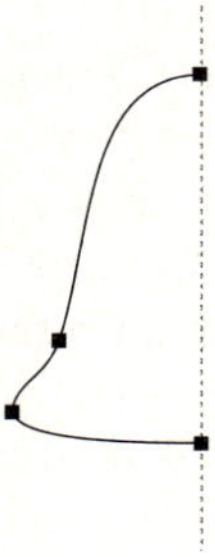

Zuerst wird die eine Hälfte der Form gezeichnet. Man kann die Endpunkte entlang einer Hilfslinie platzieren, sodass sich die Endpunkte des gespiegelten Klons mit denen des Originals decken werden.

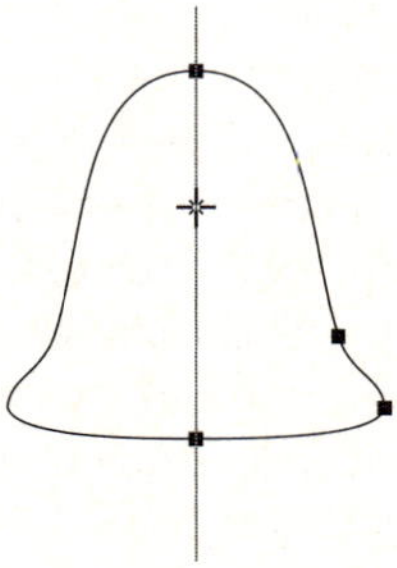

Das Original wird geklont und um die senkrechte Achse gespiegelt, die durch einen Punkt auf der Hilfslinie verläuft (Mausposition beim Spiegeln auf der Hilfslinie und [⇧]-Taste drücken).

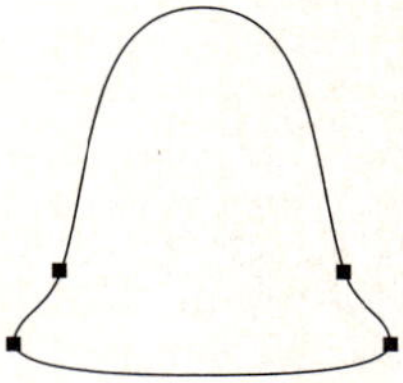

Die beiden Objekte erscheinen geschlossen, sind es aber nicht. Beide werden markiert und mit dem Befehl *Modifizieren ➛ Verbinden* zu einem geschlossenen Pfad verbunden.

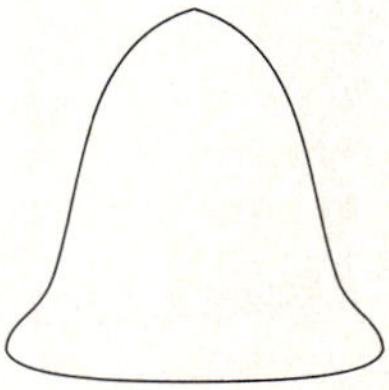

Soll an der „Nahtstelle" ein runder, steter Übergang entstehen, ist es sinnvoll, schon bei der ersten Hälfte den Anfasser des Punktes senkrecht zur Spiegelachse zu platzieren. Hat der Anfasser einen anderen Winkel, bekommt das Objekt einen Knick.

Duplizieren (⌥⌘D) (Power-Duplicate)

Wird der Befehl *Bearbeiten ➛ Duplizieren* angewendet, wird eine Kopie des markierten Objektes erstellt, die leicht nach rechts unten versetzt platziert wird.

Power-Duplicate

oder ⌥⌘D wiederholt Transformationssequenzen, die mit einem Objekt durchgeführt wurden, ohne zwischendurch die Markierung aufzuheben.

⚠ Der Kurzbefehl für *Duplizieren* ⌥⌘D sollte auf einem Apple Macintosh mit Betriebssystem Mac OS X unter *Bearbeiten ➛ Einstellungen für Tastaturbefehle* umdefiniert werden, da er mit dem Kurzbefehl des Betriebssystems für das automatische Ein- und Ausblenden des Docks kollidiert.

Wird der Befehl *Duplizieren* als *Power-Duplicate* verwendet, muss zunächst ein Original geklont werden. Werden mit dem Klon eine oder mehrere Transformationen in Folge vorgenommen und dann der Befehl *Duplizieren* angewandt, wird ein neuer Klon mit den gleichen Transformationsmerkmalen des ersten erstellt. Bei nochmaligem Duplizieren wird wieder eine umgewandelte Kopie des neuen Klons erstellt und so weiter.

Voraussetzung dafür ist, dass die Markierung des Klons nach seiner Erstellung nicht aufgehoben wird.

⚠ Alle Transformationen können mit den Transformationswerkzeugen oder über das Bedienfeld *Transformieren* durchgeführt werden.

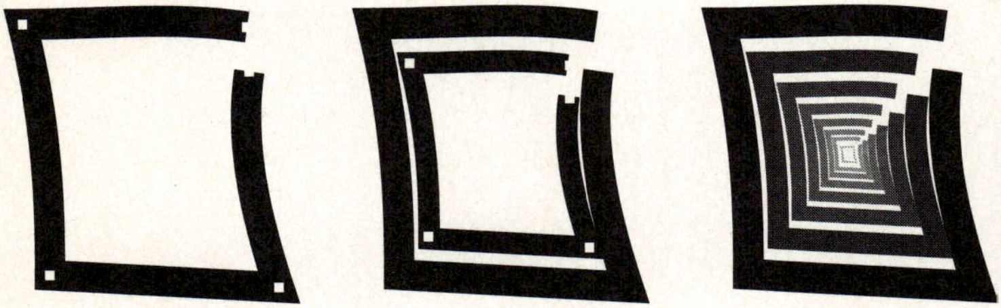

Das Objekt wurde mit ⇧⌘D geklont und um seinen Mittelpunkt auf 70 % seiner ursprünglichen Größe verkleinert. Wird der Befehl *Duplizieren* oder ⌥⌘D angewendet, ohne den Klon zu entmarkieren, entsteht eine neue Kopie, deren Größe wiederum 70 % des verkleinerten Klons ist. Der Befehl kann so lange angewendet werden, wie die Markierung bestehen bleibt.

Die Änderung der Strichfarbe muss nachträglich einzeln vorgenommen oder es muss eine Vereinigung erstellt werden (siehe ab Seite 375).

In diesem Beispiel wurde der Klon verkleinert, verzerrt und verschoben. Bei jedem erneuten Anwenden des Befehls *Duplizieren* wird um den gleichen Betrag verkleinert, verzerrt und verschoben.

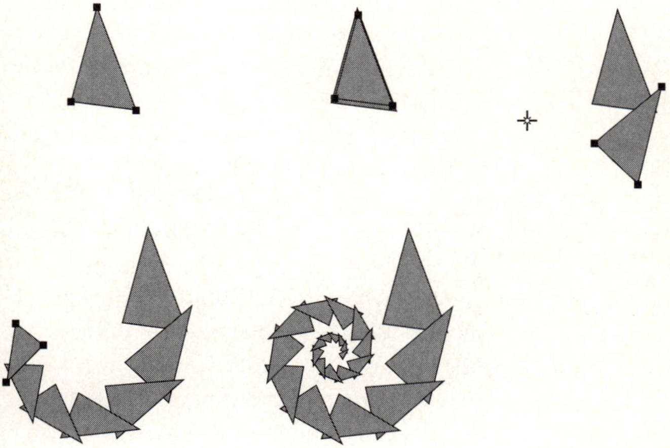

Bei diesem Beispiel wurde das Original geklont, auf 90 % verkleinert und gedreht. Die Spiralform entsteht dadurch, dass sich die Position des Objekts nach jedem Duplizieren ändert, der Drehpunkt aber immer der gleiche bleibt.

Abstände ausrichten

Es gibt verschiedene Möglichkeiten, die Abstände zwischen Objekten gleichmäßig zu gestalten:

- *Power-Duplicate* ermöglicht durch die Verschiebung eines Klons die Erstellung von anderen Kopien mit dem gleichen Abstand.
- *Mischung* erstellt Objekte in gleichmäßigem Abstand zwischen zwei existierenden Objekten.
- Über das Bedienfeld *Ausrichtung* können bereits existierende Objekte nach unterschiedlichen Kriterien ausgerichtet werden.
- Objekte können am *Raster* orientiert gezeichnet oder nachträglich daran ausgerichtet werden (siehe Seite 25).

Power-Duplicate
Siehe auch Seite 368ff.

Werden die Befehle *Klonen* und *Verschieben* mit dem Befehl *Duplizieren* wiederholt, entsteht eine Reihe gleicher Objekte mit gleichem Abstand. Diese Methode sollte vor allem angewendet werden, wenn der Abstand zwischen den Objekten und nicht die gesamte Ausdehnung des entstehenden Gebildes von Wichtigkeit ist.

Mischung
Der Befehl wird ausführlich auf Seite 384ff. beschrieben.

Der Befehl *Modifizieren ➛ Zusammenfassen ➛ Mischung* erstellt Objekte in gleichmäßigem Abstand zwischen zwei markierten Objekten. Mit diesem Befehl kann man durch die Platzierung der zu vereinigenden Objekte die äußeren Extreme der Figur bestimmen.

Power-Duplicate

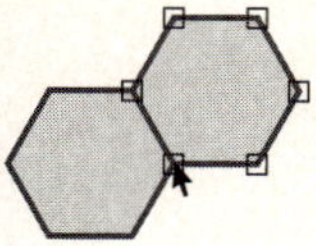

Um das Vieleck so zu reproduzieren, dass sich die Seiten berühren, werden alle Punkte des Originals markiert, geklont und der Klon mit der Maus an einem der beiden Punkte angefasst, die sich mit Punkten des Originals decken sollen. Die Positionierhilfe *Am Punkt ausrichten* aus dem Menü *Ansicht oder der Werkzeugleiste* hilft dabei. Nach der Verschiebung wird der Befehl *Bearbeiten* ➛ *Duplizieren* oder ⇧ ⌘ D dreimal angewandt.

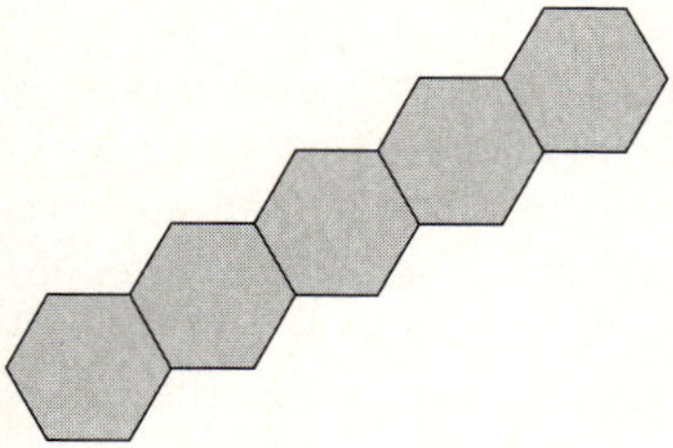

Mischung

Sollen die Kopien des Vielecks innerhalb einer Strecke verteilt werden, platziert man einen Klon des Originals an das Ende der Strecke und wendet den Befehl *Modifizieren* ➛ *Zusammenfassen* ➛ *Mischung* an. Je nachdem, welche Druckerauflösung im Bedienfeld *Dokument* eingestellt wurde, wird eine Anzahl von Kopien zwischen den beiden Ausgangsformen produziert. Wählt man das Bedienfeld *Objekt* an, kann die gewünschte Anzahl (im Beispiel 3) eingegeben werden.
Bei geschlossenen Pfaden sollte vor der Mischung bei beiden Objekten ein Bezugspunkt markiert werden (siehe Seite 388).

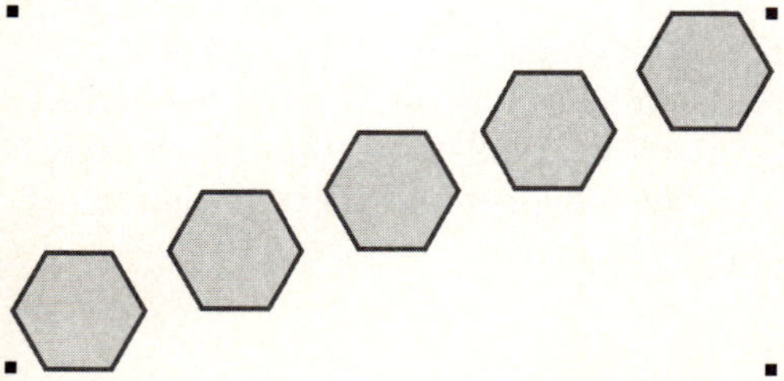

Das Bedienfeld Ausrichten

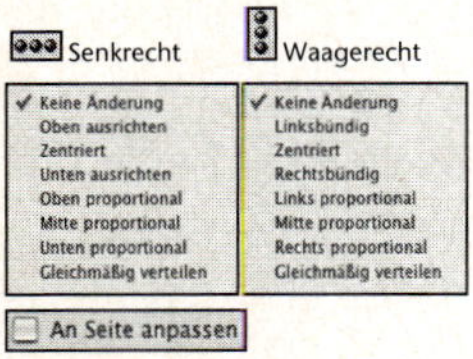

Die Schaltfläche *An Seite anpassen* bewirkt, dass sich die ausgewählten Objekte statt an den Objektkanten an den Seitenkanten orientieren.

Nach der Wahl der Ausrichtung muss die Schaltfläche *Ausrichten* angeklickt oder mit Return bestätigt werden.

Über das Bedienfeld *Ausrichten* können nicht nur gleiche Abstände zwischen bestehenden gleichen Objekten hergestellt, sondern auch unterschiedliche Formen nach verschiedenen Kriterien ausgerichtet werden.

Das Bedienfeld ist unter *Fenster ➛ Bedienfelder ➛ Ausrichten …* anwählbar. Wenn mindestens zwei Objekte markiert sind, ist es auch benutzbar. Auch die Tastenkombination ⌥ ⌘ A macht sie sichtbar. Wenn mindestens zwei Objekte markiert sind, lassen sich auch die unter *Modifizieren ➛ Ausrichten …* aufgeführten Ausrichtungsbefehle nutzen. Sie verhalten sich wie die entsprechenden Pendants im Bedienfeld *Ausrichten.*

Das Ausrichten kann in waagerechter und senkrechter Richtung getrennt oder gemeinsam vorgenommen werden. Soll in einer Richtung keine Ausrichtung stattfinden, muss *Keine Änderung* ausgewählt werden.

Normalerweise erfolgt die Ausrichtung an dem oder den Objekten, die den Kriterien am meisten entsprechen: *Senkrecht ➛ Oben ausrichten* richtet alle oberen Kanten an der des am weitesten oben liegenden Objektes aus, *Senkrecht ➛ Gleichmäßig verteilen* verteilt den Raum zwischen allen Objekten gleichmäßig, wobei das oberste und unterste Objekt fixiert bleiben.

Wird eines der Objekte festgesetzt *(Modifizieren ➛ Sperren),* werden die anderen an einer seiner Kanten, seiner Mitte usw. ausgerichtet.

Objekte an einem festgesetzten Objekt ausrichten

Die Beispiele zeigen die Auswirkungen beim Ausrichten in waagerechter Richtung, die Objekte werden dabei zum Teil festgesetzt.

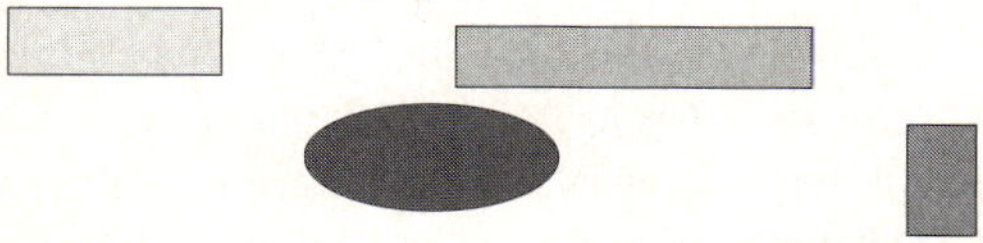

Ausgangssituation

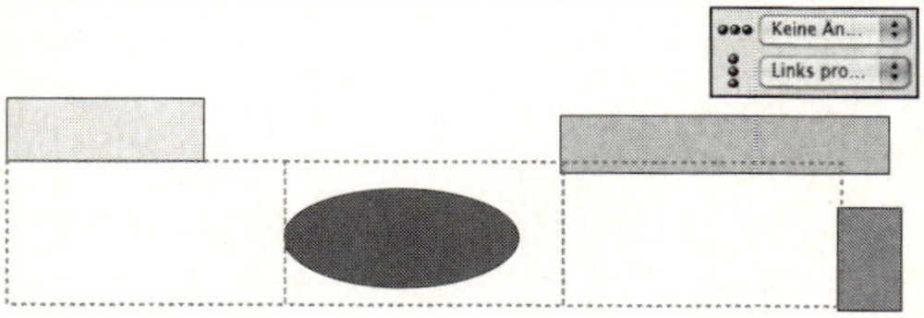

Der Abstand der linken Kanten voneinander ist gleich. Die beiden äußeren Objekte bleiben fixiert.

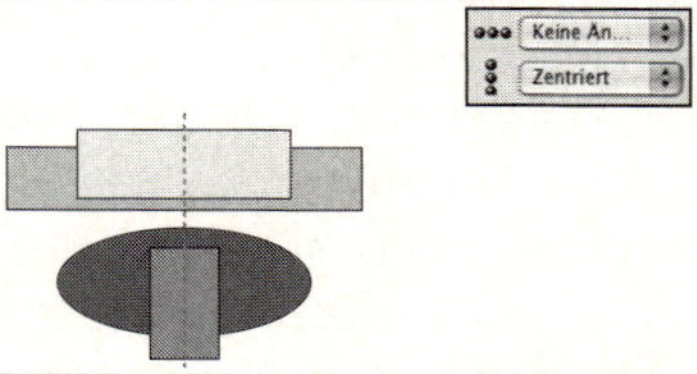

Die Mittelpunkte aller Objekte werden auf einer senkrechten Achse ausgerichtet, die in der waagerechten Mitte aller Objekte liegt.

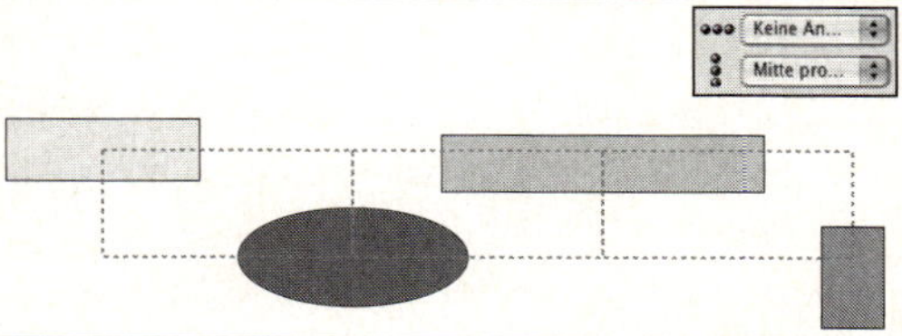

Die Mitten aller Objekte haben den gleichen Abstand voneinander. Die beiden äußeren Objekte bleiben fixiert.

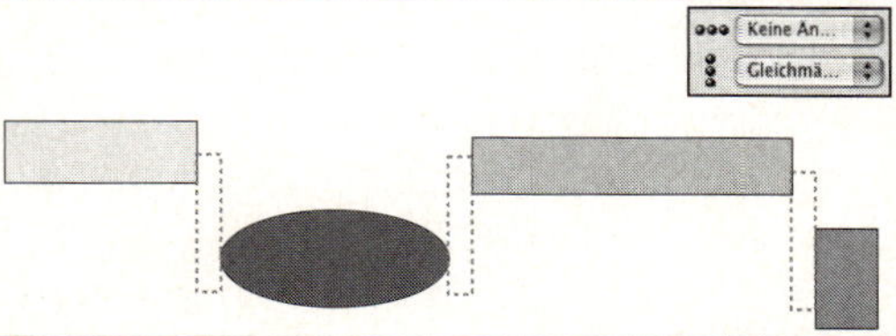

Die äußeren Objekte bleiben fest, und die anderen werden so ausgerichtet, dass der Abstand zwischen den Objekten gleich ist.

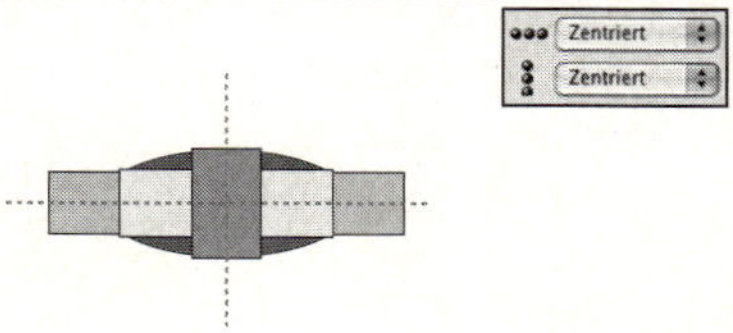

Wird sowohl in waagerechter als auch in senkrechter Richtung zentriert, fallen die Mitten aller Objekte in einem Punkt zusammen.

Zusammengesetzte Pfade

Ein zusammengesetzter Pfad besteht aus mehreren geschlossenen Pfaden, die wie ein einziger behandelt werden. Daraus folgt, dass ein zusammengesetzter Pfad die gleichen Füllungs- und Strichmerkmale aufweist.

Befehle, deren Ergebnis ein zusammengesetzter Pfad sein kann:

- *Modifizieren ➛* ***Verbinden***, allerdings nur, wenn der Befehl auf geschlossene Pfade angewendet wird. Zur Verwendung bei offenen Pfaden siehe Seite 50f. und 213ff.
- *Modifizieren ➛ Pfad ändern ➛* ***Strich erweitern ...***, nur bei der Anwendung auf geschlossene Pfade.
- *Text ➛* ***In Pfade konvertieren***
- *Modifizieren ➛ Zusammenfassen ➛* ***Öffnung***
- *Modifizieren ➛ Pfad ändern ➛* ***Überlappung entfernen***
- *Modifizieren ➛ Zusammenfassen ➛* ***Vereinigen***
- *Modifizieren ➛ Zusammenfassen ➛* ***Zuschneiden***

⚠ Einige dieser Befehle sind auch in der Symbolleiste *Xtra-Funktionen* unter *Fenster ➛ Symbolleisten* verfügbar.

Verbinden (Objekte verbinden)

Werden mehrere geschlossene Pfade oder eine Gruppe markiert und der Befehl *Verbinden* angewendet, entsteht ein zusammengesetzter Pfad, durch den die Füllung wie bei einem einzigen Objekt hindurchläuft und der an den Stellen, an denen sich die Einzelpfade überlappen, durchsichtig ist. Wird die Checkbox *Alternierende Füllung* im Bedienfeld *Objekt* deaktiviert, entstehen keine Löcher.

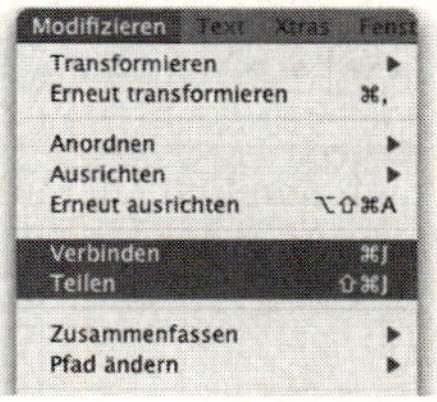

Eine Gruppe geschlossener Pfade (links), auf die der Befehl *Modifizieren* ➛ *Verbinden* oder ⌘J angewendet wurde (unten).

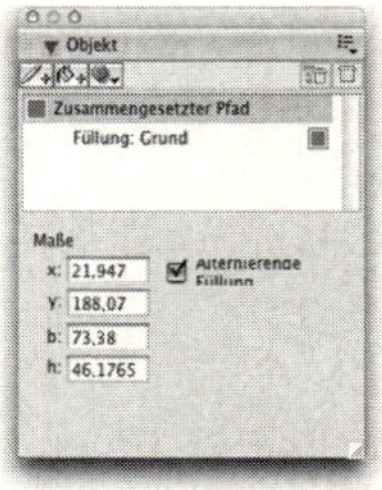

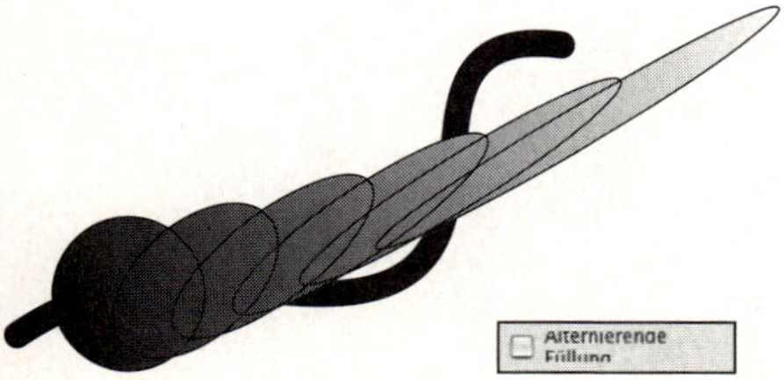

Das Bedienfeld *Objekt* eines zusammengesetzten Pfades.

Unterschiedliche Merkmale

Werden Pfade verbunden, die unterschiedliche Füllungen und Strichmerkmale aufweisen, werden die Merkmale des zuunterst liegenden Objektes übernommen.

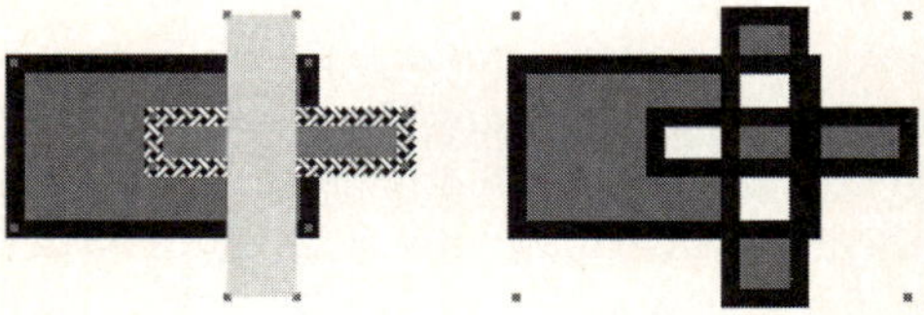

Zusammengesetzte Pfade teilen

Um einen zusammengesetzten Pfad wieder zu trennen, wird er markiert und der Befehl *Modifizieren* ➛ *Teilen* oder ⇧⌘J angewählt. Die zuvor unterschiedlichen Merkmale kehren nicht zurück.

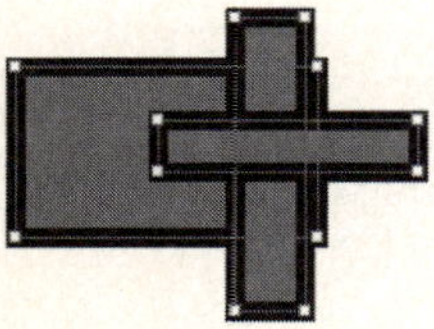

Einzelne Pfade markieren

Wird ein zusammengesetzter Pfad markiert, hat er vier Anfasser und kann wie eine Gruppe bearbeitet werden.

Ebenso können wie bei einer Gruppe einzelne Pfade bei gedrückter ⌥-Taste markiert und dann individuell bearbeitet werden. Mögliche Überlappungssituationen passen sich dabei automatisch an.

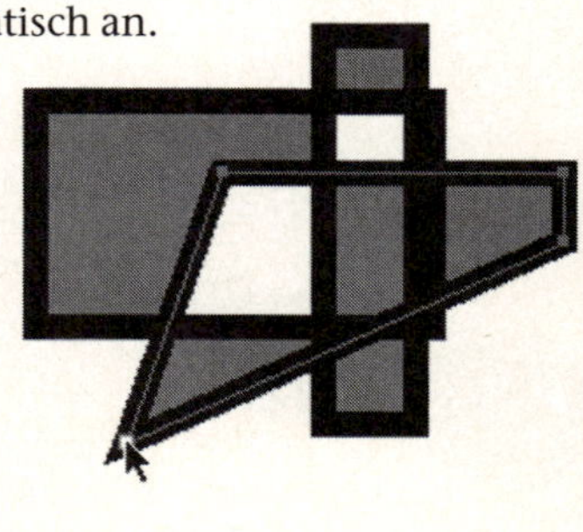

Strich erweitern

Der Befehl *Modifizieren ➛ Pfad ändern ➛ Strich erweitern …* wird für offene Pfade auf Seite 217 beschrieben.

Wird der Befehl auf geschlossene Pfade angewandt, entstehen zusammengesetzte Pfade.

Modifizieren ➛ Pfad ändern ➛ Strich erweitern … oder Symbolleiste *Xtra-Funktionen*

Beide geschlossenen Pfade wurden markiert und der Befehl *Strich erweitern …* angewählt. Es wurde im Dialog eine Strichbreite von 5 mm eingetragen. Diese neuen Objekte sind geschlossene zusammengesetzte Pfade mit schwarzer Füllung und keinem Strich. Stellt man eine *Strichart* und eine andere *Strichfarbe* ein, entsteht der Effekt einer Outline. (Siehe auch Seite 50, *Pfadoperation hebt Originalpfade auf.*)

Ändert man den voreingestellten Wert im Dialogfeld *Strich erweitern* nicht, entspricht er der vorherigen Strichstärke.

Die vorherigen Füllungen gehen übrigens verloren. Der innere Bereich wird durchsichtig.

Text in Pfade konvertieren

Text ➛ *In Pfade konvertieren* oder ⇧⌘P

Der Befehl *Text* ➛ *In Pfade konvertieren* oder ⇧⌘P erstellt Pfade entlang der Konturen der Textzeichen des markierten Blocks. Es ist nicht möglich, einzelne markierte Zeichen eines Textblocks umzuwandeln. Der Originaltext wird gelöscht, und es entsteht eine Gruppe aus den Pfaden, die um jeden Buchstaben gebildet wurden. Buchstaben, die aus mehreren Komponenten bestehen, wie das *i*, werden in zusammengesetzte Pfade umgewandelt, Buchstaben mit Löchern wie *O, B, R* usw. ebenfalls.

Die Pfade werden vom Programm nach den Printerfonts berechnet, die im System geladen sein müssen. Schriftsätze, bei denen nur die Screenfonts vorhanden sind, können nicht umgewandelt werden.

Die umgewandelten Schriftzeichen bilden eine Gruppe von Pfaden. Nach der Aufhebung der Gruppierung (⇧⌘G) bilden die Formen einfacher Schriftzeichen normale Pfade, das *D* und das *i* zusammengesetzte Pfade. Werden die Pfade mit

Modifizieren ➛ *Teilen* getrennt, verschwindet das Loch im *D*.

Objekte, die aus Text hervorgegangen sind, behalten die Information des Überdruckens.

Die Pfade können individuell verändert werden, auch ohne die Gruppe oder die Verbindung aufzulösen, indem die einzelnen Pfade mit der ⌥-Taste markiert werden.

Die gesamte Gruppe kann mit dem Befehl *Objekte verbinden* oder ⌘J in einen zusammengesetzten Pfad umgewandelt werden.

Es können auch bereits zusammengesetzte Pfade verbunden werden. Dem entstandenen neuen zusammengesetzten Pfad wurde nachträglich eine radiale Füllung zugewiesen, um den dunkelsten Punkt in der Mitte zu erhalten.

⚠ Text wird nicht nur dann in Pfade umgewandelt, wenn man die Zeichen bearbeiten will. Der Befehl ist auch sehr praktisch, wenn die Illustration exportiert werden soll. Beim Druck eines EPS müssen alle enthaltenen Schriften verfügbar sein. Kommt nicht allzu viel Text vor und wurde dieser in Pfade umgewandelt, ist die Ausgabe von den vorhandenen Schriften unabhängig, da ja nur Pfade gedruckt werden müssen. Auch beim Umwandeln von Text sollte man von dem Befehl *Modifizieren ➛ Pfad ändern ➛ Vereinfachen...* Gebrauch machen. Hiermit werden viele überflüssige Punkte gelöscht, und die Datenmenge verringert sich.

Öffnung und Überlappungen entfernen

Öffnung (Stanzen)

Modifizieren ➛ Zusammenfassen ➛ Öffnung
oder Symbolleiste *Xtra-Funktionen*

Der Befehl *Modifizieren ➛ Zusammenfassen ➛ Öffnung* spart die Form des oben liegenden aus dem unteren Pfad aus.

Ragt die auszustanzende Form nirgends aus der Form des unteren Pfades heraus, ist der Effekt der gleiche, wie wenn der Befehl *Vereinigen* angewendet worden wäre. (Siehe auch Seite 50, *Pfadoperationen heben Originalpfade auf.*)

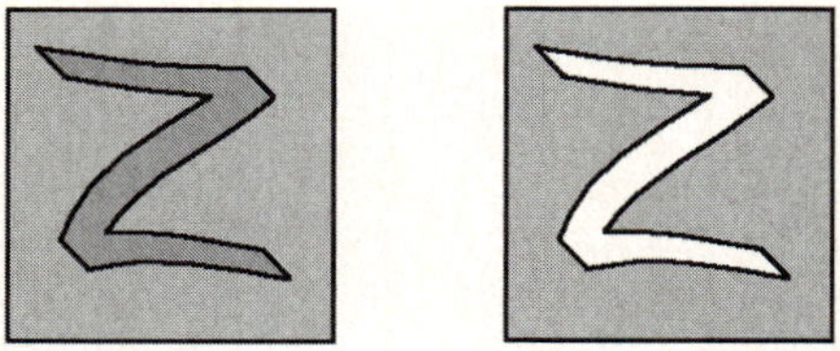

Überlappung entfernen

Modifizieren ➛ Pfad ändern ➛ Überlappung entfernen
oder Symbolleiste *Xtra-Funktionen*

Der Befehl *Modifizieren ➛ Pfad ändern ➛ Überlappung entfernen* kann nur auf einen geschlossenen Pfad angewendet werden und löscht die Teile, wo der Pfad sich selbst überlappt. Der Befehl wird häufig bei Formen angewendet, die mit dem *Freihand*-Werkzeug und erstellt wurden.

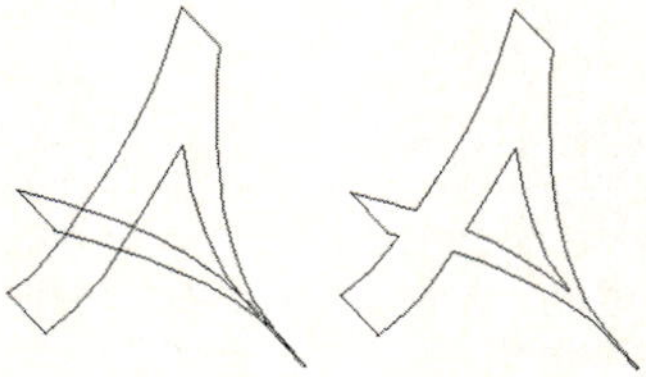

Vereinigen

Auch dieser Befehl kann nur auf geschlossene Pfade angewendet werden. Es entsteht ein neuer Pfad, der die Außenform aller markierten Pfade bildet. Die Originale werden gelöscht.

Modifizieren ➛ *Zusammenfassen* ➛ *Vereinigen* oder Symbolleiste *Xtra-Funktionen*

Auf die Gruppe wurde der Befehl *Vereinigen* angewendet. Da sich alle Originalpfade überlappen, entsteht ein normaler neuer Pfad, und die Originale werden gelöscht (siehe auch Seite 50, *Pfadoperationen heben Originalpfade auf*).
Bei allen vom Programm gebildeten Formen ist es sinnvoll, den Befehl *Modifizieren* ➛ *Pfad ändern* ➛ *Vereinfachen ...* anzuwenden, um überflüssige Punkte zu löschen.

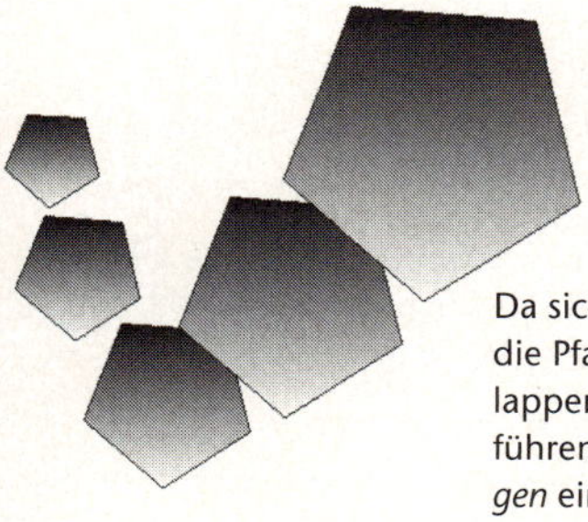

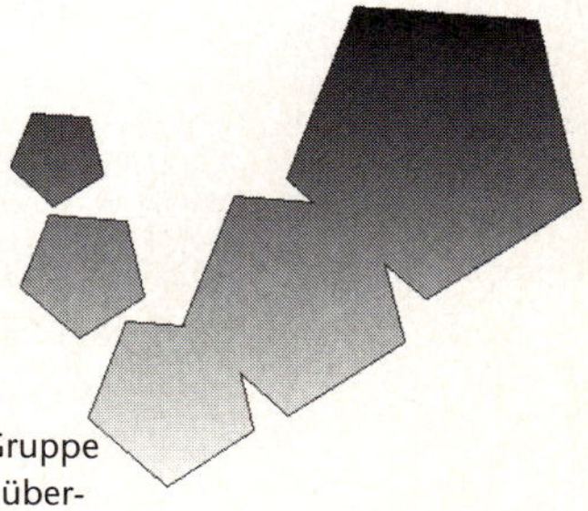

Da sich bei dieser Gruppe die Pfade nicht alle überlappen, entsteht nach Ausführen des Befehls *Vereinigen* ein *zusammengesetzter Pfad*.

Zuschneiden und Transparenz

Zuschneiden

Modifizieren ➛ Zusammenfassen ➛ Zuschneiden oder Symbolleiste *Xtra-Funktionen*

Der Befehl *Modifizieren ➛ Zusammenfassen ➛ Zuschneiden* bildet einen Pfad, der die Form der sich überschneidenden Teile nachbildet und die Originale löscht (siehe auch Seite 50, *Pfadoperation hebt Originalpfad auf*).

Beide geschlossenen Pfade werden markiert und der Befehl *Zuschneiden* angewählt. Der neue, hier zusammengesetzte Pfad besteht aus den Teilen, wo sich die Objekte überschneiden, und hat die Merkmale des hinten gelegenen angenommen.

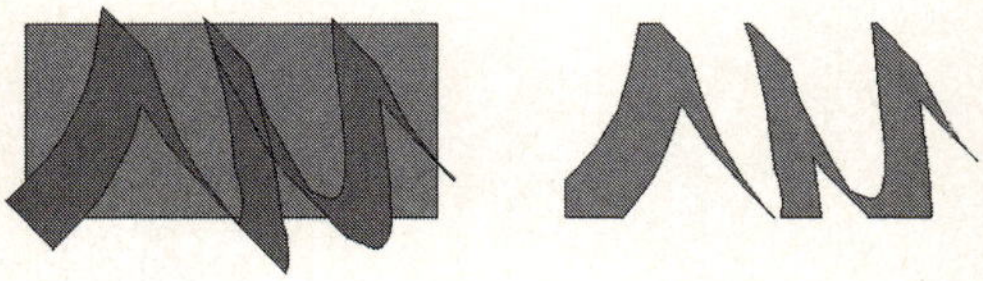

Werden mehrere Pfade markiert, bleibt nur der Teil übrig, an dem sich alle Pfade überschneiden.

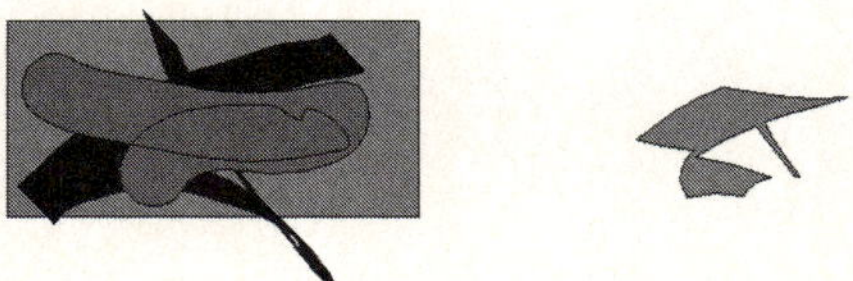

Transparenz

Der aus älteren FreeHand-Versionen bekannte Befehl ist in FreeHand MX ersatzlos gestrichen worden. Die zur Verfügung stehenden Transparenz-Live-Rastereffekte *Einfache Transparenz, Feder* und *Verlaufsmaske* basieren auf Pixelinformationen, nicht wie der alte Befehl Transparenz auf Vektorobjekten (siehe auch Live-Rastereffekte Seite 274ff.).

Live-Rastereffekte

Live-Rastereffekte können mit dem Befehl *Attribute trennen* aus dem Menü *Modifizieren* in Einzelobjekte umgewandelt werden. Bei Effekten mit Transparenzen entstehen dadurch nach Aufheben der Gruppierung RGB-Bilder. Zudem gehören die Live-Rastereffekte mit Transparenzen zu den Problemobjekten, wenn es um die Ausgabe der FreeHand-Dokumente auf hochauflösenden PostScript-Geräten geht.

Bei den einfachen Live-Rastereffekten, wie *Ausgefranst, Duett, Entwurf, Krümmung* und *Transformieren*, entstehen weder RGB-Bilddaten noch zusammengesetzte Pfade, sondern einfache Objektstrukturen. Einzig der Effekt *Pfad erweitern* erstellt identisch zu dem gleichnamigen Befehl unter *Modifizieren ➛ Zusammenfassen* zusammengesetzte Pfade, wenn auf die Objekte der Befehl *Modifizieren ➛ Attribute trennen* angewendet wird.

Nach dem Trennen der Attribute muss anschließend noch die Gruppierung mit ⌥⌘G aufgehoben werden.

Vor *Attribute trennen*

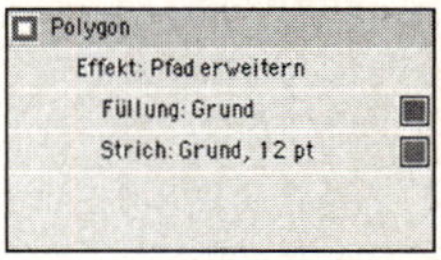

Nach *Attribute trennen*

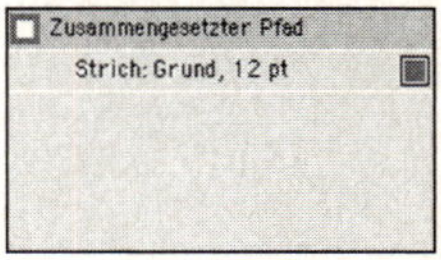

Übergangseffekte durch Mischungen

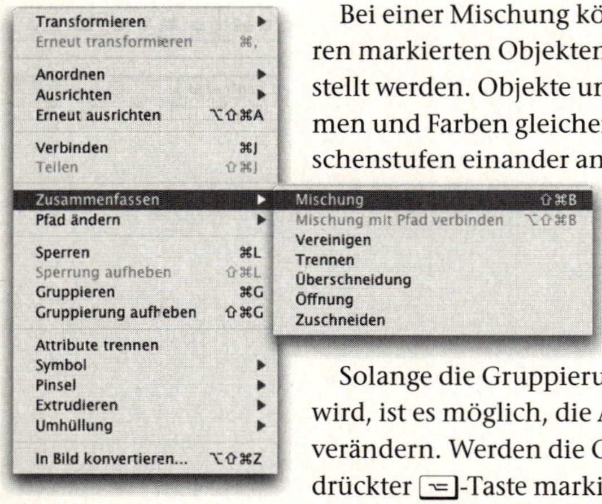

Es kann bestimmt werden, ob die Mischung um den Pfad rotieren soll oder nicht.

Es sind Mischungen über mehrere Objekte möglich. Man muss jedoch darauf achten, dass die Objekthierarchie stimmt. Das zuletzt erzeugte Objekt liegt oben.

Die *Druckerauflösung* wird im Bedienfeld *Dokument* eingestellt und beinflusst maßgeblich die Anzahl der Mischungsstufen bei der Erstellung von Mischungen.

Bei einer Mischung können zwischen mehreren markierten Objekten Zwischenstufen erstellt werden. Objekte unterschiedlicher Formen und Farben gleichen sich über die Zwischenstufen einander an.

Es entsteht eine Gruppe, die aus Originalpfaden und der Gruppe der Zwischenstufen besteht.

Solange die Gruppierung nicht aufgehoben wird, ist es möglich, die Anzahl der Stufen zu verändern. Werden die Originalpfade bei gedrückter ⌥-Taste markiert und verändert, passt sich die Mischung automatisch an. Es ist auch möglich, sie mit einem anderen Pfad zu verbinden und Gruppierungen und Verbindungen *(Zusammengesetzte Pfade)* zu mischen.

Die Zahl der automatisch errechneten Zwischenstufen hängt von der eingestellten Druckerauflösung und den verwendeten Farben ab. Nachträglich können sie im Bedienfeld *Objekt* jedoch verändert werden.

Gemischt werden können:

- offene oder geschlossene Pfade;
- gruppierte oder verbundene Objekte;
- Objekte, die die gleiche Füllungs- und Stricharten aufweisen (Farben, Strichbreiten und Füllungswinkel können unterschiedlich sein). Bei der Mischung von Objekten mit Volltonfarben sind die errechneten Übergangsfarben Prozessfarben.

Offene Pfade mischen

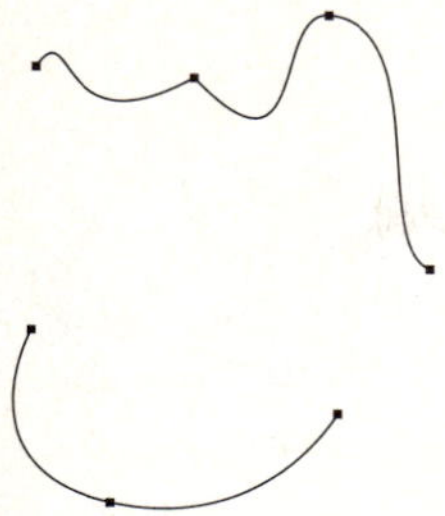

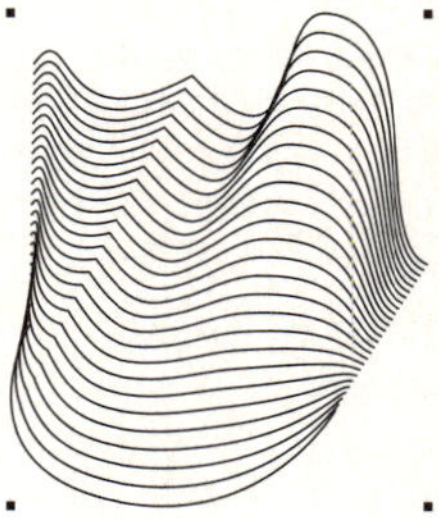

Die Pfade werden markiert und der Befehl *Modifizieren ➛ Zusammenfassen ➛ Mischung* oder ⇧⌘B angewählt.
Die Anzahl der Zwischenstufen hängt von der im Bedienfeld *Dokument* eingestellten *Druckerauflösung* ab.
Die Originale sollten die gleiche Richtung haben, da sonst die Mischung über Kreuz erstellt wird (siehe Seite 388).

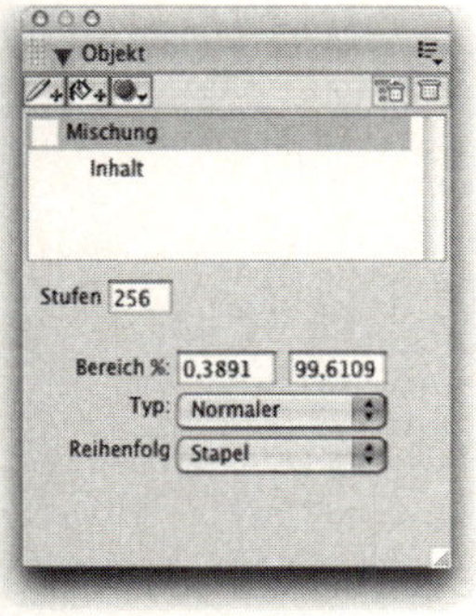

Anzahl der Stufen

Das Bedienfeld *Objekt* zeigt die Anzahl der Stufen, die durch den Eintrag einer anderen Zahl verändert werden kann.

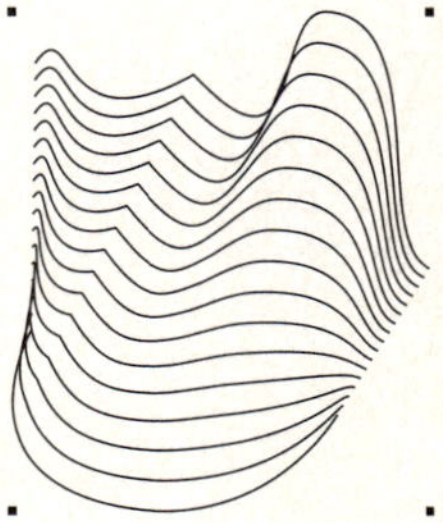

Druckerauflösung

Wird die Druckerauflösung im Bedienfeld *Dokument* erhöht, hat dies keinen Einfluss auf schon bestehende Mischungen, sondern nur auf solche, die nach der Veränderung erstellt werden.
Je höher die Auflösung, desto mehr Zwischenstufen werden erstellt.

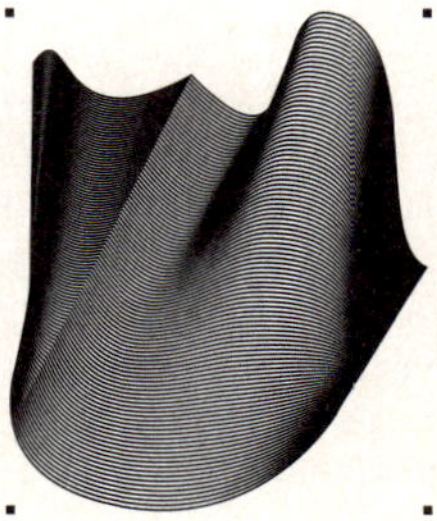

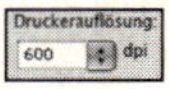

Bereich %

Eine Mischung fängt bei dem Pfad an, der oben liegt. Laut Voreinstellung werden die Stufen gleichmäßig zwischen den Originalen verteilt. Die Felder von Bereich % im Bedienfeld *Objekt* geben an, bei wie viel Prozent der Gesamtstrecke zwischen zwei Originalobjekten die erste und letzte Stufe positioniert werden. Die Werte können verändert werden.

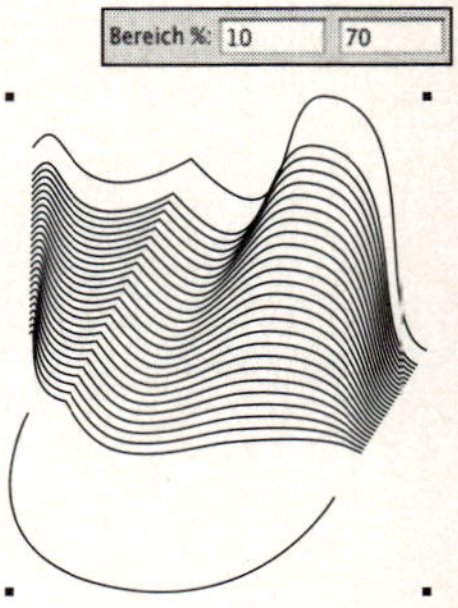

Die Gruppierung aufheben

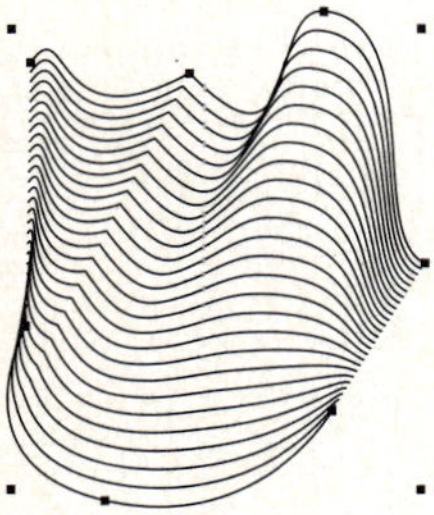

Wird auf die Mischung der Befehl ⇧⌘U *(Gruppierung aufheben)* angewandt, zerfällt sie in die Gruppe der Zwischenstufen und die Originalpfade. Veränderungen an den Originalen werden jetzt nicht mehr automatisch nachvollzogen.

Die Originalpfade nachträglich verändern

Die Originale können bei gedrückter ⌥-Taste markiert und verändert werden. Die Mischung wird automatisch neu gebildet, solange die Gruppierung von Originalen und Stufen nicht rückgängig gemacht wurde. Ist dies geschehen, muss die Gruppe der Stufen gelöscht und die Mischung neu erstellt werden.

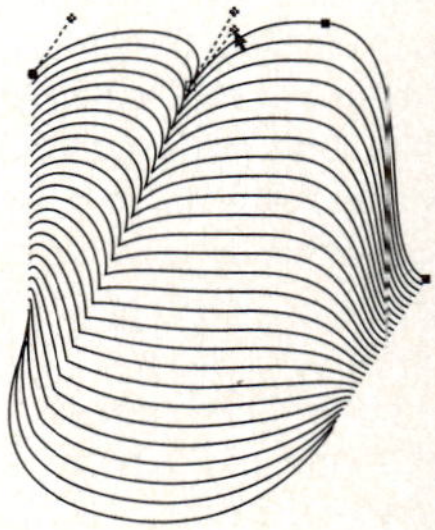

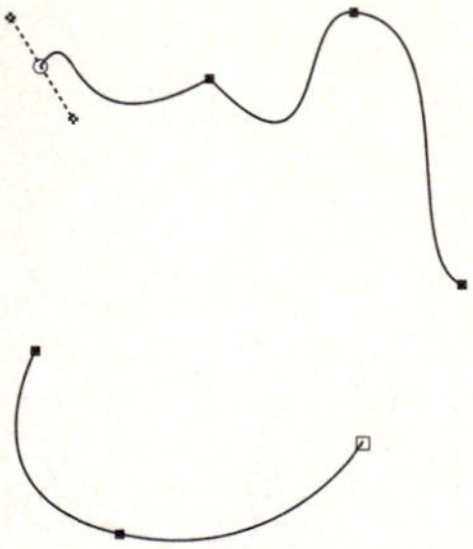

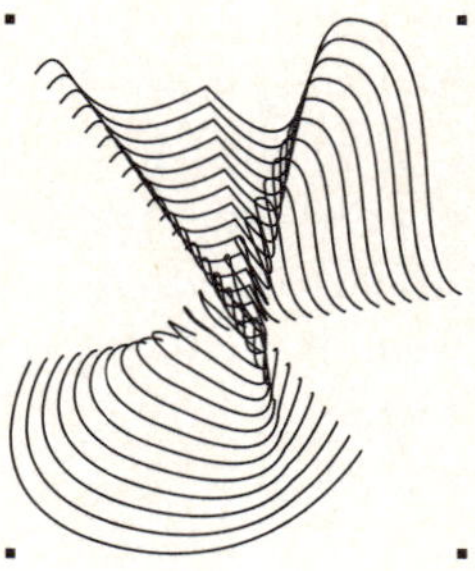

Die Richtung

Soll die Mischung nicht linear, sondern über Kreuz verlaufen, kann man entgegengesetzte Endpunkte der Originale markieren und dann mischen. Der gleiche Effekt entsteht, wenn man stattdessen die Richtung eines Originals umkehrt *(Modifizieren ➛ Pfad ändern ➛ Richtung umkehren)*.

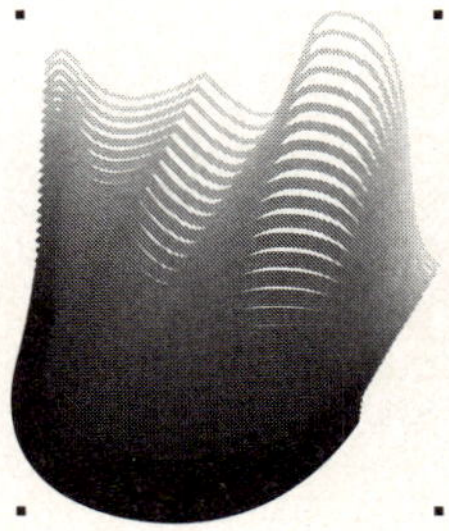

Unterschiedliche Farben und Strichbreiten

Den Originalen können unterschiedliche Farben und Strichbreiten zugeordnet sein. Nur die Strichart muss übereinstimmen.

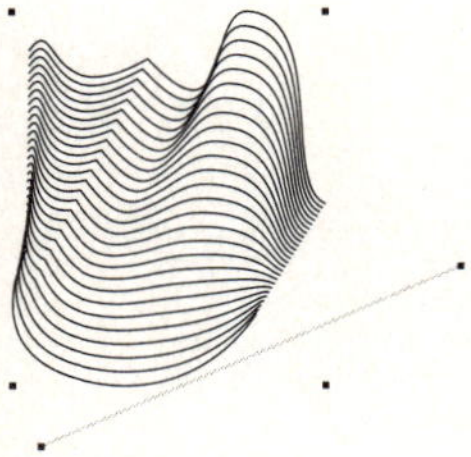

Mischung mit Pfad verbinden

Sofern die Gruppierung der Mischung nicht aufgehoben wurde, kann diese mit einem weiteren Pfad verbunden werden. Mischung und Pfad müssen markiert werden, um den Befehl *Modifizieren ➛ Zusammenfassen ➛ Mischung mit Pfad verbinden* anwenden zu können. Anschließend ist es im Bedienfeld *Objekt* möglich, zu bestimmen, ob die Mischung um den Pfad rotieren soll oder nicht. Das Mischen-Werkzeug kann, drückt man die [⌥]-Taste ebenfalls, die Mischung mit dem Pfad verbinden.

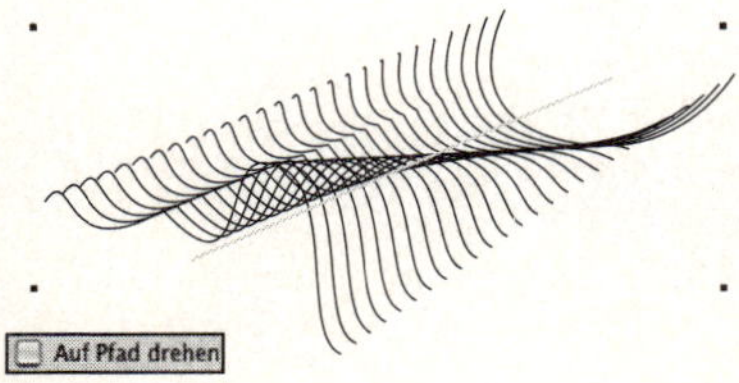

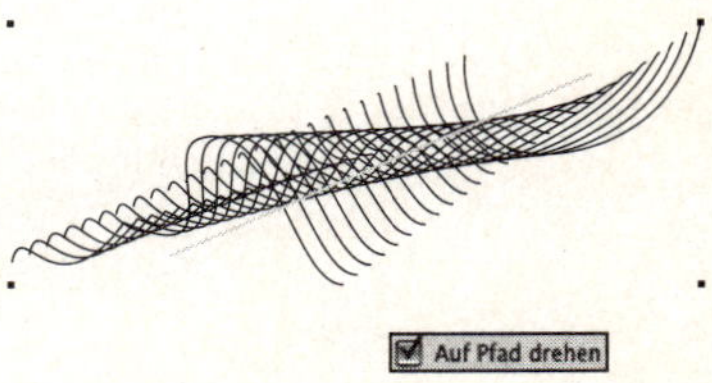

Geschlossene Pfade mischen

Alles, was für offene Pfade gesagt wurde, gilt auch für geschlossene.

Sollen geschlossene Pfade gemischt werden, ist es jedoch sehr von Vorteil, bei den Originalen einen Bezugspunkt zu markieren, auch wenn es nicht zwingend notwendig ist.

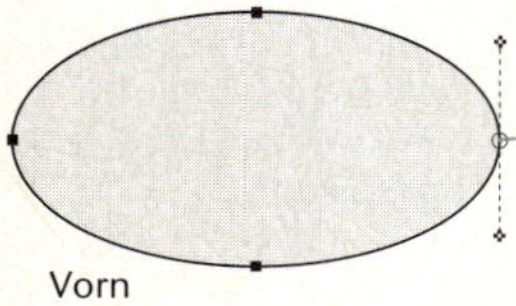

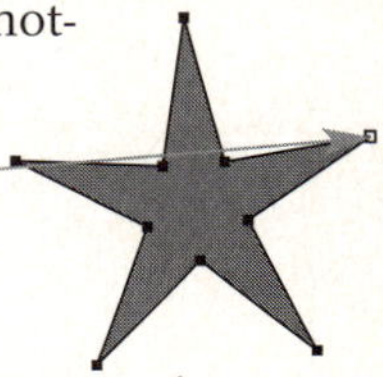

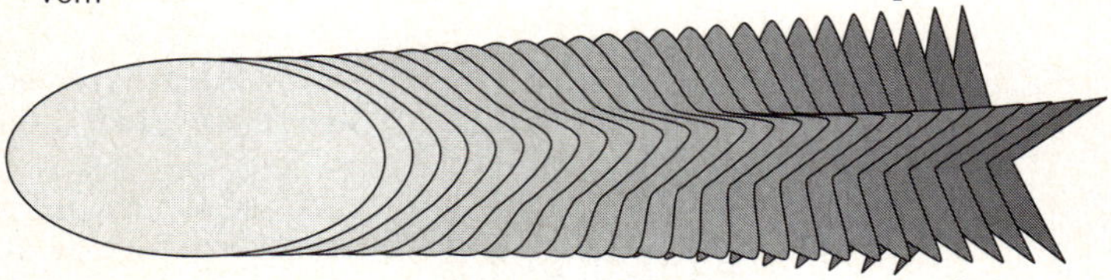

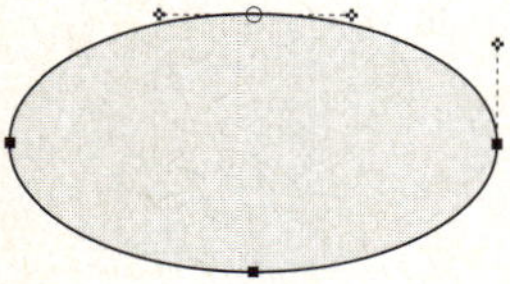

Die Wahl der markierten Bezugspunkte beeinflusst das Ergebnis der Mischung ebenso wie die Lage der Objekte zueinander.

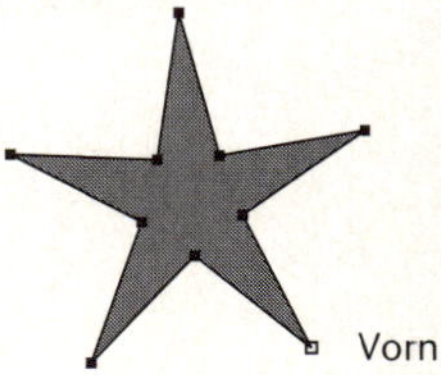

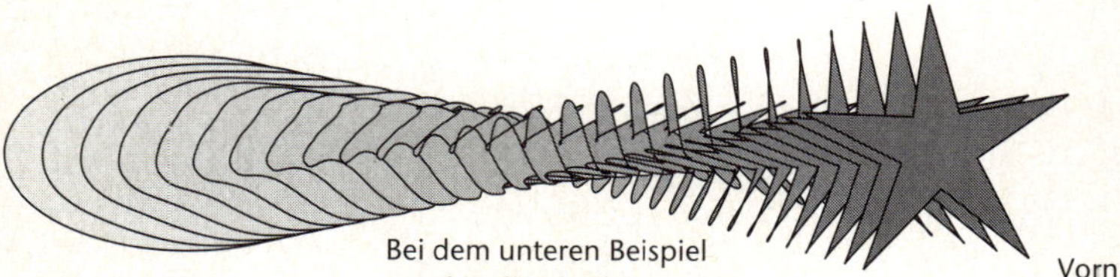

Bei dem unteren Beispiel wurden die gleichen Bezugspunkte markiert wie oben, aber die Richtung des einen Originals umgedreht *(Modifizieren ➛ Pfad ändern ➛ Richtung umkehren* oder *Fenster ➛ Xtras ➛ Operationen)*.

Mischung geschlossener Pfade mit geschlossenem Pfad verbinden

Wie offene Pfade können auch geschlossene Pfade, wie man am Beispiel gegenüber erkennen kann, gemischt werden. Ein Pfad, an dem eine Mischung entlangläuft, kann offen (siehe Seite 387) oder geschlossen sein. Am Beispiel der Uhr soll das einmal demonstriert werden.

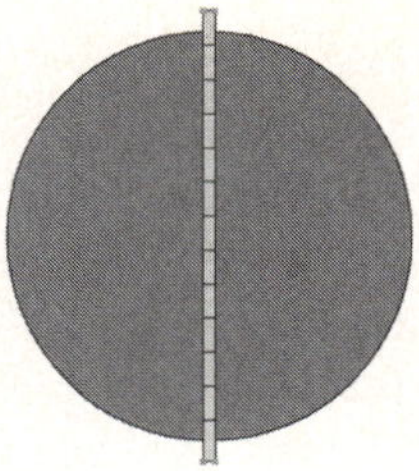

Zuerst wurden zwei gleiche Rechtecke an den beiden Scheitelpunkten der senkrechten Achse eines Kreises platziert. Die Rechtecke wurden mit 11 Stufen gemischt.

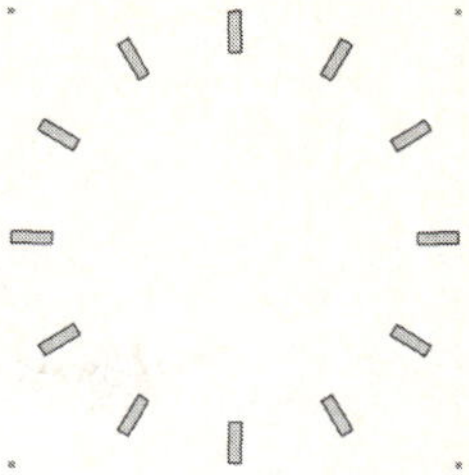

Anschließend wurden Kreis und Mischung mit dem Befehl *Modifizieren ➛ Zusammenfassen ➛ Mischung mit Pfad verbinden* mit dem Kreis verbunden. Die Option *Auf Pfad rotieren* im Bedienfeld *Objekt* ist eingeschaltet.

Standardmäßig wird der Pfad von FreeHand ausgeblendet, er kann jedoch jederzeit mit der Option *Pfad anzeigen* wieder sichtbar gemacht werden. Zusätzlich wurde der Kreis bei gedrückter ⌥-Taste markiert und nach hinten gestellt.

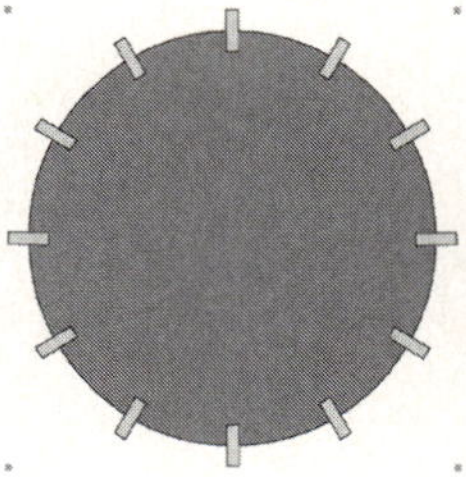

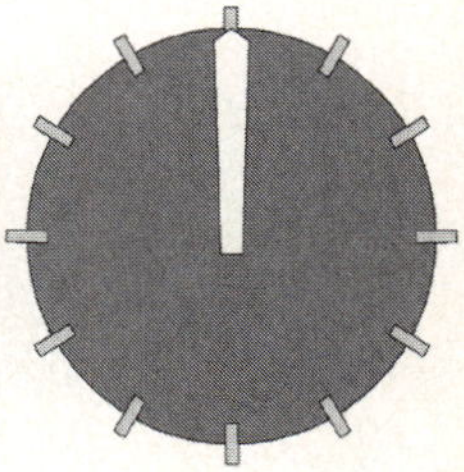

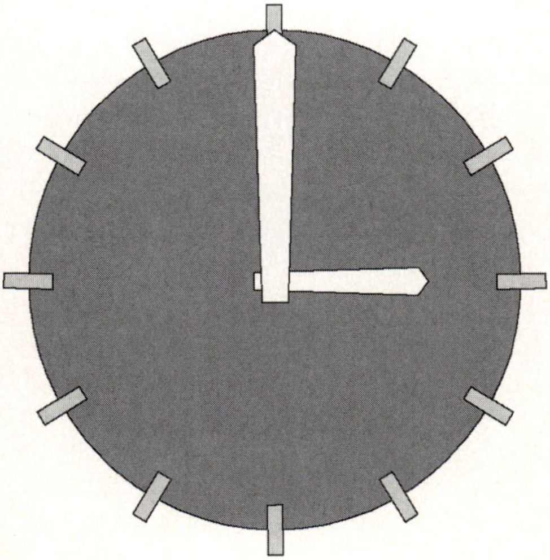

Mit dem *Polygon-Werkzeug* wurde abschließend noch ein fünfeckiges Vieleck erzeugt. Das Vieleck wurde zuerst entgruppiert und anschließend an den unteren beiden Pfadpunkten in die Länge gezogen und korrekt platziert. Der große Zeiger wurde geklont und verkleinert, um den kleinen Zeiger zu erhalten. Abschließend wurde die Anordnung der Zeiger zueinander korrigiert.

Zusammengesetzte Pfade und Gruppierungen mischen

In FreeHand MX ist es nicht nur möglich, einzelne Formen und Striche miteinander zu mischen, es können auch komplexe Objektgruppen vermischt werden, z. B. Gruppen mit Gruppen, zusammengesetzte Pfade mit zusammengesetzten Pfaden oder Gruppen mit zusammengesetzten Pfaden. Das ist z. B. sehr praktisch, wenn Schriftzeichen ineinander laufen sollen. Zeichen wie A, a, B, b, e, O, o etc. stellen eine Sonderform von Objekten dar, da sie in den inneren Bereichen Löcher bilden müssen. Nach dem Umwandeln solcher Textzeichen in Pfade entstehen zusammengesetzte Pfade.

Gruppen dürfen nur einfache Pfade enthalten, keine zusammengesetzten Pfade, Gruppen, Bilder und Texte.

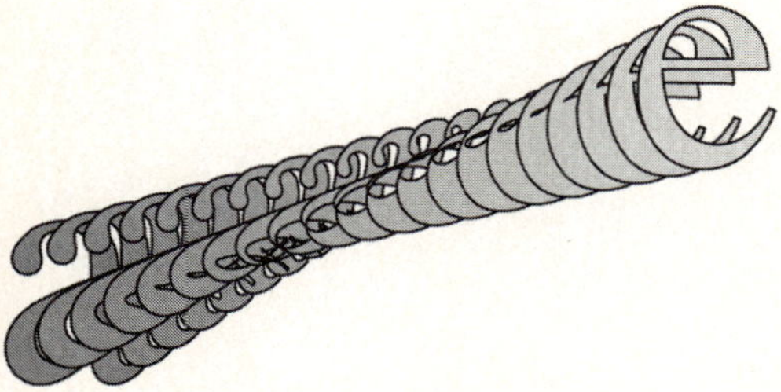

Beim Mischen zusammengesetzter Pfade ist es durchaus wichtig zu entscheiden, in welcher hierarchischen Position sich ein entsprechender Pfad zu einem anderen befindet. Entsprechend verhalten sich die Löcher in den Mischungsstufen.

Bei diesen Mischungsformen wird es nötig, weitere Kriterien des Mischungsvorganges einzustellen. FreeHand bietet diese Möglichkeit im Bedienfeld *Objekt*. Das Pop-up-Menü *Typ* bietet drei Einstellmöglichkeiten, die versuchen, bestimmten Pfadsituationen gerecht zu werden.

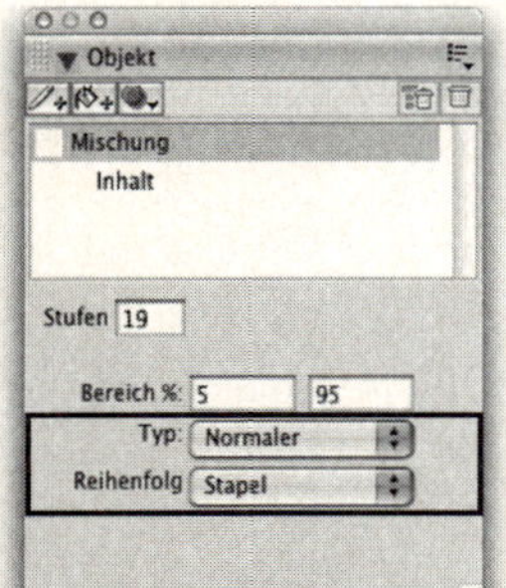

Normal: eher eine globale Einstellmöglichkeit, die auch nur normale Ergebnisse liefert.

Horizontal: erzielt optimale Ergebnisse bei komplexen Pfaden mit nicht überlappenden Unterpfaden. Teilt segmentierte Pfade in horizontale Abschnitte ein.

Vertikal: Auch hier werden optimale Ergebnisse bei komplexen Pfaden mit nicht überlappenden Unterpfaden erzielt. Segmentierte Pfade werden jedoch in vertikale Abschnitte eingeteilt.

Blocksatz: Es gibt seitens des Originalhandbuches und der Onlinehilfe keinen Hinweis darauf, was diese Option bewirken soll. Ich vermute, es soll eine Synthese aus allen drei zuvor genannten Optionen sein und der Formverschmelzung besonders entgegenkommen.

Die Optionen unter *Reihenfolge* legen fest, wie FreeHand beim Mischen mit vorhandenen Unterpfaden umgehen soll.

Position: Mischungen werden automatisch auf der Basis der horizontalen und vertikalen Position der Einzelobjekte angeordnet.

Stapel: Mischungen werden automatisch auf der Basis der hierarchischen Position der Einzelobjekte angeordnet.

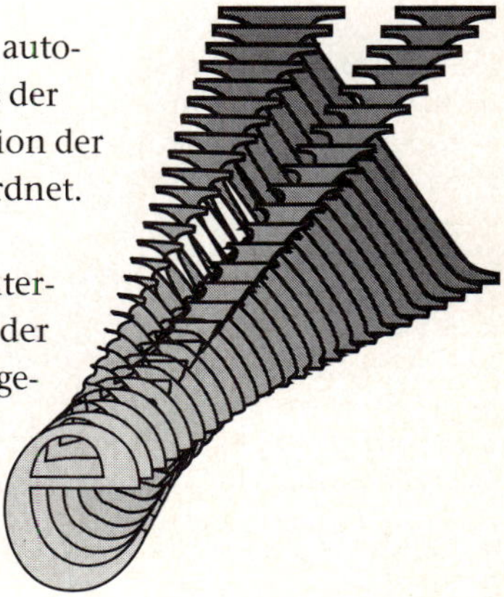

Auf der nächsten Seite werden die unterschiedlichen Einstelloptionen anhand der unten gezeigten Ausgangssituation dargestellt.

Typ: ***Normal***

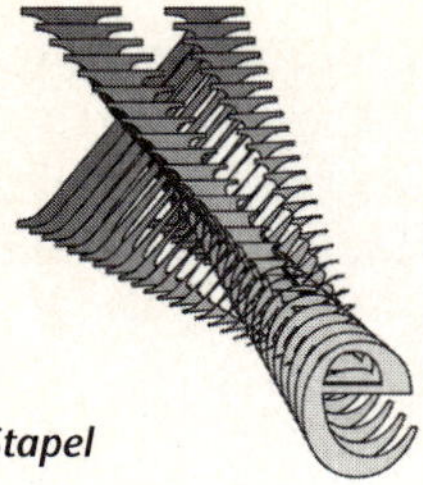

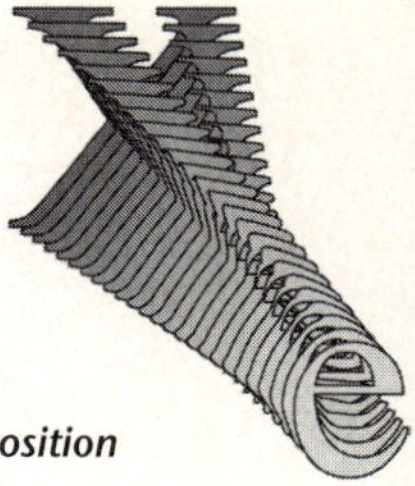

Reihenfolge ***Stapel*** ***Position***

Typ: ***Horizontal***

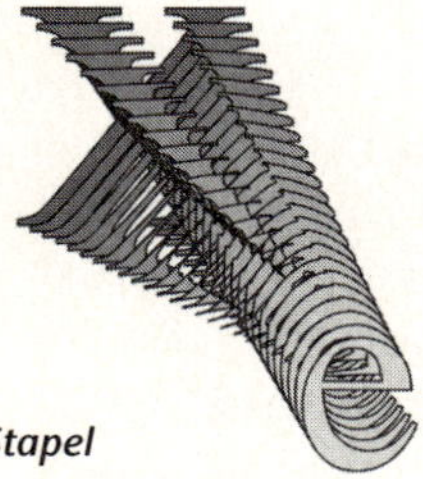

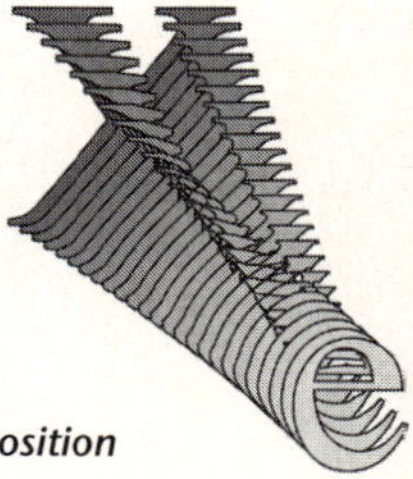

Reihenfolge ***Stapel*** ***Position***

Typ: ***Vertikal***

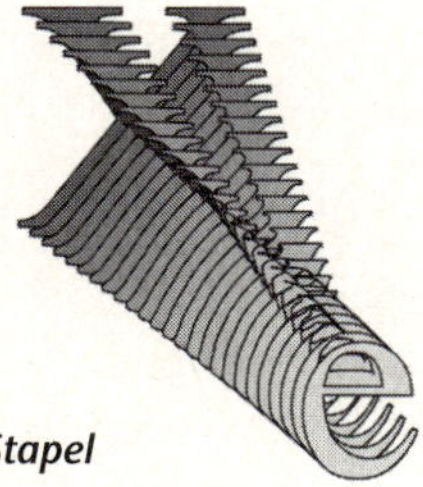

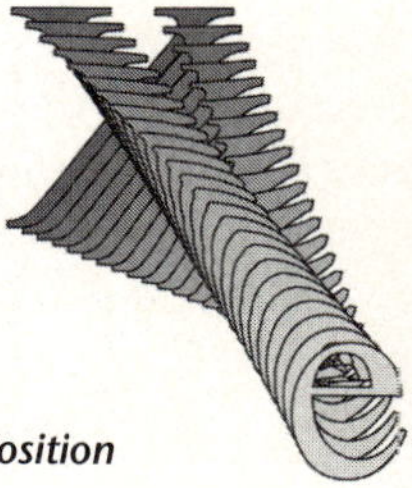

Reihenfolge ***Stapel*** ***Position***

Das Wort **„Zusammen“** wurde in Pfade konvertiert, die Buchstaben zueinander anders angeordnet und anschließend mit dem Befehl *Modifizieren* ➛ *Verbinden* zu einem zusammengesetzten Pfad gemacht. Anschließend wurde zum Buchstaben **„e“** gemischt. Es sollte möglichst vor dem Verbinden *Ebenen-Info sichern* ausgeschaltet werden.

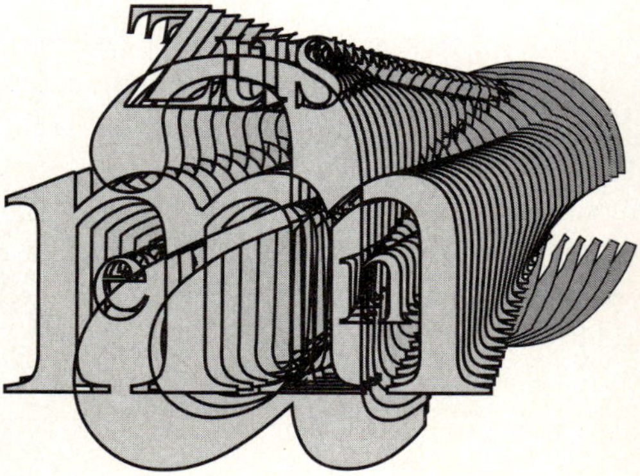

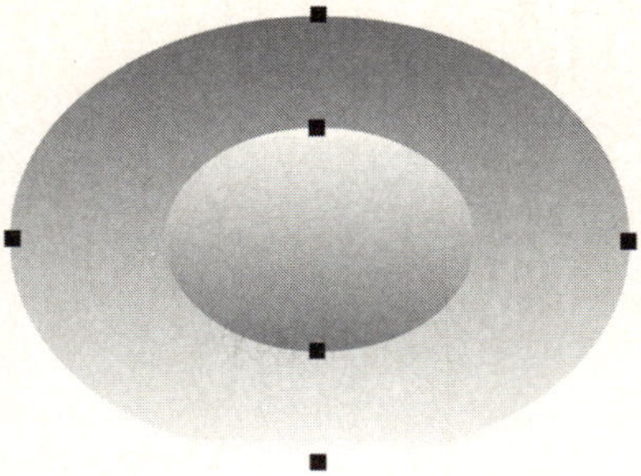

Farbübergänge bei Füllungen mit unterschiedlichen Winkeln

Werden den beiden Objekten Füllungen mit unterschiedlichen Winkeln und Farben zugewiesen, dreht sich die Richtung im Verlauf der Mischung, sodass räumliche Effekte entstehen können.

Die beiden Ellipsen wurden bei einer eingestellten Druckerauflösung von 2540 dpi vereinigt, sodass 256 Zwischenstufen entstanden und dadurch die Abstufung der Graustufen feiner verläuft. Das untere Beispiel wurde bei einer Druckerauflösung von 1270 dpi vereinigt, die Zahl der Zwischenstufen beträgt 112. Es ist zwecklos und speicheraufwendig, eine höhere Auflösung einzustellen als die des Endausgabegerätes beziehungsweise mehr Stufen als die vom Programm errechneten. Siehe auch Beispiel im Farbteil.

Mischen-Werkzeug

Mit dem Werkzeug kann die Mischen-Funktion intuitiv angewendet werden. Der Mischen-Vorgang ist, nachdem das Ausgangs- und das Zielobjekt gezeigt wurde, in Vorschau zu sehen. Wird die *Druckerauflösung* im Bedienfeld *Dokument* zuvor auf einen

kleinen Wert gesetzt, lassen sich die Stufen auch bei Strichen gut erkennen. Wird bei gedrückter ⌥-Taste von einer vorhandenen Mischung zu einem beliebigen Pfad gezogen, verbindet sich die Mischung mit dem Pfad und läuft an diesem entlang.

Transformationen

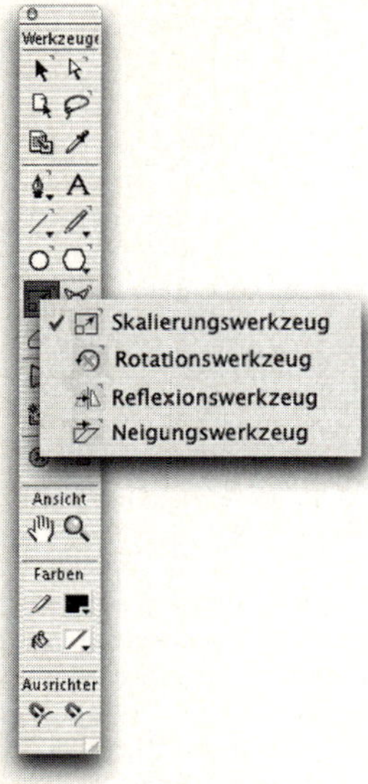

Ist ein Werkzeug ausgewählt, kann der Pfeilzeiger vorübergehend aktiviert werden, solange die ⌘-Taste gedrückt wird. Dadurch ist es schnell möglich, Objekte zu markieren und zu verwandeln. Wird ein Transformationswerkzeug ausgewählt, verwandelt sich der Cursor in einen Sterncursor.

Bei allen Transformationen mit einem Werkzeug kann durch das Drücken der ⇧-Taste der Winkel auf 45-Grad-Schritte beschränkt werden (siehe hierzu die Funktion des eingestellten Darstellungswinkels auf Seite 25f.). Beim Skalieren bewirkt die ⇧-Taste eine proportionale Größenveränderung.

Unter Transformationen versteht man das *Verschieben, Rotieren, Skalieren, Neigen* und *Spiegeln* von Objekten, auch Textblöcken, oder markierten Punkten.

Alle diese Funktionen können mit den entsprechenden Werkzeugen oder über das Bedienfeld *Transformieren* durchgeführt werden.

Bei allen Transformationen ist es am praktischsten, mit Gruppen zu arbeiten. Leider treten bei sehr großen Illustrationen (z. B. A0) Ungenauigkeiten auf, sodass hier auf die Gruppierung verzichtet werden sollte. Man beachte die Bedeutung der Checkbox *Als Einheit transformieren* im Bedienfeld *Objekt* für Gruppen (siehe auch Seite 226 und Seite 364).

Im Bedienfeld *Transformieren* kann festgelegt werden, ob Striche, bestimmte Füllungsarten und Inhalt mitverwandelt werden oder nicht. Die dort festgelegten Einstellungen gelten dann auch für die Werkzeuge. Wird zum Beispiel beim *Spiegeln* die Transformation der Füllung aktiviert, gilt diese Einstellung auch für alle anderen Arten der Transformationen. Bei Gruppen werden die Merkmale nur dann *nicht* mittransformiert, wenn im Bedienfeld *Objekt* die Checkbox *Als Einheit zus.fassen* deaktiviert ist. Wird die Gruppierung rückgängig gemacht, sind Strichstärken und Füllungen nicht mehr verzerrt, aber transformiert.

Das Bedienfeld Transformieren

Im Bedienfeld *Transformieren* werden die Werte numerisch eingegeben und durch das Anklicken der Schaltfläche *Verschieben, Drehen, Skalieren, Neigen und Spiegeln* die Transformation ausgeführt. Es ist nicht notwendig, zusätzlich das Werkzeug auszuwählen. Wird mit den Werkzeugen umgewandelt, können während des Vorgangs die Werte in der *Info-Leiste* abgelesen werden, sodass man sehr genau arbeiten kann. Eine Beschreibung der Bezeichnungen in der *Info-Leiste* befindet sich auf Seite 399ff.

Sind Objekte markiert, kann das Bedienfeld *Transformieren* geöffnet werden:

- *Fenster* ➛ *Bedienfelder* ➛ *Transformieren ...* , *Modifizieren* ➛ *Transformieren* oder ⌘F10, ⌘F11, ⌘F13
- Doppelklick auf eines der Transformationswerkzeuge,
- Auswahl eines Transformationswerkzeuges und Klick bei gedrückter ⌥-Taste auf die Arbeitsfläche.

Wird die Transformation mit der Maus durchgeführt, kann das Objekt in der Vorschau dargestellt werden, wenn man kurz die ⌥-Taste drückt.

Zur Wiederholung von Transformationen kann die Tastenkombination ⌘, benutzt werden oder die Transformationssequenzen mit *Power-Duplicate* (siehe Seite 366f.).

Im Eingabefeld *Kopie*n kann numerisch die Anzahl möglicher Kopien definiert werden. Dies stellt eine ähnliche Möglichkeit dar wie die auf Seite 366f. besprochenen Power-Duplicates. Die Kopien beziehen sich immer auf einen Transformationsvorgang.

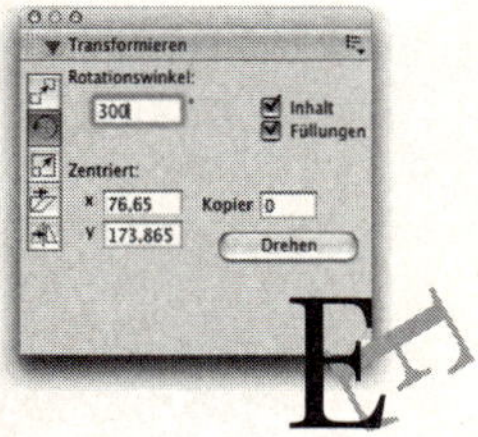

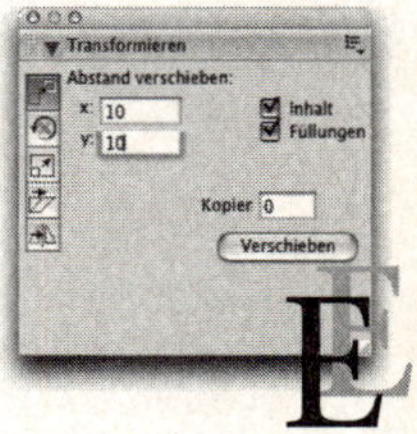

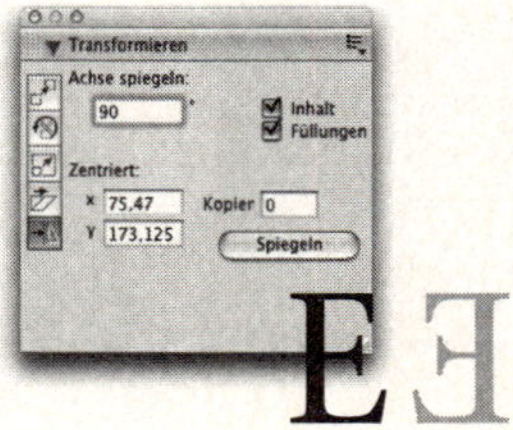

Werden Objekte, die mit dem Rechteck- oder Ellipsenwerkzeug erstellt wurden, skaliert, indem man an einem Eckanfasser zieht, wandelt sich eingefügter Inhalt nicht mit um. Entweder man gruppiert das Objekt oder verwendet das Skalierungswerkzeug bzw. das Bedienfeld *Transformieren → Skalierung*.

Inhalt, Füllung, Striche

Das Aktivieren der Checkboxen legt die Verwandlung der Optionen zusammen mit dem Objekt fest. Die Einstellung im Bedienfeld *Transformieren* gilt auch für alle anderen; auch für Transformationen, die mit den Werkzeugen durchgeführt werden. Die Füllungen *Benutzerdefiniert, Muster* und *PostScript* können nicht verwandelt werden.

Auf Gruppen haben die Optionen nur dann einen Einfluss, wenn die Checkbox *Als Einheit transformieren* im Bedienfeld *Objekt* deaktiviert ist, ansonsten werden die Merkmale in jedem Fall mitverwandelt (siehe dazu auch die Seiten 226 und 364).

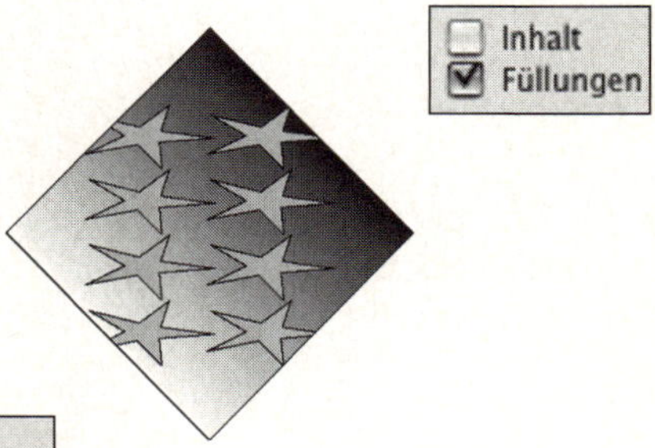

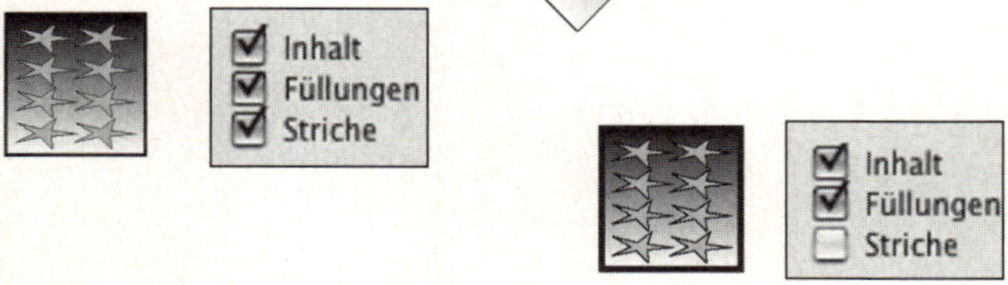

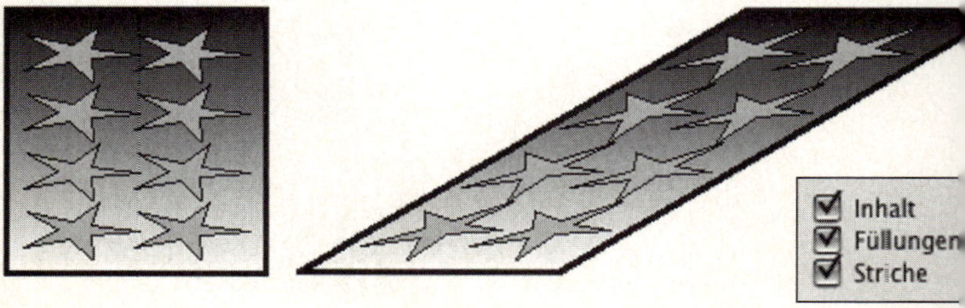

Punkte transformieren

Werden einzelne Punkte eines Objektes markiert, bleiben die restlichen Punkte bei einer Transformation unverändert.

Werden nur einzelne Punkte transformiert, wandeln sich Füllung und Inhalt nicht mit um.

Über einen Teil des in Pfade umgewandelten und entgruppierten Textes wird ein Markierungsrahmen aufgezogen, sodass nur die oberen Punkte markiert werden. Sind bei den Zeichen zusammengesetzte Pfade, muss während des Markierens zusätzlich die ⌥-Taste gedrückt werden. Bei der Transformation verändern sich nur die markierten Punkte.
Ist im Bedienfeld *Objekt* die Option *Alternierende Füllung* aktiv, entstehen, wie im Beispiel der Spiegelung, an den Stellen Löcher, wo die Pfade sich selbst überschneiden.

Auf Textblöcke mit echtem, also nicht in Pfade konvertiertem Text können alle Transformationsfunktionen angewendet werden. Wird ein Textblock gruppiert, fallen die oft lästigen Markierungen weg, und er kann wie eine Gruppe behandelt werden. Wurden auf einen Textblock Transformationsfunktionen angewendet, können diese mit dem Befehl *Umwandlungen entfernen* im Menü ➛ *Text* jederzeit entfernt werden, jedoch nur solange der Text noch seine Texteigenschaften besitzt.

Mittelpunkt

Als Mittelpunkt wird bezeichnet:

- beim *Rotieren* der Punkt, um den gedreht wird,
- beim *Skalieren* der Punkt, von dem aus das Objekt verkleinert beziehungsweise vergrößert wird,
- beim *Neigen* der Ursprung der waagerechten und senkrechten Neigungsachse,
- beim *Spiegeln* der Punkt, durch den die Spiegelungsachse verläuft.

Die Koordinaten des Mittelpunktes einer Transformation mit einem Werkzeug werden in der Info-Leiste mit *x* und *y* angegeben.

Den Mittelpunkt festlegen

Transformationen mit einem Werkzeug

Der Punkt, auf den mit einem Transformationswerkzeug geklickt und von dem aus dann gezogen wird, ist der Mittelpunkt der Transformation (für Werkzeug und Bedienfeld).

Transformationen über das Bedienfeld

Werden ein oder mehrere Objekte markiert, stehen in den Feldern *Zentriert* im Bedienfeld *Transformieren* die Koordinaten der Mitte des umschreibenden Rechtecks. Es können andere Koordinaten eingegeben werden, was meist recht mühsam ist. Oft ist es hilfreich, den Nullpunkt in den gewünschten Mittelpunkt zu legen, sodass die Eingabe einfach wird (siehe Seite 88).

Einmal klicken mit dem Transformationswerkzeug auf einen Punkt legt den Mittelpunkt der Transformation fest.

Praktischer ist es, mit der Transformationsfunktion auf den gewünschten Mittelpunkt zu klicken. Seine Koordinaten erscheinen dann in den Feldern *Zentriert*. Sinnvolle Zusatzfunktionen wären *Ansicht ➛ Am Punkt ausrichten, An Hilfslinien ausrichten* oder *Am Raster ausrichten*.

Im linken Beispiel wurde um die Mitte der Gruppe gedreht, rechts ist ein anderer Drehpunkt festgelegt worden.

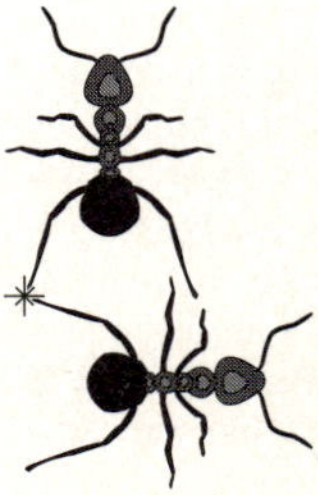

Objekte verschieben

Bei der Verschiebung stehen drei Möglichkeiten der Ausführung zur Verfügung:

Ziehen

Das Objekt wird markiert und mit dem Pfeilzeiger an eine andere Stelle gezogen.

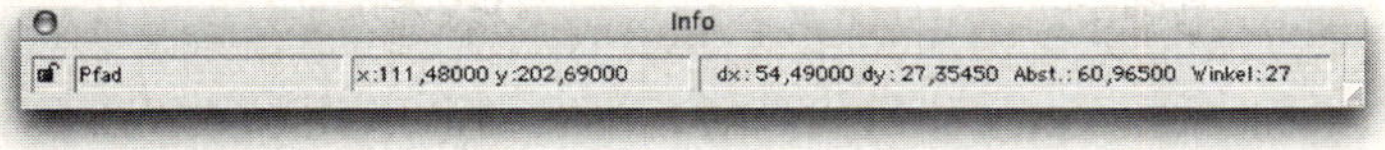

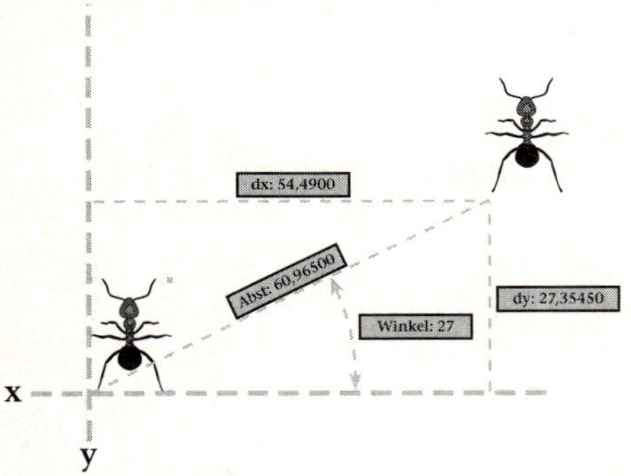

In der *Info-Leiste* können die Werte während der Ausführung abgelesen werden, danach verschwinden sie. Im Bedienfeld *Transformieren* sind jetzt die Werte der zurückgelegten Entfernung in x- und y-Richtung eingetragen.

Wird ein Objekt angefasst und schnell verschoben, ist meist nur ein Umriss zu sehen. Hält man kurz die Maustaste gedrückt, ohne zu verschieben, werden die Objekte sichtbar.

Bedienfeld *Transformieren*

Im Bedienfeld *Transformieren* werden Werte für die Verschiebung in x- und y-Richtung eingegeben und mit *Übertragen* bestätigt.

Cursortasten

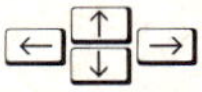

Mit den Cursortasten kann ein markiertes Objekt nach oben, unten, rechts oder links verschoben werden. Der Wert der Verschiebung richtet sich nach dem Eintrag im Dialog *Datei ➛ Dokumenteinstellungen ➛ Cursorabstand* und der Häufigkeit der Anwendung.

Ziehen

Objekte rotieren

Um Objekte mit dem Rotationswerkzeug zu rotieren, werden sie markiert, das Werkzeug ausgewählt, auf den Drehpunkt geklickt und um diesen rotiert, ohne die Maustaste loszulassen. Je weiter man den Cursor vom Drehpunkt entfernt, desto länger wird der Hebel und desto genauer kann man die Bewegung beeinflussen. Wird kurz die ⌥-Taste gedrückt, sieht man auch bei komplexeren Objekten eine Umrissdarstellung.

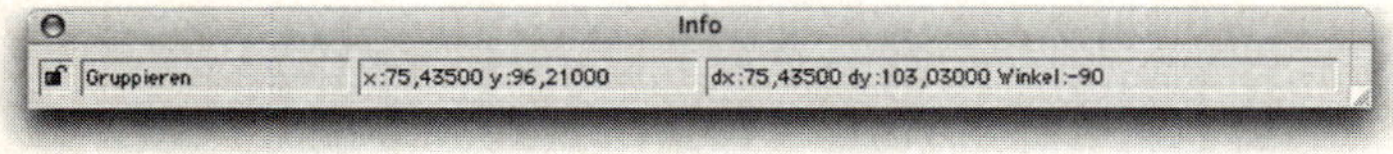

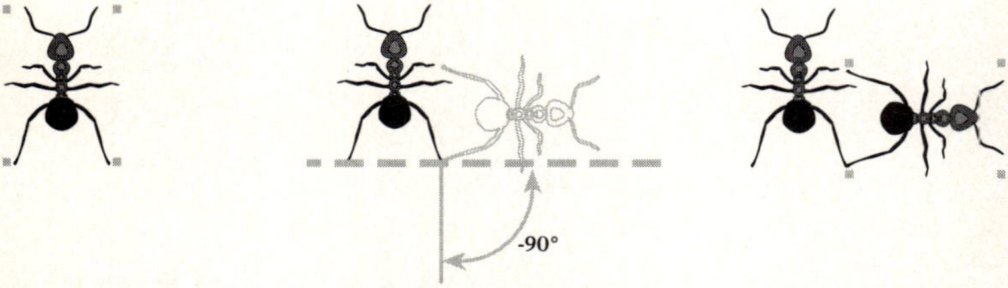

Der Rotationswinkel wird immer von der waagerechten x-Achse aus gemessen, unabhängig vom eingestellten Darstellungswinkel. Rotationen gegen den Uhrzeigersinn haben positive Winkel.

Transformation über das Bedienfeld

Wird über das Bedienfeld *Transformieren* rotiert, werden die Koordinaten des Rotationspunktes eingetragen oder durch einen Klick mit dem Rotationswerkzeug auf den Punkt bestimmt. Der Winkel kann mit einer Genauigkeit von 0,1° eingetragen werden.

Objekte skalieren

Alle gruppierten Objekte können mit dem Pfeilzeiger an einem Anfasser gezogen und so skaliert werden. Der Skalierungsfaktor ist dann nicht im Bedienfeld *Transformieren* eingetragen.

Wird das Skalierungswerkzeug ausgewählt, können auch nicht gruppierte Pfade skaliert werden. Wird kurz die [⌥]-Taste gedrückt, sieht man auch bei komplexeren Objekten eine Umrissdarstellung.

Ziehen

Wird kurz die [⌥]-Taste gedrückt, sieht man auch bei komplexeren Objekten eine Umrissdarstellung.

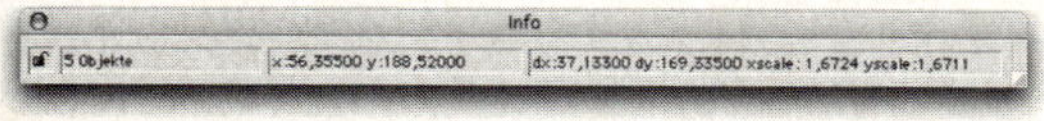

Die Angaben *xscale* und *yscale* geben den Skalierungsfaktor an.

Wird der Cursor vom Mittelpunkt aus diagonal nach rechts oben verschoben, vergrößert sich das Objekt, eine Bewegung nach links unten verkleinert es. Wird die [⇧]-Taste gedrückt, entspricht das einer Bewegung im 45°-Winkel, und die Skalierung ist proportional. Bewegungen in alle anderen Richtungen verzerren das Objekt, bis hin zu einer Spiegelung (wenn man nach links zieht).

Transformation über das Bedienfeld

Merkwürdigerweise stimmen die Angaben, die man in der Info-Leiste während des Skalierens ablesen kann, nicht mit den Eintragungen überein, die hinterher in dem Bedienfeld *Transformieren* stehen. Wird mit dem Werkzeug skaliert, kann man sich auf die *Info-Leiste* verlassen. Skaliert man mit Hilfe des Bedienfeldes, werden die Eintragungen natürlich auch korrekt ausgeführt.

Wird über das Bedienfeld skaliert, trägt man den Faktor in die Felder *Skalierung % x* und *y* ein. Werte über 100 vergrößern, Werte unter 100 verkleinern. Nach der Aktivierung der Checkbox *Proportional* steht nur ein Feld für den Skalierungsfaktor zur Verfügung.

Objekte neigen

Ziehen

Beim Neigen mit dem Werkzeug wird man sich in der Regel auf das Augenmaß verlassen. Die Angaben in der *Info-Leiste* geben den Prozentsatz der Verzerrung an, was wenig praktischen Nutzen hat. Auch stimmen, ähnlich wie beim Skalieren, die Werte, die nach dem Neigen im Bedienfeld eingetragen sind, nicht.

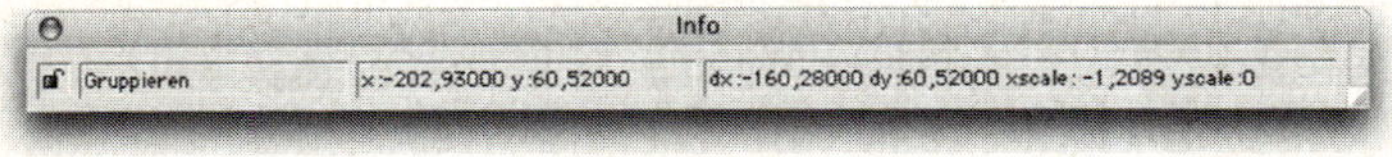

Transformation über das Bedienfeld

Soll über das Bedienfeld geneigt werden, so zeigen die Beispiele, dass die Eintragung, die in das Feld *h* für *horizontal* gemacht wird, ein Winkel bezüglich der senkrechten Achse ist und die Verzerrung in waagerechter Richtung bestimmt. Die Eintragung im Feld *v* für *vertikal* ist ein Winkel bezüglich der waagerechten Achse, also die Verzerrung in senkrechter Richtung.

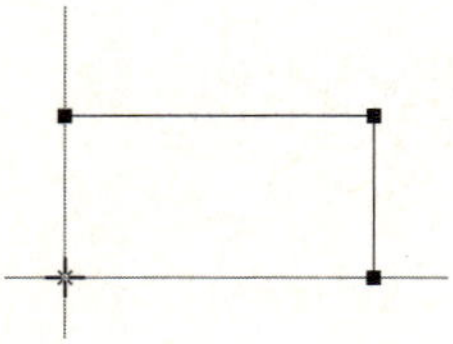

In allen drei Beispielen ist ein Rechteck geneigt worden; der Mittelpunkt wurde in die linke untere Ecke gelegt.

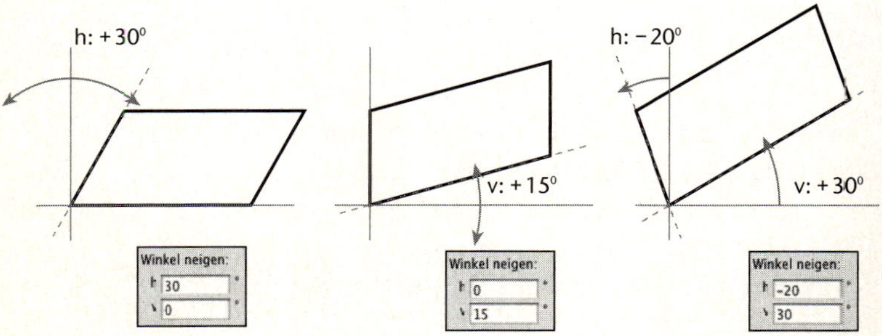

Objekte spiegeln

Ziehen

Beim Spiegeln mit dem Werkzeug wird die Spiegelachse wie beim Drehen aus dem Punkt gezogen, auf den geklickt wurde und durch den dann die Spiegelachse verläuft. Je weiter man sich von dem Punkt entfernt, desto genauer kann man die Achse drehen und die Winkelangabe in der *Info-Leiste* beobachten. Das Objekt wird um die Achse gespiegelt. Die Angaben, die danach im Bedienfeld eingetragen sind, entsprechen dem Vorgang.

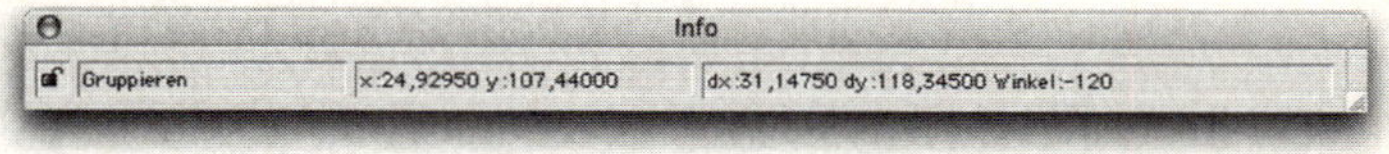

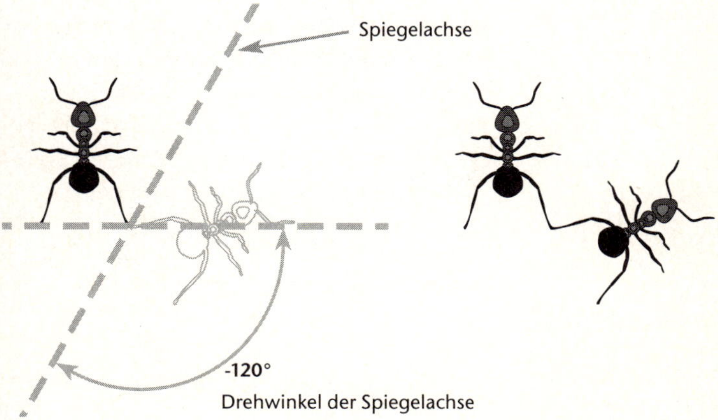

Auch hier gilt, wie bei vielen anderen Befehlsstrukturen: Das Drücken der ⇧-Taste bewirkt eine Veränderung in 45°-Schritten bzw. beim Skalieren ein proportionales Verändern, also zu allen Seiten gleichmäßig, da auch hier der 45°-Winkel gilt.

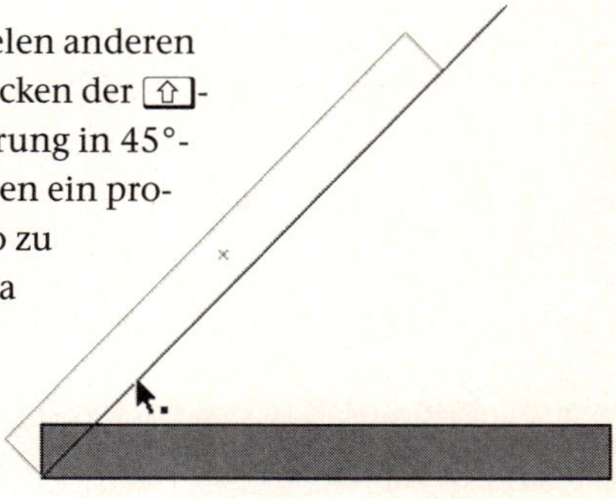

Transformationen per Doppelklick

Objekte können in FreeHand auch per Doppelklick gedreht und skaliert werden, vorausgesetzt die Option *Griffe zur Umwandlung aktivieren* ist unter *FreeHand MX ➛ Einstellungen ➛ Allgemein* eingeschaltet worden. Je nach Position des Cursors zum Objekt ist dann die eine oder andere Transformationsfunktion möglich. Steht der Cursor im Transformationsmodus, erkennbar an den speziellen Anfasspunkten außerhalb des Objektes, ist der Rotationsmodus aktiv. Platziert man ihn im Transformationsmodus auf den Eck- oder Mittenanfassern, wird das Objekt skaliert. Geht man mit dem Cursor auf die gestrichelte Verbindungslinie zwischen den Anfasserpunkten, kann geneigt werden. Der Mittelpunkt (Bezugspunkt) kann mit der Maus versetzt werden.

Rotationscursor

Skaliercursor

Neigencursor

Mittelpunktcursor

Die Transformationsgriffe können auch unter *Ansicht ➛ Transformationsgriffe* aktiviert werden.

Objekte im Transformationsmodus

Mittelpunkt der Rotation

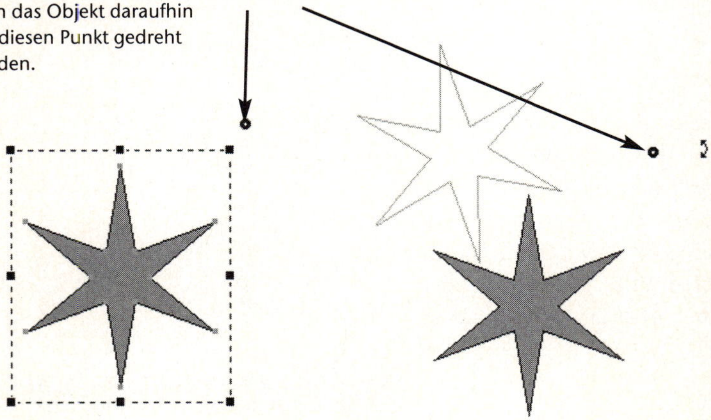

Wird der Mittelpunkt mit dem Pfeilcursor versetzt, kann das Objekt daraufhin um diesen Punkt gedreht werden.

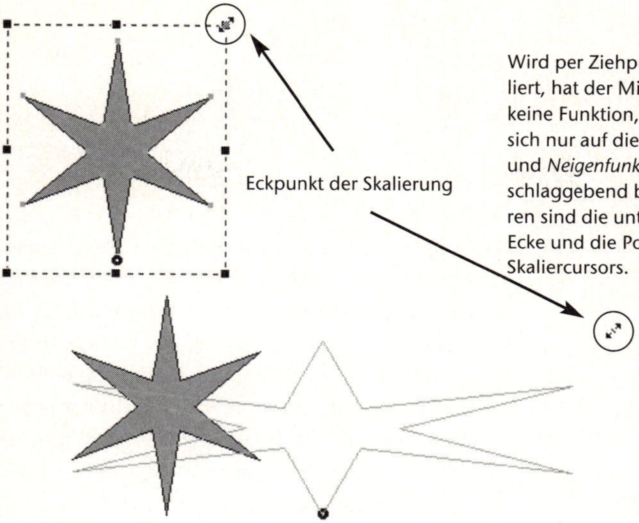

Wird per Ziehpunkte skaliert, hat der Mittelpunkt keine Funktion, er bezieht sich nur auf die *Rotations-* und *Neigenfunktion*. Ausschlaggebend beim Skalieren sind die untere linke Ecke und die Position des Skaliercursors.

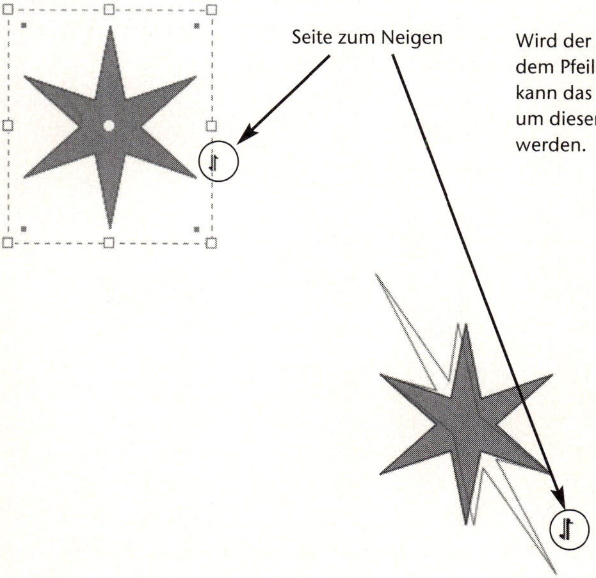

Wird der Mittelpunkt mit dem Pfeilcursor versetzt, kann das Objekt daraufhin um diesen Punkt geneigt werden.

Extrudieren

Die Extrudieren-Funktion kann zuweilen sehr speicherintensiv und zeitaufwendig arbeiten. Die Funktion beansprucht sehr stark die Grafikkarte, den Prozessor und damit verbunden die Grafik-Engine des Systems. Es ist nicht unnormal, dass man, um die Ausführung abzuwarten, erst einmal einen Kaffee trinken geht, auch bei Rechnern mit besserer Prozessor- und Grafikkartenausstattung.

Unter Extrudieren versteht man das Erweitern von Formen in die Tiefe. Anders ausgedrückt, wird das Objekt perspektivisch transformiert. Man legt z.B. einen Kreis auf den Boden, und wenn man anschließend an ihm zieht, zieht man eine Säule aus dem Boden. Ähnlich funktioniert das Extrudieren auch. Nur mit zusätzlichen Parametern und nicht ausschließlich mit so einfachen Objekten wie einem Kreis.

Extrudiert wird mit dem *Extrudierenwerkzeug* aus der Werkzeugleiste . Um extrudierte Objekte weiterzuverarbeiten, geht man in den Eigenschaftsbereich des Bedienfeldes *Objekt* oder wählt eine Befehlsfunktion unter *Modifizieren* ➛ *Extrudieren* aus.

Originalobjekte

Objekte nach dem Extrudieren

Verschieben von Objekten nach dem Extrudieren

Werden Objekte, die extrudiert wurden, mit der Maus verschoben, sieht man die einzelnen Objekte, die zu dem extrudierten Körper gehören, in einer reduzierten Ansicht (Grobansicht). Wählt man extrudierte Objekte mit einem *Auswahl-Werkzeug* erneut aus und wechselt anschließemd in das Extrudierenwerkzeug, entstehen am Objekt erneut Konstruktionslinien, an denen man das Objekt bzw. die Form korrigieren kann. Es gibt zwei Anfasser, die die Form bei extrudierten Objekten beeinflussen.

Der Fluchtpunkt steuert Länge und Winkellage der Perspektive, an der sich das extrudierte Objekt ausrichtet.

Der Endpunkt der Objektachse steuert die Ausmaße der Objekttiefe.

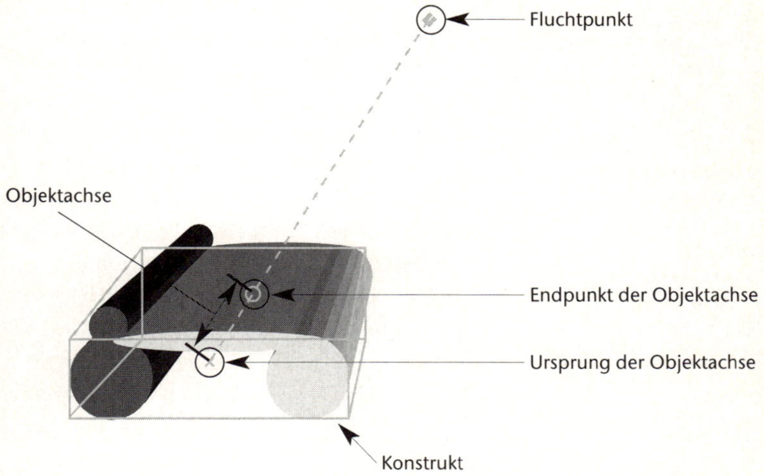

Wird im Menü *Modifizieren ➛ Extrudieren* der Befehl *Pressteil drehen* ausgewählt, lässt sich das Objekt um sich selbst oder in 3D-Richtung drehen. Ob das Objekt um sich selbst oder in 3D-Richtung gedreht wird, entscheidet die Position der Maus. Befindet man sich außerhalb des angezeigten Drehkreises, wird das Objekt um sich selbst gedreht, auch erkennbar an dem Drehcursor. Befindet man sich mit der Maus innerhalb des Drehkreises, dreht man um die drei Raumachsen. Auch hier ist das an der Form des Mauscursors zu erkennen.

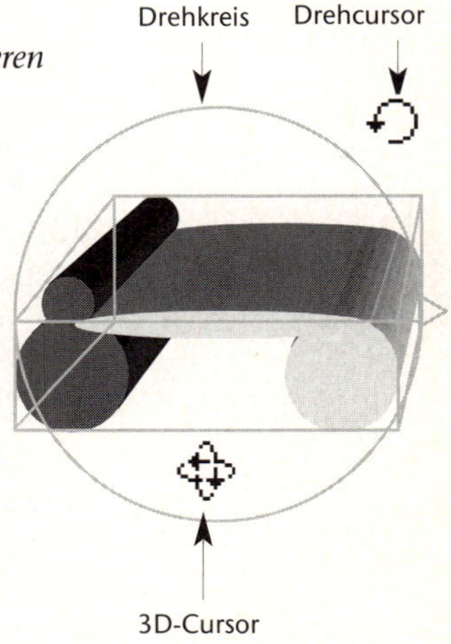

Objekte extrudieren

Um Objekte zu extrudieren, gehen Sie folgendermaßen vor:

- Markieren Sie die gewünschten Objekte und gruppieren Sie sie (⌘G). Wechseln Sie unter Beibehalten der Auswahl auf das *Extrudierenwerkzeug*. Die Darstellung wird sich insofern ändern, wie auf der vorherigen Seite gezeigt.
- Ziehen Sie nun an dem Fluchtpunkt, um die Perspektive des Objektes zu erzeugen bzw. zu verändern. Mit dem *Extrudierenwerkzeug* lässt sich die Perspektive im Nachhinein jederzeit korrigieren.
- Um das extrudierte Objekt um seine Achsen zu drehen, wählen Sie *Pressteil drehen* unter *Modifizieren* ➛ *Extrudieren* aus. Es erscheint ein Drehkreis um das Objekt herum, mit dem das Objekt um sich selbst gedreht werden kann, wenn sich der Mauscursor außerhalb des Kreises befindet. Klickt man an einer dort befindlichen Position mit der Maustaste, hält diese gedrückt und zieht anschließend mit der Maus, wird der Vorgang ausgeführt. Geht man stattdessen mit dem Mauscursor in den Drehkreis hinein und führt den Drehenvorgang aus, wird das Objekt um seine Raumachsen gedreht.

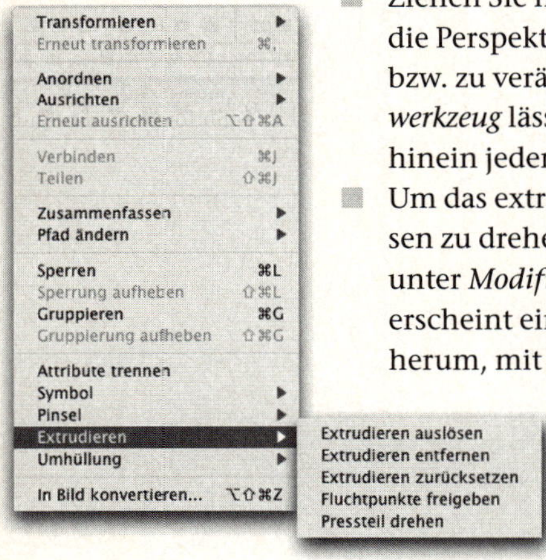

- Es ist sinnvoll, Objekte, die gemeinsam extrudiert werden sollen, zuvor zu gruppieren oder zu verbinden. Wird das nicht gemacht, werden nur einzelne Objekte extrudiert.

Wurde ein Objekt extrudiert, stehen im Eigenschaftsbereich des Bedienfeldes Objekt diverse Einstelloptionen zur Verfügung.

Verändern über das Bedienfeld Objekt

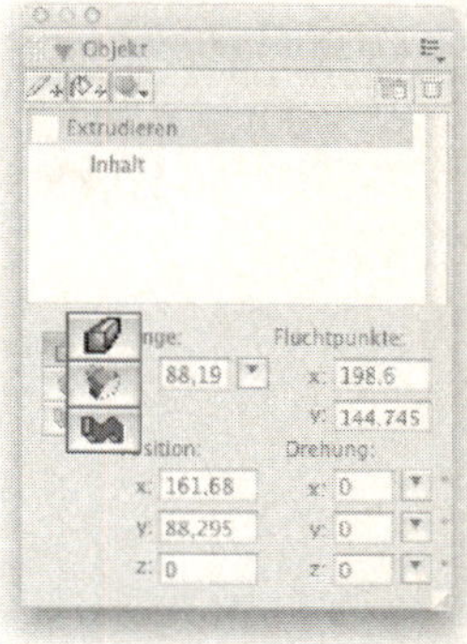

- Das *Extrudieren* (Ändern von extrudierten Objekten)
- Das *Shading* (Hinzufügen von Oberflächen)
- Das *Profilieren* (Ausrichten von extrudierten Objekten an Pfaden)

Extrudieren 

Der Extrudierenbereich im Bedienfeld *Objekt* arbeitet ähnlich wie das Erzeugen von extrudierten Objekten mittels Werkzeug, nur dass hier erstens nur verändert werden kann, nicht neu definiert, und zweitens alles per numerischer Eingabe durchgeführt wird.

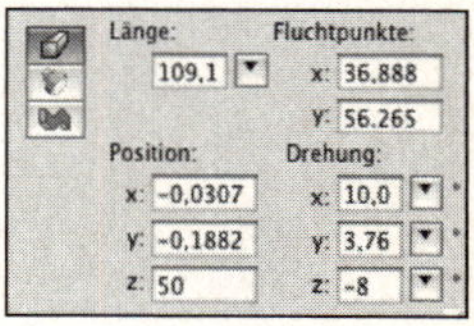

Der Wert für *Länge* steuert die Ausdehnung der Objektachse.

Fluchtpunkte definiert den Fluchtpunkt der Perspektive an einer x/y-Koordinate innerhalb des Koordinatensystems der aktuellen Seite.

Position definiert den Ursprung der Objektachse an einer x/y/z-Koordinate innerhalb des Koordinatensystems der aktuellen Seite. Der z-Wert positioniert den Ursprung der Objektachse an einem Punkt auf der Perspektivachse. Der Wert gibt die Entfernung vom Originalursprung an.

Mit den Werten unter *Drehung* kann das Objekt um alle drei Achsen gedreht werden, ähnlich dem Befehl *Pressteil drehen*.

Oberflächen-Shading 

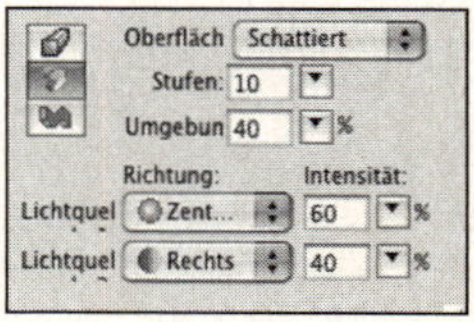

Das Shading steuert die Oberflächenbeschaffenheit durch mehr oder weniger Licht von der einen oder anderen Seite. Grundsätzlich können zwei Lichtquellen angegeben werden.

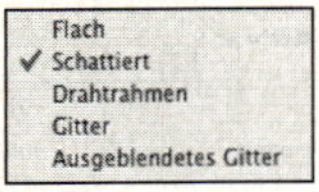

Die Optionen des Pop-up-Menüs *Oberfläche* steuern die grundlegende Beschaffenheit der Oberfläche. Die einzige Option, bei der die Einwirkung von Licht und Schatten eine Auswirkung zeigt bzw. überhaupt eingestellt werden kann, ist *Schattiert*.

Drahtrahmen und *Gitter* sind sich sehr ähnlich, nur dass die Option *Gitter* ein sehr viel dichteres Drahtgitter erzeugt als *Drahtrahmen*.

Bei den Optionen *Flach* und *Ausgeblendetes Gitter* scheint der Unterschied eher zufällig zu sein. Grundsätzlich scheinen sie sich nicht zu unterscheiden.

Drahtrahmen

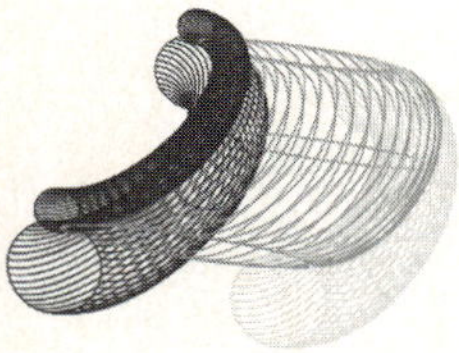

Gitter

Schattiert

Flach

Ausgeblendetes Gitter

Lediglich *Schattiert* bietet die Möglichkeit, die erweiterten Optionen der Eigenschaft zu nutzen.

Der Wert für *Stufen* regelt den Feinheitsgrad der Übergänge in der Perspektive.

Der Parameter der *Umgebung* generiert eine Art Umgebungslicht. Je höher der Wert, desto heller das Umgebungslicht.

Die beiden *Lichtquellen* beleuchten das Objekt von unterschiedlichen Standorten aus. Zusätzlich lässt sich hier auch die *Intensität* der Lichtquelle einstellen.

Profilieren 

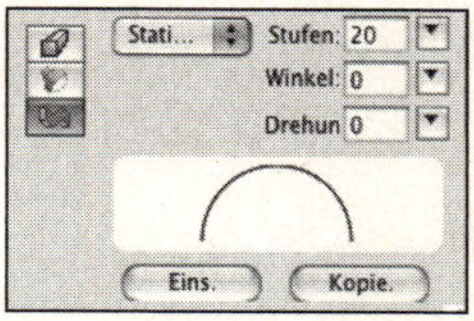

Die Option erreicht, dass sich das extrudierte Objekt entlang eines Pfades orientiert wie eine Krümmung. Der Pfad, an dem sich das Objekt orientieren soll, muss zuvor kopiert werden. Anschließend kann er mit der Schaltfläche *Eins.(etzen)* dem Objekt zugewiesen werden. Es können grundsätzlich nur offene Pfade benutzt werden. Brauchbare Ergebnisse werden hier lediglich mit dem Parameter *Statisch* des Pop-up-Menüs erreicht. *Keiner* schaltet die Option aus, und *Geschliffen* erzeugt unübersichtliche, nicht zu durchschauende Objekte.

Bei den nachfolgenden Beispielen wurde jeweils ein Halbkreis als Pfad benutzt.

Soll der benutzte Pfad später einmal für

Keiner

Statisch

Geschliffen

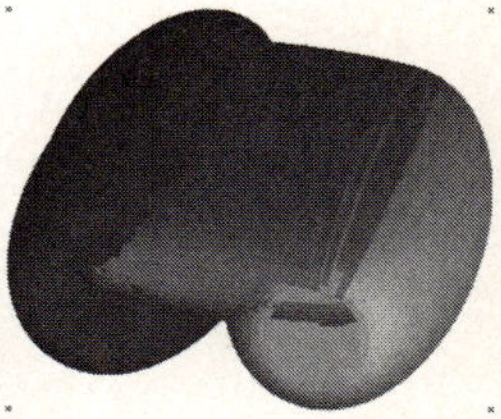

andere Aufgaben benutzt werden, lässt er sich mit der Schaltfläche *Kopie* in die Zwischenablage legen, um anschließend mit [⌘]V wieder in eine Illustration eingesetzt zu werden.

Text

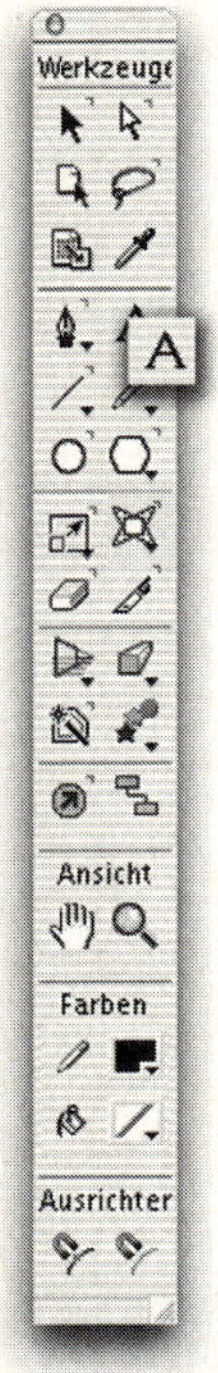

Cursor der Textfunktion

FreeHand präsentiert sich mittlerweile wie ein echtes Layoutprogramm. Der Text kann sowohl in einem Texteditor als auch direkt in der Illustration eingegeben werden. Es können Textformate erstellt werden, sodass es einfach ist, Textformatierungen zu vereinheitlichen und zu übertragen. In den *Einstellungen* und im Menü *Ansicht* können bequeme Darstellungsweisen gewählt werden. Zudem gibt es eine mittlerweile recht passable Rechtschreibprüfung.

Große Kritikpunkte bleiben die umständliche Handhabung von Tabulatoren und die fehlende Anzeigemöglichkeit von Sonderzeichen (Absatz, Tabs, Leerzeichen im Layout usw.).

Der Textblock

Der Text befindet sich in Textblöcken, die als Rechtecke angezeigt werden, wenn der Block markiert ist. Einspaltige Textblöcke haben acht Anfasser, die mit dem Pfeilzeiger gezogen werden können. Je nach Einsatz der Tasten [⌘], [⌥] oder [⇧] verändert der enthaltene Text Größe, Proportionen, Zeichen-, Wort- oder Zeilenabstand. Dem Textblock kann eine Hintergrundfarbe und dem Rand eine Strichart und -farbe zugewiesen werden. Den Text kann man numerisch vom Rand abrücken.

Erstellen von Textblöcken

Um einen Textblock zu erstellen, muss das Textwerkzeug ausgewählt werden, und der Cursor verwandelt sich.

Man kann jetzt entweder an einer Stelle in der Illustration klicken oder einen Rahmen aufziehen. Immer entsteht ein Textblock, in dem eine Einfügemarke blinkt, sodass man nun Text eingeben oder aus der Zwischenablage einfügen kann.

Für das Ergebnis beziehungsweise das, was man sieht, wenn man mit dem Textwerkzeug klickt, sind sowohl Einstellungen im Dialog *FreeHand MX* ➛ *Einstellungen* ➛ *Text* als auch Einstellungen im Menü *Ansicht* verantwortlich.

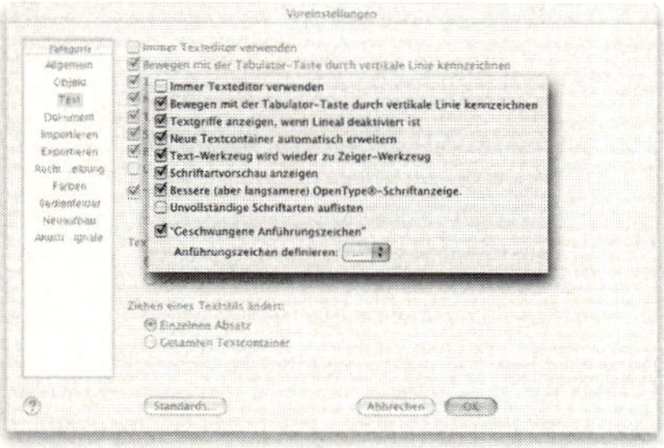

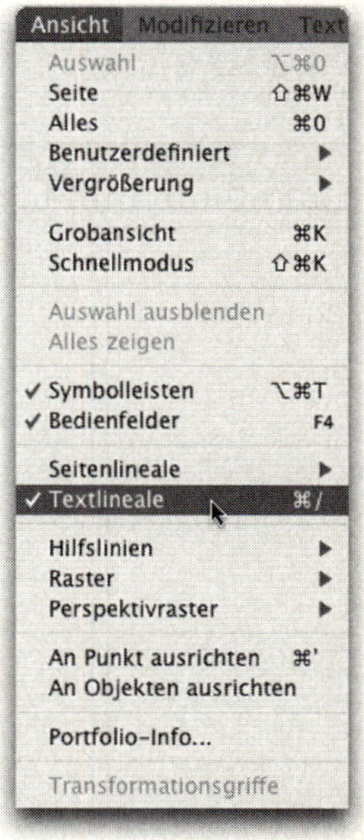

Mit dem Textwerkzeug ziehen

Zieht man einen Block auf, entsteht immer ein *Standard-Textbehälter*, der die Größe des aufgezogenen Rechtecks hat. Sind die Lineale nicht zu sehen, ist *Textlineale* im Menü *Ansicht* nicht aktiv.

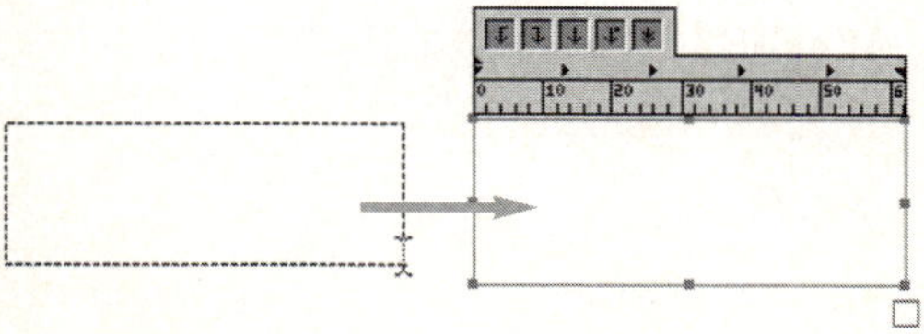

Öffnet sich über dem Textblock der Texteditor, ist die Option in den *Einstellungen* aktiv (siehe nächste Seite).

Mit dem Textwerkzeug klicken

Wird mit dem Textwerkzeug einfach auf die Arbeitsfläche geklickt, entsteht entweder ein Standard-Textcontainer oder ein *sich automatisch ausdehnender* Textblock.

Standard-Textcontainer

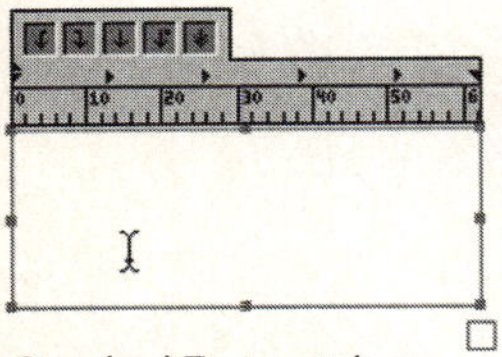

Standard-Textcontainer

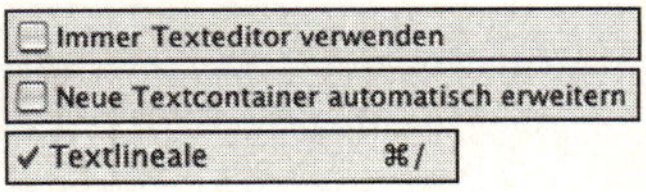

Sind die oben gezeigten Einstellungen getroffen worden, entsteht ein Standard-Textcontainer, der vergrößert werden muss, wenn der eingegebene Text keinen Platz mehr hat (siehe Seite 416). Der eingegebene Text umbricht automatisch am Rand des Blocks. Das gefüllte Quadrat ■ zeigt, dass noch Text vorhanden ist, der nicht mehr in den Block passt.

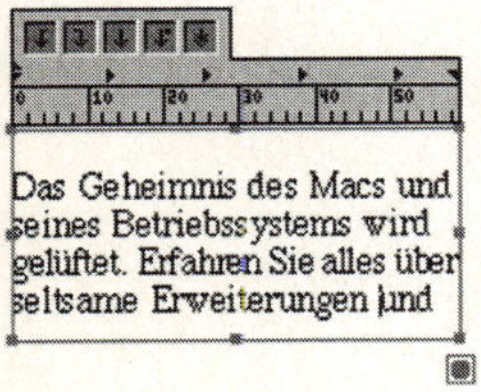

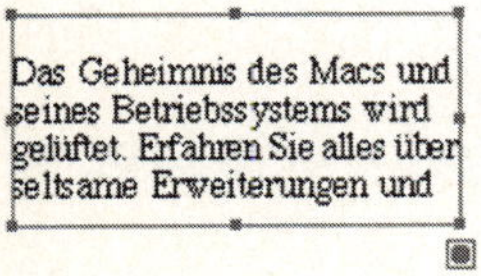

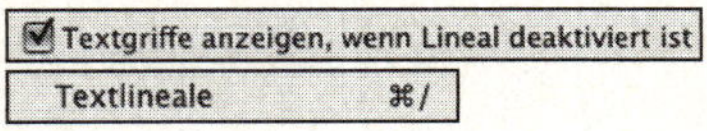

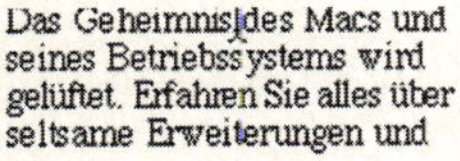

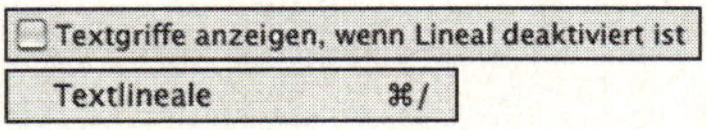

Sich automatisch ausdehnende Textbehälter

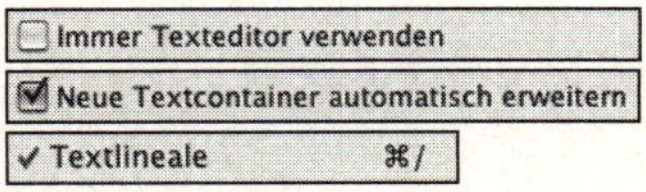

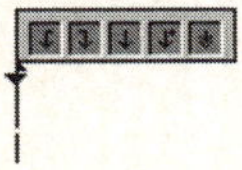

☐ Immer Texteditor verwenden

☐ Neue Textcontainer automatisch erweitern

☐ Textgriffe anzeigen, wenn Lineal deaktiviert ist

Textlineale ⌘/

Sind die oben gezeigten Einstellungen getroffen worden, blinkt nur die Einfügemarke, und der Text kann eingegeben werden. Der Block dehnt sich so lange nach rechts aus, bis mit Return eine neue Zeile begonnen wird.

Sich ausdehnende Textcontainer können nur *einspaltig* sein, und es muss die Ausrichtung *linksbündig* verwendet werden.

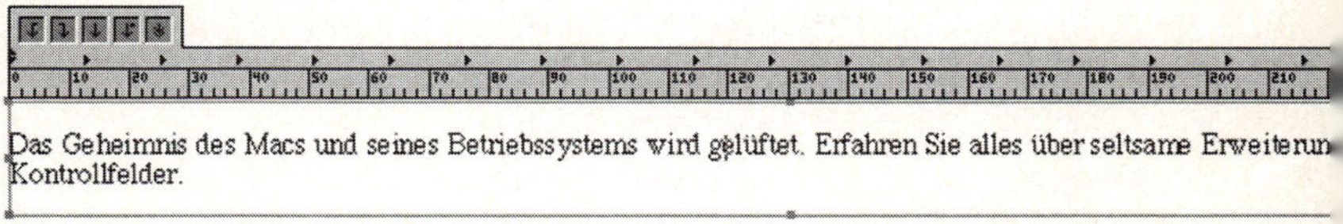

Auch wenn die Vorgabe *Neue Textcontainer automatisch erweitern* nicht aktiviert ist, können solche erstellt werden, indem man beim Klicken die ctrl-Taste drückt.

☐ Neue Textcontainer automatisch erweitern + ctrl

Sich automatisch ausdehnende Textcontainer in Standard-Textbehälter umwandeln siehe Seite 417.

Sich automatisch ausdehnende Textcontainer können nicht wie die Standard-Textbehälter durch Ziehen an den Anfassern vergrößert werden. *Zeilen-*, *Zeichen-* und *Wortabstände* können jedoch verändert werden (siehe Erläuterungen auf den nächsten Seiten).

Objektauswahl bei aktivierter Textfunktion

☑ Text-Werkzeug wird wieder zu Zeiger-Werkzeug

Wird in einem Textcontainer gearbeitet, kommt es vor, dass man aus Versehen auf die Umgebungsfläche klickt. In den Vorgängerversionen von FreeHand wurde dann automatisch ein neuer Textblock erstellt. Bei eingeschalteter Option geschieht das nun nicht mehr.

Texteditor

☐ Immer Texteditor verwenden

Der *Texteditor* öffnet sich, sobald ein neuer Textblock erstellt wird oder wenn ein bestehender mit der Einfügemarke markiert wird. In dem Fenster erscheint dann der gesamte Text, der in Schwarz mit 12 pt Größe dargestellt werden kann (siehe hierzu Seite 53).

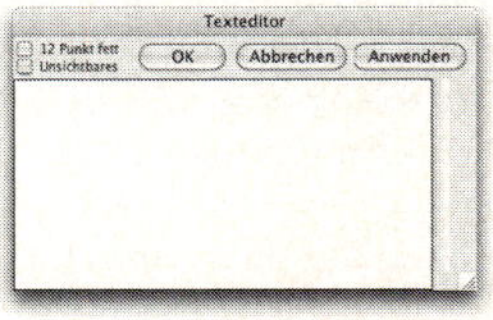

Markieren, Verschieben und Löschen

Um schnell zum Pfeilzeiger zu wechseln, kann man die [⌘]-Taste drücken.

Mit dem Pfeilzeiger markiert, kann der Textblock samt Text mit der Backspace-Taste gelöscht oder durch Ziehen verschoben werden. Ein leerer Textblock kann durch einen Doppelklick auf das Quadrat rechts unten (Verbindungsfeld) gelöscht werden.

Da man durch versehentliches Klicken mit der Textfunktion leicht leere Textblöcke produziert, können diese durch den Befehl *Xtras* ➛ *Löschen* ➛ *Leere Textblöcke* gelöscht werden.

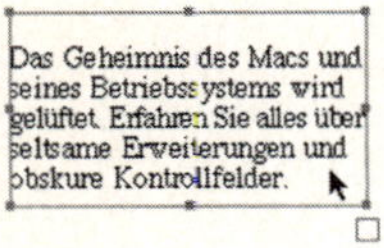

Mit der Textfunktion angeklickt, kann der Text markiert und bearbeitet werden. Per Doppelklick kann er auch mit dem Pfeilzeiger in den Bearbeitungszustand versetzt werden. Ein mit der Textfunktion markierter Textblock kann durchsichtig sein, außer es wird ihm eine Füllung zugewiesen.

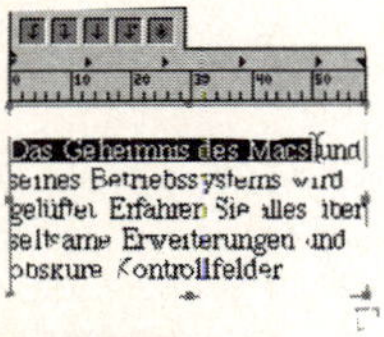
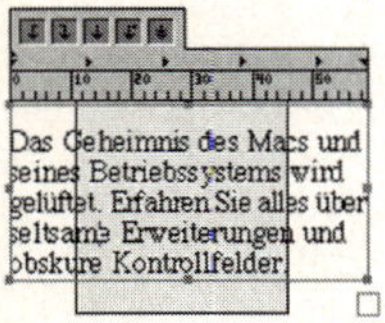

Skalieren und Anpassen der Blockgröße

(nur Standard-Textbehälter)

Ohne das Aussehen des Textes zu verändern, kann man an einem Eckanfasser ziehen oder Werte im Bedienfeld *Objekt* eingeben.

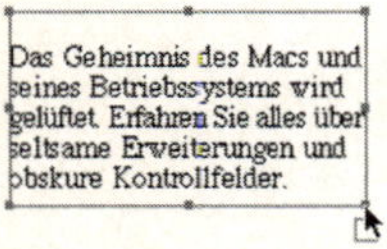

Wird an einem Eckanfasser gezogen (nicht an den anderen Anfassern, was eine Veränderung des Textes zur Folge hat), kann die Größe des Textblocks verändert werden, und

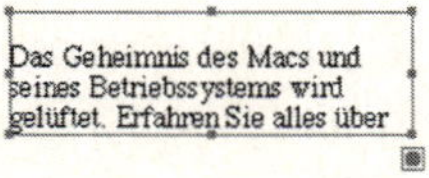

der Text umbricht neu. Die Größe kann aber auch über das Bedienfeld *Objekt* in den Feldern *b* und *h* eingegeben werden.

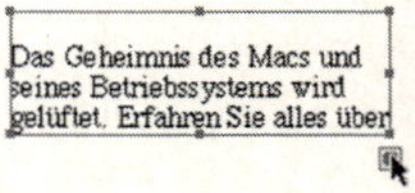

Ein Doppelklick auf das Quadrat (Verbindungsfeld) passt die Größe des Textblocks dem Text an. Ist der Block leer, wird er gelöscht.

Sich automatisch ausdehnende Textbehälter umwandeln

Wurde ein Textbehälter als sich automatisch ausdehnend angelegt, kann er, um an den Anfassern skaliert zu werden, umgewandelt werden.

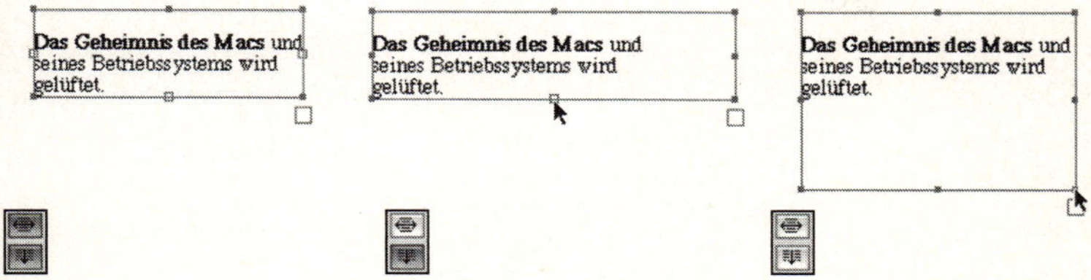

Sich automatisch ausdehnende Textbehälter haben rechts und unten durchsichtige Anfasser.
Durch einen Doppelklick auf den rechten Anfasser kann der Block jetzt an einem Eckanfasser in die Breite gezogen, durch einen Doppelklick auf den unteren in die Länge gezogen werden. Genauso lassen sich Standard-Textbehälter in sich automatisch ausdehnende verwandeln.

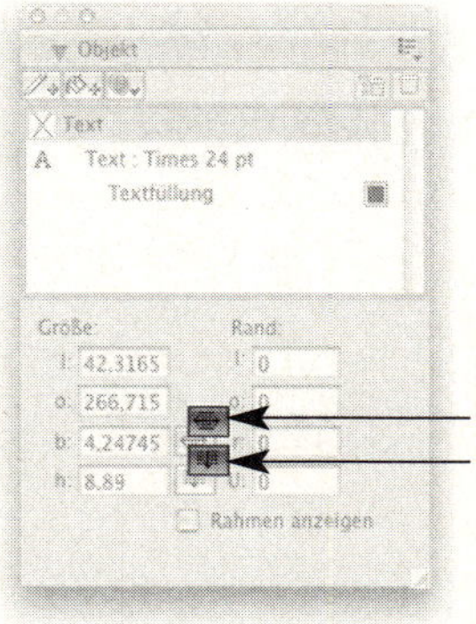

horizontale Ausdehnung
vertikale Ausdehnung

Ebenso kann über das Bedienfeld *Objekt* durch Anklicken der Symbole die Ausdehnungsrichtung eines Textbehälters bestimmt werden. Ist das Symbol dunkel, ist die angezeigte Richtung gesperrt.

Beim Skalieren nicht an den seitlichen oder unteren mittleren Anfassern ziehen, da sonst der Text verzerrt wird.

Zeichenmerkmale durch Ziehen an den Blockanfassern verändern

Durch Ziehen an den Anfassern können die Schrift (proportional und unproportional) sowie der Zeichen-, Wort- oder Zeilenabstand verändert werden (gilt nur für einspaltige Standard-Textbehälter).

Ziehen

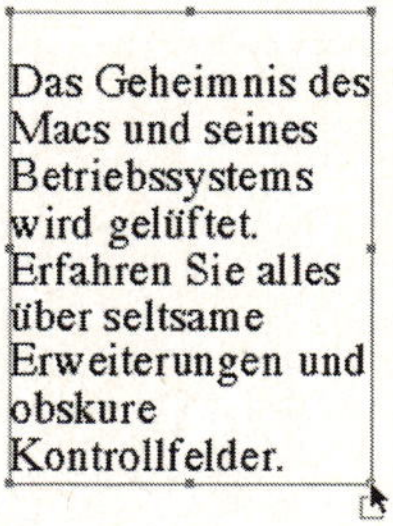

[⇧] + [⌥] + Ziehen

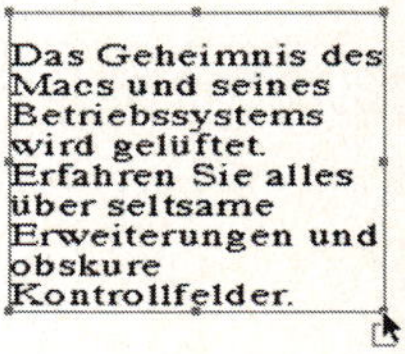

[⌥] + Ziehen

Eckanfasser

Durch einfaches Ziehen an einem Eckanfasser kann die Größe des Rahmens verändert werden.

Werden gleichzeitig die Tasten [⇧] + [⌥] gedrückt, werden Text und Rahmen proportional skaliert.

Wird nur die [⌥]-Taste gedrückt, werden Text und Rahmen nicht proportional skaliert.

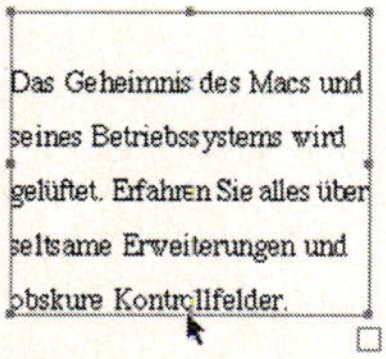

Ziehen

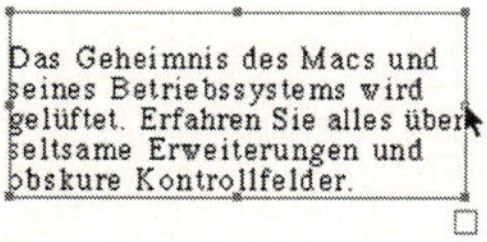

Ziehen

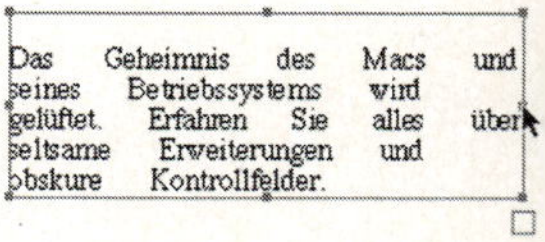

[⌥] + Ziehen

Unterer Anfasser

Durch das Ziehen am unteren Anfasser wird der Zeilenabstand verändert.

Seitenanfasser

Wird an einem Seitenanfasser gezogen, passen sich die *Wort-* und *Zeichenabstände* der neuen Rahmenbreite an.

Wird jedoch gleichzeitig die [⌥]-Taste gedrückt, bleiben die Zeichenabstände konstant, die Wortabstände passen sich an.

Der Umrandung einen Strich zuweisen

Normalerweise ist der Textblockrahmen eines nicht markierten Blocks unsichtbar (außer in der Grobansicht). Ihm kann über das Bedienfeld *Objekt* ein Strich zugewiesen werden. Er wird sichtbar und auch gedruckt, wenn im Eigenschaftsbereich des Bedienfeldes *Objekt* die Checkbox *Rahmen anzeigen* aktiviert wurde.

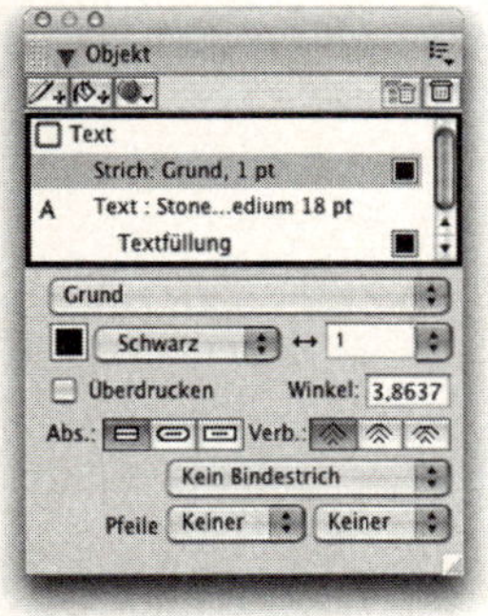

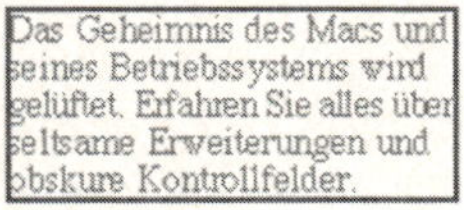

Der Textabstand zum Rahmen

Um den Text vom Rahmen abzurücken, werden Werte in die Felder des Bereichs *Rand* eingegeben. Die Werte entsprechen der eingestellten Maßeinheit (Beispiel: Millimeter).

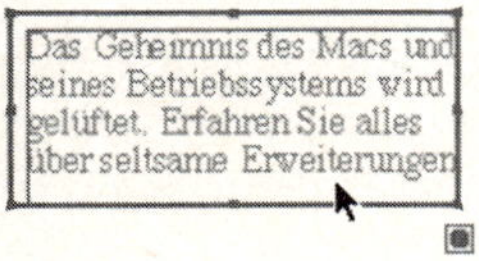

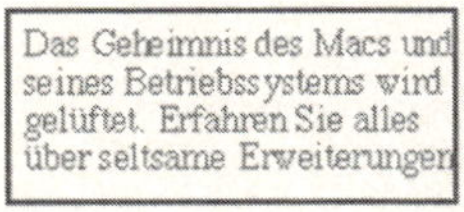

Bei einem markierten Textblock wird der „verkleinerte" Rahmen des Textes sichtbar.

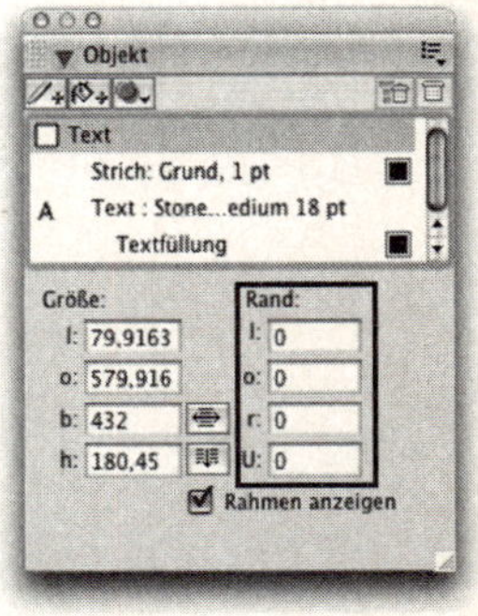

Texteingabe

Neben der Eingabe von Text über die Tastatur besteht auch die Möglichkeit, Text zu importieren oder über die Zwischenablage einzufügen.

Text importieren

Soll eine in einem anderen Programm gespeicherte Textdatei geladen werden, muss der Befehl *Datei* ➛ *Importieren* oder ⌘R angewählt und aus einem Verzeichnis eine Datei ausgewählt werden. Es können die Textformate *ASCII-Text* und *RTF-Text* gelesen werden. FreeHand selbst kann neben normalen Textformatierungen auch Effekte erkennen. RTF(Rich Text Format)-Text bringt die meisten im anderen Programm gemachten Formatierungen mit, ASCII-Text ist unformatiert.

Ist der Dialog *Positionieren* durch Auswahl einer Datei geschlossen worden, hat sich der Cursor in eine Ecke ┌ verwandelt, mit der nun wiederum geklickt oder ein Rahmen aufgezogen werden kann. Sobald die Maustaste losgelassen wird, erscheint der importierte Text in einem neuen Rahmen.

Über die Zwischenablage

Siehe auch Seite 362ff.

Ist Text in einem anderen Programm in die Zwischenablage gelegt worden (⌘X oder ⌘C), kann er in die Illustration mit ⌘V eingefügt werden. Blinkt in einem Textblock die Einfügemarke, wird der Text an dieser Stelle eingefügt. Blinkt keine Einfügemarke, erscheint der Text als neuer Textblock.

Programme, deren RTF-Text in FreeHand interpretiert werden kann:
Adobe PageMaker
Adobe Illustrator
Adobe InDesign

Wurden die Texte der Zwischenablage in einem Programm erzeugt, dessen RTF-Filter mit FreeHand kompatibel ist, kann dieser Text als formatierter Textblock eingefügt werden. Ansonsten gehen die Formatierungen verloren.

Den Text auf mehrere Textblöcke verteilen

Ein zusammenhängender Text kann auf mehrere Textblöcke verteilt werden, sodass er als Einheit markiert (mit der Textfunktion und ⌘A) und bearbeitet werden kann. Dazu werden die Textblöcke über das Verbindungsfeld verknüpft. Die Verbindung kann auch zu einem Pfad geführt werden, sodass sich der Text dessen Konturen anpasst. Der Pfad lässt sich über das Bedienfeld *Objekt* wie ein Textblock bearbeiten.

Verbindungsfeld

Ein leeres Verbindungsfeld zeigt, dass der gesamte Text des Blocks sichtbar ist.

Ist das *Verbindungsfeld* gefüllt, ist Text vorhanden, der nicht in den Block passt (Textüberlauf). Entweder wird der Block vergrößert oder mit einem anderen verbunden.

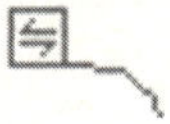

Wird ein Block markiert, dessen Text in einem anderen Block weiterläuft, ist das Verbindungssymbol sichtbar.

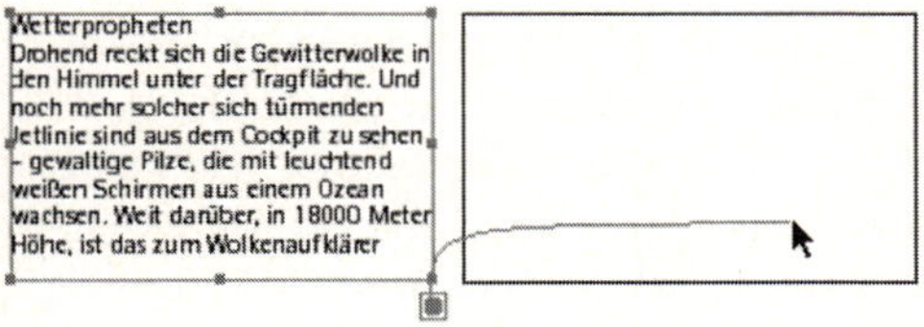

Um den Textüberlauf in einen zweiten Textblock zu führen, wird mit dem Pfeilzeiger in das Verbindungsfeld geklickt und eine Linie auf den anderen Block gezogen. Es können Textblöcke auch vor der Texteingabe auf diese Weise verbunden werden. Wird ein Textblock, der verbundenen Text enthält, gelöscht oder ausgeschnitten, geht der Text nicht verloren, sondern fließt in die verbleibenden Blöcke.

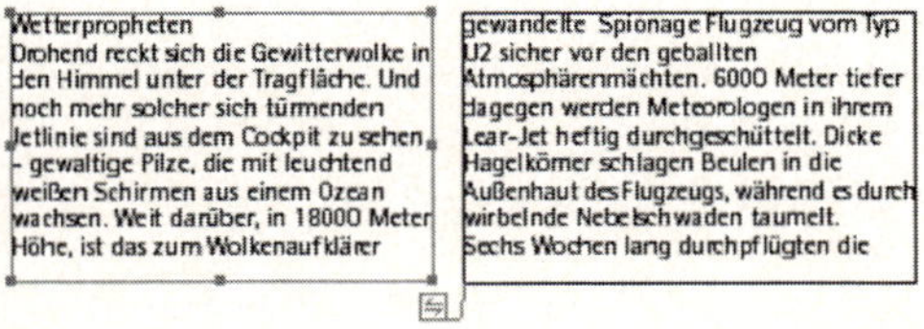

Die Verbindung trennen

Wird der linke Textblock markiert, ist das Verbindungssymbol sichtbar. Um die Verbindung aufzuheben, wird mit dem Pfeilzeiger eine Linie aus dem Verbindungssymbol auf eine freie Stelle gezogen und dort losgelassen. Der Text des abgetrennten Textblocks fließt in den ersten zurück.

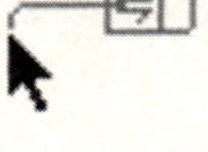

Mehrspaltige Textblöcke

Werden einem Textblock über das Bedienfeld *Objekt* in den Texteigenschaften mehrere Spalten zugewiesen, umbricht der Text neu.

Spalten und Abstand:

Die Spaltenanzahl und der Abstand der Spalten werden gleichmäßig auf die Breite des Blocks verteilt.

Höhe:

Es kann die Höhe der Spalten eingetragen werden, sie entspricht der Textblockhöhe abzüglich des Textabstandes vom Rahmen.

Linien:

Werden Linien zwischen den Spalten definiert, so sind diese nur sichtbar, wenn dem Block über das Bedienfeld *Objekt* ein Strich zugewiesen wird (siehe zur Ausrichtung Seite 424). Die Blockumrandung kann ausgeblendet werden, indem man im Bedienfeld *Objekt Rahmen anzeigen* deaktiviert.

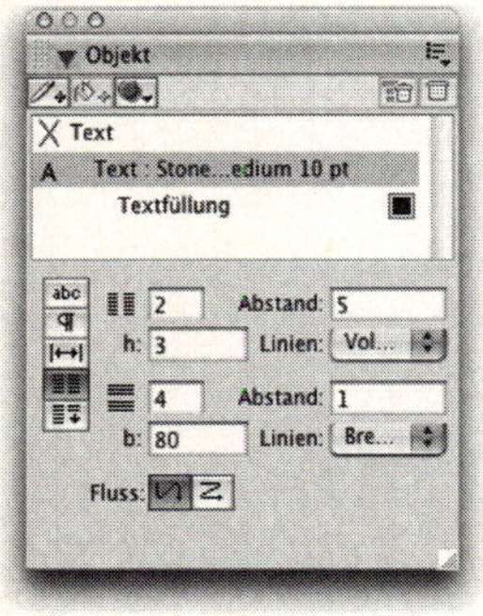

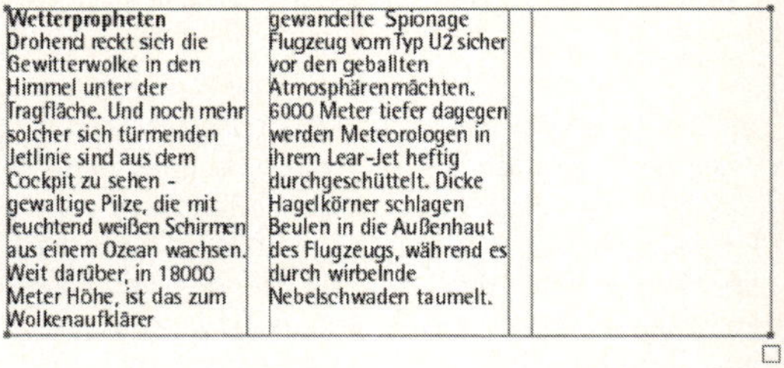

Den Text in den Spalten anpassen

Wird die Checkbox *Abgleichen* aktiviert, verteilt sich der Text gleichmäßig auf die Spalten. Ist die Anzahl der Zeilen nicht durch die Spaltenanzahl teilbar, sollten in der letzten Spalte weniger Zeilen stehen, was erfahrungsgemäß nicht immer funktioniert.

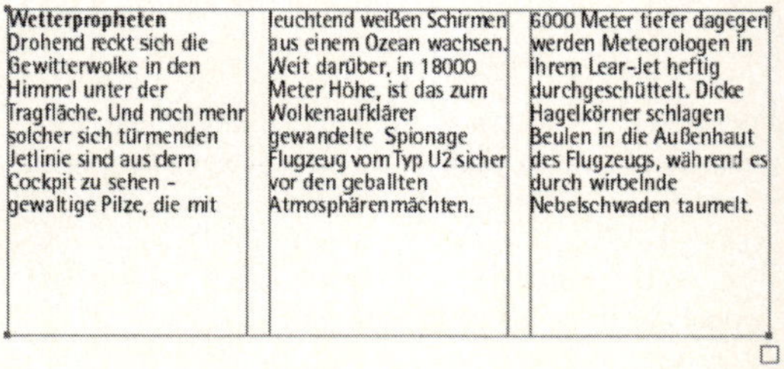

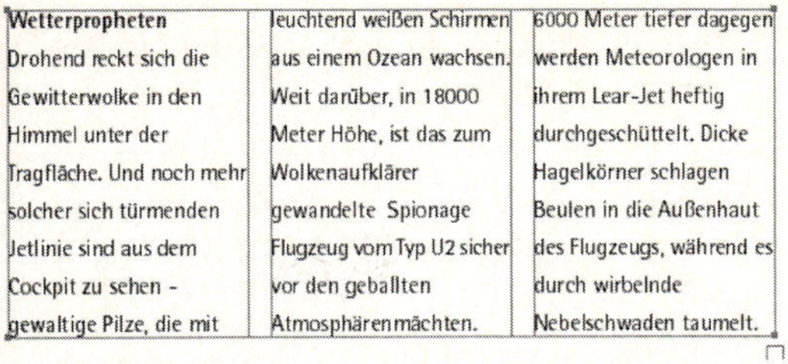

Die Checkbox *Abstand ändern* passt die Zeilen so in den Block ein, dass sie durch Vergrößerung oder Verkleinerung des Zeilenabstandes den Block ganz ausfüllen.

Spalten, die kürzer als der Wert im Feld von *Schwellenwert* sind, bleiben unverändert.

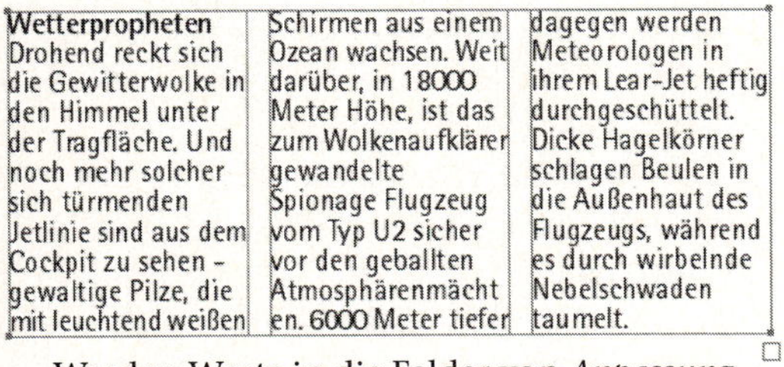

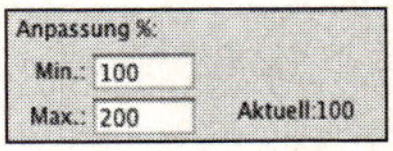

Werden Werte in die Felder von *Anpassung %* eingegeben, dann werden Textgröße und Zeilenabstand innerhalb der angegebenen Grenzwerte so verändert, dass der Text den Block ausfüllt. Ein Wert von 100 ändert die Textgröße nicht. Ist wie im Beispiel *Abstand ändern* zusätzlich aktiv, kann es passieren, dass die letzte Spalte einen anderen Zeilenabstand hat als die übrigen.

Erstzeilenabstand definiert, wie groß der Abstand des Textes in der ersten Zeile der Spalten vom Textblockrand sein soll.

Spaltenende
Text ➛ Sonderzeichen

Soll eine Spalte oder Reihe an einer bestimmten Textstelle enden und in der nächsten Spalte oder Reihe fortgesetzt werden, muss die Einfügemarke an diese Stelle gesetzt und *Spaltenende* aus dem Pop-up-Menü *Text ➛ Sonderzeichen* gewählt werden.

Spalten und Reihen

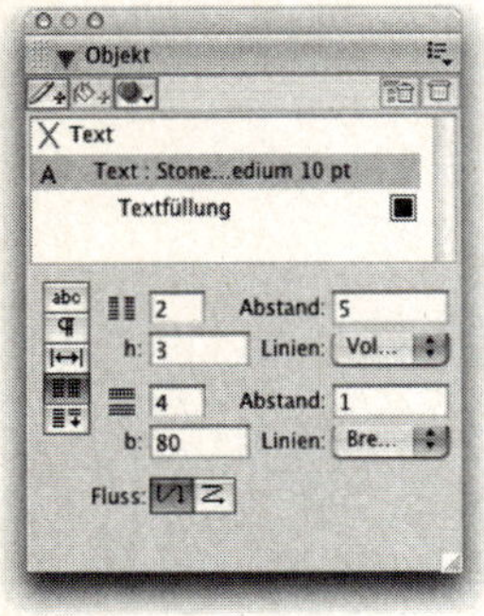

Der Text kann auch in definierten Spalten und Reihen geführt werden.

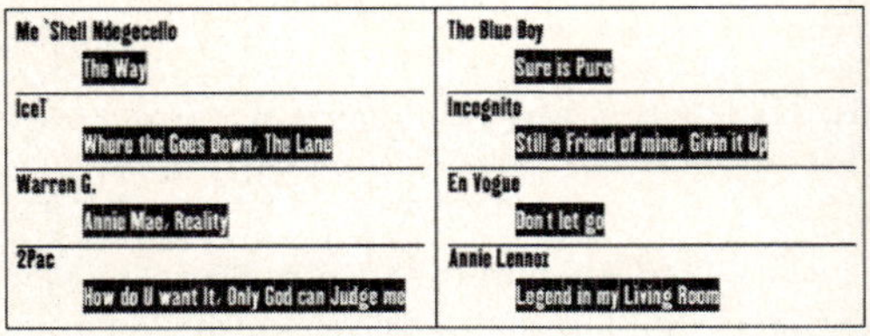

Die Eingabe der Reihen wird entsprechend der für Spalten gehandhabt (Seite 422). Es werden immer so viele Textzeilen in einer Reihe untergebracht, wie Platz haben.

Fluss:

Über die Symbole *Fluss* kann bestimmt werden, ob der Text von oben nach unten oder von links nach rechts einläuft.

Textabstand:

Der Abstand des Textes von den Rändern wird in die Felder *Rand* im Bedienfeld *Objekt* eingetragen.

Linien:
Die Blockumrandung kann ausgeblendet werden, indem man im Bedienfeld *Objekt* die Einstellung *Rahmen anzeigen* deaktiviert.

Linien sind nur dann sichtbar, wenn für den Textblock im Bedienfeld *Objekt* ein Strich definiert wurde.

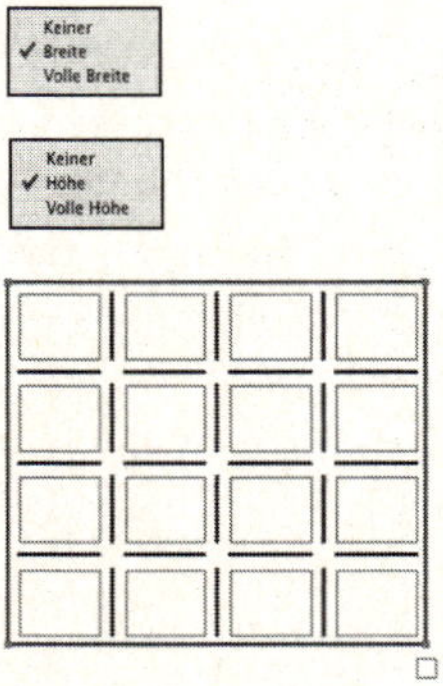

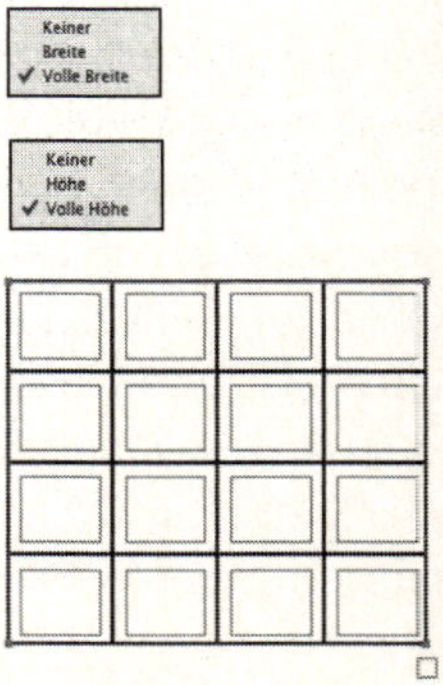

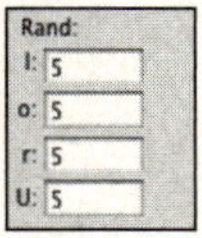

Werden im Bedienfeld *Objekt* unter *Rand* Werte für den Abstand des Textes vom Textrahmen eingegeben, wird die Länge der äußeren Linien errechnet.

Wird *Volle Höhe* beziehungsweise *Breite* ausgewählt, verlaufen die Linien bis zu den Rändern des Blocks.

Tabulatoren (Tabs)

Die Voraussetzung, um Text an Tabulatorstopps (Tabs) ausrichten zu können, ist das Setzen von Tab-Zeichen. Die Einfügemarke wird vor den auszurichtenden Text gesetzt und das Tab-Zeichen (Tab-Taste ⇥) eingegeben. Der nachfolgende Text springt zum nächsten Standard-Tab.

Wird Text mit der Textfunktion markiert, erscheinen ein Lineal und die Tab-Symbole. Bei einer Darstellungsgröße über 3200 % wird das Lineal nicht mehr hundertprozentig angezeigt. Über dem Lineal sind die Standard-Tabs zu sehen. Wird ein Tab gesetzt, verschwinden die Standard-Tabs links davon.

Leider sind die im Text gesetzten Tab-Zeichen wie auch die Absatzzeichen nicht sichtbar zu machen, daher kann leicht die Orientierung verloren gehen. Glücklicherweise laufen die Tabs mit, wenn ein Textblock skaliert wird.

Linksbündiger Tab: Text dehnt sich zur rechten Seite aus, verhält sich also wie ein linksbündiger Text.

Rechtsbündiger Tab: Text dehnt sich zur linken Seite aus, verhält sich also wie ein rechtsbündiger Text.

Zentrierter Tab: Der Text richtet sich mittig unter dem Symbol aus.

Dezimal-Tab: Der Text wird ausschließlich unter Kommata ausgerichtet.

Textfluss-Tab: Zwischen zwei *Textfluss-Tabs* wird der Text umbrochen; das Tab-Zeichen muss am Anfang und am Ende des Textes gesetzt werden.

Um zur nächsten Tab-Position zu gelangen, muss noch ein Tab-Zeichen eingegeben werden.

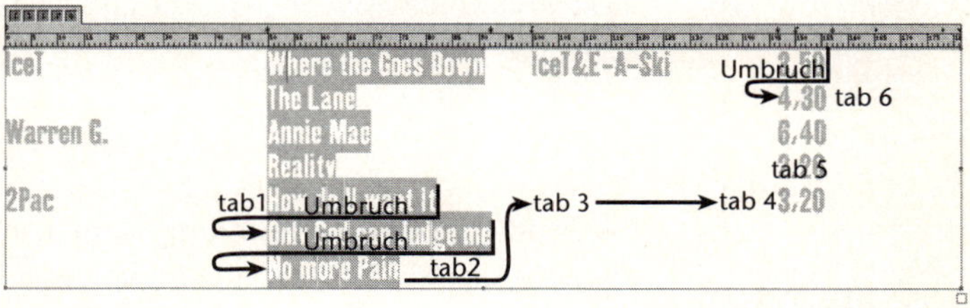

Tabs werden gesetzt, indem man ein Symbol mit dem Pfeilzeiger in den Bereich über dem Lineal zieht.

Sie können nachträglich verschoben und über einen Dialog bearbeitet werden und werden gelöscht, indem man sie außerhalb des Linealbereiches zieht und dort loslässt (siehe auch nächste Seite).

Tabs bearbeiten

Über das erscheinende Textlineal, das, falls nicht sichtbar, über *Ansicht* ➛ *Textlineale* sichtbar gemacht werden kann

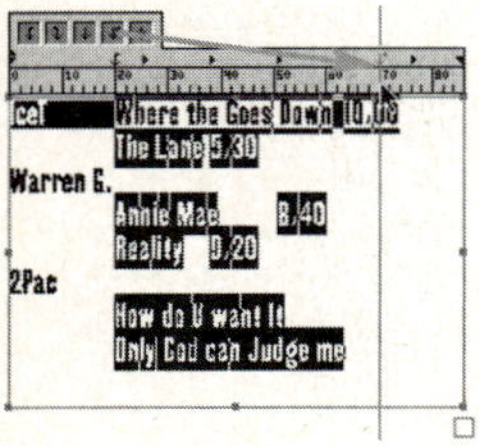

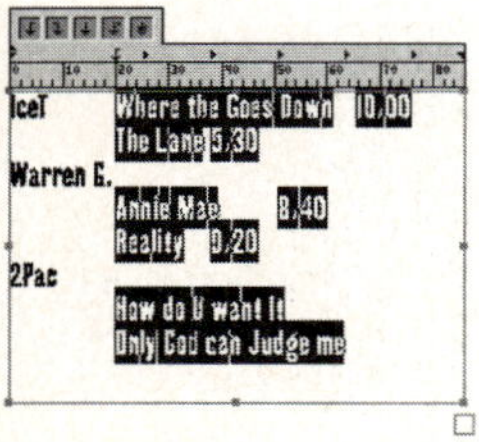

Um Tabs zu bearbeiten, muss die Einfügemarke im Absatz blinken, beziehungsweise die Absätze müssen markiert sein.

Setzen:

Nachdem die Tab-Zeichen im Text gesetzt wurden, werden die Tab-Symbole auf das Lineal gezogen und dort losgelassen. Ist in *FreeHand MX* ➛ *Einstellungen* ➛ *Text* ➛ *Bewegen mit der Tabulator-Taste durch vertikale Linie kennzeichnen* aktiv, läuft eine Linie über den Text, wenn ein Tab gesetzt oder verschoben wird.

Verschieben:

Tabs können mit der Maus angefasst und an eine andere Stelle geschoben werden.

Löschen:

Der Tab wird einfach aus dem Lineal gezogen und losgelassen.

Ausrichtung ändern:

Das Symbol der neuen Ausrichtung wird über das bestehende gezogen und dort losgelassen. Alternativ kann auch ein Doppelklick oder [ctrl]-Klick auf den Tab gemacht werden.

Tabs auf nachfolgende Zeilen übertragen

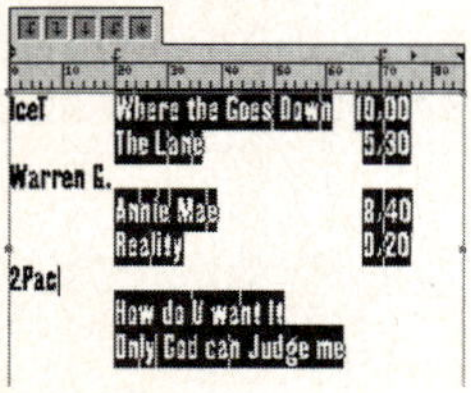

Auf nachfolgende Zeilen beziehungsweise Absätze können die Einstellungen der ersten Zeile übertragen werden, indem alle Zeilen einschließlich der ersten markiert werden und zusammen mit der [⌥]-Taste auf das Tab-Lineal geklickt wird.

Tab-Dialog

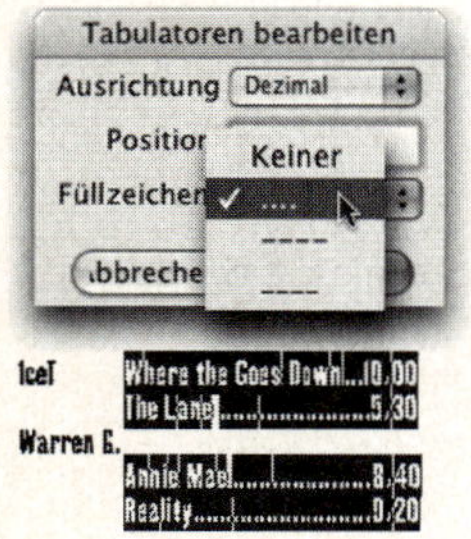

Durch einen Doppelklick oder [ctrl]-Klick auf das Tab-Lineal wird der Tab-Dialog geöffnet, und man kann Ausrichtung, numerische Position und Füllzeichen für einen neuen Tab eingeben oder verändern.

Führt man den Doppelklick über einem bestehenden Tab aus, zeigt der Dialog seine Einstellungen, und man kann ihn bearbeiten.

Text formatieren

Um Zeichenmerkmale über das Bedienfeld *Objekt* oder die Symbolleisten *Text* ändern zu können, müssen die zu verändernden Zeichen mit der Textfunktion durch Darüberziehen markiert werden. Werden Veränderungen vorgenommen, wenn nur die Einfügemarke blinkt, gelten die neuen Einstellungen für Text, der danach geschrieben wird. Wurde ein Textblock mit dem Pfeilzeiger markiert, gelten die Einstellungen für den gesamten Text des Blocks. Bei keiner Markierung wirken sich Veränderungen auf alle danach erstellten Textblöcke aus.

Zeichenmerkmale über die Symbolleisten *Text* oder das Bedienfeld *Objekt* ➛ *Texteigenschaft* ➛ *Zeichenattribute* ändern

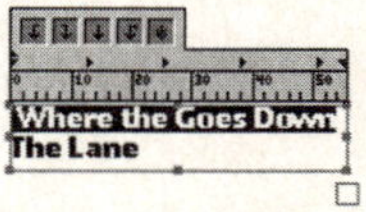

Mit der Textfunktion markierte Zeichen

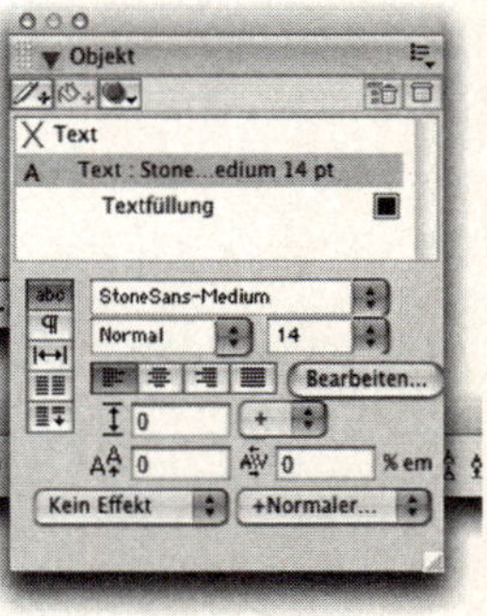

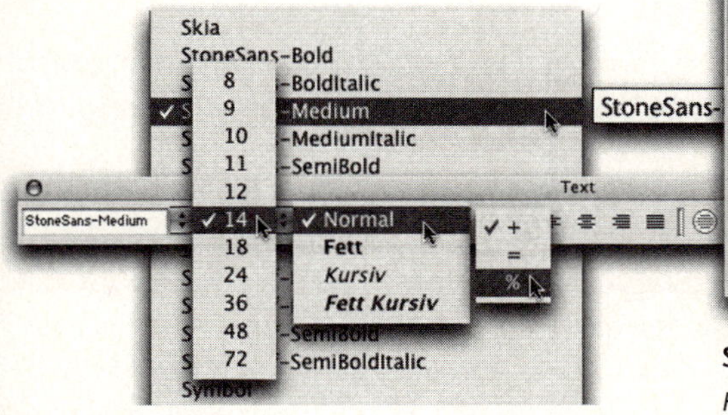

Über die Symbolleisten *Text* können *Schriftart*, *Schriftgröße* und *Schriftstil* verändert werden. Sind von einer Schriftart **echte** *Schriftschnitte* vorhanden, sind diese im typografischen Sinn den *Schriftstilen* vorzuziehen.
Die *Schriftgröße* kann auch numerisch in das Feld eingegeben werden.

Symbolleisten Text

Fenster ➛ *Symbolleisten* ➛ *Text* oder ⌘T
(Die gleichen Einstellungen können auch mit den jeweiligen Befehlen im Menü *Text* oder in den Texteigenschaften des Bedienfeldes *Objekt* getroffen werden.).

Bedienfeld *Objekt* ➛ *Texteigenschaft* ➛ *Zeichenattribute*

Die Einstellungen für den Zeilenabstand beziehen sich immer auf Zeilen, bei denen mindestens ein Zeichen markiert ist, oder auf eine Zeile, in der die Einfügemarke blinkt.

+*(extra):*

Der Wert 0 definiert einen Zeilenabstand, der gleich der Punktgröße der Schrift ist. Wird ein anderer Wert eingetragen (in Punkt), wird er dazuaddiert.

Zeilenabstand:
Abstand zwischen zwei Grundlinien

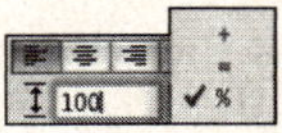

Zeilenabstand:
(Fortsetzung)

=*(fest):*

Der Wert, der eingetragen wird, legt unabhängig von der Schriftgröße den Zeilenabstand in Punkt fest.

%*(prozentual):*

Hier verändert sich der Zeilenabstand prozentual zur Schriftgröße. Der Wert 100 entspricht der Schriftgröße, 120 addiert 20% der Schriftgröße.

Unterschneidung:

Der Abstand zwischen Zeichen wird vergrößert (positiver Wert) oder verkleinert (negativer Wert); wird die Einfügemarke zwischen zwei Zeichen gesetzt, wird das Paar unterschnitten.

Bereichsunterschneidung:

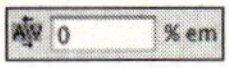

Werden mehrere Zeichen markiert, wird eine Bereichsunterschneidung (Spationieren) vorgenommen.

Werden bei gedrückter [⌥]-Taste die Pfeiltasten ([←] oder [→]) benutzt, verschiebt man um jeweils 1 pt. Wird zusätzlich die [⇧]-Taste gedrückt, erhöht sich der Wert auf 10 pt.

Der einzutragende Wert ist ein Prozentsatz eines Gevierts. Ein Geviert ist die Maßeinheit, die genau der Punktgröße einer Schrift entspricht. Traditionell entspricht ein Geviert der Breite des breitesten Buchstabens einer Schriftart, des großen M. Positive Werte vergrößern den Abstand, negative verkleinern ihn. Der größte zulässige Wert ist 1000 %, der kleinste −200 %.

Grundlinienverschiebung:

Bei gedrückter [⌥]-Taste Pfeiltasten ([↑] oder [↓]) benutzen verschiebt jeweils um 1 pt.

Ein positiver Wert versetzt die Grundlinie der markierten Zeichen nach oben, ein negativer nach unten. Anwendung findet die Grundlinienverschiebung bei Sonderzeichen wie z. B. ® und ™ oder Indizes. Der eingegebene Wert wird im aktuellen Einheitensystem angezeigt. Die Cursortasten verschieben in Punkt.

Absatzausrichtungen

Textzeilen können sich am linken oder rechten Blockrand oder an beiden orientieren. Die Orientierungsform wird als Ausrichtung bezeichnet und ist absatzabhängig.

Ein *Absatz* definiert sich als der Text, der zwischen zwei Absatzzeichen (Eingabe mit der Return-Taste ⏎) eines Textblocks steht. Ein Absatz ist dann markiert, wenn die Einfügemarke darin blinkt bzw. ein Zeichen markiert ist. Im Texteditor wird er als Sonderzeichen ¶ angezeigt.

⚠ Bei *sich automatisch ausdehnenden Textbehältern* kann nur die Ausrichtung *Linksbündig* verwendet werden.

Linksbündig

Zentriert

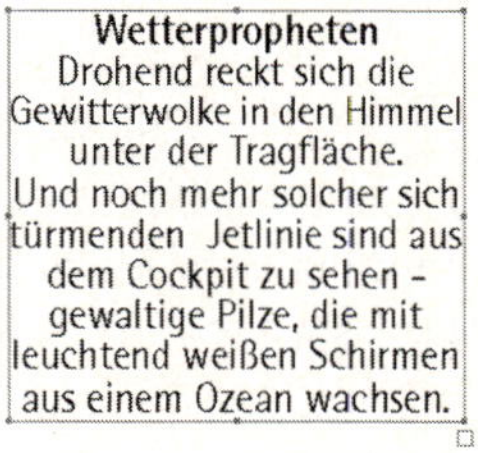

Rechtsbündig

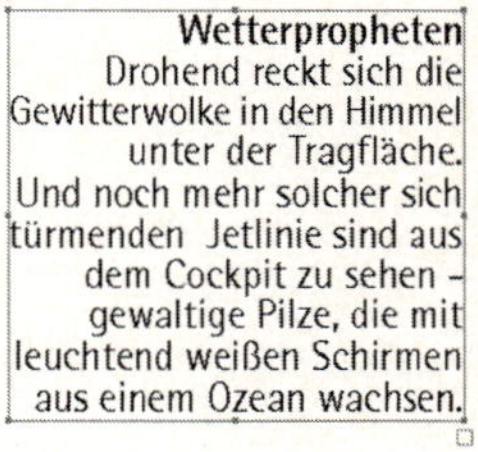

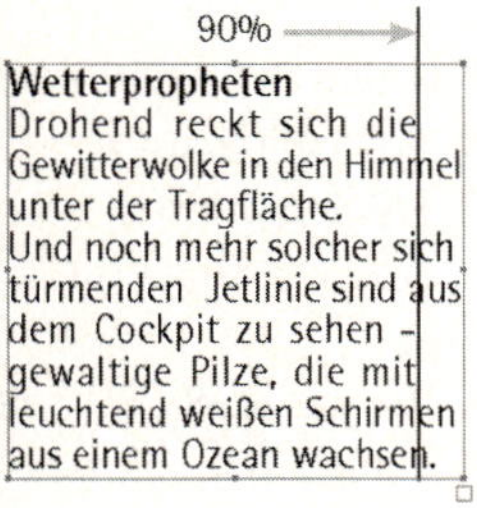

Flatterrandbreite:

Wird hier ein Wert eingetragen, zum Beispiel 90, wird in Absätzen, die *nicht* im Blocksatz ausgerichtet sind, jede Zeile auf 90% der Spaltenbreite gedehnt, die kürzer als 90% ist. Die letzte Zeile im Absatz bleibt davon unberührt.

Blocksatz

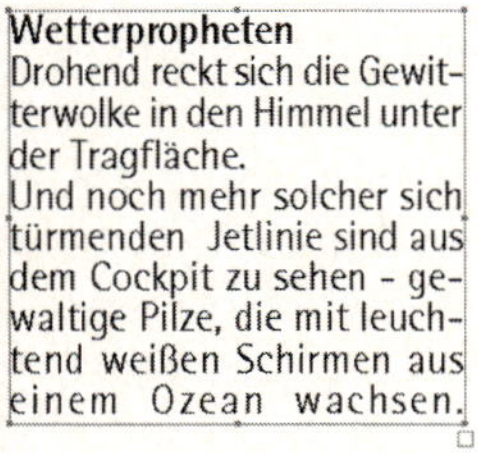

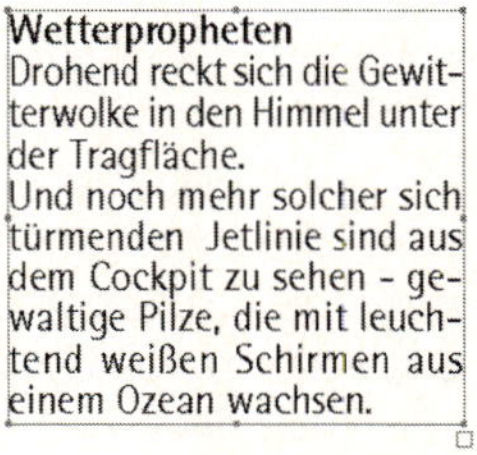

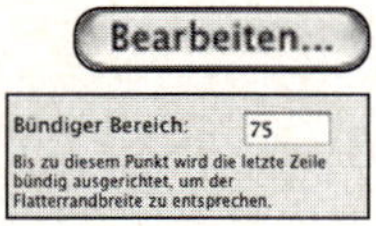

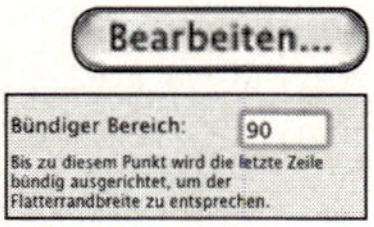

Bündiger Bereich:

Wird ein Wert in das Feld eingetragen, zum Beispiel 75, wird die Bündigkeit der letzten Zeile nur dann erzwungen, wenn diese mindestens 75% der Spaltenbreite ausfüllt (gilt nur für Blocksatz).

Bedienfeld *Objekt*
➛ *Texteigenschaft*
➛ *Abstände*

In den Texteigenschaften des Bedienfeldes *Objekt* werden Buchstaben- und Wortabstände reguliert bzw. Zeichenbreiten angepasst. Es kann bestimmt werden, wie sich Wörter und Zeilen (Hurenkindregelung) in Umbruchsituationen verhalten sollen.

Horizontale Skalierung:

Skaliert die markierten Zeichen in der Breite, ohne den Schriftgrad zu verändern.

Wort- und Zeichenabstände

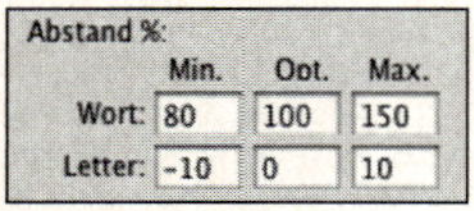

Um automatische Abstandsregulierungen zu verhindern, gibt man in alle Felder den Wert 100 ein.

Werden Werte in die Felder von *Abstand %* eingetragen, verändert das Programm nötigenfalls die Wort- beziehungsweise Zeichenabstände innerhalb der hier festgelegten Grenzen, um die Zeilen besser in den Block einzupassen.

Der Wert für *Opt.* legt die normalen Abstände fest. 100 ist der Abstand, der für den Zeichensatz vorgesehen ist. *Min.* definiert, wie eng höchstens zusammengeschoben, und *Max.* legt fest, wie weit höchstens gedehnt werden darf.

Zusammenhalten:

Diese Option kann verhindern, dass Wörter oder Zeilen aus Sinnzusammenhängen durch Trennung herausgerissen werden.

Markierte Wörter

Wörter, die mit dem Textwerkzeug markiert wurden, wechseln automatisch, wenn ein Zeilenumbruch vorgenommen wird, als ganzes Wort die Zeile.

Linien zusammen

Schusterjungen und Hurenkinder

In Textketten ist es häufig notwendig, dass möglichst mehrere Zeilen eines Absatzes zusammenhängend den Textblock wechseln und nicht nur eine, weil das Ende eines Textblockes dieses erfordern würde. Je nachdem, welche Zahl eingetragen wurde, wechseln Zeilen den Textblock oder die Spalte.

Bedienfeld Objekt
➛Texteigenschaft
➛Absatzformatierung

Für markierte Absätze können in den Feldern von *Absatzabstand* Werte in der aktuellen Maßeinheit eingegeben werden. Man muss dabei jedoch bedenken, dass sich die beiden Werte addieren, wenn der nachfolgende oder vorangehende Absatz die gleichen oder ähnliche Einstellungen besitzt.

Abstände

Abstand oberhalb
Abstand unterhalb
Einzug links
Einzug rechts
Einzug erste Zeile

Um nun einen Abstand zum nächsten Absatz *(unterhalb)* oder vom vorherigen Absatz *(oberhalb)* festzulegen, muss man in die beiden Eingabefelder Werte eintragen, wenn die Einfügemarke im entsprechenden Absatz blinkt oder der Absatz markiert ist. Abstände oben wirken sich nicht auf den ersten Absatz eines Blocks oder einer Spalte aus, das Gleiche gilt für unten.

Einrückung

Ein Absatz kann sowohl links als auch rechts vom Blockrand eingezogen werden. Gibt man einen positiven Wert in das Feld *Beginnen bei* ein, addiert sich der Einzug der ersten Zeile des Absatzes zu dessen linkem Einzug.

Einzugsdreiecke

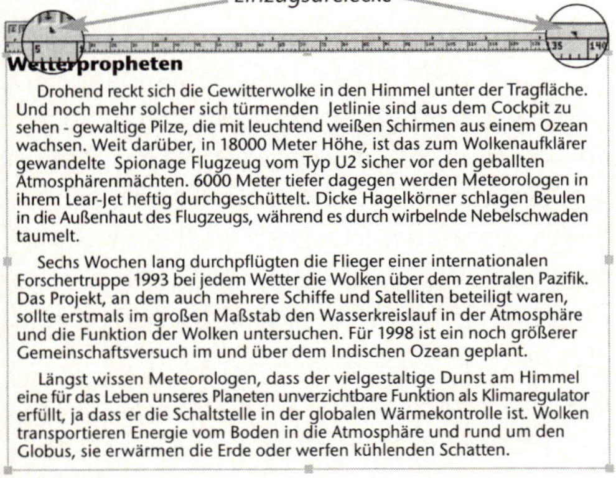

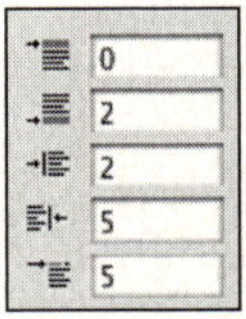

Einzüge können auch durch das Verschieben der Einzugsdreiecke über dem Lineal definiert werden. Zieht man unten am linken Dreieck, wird der Absatz eingezogen, fasst man das Dreieck oben an, teilt es sich, und es kann die erste Zeile nach links oder rechts eingezogen werden. Für den rechten Einzug wird das Dreieck am rechten Blockrand verschoben.

Hängende Sonderzeichen

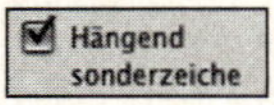

Wird die Checkbox aktiviert, werden die Satzzeichen " ' . , ; : - außerhalb der Blockränder oder des Einzugs positioniert. Es sollte jedoch mit geschwungenen Anführungszeichen gearbeitet werden, einstellbar im Menü *FreeHand MX ➛ Einstellungen ➛ Text.*

Silbentrennung

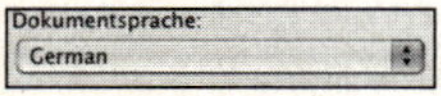

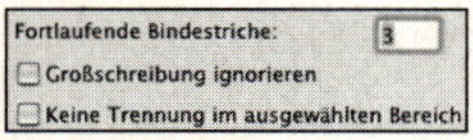

Die Checkbox *Silbentrennung* ermöglicht es, den ausgewählten Text nach länderspezifischen Algorithmen prüfen zu lassen. Nach Aktivieren der Checkbox ist es notwendig, in nebenstehender Schaltfläche *Bearbeiten* ein installiertes Wörterbuch (Deutsch, Englisch usw.) im erscheinenden Dialogfeld auszuwählen. Die Zahl, die im Feld *Fortlaufende Bindestriche* eingetragen ist, bestimmt die Anzahl der Zeilen, in denen hintereinander eine Trennung vorkommen darf. Ist *Großschreibung ignorieren* aktiv, werden großgeschriebene Wörter nicht getrennt.
Keine Trennung im ausgewählten Bereich bewirkt, dass die markierten Wörter nicht getrennt werden, auch wenn die Silbentrennung aktiv ist.

Sonderzeichen im Text

Text ➛ Sonderzeichen

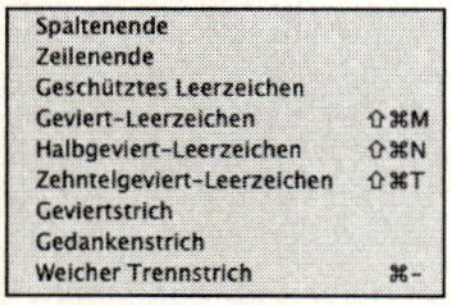

Ein weicher Trennstrich kann an der Stelle, an der die Einfügemarke blinkt, mit *Text ➛ Sonderzeichen ➛ Weicher Trennstrich* oder ⌘ Trennstrich (-) eingegeben werden. Das Sonderzeichen *Geschütztes Leerzeichen* verhindert, dass die Wörter, zwischen denen es steht, auf zwei Zeilen umbrochen werden. Soll eine neue Zeile, aber kein neuer Absatz beginnen, die Absatzformate wie Linien, Abstände usw. also nicht angewendet werden, wird das Sonderzeichen *Zeilenende* statt eines Returns eingegeben.

Um Absätzen eine Linie zuzuweisen und diese auch sichtbar zu machen, muss für den Block in den Eigenschaften des Bedienfeldes *Objekt* ein Strich definiert sein. Der Blockrahmen im Bedienfeld *Objekt* wird durch das Deaktivieren der Checkbox *Rahmen anzeigen* ausgeblendet. Der Abstand der Linie zur letzten Zeile definiert sich durch den *Absatzabstand unten.*

Absatzlinien

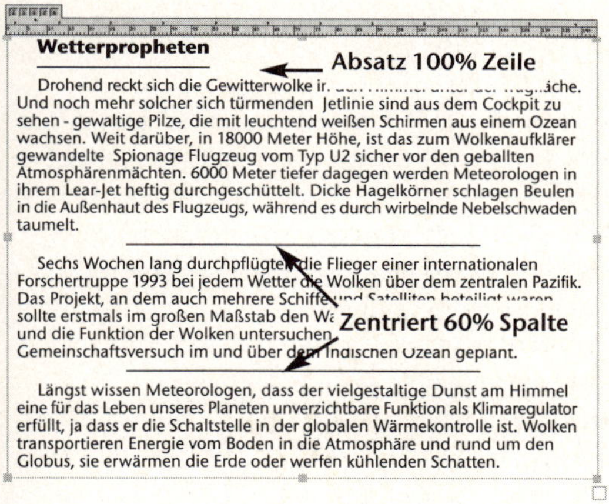

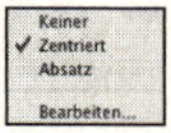

Zentriert:
Die Linie wird entweder unter der letzten Zeile oder in der Spalte zentriert.

Absatz:
Die Linie übernimmt die Absatzausrichtung und die Absatzeinzüge.

Nach Betätigen der Schaltfläche *Bearbeiten* öffnet sich der Dialog *Absatzlinienbreite*.

Hier kann definiert werden, ob die Linienlänge einem Prozentsatz der Spalte oder der letzten Zeile entspricht.

Bearbeiten ...

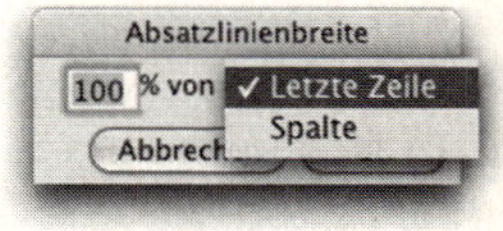

Wörter können hinsichtlich ihrer Darstellung verändert werden. Zur Auswahl stehen GROSSBUCHSTABEN, kleinbuchstaben und KAPITÄLCHEN. Zusätzlich kann bestimmt werden, ob der erste Buchstabe im Wort oder Satz großgeschrieben werden soll. Im Dialogfeld *Einstellungen* können Kapitälchengrößen festgelegt und Ausnahmeregelungen vorgenommen werden.

Sonderzeichen im Text

Text ➛ Groß-/Kleinschreibung

Großbuchstaben: Mit diesem Befehl werden alle ausgewählten Buchstaben eines mit dem Pfeilzeiger ausgewählten Textblocks in Großbuchstaben umgewandelt. Auch mit dem Textwerkzeug ausgewählte Buchstabenfolgen können hiermit umgewandelt werden.

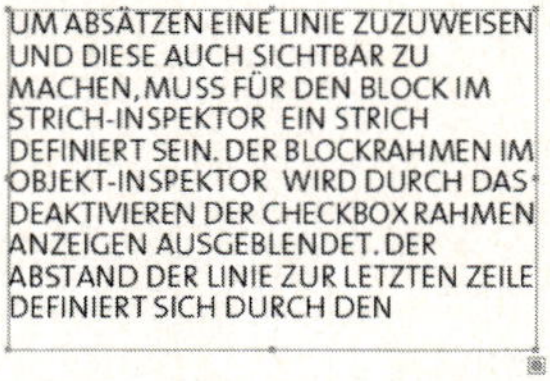

Kleinbuchstaben: Mit diesem Befehl werden alle ausgewählten Buchstaben eines mit dem Pfeilzeiger ausgewählten Textblocks in Kleinbuchstaben umgewandelt. Auch mit dem Textwerkzeug ausgewählte Buchstabenfolgen können hiermit umgewandelt werden.

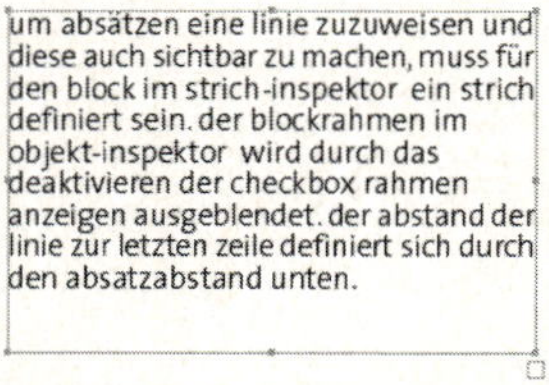

Kapitälchen: Dieser Befehl wandelt alle ausgewählten Buchstaben eines mit dem Pfeilzeiger ausgewählten Textblocks in Kapitälchen um. Die Größe der Kapitälchen richtet sich nach den Einstellungen im Einstellfeld *Kapitälchen*. Auch mit dem Textwerkzeug ausgewählte Buchstabenfolgen können hiermit umgewandelt werden.

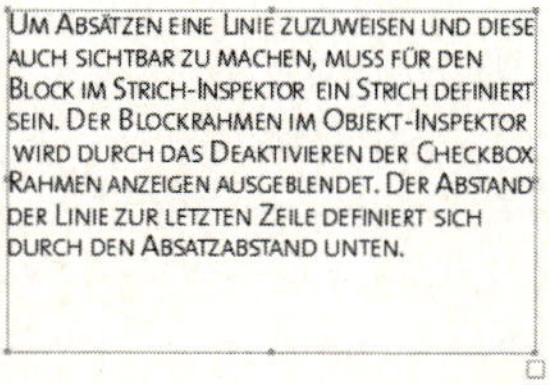

1. Buchstabe im Wort groß:

Im Textblock oder den ausgewählten Textteilen werden alle ersten Buchstaben von Wörtern in Großbuchstaben umgewandelt.

1. Buchstabe im Satz groß:

Im Textblock oder den ausgewählten Textteilen werden alle ersten Buchstaben eines Satzes in Großbuchstaben umgewandelt.

Einstellungen:

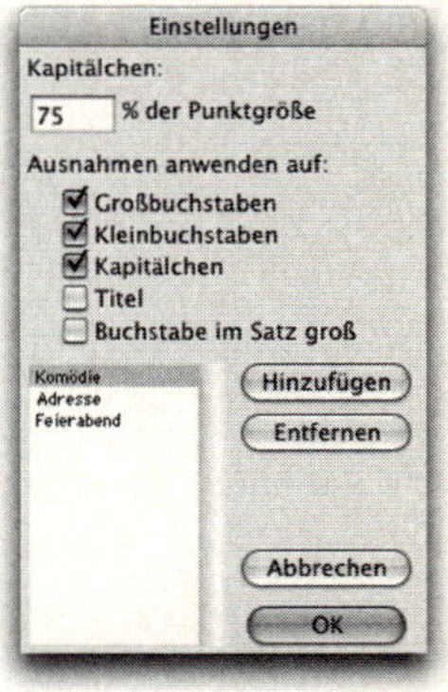

Im Dialogfeld können die anzuwendenden Kapitälchengrößen eingestellt werden und Ausnahmeregelungen, die von dieser Befehlsstruktur nicht beeinflusst werden sollen.

Im Einstellfeld *Kapitälchen* wird ein Prozentsatz der Punktgröße der Schriftart eingegeben.

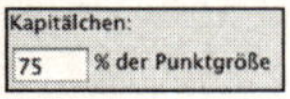

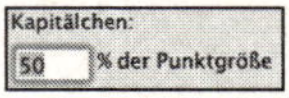

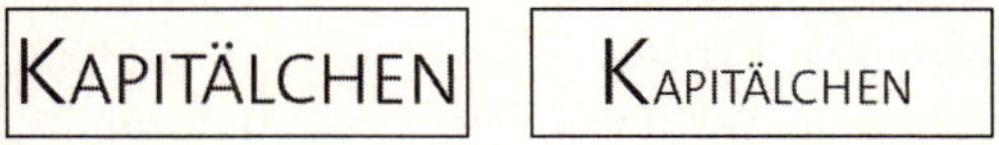

Kapitälchen sind Kleinbuchstaben (Minuskeln), die in kleingeschriebene Versalien (Großbuchstaben) umgewandelt wurden. Versalien werden von der Umwandlung nicht betroffen.

Werden eine oder mehrere Optionen in der Ausnahmeregelung angekreuzt, werden die Wörter, die sich in der Liste befinden, nicht von den Textumwandlungen betroffen.

Grafiken und Bilder in Text einbinden (Inline-Grafiken)

Grafiken und Bilder können so in den Text integriert werden, dass sie wie ein Textzeichen behandelt und somit zusammen mit dem Text umbrochen werden. Die Funktionsweise entspricht weitestgehend der von verankerten Text- oder Bildrahmen in QuarkXPress.

Es können Pfade, TIFF- und EPS-Bilder und auch *Text auf Pfade* als Inline- oder auch mitlaufende Grafiken verwendet werden. *Text auf Pfade* muss auf jeden Fall gruppiert sein.

Elemente im Text verankern

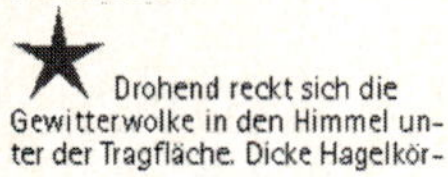

Zeichenattribute

Konturenführung

Das einzufügende Element wird in die Zwischenablage kopiert und die Einfügemarke vor das Textzeichen, vor dem die Grafik erscheinen soll, gesetzt. Mit ⌘V wird das Element aus der Zwischenablage in den Text eingefügt.

Es kann jetzt wie jedes Textzeichen mit der Einfügemarke markiert und mit der Löschtaste gelöscht werden. Es können ihm Zeichenattribute wie Buchstabenbreite und Grundlinienverschiebung zugewiesen und durch Zeichenausgleich kann der Abstand des nachfolgenden Zeichens bestimmt werden.

Wird nur das Element markiert, erscheint im Bedienfeld *Objekt* A+▬, im Pop-up-Menü für Texteffekte *Grafikelement*. Über die nun ebenfalls anwählbare Option *Bearbeiten* lässt sich der Dialog *Rundherum-Auswahl* öffnen (siehe auch Seite 449). Dort kann der Abstand des Textes von der Grafik verändert werden.

Wird das Element, wie in unserem Beispiel, als Initiale verwendet, kann daraus eine hängende Initiale gemacht werden, indem der Absatz markiert und auf die Position des ersten Zeichens nach der Inline-Grafik links eingezogen wird. Die erste Zeile wird um den gleichen Wert mit negativem Vorzeichen nach links verschoben.

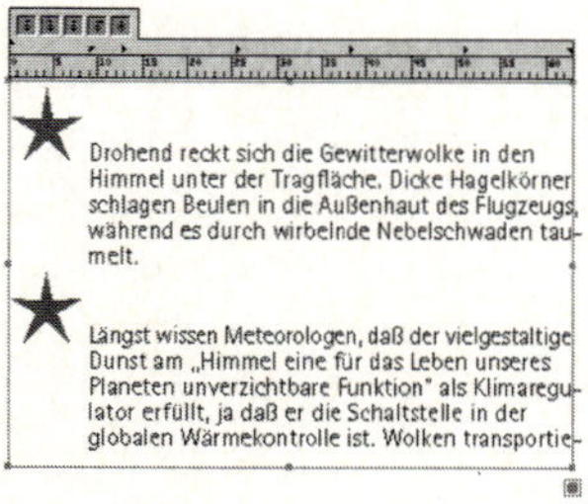

Wird ein Grafikelement verankert, erscheint vor dem Textformat des Absatzes ein Pluszeichen. Wird dieses durch Anklicken des Formatnamens entfernt, nimmt die Inline-Grafik die Größe des Textes an und macht alle Formatänderungen mit. Das Ändern der Textfarbe hat auf die Inline-Grafik keinen Einfluss.

Formate auf Text mit Inline-Grafik anwenden

Wetterpropheten
★Drohend reckt sich die Gewitterwolke in den Himmel unter der Tragfläche. Dicke Hagelkörner schlagen

Um ein Zeichen so im Text zu verankern, dass der Text darum herumläuft, muss das Zeichen markiert und ein negativer Grundlinienversatz eingegeben werden.

Den Text um die Inline-Grafik herumlaufen lassen

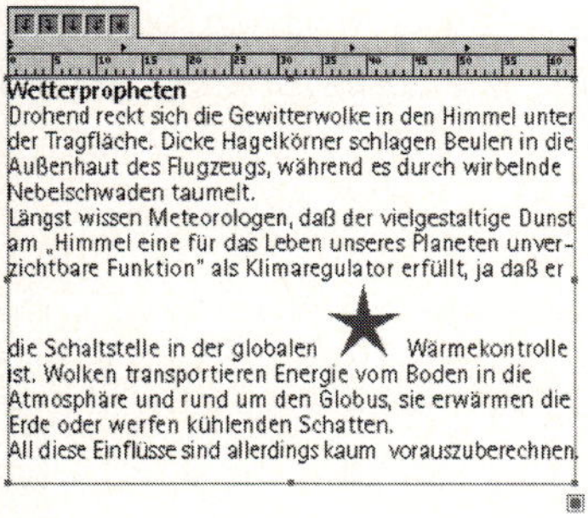

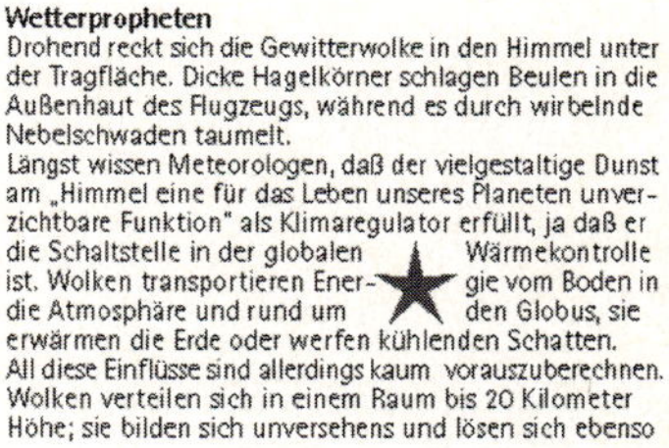

Wird eine Grafik in einen verzerrten, gespiegelten oder sonst wie umgewandelten Textblock eingesetzt, vollzieht die Inline-Grafik diese Veränderungen nach. Sie selbst kann zuvor natürlich auch verwandelt worden sein.

Transformierte Textblöcke

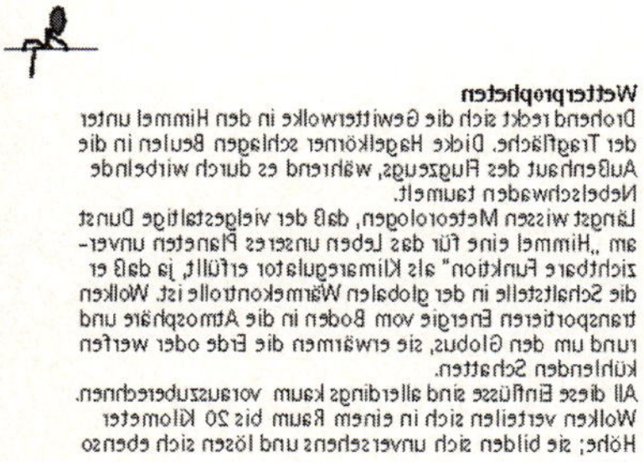

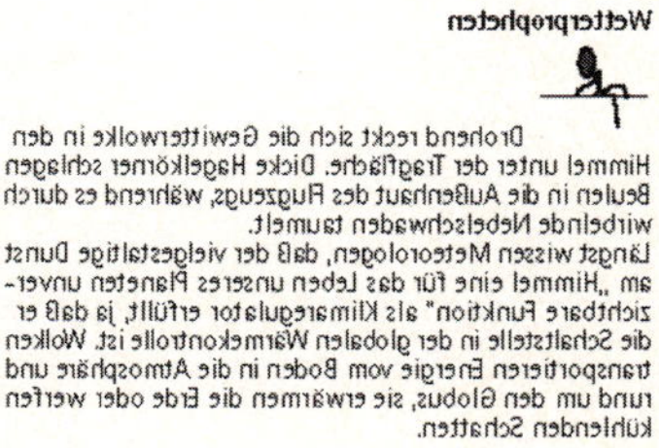

Inline-Grafiken auf Pfaden platzieren

Wird eine Grafik in einen Textblock eingesetzt, verhält sie sich wie ein Textelement. Sie kann somit auch auf einem Pfad platziert werden. Text und Pfad müssen markiert sein. Anschließend kann im Menü *Text* der Befehl *An Pfad anfügen* oder ⇧⌘Y ausgewählt werden.

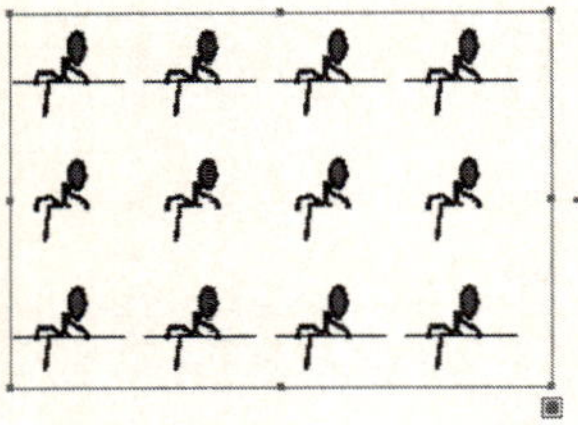

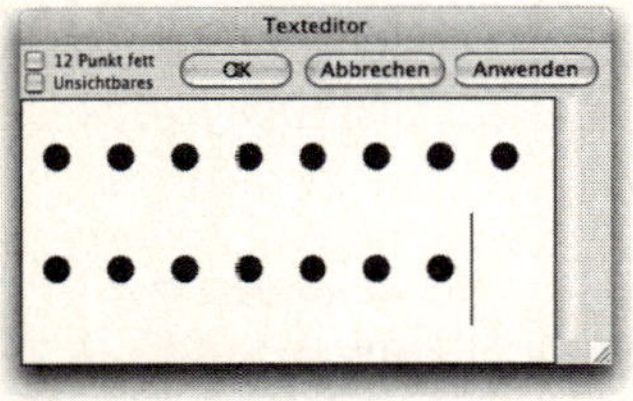

Wird bei solch einem Text der Texteditor geöffnet (siehe Seite 53 u. 415), präsentieren sich die Grafiken als dicke Punkte, die nicht zu verwechseln sind mit dem Schriftzeichen Bullet (⌥ ü).

Soll der Vorgang zurückgenommen werden, kann im Menü *Text* der Befehl *Vom Pfad lösen* ausgewählt werden.

Weitere Informationen zu diesen Vorgängen werden ab Seite 445 beschrieben.

Textstile

Genauso wie sich alle Objekteigenschaften in Grafikstilen (siehe Seite 314ff.) zusammenfassen lassen, können Textformatierungen zu Textstilen gemacht werden. Eine enorme Erleichterung, wenn man beispielsweise eine Broschüre mit Fließtext, Überschriften und anderen Textarten gestalten möchte.

Das Bedienfeld *Stile* ist über *Fenster* ➤ *Stile* erhältlich.

Im Bedienfeld sind sowohl *Textstile* als auch *Grafikstile* (z.B.) verfügbar.
Die *Grafikstile* werden ab Seite 314ff. beschrieben.

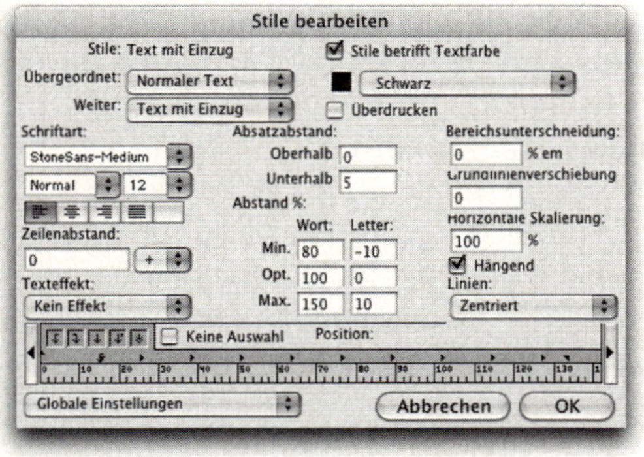

Wie man sieht, können nur elementare Merkmale als Stil festgelegt werden. Es fehlen zum Beispiel Trennregeln und Rechtschreibverhalten. Im Popup-Menü *Globale Einstellungen* kann man zu den Einstellungen zurückkehren, die beim Öffnen des Dialogs *(Originalwerte wiederherstellen)* galten, oder zu den Einstellungen des Stiles *Normaler Text,* hier bezeichnet als *Programmstandards wiederherstellen. Keine Auswahl* erzeugt in allen Einstellfeldern leere Felder, sodass alle Einstellungen individuell vorgenommen werden können.

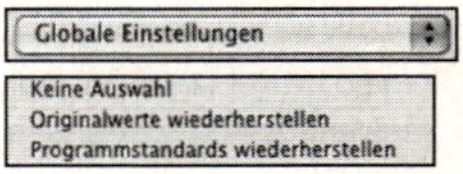

Man sollte sich auf die einfachen Funktionen im Dialog *Stilverhalten* beschränken. Das Programm stellt, wie auch Layoutprogramme, Optionen zur Verfügung, die Stilen hierarchische Abhängigkeit untereinander zuweisen (*Übergeordnet*) oder auf Stilformatierungen bestimmte andere folgen lassen (*Weiter*). Diese Möglichkeiten sollten jedoch eher von Programmversierten benutzt werden.

Textstile erstellen und bearbeiten

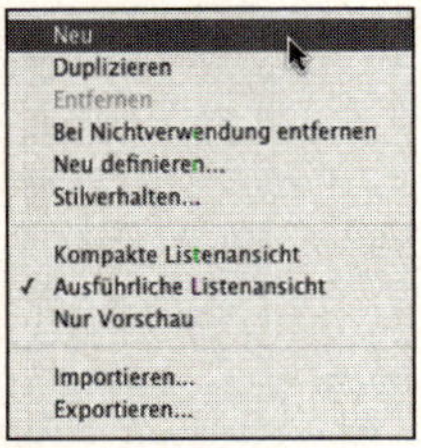

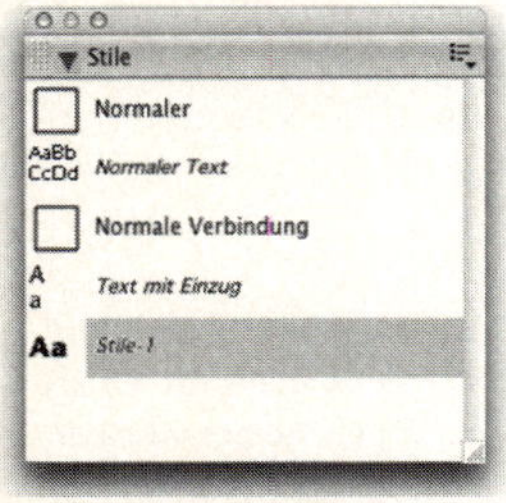

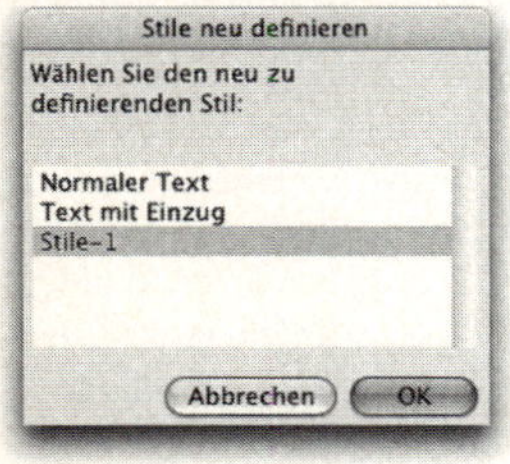

Optionen

Für den Umgang mit den *Optionen*, das Zuweisen und die Benennung von Textstilen gelten die gleichen Regeln wie für die Grafikstile (siehe Seite 314ff.).

Neuer Stil

Ein neuer Stil wird am einfachsten dadurch erstellt, dass man einen oder zwei Absätze in der gewünschten Form formatiert, einen solchen Absatz markiert und in den Optionen den Befehl *Neu* anwählt.

Die Funktionsweise der Option *Neu* ist abhängig von der Einstellung in *FreeHand MX ➛ Einstellungen ➛ Text ➛ Textstile erstellen auf Grundlage von:* (siehe Seite 54f). Der neue Stil heißt erst einmal *Stile-x*, er kann aber sofort per Doppelklick auf den Namen umbenannt werden.

Formate neu definieren

Soll ein Stil verändert werden, kann man einen Absatz verändern und dann den Befehl *Neu definieren* im Pop-up-Menü *Optionen* des Bedienfeldes *Stile* anwählen. Der sich öffnende Dialog muss nur mit *OK* bestätigt werden. Ein Format kann auch im Dialog *Format bearbeiten* neu definiert werden (siehe vorherige Seite).

Textstile durch Drag & Drop zuweisen

Wie Grafikstile lassen sich auch Textstile durch Drag & Drop (Ziehen des Symbols A aus dem Bedienfeld) zuweisen. Die Einstellung in *FreeHand MX ➛ Einstellungen ➛ Text ➛ Ziehen eines Textstils ändert* ist für die Auswirkung verantwortlich.

Ist *einzelnen Absatz* aktiv, wird der Stil nur auf den Absatz angewendet, auf dem das Symbol losgelassen wird. *Gesamten Textcontainer* verändert alle Absätze im Textblock, egal ob eine Markierung besteht oder nicht.

Rechtschreibprüfung

Rechtschreibung...

Der Befehl *Text ➤ Rechtschreibung...* öffnet ein Dialogfeld. Es können sowohl einzelne Wörter in das Texteingabefeld eingegeben und geprüft als auch ausgewählter Text oder die gesamte Illustration nach Fehlern durchsucht werden.

Es können außer Rechtschreibfehlern Fehler bei der Groß- und Kleinschreibung und doppelte Wörter gefunden werden (siehe Seite 61).

Vorgaben *Einrichten*

Zu Einstellungen, die in den Programmvorgaben zur Rechtschreibprüfung gemacht werden können, siehe Seite 61.

Gesamte Illustration überprüfen

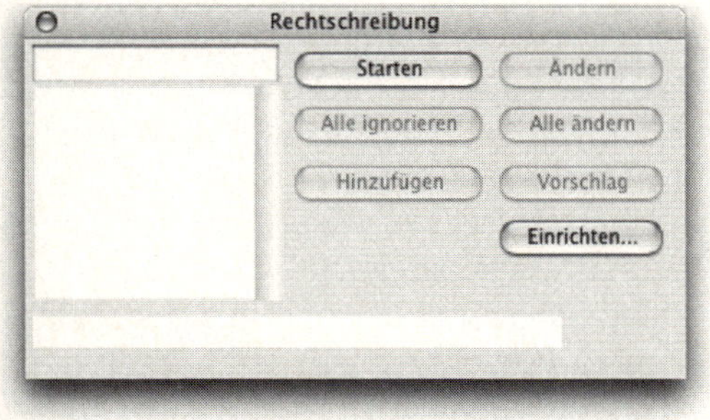

Starten

Ist kein Text ausgewählt, wird mit *Starten* die Rechtschreibprüfung der gesamten Illustration begonnen.

Auswahl anzeigen

Wird ein zweifelhaftes Wort gefunden, verschiebt sich die Ansicht auf diesen Teil der Illustration, und das Wort wird markiert (man sollte deshalb zuvor eine sinnvolle Ansichtsgröße auswählen).

Deutsch

Im Pop-up-Menü des Dialoges *Einrichten...* können außer dem deutschen Wörterbuch andere ausgewählt werden, sofern diese installiert worden sind.

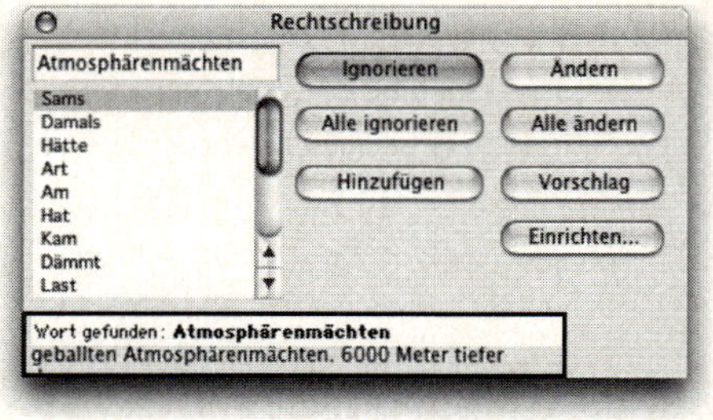

Wort gefunden

Wird ein Wort gefunden, das nicht im ausgewählten Wörterbuch vorkommt, wird es angezeigt und der Textzusammenhang aufgeführt.

Auswahlliste

Das Programm macht Vorschläge, von denen einer durch Anklicken ausgewählt werden kann und dadurch im Texteingabefeld erscheint. Kommt die gewünschte Rechtschreibung in der Liste nicht vor, kann die richtige Schreibweise auch eingetippt werden.

Hinzufügen

Wörter, die nicht im Wörterbuch vorkommen, können diesem hinzugefügt werden. Durch das Eingeben von Trennstrichen wird die korrekte Trennung in das Wörterbuch übernommen.

Ändern

Das gefundene Wort wird durch den Eintrag im Texteingabefeld ersetzt.

Alle ändern

Es werden alle Vorkommen des gefundenen Wortes ersetzt.

Ignorieren

Das zweifelhafte Wort wird ignoriert, und es wird zum nächsten gewechselt.

Alle ignorieren

Alle Vorkommen des gefundenen Wortes werden ignoriert.

Ausgewählten Text überprüfen

Es wird immer das überprüft, was ausgewählt wurde: mit der Textfunktion markierte Wörter oder Sätze, ein oder mehrere mit der Zeigefunktion ausgewählte Textblöcke oder die gesamte Illustration, wenn nichts markiert wurde.

Ein einzelnes Wort überprüfen

Ein Wort kann in das Texteingabefeld eingegeben oder aus der Zwischenablage eingefügt werden.

Vorschlag

Die Taste bewirkt das Auffinden von Alternativvorschlägen aus dem Wörterbuch.

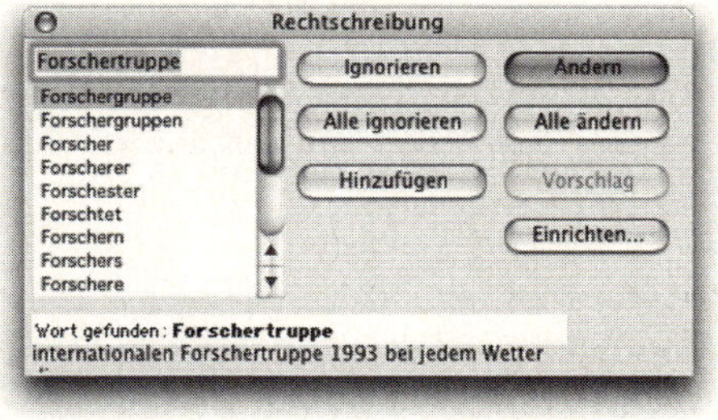

Text suchen und ändern

Der Befehl *Bearbeiten* ➛ *Finden/Ersetzen* ➛ *Text* ⇧⌘F öffnet das unten abgebildete Dialogfeld. Es dient dazu, Zeichen, Wörter oder Textstellen mit bis zu 255 Zeichen zu suchen und durch andere ersetzen zu lassen oder gegebenenfalls zu löschen.

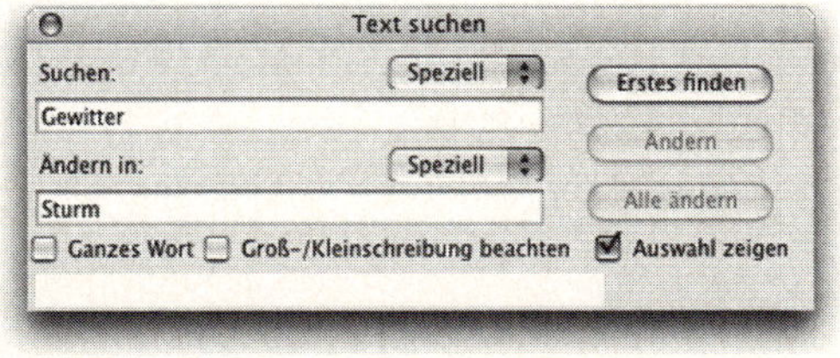

Ganzes Wort

Bei deaktivierter Checkbox wird ein eingegebenes Wort nicht nur als ganzes Wort, sondern auch als Teil eines zusammengesetzten Wortes gefunden (das Wort „Seite“ wird dann auch als *Seite*nzahl oder *seite*nweise gefunden).

Groß-/Kleinschreibung

Die aktive Checkbox bewirkt, dass Wörter nur dann gefunden werden, wenn sie im Text exakt so, wie sie eingegeben wurden, vorkommen. Bei nicht aktiver Checkbox findet das Programm die Wörter, egal ob groß- oder kleingeschrieben, und ersetzt sie, indem die im Text gebrauchte Groß- und Kleinschreibung verwendet wird.

Wie bei der Rechtschreibprüfung werden gefundene Textstellen markiert auf dem Bildschirm gezeigt.

Sonderzeichen

Über das Pop-up-Menü *Speziell* kann nach Sonderzeichen gesucht werden. Wird eines ausgewählt, wird dafür ein Code im Textfeld eingesetzt.

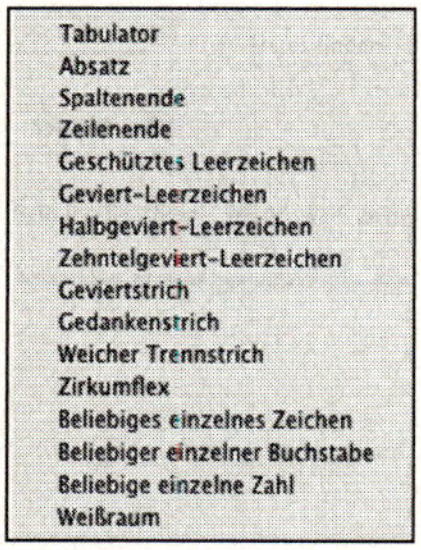

Joker

Die in *Speziell* vorkommenden Zeichen *Beliebiges einzelnes Zeichen, Beliebiger einzelner Buchstabe* und *Beliebige einzelne Zahl* können als Joker verwendet werden. Es können auch mehrere nacheinander eingegeben werden.

Einzelnes Zeichen

Einzelnes Zeichen sucht nach allen Zeichen wie Buchstaben, Ziffern und Sonderzeichen,

Einzelner Buchstabe

Einzelne Zahl

Einzelner Buchstabe sucht nach allen Buchstaben des Alphabets, *Einzelne Zahl* sucht nach Ziffern (0 bis 9).

So kann man zum Beispiel eingeben:

Z^*^*l

- gefunden werden *Ziel* und *Zahl* –
  oder 2^#
- gefunden werden alle Zahlen zwischen 20 und 29.

Text auf und in Pfaden (Konturenführung)

Text auf Pfaden

Offene und geschlossene Pfade können als Grundlinie für Text verwendet werden.

Text ➛ An Pfad anfügen oder ⇧⌘Y

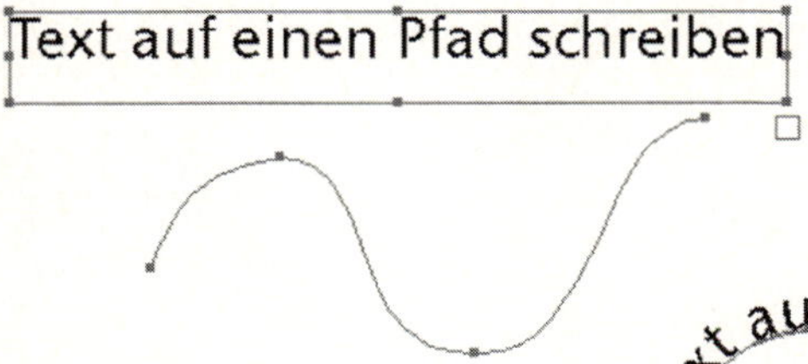

Text und Pfad werden markiert und der Befehl *Text ➛ An Pfad anfügen* oder ⇧⌘Y angewendet. Der Text passt sich gemäß der Absatzausrichtung an den Pfad an.

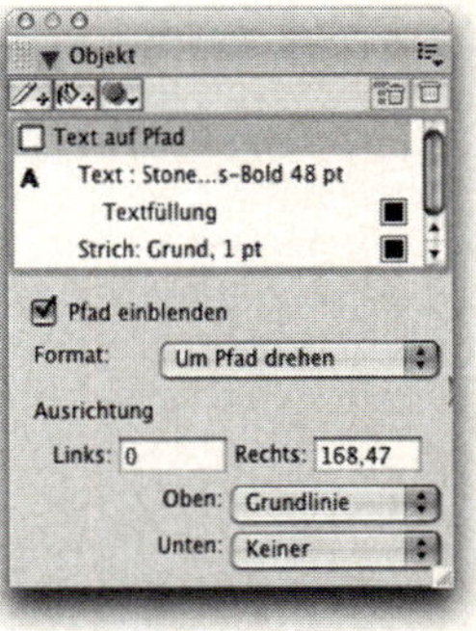

Mit der Textfunktion kann der Text markiert und wie gewohnt bearbeitet werden.

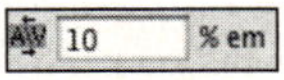

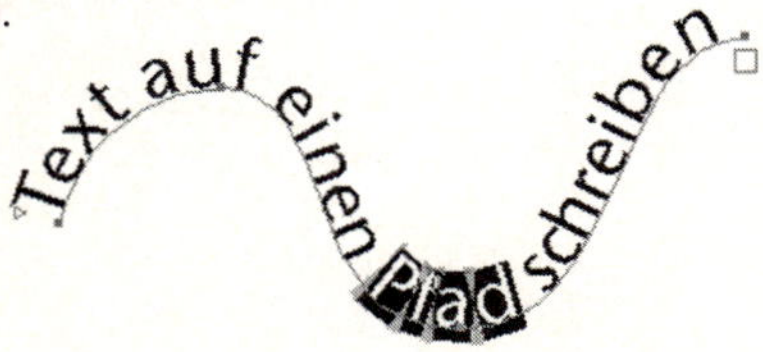

Die Checkbox *Pfad einblenden* macht den nach dem Verbinden unsichtbar gewordenen Pfad wieder sichtbar.

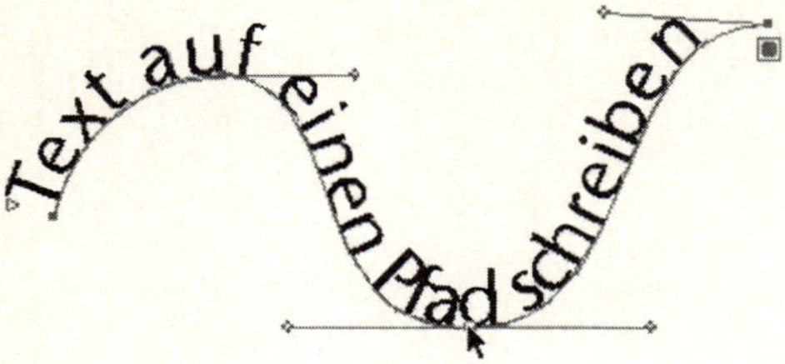

Mit dem Pfeilzeiger kann man die Punkte des Pfades bearbeiten oder die Textposition auf dem Pfad verändern. Bei offenen Pfaden ist nur die erste Zeile des Textes sichtbar.

Mit dem kleinen dreieckigen Anfasser am Anfang des Textes kann man den Text auf dem Pfad verschieben.

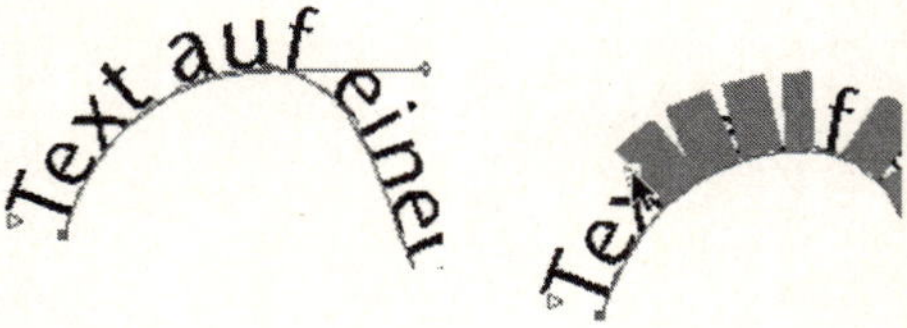

Richtung des Pfades

Beim rechten Beispiel wurde der Pfad mit der ⌥-Taste markiert und der Befehl *Modifizieren ➛ Pfad ändern ➛ Richtung umkehren* angewendet. Zusätzlich steht der Text vertikal auf dem Pfad.

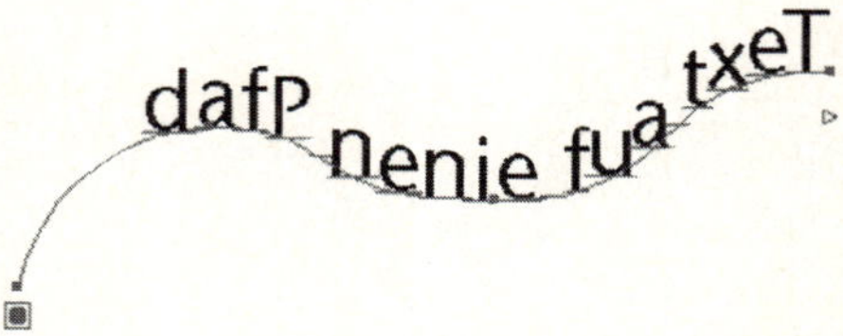

Beim linken Beispiel ist der Pfad von vornherein von rechts nach links erstellt worden. Der verbundene Text läuft dann richtig, wenn der Befehl *Richtung umkehren* auf den mit der ⌥-Taste markierten Pfad angewendet wird.

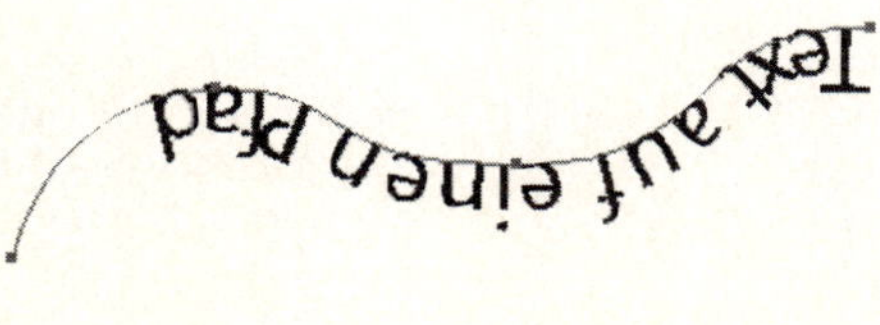

Das Bedienfeld Objekt

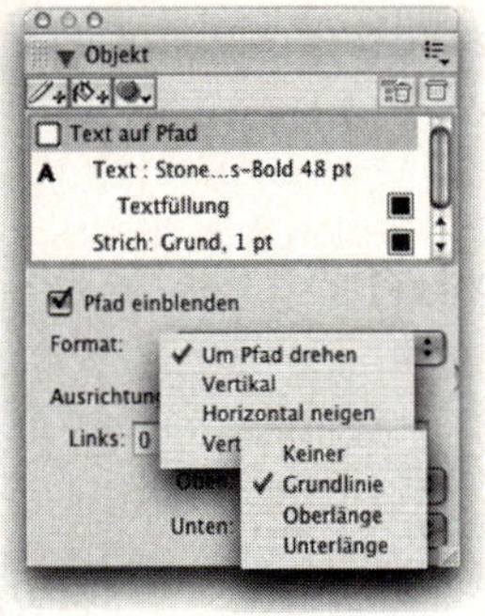

Im Bedienfeld *Objekt* kann bestimmt werden, wie sich der Text dem Pfad anpasst. Das Pop-up-Menü *Unten* ist nur für zweizeiligen Text auf geschlossenen Pfaden relevant.

Grundeinstellung des Programms und Ausgangssituation für die Beispiele ist:
Textausrichtung: Grundlinie und
Format: Um Pfad drehen.

Textausrichtung:

Keine

Grundlinie

Oberlänge

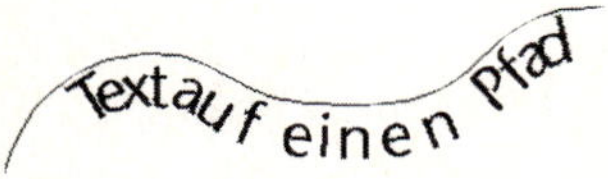

Unterlänge

Format:

Um Pfad drehen

Vertikal

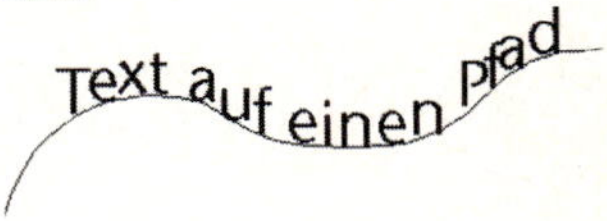

Horizontal neigen

Vertikal neigen

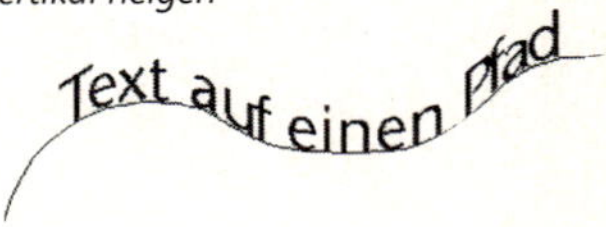

Auf Seite 384 wird beschrieben, wie man Grafiken auf einem Pfad platzieren kann.

Text auf geschlossenen Pfaden

Wird Text mit einem geschlossenen Pfad verbunden, kann er auch zweizeilig sein, wobei die zweite Zeile am unteren Rand des Pfades verläuft. Die Absatzausrichtung wird automatisch zentriert. Am kleinen Dreieck kann der Text wiederum auf dem Pfad verschoben werden.

Um einen gleichmäßigen Abstand des zweizeiligen Textes vom Pfad zu erreichen, kann eine Grundlinienverschiebung sehr sinnvoll sein. Möglicherweise genügt es aber schon, im Bedienfeld *Objekt*, wie im rechten Beispiel, die Einstellungen
Oben ➛ *Unterlänge*
Unten ➛ *Oberlänge*
vorzunehmen.

Text innerhalb geschlossener Pfade

Text ➛ Textfluss im Pfad
⇧⌘U

Werden ein Textblock und ein geschlossener Pfad markiert und der Befehl *Text ➛ Textfluss im Pfad* ⇧⌘U angewendet, fließt der Text in die Konturen ein. Als Absatzausrichtung wird vorzugsweise Blocksatz gewählt. Der Pfad ist über das Bedienfeld Objekt wie ein Textblock zu behandeln, sodass der Abstand zu den Rändern in die Felder unter *Rand* eingetragen oder auch Spalten und Reihen definiert werden können.

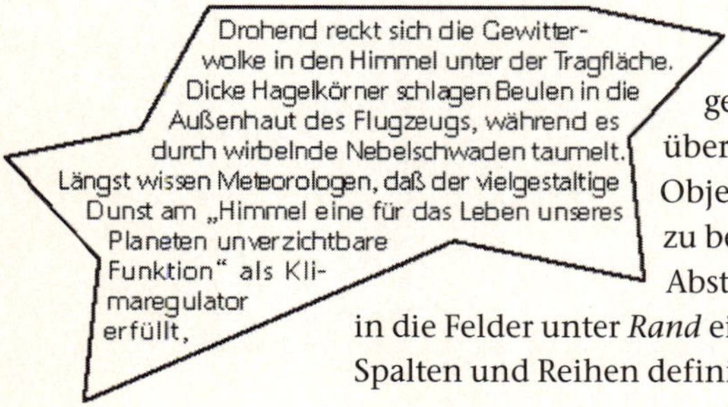

Text direkt auf oder innerhalb eines Pfades eingeben

Wird ein Pfad markiert und die Befehle *Text ➛ An Pfad anfügen* oder ➛ *Textfluss im Pfad* angewählt, kann der Text direkt eingegeben werden.

Text vom Pfad lösen

Der Befehl *Text ➛ Vom Pfad lösen* löst sowohl die Verbindung von Text auf einem Pfad als auch innerhalb.

Umwandlungen entfernen

Der Befehl kann auch auf nicht verbundenen Text angewendet werden. Er macht dann z. B. Transformationen wie Spiegeln, Neigen etc. rückgängig. Transformationen von Text können aber auch mit dem Befehl *Text ➛ Umwandlungen entfernen* rückgängig gemacht werden, was im Allgemeinen sinnvoller ist, da Umwandlungen, die an dem verbundenen Pfad vorgenommen wurden, nur auf diese Weise entfernt werden können.

Um Auswahl fließen lassen (Konturenführung)

Pfaden, auch importierten Grafiken, kann mit dem Befehl *Text ➛ Um Auswahl fließen lassen* oder ⌥⌘W die Eigenschaft zugewiesen werden, Text zu verdrängen. Der Textblock muss *unter* dem verdrängenden Objekt liegen. Im Dialog *Um Auswahl fließen lassen* muss das rechte Symbol angeklickt werden. In den erscheinenden Feldern kann dann ein Abstand eingetragen werden, der den Text von der Kontur abrückt (positive Werte); bei der Eingabe von negativen Werten überschneidet der Text die Kontur.

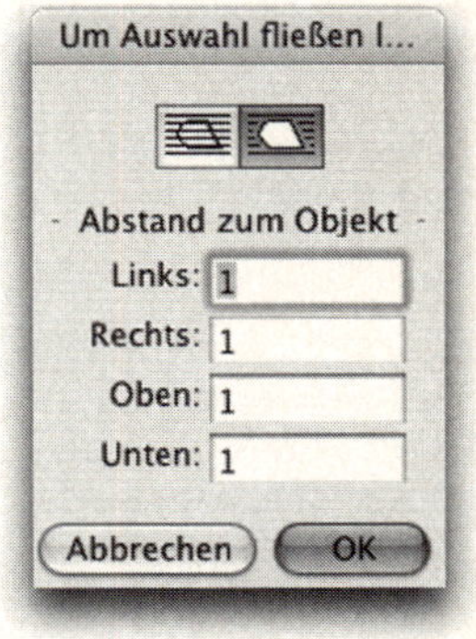

Da Gruppen die Eigenschaft *Um Auswahl fließen lassen* nicht zugewiesen werden kann, wurde ein Pfad gezeichnet und auf diesen der Befehl *Text ➛*

Um Auswahl fließen lassen angewendet. Danach wurde er mit dem Motiv gruppiert und über den Textblock geschoben.

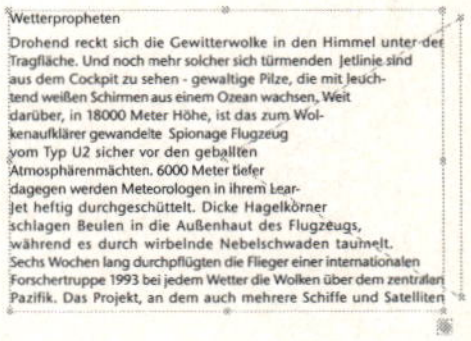

Bei Eingabe von negativen Werten überschneidet der Text die Kontur.

Dateien importieren

Importmethoden

Zwischenablage
Siehe auch Seite 358ff.

Die Zwischenablage eignet sich am besten für den Transfer von Objekten zwischen zwei FreeHand-Illustrationen. Es können auch Texte und Bilder aus anderen Programmen über die Zwischenablage importiert werden. Da aber keine Verknüpfung zur Originaldatei hergestellt wird, kann die Ausgabequalität von Bildern minderwertig sein.

Datei* ➛ *Importieren
oder ⌘R

In *FreeHand MX* ➛ *Einstellungen* ➛ *Expert* ➛ *Eingabe/Ausgabe* kann eingestellt werden, dass auch die Originaldaten von EPS- und TIFF-Dateien eingebettet werden. Die Dateigröße nimmt dann entsprechend zu.

Das Importieren ist hinsichtlich der Ausgabequalität die beste Methode, EPS- und TIFF-Dateien einzubinden. Dabei werden nur die Daten der Datei in die Illustration eingefügt, die für die Bildschirmdarstellung notwendig sind. Bei der Ausgabe auf einem Drucker wird auf die externe Datei zurückgegriffen. Da deshalb die Verknüpfung zur Originaldatei erhalten bleiben muss, sollte diese nicht in einen anderen Ordner geschoben oder umbenannt werden. Ist dieses doch geschehen, wird vor dem Drucken ein Dialog geöffnet, über den die Verbindung zum neuen Speicherort hergestellt werden kann. Das Gleiche passiert, wenn eine Illustration geöffnet wird, in der ein Bild positioniert ist, das nicht mehr gefunden werden kann. Eine Verknüpfung kann auch über das Bedienfeld *Objekt* aktualisiert werden, indem man den Knopf *Verknüpfen* anklickt.

Text
Die Möglichkeiten des Imports von Text werden ab Seite 359f. und 420 beschrieben.

Beim Positionieren von EPS-Dateien werden die Farben automatisch in das Bedienfeld *Farbpalette* aufgenommen, sodass eine Vierfarbseparation problemlos möglich ist. Um von farbigen, positionierten TIFF-Dateien eine Farbseparation zu machen, muss im Originalprogramm als CMYK-TIFF gespeichert werden.

Es können positioniert werden:

- EPS-Dateien (können nur skaliert werden),
- Bitmap- und TIFF-Dateien,
- JPEG-, GIF- und PNG-Dateien,
- Dateien im PICT-Format (können weiterbearbeitet werden),
- CorelDraw 7 oder 8 und
- andere FreeHand-Illustrationen aus FH5, FH7 und FH8 (alle Objekte werden eingefügt).

Es können sowohl einfache EPS-Dateien als auch DCS-1.0- und DCS-2.0-Dateien importiert werden (DCS = Desktop Color Separation).

Folgende Dateiformate werden als TIFF-Datei importiert und eingebettet. Sie können nur skaliert werden:

- GIF-, JPEG- und PNG-Dateien,
- Photoshop-Dateien (Transparenzen wird mittlerweile unterstützt),
- Windows BMP,
- Targa-Dateien (TGA).

CorelDraw-Dateien müssen in unkomprimierter Version vorliegen, um von FreeHand importiert zu werden, wenn sie in FreeHand geöffnet werden sollen.

Auflagen und externe Editoren

Macromedia hat seit FreeHand 9 die Möglichkeit, so genannte *Auflagen* zu erstellen und zu abonnieren, aus der Programmstruktur von FreeHand entfernt.

Für FreeHand wurde ein anderer Weg des Austausches gefunden: *Externe Editoren*.

Wurde im Dialog *FreeHand MX ➛ Einstellungen ➛ Objekt ➛ Externer Editor* ein Bildbearbeitungsprogramm bestimmt, können Bilddaten, die nach FreeHand importiert wurden, mit diesem per ⌥-Doppelklick bearbeitet werden. FreeHand stellt die Verbindung zum Programm her und wartet

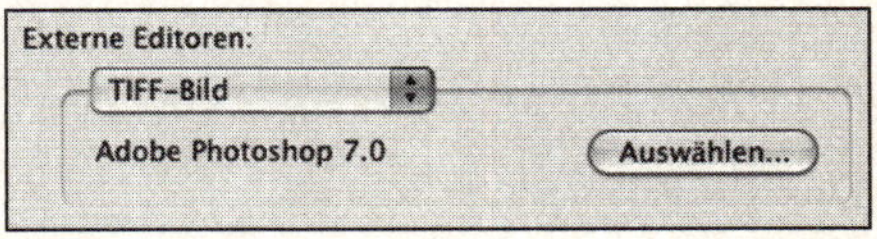

Ist auf Rechnern, auf denen FreeHand MX benutzt wird, auch Macromedia Fireworks MX installiert, kann die Bearbeitung und Aktualisierung von Bilddaten auch in Fireworks stattfinden. Das Betätigen der Schaltfläche öffnet Firework MX oder schaltet dahin um.

mit einem Dialogfeld auf die Fertigstellung der Änderung. Ist die Änderung gespeichert und man möchte die Illustration anschließend in FreeHand fertig stellen, betätigt man die Schaltfläche *Fertig*.

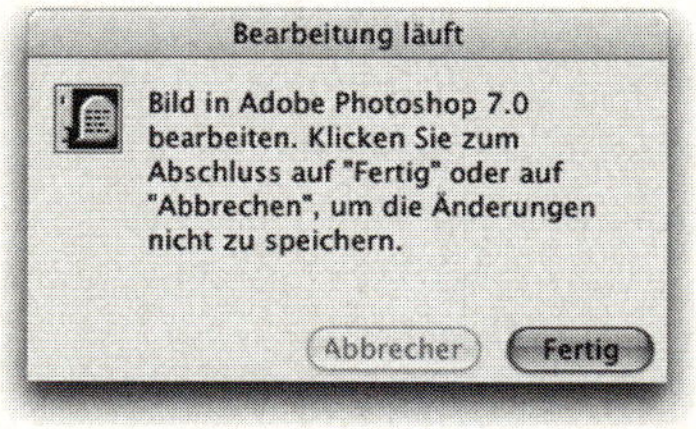

Vor dem Starten des Programms erscheint jedoch ein Warndialog, der darauf hinweist, dass das Programm gestartet wird. Dieser Dialog sollte nicht ausgeschaltet werden, da man hiermit den Vorgang auch abbrechen kann. Das ist sicher sinnvoll, da das Starten eines Programms durchaus eine Weile dauern kann.

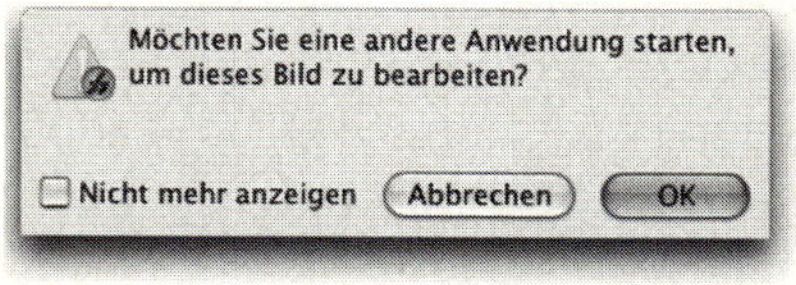

Konvertieren
Datei ➛ Öffnen

Vektorgrafiken anderer Programme wie PICT-, PDF- und Adobe-Illustrator- oder FreeHand-EPS-Dateien, in denen die FreeHand-Vorlage mitgespeichert ist (siehe Seite 71), können mit dem Befehl *Datei ➛ Öffnen* konvertiert und bearbeitet werden. Es öffnet sich eine neue Illustration, in der die Objekte der Datei positioniert sind. Ebenso werden FreeHand-Dateien älterer Versionen konvertiert. Es ist jedoch möglich, dass Schriften, die im System nicht installiert sind, nachträglich installiert werden müssen, da sonst Texte in der Schrift Courier dargestellt werden bzw. ein Dialog zum Auswählen einer Ersatzschrift erscheint (siehe nächste Seite).

Beim Öffnen von PDF-Dateien kann es unter Umständen passieren, dass eine mehrseitige Illustration entsteht. Heutzutage werden PDF-Dokumente meist mit einem Verschlüsselungscode gegen ungewollte Veränderung geschützt. Solche Dateien lassen sich in FreeHand weder importieren noch öffnen.

Umgang mit Schriften in Importdateien

Bei importierten Dateien, vornehmlich EPS-Dateien, kommt es relativ häufig vor, dass Schriften nicht eingebettet wurden. Solche Schriften müssen vor dem Importieren für das System nutzbar gemacht werden, z. B. mit Programmen wie *Extensis Suitcase* oder über die Installation im System, da FreeHand sonst eine Fehlermeldung am Bildschirm ausgibt.

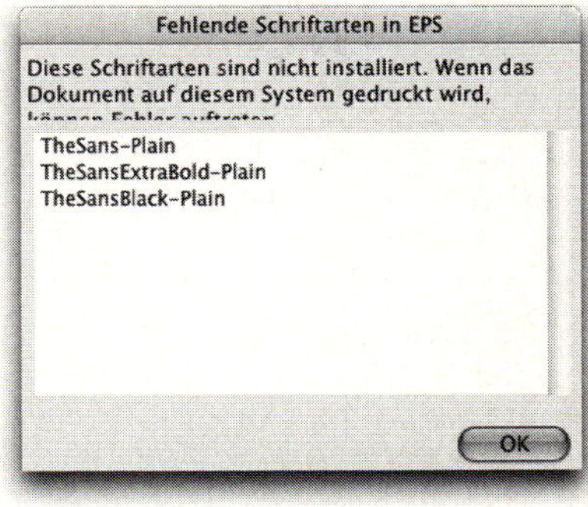

Im Gegensatz zum Öffnen eines Dokumentes, in dem Schriften fehlen, existiert beim Import keine Möglichkeit, die fehlenden Schriften durch andere ersetzen zu lassen. Eine Ausnahme bilden hier EPS-Dateien, die als so genannte offene Dateien abgespeichert wurden. FreeHand bietet diese Möglichkeit in den Dialogen *Sichern unter ...* und *Exportieren ...* mit der Option *FreeHand-Dokument einschließen*.

Umgang mit Schriften in FreeHand-Dokumenten

Anders als in Importdateien kann mit fehlenden Schriften in FreeHand-Dokumenten bzw. editierbaren EPS-Dateien umgegangen werden. FreeHand bietet hier in einem Dialogfeld die Möglichkeit, die fehlenden Schriften durch ähnliche oder andere Schriften ersetzen zu lassen.

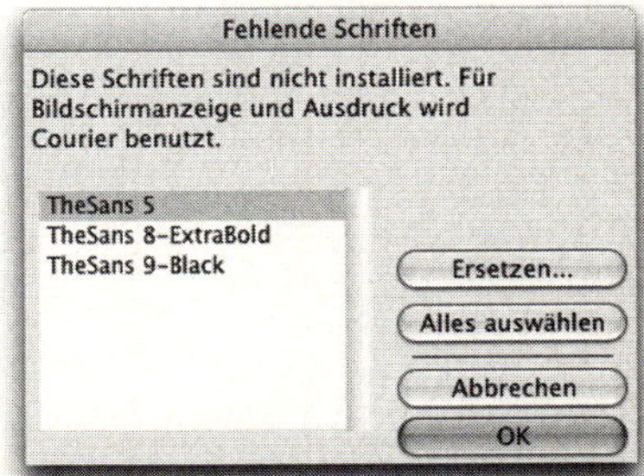

Die Schaltfläche *Ersetzen ...* schafft die Möglichkeit, in einem weiteren Dialog eine Ersatzschrift zu wählen. *Alles Auswählen* erreicht, dass alle fehlenden Schriften durch eine einzige Ersatzschrift ersetzt werden können. *OK* wird alle fehlenden Schriften durch Courier ersetzen. *Abbrechen* beendet den Import bzw. das Öffnen.

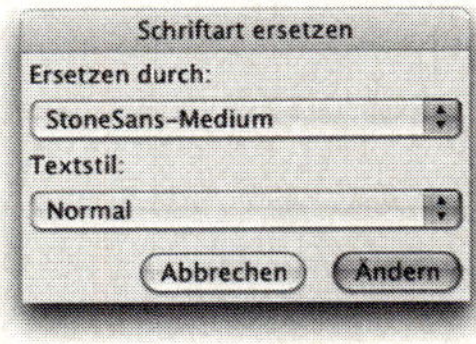

Eingebettete TIFFs herausziehen

Mit dem Befehl *Importieren* eingeladene externe Dateien sind meist verknüpft. Das richtet sich allerdings nach den Einstellungen im Dialogfeld *FreeHand MX* ➛ *Einstellungen* ➛ *Importieren* (siehe Seite 57).

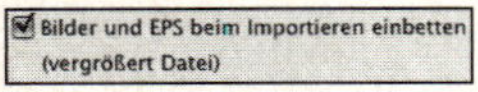

Werden Bilddaten über die Zwischenablage in ein FreeHand-Dokument eingebaut, existiert auf der Festplatte keine Bilddatei, auf die FreeHand zugreifen könnte. Solche Dateien werden in die Dokumente eingebettet. Die Dateigröße erhöht sich dann um den entsprechenden Speicheranteil, den die Bilddatei auf einem Speichermedium in Anspruch nehmen würde. Zudem lassen sich solche Bilddaten auch nicht bearbeiten, da es keinen Zugriff auf eine Datei gibt. FreeHand zeigt solche Dateien im Verknüpfungsdialog als eingebettet an, ermöglicht jedoch das nachträgliche Herausziehen dieser Bilder. Über die Schaltfläche *Über...* bekommt man eine eher weniger befriedigende Information über das eingebettete Bild, die Hyperlink-Info genannt wird.

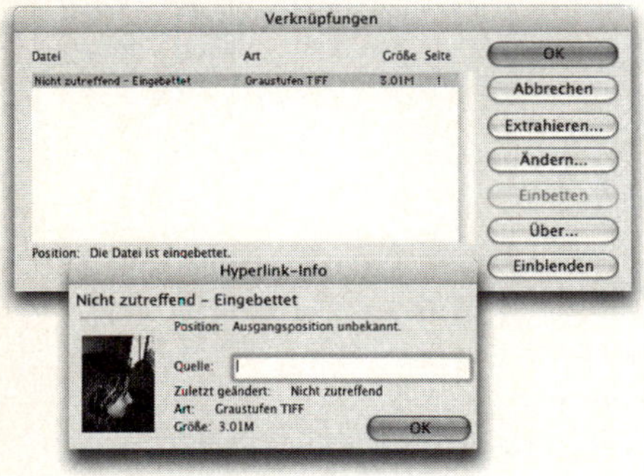

Die Schaltfläche *Extrahieren...* wechselt in einen weiterführenden Dialog, indem man dem Programm mitteilen muss, wohin die herauszuziehende Datei gespeichert werden soll. Hier erkennt FreeHand übrigens, um welches spezielle Dateiformat es sich handelt, und gibt eine entsprechende Erweiterung an.

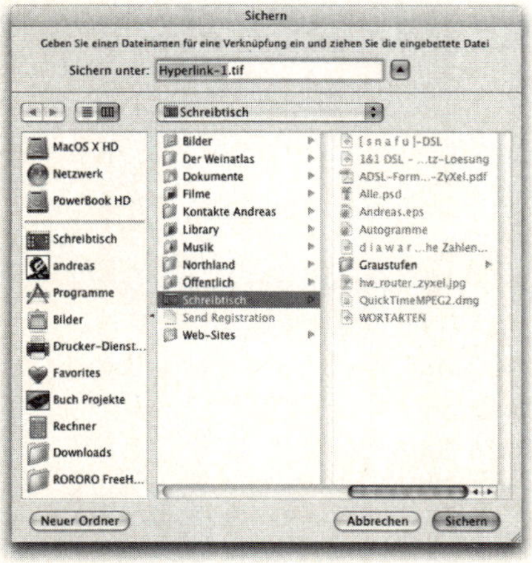

Der Befehl *Datei ➛ Importieren* oder [⌘]R öffnet einen Verzeichnisdialog, aus dem ein Name ausgewählt wird. Der Cursor wird zu einer Ecke ⌜, mit der auf die Arbeitsfläche geklickt werden kann. Das Bild läuft in seiner Originalgröße ein. Um die Größe beim Positionieren festzulegen, wird stattdessen mit der Ecke ein Rechteck, welches automatisch die Proportionen des Bildes hat, aufgezogen.

Ein Bild kann wie jedes andere Objekt verwandelt werden. Beim Skalieren durch Ziehen an einem der vier Anfasser bleiben die Proportionen bei gedrückter [⇧]-Taste erhalten. Ein TIFF-Bild kann gemäß seiner Auflösung optimal skaliert werden, wenn beim Ziehen zusätzlich die [⌥]-Taste gedrückt wird.
Um ein Bild zu maskieren, wird ein geschlossener Pfad gezeichnet und das Bild innen eingefügt (der Befehl wird auf Seite 363ff. beschrieben). Um den Pfad so genau wie möglich am Bild zu erstellen, sollte die Option *Bildschirmauflösung für Bild bestimmen* unter *FreeHand MX ➛ Einstellungen ➛ Neuaufbau* auf *Hoch* oder *Blocksatz* gestellt werden.

Importieren

Im Bedienfeld *Objekt* können Koordinaten, Maße und Proportionen des Bildes abgelesen und verändert und über *Verknüpfungen ...* die Verbindung zur Originaldatei hergestellt werden.

Bei Graustufen oder SW-Bitmap-Bildern (TIFF, PICT oder MacPaint) kann eine andere Farbe aus dem Bedienfeld *Farbfelder* oder *Farbmischer* auf das Farbfeld gezogen werden. Die Pixel nehmen gemäß ihrer Graustufe einen Ton dieser Farbe an.

Weiße Pixel eines schwarzweißen Bitmap-Bildes sind **nicht** automatisch transparent. Wird die Checkbox *Transparent* aktiviert, werden die Pixel mit Grauwerten unter 50%

durchsichtig, Grauwerte über 50% werden schwarz. Allerdings ist die Grauwertverteilung im Nachhinein jederzeit über den *Bearbeiten*-Dialog zu verändern.

Bearbeiten

Die Änderung der Tonwerte bezieht sich nur auf die Anwendung des Bildes in FreeHand. Die Datei auf dem Datenträger wird nicht verändert.

Bitmap-Bilder (TIFF oder MacPaint, schwarzweiß oder Graustufen) können bearbeitet werden. Die Bearbeitung wirkt sich auf das gesamte Bild aus, einzelne Pixel sind nicht zu verändern. Die Veränderungen werden nur in der Illustration gespeichert und wirken sich nicht auf die Originaldatei aus.

Der *Bearbeiten*-Knopf im Bedienfeld *Objekt* öffnet nebenstehenden Dialog.

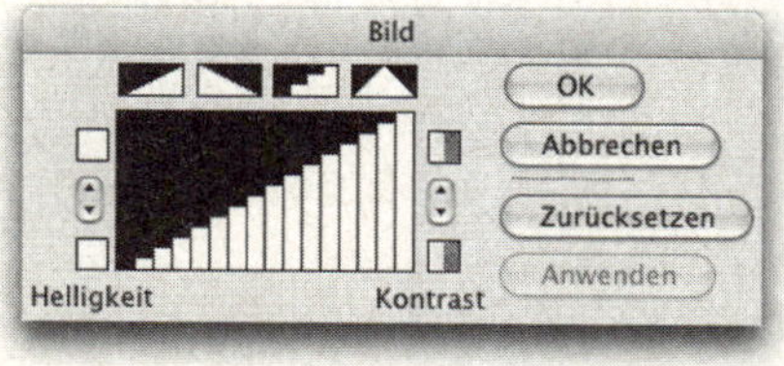

Durch Klicken auf eines der vier Symbole oben werden folgende Zustände hergestellt (von links nach rechts):

Wiederherstellung der *Originaleinstellungen*, Umkehrung der hellen und dunklen Grauwerte *(Negativeffekt)*, Reduzierung des Bildes auf vier Graustufen *(Posterising)*, *Solarisationseffekt*.

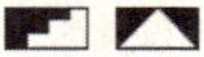

Durch das Ziehen an einzelnen Balken können Graustufenbereiche des Bildes verändert werden.

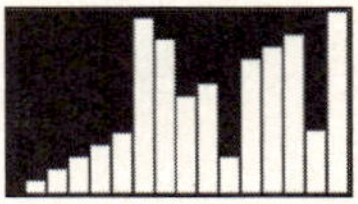

Durch das Drücken auf die Pfeile werden die Balken insgesamt bewegt, sodass sich die Helligkeit oder der Kontrast verändert.

Die Schaltfläche *Anwenden* macht die Veränderungen im Bild sichtbar, ohne dass der Dialog verlassen werden muss.

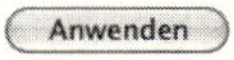

Die Schaltfläche *Zurücksetzen* macht die Veränderungen rückgängig.

Soll ein Teil des Bildes bearbeitet werden, wird das Bild geklont, verändert, ein Pfad in der Größe des Ausschnitts gezeichnet und der Klon innen eingefügt.

Illustrationen und Text exportieren

Um FreeHand-Illustrationen in Text- oder Layoutprogramme einzubinden oder in einem anderen Programm bearbeiten und ausgeben zu können, muss in einem der angebotenen Exportformate gespeichert werden.

Die Optionen für den Export müssen beim Drucken genauso beachtet werden.

Vorbereitungen für den Export

Beim Einrichten einer Illustration sollte auf folgende Dinge geachtet werden, wenn die Datei später exportiert werden soll:

Mit dem Ausgabebereich-Werkzeug (siehe Seite 41) kann ein spezieller Exportbereich vordefiniert werden. Der Bereich ist dann rot umrandet, und im Exportdialog kann anschließend die Option *Exportbereich* angekreuzt werden.

- *Druckerauflösung* (Bedienfeld *Dokument*): Die Druckerauflösung bestimmt, wie viele Stufen eine Vereinigung bei der Erzeugung hat, und sorgt für den Feinheitsgrad der Skalierung von Bitmap-Bildern durch Ziehen an einem Anfasser bei gleichzeitig gedrückter ⌥-Taste. Deshalb sollte sie schon vor der Arbeit an einer Illustration festgelegt werden. Beim Druck und beim Exportieren hat sie Einfluss darauf, wie komplexe Pfade getrennt werden.
- *Erweiterung* (Bedienfeld *Dokument*): Der Export erfolgt immer seitenweise. Alle Objekte, die innerhalb der Druckerweiterung liegen, werden exportiert und gedruckt; ragen sie darüber hinaus, werden sie abgeschnitten.
- Einstellungen im Dialog *Datei ➛ Dokumenteinstellungen ➛ Ausgabeoptionen*. Die Einstellungen können, soll gedruckt werden, auch im Druckdialog nachträglich geän-

Datei ➛ Dokumenteinstellungen ➛ Ausgabeoptionen

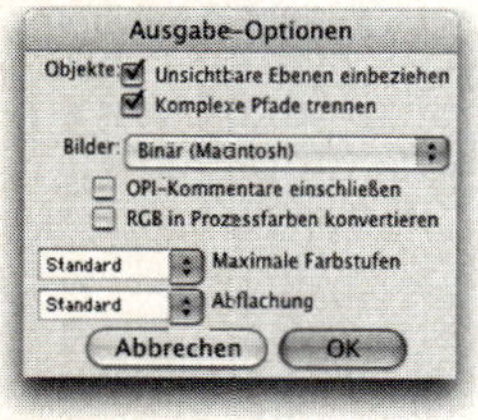

dert werden. Die Einstellungen für das Dokument ändern sich damit jedoch nicht.

- Schriften und Bilddaten verfügbar machen.

Unsichtbare Ebenen einbeziehen

Die Checkbox sollte aktiviert werden, wenn unsichtbare Vordergrundebenen mitgedruckt oder exportiert werden sollen (Hintergrundebenen werden nie mitgedruckt).

Eigentlich sollten unsichtbare Vordergrundebenen auch exportiert werden. Erfahrungsgemäß kann es dabei jedoch zu Fehlern kommen: Sie werden nicht exportiert, und die exportierte Datei ist verzerrt!

Komplexe Pfade trennen

Gemäß der eingestellten Druckerauflösung werden komplexe Pfade getrennt, um PostScript-Fehler zu verringern.

Bilder: ASCII (Windows)
Binär (Macintosh)
Binär (plattformübergreifend)

Die illustrationsspezifischen Vorgaben können durch Programmvorgaben überschrieben werden (siehe Seite 60).

ASCII (Windows) ist vor allem unter Windows die sicherere, jedoch speicheraufwendigere Methode, Bilddaten beim Drucken und Exportieren zu übertragen. Normalerweise wird auf dem Macintosh *Binär (Macintosh)* benutzt, was schneller und weniger speicherintensiv ist. Bei *Binär (plattformübergreifend)* werden die Daten so aufbereitet, dass sie sowohl für Macintosh- als auch für Windows-Systeme kompatibel sind.

Keine

OPI-Kommentare einschließen

Keine sollte nur aktiviert werden, wenn mit zusätzlich angekreuzter Option *OPI-Kommentare einbeziehen* gedruckt wird (Methode, eine Verknüpfung mit einer hochauflösenden Datei erst beim Drucken herzustellen).

RGB in Prozessfarben konvertieren

Wird in ein Programm exportiert, das RGB-TIFFs nicht separiert, oder auf einem Drucker gedruckt, der keine Farbauszüge von RGB erstellen kann, muss die Checkbox aktiviert werden, um von einem eingebundenen TIFF im RGB-Modus Farbseparationen zu erhalten.

Von FreeHand aus können auch RGB-TIFFs separiert werden. Es ist trotzdem besser, vorseparierte CMYK-TIFFs zu verwenden.

Maximale Farbstufen

Durch den Eintrag einer Zahl unter 256 können Probleme behoben werden, wenn eine EPS-Datei bei abgestuften und radialen Füllungen mehr Farben produziert, als mit dem Belichtersystem möglich sind (man sollte sich mit dem Belichtungsstudio absprechen).

Abflachung

für einzelne, nicht gruppierte Objekte auch im Bedienfeld *Objekt* möglich

Bei einem Eintrag von Werten über 0 werden gekrümmte Pfade beschleunigt, aber in minderer Qualität ausgegeben. Die Auswirkung bezieht sich auf die Generierung von Kurven. Im Druck werden die Kurven bei hohen Abflachungswerten als Vielecke ausgegeben.

Externe Daten

Es muss darauf geachtet werden, dass für den Export alle druck- oder austauschrelevanten Daten mitgeliefert werden bzw. im entsprechenden Druckordner liegen.

Zu den druckrelevanten Daten zählen importierte, nicht eingebettete Bilder und Schriften.

Bilddaten

- Werden Bilddaten in das FreeHand-Dokument eingebettet, braucht man sich um diesen Teil nicht mehr zu kümmern. Problematischerweise steigt in diesem Fall die Dateigröße drastisch an.

Schriftinformationen

(!) Eine Ausnahme machen hier TrueType-Schriften. Diese sind jedoch meist minderwertig programmiert.

- Zu den Schriften gehören nicht nur die Schriftenkoffer. Diese beinhalten lediglich die *Bildschirmschriften*. Für einen hochauflösenden Druck benötigt man zusätzlich die *Drucker-* oder *PostScript-Schriften*. Ohne die *PostScript-Schriften* würden nur niedrigaufgelöste Darstellungen der Schriftinformation gedruckt werden.

Der Export

Sind die Vorbereitungen getroffen worden, wird der Befehl *Datei* ➛ *Exportieren* [⌘][⇧]R angewählt:

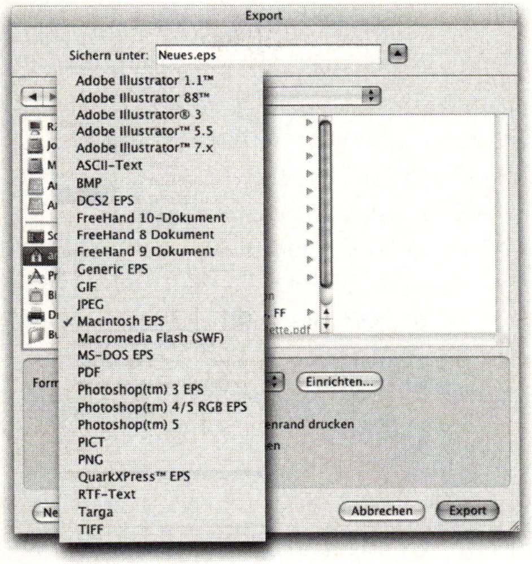

Im EPS- oder Illustrator-Format können entweder alle Seiten oder ein zusammenhängender Seitenbereich exportiert werden. Bei mehreren Seiten entstehen einzelne durchnummerierte Dateien. Beim PICT-Format wird die aktuelle Seite exportiert. *ASCII-Text* und *RTF-Text* exportieren den gesamten Text der Illustration.

Die Wahl des Exportformates hängt von der Weiterverwendung der Datei ab, wobei die Liste der exportierbaren Dateiformate mittlerweile enorm angewachsen ist. Manche Formate müssen eventuell eingestellt werden. Hier gibt es eine Optionenschaltfläche (Einrichten...), die in einen weiteren Dialog verzweigt.

Der *Einrichten...* Dialog für das EPS-Format.

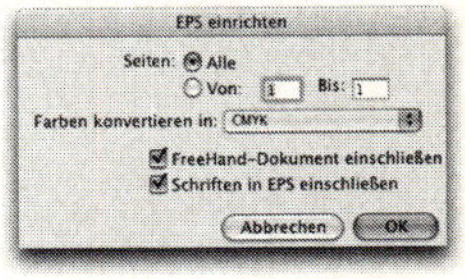

Soll nur der Text exportiert werden, sodass er in einem anderen Programm editierbar ist, wird er als *ASCII-Text* gespeichert, wobei alle Formatierungen verloren gehen. Kann das Zielprogramm das *RTF-Format* lesen, eignet es sich besser, da die meisten Formatierungen übernommen werden. Es wird der gesamte Text exportiert; die Reihenfolge der Textabschnitte richtet sich nach der Stapelfolge der

Text exportieren

ASCII-Text
RTF-Datei

Textblöcke von hinten nach vorn. Text in verbundenen Blöcken bleibt zusammenhängend.

Die EPS-Formate

EPS-Dateien aus Adobe PageMaker oder QuarkXPress können in FreeHand nicht bearbeitet werden.

PostScript-basiertes EPS-Format

Das EPS-Format speichert ohne Qualitätsverlust. Das *Macintosh-EPS* speichert zusätzlich zu den reinen Dateninformationen eine TIFF-Vorschau. Das Format kann grundsätzlich nur auf Ausgabegeräten gedruckt werden, die PostScript unterstützen. Wird auf Geräten gedruckt, die nicht PostScript-fähig sind (Achtung, Tintenstrahldrucker sind im Allgemeinen nicht PostScript-fähig), wird lediglich eine 72-dpi-Vorschau an Stelle der hochaufgelösten Information gedruckt.

Für die Verwendung in einem Windows-Programm wählt man *MS-DOS-EPS. Allgemeine EPS* ist für andere Plattformen gedacht.

Text im EPS

Eine EPS-Datei, die Text enthält, kann nur dann korrekt ausgegeben werden, wenn alle verwendeten Zeichensätze im System des Ausgabegeräts geladen sind. Ist dies nicht möglich, empfiehlt es sich, vor der Erstellung der EPS-Datei den Text in Pfade umzuwandeln. Text in EPS-Dateien ist sehr speicherintensiv.

TIFF-Dateien im EPS

Enthält eine zu exportierende Illustration ein importiertes TIFF, werden normalerweise die Bilddaten im EPS nicht mitgespeichert. Somit müssen die Original-TIFF-Dateien zum Ausdruck separat mitgeliefert werden. Wird im Einstellungsdialog *FreeHand MX* ➛ *Einstellungen* ➛ *Importieren* die Option *Bilder und EPS beim Importieren einbetten (vergrößert Datei)* aktiviert, bevor das Bild in die Illustration importiert wird, ist das nicht notwendig. Die Dateigröße schwillt dann jedoch möglicherweise unverhältnismäßig um den Speicheranteil der Bilddatei an.

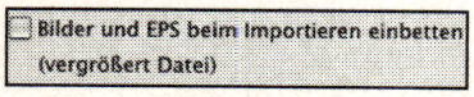

Editierbares EPS

FreeHand-Dokument in EPS einschließen
Besteht das Dokument aus mehreren Seiten, entstehen auch mehrere Dateien. Für die einzelnen Seiten werden dann jeweils Zahlen an die Dateinamen angehängt.

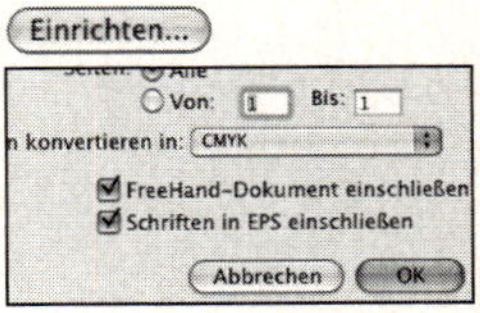

Um ein EPS in FreeHand MX nachträglich verändern zu können, muss die Checkbox *FreeHand-Dokument in EPS einschließen* aktiviert werden. Beim Öffnen der EPS-Datei wird die Fassung der Illustration (mit allen Seiten) geöffnet, die beim Export aktuell war.

Besteht die Illustration nur aus einer Seite, kann sie auch in *Datei ➛ Sichern unter ...* als *Editierbar EPS* abgespeichert werden. Die Option ist in den Einstellungsoptionen zu finden. Klickt man die Schaltfläche *Einrichten...* an, öffnet sich dieser Dialog. Nicht alle EPS-Formate unterstützen diese Option. Die unterstützenden Formate sind *Generic EPS*, *Macintosh-EPS* und *MS-DOS-EPS*.

Photoshop™ 3 EPS

Dieses spezielle Photoshop-EPS-Format lässt sich beim erneuten Import nach FreeHand bearbeiten.
Sollen solche Dateien in Adobe Photoshop weiterbearbeitet werden, muss darauf geachtet werden, dass keine besonderen Effekte, Füll- und Strichmethoden und Bilddaten enthalten sind. Für solche Inhalte bieten sich die pixelbasierten Dateiformate an.

Gespeichert wird in Wirklichkeit im Adobe-Illustrator-Format, welches aber von Adobe Photoshop gelesen und umgewandelt wird. Ältere Adobe-Photoshop-Versionen haben damit jedoch Schwierigkeiten, wenn sie diese Datei öffnen sollen (Abhilfe schafft hier das Austauschen des Parser-Moduls). Soll eine Illustration in Adobe Illustrator verwendet werden, sollte in einem der angebotenen Adobe-Illustrator-Formate exportiert werden. In diesem EPS-Format sollten nach Möglichkeit keine Objekte enthalten sein, die Transparenzen enthalten. Es sind also die Live-Rastereffekte zu vermeiden. Selbst wenn diese Effekte zuvor in Pixel umgeformt worden, wird es Probleme geben. Sollen solche Dateien z. B. anschließend in Adobe Photoshop geöffnet werden, werden weder Objekte mit Live-Rastereffekten zu sehen sein noch Bildobjekte.

QuarkXPress™-EPS

Dieses EPS-Format ist speziell auf die Gegebenheiten des Programms QuarkXPress ausgerichtet und sollte nur benutzt werden, wenn es mit den anderen EPS-Formaten Probleme geben sollte.

vektorbasiert/ pixelbasiert

Die zuvor genannten EPS-Formate sind so genannte Vektor-EPS-Formate. Diese Formate bieten die Möglichkeit einer frei skalierbaren Ausgabe. Das heißt: Wird in einem Illustrations- oder Layoutprogramm solch eine Datei importiert, lässt sie sich beliebig vergrößern und verkleinern. Es entsteht dabei kein Qualitätsverlust. Anders sieht es bei den pixelbasierten EPS-Formaten aus. Das sind alle nachfolgenden Photoshop-Formate. Die Qualität dieser Dateien ist abhängig von der im Dialog gewählten Auflösung. Werden diese Dateien vergrößert oder verkleinert, findet ein Qualitätsverlust statt.

! Beim Öffnen in Photoshop ist es sinnvoll, eine wesentlich höhere Auflösung als die möglicherweise vorgegebenen 72 dpi, zum Beispiel 300 dpi, einzugeben.

Das *Photoshop™-EPS*-Format gibt Anwendern, die keinen PostScript-fähigen Drucker haben und nicht über genügend Arbeitsspeicher verfügen, um ein hochauflösendes PICT aus FreeHand zu speichern, aber trotzdem FreeHand-Illustrationen aus einem Layoutprogramm ausdrucken müssen, eine echte, wenn auch umständliche Möglichkeit der Ausgabe.

Photoshop™ 4/5 RGB-EPS

Das Format *Photoshop™ 4/5 RGB-EPS* erzeugt ein „Pixel“-EPS, das auch die neuere Version Adobe Photoshop 4.0 interpretieren kann.

Photoshop™ 5

Das Format *Photoshop™ 5* erzeugt eine echte Photoshop-Datei („pixelbasiert“) mit Ebenen.

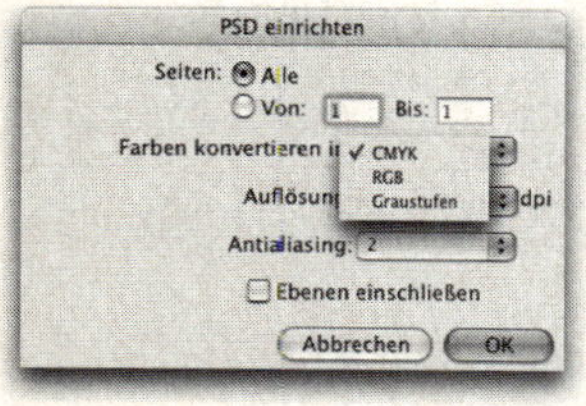

Es sollte darauf geachtet werden, dass entweder im Vorfeld die Farben in RGB angelegt werden oder im *Einrichten*-Dialog des Formates die Umwandlung in RGB erzwungen wird. Wird das nicht getan, kann es zu unvorhersehbaren Farbveränderungen kommen. Die Optionen sind in den Einstellungsoptionen zu finden. Klickt man die Schaltfläche *Einrichten...* an, öffnet sich dieser Dialog:

- **Farben konvertieren in**:
  Wie zuvor schon erwähnt, sollte darauf geachtet werden, dass hier ein Farbmodell benutzt wird, das den Farben im Bild entspricht.

- **Auflösung**:
  Die Grafik und Bildinhalte werden in der angegebenen Auflösung gerastert. Je höher der Wert, desto besser die Qualität, aber auch desto höher die Anforderung an die Speicherzuweisung des Programmes. Der Wert kann auch alphanumerisch eingegeben werden.

- **Anti-Aliasing**:
  Die Option hilft starken Rasterungen durch Glätten entgegenzuwirken. Ein zu hoher Wert bewirkt einen starken Weichzeichnungseffekt.

- **Ebenen einschließen**:
  Die Option speichert nicht nur alle existierenden FreeHand-Ebenen mit, sondern gestaltet beim Öffnen in Photoshop das Umfeld eines auf einer einzelnen Ebene angeordneten Objektes transparent. Bei ausgeschalteter Option passiert das nicht. Der Speichervorgang dauert entsprechend lange, wenn die Option aktiviert ist.

DCS2-EPS

DCS-2-EPS-Dateien (DCS = Desktop Color Separation): Dieses besondere EPS-Format erzeugt normalerweise fünf einzelne Dateien (DCS 1.0 EPS). Jeweils eine dieser Dateien beinhaltet die Information eines Farbkanals in hoch auflösender Qualität. Im Vierfarbprozess bedeutet das Cyan, Magenta, Yellow und Kontrast (Schwarz), also vier Dateien. Die fünfte der DCS-Separations-Dateien ist die niedrig aufgelöste Masterdatei, die zum Positionieren in einer Illustration oder einem Layoutdokument benutzt wird. Das DCS-2-EPS führt diese fünf Dateien in einer Datei zusammen. Dadurch kann es nicht mehr passieren, dass eine der Separationsdateien verloren geht. Geschieht dies nämlich, kann keine Belichtung vorgenommen werden.

⚠ Bei allen EPS-Formaten wird für jede definierte Seite eine eigenständige EPS-Datei erzeugt. Wird die Option *Nur Auswahl* angekreuzt, kann die Option *FreeHand-Dokument in EPS einschließen* nicht mehr angewählt werden. Diese Option ist zudem auf die EPS-Formate *Generic EPS*, *Macintosh-EPS* und *MS-DOS-EPS* beschränkt.

⚠ Die Option *FreeHand-Dokument in EPS einschließen* kann ebenfalls nicht benutzt werden, wenn Exportbereich angekreuzt wird, auch wenn der Haken gesetzt werden kann. Die Datei ist hinterher nicht in FreeHand zu bearbeiten.

Konvertieren in eine FreeHand-Datei der Versionen 8, 9 und 10

Es werden drei FreeHand-Formate zum Export angeboten, FreeHand 8, 9 und 10.

Beim Konvertieren können die einen oder anderen FreeHand-MX-spezifischen Eigenschaften verloren gehen, z.B. Live-Rastereffekte.

Adobe Illustrator

Adobe Illustrator 1.1™
Adobe Illustrator 88™
Adobe Illustrator® 3
Adobe Illustrator 5.5
Adobe Illustrator 7.x

Das Adobe-Illustrator-Format schafft ein Austauschformat zu Adobe Illustrator und Adobe Photoshop. Mit den unterschiedlichen Adobe-Illustrator-Formaten verhält es sich ähnlich wie mit den älteren FreeHand-Formaten. Das Illustrator-Format vor Version 6.0 unterstützt z. B. noch nicht den Import von TIFF-Dateien, und vor 5.0 können keine Ebenen benutzt werden. Beim Exportieren mit diesen speziellen Illustrator-Formaten ist somit daran zu denken, dass weder Ebenen noch TIFF-Bilder in den Dateien sind.

Ausgabe auf einem Nicht-PostScript-Drucker

PICT, BMP, TIFF

Für die Ausgabe auf nicht PostScript-fähigen Druckern eignet sich vor allem das PICT-, BMP- oder TIFF-Format. Das PICT-Format unterstützt Farbe, ist aber nur auf einem Macintosh zu nutzen. Das vergleichbare Windows-Format ist das BMP-Format. Die *Einrichten…*-Dialoge von PICT, BMP und TIFF sind absolut identisch. Weitere Dialoge von Pixelformaten, z.B. vom Targa-, GIF- oder JPEG-Format, unterscheiden sich hinsichtlich spezieller Kompressionsmethoden. Da Unterschiede bei den drei Standardformaten PICT, BMP und TIFF nicht gegeben sind und bei den anderen Pixelformaten nur marginal gegeben sind, wird nur an dieser Stelle der *Einrichten…*-Dialog besprochen:

- **Auflösung**
  Die Auflösung steuert die Genauigkeit der Rasterung. Es sind drei vordefinierte Werte möglich, 72 dpi, 144 dpi und 300 dpi. 72 dpi wird vorzugsweise für Bilder benutzt, die z.B. auf Webseiten zu sehen sein sollen. 300 dpi wird üblicherweise als Standardauflösung im Offsetdruck (60er Raster) benutzt. Abweichend davon können auch manuell andere Werte per numerischer Eingabe benutzt werden. Hohe Auflösungswerte werden jedoch dem Programm eine hohe Rechenleistung abfordern. Die Ergebnisse beim Rastern von speziellen

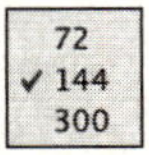

Die Vektoren der Illustration werden in Bitmaps aufgerastert.

⚠ Hohe Einstellwerte für Auflösung und die nachfolgende Anti-Aliasing-Einstellung stellen auch hohe Anforderungen an den RAM-Bedarf von FreeHand.

Füllungen oder Strichen werden wahrscheinlich nicht den Erwartungen entsprechen. Das gilt speziell für Live-Rastereffekte, PostScript- und benutzerdefinierte Füllungen und Striche.

- **Anti-Aliasing**:
  Mit der Option lässt sich starken Rasterungen durch Glätten entgegenwirken. Ein zu hoher Wert bewirkt einen starken Weichzeichnungseffekt.

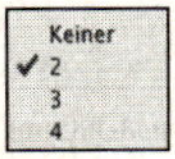

Alpha-Kanal-Masken

Alpha-Kanäle sind Ebenen bzw. Farben einer Grafik, die definieren, welche Bereiche transparent sein sollen und welche nicht. In Bildbearbeitungsprogrammen können diese Alpha-Kanäle auch als Auswahlbereiche bzw. Pfade (Beschneidungspfade) genutzt werden. Voraussetzung hierfür ist, dass die Grafik mit mindestens 32 Bit gespeichert wird. Die unterstützenden Formate sind *PICT, BMP, TIFF, JPEG, GIF, PNG* und *Targa*.

- **Alpha-Kanal einschließen**:
  Die Option bewirkt, dass es möglich ist, Alpha-Kanäle abzuspeichern. Ist die Option inaktiv, werden Alpha-Kanäle ignoriert. Um die nächste Option *Alpha-Kanal schließt Hintergrund ein* nutzen zu können, muss die Option aktiviert sein.
- **Alpha-Kanal schließt Hintergrund ein**:
  Wurde auf einer Hintergrundebene ein Pfad erzeugt, der als Fläche Schwarz, Weiß, Graustufen bzw. Verläufe von Schwarz nach Weiß benutzt, werden die Grenzen des Pfades bzw. seiner Farben als Maskierung benutzt. Schwarz bewirkt hier eine Maskierung von 100%, wohingegen Weiß gar nicht maskiert. Grau bewirkt eine teilweise Maskierung.

Da Hintergrundebenen nicht ausgedruckt werden, wirkt sich ein auf diese Weise definierter Alpha-Kanal nicht auf das gedruckte Dokument aus.

PICT-Format

Picture-Format

Das als *PICT* angebotene Format ist ein Bitmap-Format. Nach Auswahl des Formates im Export-Dialog und Betätigen der Schaltfläche *Einrichten* erscheint der Dialog *PICT Einrichten*. PICT ist ein reines Macintosh-Format, was unter System 9 als Austauschformat der Zwischenablage benutzt wurde. Auch Screenshots wurden am Macintosh in diesem Format angelegt. Mittlerweile wird das *PICT* kaum noch benutzt. Mac OS X benutzt für diese Aufgaben nun das PDF-Format (siehe Seite 475).

Auch das Programm Macromedia Director benutzt das *PICT* als Import-Format. Ebenfalls auf Windows-Rechnern.

TIFF-Format

Tagged Image File Format

Das TIFF ist sozusagen der Allrounder unter den pixelbasierten Formaten. Es unterstützt alle Farbtiefen plus Alpha-Kanäle. Es wird in der Druckvorstufe als Standardformat benutzt, da es alle druckrelevanten Informationen transportieren kann. Im Webbereich besitzt es keine Relevanz. Trotzdem ist davon abzuraten, aus FreeHand TIFFs zur Nutzung im Druckbereich abzuspeichern. Besser ist es, man speichert die Illustration als EPS, öffnet sie in Adobe Photoshop und speichert sie dort entsprechend als TIFF ab. Die Qualität ist definitiv besser, und das Programm Photoshop bietet eine Menge mehr Möglichkeiten in Bezug auf Farben.

Es werden grundsätzlich RGB-TIFFs erzeugt. Soll mit CMYK-Farben weitergearbeitet werden, ist das Format *Photoshop(TM) 5* vorzuziehen.

JPEG-Format

Joint Photographic Experts Group

Das JPEG-Format ist eines der wichtigsten Internet- bzw. Multimedia-relevanten Formate. Da in diesen Bereichen die Auflösung eher eine untergeordnete Rolle spielt, kann getrost mit Auflösungen von 72 bis 100 dpi gearbeitet werden.

- **Bildqualität**
  Gegenüber den Standard-Pixelbildeinstellungen kann das JPEG zusätzlich komprimiert werden. Das wird durch die Option *Bildqualität* geregelt. Höhere Wertangaben ergeben weniger komprimierte Bilddateien mit höherer Bildqualität. Niedrige Wertangaben ergeben höher komprimierte Bilder geringerer Qualität.
- **Progressive JPEG**
  Die Option erlaubt, im Internetbrowser ein Bild schon nach kurzer Zeit am Monitor darzustellen. Das bedeutet, dass schon nach ca. 15% Ladezeit eine zwar qualitativ minderwertige, dafür aber vollständige Darstellung des JPEG am Monitor zu sehen ist. Mit fortschreitendem Laden der Seite wird dann eine hochwertigere Darstellung erzeugt.

GIF-Format

Graphic Interchange Format

GIF-Dateien können ähnlich schnell im Internetbrowser dargestellt werden wie JPEG-Dateien, da sie ebenfalls stark komprimiert sind. Die Kompression basiert einerseits auf der Reduzierung der Farbtiefe auf 8 Bit und andererseits auf einer sehr effektiven, verlustfreien Komprimierung der Daten. Wie die Reduzierung der Farbtiefe erreicht wird, geschieht auf unterschiedliche Art und Weise.

Eine Farbe der Farbfelder kann als so genannte *transparente Austauschfarbe* angelegt werden. Das bedeutet, ähnlich wie beim Beschneidungspfad im Druckprozess erscheinen bestimmte Bereiche des Bildes im Browser vor einem Hintergrund transparent. In Programmen wie Adobe Photoshop oder Macromedia Fireworks können sogar mehrere Farben benutzt werden. Ratsam ist das jedoch meist nicht, da in Randbereichen einer Farbabgrenzung häufig Treppchen entstehen, die im

Browser dann unschön aussehen.

Im Dialog *Einrichten...* verzweigt die Schaltfläche *Mehr ...* in ein weiteres Dialogfeld, in dem unterschiedliche Farbpaletten ausgewählt werden können. Es stehen folgende Farbpaletten zur Verfügung, die alle den Farbraum auf maximal 8 Bit reduzieren. Alle haben auch ihre Berechtigung und verdienen, kurz besprochen zu werden:

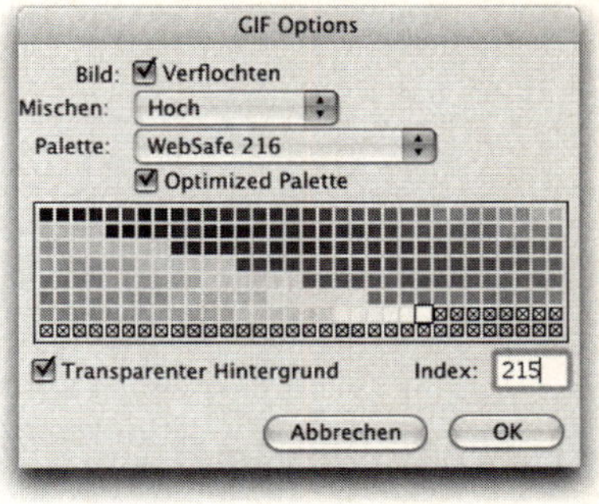

Genaue Palette

Genaue Palette enthält Farben, die FreeHand aus den häufigsten in der ausgewählten Objektsituation enthaltenen Farben zusammenstellt. Hierbei ist keine korrekte Übertragung der Farben zum Internet-Farbraum möglich, weshalb von dieser Einstellung abgeraten wird. Es ist keine transparente Austauschfarbe möglich.

WebSnap Adaptive 16, 128, 256

Die drei Paletten *WebSnap Adaptive* optimieren die Farbwerte in Hinsicht auf das Web, achten aber darauf, dass eine möglichst genaue Farbdarstellung bei Fotografien eingehalten wird. *16 Farben* reduziert dabei auf 4 Bit, *128 Farben* auf 7 Bit, und *256 Farben* reduziert auf 8 Bit. Es ist keine transparente Austauschfarbe möglich.

WebSafe 216

Mit *WebSafe 216* werden nur Farben benutzt, die websicher sind, also von jedem Browser und jedem System dargestellt werden können.

Die Transformation der Objektfarben in diesen Katalog ist allerdings sehr verlustreich. Darum bietet es sich an, im Bedienfeld *Farbmischer* von FreeHand zuvor die *Apple-Farbmischmethode HTML* auszuwählen, da diese Mischmethode zulässt, dass eine möglicherweise zu benutzende Farbe *Web-sicher* angemischt werden kann. Die Mischung erfolgt ebenso wie bei anderen Methoden mit Schiebereglern. Zusätzlich kann hier aber die Eingabe im Hexadezimalcode vorgenommen werden. Dieser Code besteht aus einer sechsstelligen Folge von Zahlen und Buchstaben, die in gleicher Weise in den Quellcode einer HTML-Seite eingegeben werden kann. Auch die ColorCubes stellen Web-sichere Farben zur Verfügung. Die Auswahl, da intuitiver, fällt dort meist leichter. Eine weitere Möglichkeit, im Vorfeld Web-sichere Farben auszuwählen, stellt FreeHand mit dem Farbkatalog Websafe-Color aus dem Bedienfeld Farbfelder bereit.

16 Farben, 32 Farben und 64 Farben

Die Kataloge *64*, *32* und *16 Farben* reduzieren auf unterschiedliche Farbtiefeninformationen. Die Dateigröße kann hiermit zwar sehr effektiv reduziert werden, jedoch mit einem enormen Farbqualitätsverlust. Diese Farbpaletten reduzieren die Dateien auf sehr wenige Farben. Sollen zum Beispiel Logos mit wenigen Farben aufgerastert werden, sind die Paletten bestens geeignet.

Macintosh-System

Die *Macintosh-System*-Palette stellt die auf dem Macintosh zur Verfügung stehenden Systemfarben bereit. Diese Palette ist nicht für das plattformübergreifende Arbeiten ausgelegt. Die Farben können jedoch gut in einem Macintosh-Intranet benutzt werden.

Windows-System

Die *Windows-System*-Palette stellt alle auf Windows-Rechnern zur Verfügung stehenden Systemfarben bereit. Diese Palette ist nicht für das plattformübergreifende Arbeiten ausgelegt. Die Farben können jedoch gut in einem Windows-Intranet benutzt werden.

Alle Paletten bis auf *Genaue* und *WebSnap Adaptive* unterstützen die Möglichkeit, transparente Austauschfarben zu wählen. Die Transparenz wird im Dialog durch Ankreuzen der Option *Transparenter Hintergrund* und durch die Wahl der Indexfarbe bestimmt. Die Indexfarbe kann durch Eingabe einer *Indexzahl* gewählt werden, wobei sich die Größe der Zahl nach dem ausgewählten Farbkatalog richtet, der den Wert von 255 nicht überschreiten darf. Diese Farbe kann auch mit der Maus im Katalog gezeigt werden.

Mischen

Die Option *Mischen* (Rastern) sorgt bei Bildern, die aus vielen unterschiedlichen Farben bestehen, für ein so genanntes *Dithering*. Das heißt, dass Verlaufssituationen, die aus Farben bestehen, die in der ausgewählten Palette nicht enthalten sind, durch zufällige Anhäufung von Farbpunkten ähnlicher Farben simuliert werden. Hiermit kann eine recht genaue Wiedergabe der Farbsituation erzeugt werden.

Verflochten

Durch Einschalten der Checkbox *Verflochten* wird das GIF zu einem so genannten Interlaced GIF gemacht. Im Normalfall wird ein GIF am Monitor zeilenweise von oben nach unten aufgebaut, sodass es etwas länger dauern kann, bis das Bild vollständig sichtbar ist. Interlaced bedeutet nun, dass das Bild erst einmal in einer niedrigen Auflösung am Monitor dargestellt wird und anschließend in mehreren Durchgängen vervollständigt wird. Ein Interlaced GIF und ein progressives JPEG besitzen somit ähnliche Funktionsweisen. Der Betrachter bekommt sehr schnell eine Vorstellung von dem, was ihn erwartet.

PNG
Portable Network Graphic

Das PNG-Format komprimiert ebenso wie das GIF-Format verlustfrei, unterstützt aber wie das JPEG-Format 16,7 Mio. Farben bzw. bis zu 64 Bit. Wie bei den anderen Bitmap-Formaten erscheint bei Betätigen der Schaltfläche *Einrichten...* ein Dialogfeld zur Einstellung:

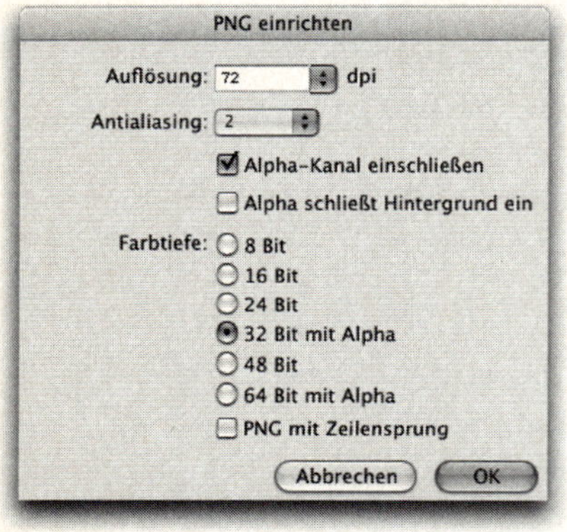

Sollen *Alpha-Kanäle* mitgespeichert werden, dann muss die Option *32-* oder *64-Bit* mit Alpha ausgewählt werden. *Alpha-Kanäle* werden auf der Seite 468f beschrieben.

Die Option *PNG mit Zeilensprungverfahren* veranlasst dieses Format, sich ähnlich zu verhalten wie *Progressive JPEG* oder *Interlaced GIFs*. Mehr dazu ab Seite 470 u. 473.

Ebenso wie GIF und JPEG ist es plattformunabhängig. Auch das PNG unterstützt *transparente Hintergrundfarben*. Es ist enorm leistungsstark und prädestiniert für das Internet. Der Nachteil des Formates: Es wird immer noch nicht von allen Browsern in seiner Komplexität unterstützt und kann somit noch nicht als Standard für das Internet angesehen werden (nähere Informationen zum PNG-Format entnehmen Sie bitte den mittlerweile vielfältigen Webseiten im Internet).

Fazit: Nicht alle existierenden Browser unterstützen das PNG-Format vollständig. Nur bei den neueren ist eine Kompatiblität gegeben. Zudem ist der Speicherbedarf des Formates höher als beim JPEG oder GIF, was den Einsatz im Internet noch nicht ratsam erscheinen lässt, da mit langen Ladezeiten zu rechnen ist.

Arbeiten mit PDF

PDF

Portable Document Format

Das Portable Document Format dient dem unkomplizierten Austausch zwischen Systemen, sofern der Adobe Acrobat Reader installiert ist. Dieses Format ermöglicht das Anzeigen und Drucken auf Rechnersystemen, auch wenn die Originalprogramme und Dateien nicht verfügbar bzw. installiert sind.

PDF-Import

Wird unter *Datei ➛ Importieren ...* ein PDF-Dokument ausgewählt, das in die Free-Hand-Illustration eingefügt werden soll, unterscheidet sich die Anwendung vorerst nicht von anderen Importen. Das Xtra *PDF-Import* (Das Xtra befindet sich innerhalb des Programmpaketes und ist somit vorerst nicht greifbar) unterstützt keine automatische Schriftartenersetzung wie zum Beispiel der Adobe Acrobat Reader. FreeHand öffnet bei Bedarf, falls die erforderlichen Schriftarten in Ihrem System nicht installiert sind, das Dialogfeld *Schriftarten ersetzen*, in dem die zu ersetzenden Schriftarten ausgewählt werden können.

Textzeilen

- Das Ergebnis des Imports ist jedoch häufig eine Ansammlung von einzelnen Textzeilen, die zwar anschließend sofort bearbeitbar sind, aber erst zusammengeführt werden müssen.
- Da die Texte kurioserweise in einzelne Zeilen zerlegt werden, wird das anschließende Zusammenfügen der Zeilen zu gesamten Textcontainern sehr mühsam. Trotzdem ist dies häufig notwendig. Holen Sie dafür aus dem Textüberlaufsymbol eine Linie heraus, und ziehen Sie sie bei gedrückter Maustaste auf den zu verknüpfenden Textcontainer.

Seitenplatzierung

- Es werden nicht automatisch für alle im PDF-Dokument enthaltenen Seiten neue Seiten angelegt, sondern die Objekte werden nur im Seitenzusammenhang platziert.

Bilddaten

- Bilder werden im FreeHand-Dokument eingebettet, was die Dokumentgröße möglicherweise sprunghaft in die Höhe schnellen lässt. Sie lassen sich jedoch anschließend aus dem Dokument herausziehen, sodass sie dann in Dateiform auf dem Speichermedium zu finden sind. Betätigen Sie dazu im Bedienfeld *Objekt* die Schaltfläche *Verknüpfungen ...*

PostScript-Linien und -Füllungen

- Existieren in einem PDF-Dokument *PostScript-Linien* oder *-Füllungen*, die zuvor im Originalprogramm zugewiesen wurden, werden diese in TIFFs umgesetzt.

PDF-Dokumente öffnen

Die zweite Variante, PDF-Dokumente in FreeHand zu nutzen, ist das direkte Öffnen. Der Vorteil besteht darin, dass bei diesem Vorgang pro enthaltene Seite auch entsprechend viele Seiten angelegt werden. In der weiteren Funktionsweise entspricht das Öffnen vollständig dem Importieren. Auch das Verhalten in Bezug auf Bilder und Schriften ist identisch.

PDF-Export

Das Exportieren von FreeHand-Dokumenten in das PDF-Format ist nicht ganz so einfach wie der Import. Zuvor sollte man sich um Einschränkungen in Bezug auf die Lizenzierungen beziehungsweise Nutzungsrechte für Bilder und Schriften kümmern. Anschließend muss überlegt werden, welche Seiten exportiert werden sollen. Danach kann über *Datei ➛ Exportieren* der Export in das PDF-Format eingeleitet werden. Sie sollten unbedingt die Schaltfläche *Optionen* betätigen, um in dem unten stehenden Dialog weitere Einstellungen machen zu können. Die Qualität und Umsetzung der in FreeHand erzeugten Objekte richtet sich sehr stark nach den hier getroffenen Einstellungen.

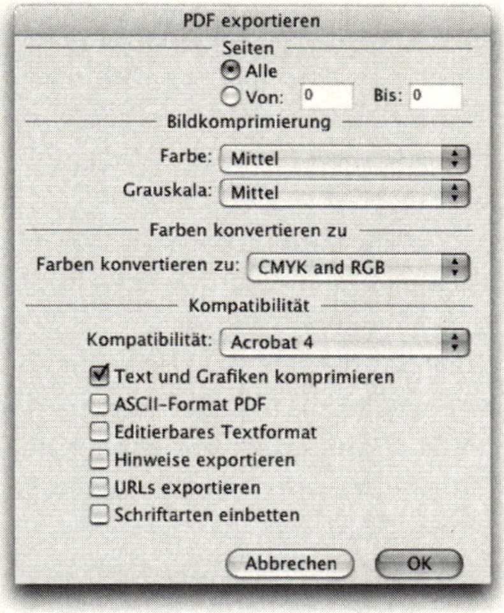

Die Einstellung *Seiten* gibt an, ob *alle* oder nur bestimmte Seiten *(Von–Bis)* exportiert werden sollen.

Seiten

Mit der Option *Bildkomprimierung* werden Bilder wie JPEG-Bilddaten komprimiert. *Farbe* steuert die Qualität der Farbdarstellung. Es sind Einstellungen von *Keine* bis *Maximal* möglich, wobei *keine* Komprimierung die beste Farbqualität erzeugt und *Maximal* die schlechteste. Eine akzeptable Zwischenlösung ist *Mittel*.

Bildkomprimierung

Grauskala wendet das zuvor erklärte Kompressionsverfahren auf Graustufenbilder an.

Grauskala

Die Option *Farben konvertieren* steuert das Umsetzen der im Dokument enthaltenen Farben in entsprechende Farbmodi. Zur Verfügung stehen hier *CMYK*, *RGB* und *CMYK und RGB*.

Farben konvertieren

⚠ Vorseparierte DCS-Daten lassen sich in PDF-Dokumenten nicht nutzen.

- Wird versucht, in einem PDF-Dokument Flächen eine *PostScript-Füllung* oder *PostScript-Linie* zuzuweisen, das sind neben eigenen programmierten Füllungen und Linien zum Beispiel *Benutzerdefinierte* und *Textur-Füllungen/-Linien*, wird eine Fehlermeldung erscheinen.
- Texteffekte können ebenfalls nicht in ein PDF-Dokument übernommen werden. Der entsprechende Effekt wird schlicht und einfach vergessen. Das heißt, der Text wird zwar wiedergegeben, aber ohne Effekt.
- EPS-Dateien werden leider (oder zum Glück) nur in der Bildschirmdarstellung, das heißt also mit 72 dpi, exportiert.

Die Schuld für all diese Unzulänglichkeiten ist nicht in der eigentlichen PDF-Programmierung zu suchen, sondern eher bei FreeHand selbst bzw. beim PDF-Xtra. Denn das PDF-produzierende Programm Adobe Acrobat Distiller, das auf Basis von Druckdateien exzellente PDF-Dokumente erzeugt, kann all diese Informationen ohne Probleme umsetzen. Aktuelle Ausgabegeräte wie Belichter oder digitale Druckmaschinen, die mit PostScript Level 3 arbeiten, lassen sich hiermit direkt ansteuern.

HTML-Seiten veröffentlichen

Diese Funktion erzeugt aus FreeHand heraus eine grafisch orientierte HTML-Seite. Der Export wird in diesem Fall nicht über den *Export*-Dialog ausgeführt, sondern mit dem eigenständigen Befehl *Datei ➛ Als HTML-Seiten veröffentlichen*. Nach Ausführen des Befehls öffnet sich der entsprechende Dialog. Hier sind einige grundsätzliche Voreinstellungen zu treffen.

Im *Einrichten*-Dialog müssen weitere Einstellungen hinsichtlich eines Zielordners *(Dokumentstammverzeichnis)*, der Systemsprache *(Kodierung)* und des Umgangs mit Bildern und Grafiken *(Export-Standards)* vorgenommen werden. Im Assistenten bekommt man auf mehreren Seiten eine Informationssammlung angeboten, die ein wenig Klarheit über die einzustellenden Vorgehensweisen schafft. Sinnvoll ist sicherlich, die *Ausgabewarnungen* zu aktivieren, da möglicherweise Fehler auftreten kön-

Komischer- und unverständlicherweise speichert FreeHand MX trotz Angabe eines speziellen Ordners für die HTML-Sammlung die Einzelkomponenten (die HTML-Datei und den Ordner für Images) im übergeordneten Ordner. Man sollte sich also zuvor eine sinnvolle Ordnerhierarchie schaffen.

Der *HTML-Ausgabe*-Dialog verzweigt in unterschiedliche weiterführende Dialoge. Der Dialog *HTML einrichten* legt grundlegende Vorgehensweisen beim Erstellen des HTML-Archives fest.

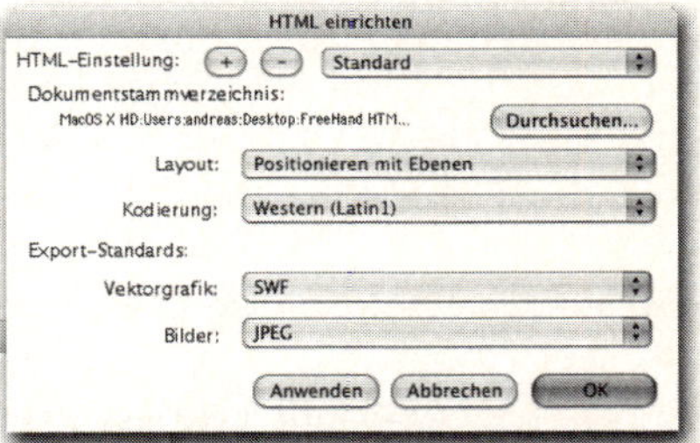

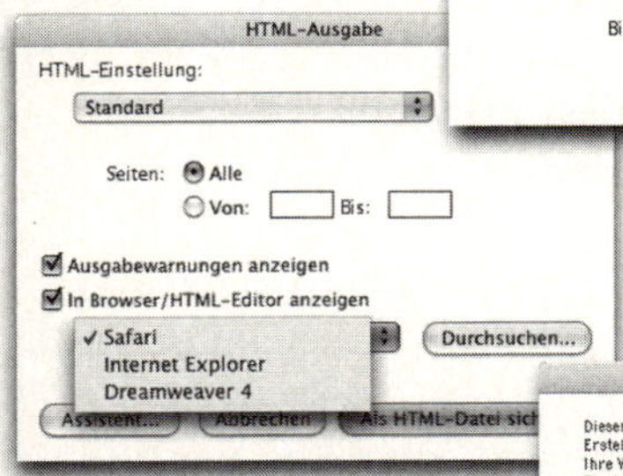

Der Dialog *HTML-Assistent* führt Schritt für Schritt durch notwendige Einstellungsalgorithmen.

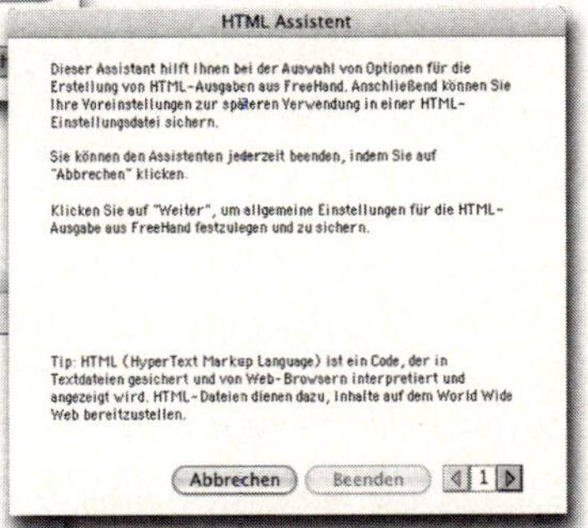

Der Dialog *HTML-Ausgabewarnungen* scannt das Dokument nach möglichen Fehlern.

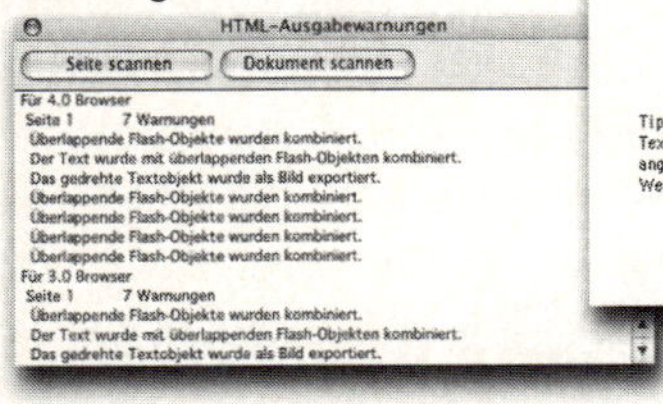

nen, die sonst unbemerkt blieben. Das Öffnen der *Ausgabe ➛ warnungen* ist auch vorzeitig möglich. Unter *Fenster ➛ HTML-Ausgabe ➛ Ausgabewarnungen anzeigen* kann das Dialogfeld aufgerufen werden. Die Schaltflächen *Seite scannen* und *Dokument scannen* durchsuchen die entsprechenden Teile der Illustration nach Fehlerquellen, die im darunter befindlichen

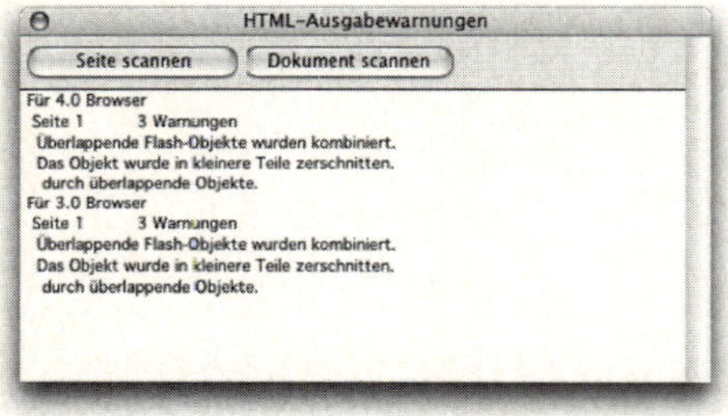

Feld angezeigt werden. Soll ein bestimmter Browser zur anschließenden Darstellung der Seite benutzt werden, sofern die Option *In Browser/HTML-Editor anzeigen* aktiviert wurde, kann man ihn mit der Schaltfläche *Durchsuchen* auswählen. Im nebenstehenden Feld werden alle von FreeHand bei der Installation gefundenen Browser aufgelistet.

Werden im Dialog *Einstellen* besondere Einstellungen hinsichtlich der Behandlung von Bil-

dern, Grafiken oder HTML-spezifischen Herangehensweisen getroffen, sollte

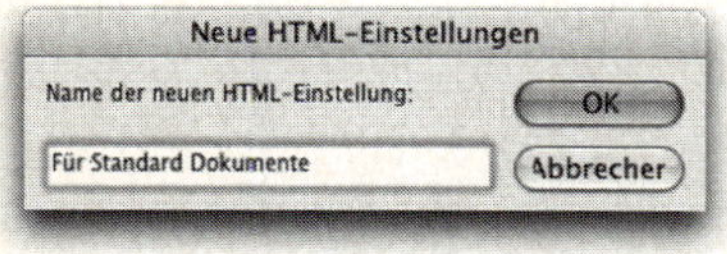

man sich diese Einstellungen abspeichern. Ein Klick auf das Plussymbol des Pop-up-Menüs *HTML-Einstellungen* öffnet einen Dialog zum Benennen der Einstellung.

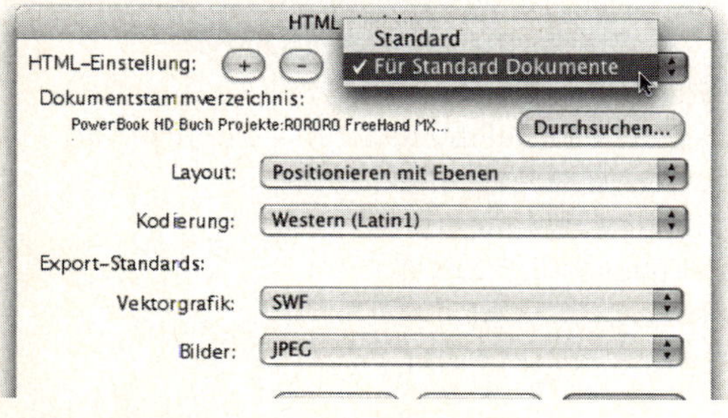

Nach einem *OK* wird diese Einstellung als Benennung im Pop-up-Menü aufgelistet und kann je nach späterer Struktur der HTML-Dokumente ausgewählt werden.

Flash-Animationen

Sollen in FreeHand Illustrationen oder Illustrationsteile für das Flash-Format freigegeben werden, sind einige grundsätzliche Voreinstellungen vorzunehmen. Die Einstellungen sind notwendig, wenn die Zwischenablage als Transportmittel benutzt werden soll. Werden aus FreeHand Daten ins SWF-Format exportiert, sind diese Einstellungen eventuell nicht relevant.

Beachten Sie die Option *Farben konvertieren* im Voreinstellungsdialog (*FreeHand MX ➛ Einstellungen ➛ Exportieren*), sonst klappt der Export zu Flash möglicherweise nicht hundertprozentig.

Die entsprechenden Maßnahmen betreffen Einstellungen unter *FreeHand MX ➛ Einstellungen ➛ Exportieren ➛ Kopierformate der Zwischenablage*.

Achten Sie hier auf jeden Fall darauf, dass das Exportformat *Adobe Illustrator™* aktiviert ist (Standard), sonst klappt der Export über die Zwischenablage überhaupt nicht.

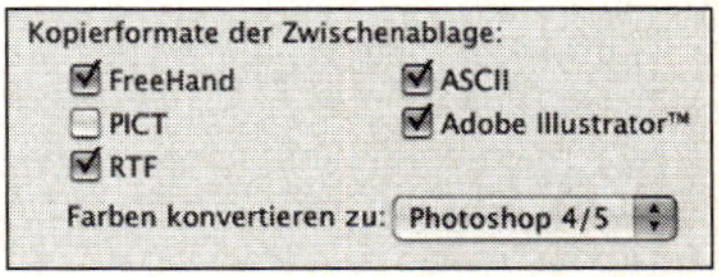

Flash arbeitet mit RGB-Farben. Schalten Sie möglichst ein aktiviertes Farbmanagement unter *FreeHand MX ➛ Einstellungen ➛ Farben ➛ Farbverwaltung* aus. Die einzige Farbmanagementdarstellung, die Ihnen ermöglicht, RGB-Farben und die Farbungenauigkeit bei der Umsetzung von CMYK-Farben zu RGB-Farben einzuschätzen, ist *Keine*.

Farbübergabe

Alle Vorgaben mit Ausnahme der *Photoshop-Konvertierung* sind zulässig. Wird die Option *Farben konvertieren zu: Photoshop 4/5* eingestellt, kommt es in älteren Flash-Versionen zu einer Fehlermeldung, und die Objekte verlieren alle Farbinformationen beziehungsweise werden nicht importiert. Als mögliche Einstellungen sind *CMYK*, *RGB* und *CMYK und RGB* auswählbar. *CMYK* ist allerdings nicht ratsam, da im Internet CMYK-Prozessfarben nicht zulässig

sind. Hierbei kann es zu starken Farbverfälschungen kommen. Die *Spezial-Kopieren*-Funktionen helfen bei den Kopieraktionen auch nicht weiter. Das einzige Spezialformat, das von Flash komplett verstanden wird, ist das *FreeHand 9-Format*. Wird dennoch eine dieser Kopierfunktionen benutzt, wird Flash beim Einfügen eine Warnmeldung auf dem Monitor ausgeben. Am besten, man kopiert normal mit [⌘]C. Wurde zuvor *Adobe Illustrator™* als *Zwischenablage-Format* aktiviert, wird man die wenigsten Probleme haben. Achtet man auf die Einhaltung entsprechender Farbkomponenten, also *RGB-Farbe* oder *Hexadezimal-Farben* aus dem Bedienfeld *Farbmischer* oder den *ColorCubes* (siehe Farben ab Seite 284f. und ColorCubes Seite 297 oder Farbbibliotheken ab Seite 293ff.), werden auch bei den Farbumsetzungen kaum Probleme auftauchen.

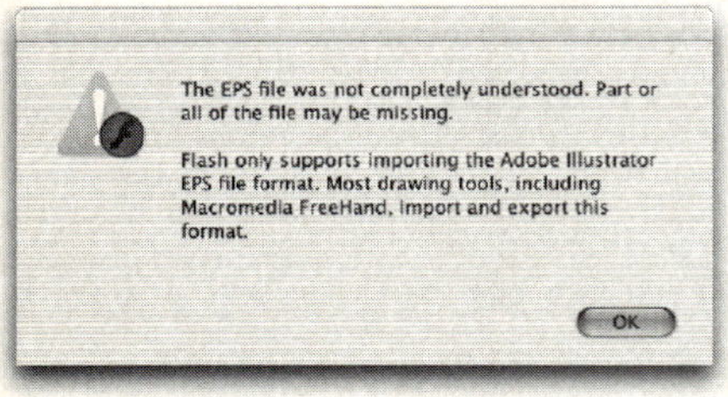

Flash-Export-Einstelloptionen

Die anschließend beschriebenen Optionen sind ein notwendiges Übel, da nur mit ihnen die Vorhersehbarkeit der Flash-Animationen kalkulierbar wird. Zuvor sollte man jedoch seine Animation vorbereiten. Zwei grundsätzliche Möglichkeiten stehen hier zur Auswahl: Vorbereitung für eine Ebenenanimation (Filmeinstellungen *Ebenen* ➛ *Einzeln*) oder für eine Seitenanimation (Filmeinstellungen *Ebenen* ➛ *Mehrere*). Welche der beiden Animationsmöglichkeiten man wählt, hängt sehr stark mit dem Aufbau der FreeHand-Illustrationen zusammen.

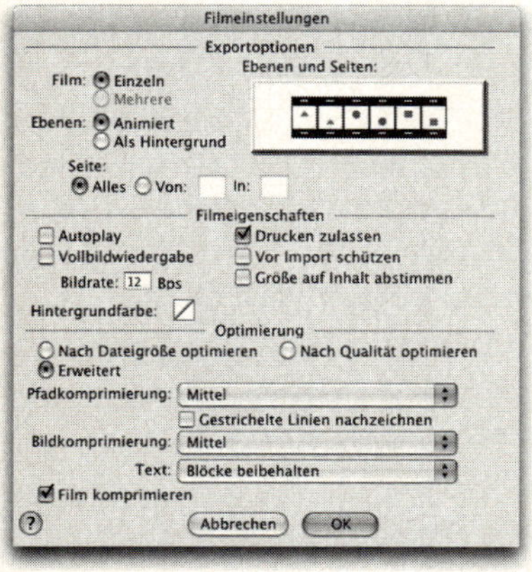

Grundsätzlich wird man jedoch eher eine Ebenenanimation zur Vorbereitung benutzen und keine Seitenanimation. Mit Ebenenanimationen können sehr schön einfache Bewegungsabläufe von in FreeeHand erstellten Objekten erzeugt werden, die dann in Flash weiterverarbeitet werden.

Für Ebenen freigeben

Für die Ebenenanimation bietet FreeHand ein Xtra an, das den einen oder anderen Vorgang vereinfachen kann: das Xtra *Für Ebenen freigeben*, zu finden unter *Xtras* ➛ *Animieren*. Voraussetzung hierfür ist eine ausgewählte Mischung. Anhand der Mischungsstufen generiert FreeHand entsprechend viele Ebenen, wobei diese hinterher natürlich jederzeit, sind sie erst einmal erstellt, bearbeitet werden können. Auf jeder generierten Ebene existiert ein Objekt der vorherigen Mischung. Anschließend kann der Export per Exportbefehl durchgeführt werden oder eine Testanimation direkt in FreeHand mit dem Befehl *Fenster* ➛ *Film* ➛ *Test* durchgeführt werden. FreeHand öffnet dafür ein Animationsfenster, in dem am unteren linken Fensterrand Animationssteuerelemente zur Verfügung stehen. Mit diesen Steuerelementen lässt sich die Animation starten, stoppen, Frame für Frame vorwärts oder rückwärts anschauen und zum Ende oder zum Anfang vorspulen. Zwei weitere Steuerelemente verzweigen in den Filmeinstellungs- und Exportdialog .

Xtra *Für Ebenen freigeben*

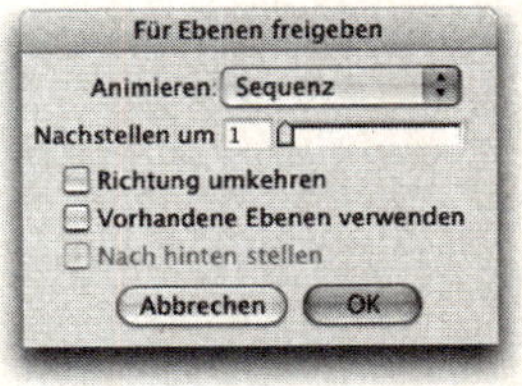

Testen eines Flashfilms

Sämtliche Filmsteuerungsmöglichkeiten können auch gesammelt über die Symbolleiste *Steuerung* durchgeführt werden. Zu öffnen unter *Fenster* ➛ *Symbolleisten* ➛ *Steuerung*.

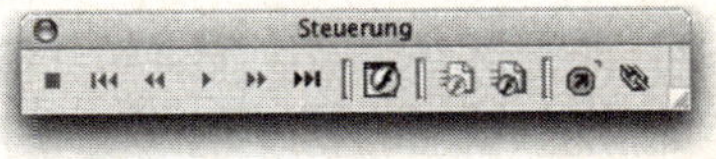

Im Dialogfeld des Xtras sind zuvor jedoch einige wichtige Einstellungen vorzunehmen.

- Die Einstellung *Sequenz* gibt die Objekte an die einzelnen Ebenen frei.

- *Kompilieren* erstellt Stapeleffekte. Aufeinander folgende Objekte werden auf aufeinander folgende Ebenen verteilt.
- Die Optionen *Ablegen* und *Nachstellen* verteilen, nach wenig durchsichtigen Algorithmen, Objekte auf neu erstellte Ebenen.
- Mit *Richtung umkehren* wird die Ebenenerstellungsrichtung verdreht.
- *Vorhandene Ebenen verwenden* lässt zu, dass die freizugebenden Objekte auf bereits existierende Ebenen verteilt werden. Deaktiviert man die Option, werden für alle Einzelobjekte neue Ebenen erzeugt (diese Option ist vorzuziehen).
- Wurde *Vorhandene Ebenen verwenden* aktiviert, lässt sich auch die Option *Nach hinten stellen* aktivieren. Sie bewirkt, dass die zu erstellenden Ebenen am Ende der Ebenenhierarchie platziert werden.

Soll eine Seitenanimation erzeugt werden, sollte sichergestellt werden, dass sich auf den einzelnen Seiten nur die relevanten Objekte befinden, damit keine unvorhersehbaren Probleme auftreten. Die Illustration sollte nur aus den animationsrelevanten Seiten bestehen. Sind alle Seiten aufgeräumt und unnötige gelöscht, kann der Export stattfinden. Trotzdem sollte vor dem Export, bzw. vor dem Test, ein Blick in die Filmeinstellungen geworfen werden. Ähnlich wie im Xtra *Für Ebenen freigeben* sind auch hier einige wichtige Einstellungen vorzunehmen oder abzuwählen.

Exportoptionen (Filmeinstellungen)

Die anschließend beschriebenen Optionen sind notwendig, da nur mit ihnen die Vorhersehbarkeit der Flashanimationen kalkulierbar wird. Diese Optionen sollten vor dem Export im Dialog *Einstellungen* aus dem Menü *Fenster ➛ Film* vorgenommen werden. Die gleichen Angaben können jedoch auch in den Einstellungen des *Macromedia-Flash(SWF)*-Moduls gemacht werden oder während des Tests mit dem Steuerelement *Einstellungen*.

Ebenen und Seiten

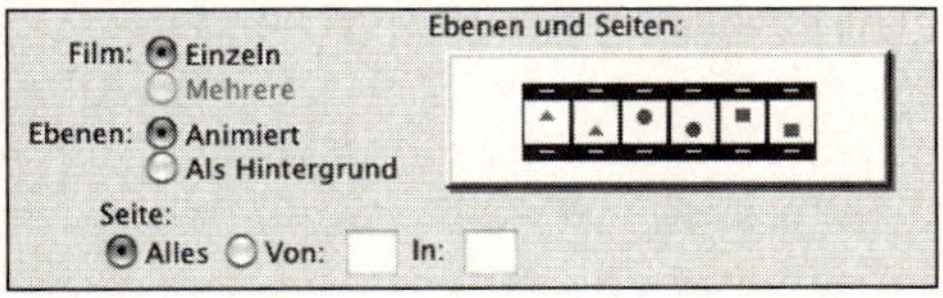

- Wird in der Rubrik *Film* die Option *Einzeln* ausgewählt (Standard), werden alle Seiten des FreeHand-Dokumentes in einen Film zusammengefasst. Wird die Einstellung *Mehrere* ausgewählt (nur auswählbar, wenn das Dokument mehrere Seiten umfasst), wird für jede Seite ein einzelner Film erzeugt.
- Die Einstellung im Bereich *Ebenen* entscheidet darüber, ob die einzelnen Ebenen einer (jeder) Seite animiert werden sollen (*Animiert*), oder ob sie in einem einzelnen Frame (*Als Hintergrund*) als Hintergrund benutzt werden.
- Eine Seitenangabe ist nur dann notwendig, wenn im FreeHand-Dokument mehrere Seiten erstellt wurden und man nur die Ebenenelemente einer Seite animieren möchte. Dann können mit der Einstellung *Alles* alle Seiten im Dokument animiert werden oder eine bestimmte Auswahl von Seiten mit *Von – In*.

Werden ganze Seiten animiert, werden die Animationen immer in der Größe des Seitenformates erzeugt. Aus diesem Grund sollten die Seiten nicht zu groß sein. Je größer die Seite, desto länger die Ladezeit später im Webbrowser. Außerdem werden Flash-Animationen im Allgemeinen nicht monitorfüllend erstellt.

Filmeigenschaften

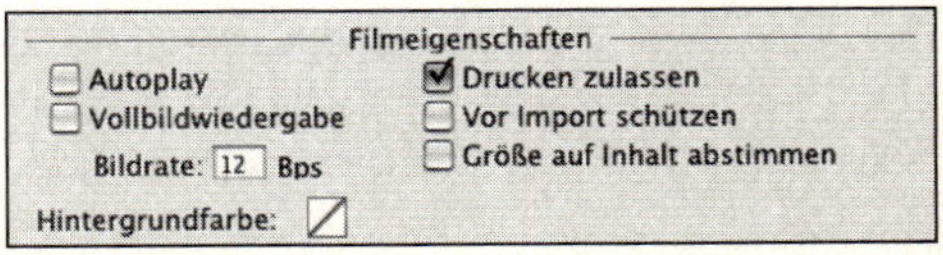

- *Autoplay* definiert, ob der Film nach dem Starten des Flashplayers automatisch ablaufen soll oder nicht. Standardmäßig ist die Option deaktiviert.

- Mit der Option *Vollbildwiedergabe* wird nach dem Starten des Players das Playerfenster auf die gesamte Größe des Monitors ausgedehnt. Mit der Escape-Taste kommen Sie in den normalen Fenstermodus zurück.

Die *Autoplay*-Funktion verhindert das Zurückschalten.

- In Flash werden die einzelnen Filmbilder Frames genannt. Mit der *Bildrate* steuern Sie den Ablauf der Framefolge, also die Geschwindigkeit, in der die einzelnen Frames gezeigt werden. Die Einheit ist Bps (Bilder pro Sekunde). Bei einem Wert von 12 Bps erhält man eine einigermaßen zügig ablaufende Animation.
- Die Hintergrundfarbe des Filmfensters kann durch einen Klick auf die Fläche neben der Option *Hintergrundfarbe* eingestellt werden. Es öffnet sich dann das Dialogfeld der *ColorCubes*.
- Soll ein Ausdruck der Animation aus einem Flashplayer ab der Version 4.0 verhindert werden, sollte die Option *Drucken zulassen* deaktiviert werden.
- Ähnliches wie für das Drucken gilt auch für den Import von Flashanimationen. Soll ein Import der Animation verhindert werden, ist die Option *vor Import schützen* zu deaktivieren.
- *Größe auf Inhalt abstimmen* definiert, ob die Größe der FreeHand-Seite die Größe der späteren Flashbühne bestimmen soll oder die Ausdehnung der Animation. Soll die Ausdehnung der Animation bestimmend sein, muss die Option aktiviert werden.

Optimieren

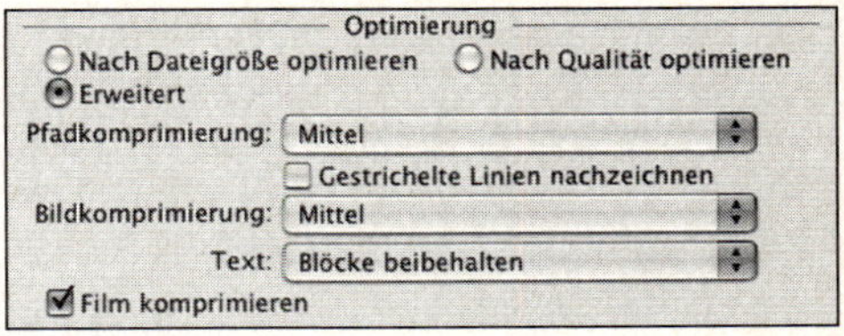

Die folgenden Einstellungen lassen sich nur vornehmen, wenn die Option *Erweitert* aktiviert wurde. Wurde stattdessen *Nach Dateigröße optimieren* oder *Nach Qualität optimieren* aktiviert, sind die weiteren Einstellmöglichkeiten inaktiv.

- Im Pop-up-Menü *Pfadkomprimierung* wird die Qualität der grafischen Umsetzung eingestellt, das heißt, die Genauigkeit, mit der FreeHand Pfade in Flash-Pfade konvertiert. Eine größere Genauigkeit führt zu mehr Pfadpunkten und eine geringere zu weniger. Die Einstelloptionen reichen von *Keine*, das ist die beste Qualität, bis *Maximal*, die niedrigste Qualitätsstufe.
- Wird die Option *Gestrichelte Linien nachzeichnen* aktiviert, wird jeder Strich einer gestrichelten Linie in ein eigenes Objekt konvertiert, was die Ladezeit des Flashfilms erhöht.
- Bitmap-Grafiken werden beim Exportieren in das JPEG-Format konvertiert. Die Qualität dieser JPEG-Daten ist stark von der Komprimierung abhängig, somit ist auch unter *Bildkomprimierung* eine entsprechende Kompressionseinstellung notwendig. Die Einstellmöglichkeiten reichen auch hier von *Keine*, die beste Qualität, bis *Maximal*, die niedrigste Qualitätsstufe.
- Im Pop-up-Menü Text stellt die Option *Blöcke beibehalten* sicher, dass der Text zum Beispiel als editierbarer, jederzeit veränderbarer Text im Flash-Frame exportiert wird. Dadurch wird eine spätere Weiterverarbeitung in Flash MX sichergestellt. Die Option *In Pfade konvertieren* erstellt, ähnlich wie

der gleichnamige FreeHand-Befehl, Pfade auf Grundlage der Textinformation. Die Editierbarkeit geht dabei verloren. *Keine* ignoriert Textinformationen, das heißt, Textcontainer werden nicht mit abgespeichert.

Flash MX versteht ebenso wie Dreamweaver MX mit GIF-, JPEG- und PNG-Datenformaten umzugehen. Flash MX kann dann diese Grafiken als Pixelbild mit dem Befehl *Importieren* in die dort angelegte Szene einfügen. Somit können durchaus die in FreeHand erstellten Grafiken als GIF, JPEG oder PNG exportiert werden, um sie in Flash zu importieren. Bei einfachen Strukturen klappt der Export aber auch über die Zwischenablage. Hier sind allerdings die ab Seite 481ff besprochenen Vorgaben zu beachten.

Die Zwischenablage als Verbindungsglied zu Flash zu nutzen ist eine sehr leistungsfähige Funktion, da hier mit beiden Programmen gleichzeitig gearbeitet werden kann. FreeHand als Illustrationsprogramm versorgt Flash als entsprechendes Animationstool mit Illustrationen, die sofort weiterverarbeitet werden können. Werden hier umfangreichere Vorarbeiten nötig, können Ebenen- und Seitenanimationen als zusätzliche Möglichkeiten genutzt werden.

Die aus FreeHand exportierten SWF-Files können direkt im Browser geladen werden, sofern dieser mit dem Shockwave-Flash-Plug-In ausgerüstet ist. Ist das nicht der Fall, bietet FreeHand eine eigene, bei der Programminstallation wahrscheinlich mit installierte Lösung an, den Flash Player. Die zurzeit aktuelle Version des Players ist der Flash Player 6. In FreeHand erstellte Flashfilme können in Flash auch direkt importiert werden. Hierbei ist jedoch die Größe der Szene, wie sie in Flash angelegt wurde, zu berücksichtigen. Am besten, man vergleicht die beiden Teile vorher. Sonst kann es passieren, dass einzelne Frames außerhalb der Szene in Flash auf dem grauen Umfeldbereich platziert werden. Standardmäßig wird in Flash die Szenengröße in Pixel statt in Zentimeter oder Millimeter angelegt. Insofern tut man gut daran, als Vorarbeit in FreeHand ebenfalls die Dokumentfläche in Pixel zu definieren (siehe auch Einrichten einer Illustration ab Seite 22ff.).

Das Aktions-Werkzeug

Dieses Werkzeug ist seit der FreeHand-Version 10 im Programmumfang enthalten. Sie können damit Objekten Flash-Aktionen zuweisen, damit der Benutzer vom Objekt zu einer Webseite navigieren kann oder einfach nur einfache Standardaktionen ausgeführt werden.

- Um mit dem Aktions-Werkzeug einem Objekt eine Aktion zuzuweisen, klicken Sie auf das Objekt und ziehen sie bei gedrückter Maustaste auf die Seite des Objektes, das die Aktion ausführen soll.
- Ein Doppelklick auf das Aktions-Werkzeug öffnet den Einstelldialog des Werkzeugs.

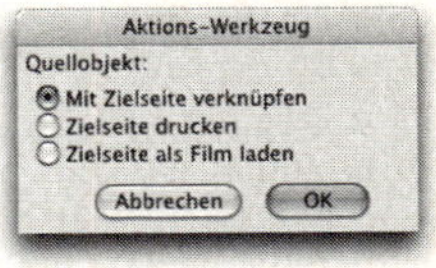

So können Sie beispielsweise einem Startbutton eine Aktion zuweisen, bei der beim Klicken auf das Objekt die Flashanimation startet. Standardeinstellung hierfür wären z.B. *Gehe zu*- und *Stoppen*-Aktionen. Wenn einem Objekt eine Aktion zugewiesen wurde, wird in der unteren rechten Ecke seiner Begrenzungsbox ein Aktionssymbol angezeigt. Wird anschließend mit

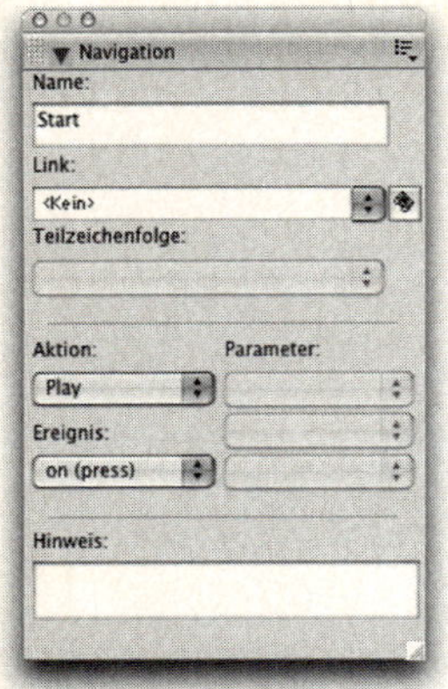

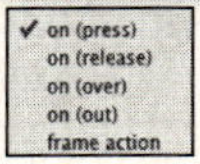

einem Auswahlwerkzeug auf dieses Aktionssymbol ein Doppelklick gemacht, öffnet sich das Bedienfeld Navigation.

Aktionen zuweisen und ändern

FreeHand-Grafiken können jetzt als interaktive Elemente in Flash-Filme eingebaut werden. Das Bedienfeld *Navigation* schafft die Voraussetzung dafür. Manche dieser Einstellrubriken bedingen einander oder es sind zusätzliche Parameter zu setzen.

Die Pop-up-Menüs *Aktion* und *Ereignis* steuern das Verhalten der Grafik im Film.

- Mit der Aktion *Go To and Stop* (Gehe zu) springen Sie zu einem Frame oder einer Szene. (Die Frames und Szenen werden aus den Ebenen gebildet, wenn Sie eine Animation in Flash exportieren.)
- Mit den Aktionen *Play* (Abspielen) und *Stop* (Stoppen) werden Filme gestartet und angehalten.
- Mit der Aktion *Print* (Drucken) geben Sie die Frames in einem Film an, die direkt aus dem Flash Player gedruckt werden können.
- Mit der Aktion *Full Screen* (Vollbild) können Sie den Film im Flash Player im Vollbildmodus anstelle des Normalmodus darstellen.
- Mit der Aktion *Start/Stop Drag* (Ziehen starten/stoppen) geben Sie an, dass ein Film beim Eintreten eines bestimmten Ereignisses gezogen werden kann. Bei der entgegengesetzten Aktion ist das Ziehen des Films nicht mehr möglich. Wenn Sie beispielsweise *on (press)* (ein <drücken>) als Abspielen-Ereignis festlegen, weist das Programm automatisch *on (release)* (ein <freigeben>) als Stoppen-Ereignis zu.

- Mit den Aktionen *Load Movie* (Film laden) und *Unload Movie* (Film entladen) können Sie weitere Filme laden und entladen, während der aktuelle Film läuft (nur bei Dokumenten mit mindestens zwei Seiten).
- Mit der Aktion *Tell Target* (Ziel bekanntgeben) steuern Sie andere Filme und Filmsequenzen, die mit der Aktion *Load Movie* (Film laden) in den aktuellen Film geladen wurden (nur bei Dokumenten mit mindestens zwei Seiten). In FreeHand ist nur eine einzelne Ebene für geladene Filme zulässig. Aus diesem Grund ist es nicht möglich, mehrere Filme gleichzeitig zu laden.

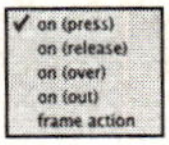

Ereignisse zuweisen

Wenn Sie eine Aktion zuweisen, geben Sie ein Ereignis an, durch das die Aktion während des Films ausgelöst werden soll. Ein solches Ereignis ist beispielsweise ein Mausklick durch den Benutzer *(on <press>)* oder auch das Erreichen eines bestimmten Frames im Film *(frame action)* oder das Bewegen der Maus über ein Objekt *(on <over>)*.

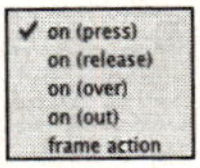

Bei bestimmten Aktionen *Go To, Load Movie, Unload Movie* und *Tell Target* definieren Sie außerdem anhand verschiedener Parameter, auf welche Weise die betreffende Aktion anzuwenden ist.

⚠ Bei der Aktion *Start/Stop Drag* steht die Option *Frame-Aktion* nicht zur Verfügung.

- Bei den Aktionen *Start/Stop Drag* , *Print, Load Movie, Unload Movie* und *Tell Target* wählen Sie die gewünschten Optionen unter *Parameter.*

Bei den Aktionen *Go To* und *Print* wählen Sie eine der Ebenen im aktuellen Dokument im zweiten Popup-Menü unter *Parameter*. Hiermit bestimmen Sie den Teil des Dokuments, an dem der Abspielvorgang fortgesetzt werden soll, bzw. den zu druckenden Dokumentteil.

Drucken

Meistens wird eine Illustration auf zwei Ausgabemedien reproduziert: Zur Überprüfung der Arbeit werden Laserdrucke oder Tintenstrahldrucke erstellt. Um eine Vervielfältigung im Offsetdruck machen zu können, müssen reproduktionsfähige Vorlagen auf Papier oder Film von einem hochauflösenden Belichter ausgegeben werden.

Beide Ausgabemethoden stellen unterschiedliche Ansprüche, da für die Farbseparation auf Film die Definition der Farben und die Überfüllung beachtet werden müssen. Ist die Reproduktion im Offsetdruck das endgültige Ziel, sollte man sich von vornherein mit der Druckerei und dem Vorstufenbetrieb absprechen, um von deren Erfahrung bei der Herstellung zu profitieren. Die sicherste Methode ist es, dem Vorstufenbetrieb eine Illustration zu liefern, in der dieser die speziell auf den Belichter abzustimmenden Einstellungen selbst vornimmt.

Überfüllung

Siehe auch Seite 160f. und im Farbteil des Buches.

Beim Drucken aus FreeHand auf PostScript-fähigen Ausgabegeräten kann eine automatische Überfüllung eingestellt werden. FreeHand erstellt hier anhand der Tonwerte in den Farbauszügen notwendige Überfüllungen. Das bedeutet, dass bei einem Compositedruck (Probedruck = Zusammendruck aller im Dokument benutzten Farben) keine Überfüllung erstellt wird. Das bedeutet ferner, eine als EPS exportierte Datei muss per Hand mit Hilfe von überdruckenden Strichen oder über den Dialog *Xtras* ➛ *Erstellen* ➛ *Überfüllung* überfüllt wer-

Die Überfüllung mit Hilfe von überdruckenden Strichen wird im farbig gedruckten Teil dieses Buches beschrieben.

den. Mit Programmen wie Aldus TrapWise, die manche Belichter als Service anbieten, können einzelne, als EPS-Datei gespeicherte Seiten überfüllt werden. Die Programme bieten auch die Möglichkeit, Objekten mit Farbverläufen und Prozessfarben Überfüllungen zuzuweisen.

Vorbereitung für die Belichtung

In Hinblick auf eine spätere hochauflösende Ausgabe sollte bei der Vorbereitung auf folgende Punkte geachtet werden:

- Gibt es Objekte, die bei der Endverarbeitung des Produktes am Rand angeschnitten sind, müssen diese zirka 3–6 mm über den Papierrand hinausragen (genauen Wert bei der Druckerei erfragen). Damit dieser Überstand mitbelichtet wird, muss im Bedienfeld *Dokument* eine entsprechende *Erweiterung* (Druckerweiterung) für die Seite eingestellt werden. Da bei eingestellter *Erweiterung* die Ausdrucke auf einem Laserdrucker aus der Mitte gerückt sind, ist es sinnvoller, die Druckerweiterung erst bei der Vorbereitung zur Belichtung oder zum Export einzustellen.
- Die Druckerauflösung sollte nach der des endgültigen Ausgabegerätes definiert werden, auch wenn man zuvor Probeausdrucke auf einem niedrigauflösenden Drucker macht.
- Alle Vorbereitungen und die Einstellungen im Dialog *Ausgabeoptionen,* die für den Export gemacht werden, müssen auch beim Druck beachtet werden (siehe Seite 458), denn sie entscheiden über Qualität und Umfang der Drucke.
- Alle Farben, die vierfarbsepariert werden sollen, müssen als Prozessfarben, solche, die auf einem eigenen Film erscheinen sollen, als Volltonfarben definiert werden.

Erweiterung

Beim Ausdruck auf Laserdruckern mit einer maximalen Papiergröße A4 erscheint bei eingestellter *Erweiterung* eine Warnmeldung, die besagt, dass das Bild nicht auf das gewählte Papier passt. Wird sie mit *OK* bestätigt, werden die zu druckenden Objekte nach rechts oben aus der Mitte gerückt. Eine Druckerweiterung lässt sich somit nur nutzen, wenn das Ausgabeformat größer ist als das Dokumentformat.

Druckerauflösung

Ausgabeoptionen

Definition der Farben

Überdruckende Striche
Zu überdruckenden Füllungen siehe den farbig gedruckten Teil des Buches.
Schwarzer Text überdruckt immer.

■ Da schwarze Striche in der Regel immer überdrucken, also bei den Farbauszügen nicht ausgespart werden sollen, ist es sinnvoll, bei allen Formaten mit schwarzen Strichen diese als überdruckend zu definieren, indem in den Stricheigenschaften im Bedienfeld *Objekt* die Checkbox aktiviert wird.

Drucken auf dem Schwarzweiß-Laserdrucker

Der Laserausdruck bereitet im Allgemeinen wenige Probleme, und mit Druckern, die eine Auflösung von 600 oder 1200 dpi haben, können gute Ergebnisse erzielt werden.

Zunächst muss über den Druckmanager des Systems ein Drucker installiert und eingerichtet werden. Auf einem Apple Macintosh mit installiertem Mac OS X erledigt dies das *Drucker-Dienstprogramm*. Es befindet sich im Ordner *Programme ➛ Dienstprogramme* auf der Systemfestplatte. Danach haben die Einstellungen in zwei Dialogen Einfluss auf den Druck. Je nachdem, mit welchem System, Drucker und Druckertreiber gearbeitet wird, unterscheiden sich die Dialoge, sodass es Unterschiede in den Aufteilungen und Optionen gibt (das hier verwendete System ist Mac OS X 10.3.2):

Die hier verwendete Version des PostScript-Druckertreibers ist die derzeit aktuelle Version von Mac OS X 10.3.2.

Datei ➛ Seite einrichten...

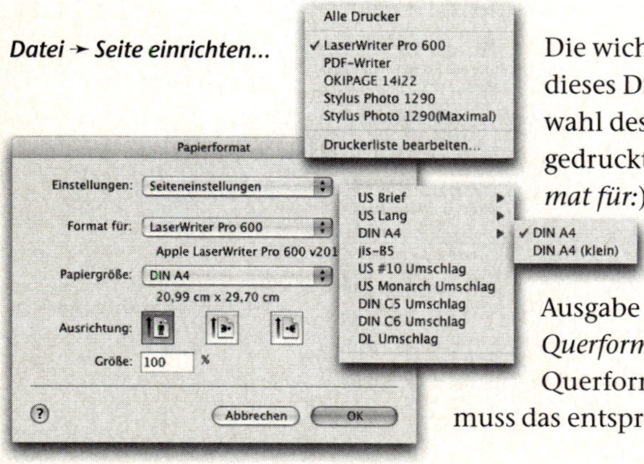

Die wichtigen Optionen dieses Dialogs sind die Auswahl des Druckers, auf dem gedruckt werden soll (*Format für:*), die *Papiergröße* (Papierformat des Druckers) und die Ausgabe im *Hoch-* oder *Querformat*. Sind Seiten im Querformat eingerichtet, muss das entsprechende Symbol ausgewählt werden. Die *Größe* der Ausgabe legt man besser im Dialog *Drucken* fest. Eine genaue Angabe der Druckfläche bekommt man, wenn man mit der Maus auf den Bereich geht, an dem die Papierausdehnung angezeigt wird. Papierausdehnung ist nämlich nicht automatisch gleich Druckfläche, da viele Drucker nicht randlos drucken können. Die Ränder, die druckerspezifisch sind, können nicht bedruckt werden. Mit anderen Worten: Papiergröße minus Druckrand gleich Druckfläche.

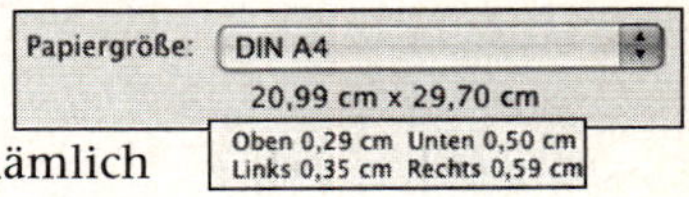

***Datei ➛ Drucken* oder ⌘P**

Nachdem das Dialogfeld *Seite einrichten ...* verlassen wurde, kann in das nächste Dialogfeld gewechselt werden: *Datei ➛ Drucken ...* oder ⌘P. Hier sollten im Pop-up-Menü mit der vorläufigen Bezeichnung *Kopien & Seiten* zusätzliche Einstellungen zum Drucken vorgenommen werden, da diese maßgeblich für den Erfolg des Druckes verantwortlich sein können.

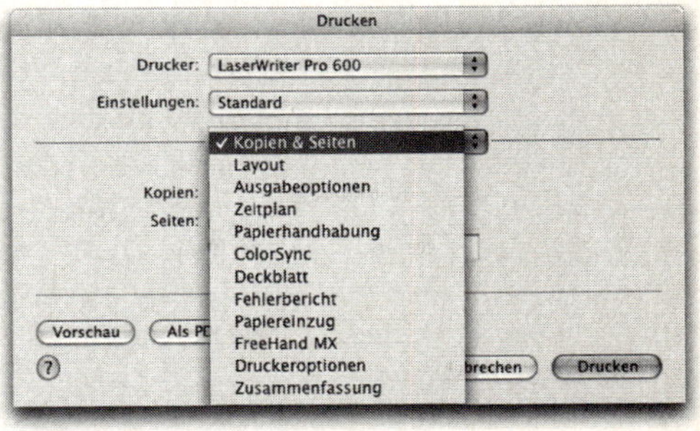

Bereich Kopien & Seiten

Es können eine oder mehrere *Kopien* aller *Seiten* oder eines in die Felder *Von* und *Bis* einzutragenden Seitenbereichs gedruckt werden. Die Seitennummern entsprechen der Nummerierung im Bedienfeld *Dokument*. Soll nur eine Seite gedruckt werden, gibt man ihre Nummer in beide Felder ein.

Bereich FreeHand MX

Weitere notwendige Einstellungen müssen im Bereich *FreeHand MX* gemacht werden. Dieser Bereich ist wohl der umfangreichste Druckbereich.

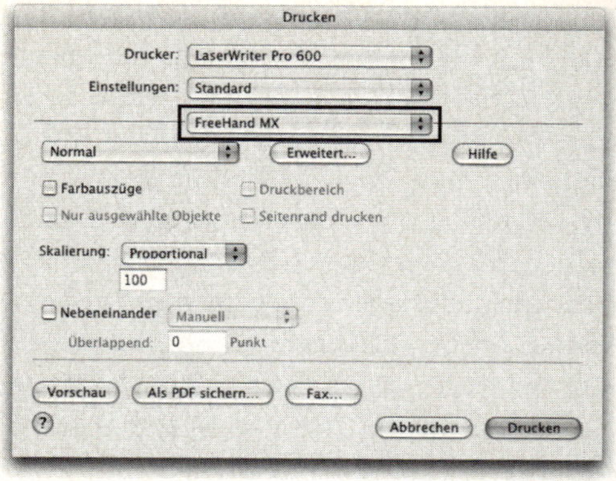

Probedruck oder Farbauszüge

Soll ein normaler Ausdruck erzeugt werden, wird *Farbauszüge* nicht aktiviert.

Farbauszüge werden normalerweise von Belichtungsinstituten oder Druckereien zur Herstellung von Druckfilmen oder Druckplatten benötigt. Man kann sie aber auch zur Überprüfung, ob alle Elemente auf dem richtigen Bogen erscheinen und ob die Elemente überdrucken oder ausgespart werden, auf einem Laserdrucker ausgeben (siehe weitere Einstellungen dazu auf der nächsten Seite).

Druckbereich (Ausgabebereich)

Die Option *Druckbereich* lässt sich nur aktivieren, wenn im FreeHand-Dokument zuvor ein Ausgabebereich mit dem *Ausgabebereich-Werkzeug* definiert wurde. Sichtbar durch eine rote, gestrichelte Linie (siehe auch Ausgabebereich Seite 41ff.). Wird die Option aktiviert, zeigt der Vorschaubereich des FreeHand-eigenen Druckbereiches ebenfalls diese Ausgabebereichsumrandung. Sowohl hier als auch im späteren Ausdruck werden nur die Objekte zu sehen sein, die sich innerhalb dieses Bereiches

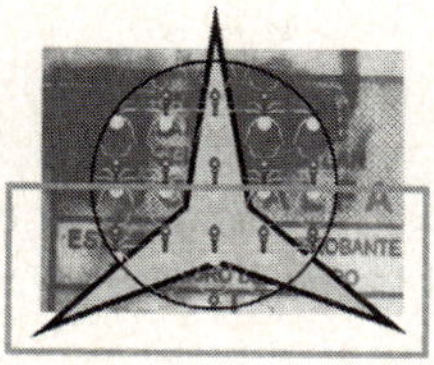

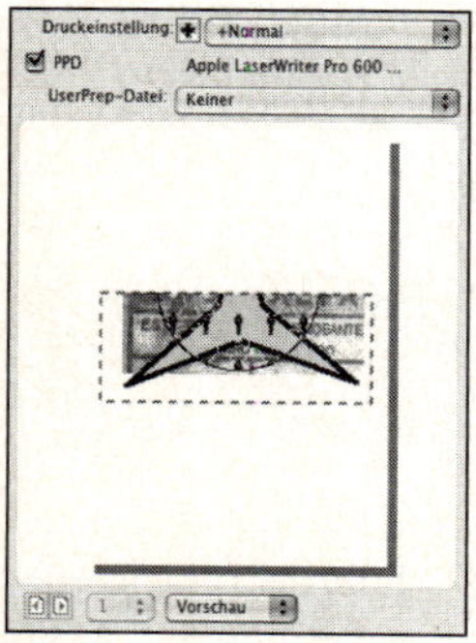

befinden. Werden Objekte durch die Umrandung angeschnitten, werden sie auch im Druck nur teilweise sichtbar sein.

Größe des Ausdrucks

Der Ausdruck kann durch einen Eintrag im Feld *Skalierung* zwischen 25% und 400% skaliert werden. Wird im Pop-up-Menü *Variabel* statt *Proportional* gewählt, lassen sich für Breite und Höhe der Skalierung unterschiedliche Werte angeben (Es findet eine Verzerrung des Ausdrucks statt). Wird hingegen *Papiergröße* gewählt, werden die Seiten so skaliert, dass sie auf das ausgewählte Papier passen.

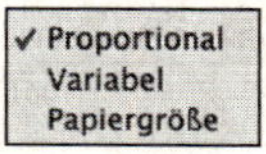

Größe der Illustration der Papiergröße anpassen

Übergroße Seiten oder Teile einer Seite drucken

Eine Illustration, die größer als das Papierformat ist, kann auf mehrere Blätter verteilt gedruckt werden, indem man *Nebeneinander* ➛ *Automatisch* aktiviert. Ausgehend von der linken unteren Ecke werden Teile ausgegeben, auf denen sich das Motiv mit den nebenliegenden Teilen um den Wert überlappt, der im Feld *Überlappend* eingetragen ist. Will man die Unterteilung selbst vornehmen oder nur einen Teil der Illustration drucken, wird *Manuell* gewählt. Der Druck erfolgt dann vom Nullpunkt aus, den man in die linke untere Ecke des zu druckenden Ausschnitts legen muss (Versetzen des Nullpunktes siehe Seite 88). Es wird dann nur eine einzelne Seite in Größe des gewählen Papierformates ausgedruckt. Bei der Einstellung *Automatisch* werden so viele Seiten ausgegeben, wie notwendig sind, um die gesamte Dokumentseite darzustellen.

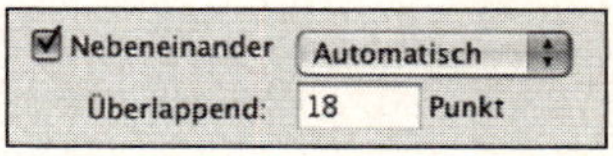

Um weitere Einstellungen zu treffen, wird die Schaltfläche *Einrichten ...* angewählt. Es öffnet sich dann ein weiteres Dialogfeld, in dem erweiterte Einstellungen vorgenommen werden können.

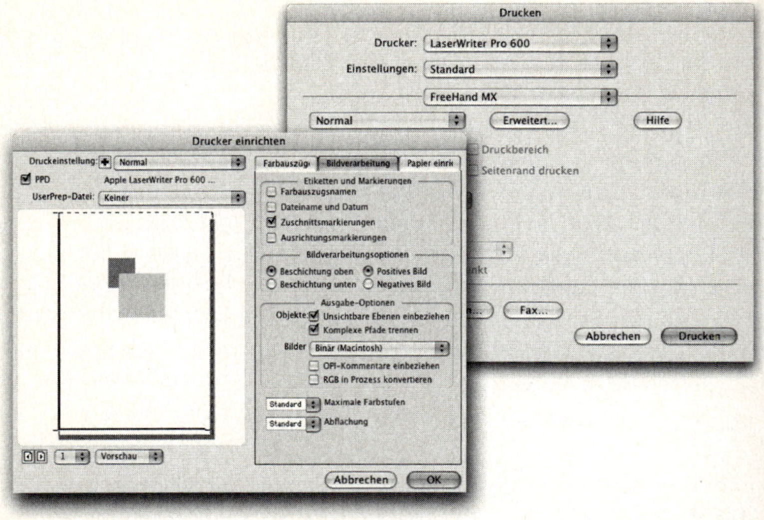

Der Vorschaubereich

Auf der linken Seite ist eine Vorschau der zu druckenden Seiten zu sehen. Es kann immer nur eine Seite angezeigt werden. Geht man mit der Maus auf die Fläche der Seite, kann man den Stand der dort angezeigten Elemente etwas korrigieren. Zur nächsten oder vorherigen Seite gelangt man über die kleinen Seitensymbole oder das Pop-up-Menü am unteren linken Rand des Vorschaubereichs. Um die Darstellung zu beschleunigen, kann im Pop-up-Menü *Anzeigemodus* zwischen der normalen Vorschau, der Grobansicht und der X-Box gewählt werden.

Druckerbeschreibungsdatei

Es sollte darauf geachtet werden, dass das Ankreuzfeld *PPD* (PostScript Printer Description) aktiviert ist. Wenn nicht, wird von FreeHand auf eine minimale Druckerbeschreibung bzw. die zuletzt gemachte Einstellung zurückgegriffen. Es kann dann nicht das volle Leistungspotenzial des Druckers genutzt werden, da Angaben hinsichtlich der zur Verfügung stehenden Papiergrößen oder der Druckerauflösung und entsprechenden Rasterweite fehlen oder nicht verändert werden können. Welche PPD-Datei hier bei aktivierter Option benutzt wird, ist abhängig von der Druckereinrichtung im systemeigenen Druckermanager. Bei Mac OS X ist dies das *Drucker-Dienstprogramm*.

Druckeinstellungen, PPD-Informationen und User-Prep-Dateien verwenden

Macromedia hat dem Programm einige Druckeinstellungsdateien beigelegt, die die Ausgabe auf PostScript-Geräten verbessern bzw. beschleunigen sollen. Anwählbar sind diese Dateien in den Pop-up-Menüs *Druckeinstellungen* und *UserPrep-Dateien*. Eigene Einstellungen können in die Liste der Druckeinstellungen aufgenommen werden, wenn man, nachdem die Einstellungen vorgenommen wurden, auf das Pluszeichen klickt. Im anschließend erscheinenden Dialogfeld kann der Speicherort gewählt werden. Sinnvoll ist, den von FreeHand angebotenen Ort beizubehalten, da der Druckeinstellungsordner der vom Programm bevorzugte Ordner ist.

Druckeinstellungen

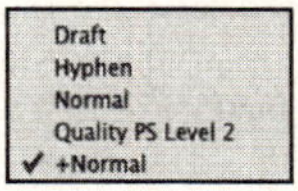

UserPrep

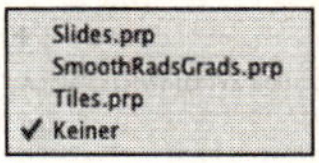

Auf der rechten Seite der erweiterten Druckeinstellungen befinden sich drei Registerkarten:

- Die Registerkarte *Farbauszüge* dient dazu, Einstellungen zu treffen, die das Ausdrucken von Prozess- bzw. Volltonfarben und Objektrasterungen steuern.
- Die Registerkarte *Bildbearbeitung* lässt Einstellungen für Druckzeichen, Bildoptionen und Ausgabeoptionen zu. Wenn die Papiergröße es zulässt, werden die Einstellungen im *Vorschaufeld* angezeigt. Ist das nicht der Fall, muss im allgemeinen Druckdialog eine geringere Größe für den Ausdruck eingegeben werden.
- In *Papiersteuerung* kann die richtige Papiergröße und -lage eingestellt werden.

Registerkarte *Farbauszüge*

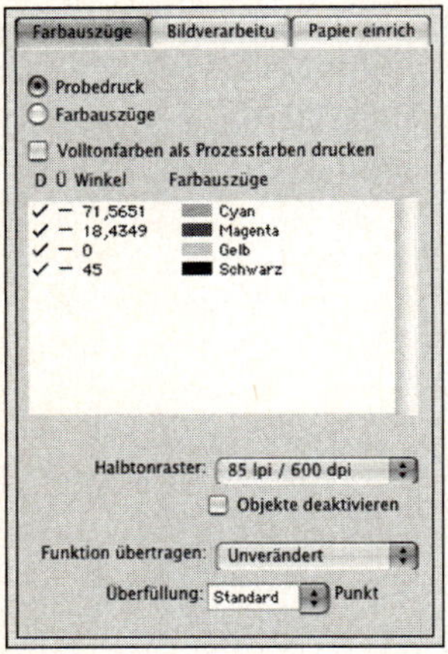

Die Einstellungen für *Halbtonraster* und *Funktion* sind nur benutzbar, wenn das Kreuz *PPD* gesetzt wurde. Die PPD-Datei besitzt Vorgabeeinstellungen, die die Winkelung und Rasterfrequenz der Druckfarben festlegen und die Einstellung für das *Halbtonraster* auf einen für den Drucker optimalen Wert setzen. Das benutzbare Halbtonraster ist auf jeden Fall abhängig vom Drucker und sollte nicht eigenmächtig verändert werden, denn es gibt festgelegte Abhängigkeiten zwischen Rasterweite und Ausgabeauflösung. Jedes Ausgabegerät besitzt bestimmte, vom Hersteller definierte Möglichkeiten, von denen nicht abgewichen werden sollte. Wird es dennoch getan, sind zu starke Schwärzungen in den dunkleren Bereichen, man spricht hier von **Zulaufen**, oder ein **Ausbrechen** der hellen Bereiche die Folge. Ein Laserdrucker besitzt entsprechend andere Rasterwerte als ein PostScript-Belichter.

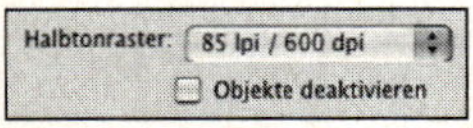

mögliche Raster-/Auflösungswerte eines Laserdruckers

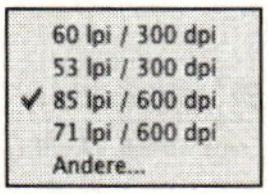

mögliche Raster-/Auflösungswerte eines PostScript-Belichters

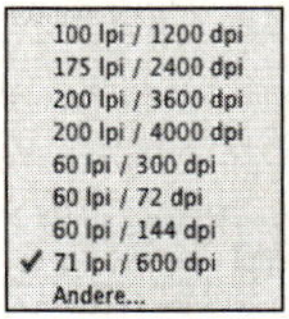

Objektbezogene *Halbtonraster* können über das Bedienfeld *Halbtöne* zugeordnet und in Stilen gespeichert werden (siehe Seite 330ff.). Die Option *Objekte deaktivieren* überschreibt die in der Illustration getroffenen Halbtoneinstellungen für den aktuellen Druck. Das ist auch sinnvoll, da viele PostScript-Belichter mit solchen Halbtonrastern Probleme haben.

Das Druckraster der Volltonfarben wird vom Programm immer auf einen *Winkel* von 45° gesetzt. Abhängig von der Helligkeit und Beschaffenheit der Farben, sollte eine andere Rasterung gewählt werden, da sonst Moiré-Gefahr besteht.

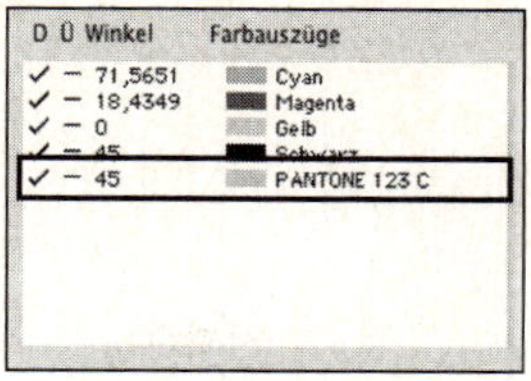

Der Winkel des Druckrasters ist zwar änderbar, doch sollte man ihn bei einer tatsächlichen Belichtung nicht ohne Rücksprache mit der Belichterfirma bzw. der Druckerei ändern.

Mögliche **Moiré-Muster**-Bildung

Farbauszüge

Werden Farbauszüge gedruckt, bestimmt ein Haken in der Rubrik *D*, welche Bögen gedruckt werden. Das Häkchen bedeutet *Ja,* der Strich *Nein.* Eine Farbe kann generell überdrucken oder ausgespart werden (meist bei Bögen der Volltonfarben). Es reicht ein Klick auf den Strich oder das Häkchen unter dem *Ü,* und es öffnet sich ein Dialogfeld, in dem man angeben kann, ob überdruckt werden soll oder nicht und ab welcher Farbsättigung.

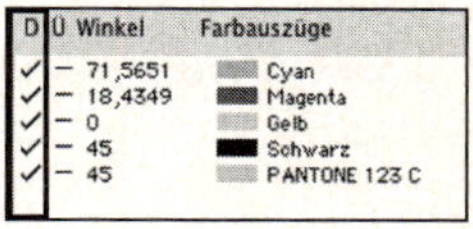

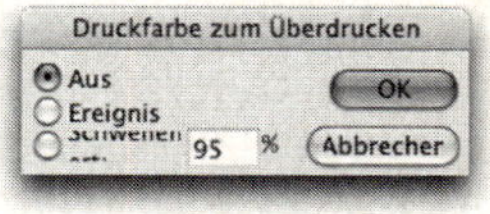

Der *Winkel* ist, wie zuvor schon angemerkt, auch veränderbar. Wenn man die Winkelzahl der Farbe anklickt, erscheint ein entsprechendes Dialogfeld.

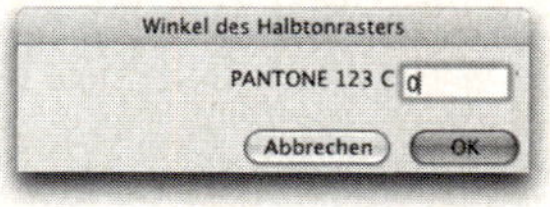

Überfüllung

Im Pop-up-Menü *Überfüllung* kann für alle Striche und Füllungen ein automatischer Überfüllungswert eingegeben werden. FreeHand erkennt anhand der Tonwerte in den Farbauszügen, ob eine Überfüllung notwendig ist oder nicht. Das Thema Überfüllungen/Überdrucken wird im Farbteil des Buches behandelt.

Funktion

Halbtonwerte der Illustration werden *Unverändert*, *Normalisiert* oder *Posterisiert* gedruckt. *Posterisieren* bedeutet Kontrastieren: Grauwerte

unter 25 % werden weiß, 26 % – 50 % werden 33 % grau, 51 % – 75 % werden 67 % grau und 76 % – 100 % werden schwarz gedruckt. *Normalisieren* versucht die unterschiedliche Ausführung von Farbtönen verschiedener Drucker auszugleichen.

Registerkarte *Bildverarbeitung*

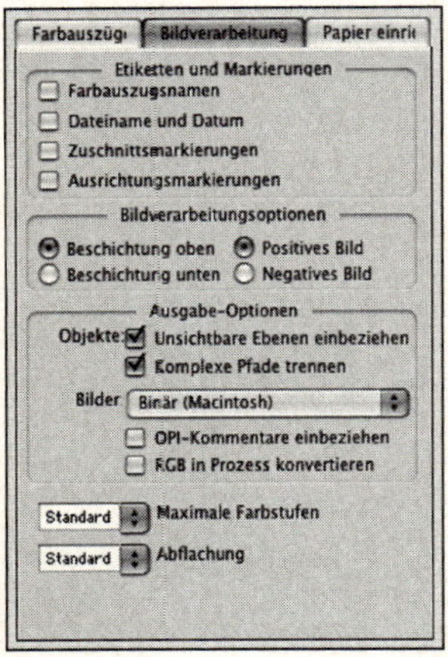

Diese Registerkarte ist aufgeteilt in drei Hauptfelder:

Etiketten und Markierungen,
Bildverarbeitungsoptionen und
Ausgabe-Optionen.

Um *Zuschnittmarkierungen (Beschnittzeichen), Ausrichtungsmarkierungen (Passkreuze), Farbauszugsnamen* und *Dateiname und Datum* mitdrucken zu können, müssen die entsprechenden Checkboxen aktiviert werden. Allerdings muss auf dem Blatt genügend Platz dafür vorhanden sein, denn die Druckzeichen, wie sie auch genannt werden, werden außerhalb der Dokumentseite erzeugt. Ist ein Dokument DIN A4 groß und das Papierformat des Druckers ebenfalls, sind die Druckzeichen auf dem Druckerzeugnis also nicht zu sehen.

Können die entsprechenden Markierungen innerhalb des Papierformates erzeugt werden, sind sie im Vorschaufenster sichtbar.

Die Einstellmöglichkeiten der *Bildoptionen* richten sich danach, mit welchem Druckverfahren gedruckt werden soll (vorsichtshalber beim Drucker erfragen).

Zu Ausgabe-Optionen siehe Seite 458ff.

Die *Ausgabe-Optionen* verhalten sich identisch zu den auf Seite 458ff. beschriebenen aus dem Menü *Datei* ➛ *Ausgabeoptionen.*

Registerkarte *Papiereinrichtung*

Hier kommt es darauf an, die richtige *Papiergröße* und das richtige *Format* für den Druck zu finden. Von der PPD-Datei wird vorerst ein

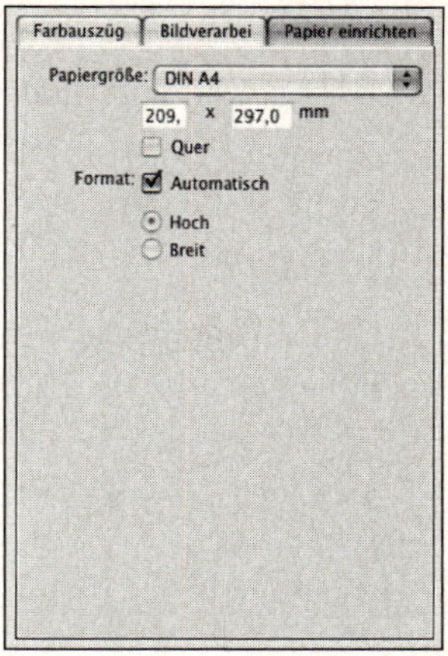

Standardformat vorgegeben. Das Pop-up-Menü *Papiergröße* listet parallel zum Dialog *Seite einrichten ...* die zur Verfügung stehenden Größen auf. Die Einstellung ist nicht zu vernachlässigen, da *Seite einrichten ...* und *Papiergröße* einander ergänzen. Das Format verhält sich ähnlich. Die Checkbox *Automatisch* greift auf die Einstellungen in *Seite einrichten ...* zurück.

Für Ausgabe erfassen

Wer mit Belichtern und Druckereien zu tun hat, weiß von fehlenden Bilddaten und Schriften, nicht separierten und falschen Farben ein Lied zu singen. Damit die Fehlerquote bei einer Belichtung aus FreeHand heraus relativ gering ist und man keine Angst haben muss, dass bei Abwesenheit irgendwelche Probleme auftreten, bietet FreeHand zwei Möglichkeiten, sich abzusichern.

Bericht

Der *Bericht* generiert aus einem Dialog heraus, den man manuell einstellen kann, eine Textdatei bzw. einen Bildschirmtext, der alle notwendigen Daten erfasst und so die Suche nach möglichen Fehlerquellen eingrenzen kann. Unter *Datei* ➛ *Bericht ...* öffnet sich der nachfolgende Dialog.

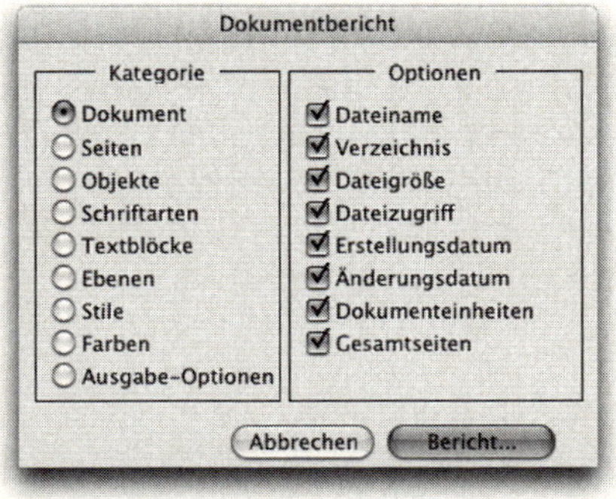

Unter *Kategorie* kann man alle notwendigen Informationskriterien auswählen, die zusätzlich mit entsprechenden Optionen belegt werden können. Die Schaltfläche *Bericht ...* erzeugt eine Textdatei, deren Speicherort im folgenden Dialog benannt werden kann und die später entweder aus einem einfachen Editor wie Simple Text oder aus FreeHand heraus gedruckt werden kann.

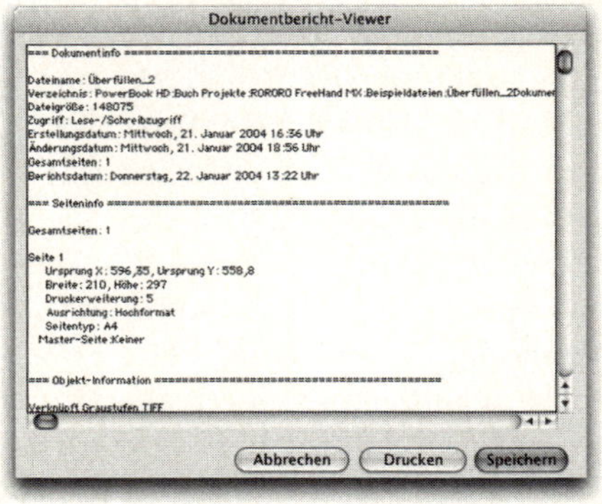

Für Ausgabe erfassen

Weitaus umfangreicher und ungleich mächtiger ist die Funktion *Für Ausgabe erfassen ....* Neben der ebenfalls darin enthaltenen Möglichkeit, einen Bericht anzufertigen, bietet FreeHand zudem an, alle druckrelevanten Daten in den zu Beginn zu bestimmenden Ordner zu kopieren. Unter *Datei ➛ Für Ausgabe erfassen ...* ist dieser Befehl aufzurufen. Wurde das Dokument noch nicht gesichert, erscheint eine Meldung, dass das doch zu tun sei.

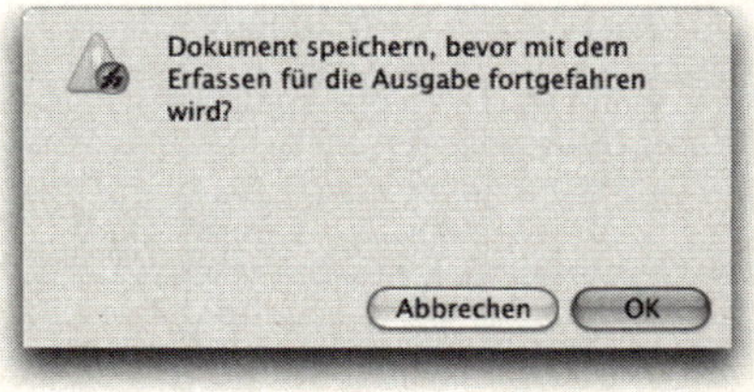

Danach erscheint eine Warnmeldung, die darauf hinweist, dass Schriften Lizenzbedingungen unterworfen sind und man dies nachprüfen sollte.

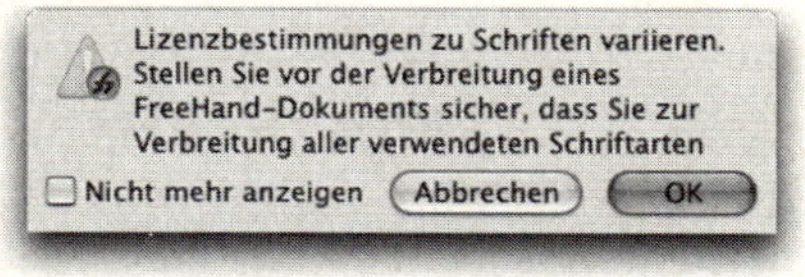

Danach erscheint das Dialogfeld des Berichtes. Die Schaltfläche *Bericht ...* hat hier eine doppelte Funktion. Sie speichert zum einen den Bericht in Textdatei- form ab, zum anderen kopiert sie alle druckrelevanten Daten in einen zu nennenden Ordner.

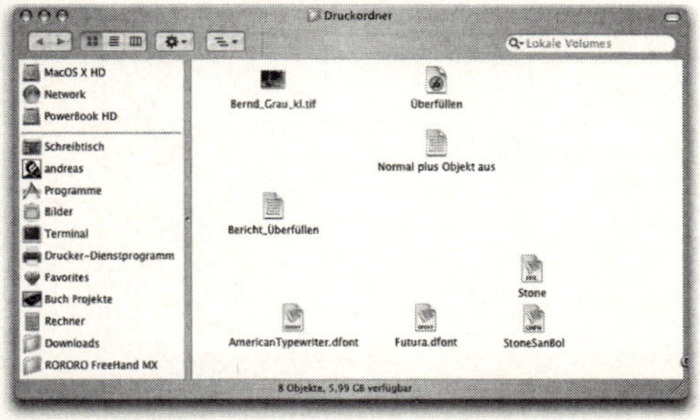

Dazu gehören benutzte Bilddaten, benutzte Schriftdaten, Druckeinstellungen und Druckerbeschreibungen. Kopiert man anschließend alle Daten auf einen externen Datenträger, wie z. B. eine CD, eine ZIP-Diskette etc., braucht man sich in der Regel über fehlende Daten keine Sorgen mehr zu machen.

Tastaturbefehle FreeHand MX

	Macintosh	Windows
Datei	Neu	Neu
	⌘+N	Strg+N
	Öffnen...	Öffnen...
	⌘+O	Strg+O
	Schließen	Schließen
	⌘+W	Strg+W
	Sichern	Speichern
	⌘+S	Strg+S
	Sichern unter...	Speichern unter...
	⇧+⌘+S	Strg+⇧+S
	Importieren...	Importieren...
	⌘+R	Strg+R
	Exportieren...	Exportieren...
	⇧+⌘+R	⇧+Strg+R
	Drucken...	Drucken...
	⌘+P	Strg+P
	Beenden	Beenden
	⌘+Q	Strg+Q
		Alt+F4
Bearbeiten	Rückgängig gemacht	Rückgängig
	⌘+Z	Strg+Z
	Wiederholen	Wiederholen
	⌘+Y	Strg+Y
	⇧+⌘+Z	⇧+Strg+Z
	Ausschneiden	Ausschneiden
	⌘+X	Strg+X
	Kopieren	Kopieren
	⌘+C	Strg+C
	Einsetzen	Einfügen
	⌘+V	Strg+V
	Inhalt ausschneiden	Inhalt ausschneiden
	⇧+⌘+X	⇧+Strg+X
	Innen einsetzen	Innen einfügen
	⇧+⌘+V	⇧+Strg+V

Duplizieren ⌥+⌘+D	Duplizieren Alt+Strg+D
Klonen ⇧+⌘+D	Klonen ⇧+Strg+D
Auswählen: Alles ⌘+A	Auswählen: Alles Strg+A
Auswählen: Alles im Dokument ⇧+⌘+A	Auswählen: Alles im Dokument ⇧+Strg+A
Auswählen: Nichts ⌘+D	Auswählen: Nichts Strg+D
	Suchen/Ersetzen: Text ⇧+Strg+F
Suchen/Ersetzen: Grafik ⌘+F	Suchen/Ersetzen: Grafik Strg+F
Einstellungen... ⌘+U	Einstellungen... Strg+U

Ansicht

Auswahl ⌥+⌘+0	Auswahl Alt+Strg+0
Seite ⇧+⌘+W	Seite ⇧+Strg+W
Alles ⌘+0	Alles Strg+0
Vergrößerung: 50% ⌘+5	Vergrößerung: 50% Strg+5
Vergrößerung: 100% ⌘+1	Vergrößerung: 100% Strg+1
Vergrößerung: 200% ⌘+2	Vergrößerung: 200% Strg+2
Vergrößerung: 400% ⌘+4	Vergrößerung: 400% Strg+4
Vergrößerung: 800% ⌘+8	Vergrößerung: 800% Strg+8
Vorschau ⌘+K	Vorschau Strg+K
Schnellmodus ⇧+⌘+K	Schnellmodus ⇧+Strg+K
Symbolleisten ⌥+⌘+T	Symbolleisten Alt+Strg+T

Bedienfelder F4 ⇧+⌘+H	Bedienfelder F4 ⇧+Strg+H
Seitenlineale: Anzeigen ⌥+⌘+R	Seitenlineale: Anzeigen Alt+Strg+R
Textlineale ⌘+/	Textlineale Strg+#
Raster: Anzeigen ⌥+⌘+G	Raster: Anzeigen Alt+Strg+G
Raster: Am Raster ausrichten ⇧+⌥+⌘+G	Raster: Am Raster ausrichten ⇧+Alt+Strg+G
Hilfslinien: Anzeigen ⌘+;	Hilfslinien: Anzeigen Strg+Ü
Hilfslinien: Sperren ⌥+⌘+;	Hilfslinien:Sperren Alt+Strg+Ü
Hilfslinien: An Hilfslinien ausrichten ⇧+⌘+;	Hilfslinien: An Hilfslinien ausrichten ⇧+Strg+Ü
Am Punkt ⇧+⌘+'	An Punkt ausrichten ⇧+Strg+#

Modifizieren

Transformieren: Skalieren... ⌘+F10	Transformieren: Skalieren... Strg+F10
Transformieren: Rotieren... ⌘+F13	Transformieren: Rotieren... Strg+F2
Transformieren: Neigen... ⌘+F11	Transformieren: Neigen... Strg+F11
Erneut transformieren ⌘+,	Erneut transformieren Strg+,
Anordnen: In den Vordergrund ⇧+⌘+Pfeil nach oben	Anordnen: In den Vordergrund ⇧+Strg+Nach-oben-Taste
Anordnen: Nach vorne verschieben ⌘+Nach-oben-Taste	Anordnen: Nach vorne verschieben Strg+Nach-oben-Taste

Anordnen: In den Hintergrund
⌘+Nach-unten-Taste

Anordnen: Nach hinten verschieben
⇧+⌘+Nach-unten-Taste

Ausrichten...: Oben...
⌥+⌘+4

Ausrichten...: Rechts
⌥+⌘+3

Ausrichten...: Horizontal zentrieren...
⌥+⌘+5

Ausrichten...: Vertikal zentrieren...
⌥+⌘+2

Ausrichten...: Unten...
⌥+⌘+6

Ausrichten...: Links
⌥+⌘+1

Erneut ausrichten
⌥+⇧+⌘+A

Verbinden
⌘+J

Teilen
⇧+⌘+J

Zusammenfassen: Mischung
⇧+⌘+B

Zusammenfassen: Mischung mit Pfad verbinden
⇧+⌥+⌘+B

Sperren
⌘+L

Sperrung aufheben
⇧+⌘+L

Gruppieren
⌘+G

Anordnen: In den Hintergrund
Strg+Nach-unten-Taste

Anordnen: Nach hinten verschieben
⇧+Strg+Nach-unten-Taste

Ausrichten: Oben
Alt+Strg+4

Ausrichten: Rechts
Alt+Strg+3

Ausrichten: Horizontal zentrieren
Alt+Strg+5

Ausrichten: Vertikal zentrieren
Alt+Strg+2

Ausrichten: Unten
Alt+Strg+6

Ausrichten: Links
Alt+Strg+1

Erneut ausrichten
⇧+Alt+Strg+A

Verbinden
Strg+J

Teilen
⇧+Strg+J

Zusammenfassen: Mischung
⇧+Strg+B

Zusammenfassen: Mischung mit Pfad verbinden
⇧+Alt+Strg+B

Sperren
Strg+L

Sperrung aufheben
⇧+Strg+L

Gruppieren
Strg+G

	Mac	Windows
	Gruppierung aufheben ⇧+⌘+G	Gruppierung aufheben ⇧+Strg+G
	Symbol: Symbol bearbeiten ⌘+E	Symbol: Symbol bearbeiten Strg+E
	Symbol: In Symbol konvertieren F8	Symbol: In Symbol konvertieren F8
	In Bild konvertieren... ⇧+⌥+⌘+Z	In Bild konvertieren... ⇧+Alt+Strg+Z
Text	Größe: Kleiner ⇧+⌘+,	Größe: Kleiner ⇧+Strg+,
	Größe: Größer ⇧+⌘+.	Größe: Größer ⇧+Strg+.
	Stil: Fett ⌘+B	Stil: Fett Strg+B
	Stil: Kursiv ⌘+I	Stil: Kursiv Strg+I
	Stil: Fettkursiv ⇧+⌥+⌘+O	Stil: Fettkursiv ⇧+Alt+Strg+O
	Effekt: Hervorheben... ⇧+⌥+⌘+H	Effekt: Hervorheben... ⇧+Alt+Strg+H
	Effekt: Durchstreichen... ⇧+⌥+⌘+S	Effekt: Durchstreichen... ⇧+Alt+Strg+S
	Effekt: Unterstreichen... ⇧+⌥+⌘+U	Effekt: Unterstreichen... ⇧+Alt+Strg+U
	Ausrichten: Links ⇧+⌥+⌘+L	Ausrichten: Links ⇧+Alt+Strg+L
	Ausrichten: Rechts ⇧+⌥+⌘+R	Ausrichten: Rechts ⇧+Alt+Strg+R
	Ausrichten: Zentriert ⇧+⌥+⌘+C	Ausrichten: Zentriert ⇧+Alt+Strg+C
	Ausrichten: Blocksatz ⇧+⌥+⌘+J	Ausrichten: Blocksatz ⇧+Alt+Strg+J
	Sonderzeichen: Geviert-Leerzeichen ⇧+⌘+M	Sonderzeichen: Geviert-Leerzeichen ⇧+Strg+M
	Sonderzeichen: Halbgeviert-Leerzeichen ⇧+⌘+N	Sonderzeichen: Halbgeviert-Leerzeichen ⇧+Strg+N

Sonderzeichen: Zehntelgeviert-Leerzeichen	Sonderzeichen: Zehntelgeviert-Leerzeichen	
⇧+⌘+T	⇧+Strg+T	
Sonderzeichen: Weicher Trennstrich	Sonderzeichen: Weicher Trennstrich	
⌘+-	Strg+-	
Text-Editor...	Text-Editor...	
⇧+⌘+E	⇧+Strg+E	
Textwerkzeug+⌥+Klick	Textwerkzeug+Alt+Klick	
Textfluss um Auswahl...	Textfluss um Auswahl ...	
⌥+⌘+W	Alt+Strg+W	
Textfluss im Pfad	Textfluss im Pfad	
⇧+⌘+U	⇧+Strg+U	
An Pfad anfügen	An Pfad anfügen	
⇧+⌘+Y	⇧+Strg+Y	
In Pfade konvertieren	In Pfade konvertieren	
⇧+⌘+P	⇧+Strg+P	
Letzten Vorgang wiederholen	Letzten Vorgang wiederholen	**Xtras**
⇧+⌘+=	⇧+Strg++	
Neues Fenster	Neues Fenster	**Fenster**
⌥+⌘+N	Alt+Strg+N	
Werkzeuge	Werkzeuge	
⌘+F2	Strg+F2	
Objekt	Objekt	
⌘+F3	Strg+F3	
Antworten	Antworten	
⌥+F1	Alt+F1	
Ebenen	Ebenen	
F2	F2	
⌘+6	Strg+6	
Farbfelder	Farbfelder	
⌘+F9	Strg+F9	
Stile	Stile	
⇧+F11	⇧+F11	
⌘+3	Strg+3	
Bibliothek	Bibliothek	
F11	F11	

Farbmischer ⇧+F9 ⇧+⌘+C	Farbmischer ⇧+F9 ⇧+Strg+C
	Halbtöne Strg+H
Ausrichten ⌥+⌘+A	Ausrichten Alt+Strg+A
Film testen ⌘+Eingabetaste	Film testen Strg+Eingabetaste
	Transformieren Strg+M

Textanpassungen

An Satzanfang bewegen ⌘+Keypad 7	An Satzanfang bewegen Strg+Num 7
An Satzende bewegen ⌘+Keypad 1	An Satzende bewegen Strg+Num 1
An Anfang der Darstellung bewegen ⌘+Home	An Anfang der Darstellung bewegen Strg+Pos1
An Ende der Darstellung bewegen ⌘+Ende	An Ende der Darstellung bewegen Strg+Ende
Vorheriges Wort markieren ⇧+⌘+Nach-links-Taste	Vorheriges Wort markieren ⇧+Strg+Nach-links-Taste
Nächstes Wort markieren ⇧+⌘+Nach-rechts-Taste	Nächstes Wort markieren ⇧+Strg+Nach-rechts-Taste
Bis Satzanfang markieren ⌘+Keypad 8	Bis Satzanfang markieren Strg+Num 8
Bis Satzende markieren ⌘+Keypad 2	Bis Satzende markieren Strg+Num 2
Bis Anfang der Darstellung markieren ⇧+⌘+Home	Bis Anfang der Darstellung markieren ⇧+Strg+Pos1
Bis Ende der Darstellung markieren ⇧+⌘+Ende	Bis Ende der Darstellung markieren ⇧+Strg+Ende
Vorheriges Wort löschen ⇧+⌘+Löschen	Vorheriges Wort löschen ⇧+Strg+Rück

Nächstes Wort löschen ⇧+⌘+Entf	Nächstes Wort löschen ⇧+Strg+Entf
Zeilenabstand vergrößern ⌘+Keypad +	Zeilenabstand vergrößern Strg+Num +
Zeilenabstand weniger stark vergrößern ⌥+⌘+Keypad +	Zeilenabstand weniger stark vergrößern Alt+Strg+Num +
Zeilenabstand verringern ⌘+Keypad -	Zeilenabstand verringern Strg+Num
Zeilenabstand weniger stark verringern ⌥+⌘+Keypad -	Zeilenabstand weniger stark verringern Alt+Strg+Num -
Unterschneidung +10 % ⌥+⇧+⌘ +Nach-rechts-Taste	Unterschneidung um 10 %-Geviert vergrößern Alt+Strg+⇧ +Nach-rechts-Taste
Unterschneidung +1 % ⌥+⌘+Nach-rechts-Taste	Unterschneidung um 1 %-Geviert vergrößern Alt+Strg+Nach-rechts-Taste
Unterschneidung -10 % ⌥+⇧+⌘ +Nach-links-Taste	Unterschneidung um 10 %-Geviert verringern ⇧+Alt+Strg +Nach-links-Taste
Unterschneidung -1 % ⌥+⌘ +Nach-links-Taste	Unterschneidung um 1 %-Geviert verringern Alt+Strg +Nach-links-Taste
Grundlinienverschiebung vergrößern ⌥+⌘+Pfeil nach oben	Grundlinienverschiebung vergrößern Alt+Strg +Nach-oben-Taste
Grundlinienverschiebung verringern ⌥+⌘ +Nach-unten-Taste	Grundlinienverschiebung verringern Alt+Strg +Nach-unten-Taste
Horizontale Skalierung vergrößern ⌘+Keypad 6	Horizontale Skalierung um 5 % vergrößern Strg+Num 6

	Horizontale Skalierung verringern ⌘+Keypad 3	Horizontale Skalierung um 5 % verringern Strg+Num 3
Striche	Schmaler ⌥+⇧+⌘+,	Schmaler ⇧+Alt+Strg+,
	Dicker ⌥+⇧+⌘+.	Dicker ⇧+Alt+Strg+.
Werkzeuge	Auswählen ⇧+F10	Markieren ⇧+F10
	Linie ⇧+F4	Linie ⇧+F4
	Stift ⇧+F6	Stift ⇧+F6
	Bezigon ⇧+F2	Bezigon ⇧+F2
	Text ⇧+⌘+F9	Text ⇧+Strg+F9
	Rechteck ⇧+F1	Rechteck ⇧+F1
	Polygon ⇧+F8	Polygon ⇧+F8
	Ellipse ⇧+F3	Ellipse ⇧+F3
	Bleistift ⇧+F5	Bleistift ⇧+F5
	Skalieren F10	Skalieren F10
	Rotieren F13	Spiegeln F9
	Spiegeln F9	Neigen Strg+F11
	Messer ⇧+F7	Messer ⇧+F7

Stichwortverzeichnis

In der Kurzbeschreibung der Menübefehle ab Seite 126 wird auf die Seiten verwiesen, auf denen eine ausführliche Behandlung zu finden ist.

S 15/3

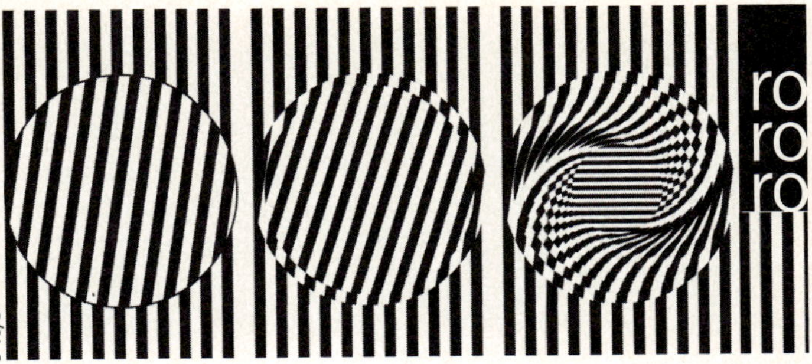

S 16/3